D

CIVILISATION OCCIDENTALE

HISTOIRE ET HÉRITAGES

LA VILLE IMAGINAIRE (Illustration de la couverture)

L'étude de la civilisation occidentale impose un voyage dans le temps et dans l'espace. Une des composantes essentielles d'une civilisation est la ville, avec sa concentration de population et la spécialisation économique de ses habitants. Afin d'illustrer les aspects tangibles et durables de notre civilisation, nous avons créé une ville imaginaire composée d'éléments architecturaux empruntés aux principales périodes qui ont composé la civilisation occidentale depuis la période hellénique jusqu'à aujourd'hui.

L'architecture est un témoignage de la société dont elle émane. Les monuments et édifices ont été créés par des communautés dont les membres ont travaillé en étroite collaboration: de l'architecte, créateur de l'œuvre, au plus humble ouvrier de chantier. L'architecture est aussi le reflet des valeurs (et, dans le cas de l'architecture religieuse ou militaire, le reflet des préoccupations) propres à chacune des périodes de notre civilisation.

Enfin, ces monuments et édifices sont des héritages vivants. Ils nous viennent non seulement du passé, mais ils continuent également de jouer un rôle dans nos vies et font partie de notre patrimoine architectural. Ce sont les legs les plus éloquents et souvent les mieux préservés que nous ont laissés nos ancêtres.

1. **L'ensemble du World Trade Center** (New York) dominé par les tours jumelles de 410 mètres, les deuxièmes plus hauts gratte-ciel au monde. Architectes: Minoru Yamasaki et Emery Roth.

2. **Le château de Sully-sur-Loire** (France) construit au XIVe siècle (et réaménagé de nombreuses fois depuis). Maximilien de Béthune duc de Sully (1560-1641), principal ministre du roi Henri IV, acquiert ce château du Moyen Âge en 1602.

3. **L'arche de la Défense** (Paris), siège de la Fondation internationale des droits de l'homme. Architecte: Otto von Spreckelsen (Danemark, 1893-1989).

4. **La cathédrale inachevée de la Sagrada Familia** (Barcelone) commencée en 1884. Architecte: Antonio Gaudi y Cornet (Espagne, 1852-1926).

5. **L'église Santa Maria della Salute** (Venise). Construite de 1631 à 1687, cette église est l'un des chefs-d'oeuvre de l'art baroque en Italie du Nord. Architecte: Baldassare Longhena (Italie, 1598-1682).

6. **La porte Brandebourg** (Berlin), construite de 1789 à 1793. Architecte: Karl Gotthard Langhans (Allemagne, 1732-1808).

7. **La statue de la Liberté** (New York), dessinée par le sculpteur Frédéric Auguste Bartholdi (1834-1904) et dont la charpente sera l'œuvre de Gustave Eiffel (1832-1923). Commencée à Paris en 1874, la statue est inaugurée sur son site actuel le 28 octobre 1886.

8. **Le Château Frontenac** (Québec), inauguré en 1893 (la tour centrale est construite en 1925). Il est à l'image du chapelet d'hôtels du Canadien Pacifique qui s'échelonnent de Vancouver à Québec.

9. **Le Colisée** (Rome), construit au premier siècle sous les empereurs Vespasien et Titus. Il mesure 188 mètres sur 156 et peut contenir environ 50 000 spectateurs.

10. **La Tour du CN** (Canadien National) (Toronto), inaugurée en 1976. Elle domine les gratte-ciel du quartier des affaires et le stade Skydome (1989). Avec ses 553 mètres, cette tour est le plus haut édifice autoportant au monde.

11. **Le palais de Westminster** (Londres), siège du Parlement britannique, construit au XIIe siècle. Le palais est reconstruit en 1860 (à la suite d'un incendie qui détruit l'ancien édifice) en style gothique victorien. Architectes: Charles Barry (1795-1860) et Augustus Pugin (1812-1852).

12. **L'arc de Triomphe de l'Étoile** (Paris), terminé en 1836. Architecte: Jean Chalgrin (1739-1811).

13. **La place Römerberg** (Francfort-sur-le-Maine, Allemagne). La construction originale de ces maisons en encorbellement remonte au XIVe siècle.

14. **Le centre-ville de Boston** (États-Unis). Soucieux de conserver l'héritage architectural, les urbanistes et planificateurs urbains développent de nouvelles constructions tout en conservant et en rénovant les anciens édifices.

15. **Le Parthénon** (Athènes). Construit de 447 à 432 av. J.-C., le Parthénon, un temple dédié à la déesse Athéna, est le monument le plus prestigieux de l'Acropole. Architecte: Phidias (490-430 av. J.-C.)

16. **Le quartier des affaires de la ville de Dallas** (Texas, États-Unis). Exemple par excellence d'une ville-champignon, Dallas s'est développée durant les vingt dernières années.

17. **L'Alcazar** (Ségovie, Espagne). Forteresse royale construite par Henri II de Castille de 1352 à 1358.

18. **L'opéra de Sydney** (Australie), conçu comme un énorme coquillage s'ouvrant sur la mer, est inauguré en 1966. Architecte: Jorn Utzon (Danemark, 1918-).

19. **Le pont de Westminster** (Londres), construit de 1856 à 1862.

20. **La Maison Blanche** (Washington D.C.). Résidence du président des États-Unis, elle est construite de 1792 à 1824, puis rénovée et agrandie au XXe siècle. Architecte: James Hoban (1762-1831).

21. **Le centre-ville de Montréal.**

22. **Le parlement européen** (Strasbourg, France), créé en 1979. Les membres du parlement européen y sont élus au suffrage universel et votent le budget de la CEE.

23. **Aqueduc romain au Portugal.**

CIVILISATION OCCIDENTALE

HISTOIRE ET HÉRITAGES

PIERRE ANGRIGNON
JACQUES G. RUELLAND

AVEC LA COLLABORATION DE
SYLVAIN CAYER

Les Éditions de la Chenelière inc.
MONTRÉAL

Civilisation occidentale : histoire et héritages

Pierre Angrignon, Jacques G. Ruelland

© 1995 Les Éditions de la Chenelière inc.

Supervision éditoriale : Charles Dufresne
Coordination : Ginette Duphily
Révision linguistique : Claire Campeau
Correction d'épreuves : Sylvie Massariol
Recherche iconographique : Pierre Grimard
Illustrations : Josée Bégin
Conception graphique : Michel Bérard
Couverture : Norman Lavoie
Cartographie et infographisme : Interscript

Données de catalogage avant publication (Canada)

Angrignon, Pierre, 1941-

   Civilisation occidentale : histoire et héritages

   Comprend des réf. bibliogr. et un index.

   Pour les étudiants du collégial.

   ISBN 2-89310-309-X

   1. Civilisation occidentale – Histoire.   2. Histoire universelle.   3. Civilisation occidentale – Influence étrangère.   4. Civilisation moderne et contemporaine – Influence ancienne.   5. Civilisation occidentale – Histoire – Problèmes et exercices.

I. Ruelland, Jacques G.   II. Titre.

CB245.A53   1995 909'.09821   C95-940632-8

Les Éditions de la Chenelière inc.
215, rue Jean-Talon Est
Montréal (Québec)
H2R 1S9
Téléphone : (514) 273-1066
Télécopieur : (514) 276-0324

ISBN 2-89310-309-X

Dépôt légal : 2e trimestre 1995

Bibliothèque nationale du Québec
Bibliothèque nationale du Canada

Imprimé au Canada par l'Imprimerie Gagné Ltée

1   2   3   4   5   99   98   97   96   95

Dans ce livre, le genre masculin est utilisé sans discrimination pour le sexe féminin.

Avant-propos

La production d'un manuel d'histoire destiné à couvrir des espaces et des périodes aussi vastes que celles de l'Occident, des origines à nos jours, représente un défi qui relève presque de l'utopie. Le premier souci des auteurs a été de concevoir un ouvrage qui, tout en étant suffisamment complet, tient compte du peu de temps dont disposent les professeurs et leurs étudiants pour parcourir convenablement une telle matière.

Dans le cadre des études collégiales, le professeur dispose d'une certaine liberté dans l'exercice de ses fonctions. Au début de chaque session, il présente son plan de cours, ses objectifs, sa méthodologie, son projet d'évaluation, une bibliographie et parfois un certain nombre de sources de son choix. Selon une stratégie et un encadrement approprié à leur niveau (de Collège I, première session, à Collège II, dernière session), les étudiants devront lire, résumer, analyser et parfois critiquer certains textes et documents. Le professeur ne considère pas nécessairement le manuel comme une source exclusive de référence pour ses étudiants dans l'accomplissement de leurs travaux. Il possède de l'histoire, et particulièrement celle de la civilisation occidentale, sa propre vision qui se reflète inévitablement dans les divers aspects de son enseignement.

Dans ce contexte pour le moins empreint de libéralisme, quelle est l'utilité du manuel ? Soyons modestes ! Il ne peut répondre à toutes les questions, concilier toutes les interprétations et se substituer au professeur. Les auteurs doivent plutôt fournir au professeur le complément le plus approprié et le mieux adapté à un enseignement dont il garde l'entière responsabilité. Source de référence commune pour les cartes, les illustrations de toutes sortes et les définitions de termes, le manuel demeure un outil de base, mais non exclusif. En classe, le professeur développe davantage certains sujets de son choix, que les étudiants peuvent, grâce au volume de base, bien situer parmi d'autres dans le temps et dans l'espace.

Il fallait que ce manuel soit utilisable pour un cours de 45 heures, complété par le même nombre d'heures d'études personnelles (lectures, exercices, travaux, etc.), le tout étant réparti sur 15 semaines et tenant compte du temps consacré aux contrôles, aux projections et aux autres activités qui se déroulent habituellement pendant les heures de classe. Voilà pourquoi l'ouvrage comprend 12 chapitres.

D'aucuns estimeront que les deux premiers chapitres sont hors sujet. Ils n'en sont pourtant pas moins importants. Dans le chapitre 1, les auteurs précisent le sens de la démarche historique et définissent le concept de civilisation. Quant au chapitre 2, ils rappellent le fait que les premières civilisations n'ont pas été occidentales. Dans cet ouvrage consacré à l'histoire de la civilisation occidentale depuis la Grèce antique, les auteurs ont en effet jugé opportun de qualifier de « préhellénique » l'époque des grandes civilisations proche-orientales et de souligner leur importante contribution au progrès de l'humanité et de l'Occident. Les chapitres 3, 4 et 5, respectivement consacrés à la Grèce, à Rome et au Moyen Âge, couvrent chacun une période d'un millénaire ou plus. Cependant, à partir de la Renaissance, donc du chapitre 6, chaque chapitre oscille entre 150 et à peine 50 ans d'histoire. Ce choix s'explique à la fois par l'intérêt que suscite l'histoire plus récente et par l'important phénomène d'accélération de l'évolution historique.

La rédaction du manuel a été confiée à Pierre Angrignon, qui a assumé la responsabilité des six premiers chapitres, et à Jacques G. Ruelland, qui a rédigé les six derniers. Ils tiennent à souligner la collaboration fort appréciée de Sylvain Cayer, responsable de la recherche iconographique, qui a dû se retirer du projet pour des raisons personnelles.

Toujours est-il que la diversité des intérêts des deux rédacteurs explique l'aspect éclectique de l'ouvrage. Soucieux de rédiger un ouvrage pédagogique, les auteurs ont délibérément choisi de souligner les découvertes scientifiques et techniques de la civilisation occidentale, tout en critiquant leurs impacts tant positifs que négatifs, et d'insister sur les héritages artistiques, littéraires et philosophiques que nous ont légués nos ancêtres. Ces héritages représentent, depuis les anciens Grecs, les chaînons qui permettent de préciser et de comprendre les grandes étapes de l'évolution de la civilisation occidentale, et de réfléchir sur ses principaux traits de caractère. Ce manuel se singularise également par le fait que les auteurs ont débordé le cadre conventionnel de l'histoire politique pour donner un nouveau relief à l'histoire de la civilisation occidentale ; c'est pourquoi ils ont intégré dans leur manuel l'histoire des sciences, des techniques, des idées et des arts, et ainsi mis au point une notion inédite dans ce type d'ouvrage : la notion d'*héritage*. Cette caractéristique fondamentale de l'ouvrage en fait non seulement un instrument pédagogique attrayant et efficace, mais aussi un ouvrage de référence indispensable aussi bien à des professeurs et à des étudiants inscrits à d'autres cours du secteur « général » de l'enseignement collégial (notamment des cours de philosophie, de littérature et d'histoire de l'art), qu'à toute personne soucieuse de posséder, pour sa propre culture, une œuvre de synthèse à la fois intéressante et facile à consulter.

D'un autre côté, c'est aussi d'un commun accord que les deux auteurs ont décidé de conclure leur synthèse par un message de confiance en la jeunesse et d'espoir en l'avenir de la civilisation occidentale.

Les auteurs se sont appliqués à rédiger des textes qui soient substantiels tout en demeurant, tant sur le plan de la forme que du contenu, accessibles à des cégépiens peu au fait de l'histoire occidentale. Leur premier souci a été la pédagogie. Ils ont donc recherché, dans cette œuvre de synthèse, le juste équilibre entre la simplification à outrance et l'élaboration d'une somme historique. Malgré les contraintes inhérentes à la rédaction d'un manuel scolaire, les auteurs ont mis à la disposition des professeurs et de leurs étudiants un instrument qui soit le plus complet possible et facile à consulter. Outre une chronologie, une ligne du temps, un bref résumé du chapitre, des cartes, des tableaux, des figures, des graphiques, des encadrés, des portraits, des illustrations, une liste de lectures suggérées et des questions, chaque chapitre contient un récit factuel et une description des principaux héritages légués par la période étudiée. Un glossaire, un index, une bibliographie sélective, une table des matières détaillée ainsi que des listes des cartes, des encadrés, des figures et des tableaux complètent l'ouvrage. Enfin, un *Guide du maître* accompagne ce manuel.

Notons que les siècles sont toujours indiqués en chiffres romains, alors que les années le sont en chiffres arabes. Les dates antérieures à Jésus-Christ portent la mention « av. J.-C. », mais les dates de l'ère chrétienne sont généralement indiquées sans la mention « apr. J.-C. ». Les mots imprimés en caractères gras dans le texte courant correspondent aux concepts définis dans le glossaire. Les questions figurant en fin de chapitre peuvent aussi bien servir aux contrôles de lecture que suggérer des sujets de travaux. La bibliographie qui suit chaque chapitre propose des lectures portant sur la période étudiée dans ce chapitre, alors que la bibliographie sélective, placée en fin de volume, reprend les grandes collections et les titres d'œuvres de synthèse que les auteurs ont consultées tout au long de leur travail de rédaction.

Les auteurs souhaitent que ce livre facilite la tâche de leurs collègues qui dispensent le cours 330-910 « Histoire de la civilisation occidentale » et celle des étudiants qui le suivent. Ils croient en outre que leur ouvrage pourrait être consulté, voire avantageusement utilisé par des professeurs et des étudiants dans le cadre de certains cours d'histoire de l'art, de littérature ou de philosophie. Ils osent enfin espérer que le grand public le lira avec le même bonheur qu'ils ont eu à le rédiger.

Les auteurs tiennent à souligner que ce projet n'aurait pas été mené à bonne fin sans la précieuse collaboration de M. Charles Dufresne ainsi que celle de Mme Ginette Duphily et d'une solide et dynamique équipe de production. Ils remercient également M. Jacques D'Amour et M. Gabriel-Pierre Ouellette, ainsi que Mme Christiane Leduc, du Collège de Valleyfield, Mme Louise-Édith Tétreault, du Collège de Saint-Jérôme, et M. Robert Lagassé, du Collège Édouard-Montpetit, professeurs dont les judicieux conseils leur ont été d'un grand secours.

Pierre Angrignon

Jacques G. Ruelland

Table des matières

Chapitre 1
Histoire et civilisation   1

Introduction 3
L'histoire 3
  La nature de l'histoire 3
  Le découpage et la mesure du temps 3
    Les périodes préhistoriques 4
    Les périodes historiques 5
    Les unités de mesure du temps 6
  L'espace et le milieu naturel 7
  La démarche historique 7
    La rigueur de la démarche historique . . . 7
    Les limites de la démarche historique . . . 8
    L'utilité de la démarche historique 9
La notion de civilisation 9
  Un essai de définition 9
    Le sens initial 9
    La société, la culture et la civilisation . . 10
    La civilisation matérielle et
    la civilisation morale 10
  Les étapes de formation 11
  La civilisation occidentale 12
Conclusion 14
Lectures suggérées 15
Questions 15

Chapitre 2
L'époque préhellénique   17

Chronologie 19
Introduction 20
Les faits **20**
  Les premières civilisations
  (XXXe-XVIe siècle av. J.-C.) 20
    L'Égypte de l'Ancien et
    du Moyen Empire 20
    Sumer et Akkad 23
    La Crète 23
    Les invasions indo-européennes 23
  La renaissance des grands empires
  (XVIe-VIe siècle av. J.-C.) 24

L'Égypte du Nouvel Empire 25
L'Assyrie 25
Babylone 25
La Crète 26
  Deux peuples du couloir syro-palestinien . . . 26
    Les Phéniciens 27
    Les Hébreux 27
  L'Empire perse (VIe-IVe siècle av. J.-C.) 30
    Les conquêtes achéménides 31
    L'Asie Mineure 31
Les héritages **32**
  Les legs matériel et organisationnel 32
    Les progrès matériels 32
    Les premiers États 33
  Le rayonnement culturel 36
    Le polythéisme 36
    Le monothéisme 37
    L'art monumental 37
    Les communications orales 38
  La vie intellectuelle 39
    L'apparition de l'écriture 39
    L'alphabet 40
    Les premières œuvres littéraires 41
    Les premiers pas de la science 42
Conclusion 43
Lectures suggérées 44
Questions 44

Chapitre 3
La Grèce   45

Chronologie 47
Introduction 48
Les faits **49**
  Les mondes créto-mycénien et
  égéen (XXVe-VIIIe siècle) 49
    Les Créto-Mycéniens 49
    Les invasions doriennes et
    la première colonisation 51
  La Grèce archaïque et l'expansion
  méditerranéenne (VIIIe-Ve siècle av. J.-C.) . . 53
    L'expansion coloniale 53

Les changements économiques et
les mutations sociales 53
De la tyrannie à la démocratie 54
La Grèce classique (Vᵉ-IVᵉ siècle av. J.-C.) . . . 58
Les guerres Médiques 58
L'apogée d'Athènes 60
La guerre du Péloponnèse et
l'affaiblissement des cités grecques . . . 60
Le monde hellénistique
(IVᵉ- Iᵉʳ siècle av. J.-C.) 62
Alexandre le Grand et les royaumes
hellénistiques 63

Les héritages **65**
La démocratie athénienne 65
Les forces 65
Les faiblesses 66
La puissance et la portée des idées 67
Les premières écoles de l'Ionie et
de la Grande Grèce 67
Le classicisme athénien 68
La morale et la science hellénistiques . . 71
Les facteurs d'unité et de continuité 73
La langue 73
La religion 73
Les origines de l'olympisme 74
La naissance du théâtre 75
Les premiers sommets
de l'art occidental 77

Conclusion 81
Lectures suggérées 82
Questions 82

**Chapitre 4
Rome**   **83**

Chronologie 85
Introduction 86
Les faits **86**
La fondation de Rome et la période
monarchique (753-509 av. J.-C.) 87
La période républicaine (509-27 av. J.-C.) . . 89
La conquête de l'Italie
(509-250 av. J.-C.) 89
Les conquêtes méditerranéennes
(250-27 av. J.-C.) 92

Les crises internes (250-27 av. J.-C.) . . 93
La chute de la République 94
La période impériale
(27 av. J.-C. -476 apr. J.-C.) 96
L'empire mondial
(27 av. J.-C. -193 apr. J.-C.) 96
Des premières crises au partage
de l'Empire (193-395) 99
Des invasions germaniques à la chute
de l'Empire romain d'Occident
(395-476) 101
Les causes de la chute de Rome 102

Les héritages **104**
Le pragmatisme et le sens
de l'organisation 104
Les arts 104
Les infrastructures 106
Les fondements du droit 108
Une conception élargie de l'État et
de la citoyenneté 109
Les lettres latines 109
L'influence grecque et la spécificité
latine 109
Des auteurs engagés 111
Le christianisme 113
L'affaiblissement du paganisme
romain 113
Les origines du christianisme 114
La diffusion et les persécutions 115
L'organisation initiale de l'Église 118
Les divisions internes et les hérésies . . 118

Conclusion 119
Lectures suggérées 120
Questions 120

**Chapitre 5
Le Moyen Âge**   **121**

Chronologie 123
Introduction 124
Les faits **124**
L'Occident disloqué à la recherche
de son unité (Vᵉ - Xᵉ siècle) 125
Les principaux royaumes
germaniques 125
Les Carolingiens et le retour
de l'idée impériale 128

La présence musulmane en Occident . . 132
Les invasions scandinaves 134
Les Byzantins 135
L'Occident reconstitué et conquérant
(XIe-XVe siècle) 136
La papauté et l'Empire : une alliance
stérile 136
La société féodale 139
Les Croisades 142
La formation des grands États
monarchiques 146
La guerre de Cent Ans (1337-1453) . . 149
Une sombre fin d'époque 150

Les héritages **153**
Une culture originale 153
Les progrès agricoles 153
Le rôle de l'Église et des monastères . . 154
L'art roman 155
L'émergence des langues romanes
et les premières œuvres littéraires . . . 155
Une nouvelle civilisation urbaine 157
L'essor des villes et la naissance
de la bourgeoisie 158
L'amélioration des infrastructures 160
Les premières universités 160
L'art gothique 162
Une littérature renouvelée 163
Des solidarités et des libertés nouvelles . . . 164
Les regroupements corporatifs 164
Les institutions représentatives 166

Conclusion 168
Lectures suggérées 169
Questions 169

Chapitre 6
La Renaissance   171

Chronologie 173
Introduction 174
Les faits **175**
La Réforme et la Contre-Réforme 175
Les origines du protestantisme 175
Les réformateurs 176
Les conséquences du mouvement
protestant 177
La Contre-Réforme 179

Les principaux foyers de la Renaissance . . 180
Les États italiens 180
Les domaines des Habsbourg 183
La France des Valois et
les guerres de Religion 185
L'Angleterre des Tudors 188
Les grandes explorations 189
La recherche d'une nouvelle route . . . 190
L'Amérique précolombienne 193
Les premiers empires coloniaux 194

Les héritages **198**
L'émergence d'un nouveau monde
occidental 198
L'humanisme et la vie intellectuelle 201
Les humanistes 201
L'apparition des littératures nationales . . 202
L'évolution scientifique 203
L'humanisme, les techniques et les arts . . . 205
Les progrès techniques 205
Le renouvellement des arts 208

Conclusion 212
Lectures suggérées 213
Questions 213

Chapitre 7
Le XVIIe siècle
(1598-1715)   215

Chronologie 217
Introduction 218
Vue d'ensemble 219
Les empires coloniaux 220
L'organisation de la société 221
Les antagonismes philosophiques
et religieux 223

Les faits **223**
Les puissances en déclin 223
Le Saint-Empire et la guerre de
Trente Ans (1618-1648) 224
L'Espagne 224
Le Portugal 225
Les puissances en progrès 226
L'Angleterre 226
Les Provinces-Unies 230

Le cas de la France 231
 Louis XIII et le cardinal de Richelieu . . 231
 Louis XIV et l'absolutisme 233
La naissance du Nouveau Monde et
le mercantilisme 235

Les héritages **237**
Le baroque 237
 La littérature 238
 Le précieux 239
 Le classicisme 240
 L'architecture 240
 La querelle des Anciens et
 des Modernes 240
Une conception renouvelée
de l'être humain 241
Rationalisme et empirisme 241
Les sciences et les techniques 243

Conclusion 247
Lectures suggérées 247
Questions 247

Chapitre 8
Le XVIIIᵉ siècle
(1715-1775)   249

Chronologie 251
Introduction 252
Vue d'ensemble 252
 L'agriculture 253
 L'industrie 254
 Le commerce et les affaires 254
 Les guerres coloniales 256

Les faits **257**
La guerre de Succession d'Espagne
(1701-1714) et la Triple-Alliance (1717) . . 257
La Prusse 257
L'Autriche 258
Le renversement des alliances (1748-1756)
et la guerre de Sept Ans (1756-1763) . . . 260
L'Europe centrale et orientale 260
L'Angleterre 261
La France 265

Les héritages **270**
Les arts 270
 La prépondérance française
 dans les beaux-arts 270
 Les arts en Occident 271

La musique 271
La philosophie des Lumières et
la littérature 272
Les systèmes économiques :
la physiocratie et le libéralisme 274
 Les progrès scientifiques 274
 Des savants et des philosophes 274
 La vulgarisation scientifique 275
 La méthode scientifique 277
 Les progrès techniques 278

Conclusion 279
Lectures suggérées 280
Questions 280

Chapitre 9
Le XIXᵉ siècle
(1ʳᵉ partie : 1775-1848) 281

Chronologie 283
Introduction 284
Vue d'ensemble 285
 Les mouvements de populations 285
 L'économie 285

Les faits **286**
L'Indépendance des États-Unis d'Amérique . 286
 La Constitution américaine de 1787 . . 288
 L'évolution de la société américaine
 et de la politique 290
 Les conséquences de la révolution
 américaine 291
 Le Canada face aux États-Unis 291
La Révolution française 294
 L'Assemblée législative (1791-1792)
 et la Première République
 (1792-1793) 298
 La Terreur (1793-1795) et
 le Directoire (1795-1799) 299
 Le Consulat (1799-1804) et
 le Premier Empire (1804-1814) 300
 L'influence de la Révolution française . . 302
 La France sous Louis-Philippe
 (1830-1848) 302
L'Europe du Congrès de Vienne
(1814-1830) 303
 La nouvelle carte de l'Europe 303
 Le système du congrès de Vienne 304

Les héritages **306**

L'affirmation des droits individuels 306
Le capitalisme et la révolution industrielle . . 307
    Le capitalisme et les questions sociales . 307
    La révolution industrielle en Occident . 308
Les innovations techniques 309
    Le métier à tisser 310
    Les machines-outils 311
    La locomotive et le bateau à vapeur . . 312
    Les autres inventions 312
Le romantisme en littérature et
dans les arts 313
    Le romantisme littéraire 313
    Le romantisme dans les arts 313
    Le romantisme en musique 315
    Le romantisme en philosophie 316
Conclusion 317
Lectures suggérées 318
Questions 318

Chapitre 10
Le XIXᵉ siècle
(2ᵉ partie : 1848-1914) 319

Chronologie 321
Introduction 322
Vue d'ensemble 322
    Les longs règnes 322
    L'essor démographique 322
    Le développement économique 324
    Les nouveaux empires coloniaux 326
Les faits **329**
Les démocraties libérales 329
    L'Angleterre victorienne 329
    Les États-Unis d'Amérique 331
    Le Canada 336
    La France 336
Les monarchies autoritaires 342
    L'Allemagne 342
    L'Autriche 345
    La Russie 345
Le cas de l'Italie 348
Les héritages **349**
Une nouvelle conception de la société 349
    Le socialisme utopique 349

Le marxisme 350
Le syndicalisme 352
Les arts et les lettres 352
    Le réalisme et le naturalisme
    dans le roman 353
    L'architecture et les arts décoratifs . . . 354
    La peinture 355
    Le théâtre et la musique 357
La pensée scientifique 357
    La doctrine positiviste 357
    Les découvertes scientifiques 357
Conclusion 362
Lectures suggérées 363
Questions 363

Chapitre 11
Le XXᵉ siècle
(1ʳᵉ partie : 1914-1945) 365

Chronologie 367
Introduction 368
Les faits **369**
La Première Guerre mondiale (1914-1918) . 369
    Une guerre totale 369
    Le traité de Versailles (1919) 372
La Révolution russe (1917) 372
    La modernisation de l'URSS 375
La crise économique de 1929 375
    Une crise mondiale 376
Les démocraties libérales 376
    Les États-Unis 378
    Le Canada 380
    L'Angleterre 380
    La France 381
Les régimes totalitaires 381
    L'Italie 381
    L'Allemagne et l'Autriche 383
    L'Espagne 385
La Deuxième Guerre mondiale
(1939-1945) 386
    La « drôle de guerre » 387
    La remise en question des valeurs . . . 393
La création de l'ONU (1945) 396
Les héritages **397**

La grande urbanisation 397
 Les conditions d'urbanisation 397
L'État-providence 397
 La remise en question
 de l'État-providence 398
Le féminisme 398
 Les victoires du mouvement féministe . . 399
L'éclatement des modes d'expression 399
 La musique populaire 400
 Le culte de la fantaisie 400
 La culture allemande sous
 la république de Weimar 400
 La culture russe après la révolution
 de 1917 401
Les sciences et les techniques 401
 L'expansion des domaines scientifiques
 et techniques 401
Conclusion 402
Lectures suggérées 403
Questions 403

Chapitre 12
Le XXe siècle
(2e partie : 1945-1995) 405

Chronologie 407
Introduction 408
Vue d'ensemble 409
 La démographie 409
 L'économie 410
 L'économie de marché 411
 Les conséquences de l'expansion
 du capitalisme 414
 La récession économique
 des années 1970 414
 L'évolution de la politique 415
 La modernisation du Japon 417
Les faits 419
 La suprématie des États-Unis 419
 Les démocraties d'Europe occidentale 422
 La France 422
 L'Angleterre 422
 La guerre froide (1945-1990) 423
 La crise de Berlin (1948-1949) 424
 L'OTAN (1949) 425
 Le pacte de Varsovie (1955) 426
La détente (1972) 426
La fin du colonialisme (1945-1975) 428
 Les conséquences de la décolonisation . 432
Les problèmes de la civilisation occidentale . 433
Les héritages 434
 Les institutions internationales 434
 Les divers organismes de l'ONU 434
 Les organismes européens
 de coopération 435
 Le Comecon 436
 Les organismes du Tiers Monde 436
 Les sciences et les techniques 437
 L'astronautique 437
 L'informatique 437
 La médecine 438
 Les arts et les lettres 438
 Les conséquences de
 la mondialisation
 des rapports humains 439
 L'art, un besoin majeur
 des Occidentaux 439
 Le théâtre 439
 La philosophie 439
 La conception de l'être humain et
 de la science 440
 Existentialisme et phénoménologie
 au début du siècle 440
 La psychanalyse 440
 Les fondements de l'éthique 440
 L'espoir d'un renouveau en Occident 441
 La remise en question
 des valeurs traditionnelles 441
 La révolution sexuelle 441
 Le pouvoir de la presse 442
 Un nouvel humanisme 443
Conclusion 444
Lectures suggérées 446
Questions 446
Annexe I : de l'URSS à la Russie (1985-1991) . . 447
Annexe II : l'Europe de l'Est de 1975 à 1994 . . 451
Glossaire 467
Bibliographie sélective . . 481
Listes 483
Sources 490
Index 491

Chapitre 1

Histoire et civilisation

Quelques facteurs de civilisation   Un haut niveau socioculturel, un certain degré de développements techniques et scientifiques, le contexte urbain, une organisation diversifiée et efficace du travail, une tradition écrite et un système politique structuré constituent d'importants facteurs de civilisation.

L e sujet traité dans ce manuel est très vaste et porte sur environ 25 siècles, de l'Antiquité à nos jours et du lointain univers méditerranéen au monde atlantique d'aujourd'hui. Avant d'entreprendre ce périple, il faudra expliquer la nature de l'histoire, son cadre temporel et spatial, tout en rappelant à la fois la rigueur et les limites de sa démarche. La notion de civilisation, par rapport à celles de société et de culture, sera également définie et quelques précisions sur les caractéristiques de la civilisation occidentale seront apportées.

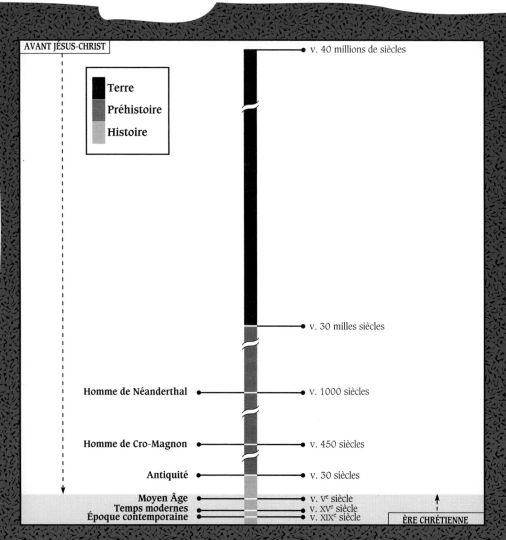

Figure 1.1
La brièveté de la préhistoire et de l'histoire

Introduction

Souvent utilisés dans le langage courant, les termes *histoire* et *civilisation* se sont parfois vu attribuer une connotation restrictive et erronée. Ainsi, l'histoire est souvent associée à la simple chronique événementielle, et on lui reproche également de ne pas être exacte, infaillible ou définitive. D'abord opposée à la barbarie et fréquemment confondue avec la culture, la civilisation a désigné une réalité de plus en plus complexe au XXe siècle. Elle est devenue un concept élargi, qui a d'ailleurs imposé à l'histoire une approche globale et un cadre continu, de longue durée. On ne saurait entreprendre, à partir de ses origines, une étude de la civilisation occidentale et de ses héritages, sans préciser de façon explicite la nature de l'histoire et le sens du mot *civilisation*.

L'histoire

Certains personnages publics se plaisent parfois à dire que l'histoire les jugera. L'histoire peut en effet être considérée comme la mémoire de l'humanité, le souvenir que la postérité garde de son passé. Cette définition demeure sans doute acceptable, dans la mesure où elle s'accompagne d'explications sur la façon de conserver du passé humain le souvenir le plus complet et le plus précis possible.

La nature de l'histoire

Événementielle, l'histoire fait le récit des faits rattachés au passé d'un individu ou d'un groupe humain. Également descriptive, elle retrace l'évolution des peuples par le biais de leurs réalisations matérielles et culturelles. Par souci de précision, elle circonscrit sa démarche dans le temps et l'espace, en s'appuyant principalement sur des documents écrits, témoins plus fiables que la tradition orale et plus révélateurs que les ossements, les monuments, les outils ou les **artefacts**. Elle s'applique donc à reconstituer méthodiquement l'évolution des sociétés humaines. L'histoire débute vers l'an 3000 av. J.-C. avec l'utilisation de documents écrits, appartenant aux premières civilisations proche-orientales, dont il sera question dans notre prochain chapitre. Cette association à l'apparition de l'écriture permet de distinguer l'histoire de la préhistoire, qui remonte aux lointaines origines de l'être humain.

L'histoire est, en outre, explicative, c'est-à-dire qu'elle s'interroge sur les origines et le sens des événements. Ne se limitant pas à leur simple reconstitution, elle tente d'en expliquer le déroulement selon une méthode rigoureuse. Tant en matière de causes que de conséquences, elle s'applique à comprendre les gestes et les motivations des êtres humains d'autrefois, ainsi que les changements qui ont affecté la vie des collectivités. L'histoire cherche également à saisir l'évolution de l'humanité dans sa globalité et dans sa durée, au fil des siècles et des millénaires. Au moyen de l'analyse et de la synthèse, l'histoire propose une interprétation à partir des réflexions et des jugements que lui inspire l'étude du passé ; cette interprétation donne une signification au passé et un sens au présent, en reliant la réalité de jadis à celle de notre temps.

Le découpage et la mesure du temps

L'histoire doit préalablement situer les événements dans le temps et dans un espace donné. Le temps est un concept indéfini qu'il a fallu néanmoins mesurer au même titre que les distances. De là est née la chronologie (du grec ancien *kronos* « temps »), la science des dates. Le découpage du temps s'est imposé subséquemment, lorsqu'il est devenu nécessaire de diviser le temps passé en périodes qui correspondaient à des stades importants de l'évolution de l'humanité. (*Voir la figure 1.1 à la page 2.*)

À l'échelle de notre planète, qui serait âgée d'environ quatre milliards d'années, la préhistoire et l'histoire de l'humanité représentent un temps fort bref par rapport à l'âge de la Terre et des autres espèces vivantes. Après la très longue période précambrienne, les premiers vertébrés seraient apparus à l'ère primaire (de 600 à 230 millions d'années av. J.-C.), les mammifères à l'ère secondaire (de 230 à 70 millions d'années av. J.-C.) et l'espèce humaine vers la fin de l'ère tertiaire (de 70 à 3 millions d'années av. J.-C.), soit pendant la dizaine de millions d'années avant Jésus-Christ. L'ère quaternaire, dans laquelle nous vivons, correspond à l'existence assez récente de l'humanité. Nous appelons *préhistoire* cette période qui débute avec l'apparition de l'être humain et sur laquelle nous ne disposons pas de documents écrits.

Les périodes préhistoriques

Il y a environ 40 millions d'années est apparu, sur le continent africain, un grand singe; de sa lignée est sorti un **anthropoïde** qui, approximativement 10 millions d'années av. J.-C, est descendu de son arbre. Il est graduellement devenu bipède et a quitté sa forêt pour la savane, où il s'est initié à la chasse. Cette descente de l'arbre représente la première révolution fondamentale de l'humanité, la deuxième sera la fabrication des outils.

On a divisé la préhistoire en grandes périodes: le paléolithique (âge de la pierre taillée), le mésolithique (âge intermédiaire), le néolithique (âge de la pierre polie) et l'âge des métaux. (*Voir le tableau 1.1.*) Notons qu'en grec les mots *palaios*, *mesos*, *neos* et *lithos* signifient respectivement «ancien», «milieu», «nouveau» et «pierre».

Le paléolithique (v. 3 000 000-10 000 av. J.-C.) représente la plus longue période de la préhis-

toire. La **paléontologie** nous apprend qu'à l'**australopithèque** anthropoïde a succédé un premier **anthropomorphe**, l'*homo habilis* (3 500 000-1 500 000 av. J.-C.), qui habitait également l'Afrique. L'*homo erectus* (1 500 000-100 000 av. J.-C.) s'est redressé et a marché vers l'Europe et l'Asie. Le premier ***homo sapiens***, l'homme de Néanderthal, est apparu vers 100 000 av. J.-C. et possédait des caractéristiques physiques peu différentes des nôtres. Il fabriquait des outils, chassait, maîtrisait le feu et donnait une sépulture à ses morts. L'homme de Néanderthal a disparu vers 45 000 av. J.-C. et a cédé la place à notre ancêtre direct, l'homme de Cro-Magnon. À cette époque, le climat demeurait très froid alors que chasseurs et pêcheurs vivaient dans des cavernes ou dans des abris fort simples. Les hommes de Cro-Magnon emmanchèrent leurs outils et finirent par passer de l'état de troupeau à la vie de clan. Leurs statuettes et leurs fresques représentent les premières formes d'expression artistique. Notons finalement que nous ignorons tout de l'origine des races dont les caractères biologiques ne laissent pas de traces à l'état fossile.

Pour les trois autres périodes préhistoriques, il faudra distinguer entre l'Orient et l'Afrique d'une part, et l'Europe occidentale d'autre part. En effet, cette région a accusé un retard considérable dans son développement jusqu'à la fin de l'âge des métaux.

Le mésolithique (Orient et Afrique: 10 000-7000 av. J.-C.; Europe occidentale: 8000-3500 av. J.-C.) se caractérise par un réchauffement général du climat, qui provoque de grandes inondations. C'est alors qu'on assiste à la colonisation des rivages, à l'organisation de grandes pêches, aux débuts de

TABLEAU 1.1
LES PÉRIODES PRÉHISTORIQUES (quest #1)

Paléolithique	D'environ 3 000 000 à 10 000 av. J.-C.
Mésolithique	De 10 000 à 7000 av. J.-C. en Orient et en Afrique De 8000 à 3500 av. J.-C. en Europe occidentale
Néolithique	De 7000 à 5000 av. J.-C. en Orient et en Afrique De 3500 à 2500 av. J.-C. en Europe occidentale
Âge des métaux	À partir de 5000 av. J.-C. en Orient et en Afrique À partir de 2500 av. J.-C. en Europe occidentale

l'agriculture et de l'élevage, à la formation des premiers villages, à la domestication du chien, au remplacement du renne par le cerf et à l'invention de la céramique. Sont aussi apparues durant cette période les pointes et les lames de silex, les haches et les pioches. En outre, le climat plus clément ainsi que la naissance de l'agriculture ont amené un accroissement démographique.

Le néolithique (Orient et Afrique : 7000-5000 av. J.-C. ; Europe occidentale : 3500-2500 av. J.-C.) se signale par l'apparition du chariot à roues pleines et par l'expansion de l'agriculture. L'élevage du cheval, des autres équidés, du mouton, de la chèvre et du porc progresse. La sédentarisation a entraîné la décadence du clan et l'apparition des premières agglomérations, où s'est effectuée une première division du travail. Dans le domaine religieux, la pratique de la **crémation** témoigne de la peur du retour des morts et d'une croyance en leur survie. Nous sommes à l'aube des premières grandes civilisations.

À la jonction de la préhistoire et de l'histoire, l'âge des métaux (Orient et Afrique : 5000-3000 av. J.-C. ; Europe occidentale : à partir de 2500 av. J.-C.) se distingue d'abord par l'utilisation du cuivre et de l'or à l'état pur. À l'aide de la chaleur, du moulage et du martelage, on réussit à donner des formes aux métaux. En Égypte et en Mésopotamie, par l'alliage du cuivre et de l'étain, on obtient du bronze. Le fer, quant à lui, n'apparaît dans ces régions que vers 1500 av. J.-C., et en Europe occidentale vers 800 av. J.-C.

Les premiers documents écrits datent de la fin de l'âge des métaux. C'est à ce moment-là que se termine la préhistoire qui couvre approximativement 3 millions d'années et que commence l'histoire qui en compte à peine 5000.

Les périodes historiques

Si l'on considère que la formation de l'écorce terrestre remonte à environ quatre milliards d'années, il nous faut parler d'une très longue évolution, au sein de laquelle l'histoire de l'humanité ne représente qu'un épisode récent, dont les dernières étapes se sont déroulées de plus en plus rapidement. Ajoutons que si à peine 5000 ans séparent les premières civilisations de l'invention de la machine à vapeur et du chemin de fer, il n'y a qu'environ 200 ans entre les débuts du machinisme d'une part, et l'invention de la télévision et de l'ordinateur ainsi que la conquête de l'espace d'autre part. Nous sommes dès lors en présence d'une prodigieuse accélération de l'histoire, c'est-à-dire que les changements se produisent à un rythme de plus en plus précipité.

Dans la tradition française, l'histoire est divisée en quatre grandes périodes : l'Antiquité, le Moyen Âge, les Temps modernes et l'Époque contemporaine. (*Voir le tableau 1.2*.) L'Antiquité débute aux environs de 3000 av. J.-C. et se termine avec l'effondrement de l'Empire romain d'Occident au Ve siècle apr. J.-C. Le Moyen Âge s'étend du Ve siècle au XVe siècle, faisant coïncider sa fin soit avec la découverte de l'imprimerie (v. 1450), soit avec la prise de Constantinople par les Turcs (1453), ou encore avec la découverte de l'Amérique par Christophe Colomb (1492). Les Temps modernes vont du XVe siècle à la fin du XVIIIe siècle, c'est-à-dire de la Renaissance à la Révolution française (1789), qui marque également le début de notre époque, l'Époque contemporaine.

Ces divisions, qui varient selon les points de vue, ne doivent pas être considérées comme immuables. Quoiqu'imprécises, arbitraires et contestables, elles

TABLEAU 1.2
LES PÉRIODES HISTORIQUES

Antiquité	D'environ 3000 av. J.-C. au Ve siècle apr. J.-C. (476 apr. J.-C.)
Moyen Âge	Du Ve siècle au XVe siècle (1450, 1453 ou 1492)
Temps modernes	Du XVe siècle au XVIIIe siècle (1789)
Époque contemporaine	De 1789 à nos jours

permettent cependant de situer les événements dans le temps et sont nécessaires, quelle que soit leur inspiration.

Les unités de mesure du temps

La chronologie, peu importe son origine, est utile pour situer correctement les événements les uns par rapport aux autres et pour éviter, de cette façon, les anachronismes. Il n'y a jamais eu d'entente définitive pour convenir d'un même point de départ, si bien qu'encore de nos jours comme dans le passé, les mesures du temps varient selon certaines civilisations. Il n'y a là aucun inconvénient majeur dans la mesure où les correspondances de dates peuvent être établies.

Les Occidentaux ont retenu l'ère chrétienne dont le point de départ est la date présumée de la naissance de Jésus-Christ. Par exemple, lorsqu'on affirme que le premier conflit mondial s'est terminé le 11 novembre 1918, cette date signifie que, lors de la cessation des hostilités, 1918 années s'étaient écoulées depuis la naissance du Christ. Pour dater les événements qui ont eu lieu avant le Christ, on effectue simplement le compte à rebours. Ainsi, la victoire des Grecs contre les Perses à Marathon se situe en 490 av. J.-C., parce que depuis cette célèbre bataille jusqu'à la naissance de Jésus-Christ, il se serait écoulé 490 ans. Il n'y a pas d'année zéro : au dernier jour de l'an 1 av. J.-C. succède le premier jour de l'an 1 apr. J.-C. Ainsi, le XXe siècle a débuté le 1er janvier 1901 et se terminera le 31 décembre de l'an 2000. Le XVIIe siècle comprend les années 1601 à 1700. Les années sont fréquemment regroupées de diverses façons comme la génération, l'époque, le siècle et le millénaire. Le siècle représente 100 ans alors que le millénaire regroupe 1000 ans ou 10 siècles. Nous sommes donc présentement à la fin du IIe millénaire de l'ère chrétienne. Rappelons qu'on a habituellement recours aux chiffres romains pour indiquer le nombre de siècles, de millénaires et de dynasties. (*Voir le tableau 1.3.*)

Pour les Mésopotamiens et les Égyptiens, chaque nouveau règne représentait le début d'une ère nouvelle. Les Grecs se servaient des olympiades, qui revenaient aux quatre ans, depuis les premiers jeux organisés en 776 av. J.-C., pour mesurer le temps. Par contre, les Romains dataient les événements importants à partir de la fondation de Rome, que nous situons vers 753 av. J.-C. L'ère musulmane débutait avec l'hégire, la fuite de Mahomet de La Mecque vers Médine, que nous situons en 622 apr. J.-C.

Les unités de mesure du temps historique ne sont pas toujours précises. Le mot *génération* est régulièrement utilisé pour désigner des individus qui sont sensiblement du même âge. Une génération peut correspondre à une période d'environ 30 ans, soit le laps de temps qui sépare souvent l'âge d'un enfant de celui de ses parents. Cette notion, qui demeure approximative, désigne parfois un groupe d'individus qui ont été témoins des mêmes événements. Ainsi parlera-t-on de la génération de 1914 ou de celle des années 1950. Encore plus imprécis, le mot *époque* désigne une période assez brève, marquée par un personnage, un événement ou un style particulier. Nous nous référons souvent à l'époque napoléonienne (1800-1815), à celle du premier conflit mondial (1914-1918) ou à celle qui l'a précédée, soit la Belle Époque (1900-1914). On emploie parfois le mot *siècle* pour désigner une époque qui ne compte pas 100 ans, mais qui est dominée par un grand personnage ou un phénomène majeur. Par exemple, les expressions *Siècle de Périclès* (Ve siècle av. J.-C.), *Siècle de Louis XIV* (XVIIe siècle) ou *Siècle des lumières* (XVIIIe siècle) sont d'utilisation courante en histoire. Par contre, le siècle peut parfois correspondre à plus de 100 ans ; dans le présent ouvrage, le XIXe siècle s'étend de 1789 à 1914.

TABLEAU 1.3
LES CHIFFRES ROMAINS

I = 1	XI = 11	XXX = 30
II = 2	XII = 12	XXXI = 31
III = 3	XIII = 13	XL = 40
IV = 4	XIV = 14	L = 50
V = 5	XV = 15	LX = 60
VI = 6	XVI = 16	LXX = 70
VII = 7	XVII = 17	LXXX = 80
VIII = 8	XVIII = 18	XC = 90
IX = 9	XIX = 19	C = 100
X = 10	XX = 20	D = 500
		M = 1000

L'espace et le milieu naturel (question #2)

L'histoire est la science du temps dans l'espace : tout événement doit être localisé et son site doit être attentivement observé et étudié. Parmi les autres sciences humaines, la géographie demeure sans doute celle qui est la plus anciennement et la plus étroitement associée à la science historique. En histoire, on doit non seulement identifier les lieux, mais tenter de comprendre et d'expliquer l'influence du milieu sur la formation et le développement d'une quelconque communauté humaine, sur son type d'économie, de société, d'organisation politique et de culture. Les influences du climat, du relief et des ressources du sol sur les mentalités, les comportements et les réalisations collectives semblent indiscutables. Mais jusqu'à quel point la géographie façonne-t-elle les structures et les institutions d'un peuple donné et dans quelle mesure détermine-t-elle son évolution historique ?

À prime abord, on serait tenté de croire que ce sont les conditions géographiques qui commandent l'évolution historique. Par exemple, on constate que ce sont des peuples de marins ou d'agriculteurs sédentaires, habitant le long des grandes routes maritimes, fluviales ou caravanières, qui ont édifié les premières grandes civilisations. Les deltas du Tigre, de l'Euphrate et du Nil ainsi que les côtes de Phénicie, de Grèce et d'Asie Mineure en sont des exemples notoires (*voir les cartes*). Dispersées, les populations nomades ont conservé un niveau d'organisation rudimentaire, alors qu'isolées, les communautés enracinées au sol se sont inscrites dans l'**autarcie** économique, et se sont contentées d'un système d'échanges réduit et basé essentiellement sur le troc. Repliées sur elles-mêmes, ces sociétés tribales ont mis sur pied une hiérarchie, basée sur la primauté de la collectivité (famille, clan, tribu ou village) et sur le principe de l'autorité, qui a maintenu l'individu en constante dépendance et soumission. Contrairement à ceux de l'arrière-pays, les peuples insulaires ou riverains ont rapidement abandonné leur économie fermée et se sont livrés au grand commerce. Ils ont pu établir des contacts extérieurs de plus en plus fréquents et permanents, qui ont influencé leur organisation sociale. C'est ainsi que la libre circulation des personnes et des biens aurait permis à ces peuples maritimes de créer un système social et politique fondé sur l'autonomie des individus.

Cependant, l'influence de la géographie sur l'histoire, quoique déterminante, n'explique pas tout, car les humains ont de tout temps tenté de se dégager de l'emprise de leur milieu naturel, en le modifiant. Ce serait leur faire injure et mésestimer leurs capacités que de prétendre qu'ils ne pouvaient pas dépasser les obstacles de leur environnement immédiat. Initialement dépendantes des ressources de leur milieu, les sociétés humaines ont su développer des habiletés et des stratégies, qui leur ont permis d'échapper, du moins partiellement, aux contraintes de la nature et d'infléchir le sens originel de leur évolution. Descendu de son arbre et devenu bipède, le grand singe anthropoïde est parvenu, au fil des millénaires, à se fabriquer des outils et à inventer l'agriculture. Il a distancé ainsi les autres animaux. Appliqué à une autre échelle, ce raisonnement nous permet d'affirmer que la croissance et la survie des communautés humaines dépendent de leur capacité à surmonter les difficultés internes et à résister aux menaces extérieures.

La démarche historique

La recherche historique doit s'effectuer selon des règles rigoureuses et en toute objectivité, en tenant compte des plus récentes découvertes des autres sciences humaines. Élaborée dans un lieu, un milieu et un contexte donnés, la démarche historique demeure empreinte de la subjectivité propre à tout discours. Essentiellement évolutive et rapidement confrontée à la critique et à de nouvelles interprétations, l'œuvre historique n'est jamais définitive. Cette reconnaissance des limites de l'histoire ne doit cependant pas nous conduire à une remise en question de son utilité.

La rigueur de la démarche historique

La recherche historique nécessite une discipline rigoureuse et est soumise à ses propres règles de fonctionnement. On doit tout d'abord explorer l'**historiographie**, c'est-à-dire faire le point sur l'ensemble des études historiques traitant directement ou indirectement du sujet qu'on étudie ; il faut également vérifier l'existence de documents pertinents. Par la suite, on doit élaborer une problématique et formuler une hypothèse, qui servira d'idée directrice à la recherche. Puis on se met systématiquement en quête des documents utiles à notre recherche. En effet, un immense effort de documentation doit servir de base à la recherche historique ; c'est là d'ailleurs qu'apparaissent les premières difficultés.

Il faut chercher et découvrir, en fonction de son sujet, des sources documentaires, déposées dans des archives publiques et privées, des bibliothèques et des musées. Cette partie initiale de la démarche est désignée sous le nom de *heuristique*. On ne doit pas tenir compte uniquement des sources écrites, mais de tout ce que les hommes et les femmes du passé ont laissé comme traces de leur passage. Pour interpréter adéquatement les révélations d'un document non écrit (ustensiles, outils, armes, bijoux, etc.), on doit fréquemment faire appel aux géologues, paléontologues, archéologues et autres experts de la préhistoire. Par ailleurs, jusqu'au XXe siècle, l'histoire ne s'est intéressée qu'aux milieux dirigeants et a été essentiellement politique, diplomatique, militaire et biographique. Cette approche élitiste et ce cadre restreint ont été remis en question par le développement de nouvelles sciences humaines.

C'est particulièrement le cas de la science politique, de l'économie, de la sociologie et de la psychologie, qui ont forcé l'histoire à se spécialiser en fonction de leurs approches, sans pour cela qu'elle renonce à sa globalité. Ces disciplines ont permis d'élargir le champ des investigations historiques et de favoriser une étude, à la fois plus large et plus approfondie, des civilisations. Au XXe siècle, les réalités collectives, notamment les forces sociales et les structures économiques, ont commencé à servir d'explication historique. L'histoire s'est alors spécialisée et a exploré des domaines aussi complexes que les idées et les mentalités. Plus récemment, l'essor des méthodes quantitatives et de l'informatique a imposé à l'historien de nouveaux outils et nécessairement de nouvelles approches et façons d'interroger le passé. Il nous faut désormais parler d'histoire quantitative et sérielle, par exemple pour établir la généalogie d'une communauté et même d'un peuple, à partir d'archives inventoriées telles que les actes notariés et les registres de naissances.

On doit ensuite procéder à un choix parmi une masse de documents inventoriés. Après avoir pris soin de les interroger et de les critiquer, on se doit d'être vigilant. C'est pourquoi, afin d'éviter l'imposture, on comparera les divers témoignages et on vérifiera l'authenticité (critique externe) et la crédibilité (critique interne) de chacun d'eux. Cette analyse devra mener à la rédaction d'une synthèse historique, c'est-à-dire à une démonstration qui prouvera la justesse de notre hypothèse. Cette synthèse ne consiste pas à tout expliquer, mais à effectuer un choix de contenu et à cerner l'essentiel en écartant l'accessoire. Elle doit dégager, dans une évolution d'ensemble, la permanence et la continuité des phénomènes et des idées.

La rigueur de la méthode historique commande l'honnêteté. On ne peut volontairement omettre ou cacher un aspect gênant du passé, même si cet aspect contredit nos propres hypothèses, ou même s'il est peu glorieux pour notre peuple ou notre pays. L'histoire ne doit pas être au service d'une patrie, d'une idéologie, d'un parti politique, d'une famille ou d'un personnage quelconques. Ainsi certains documents, après vérification de leur authenticité et de leur crédibilité, doivent être utilisés, malgré le fait qu'ils peuvent ternir des réputations et remettre en question le bien-fondé d'enseignements ou d'interprétations, jugés jusque-là inébranlables.

Les limites de la démarche historique

L'histoire a pour objectif une connaissance scientifique du passé, en ayant recours à une méthode rigoureuse de traitement de ses sources documentaires. Cependant, comme toutes les sciences humaines et contrairement aux sciences de la nature, elle ne peut établir de lois universelles. Le recours à une seule cause pour expliquer l'origine d'un phénomène historique d'importance est une simplification à éviter. Ailleurs et à une autre époque, le même facteur n'a pas nécessairement engendré les mêmes changements.

On doit écrire afin de transmettre le fruit de nos recherches et de nos réflexions. Même en s'efforçant d'être impartial et honnête dans le choix, le traitement et l'interprétation des documents, il est difficile de prétendre à une parfaite objectivité. Quel que soit le sujet, on ne choisit, on ne critique et on n'interprète qu'en fonction de critères qui relèvent à la fois de notre personnalité et de notre temps. De plus, compte tenu des limites de la documentation et des connaissances acquises, la démarche demeure partielle. La fraction de la réalité passée qu'on réussit à saisir est souvent minime, ce qui conduit parfois à des erreurs d'interprétation. Le texte historique n'est jamais définitif et à toute épreuve. Il peut paraître le meilleur du moment jusqu'à ce qu'il soit confronté à d'autres interprétations, qui relèvent de perspectives différentes. Il faut donc parler de relativisme objectif en ce qui a trait à la recherche historique, qui n'est souvent valable que pour le temps et le lieu où elle émerge. Tout est toujours à réinterpréter. Dès lors, d'où la démarche historique tire-t-elle son utilité ?

L'utilité de la démarche historique

À cause de son caractère global et continu, la perspective historique demeure indispensable à la compréhension des questions actuelles. L'histoire est étroitement associée à la notion de progrès et, grâce à l'éclairage qu'elle projette sur le passé, elle peut faciliter non seulement la compréhension du présent mais également la préparation de l'avenir. Elle est la mémoire de l'humanité et, à ce titre, quiconque l'ignore risque d'en répéter les erreurs. Quoique dénué de toute fiction, le texte historique se transforme, dans certains cas, en passionnants récits d'aventures et nous enrichit, en nous mettant en relation avec de grandes cultures ou de grandes civilisations. Il peut satisfaire une curiosité innée et universellement répandue sur les origines et les causes des choses.

L'histoire nous amène aussi à nuancer nos jugements et à mieux comprendre les comportements des autres peuples, en recherchant leurs motivations profondes. Elle nous invite à la tolérance, en nous révélant que des générations d'êtres humains respectables, honnêtes et sincères ont eu des croyances diverses, ont partagé des systèmes de valeurs et ont obéi à des idéologies qui se sont avérées tôt ou tard mal fondées. Pourquoi n'en serait-il pas ainsi des nôtres un jour ou l'autre ? L'histoire nous apprend aussi que des millions d'êtres humains ont combattu et sont morts pour défendre leurs croyances et leurs idéologies. Par ailleurs, elle permet également de démasquer des chefs ou des groupes ambitieux, qui ont entretenu sciemment l'ignorance et les préjugés pour satisfaire leurs appétits de puissance ou défendre leurs intérêts.

L'histoire enseigne enfin la modestie. Chaque génération qui nous a précédés a apporté une contribution parfois capitale au développement de notre civilisation. La perspective historique permet d'évaluer l'importance de notre héritage et la contribution, à certains égards limitée, de notre génération. Sans nous donner une leçon de conduite pour le présent ou le futur, l'histoire nous permet néanmoins de mieux saisir les problèmes et les progrès des hommes et des femmes de divers pays à différentes époques, de nous sentir solidaires de ceux qui nous ont précédés et responsables de ceux qui nous suivront. Ce phénomène de continuité demeure l'une des composantes les plus importantes de la complexe notion de civilisation.

La notion de civilisation

Le mot *civilisation* a un sens et un contenu qui ont varié selon les époques. Il faut, pour définir cette notion complexe, associer plusieurs éléments, qui se répartissent sur de vastes espaces et sur une très longue période. En outre, les civilisations évoluent, se combinent et se transforment. Elles imposent donc une perspective historique globale et continue dans le temps.

Un essai de définition

Le sens du mot *civilisation* s'est enrichi au fil des siècles, et a fini par désigner, sur les plans temporel et spatial, une réalité qui dépasse et englobe les mots *société* et *culture*. La civilisation désigne le haut niveau de développement intégral que finissent par atteindre certaines communautés humaines. Ce ne peut être que le résultat des efforts de plusieurs générations d'hommes et de femmes, qui ont légué à la postérité un riche héritage de réalisations matérielles et morales.

Le sens initial

Utilisé longtemps au singulier, le mot *civilisation* a d'abord été opposé au mot *barbarie* et est devenu synonyme à la fois de « bonnes manières » et de « culture ». Il a désigné un ensemble de coutumes propres à une collectivité, qui se distinguait tant par son niveau d'organisation politique et administrative que par ses réalisations matérielles et culturelles. Dérivé du mot latin *civis* «citoyen», il a signifié l'état de raffinement et d'avancement des habitants des villes par opposition à celui des ruraux, jugés plutôt primitifs. En ce sens, la civilisation devenait une victoire sur la barbarie : elle avait une portée morale, faisait figure d'idéal et était un objet de fierté.

De plus en plus employé au pluriel depuis le XIXᵉ siècle, le mot a graduellement perdu son sens élitiste et **ethnocentrique**. On a en effet constaté que des groupes humains, réputés primitifs, sauvages ou barbares, n'étaient pas dépourvus de «civilisation». Ils avaient des règles et des usages différents des nôtres, mais pouvaient être tout de même qualifiés de civilisés. Utilisé au pluriel, ce mot désignait désormais l'ensemble des façons de vivre, de travailler, de penser, qui permettaient de distinguer un groupe humain d'un autre. On évacuait ainsi tout jugement de valeur puisque sociologiquement, tout peuple, même le moins développé, construit une «civilisation» qui lui est propre. Il n'y avait donc plus de sociétés ou de cultures inférieures, mais uniquement des sociétés et des cultures dissemblables. La nature généreuse et bien intentionnée de cette uniformisation a sans doute donné bonne conscience à ses auteurs, mais elle a eu comme inconvénient d'entretenir la confusion entre les termes *société*, *culture* et *civilisation*.

La société, la culture et la civilisation

Le terme *société* se rattache au mode d'organisation d'un groupe humain alors que le mot *culture* réfère à ses valeurs et à ses façons de vivre. Une société désigne un ensemble organisé d'individus régis par des lois et des règles communes. Hiérarchisée et conflictuelle à cause des inégalités qu'elle entretient entre les groupes ou les classes qui la composent, une société contribue à la formation et à la transformation d'une civilisation. La civilisation implique donc une réalité plus globalisante et véhicule une certaine vision du monde issue de tensions sociales dominantes. Égalitaires, les sociétés primitives n'engendrent que des cultures.

Une culture fait essentiellement référence aux façons de vivre propres aux êtres humains par opposition aux animaux. Les êtres humains transforment leur environnement et utilisent un langage et des symboles. D'une génération à l'autre, ils se transmettent un héritage social ainsi que des modes de vie et

des formes d'organisation qu'ils s'appliquent à perfectionner. Tous les êtres humains de tous les temps ont acquis une culture, mais n'ont pas nécessairement été partie prenante d'une civilisation.

La clé ou le lieu de passage entre une culture primitive et une culture civilisée semble résider dans l'organisation économique de base. Lorsque celle-ci fonctionne efficacement, le développement d'une civilisation semble alors possible. Une civilisation doit donc être considérée comme un stade élevé de développement culturel atteint par un peuple, qui ne s'est pas toujours départi de sa culture primitive, profondément inscrite dans sa mentalité collective. La culture *western*, par exemple, fortement répandue en Occident, se rattache à l'épopée, aux légendes et au folklore des Américains.

Le mot *civilisation* désigne, dans un cadre spatiotemporel vaste et continu, le niveau socioculturel atteint par une large communauté humaine possédant une vie urbaine, une organisation diversifiée et efficace du travail, de la production et des échanges, une tradition écrite ainsi qu'un système politique structuré.

La civilisation matérielle et la civilisation morale

Le mot *civilisation* possède un double contenu et on fait souvent la distinction entre civilisation matérielle et civilisation morale. La civilisation matérielle est liée au savoir-faire, à la technique, à la façon de satisfaire des besoins fondamentaux tels que la nourriture, le vêtement et le logement, ainsi qu'aux procédés de travail et à l'organisation de la société. On ne saurait donc parler de civilisation sans être en présence d'un certain degré de développement technique et d'organisation. Une civilisation ne s'épanouit que chez des peuples suffisamment nourris. Si la totalité de la population doit cultiver le sol pour assurer sa subsistance, qui veillera aux autres activités ? C'est pourquoi, pendant longtemps, les tâches autres qu'agricoles n'ont été exercées que par une faible proportion de la population occidentale.

La civilisation morale est constituée par les croyances, la religion, la pensée, les connaissances scientifiques ainsi que par les activités littéraires et artistiques. Les grandes civilisations se reconnaissent souvent à la qualité de ce qui leur survit, notamment leurs réalisations intellectuelles et artistiques qui constituent, à travers les siècles et les millénaires, un héritage complexe.

TABLEAU 1.4
LES PRINCIPALES ÉTAPES DE FORMATION D'UNE CIVILISATION

Révolution agricole
Passage de la cueillette et de la chasse à l'agriculture et à l'élevage

Formation des villages
Sédentarisation de la population, stockage de l'eau et irrigation des terres, progrès techniques, augmentation des rendements, accumulation de surplus

Développement des villes
Amélioration des transports et des échanges, apparition d'un système d'écriture, de la division du travail et des premiers groupes sociaux, formation d'un gouvernement monarchique et centralisé

Les étapes de formation (quest 5)

La notion de civilisation implique, au sein d'une collectivité et à tous les niveaux, une organisation cohérente et dynamique qui ne peut exister que dans un contexte urbain. La formation des premières civilisations a été le résultat d'une lente évolution de l'humanité, de la naissance de l'agriculture à la formation des premières villes. (*Voir le tableau 1.4.*) Cette longue marche s'est échelonnée sur environ quatre millénaires. Probablement entre 8000 et 4000 av. J.-C., l'être humain est passé de la chasse à l'agriculture et de la condition de nomade à celle de sédentaire. Nous savons peu de choses sur cette période où l'espèce humaine a connu un accroissement considérable, grâce à l'amélioration de ses possibilités de survie.

Il y a 10 000 ans, au moment du retrait des glaciers qui recouvraient la majeure partie de l'Eurasie et de l'Amérique, la fonte des glaces a provoqué de nombreuses inondations dans les régions côtières. Le réchauffement du climat a entraîné un changement de végétation, et on a commencé à se nourrir de céréales sauvages (blé, orge), de légumineuses (fèves, pois, lentilles) ainsi que de chèvres et de moutons, qu'on a domestiqués vers 6000 av. J.-C. C'est alors qu'une forme reconnaissable d'agriculture s'est développée. En Amérique, à partir du VIIe millénaire av. J.-C., la courge, puis le maïs, la pomme de terre, la tomate, la pistache et le haricot sont apparus. Cette révolution agricole est considérée comme capitale dans l'évolution de l'humanité.

La mutation du chasseur-cueilleur en agriculteur est à l'origine de la formation relativement rapide des premières civilisations. Les nouveaux agriculteurs ont appris à stocker l'eau pour fertiliser leurs terres. Dans les régions du Nil en Égypte, du Tigre et de l'Euphrate en Mésopotamie (*voir la carte 2.1 à la page 18*), les premiers fossés d'irrigation ont été creusés dès 5500 av. J.-C. Se sont ensuivies l'augmentation des rendements, la multiplication des villages et l'expansion de la population sédentaire. Entre 3500 et 3000 av. J.-C., diverses inventions se sont produites parmi lesquelles la roue, la charrue, le calendrier et, finalement, l'écriture (*voir l'encadré 1.1*).

ENCADRÉ 1.1
L'ÉCRITURE, UN PROLONGEMENT DE LA RÉVOLUTION AGRICOLE

Pour ne pas perdre de vue le temps des semailles et des récoltes, pour évaluer la production et le nombre des animaux, pour savoir à qui appartenait telle parcelle de terre et pour faire du troc, les cultivateurs ne pouvaient plus se fier à leur mémoire. Comme il leur fallait transcrire ces données, une écriture primitive a été inventée au Proche-Orient, environ 3000 ans av. J.-C. C'est sous forme de symboles figuratifs tels que le soleil, les animaux, les céréales, qu'on retrouve cette écriture sur les premières tablettes sumériennes en argile. Systèmes fort complexes, l'écriture cunéiforme des Mésopotamiens et les hiéroglyphes des Égyptiens ont dû, vers 1500 av. J.-C., céder la place à l'alphabet des Phéniciens. Ce dernier, après avoir été quelque peu modifié par les Grecs, deviendra l'alphabet latin qui est à l'origine de notre système d'écriture actuel.

Les progrès techniques et matériels découlant des procédés d'irrigation et des diverses inventions se sont accompagnés d'une véritable révolution sociale et politique. En effet, l'accumulation des surplus agricoles et l'amélioration des transports ont permis de procéder, en milieu urbain, à une division du travail. On a alors assisté à l'apparition des premiers métiers et à la formation des premiers groupes sociaux. Marchands et artisans, fonctionnaires et soldats, prêtres et scribes, participaient à une même vie communautaire où les tensions n'ont pas manqué d'éclater. Le besoin d'être régi par des lois communes ainsi que les impératifs de la défense militaire ont imposé la mise en place d'un système politique de plus en plus centralisé et efficace. Les premiers gouvernements ont été monarchiques et se sont parfois dotés d'une lourde bureaucratie, dominée par des prêtres et des scribes.

Le degré de civilisation est souvent défini par le niveau d'organisation urbaine. Rappelons qu'une civilisation résulte de tensions entretenues dans des sociétés hiérarchisées, qui maintiennent des écarts prononcés et inévitablement des luttes continuelles entre les groupes. D'où l'importance de la ville, foyer dynamique de ces conflits qui provoquent des départs et des arrivées et, par conséquent, une ouverture sur l'extérieur. Face au conservatisme de l'arrière-pays, les centres urbains sont essentiellement des lieux d'échanges et de transformations. Certaines villes préfigurent souvent la société et la civilisation à venir, même lorsqu'elles sont appelées à perdre de leur grandeur ou de leur importance au profit d'autres villes, qui seront parfois à l'origine d'une nouvelle civilisation.

En se basant sur les différents moments de son existence, qui est continue (*voir l'encadré 1.2*), une civilisation a parfois des frontières difficiles à saisir. Selon qu'elle est en phase de croissance ou de déclin, son champ d'action et son rayonnement s'agrandissent ou se rétrécissent. L'évolution diverse des civilisations a suscité l'émergence de différentes interprétations et philosophies de l'histoire. Il existerait donc des stades, des étapes incontournables à franchir. Un peuple ne peut passer rapidement du mésolithique à l'âge du fer ou du Moyen Âge au XXe siècle. Il y aurait des lois et des cycles, c'est-à-dire des séries de phénomènes qui se suivent dans un ordre précis et comportent plusieurs temps.

Une civilisation naît à un endroit précis et a tendance à se répandre au-delà de ses frontières naturelles et politiques initiales. De génération en génération, par voie de conquêtes et de colonisations, elle projette en terre étrangère ses acquis matériels et moraux. C'est par ce phénomène d'expansion territoriale que les civilisations survivent, sous des formes différentes et en d'autres lieux. Méditerranéennes, les civilisations grecques et romaines furent à l'origine de celles de l'Europe occidentale, qui ont engendré à leur tour, outre-Atlantique, les civilisations filles d'Amérique. Chacune d'elles a contribué à la formation de la civilisation occidentale d'aujourd'hui.

La civilisation occidentale (quest #6)

Avec comme centres successifs les rives grecques de la mer Égée et les rives romaines de la mer Tyrrhénienne, la civilisation occidentale a dominé initialement la Méditerranée (*voir la carte 1.1*). Après la chute de Rome, elle s'est reconstituée lentement en Europe, entre l'Atlantique et les rives de la Méditerranée occidentale. À compter de la Renaissance, les

---

ENCADRÉ 1.2

LA CIVILISATION ET L'IDÉE DE CONTINUITÉ

Une civilisation, ce n'est [...] ni une économie donnée ni une société donnée, mais ce qui, à travers des séries d'économies, des séries de sociétés, persiste à vivre en ne se laissant qu'à peine et peu à peu infléchir [...]

On n'atteint donc une civilisation que dans le temps long, la longue durée, en saisissant un fil qu'on ne finit plus de dérouler; en fait, ce qu'au cours d'une histoire tumultueuse, souvent orageuse, un groupe d'hommes aura conservé et transmis, de génération en génération, comme son bien le plus précieux.

Source: Fernand BRAUDEL. *Grammaire des civilisations*, Paris, Arthaud-Flammarion, 1987, p. 67-68.

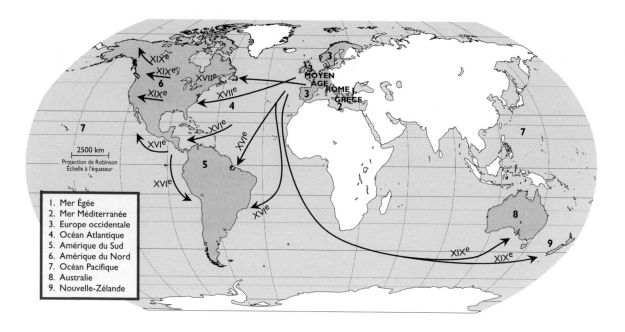

Carte 1.1
L'évolution des frontières de l'Occident

Occidentaux ont franchi l'Atlantique pour explorer et coloniser l'Amérique, d'est en ouest, jusqu'à la côte du Pacifique. De nos jours, plusieurs considèrent comme Occidentaux les seuls habitants de l'Europe de l'Ouest et de l'Amérique du Nord. Mais, par leurs valeurs et leur mode de vie, les Australiens, les Néo-Zélandais, les Latino-Américains et même les Européens de l'Est ne sont-ils pas des Occidentaux?

L'espace couvert par la civilisation occidentale varie dans le temps, et ses limites ne sont pas toujours faciles à définir. D'origine latine, le mot *occidens* désignait le côté de l'horizon où le soleil se couchait, c'est-à-dire l'ouest. Historiquement, la civilisation occidentale serait née des mouvements de pionniers qui, d'est en ouest, auraient transporté, implanté et imposé, par voie de peuplement, les valeurs matérielles et spirituelles de leurs contrées d'origine, tout en évacuant celles qui leur semblaient vétustes ou odieuses. Nombre de pionniers ont été des marginaux en rupture de ban avec les lois, les coutumes, les croyances et les valeurs dominantes de leur mère patrie. Ils ont souvent eu la prétention d'édifier des sociétés nouvelles qui ne devaient pas avoir les vices et les tares des anciennes. Ainsi l'historien américain Frederick Jackson Turner a

mis de l'avant, en 1893, le célèbre concept de frontière mouvante (d'est en ouest) pour expliquer l'individualisme, le désir d'indépendance, l'optimisme et l'énergie exceptionnelle, qui caractérisaient le peuple américain. De fait, par rapport aux anciennes contrées d'origine, les sentiments de jeunesse, de nouveauté, de défi et, ultimement, de liberté demeurent très vifs dans la mentalité occidentale et non seulement américaine.

Au moment où Turner élaborait sa théorie, les Américains avaient tout juste terminé la conquête de l'ouest de leur territoire et atteint le Pacifique. Ils devaient, au siècle suivant, s'initier à l'action impérialiste, satisfaire leurs appétits mondiaux et devenir les nouveaux leaders du monde occidental. À partir de 1947, au sommet de leur puissance et dans un contexte de guerre froide contre le bloc de l'Est dominé par l'Union soviétique, ils devaient promouvoir avec zèle et détermination les valeurs occidentales, fondées sur le respect des libertés individuelles, de la démocratie parlementaire et de la libre entreprise. Ils s'appropriaient ainsi un héritage dont les premiers jalons ont été posés par les anciens Grecs; ce legs reposait sur un certain nombre de valeurs fondamentales qui se sont précisées au fil des siècles.

Conclusion

À la fois descriptive et explicative, l'histoire n'est jamais définitive. Science du temps, elle a recours à la chronologie et à la périodisation. Science de l'espace, elle doit tenir compte des réalités et des contraintes de la géographie, sans exclure les autres facteurs de développement. On doit être rigoureux dans le traitement de ses sources, en demeurant conscient des limites et de l'utilité de sa démarche.

La signification du mot *civilisation* a évolué dans le temps et est devenue une notion complexe. Son sens peut être précisé en le distinguant des termes *société* et *culture*. En outre, selon les réalités ou les activités visées, on qualifie souvent une civilisation de matérielle ou de morale. La civilisation comporte des étapes de formation qui vont de la naissance de l'agriculture à l'apparition des villes. Quant à la civilisation occidentale, son cadre spatial varie dans le temps et demeure difficile à cerner. Par contre, au fil des siècles, elle a acquis quelques valeurs fondamentales qu'elle a conservées jusqu'à nos jours.

Dans les prochains chapitres, les faits et les traits majeurs de la civilisation occidentale seront expliqués, ainsi que l'essentiel de son héritage à travers les siècles. Il ne s'agira pas de tout savoir sur le passé de l'Occident, mais de souligner ce qui demeure valable de nos jours, à des siècles de distance. Pour chacune des sociétés et des époques étudiées, il faudra avoir à l'esprit la question suivante : Tant sur le plan des idées et des valeurs que des institutions et des réalisations, que devons-nous à cette société ou à cette époque en tant qu'Occidentaux aujourd'hui ? Tel sera le fil conducteur de ce manuel.

Lectures suggérées

BRAUDEL, Fernand. *Écrits sur l'histoire,* Paris, Flammarion, 1969.

BRAUDEL, Fernand. *Grammaire des civilisations,* Paris, Arthaud-Flammarion, 1987.

CLOUGH, Shepard B. *Grandeur et Décadence des civilisations,* Paris, Payot, 1970.

GIMPEL, Georges. *Ultime Rapport sur le déclin de l'Occident,* Paris, Éditions Olivier Orban, 1985.

SAMARAN, Charles, dir. *L'Histoire et ses Méthodes,* Paris, Gallimard, coll. « Encyclopédie de la Pléiade », 1961.

TOYNBEE, Arnold F. *La Grande Aventure de l'humanité,* trad. Guy Bummeus *et al.*, Paris, Payot et Rimger, coll. « Grande Bibliothèque Payot », (1976), 1994.

Questions

1. *Situez l'histoire par rapport à la préhistoire et indiquez les grandes périodes de chacune d'elles.*

2. *Comment doit-on évaluer l'influence du milieu naturel sur l'évolution des groupes humains ?*

3. *Comment parler de la rigueur de la démarche historique et de son utilité, dans la mesure où l'histoire n'est jamais définitive et est toujours à réinterpréter ?*

4. *Présentez et expliquez votre propre définition du mot* civilisation*, en le distinguant des concepts de* société *et de* culture*.*

5. *Expliquez les principales étapes de formation des civilisations.*

6. *Quelle serait la meilleure façon de définir la civilisation occidentale ?*

Chapitre 2

L'époque préhellénique

Babylone   Cette cité impériale, construite sur les deux rives de l'Euphrate, est le foyer d'une grande civilisation, notamment sous Hammurabi au XVIIIe siècle av. J.-C. et sous Nabuchodonosor II entre 605 et 563 av. J.-C. Ses doubles remparts, ses tours élevées, ses rues à angle droit, ses canaux, ses palais, ses temples et ses jardins en terrasses l'ont rendue célèbre.

L'histoire débute au Proche-Orient avec les premières civilisations qui y prospèrent entre 3000 et 500 av. J.-C. Avant l'apparition de la civilisation occidentale, les peuples de cette région et de l'île de Crète acquièrent des connaissances dont profiteront les Occidentaux. Ils exerceront une grande influence sur la Grèce, la première civilisation occidentale, qui atteindra son apogée au Ve siècle av. J.-C. Après avoir subi, entre le XXe et le XVIe siècle av. J.-C., le choc des invasions indo-européennes, les Égyptiens et les Mésopotamiens édifient de grands empires, avant d'être conquis successivement par les Perses au VIe siècle av. J.-C., Alexandre au IVe siècle av. J.-C. et Rome au Ier siècle av. J.-C. Petits peuples du couloir syro-palestinien, entre l'Égypte et la Mésopotamie, les Phéniciens et les Hébreux laissent néanmoins un important héritage culturel à l'Occident. Quant aux Perses, ils édifient un empire universel qui préfigure celui des Romains. Sous les dominations lydienne et perse, l'Asie Mineure devient le foyer d'une brillante civilisation et ses cités grecques présideront à la formation de la première civilisation occidentale. (*Voir la carte 2.1.*)

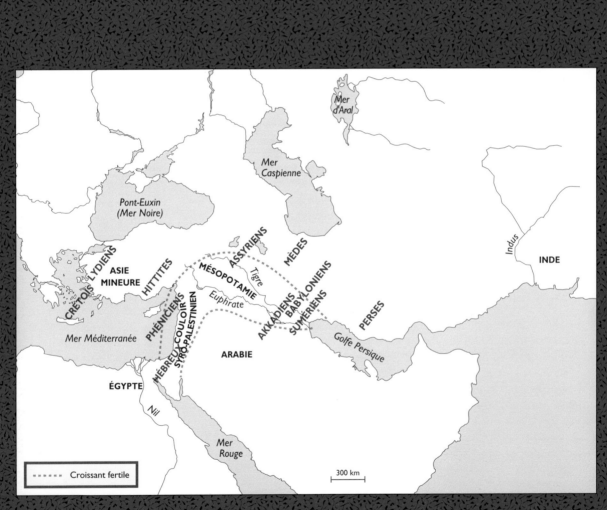

Carte 2.1
Les principaux territoires et peuples de l'époque préhellénique

Chronologie

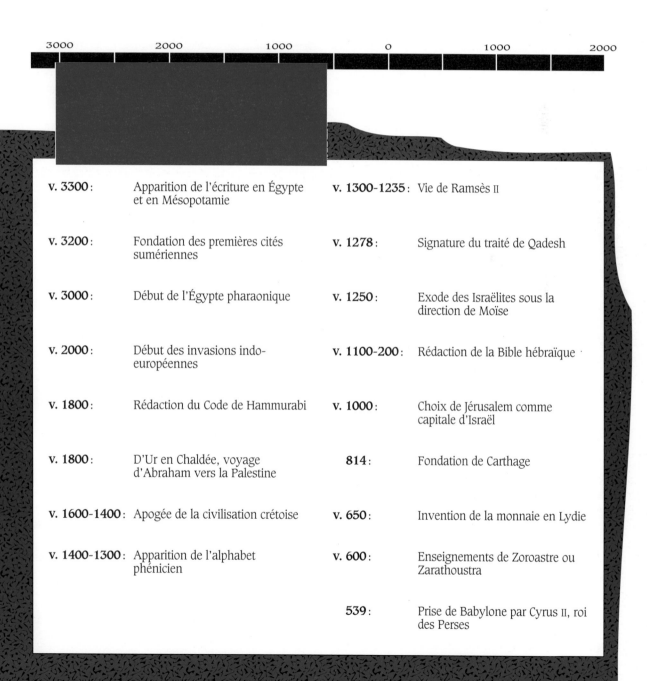

| 3000 | 2000 | 1000 | 0 | 1000 | 2000 |

v. 3300 : Apparition de l'écriture en Égypte et en Mésopotamie

v. 3200 : Fondation des premières cités sumériennes

v. 3000 : Début de l'Égypte pharaonique

v. 2000 : Début des invasions indo-européennes

v. 1800 : Rédaction du Code de Hammurabi

v. 1800 : D'Ur en Chaldée, voyage d'Abraham vers la Palestine

v. 1600-1400 : Apogée de la civilisation crétoise

v. 1400-1300 : Apparition de l'alphabet phénicien

v. 1300-1235 : Vie de Ramsès II

v. 1278 : Signature du traité de Qadesh

v. 1250 : Exode des Israélites sous la direction de Moïse

v. 1100-200 : Rédaction de la Bible hébraïque

v. 1000 : Choix de Jérusalem comme capitale d'Israël

814 : Fondation de Carthage

v. 650 : Invention de la monnaie en Lydie

v. 600 : Enseignements de Zoroastre ou Zarathoustra

539 : Prise de Babylone par Cyrus II, roi des Perses

Introduction

Les premières civilisations n'ont pas été occidentales. Bien avant les Grecs (ou Hellènes, nom des anciens Grecs), un certain nombre de grands peuples ont existé et exercé, entre 3000 et 500 av. J.-C., une hégémonie en Méditerranée et au Proche-Orient. Les Grecs ont subi à divers degrés l'ascendant de ces civilisations orientales qui, via le monde hellénique, ont contribué à la formation de la civilisation occidentale. Ces Proche-Orientaux, quoique tous de race blanche, étaient très différents les uns des autres, et c'est notamment par leur langue qu'on les classifie aujourd'hui en trois groupes distincts, soit les peuples anciens qui n'avaient aucune parenté linguistique, les groupes sémites et les groupes indo-européens.

Probablement descendants de diverses populations néolithiques, les peuples anciens tels que les Crétois, les Égyptiens et les Sumériens étaient déjà établis à la fin du IVe millénaire av. J.-C. Ils sont les premiers dont nous possédions des textes écrits. Les Sémites, qui provenaient des régions arides et désertiques du Proche-Orient, parlaient des langues apparentées. Ces pasteurs nomades, constamment à la recherche de nouveaux pâturages, se sont dirigés, aux IVe et IIIe millénaires av. J.-C., vers la Mésopotamie et le couloir syro-palestinien. Les Akkadiens, les Babyloniens, les Assyriens, les Phéniciens, les Hébreux et les Araméens appartenaient à ce groupe.

Quant aux Indo-Européens, ils peuvent être considérés comme les ancêtres les plus lointains des Occidentaux d'aujourd'hui. Parlant originellement la même langue, ils ont graduellement à partir de 4000 av. J.-C. et systématiquement à partir de 2000 av. J.-C. envahi par vagues successives l'Inde, le Proche-Orient et, finalement, l'Europe centrale et occidentale. Nomades originaires du Sud de la Russie actuelle, ils ont probablement été attirés par les riches terres du Croissant fertile, la Mésopotamie et le couloir syro-palestinien (*voir la carte 2.1*). Les Mèdes, les Perses, les Hittites, les Achéens et les Doriens faisaient partie de ce groupe. Du côté européen, les Celtes, les Gaulois, les Italiotes, les Germains et les Slaves comptent parmi leurs descendants. Au contact des peuples méridionaux plus avancés, ils se sont sédentarisés et ont édifié, à diverses époques, des civilisations qui sont à l'origine de l'Occident d'aujourd'hui.

Les faits

Les premières civilisations et les premiers empires apparaissent en Égypte, en Mésopotamie et en Crète. Après le choc des invasions indo-européennes, le couloir syro-palestinien et l'Asie Mineure deviendront également d'importants foyers de civilisation. Mais ce sera à partir des lointains plateaux iraniens qu'un empire, celui des Achéménides, atteindra pour la première fois des dimensions mondiales.

Les premières civilisations (XXXe-XVIe siècle av. J.-C.)

Malgré le niveau élevé de développement atteint par leur culture et leur civilisation, les Égyptiens, les Sumériens, les Akkadiens et les Crétois se rendent sous les assauts d'envahisseurs dont la culture et la civilisation sont moins avancées. Originaires de la steppe eurasienne (le Sud de la Russie et l'Asie centrale), les Indo-Européens bousculent, au cours du IIe millénaire, les peuples du Proche-Orient et se répandent également en Europe centrale et occidentale.

L'Égypte de l'Ancien et du Moyen Empire

Avec les Berbères de l'Afrique du Nord, les Égyptiens appartiennent à un groupe de peuples appelés Hamites. Ils vivent à l'extrémité orientale du désert du Sahara, sur les rives du Nil, le long d'une oasis d'environ 1000 kilomètres de longueur et d'une largeur moyenne de 15 kilomètres. (*Voir la carte 2.2.*) Après les crues annuelles du mois de juin, ce fleuve nourricier dépose son limon, une sorte de fertilisant naturel, au milieu d'une région torride où il ne pleut presque jamais. Grâce à Jean-François Champollion, un égypto-logue français, qui, entre 1822 et 1832, parvient à percer le mystère des **hiéroglyphes**, on a pu traduire les nombreux textes gravés sur les monuments ou écrits sur les papyrus. On a reconstitué ainsi l'histoire de cette grande civilisation qui s'étend sur environ trois millénaires. Sa longévité dépasse celle de toutes les civilisations voisines, à l'Orient comme à l'Occident.

Jusqu'à la fin du IVe millénaire av. J.-C., l'Égypte est morcelée en petits territoires, appelés *nomes*, qui ont chacun leur chef. À la suite de guerres, les nomes sont regroupés en deux principautés rivales: au nord, la Basse-Égypte et, au sud, la Haute-Égypte dont les princes, appelés pharaons, finissent par l'emporter et par unifier sous leur autorité l'ensemble des territoi-res. Le premier pharaon, Ménès, règne vers 3000 av. J.-C. L'Égypte pharaonique connaît trois périodes de grandeur: l'Ancien Empire (2800-2200 av. J.-C.), le

Crues du Nil

Basses eaux du Nil

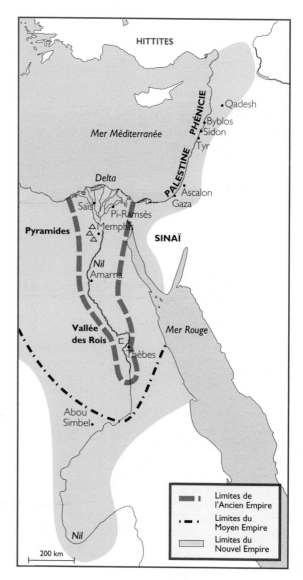

Carte 2.2
L'Égypte ancienne

Moyen Empire (2000-1750 av. J.-C.) et le Nouvel Empire (1550-1150 av. J.-C.).

Memphis, située à l'entrée du delta du Nil, est la capitale de l'Ancien Empire. Il en reste aujourd'hui peu de choses, même si, parmi ses pharaons, nous retrouvons Khéops, Khéphren et Mykérinos qui, au XXVIIᵉ siècle av. J.-C., se font construire comme tombeaux les colossales pyramides qui portent leurs noms. Après une période de **féodalité** qui dure environ deux siècles, les princes de la ville de Thèbes, en Haute-Égypte, s'emparent du pouvoir vers 2000 av. J.-C. Sous le Moyen

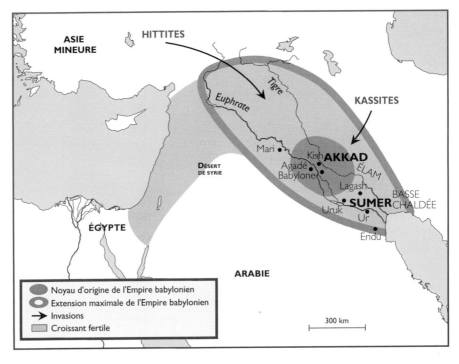

Carte 2.3
La Mésopotamie : Sumer, Akkad et Babylone (3200-1100 av. J.-C.)

Empire, avec Thèbes pour capitale, l'Égypte retrouve son unité et sa grandeur, qu'elle conserve jusqu'à l'invasion des Hyksos vers 1750 av. J.-C. Ces envahisseurs asiatiques s'installent dans le delta du Nil et conquièrent le pays. Les princes thébains ne réussissent à les expulser que vers 1550 av. J.-C.

Réduite à la vallée du Nil, l'Égypte s'est développée en vase clos, de façon autarcique, à l'abri des menaces extérieures. Les monuments et les textes hiéroglyphiques nous révèlent que son isolement géographique ne l'a pas empêchée d'atteindre un haut degré de civilisation, tant sur les plans artistique et scientifique que social et politique. Le pharaon règne sur un peuple de condition misérable, qui lui est inconditionnellement soumis. Ce monarque déifié dispose d'une puissante administration dominée par des scribes et

Hammurabi (XVIIIᵉ siècle av. J.-C.) agrandit et unifie le premier royaume babylonien en regroupant, sous une administration centralisée, les territoires annexés d'Akkad et de Sumer, le royaume de Mari et l'Assyrie. Ce monarque est à la fois un diplomate, un organisateur et un législateur exceptionnel. Afin d'augmenter les surfaces cultivées, il fait construire, de Borsippa (au sud-ouest de la cité babylonienne) jusqu'au golfe Persique, un grand canal d'irrigation. Le code illustre qui porte son nom témoigne d'une civilisation matérielle avancée, et d'un souci d'intégrer et de traiter équitablement les peuples conquis. Couvrant les secteurs civil, familial, criminel et commercial, il aura une grande influence sur les législations ultérieures de l'Orient et de l'Occident et élargira le champ juridique.

des prêtres. Les Égyptiens sont polythéistes et croient en l'immortalité, ce qui les amène à momifier les corps de leurs défunts et à construire de gigantesques tombeaux.

Sumer et Akkad

Entre les régions montagneuses de l'Arménie, au nord, et de l'Iran, à l'est, les déserts de Syrie et d'Arabie, à l'ouest, le Tigre et l'Euphrate fertilisent une oasis qui se prolonge vers le sud jusqu'aux rives du golfe Persique. Cette vallée constitue la Mésopotamie (*voir la carte 2.3*), des mots grecs *mesos* « milieu » et *potamos* « fleuve ». Sumériens et Akkadiens animeront le premier épisode de l'histoire de ce territoire qui sera, au cours des siècles, habité et envahi par divers peuples, ce qui rendra de tout temps difficile la formation et le maintien d'un État unifié.

Vers 3200 av. J.-C., les Sumériens, un peuple non sémite d'origine asiatique, ont déjà fondé en Basse-Chaldée (au sud de la Mésopotamie) des cités-États rivales telles qu'Uruk, Ur, Lagash et Eridu. Chacune a son monarque, son dieu et ses temples. Les Sumériens pratiquent l'agriculture ainsi que l'irrigation des terres, et commercent jusqu'en Inde. Ils mettent au point l'**écriture cunéiforme**, et transmettront l'essentiel de leur civilisation aux autres Mésopotamiens durant les trois millénaires suivants.

Vers 3000 av. J.-C., des nomades sémites du désert de Syrie s'établissent au nord de Sumer et fondent des villes comme Babylone, Kish, Mari et Akkad ou Agadé qui deviendra sous Sargon, vers 2450 av. J.-C., la capitale d'un premier empire mésopotamien. Cet empire akkadien s'étend de l'Arménie au golfe Persique et de la Méditerranée aux monts Zagros, dont les pasteurs se soulèveront et favoriseront, au XXIIIe siècle av. J.-C., la renaissance des villes sumériennes. Lagash et Ur atteindront leur apogée avant d'être détruites par les révoltes des habitants de l'Élam et des Amorrites (ou Amorrhéens), un peuple sémite qui fonde la dynastie des rois d'Isin, qui s'établissent à Babylone vers 1830 av. J.-C. Le plus célèbre de ces rois amorrites est Hammurabi qui régnera pendant 43 ans, probablement à partir de 1793 av. J.-C.

Pillée vers 1530 av. J.-C. par les Hittites, des Indo-Européens établis en Anatolie, Babylone a par la suite été dominée jusqu'en 1160 av. J.-C. par les Kassites, un peuple asianique du Zagros, qui devait s'assimiler à la civilisation babylonienne.

La Crète

L'île de Crète est située en Méditerranée orientale, au sud-est de la Grèce. Elle est conquise au milieu du IIIe millénaire par un peuple, selon toute vraisemblance originaire d'Asie Mineure, plus précisément d'Anatolie. Ni Sémites ni Indo-Européens, les Crétois fondent de nombreuses cités qui prospèrent, grâce au travail des métaux, notamment le bronze, et au commerce maritime qu'ils pratiquent avec l'Égypte et le Proche-Orient. L'histoire de ce premier peuple de grands navigateurs est mal connue, parce qu'on commence à peine à déchiffrer son écriture. À partir de l'an 2000 av. J.-C., deux cités, Phaïstos et surtout Cnossos, dominent l'île et édifient une brillante civilisation, caractérisée par la construction de vastes palais. Mais, vers 1750 av. J.-C., elles sont ruinées par une brutale catastrophe, probablement une première invasion achéenne plutôt qu'une révolte sociale ou un tremblement de terre, comme on l'avait d'abord supposé.

Les invasions indo-européennes

Vers le IVe millénaire av. J.-C., des éleveurs nomades et semi-nomades, blancs et souvent blonds, se déplacent dans la vaste steppe eurasienne, principalement dans le Sud de la Russie actuelle et sur les hauts plateaux d'Asie centrale. (*Voir la carte 2.4.*) Quoique dispersés et d'origines ethniques diverses, ils ont en commun un mode de vie et des langues apparentées, qui montrent qu'ils ne connaissent ni la mer ni la vie urbaine. Ils pratiquent de fait une agriculture rudimentaire, utilisent le cuivre et adorent des dieux célestes. Leur société, dominée par des chefs de clan, est composée de prêtres, de guerriers et de producteurs. Compte tenu de leur retard sur les Égyptiens, les Mésopotamiens et les Crétois, rien ne semble de nature à attirer l'attention sur eux.

Pourtant, ces Indo-Européens, par une migration qui débute vers 4000 av. J.-C. et dure plus de deux millénaires, se répandent sur un territoire allant de l'Inde jusqu'aux confins de l'Europe occidentale. Ils se distinguent par l'utilisation du cheval et du chariot, ce qui accélère leurs déplacements et leur confère une nette supériorité militaire sur leurs rivaux. Ces excellents dompteurs de chevaux et ces cavaliers des steppes sont sans doute attirés par les terres fertiles et les richesses des peuples méridionaux.

À partir de l'an 2000 av. J.-C., ils déferlent brusquement sur le Proche-Orient où ils conquièrent des peuples civilisés depuis plusieurs siècles. Les

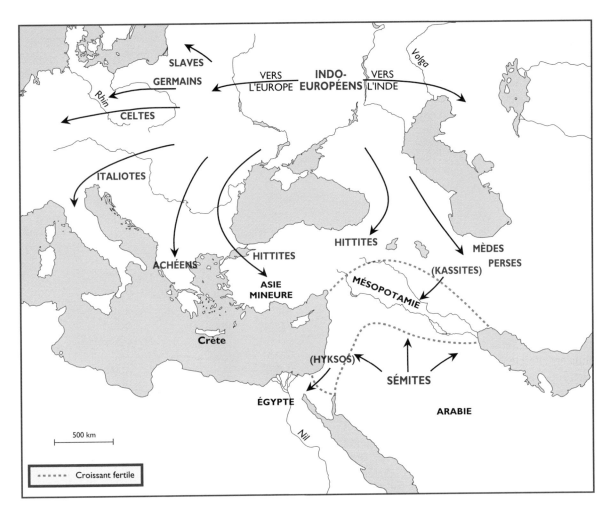

Carte 2.4
Les invasions indo-européennes (v. 4000–v. 1200 av. J.-C.)

Indo-Iraniens se dirigent vers le sud-est et sont à l'origine des Mèdes et des Perses. Les Hittites s'établissent en Anatolie et provoquent l'invasion des Kassites en Mésopotamie et des Hyksos en Égypte. Les Ioniens, première vague des Achéens, envahissent la péninsule grecque et pillent, vers 1750 av. J.-C., l'île de Crète, ce qui met fin à la période des premiers palais. Les Italo-Celtes, via l'Europe centrale, atteignent la plaine du Pô et la Gaule. À la suite de ces invasions, de grands empires s'effondrent, d'autres se reconstituent, et les civilisations se transforment au rythme de l'apparition de nouvelles sociétés.

La renaissance des grands empires (XVIᵉ–VIᵉ siècle av. J.-C.)

À la suite des invasions indo-européennes, de grands empires disparaissent et, à partir du XVIᵉ siècle av. J.-C., d'autres se reconstituent dans les vallées du Nil, du Tigre et de l'Euphrate, et dans l'île de Crète. Ils atteindront leur apogée sous de grands monarques comme l'Égyptien Ramsès II, l'Assyrien Assurbanipal, le Babylonien Nabuchodonosor et la dynastie crétoise des Minos.

Ramsès II (v. 1300-1235 av. J.-C.) est le petit-fils de Ramsès I qui a régné de 1314 à 1312 av. J.-C. environ. Fondateur de la XIXe dynastie, Ramsès II succède à son père, Séthi Ier, qui a régné environ de 1312 à 1300 av. J.-C., dont il poursuit la politique extérieure et l'œuvre architecturale. Excellent stratège militaire, il renforce l'armée égyptienne. Vers 1278, il l'emporte contre les Hittites, lors de la bataille de Qadesh sur l'Oronte, et signe un traité avec Hattousil, un monarque hittite; cette entente permet à l'Égypte de conserver la Palestine et une partie de la Syrie. Au cours des 40 années de paix qui suivent, Ramsès II se révèle un bâtisseur exceptionnel; outre la restauration des temples, il fait édifier de nouvelles constructions dans plusieurs lieux comme Karnak, Abou-Simbel, Louxor, Memphis et Thèbes. Il fixe sa capitale, Pi-Ramsès (la future Tanis), dans le delta du Nil.

L'Égypte du Nouvel Empire

Après l'expulsion, vers 1550 av. J.-C., des Hyksos par les princes thébains, l'Égypte connaît une période d'apogée où de grands pharaons, tels que Thoutmès III au XVe siècle av. J.-C., s'emparent de l'isthme de Suez pour ensuite étendre leur domination sur la Syrie et jusqu'à l'Euphrate. Au XIVe siècle av. J.-C., Aménophis IV impose le culte du dieu solaire Aton, alors qu'au siècle suivant, le célèbre Ramsès II soumet les peuples de Lybie et de Palestine, tout en résistant aux Hittites.

À partir du XIe siècle av. J.-C., l'Égypte est envahie, d'abord par les peuples de la mer, puis par les Assyriens au VIIIe siècle av. J.-C. Le prince de la ville de Saïs chasse les Assyriens et son successeur, Néchao II, a un règne éclatant entre 609 et 594. Il fait reconstruire le canal reliant le Nil à la mer Rouge, et recrute des marins phéniciens pour effectuer, en trois ans, le tour de l'Afrique. Mais, en 525 av. J.-C., l'Égypte est conquise par les Perses, avant de devenir un royaume hellénistique en 332 av. J.-C. et une province romaine en 31 av. J.-C.

L'Assyrie

Après le long règne des rois kassites qui se prolongera jusqu'en 1160 av. J.-C., les Assyriens pénètrent en Mésopotamie et répandent la terreur dans tout le Proche-Orient pendant plus de 500 ans. La supériorité militaire de ces guerriers d'origine sémite vient de leur infanterie, composée de piquiers et d'archers, mais surtout de leur cavalerie. Ils érigent en système le pillage et la destruction des villes conquises, la mutilation et la décapitation des prisonniers et la réduc-

tion en esclavage des populations. Leur empire s'étend des régions montagneuses de l'Est de la Mésopotamie jusqu'à la Syrie et à l'Égypte. (*Voir la carte 2.5.*) Il atteindra son apogée sous Sargon, entre 722 et 705 av. J.-C., et surtout, sous Assurbanipal qui régnera de 669 à 631 et achèvera la conquête de l'Égypte, en s'emparant de Thèbes. Peu après, les Babyloniens et leurs alliés mèdes écrasent les Assyriens et s'emparent de leur capitale, Ninive, en 612.

Babylone

De nouveau capitale d'un vaste royaume, Babylone devient entre 605 et 563 av. J.-C., sous le roi Nabuchodonosor, une ville légendaire avec sa double muraille de 16 kilomètres, ses temples, ses palais et ses

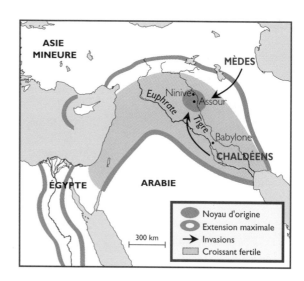

Carte 2.5
L'Empire assyrien (v. 1160-612 av. J.-C.)

célèbres jardins suspendus. Mais en 539 av. J.-C., elle est conquise par Cyrus, roi des Perses, qui l'annexe à son empire. La Mésopotamie indépendante cesse d'exister, et sa civilisation originale disparaît peu à peu, non sans avoir transmis une large part de son héritage.

La Crète

En Crète, après le départ des Achéens, on assiste à la reconstruction de palais de grande dimension, présentant une architecture et un confort étonnants. À Cnossos, la civilisation crétoise atteint son apogée sous la dynastie des Minos, aux XVIe et XVe siècles av. J.-C. Cette puissante **thalassocratie** fonde des **comptoirs** dans toute la mer Égée, en Égypte, en Sicile et jusqu'en Espagne. Elle exporte de l'huile et du vin et, grâce à l'habileté de ses artisans, du cuir, du bois et des métaux. L'effondrement de cet empire maritime, vers 1400 av. J.-C., est provoqué par une nouvelle invasion achéenne. La légende de Thésée (*voir l'encadré 3.5 à la page 55*), **héros** ionien et athénien, vainqueur du minotaure, raconte la fin de l'hégémonie crétoise en Grèce. Elle évoque également l'unification de l'Attique autour d'Athènes qui est promise à un brillant avenir. Bien qu'elle soit appelée à jouer

un rôle déterminant dans la naissance et la formation de la Grèce, la Crète y occupera une place secondaire, après l'invasion des Doriens vers 1100 av. J.-C.

Deux peuples du couloir syro-palestinien

Le couloir syro-palestinien unit l'Égypte et la Mésopotamie. Il est séparé en direction nord-sud par une longue fracture, bordée par des montagnes dont le versant ouest descend vers la mer et le versant est vers le désert de Syrie (*voir la carte 2.8 à la page 29*). Dans la montagne de l'Hermon, en Phénicie, deux fleuves prennent leur source : l'Oronte coule vers le nord avant de se jeter dans la Méditerranée et le Jourdain, au cours sinueux, se dirige vers le sud via le lac Houlé et le lac de Tibériade pour finalement aboutir à la mer Morte.

Au nord, le territoire est couvert de cèdres, fortement convoités par les souverains d'Égypte et de Mésopotamie. Les Phéniciens occupent la côte alors que les Araméens ou Syriens fondent à l'intérieur de petits États, dont le plus célèbre est Damas, une oasis du désert de Syrie et un important relais pour les caravanes de Mésopotamie. Au sud, en Palestine, les

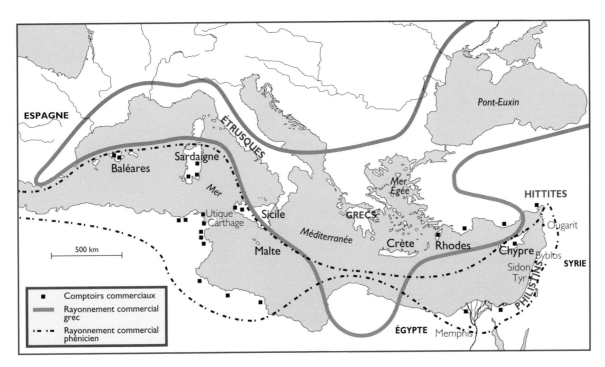

Carte 2.6
L'expansion commerciale des Phéniciens (1400-332 av. J.-C.)

Philistins (peuple de la mer) vivent dans la plaine côtière alors que les Hébreux investissent le pays de Canaan, la terre promise par Yahvé, qui est sillonné par la vallée du Jourdain, la plus profonde du monde. (*Voir les cartes 2.6 et 2.7.*) Cette région, qui commande l'entrée de l'Asie ou de l'Égypte, est régulièrement envahie et contrôlée par les puissants peuples voisins. Les populations du couloir connaîtront de brèves périodes de répit et d'indépendance, lorsque ces grands empires déclineront ou s'effondreront. Nous ne saurions reconstituer correctement l'histoire de la civilisation occidentale sans rappeler, pour des raisons tout à fait différentes, celles des Phéniciens et des Hébreux, dont la force et l'influence n'ont jamais été politiques ni militaires. *(intro à la quest. #4)*

Les Phéniciens

Les Phéniciens s'établissent, vers la fin du IIIe millénaire, sur le littoral méditerranéen, au nord du mont Carmel. Ces Sémites, originaires du Nord de la mer Rouge, ne formeront jamais un État unifié. Ils fondent, le long de cette façade maritime, une série de cités indépendantes, parmi lesquelles Ougarit, Byblos, Sidon et Tyr seront sans doute les plus puissantes. D'abord soumises à l'Égypte, les villes phéniciennes les plus importantes sont, jusque vers 1500 av. J.-C., celles du Nord. Ougarit est en contact avec les Crétois alors que Byblos vend du bois de cèdre à l'Égypte et lui achète en retour du papyrus. Cette dernière cité, dont le nom grec *biblos* veut dire « livre » et désignait à l'origine l'écorce intérieure du papyrus sur laquelle on écrivait, devient un grand centre papetier. Affaiblies par les Hittites, les villes du Nord cèdent la place à Sidon qui profite grandement, à partir de 1400 av. J.-C., de la ruine de la Crète. Ses comptoirs remplacent ceux des marchands crétois en Méditerranée orientale, à Chypre, à Rhodes et sur la mer Égée. Mais Sidon est concurrencée par Tyr, et maintes fois attaquée par les Philistins qui la détruisent vers 1100 av. J.-C. Bien que reconstruite, elle perd définitivement sa prépondérance au profit de sa rivale du Sud, Tyr.

Tyr profite, au Xe siècle, des décadences hittite et égyptienne ainsi que des victoires de ses alliés hébreux sur les Philistins. Elle hérite des établissements de Sidon en Méditerranée orientale, mais est évincée de la mer Égée par les Grecs. Pour compenser cette perte, elle étend son empire maritime en Méditerranée occidentale. Après ceux de Memphis en Égypte, de l'île de Malte et de la Sicile occidentale, elle établit des comp-

toirs en Afrique du Nord, à Utique et surtout à Carthage, fondée en 814 av. J.-C. et future rivale de Rome. Les Baléares et l'Espagne comptent également parmi ses colonies. (*Voir la carte 2.6.*) Bien protégée parce que construite sur deux îlots peu éloignés de la côte, elle a échappé à l'occupation des Assyriens et des Babyloniens. Cependant, la concurrence des Grecs et des Étrusques l'oblige à céder à sa colonie carthaginoise le rôle de métropole phénicienne d'Occident.

En plus de leurs contacts maritimes, les Phéniciens concluent avec les villes caravanières de Syrie des accords commerciaux avantageux. Ils peuvent ainsi se procurer des produits orientaux très recherchés dans le monde méditerranéen, comme les aromates, les pierres précieuses, les tissus, sans compter les esclaves. Leurs navires sont continuellement affrétés par les grandes puissances. Ces commerçants avisés, qui pratiquent parfois la piraterie, développent également certaines industries. Les plus célèbres sont celles du verre transparent, des armes décorées et de la laine de couleur pourpre, teinte à partir du traitement d'un coquillage, le murex.

Outre la fondation de Carthage, la plus éclatante contribution des Phéniciens à l'histoire de l'Occident et de l'humanité est d'avoir diffusé, à partir de Byblos, un système d'écriture alphabétique. Ce dernier est mis au point, au XIIIe siècle av. J.-C., par des marchands pragmatiques et soucieux d'améliorer les transactions, en simplifiant les écritures. Cet alphabet contient 22 signes phonétiques qui représentent les consonnes, car *(quest #4)*

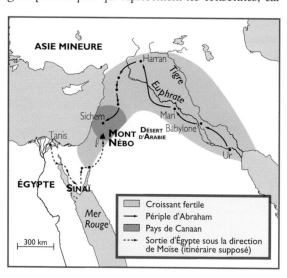

Carte 2.7
Les itinéraires des Hébreux (v. 2000-v. 1000 av. J.-C.)

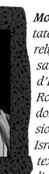

Moïse (v. le XIIIᵉ siècle av. J.-C.), dont la vie nous est racontée dans le Pentateuque, est le libérateur, le législateur ainsi que le fondateur de la nation et de la religion d'Israël. Né en Égypte, dans la tribu de Lévi, il est abandonné sur le Nil et sauvé par une fille du pharaon. Deux des principaux épisodes de sa vie sont la sortie d'Égypte (Exode), grâce aux dix plaies envoyées par Dieu et au passage de la mer Rouge, et la longue traversée du désert. Moïse reçoit de Yahvé (celui qui est) la Loi dont la partie la plus célèbre demeure le Décalogue. (Voir l'encadré 2.1.) À cette occasion, Yahvé renouvelle l'alliance conclue avec Abraham : il s'engage à faire des Israélites son peuple élu et, en retour, ils ne doivent pas adorer d'autres dieux. Le texte de la Loi est gravé sur des tables de pierre et déposé dans un autel portatif, l'arche d'alliance. Moïse conduit alors son peuple à l'embouchure du Jourdain et de la mer Morte. C'est là que Moïse meurt avant d'avoir atteint le Terre promise. Il a donné aux Hébreux leur religion, leur loi et le sens d'une patrie commune. Ce personnage biblique a inspiré de nombreux artistes, dont Botticelli, Michel-Ange, Tintoret, Véronèse, Poussin et, plus tard, le compositeur Rossini (un opéra en 1827) et le peintre Chagall (le vitrail de la cathédrale de Metz en 1962).

les Phéniciens n'écrivent pas les voyelles, qui seront ajoutées ultérieurement par les Grecs. Comme les Grecs, les Araméens et les Hébreux adopteront rapidement cet alphabet.

Les Hébreux

Nous connaissons l'histoire des Hébreux grâce à la Bible, un livre saint, qui contient des textes transmis oralement de génération en génération et écrits tardivement entre les XIᵉ et IIᵉ siècles av. J.-C. Ce recueil, qui possède une certaine valeur historique, doit être également apprécié pour ses qualités littéraires et poétiques. Il contient 24 livres et les 5 premiers – la Genèse, l'Exode, le Lévitique, les Nombres et le Deutéronome – forment le Pentateuque et représentent la Loi (la Torah).

Jusqu'au début du IIᵉ millénaire av. J.-C., la Palestine est partagée entre les Cananéens, des agriculteurs sédentaires, et les Philistins, les habitants de la côte. D'origine sémitique, les Hébreux mènent la vie des pasteurs nomades en Chaldée, une région de la Basse-Mésopotamie. D'après la tradition, le premier de

---

ENCADRÉ 2.1
LE DÉCALOGUE OU LES DIX COMMANDEMENTS DE DIEU

Tu n'auras pas d'autres dieux devant moi.

Tu ne te feras aucune image sculptée, rien qui ressemble à ce qui est dans les cieux, là-haut, ou sur la terre, ici-bas, ou dans les eaux, au-dessous de la terre.

Tu ne prononceras pas le nom de Yahvé ton Dieu à faux.

Tu te souviendras du jour du sabbat pour le sanctifier.

Honore ton père et ta mère.

Tu ne tueras pas.

Tu ne commettras pas d'adultère.

Tu ne voleras pas.

Tu ne porteras pas de témoignage mensonger contre ton prochain.

Tu ne convoiteras pas la maison de ton prochain.

Source : *La Bible de Jérusalem*, Exode, XX, 3-4, 7-8, 12-17, Paris, Les Éditions du Cerf, 1986.

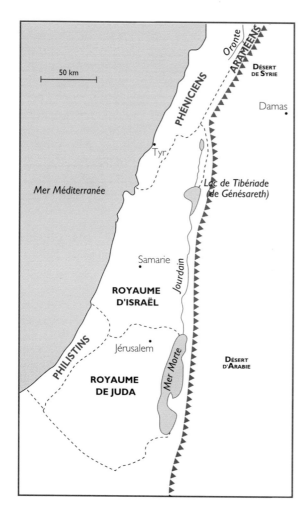

Carte 2.8
La Palestine (v. 1000-v. 500 av. J.-C.)

conduit vers le désert du Sinaï; ils auraient séjourné là, pendant 40 ans, avant d'atteindre la Terre promise, c'est-à-dire le pays de Canaan. (*Voir la carte 2.7 à la page 27.*)

Divisés en 12 tribus, les Israélites sont peu nombreux, et jusque-là sans traditions militaires. Ils mettent donc deux siècles à s'établir en Terre promise, aux dépens des Cananéens, sous la direction des juges, auxquels la tradition biblique attribue un rôle essentiellement militaire. Ce fut notamment le cas de Gédéon, de Jephté, de Samson et, finalement, de Samuel qui délivre les Israélites de la domination philistine et sacre Saül premier roi d'Israël. David, berger de la tribu de Juda, devient son gendre, après sa victoire en combat singulier contre le géant philistin Goliath. Il succède à Saül et achève alors la conquête de la terre de Canaan. Il fait de Jérusalem, vers l'an 1000 av. J.-C., la capitale politique et religieuse d'Israël et il y transporte l'arche d'alliance. Salomon, le fils de David, a un règne éblouissant. Justicier et diplomate habile, il se dote d'une solide organisation administrative, normalise ses relations avec Damas et contrôle le trafic caravanier entre l'Égypte et la Mésopotamie. Il s'allie au roi de Tyr avec qui il exploite la route maritime de la mer Rouge. Devenu très riche, il fait construire dans la capitale un luxueux palais et un temple à la gloire du Dieu d'Israël.

Après la mort de Salomon, le royaume est divisé vers 922 av. J.-C. (*Voir la carte 2.8.*) Deux tribus, Juda et Benjamin, demeurent fidèles à la dynastie de David et créent le royaume de Juda. Les autres, au nord, forment le royaume d'Israël et bâtissent vers 880 av. J.-C. une capitale, Samarie. Profitant de ces divisions, les Assyriens s'emparent du royaume d'Israël vers 722 av. J.-C. et déportent la majorité de ses habitants en Médie. Des colonies babyloniennes et araméennes les remplacent: elles sont à l'origine des Samaritains. Un siècle et demi plus tard, en 597 av. J.-C., Nabuchodonosor II s'empare de Jérusalem, la détruit et déporte une partie de ses habitants à Babylone. Malgré leurs malheurs, pendant cette captivité, les Hébreux restent fidèles à Yahvé, grâce aux prophètes Isaïe, Jérémie et Ézéchiel. En 538 av. J.-C., Cyrus, roi des Perses, s'empare de Babylone et permet aux Hébreux de regagner la Palestine où ils reconstruisent Jérusalem et leur temple. Mais la Palestine devient une province de l'Empire perse, avant d'être conquise par Alexandre en 332 av. J.-C. et annexée à l'Empire romain en 63 av. J.-C. Israël ne recouvrera son indépendance qu'en 1948.

leurs patriarches, Abraham, a reçu de Dieu l'ordre de se rendre au pays de Canaan, qui a été promis par Dieu à sa descendance. Abraham quitte donc la ville d'Ur, probablement au temps de Hammurabi, et conduit son clan en Palestine. Les Hébreux y poursuivent leur vie nomade, sous la direction de son fils, Isaac, et de son petit-fils, Jacob, qui recevra le surnom d'Israël et le transmettra à sa descendance. À l'instigation de Joseph, l'un des 12 fils de Jacob, les Israélites émigrent en Égypte vers 1700 av. J.-C., à l'époque de la domination des Hyksos. Ils y prospèrent et forment les 12 tribus d'Israël. Après l'expulsion des Hyksos par les princes thébains, les Hébreux sont persécutés et réduits en esclavage sous le Nouvel Empire. Ils réussissent à fuir l'Égypte sous la direction de Moïse qui leur fait traverser la mer Rouge et les

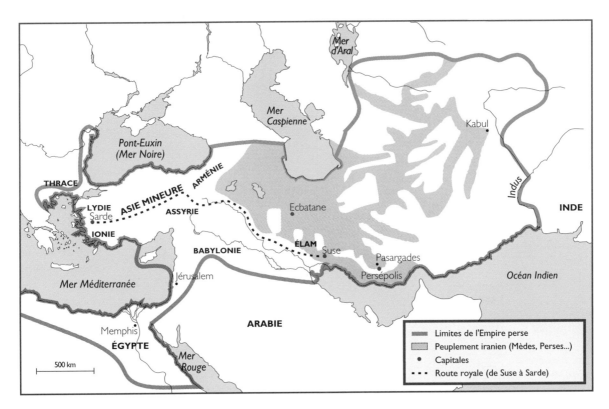

Carte 2.9
L'Empire perse (v. 550-331 av. J.-C.)

L'Empire perse
(VIᵉ-IVᵉ siècle av. J.-C.)

La Perse est un haut plateau bordé par des chaînes de montagnes, dont le massif du Demavend au nord et les monts Zagros à l'ouest. Le centre de ce plateau est un désert aride, et seules les vallées montagneuses sont habitables. Les Élamites, peuple d'origine asiatique, habitaient originellement ce territoire. À partir de 2000 av. J.-C., il est envahi par des Indo-Européens. Les Mèdes se fixent au nord, s'unissent, après plusieurs siècles de divisions, devant la menace assyrienne et

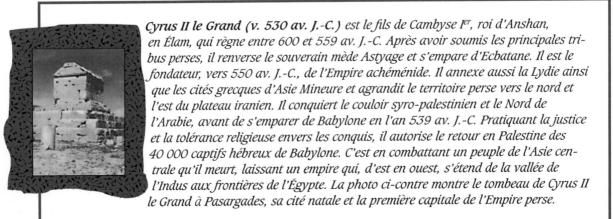

Cyrus II le Grand (v. 530 av. J.-C.) est le fils de Cambyse Iᵉʳ, roi d'Anshan, en Élam, qui règne entre 600 et 559 av. J.-C. Après avoir soumis les principales tribus perses, il renverse le souverain mède Astyage et s'empare d'Ecbatane. Il est le fondateur, vers 550 av. J.-C., de l'Empire achéménide. Il annexe aussi la Lydie ainsi que les cités grecques d'Asie Mineure et agrandit le territoire perse vers le nord et l'est du plateau iranien. Il conquiert le couloir syro-palestinien et le Nord de l'Arabie, avant de s'emparer de Babylone en l'an 539 av. J.-C. Pratiquant la justice et la tolérance religieuse envers les conquis, il autorise le retour en Palestine des 40 000 captifs hébreux de Babylone. C'est en combattant un peuple de l'Asie centrale qu'il meurt, laissant un empire qui, d'est en ouest, s'étend de la vallée de l'Indus aux frontières de l'Égypte. La photo ci-contre montre le tombeau de Cyrus II le Grand à Pasargades, sa cité natale et la première capitale de l'Empire perse.

Darique perse Monnaie d'or frappée à l'effigie de Darius.

soumettent les tribus perses installées au sud. Rappelons que les Mèdes, qui ont Ecbatane pour capitale, s'allient aux Babyloniens pour s'emparer de Ninive, en 612 av. J.-C., et mettre ainsi fin à la domination assyrienne. Vers 550 av. J.-C., Cyrus II, un prince perse de la famille des Achéménides, s'empare du trône et fonde une véritable dynastie.

Les conquêtes achéménides

Grâce à une puissante cavalerie appuyée par des corps d'archers et de piquiers, Cyrus II et ses successeurs se révèlent de grands conquérants. Leur convoitise s'exerce en premier lieu sur l'Asie Mineure, et Cyrus II conquiert, en 546 av. J.-C., le riche royaume de Lydie (*voir la carte 2.9.*), qui devient une province perse ; il s'empare également de Babylone, en 539 av. J.-C., et par conséquent, de la Mésopotamie et de la Syrie. Son fils, Cambyse II, envahit l'Égypte en 525 av. J.-C., alors que sous le règne de Darius Ier, entre 521 et 486 av. J.-C., l'Empire perse s'étend de la vallée de l'Indus, à l'est, jusqu'à la Thrace, à l'ouest. Pour la première fois, un empereur oriental annexe une terre européenne. Les Perses sont les premiers à réaliser l'idée d'un empire universel réunissant l'ensemble du monde connu.

Cependant l'autorité impériale fait rapidement face à des difficultés qui accélèrent son déclin. Confrontés à une aristocratie puissante et intrigante ainsi qu'à une mosaïque de peuples épris d'indépendance, les monarques perses doivent affronter plusieurs révoltes. À l'exception de leur religion qui, avec les enseignements de Zoroastre, devient monothéiste à compter du VIe siècle av. J.-C., les Perses n'élaborent pas de civilisation originale. Ils se contentent d'emprunter aux vieilles civilisations orientales ce qu'elles ont de meilleur. Les tombeaux et les palais royaux de Suse et de Persépolis en témoignent. À plus d'un titre, l'empire des Perses préfigure celui des Romains qui, légataires des Étrusques et des Grecs, se révéleront des organisateurs et des constructeurs de premier ordre.

L'Asie Mineure

L'Asie Mineure (*voir la carte 2.9.*), une presqu'île avancée de l'Asie vers l'Europe, devient un royaume lydien à partir du VIIIe siècle av. J.-C. Elle sera, au cours des siècles, le carrefour de plusieurs grandes civilisations. Elle figure au premier plan lors de la formation de la civilisation occidentale, non seulement à cause de l'ascendant de ses cités grecques, mais également à cause des Étrusques qui en sont peut-être originaires, et qui joueront un rôle déterminant dans la naissance de la civilisation romaine.

D'origine indo-européenne, les Lydiens, après s'être dégagés du joug des Phrygiens et des Cimmériens, connaissent aux VIIe et VIe siècles av. J.-C. une grande prospérité, grâce au commerce ainsi qu'aux sables aurifères de la rivière Pactole. Ce peuple raffiné invente, vers le milieu du VIIe siècle, l'usage de la monnaie et atteint son apogée sous le règne de Crésus, qui débute en 561 av. J.-C. Crésus soumet les cités grecques de l'Ionie et étend son royaume à la moitié de l'Asie Mineure, avant de connaître la défaite contre Cyrus II. Peut-être autant, sinon plus que les Crétois et les Phéniciens, les Lydiens mettent les Ioniens en contact avec les civilisations orientales. L'Ionie sera le lieu de naissance de la philosophie occidentale et le site du développement spectaculaire des sciences. Elle deviendra le foyer d'une brillante civilisation qui étendra ses ramifications au monde grec.

À la suite d'une révolte des villes grecques d'Ionie, appuyée par Athènes et d'autres cités de la Grèce balkanique, Darius Ier envoie contre ces villes une armée qui subit la défaite à la célèbre bataille de Marathon en 490 av. J.-C. Son successeur Xerxès Ier (v. 486-v. 465) organise une grande expédition terrestre et maritime. Il perd la bataille navale de Salamine, en 480 av. J.-C., et son armée est vaincue à Platées, l'année suivante. C'est ainsi que prennent fin les guerres Médiques qui ébranlent à peine l'Empire perse, mais qui sont à l'origine de l'empire maritime d'Athènes. Après avoir connu de nombreuses dissensions et révoltes, l'Empire achéménide s'effondre devant Alexandre entre 333 et 331 av. J.-C.

Chaque civilisation dont nous venons de rappeler l'existence a atteint, sous la direction de certains princes ou monarques, un très haut degré de développement et de progrès, mais chacune a subi, à plus ou moins brève échéance, le sort réservé à toute civilisation jusqu'à aujourd'hui. Après s'être heurtée à des rivales qui ont bloqué son expansion, chacune de ces civilisations a été victime, après une période d'apogée, de sa propre décadence et des invasions de peuples voisins ou éloignés, barbares ou civilisés, qui se sont chargés de conserver et de transmettre ses héritages à la postérité.

Les héritages

Si nous avions la faculté de remonter le temps jusqu'à l'époque de ces lointaines civilisations, nous serions sans doute étonnés de constater jusqu'à quel point nous leur sommes redevables, en tant qu'Occidentaux, d'un grand nombre de nos acquis matériels, culturels et intellectuels. La partie la plus substantielle de ces héritages nous vient des Égyptiens et des Mésopotamiens, quoique l'apport civilisateur des autres peuples soit fort appréciable et parfois capital à certains égards. Nous tenterons de découvrir, à l'aide d'exemples, les traits communs et particuliers de ces cultures et des civilisations qui les transcenderont, en se perpétuant d'une façon ou d'une autre jusqu'à aujourd'hui. Ce qui étonne à prime abord, c'est la capacité qu'ont ces premières civilisations de cultiver simultanément le pragmatisme et le sens du sacré, qui sont présents dans leurs réalisations et dans presque tous les aspects de leur vie collective.

Les legs matériel et organisationnel *(quest #7)*

Ces Proche-Orientaux utilisent la faucille, le fléau à battre le grain, les silos et la charrue; ils pratiquent aussi l'irrigation. En outre, ils édifient des villes et les aménagent selon des plans précis. Grâce à l'invention du plan incliné, de l'arithmétique et de la géométrie, ils peuvent construire non seulement des navires, mais également d'énormes monuments de pierres et de briques. Ils disposent de systèmes de poids et de mesu-

res, créent la monnaie et rédigent les premiers codes de lois. La **monarchie**, soutenue par une puissante administration de scribes, de prêtres et de fonctionnaires, devient leur première forme de gouvernement organisé.

Les progrès matériels

En Mésopotamie et en Égypte, nous assistons à l'émergence de sociétés agricoles, de villages et finalement d'agglomérations urbaines. Selon les spécialistes, les premières communautés agricoles seraient apparues vers 5000 av. J.-C. Par la suite, on améliore les techniques d'élevage et on met au point les premiers procédés d'irrigation qui permettront des récoltes régulières, même sous un climat sec où les pluies demeurent occasionnelles. Le développement de la métallurgie suscite le perfectionnement non seulement des armes, mais également des outils, parmi lesquels la faucille, le fléau à battre le grain et la charrue. L'utilisation de la roue et la domestication d'animaux tels que le bœuf et le cheval améliorent à la fois le rendement des terres et les déplacements.

Le travail de la pierre en Égypte et de la brique en Mésopotamie favorise la construction de monuments qui deviennent de plus en plus gigantesques, avec l'emploi du plan incliné qui permet d'acheminer des blocs très lourds à leur sommet. Grâce à l'invention de la colonne, de la voûte et de la coupole, il devient possible de soutenir leur imposante structure tout en les embellissant. La construction, d'abord en

Ancienne galère crétoise, sans mât et à la proue très élevée

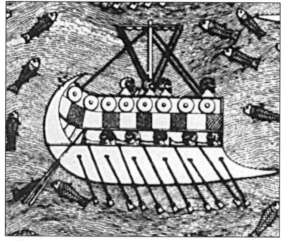

Navire de guerre et d'exploration phénicien du VIIe siècle av. J.-C. Avec un double banc de rameurs, des voiles et un éperon à la proue, il annonce la trière grecque.

tes étapes, simultanées ou successives, de la marche vers la formation des premières civilisations, qui s'est effectuée en moins de deux millénaires, à partir du démarrage agricole et des premières sédentarisations. Bien que les conditions naturelles aient favorisé au plus haut point les peuples du Croissant fertile, les progrès spectaculaires de certains d'entre eux ne peuvent s'expliquer que par la complexe interaction de facteurs politiques, économiques et culturels. Loin de se dérouler de façon anarchique et improvisée, ces progrès n'ont pu s'accomplir que dans un cadre politique solidement constitué et hiérarchisé, qui a atteint dans certains cas un niveau d'organisation et d'efficacité qui étonne les observateurs d'aujourd'hui. De fait, nous y retrouvons les premiers modèles du centralisme bureaucratique et de l'économie dirigée.

Les premiers États

Les premiers gouvernements sont monarchiques et divinisés ou de droit divin. Le pharaon égyptien se range parmi les dieux, alors que les monarques mésopotamiens et perses représentent le dieu principal de la cité ou du royaume et gouvernent par sa grâce. Nous sommes en présence de systèmes intégristes où l'organisation de la vie civile est soumise à des règles spirituelles. Les royaumes, et même les empires, se constituent à la suite d'affrontements, remportés par une cité qui impose aux vaincus et son prince et son dieu. Sauf en Égypte, où le pharaon a une fonction essentiellement religieuse, l'occupation principale du monarque est la guerre. Avec le soutien de son armée, il doit défendre ses frontières et conquérir de nouveaux territoires.

Le monarque est assisté d'un appareil administratif parfois très lourd, composé de fonctionnaires religieux et civils qui, à partir de la capitale, exercent leur influence dans tout le royaume. Prêtres et scribes égyptiens, juges et gouverneurs mésopotamiens, rivalisent de zèle au service de l'État royal. Sur les bords du Nil, la fonction de scribe est très valorisée alors que les occupations manuelles et militaires sont souvent méprisées. L'Égypte et plus tard la Perse créeront les plus lourdes bureaucraties.

Quant aux Perses, ils édifient, à partir de Cyrus II, le premier empire mondial de l'histoire de l'humanité. Afin de conserver leur vaste territoire, ils le divisent en une vingtaine de satrapies, reliées entre elles par des routes et un service de courrier. La route royale, qui va de Suse à Sardes, a 2400 kilomètres (*voir la carte 2.9*

Babylonie, de silos aériens en forme de tour facilite la conservation des grains, ce qui améliore les conditions de vie, favorise le commerce ainsi que la multiplication de métiers et d'occupations autres qu'agricoles. L'orfèvrerie, la poterie, l'émail, la charpenterie, le tissage et la teinture des étoffes procurent plus de confort et favorisent le raffinement des mœurs. La construction navale apparaît en Égypte, avant de se développer en Crète et en Phénicie où se forment de véritables thalassocraties. Sans gouvernail et incapables de faire le point sur la mer, les Phéniciens réussissent toutefois à atteindre l'Angleterre et à contourner l'Afrique. Enfin, la tablette d'argile mésopotamienne, le papyrus égyptien, et plus tard, le parchemin de Pergame iront de pair avec la naissance et le perfectionnement de l'écriture.

Nous pouvons affirmer que ces inventions représentent sur les plans matériel et technique d'importan-

à la page 30). Dans chaque satrapie, le pouvoir est partagé entre trois hauts fonctionnaires royaux : le satrape, qui représente le roi et doit régulièrement rendre compte de son administration ; le secrétaire royal, qui reçoit et transmet les ordres du monarque ; et le général, qui commande les troupes des provinces. En outre, des inspecteurs royaux visitent annuellement les satrapies et font rapport au roi. Ce système favorise la surveillance mutuelle et la dénonciation auprès du pouvoir central, tout en prévenant l'apparition de potentats provinciaux. De cette façon, les populations conquises se trouvent sous l'aile protectrice d'un pouvoir central qui innove, en fondant son autorité sur la tolérance religieuse et le respect des peuples conquis plutôt que sur la violence armée. Ce libéralisme s'étend aux économies régionales dont on respecte l'intégrité pour autant que les contributions fiscales annuelles soient versées en nature ou en argent. Ainsi, les Perses créent une monnaie impériale, la darique d'or (*voir la photo à la page 31*) tout en maintenant les monnaies locales.

En Égypte, la vie économique est organisée et supervisée par le pouvoir royal et ses fonctionnaires. Le pharaon contrôle la production et la distribution alors que les surplus s'accumulent dans les greniers et dans les magasins des temples et de l'État. Très autarcique, l'Égypte n'importe que des produits indispensables ou de luxe tels que le bois du Liban, l'or de Nubie, l'encens et les parfums des rives de la mer Rouge.

Le régime économique de la Mésopotamie est beaucoup plus libéral. Paysans, pasteurs et artisans s'appliquent à tirer profit du commerce intense qui se déroule entre les deux fleuves, le Tigre et l'Euphrate, comme en témoignent les nombreux contrats et comptes inscrits sur les tablettes d'argile. Les échanges se font en nature ou avec des lingots de métal d'un poids déterminé. L'invention de la monnaie, base du commerce jusqu'à nos jours, n'aura lieu qu'au VIᵉ siècle av. J.-C. et sera l'œuvre des rois lydiens. L'activité économique mésopotamienne est surtout fluviale, et les hommes d'affaires se regroupent en grandes maisons de commerce pour transiger denrées et métaux précieux. Par voie terrestre, les commerçants s'organisent en caravane pour protéger leurs produits d'importation ou d'exportation.

Même en Mésopotamie et particulièrement chez les Babyloniens, la non-ingérence économique de l'État a ses limites. Ainsi le Code de Hammurabi (*voir l'encadré 2.2*) fixe le salaire des ouvriers agricoles, limite la durée de l'apprentissage, détermine le prix de location des animaux et des outils, prévoit des indemnités aux accidentés du travail et établit l'intérêt annuel sur les emprunts. Ne sommes-nous pas en présence d'un début d'État providence incarné par un puissant monarque qui constate que ses conquêtes profitent aux riches et affaiblissent les pauvres ? Hammurabi veut rappeler à l'ordre les privilégiés et empêcher que le fort n'opprime le faible. Son code, qui date de la première moitié du XVIIIᵉ siècle av. J.-C., demeure l'un des vestiges les plus importants de l'Antiquité.

Les Babyloniens sont de véritables précurseurs en matière de législation. Environ 500 ans plus tard, les lois assyriennes seront nettement moins évoluées et la Loi de Moïse (le Pentateuque), qui subira l'empreinte du Code de Hammurabi, aura un contenu essentiellement éthique et religieux. (*Voir l'encadré 2.3.*) L'amour et le sentiment de culpabilité sont

---

ENCADRÉ 2.2

LE CODE DE HAMMURABI

Gravé sur une imposante stèle conservée au musée du Louvre, le Code de Hammurabi reposait initialement à Babylone, dans le temple du dieu du Soleil, Shamash, qui en aurait été l'inspirateur et le gardien. Transféré à Suse comme butin de guerre, c'est là qu'on l'a retrouvé en 1901. Ce code contient 282 arrêts, écrits en caractères cunéiformes akkadiens. Il semble répondre aux préoccupations à la fois politiques et sociales d'un monarque centralisateur qui veut imposer le droit babylonien aux quatre coins d'un empire qu'il désire unifier sous son autorité. Mais il doit également légitimer ce pouvoir, en éliminant les désordres, les injustices et les mécontentements dans un royaume récemment élargi. Ce code est destiné à une société dominée par des commerçants, enrichis par les conquêtes qui ont engendré divers abus et modes d'exploitation de la personne humaine. Il nous révèle, en outre, l'existence de trois groupes sociaux : les hommes libres, les esclaves ainsi qu'une classe subalterne composée d'esclaves affranchis et d'hommes libres temporairement asservis pour dettes.

absents du code babylonien qui possède un caractère exclusivement juridique. Les délits n'ont aucune incidence religieuse et les peines dépendent des dommages causés. En matière pénale, parce qu'il s'appuie sur la loi du talion et prône de sévères sanctions, il peut aujourd'hui nous sembler cruel et barbare. Mais il représente, pour l'époque, un énorme progrès social, en laïcisant la loi, en la rendant égale pour tous et en lui attribuant une portée strictement judiciaire. En plus de réglementer les transactions commerciales, le code de Hammurabi préserve la famille, en protégeant notamment les femmes et les enfants. Il interdit aussi la vendetta et la justice personnelle. Après la chute de Babylone, ce code renaîtra sous l'Empire perse et survivra à travers le droit romain et la loi musulmane.

Les Crétois, pour leur part, forment la première puissance maritime du globe et leur expansion égéenne sera à l'origine de la civilisation hellénique. Leur civilisation aurait atteint son apogée au milieu du IIe millénaire, à Cnossos, sous la dynastie des rois Minos. Habiles techniciens du bronze et architectes, les Crétois construisent des palais qui sont demeurés légendaires. Leurs peintures murales révèlent que leur société accorde une large place aux plaisirs et aux commodités de la vie. Les Crétois vivent dans des demeures de dimension simple qui leur procurent la fraîcheur, une douce clarté et diverses commodités telles que la salle de bains et le tout-à-l'égout. La femme, dont la toilette est très élégante et raffinée, peut occuper la fonction de prêtresse, participer aux jeux sacrés et ainsi jouir d'une grande liberté pour l'époque. Les Crétois édifient donc une civilisation matérielle à la mesure des humains et non des dieux. Ce sera une des caractéristiques de la civilisation grecque.

ENCADRÉ 2.3
QUELQUES ANALOGIES ENTRE LE CODE DE HAMMURABI ET LA LOI DE MOÏSE

Code de Hammurabi

14. *Si un homme s'est emparé par vol du fils d'un homme, en bas âge, il est passible de mort.*

129. *Si la femme d'un homme a été prise au lit avec un autre mâle, on les liera et jettera dans l'eau, à moins que le mari ne laisse vivre sa femme, et que le roi ne laisse vivre son serviteur.*

195. *Si un fils a frappé son père, on lui coupera les mains.*

206. *Si un homme a frappé un autre homme dans une dispute et lui a causé une plaie, cet homme jurera: «Je ne l'ai pas fait sciemment», et il payera le médecin.*

Loi de Moïse

Celui qui dérobera un homme et l'aura vendu ou retenu entre ses mains, sera puni de mort.
Exode, XXI, 16.

Si l'on trouve un homme couché avec une femme mariée, ils mourront tous deux...
Deutéronome, XXII, 22.

Celui qui frappera son père ou sa mère sera puni de mort.
Exode, XXI, 15.

Si des hommes se querellent et que l'un d'eux frappe l'autre avec une pierre ou avec le poing, sans causer sa mort, mais en l'obligeant à garder le lit, celui qui aura frappé ne sera pas puni, dans le cas où l'autre viendrait à se lever et à se promener dehors avec son bâton. Seulement, il le dédommagera de son interruption de travail et il le fera soigner jusqu'à sa guérison.
Exode, XXI, 18-19.

Source: Frank MICHAELI. *Textes de la Bible et de l'Ancien Orient*, Neuchâtel, Éditions Delachaux et Niestlé, 1961, p. 92-95.

Ces habitants d'une petite île d'à peine 8260 kilomètres carrés établissent leur suprématie maritime d'île en île dans le monde égéen, à Chypre et en Phénicie. Avec de petits bateaux de 20 mètres de longueur, ils édifient un empire composé de comptoirs et de petites villes d'escale plutôt que de terres conquises et de peuples asservis. Ils sont les premiers à prouver que la puissance navale et commerciale peut compenser une faible dimension territoriale et tenir longtemps en échec de grandes puissances continentales. Après Tyr, Athènes et plus tard Venise, les Pays-Bas et l'Angleterre confirmeront cette règle.

Civilisation matérielle et civilisation morale sont indissociables. Les réalisations politiques et sociales comme les progrès matériels et techniques ne sont souvent que le pâle reflet d'acquis culturels riches et féconds. Le Proche-Orient antique a été, pendant trois millénaires, une mosaïque de peuples dont les diverses cultures se sont entrechoquées et copénétrées au rythme des invasions, des guerres et des échanges commerciaux. Un certain nombre de cités, de royaumes et d'empires y ont exercé une hégémonie. Mais lorsque prenait fin, parfois brusquement, la domination politique et économique d'un État, certaines créations et œuvres culturelles étaient destinées à lui survivre et à exercer un rayonnement universel. La culture peut en ce sens se définir comme le château fort de la civilisation.

Le rayonnement culturel

Parce que constitué de nombreuses ethnies et de diverses cultures, le Proche-Orient antique a développé nécessairement un éventail très riche de créations spirituelles et artistiques. De tout temps, les valeurs religieuses et morales dominantes d'une société ont été pour ses artistes une source intarissable d'inspiration. Or, les peuples du Croissant fertile ont manifesté très tôt un profond sens religieux, seule voie d'élucidation des mystères de la vie et de la mort.

Le polythéisme

Le polythéisme est généralisé dans l'Antiquité, et le Proche-Orient ne connaîtra l'unité religieuse qu'avec l'Islam, à partir du VIIe siècle apr. J.-C. Il existe une multitude de dieux et de déesses, et certaines divinités, parmi les plus importantes, franchissent les frontières du temps et de l'espace pour être adoptées successivement par plusieurs peuples. Chez les Égyptiens, à côté

d'Amon-Rê, le dieu solaire, on retrouve une trilogie familiale composée d'Isis, d'Osiris et d'Horus. Isis, qui est la sœur et la femme d'Osiris, est la mère d'Horus qui est souvent représenté par un faucon, et dont chaque pharaon est l'incarnation vivante. Le culte d'Osiris atteint la Grèce et l'Empire romain comme celui d'Isis, à qui l'empereur Caligula dédiera un temple sur le Capitole, à Rome, en 69 apr. J.-C. Horus sera pour sa part associé à Apollon par les Grecs.

La trinité, le fratricide, la résurrection et l'immortalité de l'âme représenteront d'importants sujets et thèmes judéo-chrétiens. Or, chez les Sumériens, le panthéon des dieux est composée d'An, souverain du ciel, d'Enlil, seigneur de l'air, et d'Enki, divinité du sol et des eaux, des arts et des sciences, favorable à l'humanité. Le dieu égyptien Osiris, assassiné par son frère jaloux Seth, ressuscite grâce à Isis et devient le dieu des morts, responsable de la survie des êtres humains dans un univers souterrain. Sur les rives du Nil, le rite des funérailles, avec la momification et le tombeau, est très important parce qu'il est lié à la survie. Après la mort, l'âme doit surmonter diverses embûches avant d'être admise au royaume d'Osiris.

D'importantes légendes babyloniennes sur la création de l'être humain à l'image des dieux, sur le déluge et la construction d'une arche, ainsi que sur le péché originel sont rattachées à ces dieux et à leur descendance. Nous en retrouvons des adaptations dans la tradition judéo-chrétienne.

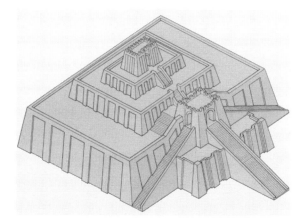

Ziggourat sumérienne Reconstitution de la ziggourat du dieu de la Lune, construite à Ur au XXIe siècle av. J.-C. Pouvant atteindre une cinquantaine de mètres de hauteur, la ziggourat est une tour à étages, constituée de plateformes superposées dont la dernière supporte un sanctuaire.

Les Grecs emprunteront de nombreux éléments à la mythologie mésopotamienne, imprégnée d'anthropomorphisme et de rites magiques qui sont à l'origine des premières sciences comme la médecine, la pharmacie et l'astronomie. Chaque cité mésopotamienne a ses propres dieux dont certains sont vénérés par plusieurs autres peuples. C'est notamment le cas de Shamash, dieu solaire de la justice, qui a dicté les lois à Hammurabi, et d'Ishtar, célèbre déesse de la fécondité, de l'amour et de la guerre, que l'on retrouvera sous les traits de l'Aphrodite grecque. Les prières et les sacrifices des Mésopotamiens se déroulent dans un temple, surmonté d'un sanctuaire qui est supporté par une pyramide à étages, appelé ziggourat. La tour de Babel (nom hébreux de Babylone) dont on parle dans la Bible est une ziggourat. Les prêtres s'y livrent à la divination, qui consiste à découvrir la volonté des dieux par l'observation des astres, des phénomènes naturels et du foie des victimes des sacrifices. Ils ont également recours à des recettes magiques afin de protéger les humains contre les mauvais génies. De Babylonie, ces pratiques se répandront de la Chine à la Grèce et jusqu'en Italie ; elles seront, comme nous le verrons, à l'origine de toute une littérature et de la naissance de certaines sciences.

La religion crétoise se distingue par son dépouillement et ses tendances anthropocentriques. Excluant les temples et les statues, les Crétois organisent des cérémonies religieuses où la souplesse et la beauté du corps humain sont mises en évidence. C'est à travers les danses, les jeux sportifs et les acrobaties, lors des courses de taureaux, qu'ils rendent hommage à leurs divinités. Ils élaborent une première civilisation centrée sur l'homme et son épanouissement. Cette tendance anthropocentrique se développera au plus haut point dans la civilisation grecque.

Le monothéisme

C'est au Moyen-Orient, d'abord en Palestine puis en Perse, qu'apparaît pour la première fois le culte d'un dieu unique. Les Hébreux transmettront à l'Occident deux thèmes religieux fondamentaux : le monothéisme et le messianisme. Guidés et maintenus dans cette foi par leurs patriarches et leurs prophètes, les Hébreux adorent un seul Dieu avec lequel, nous l'avons mentionné, ils ont conclu une alliance. Ce petit peuple, qui a connu plus d'une fois les humiliations de la défaite, de la déportation et de la captivité, a fait preuve en matière religieuse d'un grand prosélytisme. Annoncé par certains prophètes, un Messie que les Hébreux attendent doit apporter le salut et la délivrance. Ainsi s'établira un royaume universel dans lequel, autour du peuple élu, l'humanité adorera le vrai Dieu. Ce prosélytisme perdra chez les chrétiens toute connotation politique ; leur Messie, dont le royaume ne sera pas de ce monde, viendra délivrer les hommes de leurs péchés et non Israël de ses ennemis.

L'antique religion perse enseigne l'existence d'un dieu du bien et d'un dieu du mal. Ahura Mazda ou Ormuzd, créateur du monde, entouré de bons génies, livre jusqu'à la victoire une longue lutte à Ahriman, dieu du mal, qui, assisté de ses démons, cherche à détruire l'œuvre d'Ahura Mazda. L'idée d'une lutte constante entre les principes du bien et du mal se transpose chez l'être humain dont l'âme, à la mort, se dirige vers la demeure des chants ou vers l'abîme. Elle a été préalablement jugée par Mithra, bon génie et esprit de la lumière divine, dont le culte se répandra à Rome au début du christianisme. Célébrée le 25 décembre, la fête de Mithra serait à l'origine de la fête de Noël. Les bons génies, la demeure des chants et Ahriman ne sont pas sans nous rappeler les anges, le paradis et le Lucifer de la tradition judéo-chrétienne.

À la fin du VIIe et au début du VIe siècle av. J.-C., Zarathoustra ou Zoroastre prêche une réforme religieuse qui ne reconnaît qu'un seul dieu, Ahura Mazda. L'Avesta, un livre sacré rédigé tardivement au IIIe siècle av. J.-C., contient l'essentiel des enseignements de ce sage, qui se répandront sans totalement éliminer les anciennes croyances. Monothéiste et dépouillée, la religion de Zarathoustra est également exceptionnelle parce qu'en plus de poser le problème du bien et du mal, elle met l'accent sur l'accomplissement du devoir sur terre, bien avant les offrandes et la prière. Elle élève au rang de vertus la pureté physique et morale ainsi que la vérité et l'horreur du mensonge. Cet enseignement se fait sous l'autorité des mages, une caste de prêtres savants. Dans l'Évangile selon saint Matthieu, trois mages venus d'Orient viendront à Bethléem se prosterner devant l'enfant Jésus.

L'art monumental

Tout ce qui échappe à l'emprise et à la compréhension immédiate de l'être humain relève du surnaturel, ce qui se traduit dans le domaine artistique par le gigantisme, une caractéristique majeure des arts égyptien et mésopotamien. Au-delà de la mégalomanie de certains grands monarques, seul le sens du sacré et du

Pyramides de Guizeh Situées sur la rive gauche du Nil, près de l'actuelle ville du Caire, ces tombes gigantesques ont été construites par certains pharaons de l'Ancien Empire. À l'arrière-plan, celle de Khéops (140 mètres de hauteur) domine celles de Khéphren (au centre) et de Mykérinos (à l'avant-plan).

dépassement peut expliquer l'effort fourni pour réaliser, avec les moyens de l'époque, ces monuments colossaux que sont les palais, les temples et les pyramides, refuges éternels des rois et des dieux. En Occident, les bâtisseurs de cathédrales au Moyen Âge, et peut-être même de gratte-ciel au XXᵉ siècle, obéissent sans doute à de semblables inspirations.

Le passé des vieilles civilisations du Proche-Orient nous est d'abord révélé par les monuments et les tombeaux, dont les inscriptions et les **bas-reliefs** nous dévoilent divers aspects de la vie profane et religieuse qu'on y menait. Plus que toute autre activité, l'art sert d'exutoire moral et spirituel aux peuples anciens. Lorsque les touristes et les chercheurs d'aujourd'hui visitent ces vestiges et ces ruines, ils ont parfois le sentiment vague et étrange que les hommes et les femmes de jadis, à travers la crainte et l'espoir que leur inspirait la mort, entretenaient l'idée de rejoindre leur postérité. S'ils y sont parvenus, ils le doivent dans une large mesure à leurs architectes et à leurs artistes.

Les architectures égyptienne et mésopotamienne nous impressionnent d'abord par leur gigantisme, qui témoigne sans doute de la puissance de certains monarques, mais également de la foi profonde de leurs sujets et de leur désarroi devant nombre de phénomènes qui les dépassent. Les monuments égyptiens sont construits sans ciment avec des pierres taillées. La porte d'entrée des temples, flanquée d'**obélisques**, de

statues et de tours colossales, donne accès à une cour entourée de galeries. Celles-ci, comme la salle hypostyle et le sanctuaire, sont supportées par des colonnes surmontées de chapiteaux fleuris. D'une ligne simple et proportionnée, ces colonnes multiformes, souvent qualifiées de protodoriques, annoncent la future architecture grecque.

Faute de pierre, les Mésopotamiens utilisent la brique crue pour construire, dans des villes dominées par des palais aux toits plats ou en coupole, de nombreux temples aux massives tours quadrangulaires, comptant parfois jusqu'à sept étages. Dès l'apparition des premières cités sumériennes, les peuples de Mésopotamie entretiennent un souci d'urbanisme qui se propagera chez les Grecs. Avec sa double muraille et ses nombreuses portes, ses rues à angle droit, ses jardins suspendus et ses multiples temples, Babylone demeure un modèle exceptionnel d'aménagement urbain propre à la civilisation assyro-babylonienne.

Du Sphinx aux simples figurines, les sculpteurs égyptiens réalisent avec le bois et la pierre de véritables chefs-d'œuvre. Le statuaire accompagne le culte des morts alors que le relief en méplat ou en creux illustre la vie des Égyptiens sur les murs des temples et des tombeaux. Quant à la peinture, souvent liée au bas-relief, elle représente des fêtes avec des musiciens et des danseurs ou des scènes naturelles, empreintes de réalisme et parfois d'humour.

Le bas-relief constitue la caractéristique majeure de l'art mésopotamien. Les stèles sont recouvertes d'inscriptions avec un bas-relief illustrant le texte. Dans les palais, la plinthe sculptée orne la partie inférieure des murailles. Les premiers procédés d'impression sont mésopotamiens puisque avec les sceaux, de petits cylindres de pierre gravée qu'on roule sur l'argile, on obtient une empreinte qui sert de signature pour les documents officiels, les actes de vente et les contrats.

Les communications orales

Avant l'apparition de l'écriture, le souci de communiquer efficacement apparaît très tôt chez les peuples anciens. Au Proche-Orient, la communication orale se perfectionne au rythme du développement matériel et culturel. Ouvertes sur l'extérieur, les sociétés mésopotamiennes expérimentent rapidement les contacts interraciaux. Le commerce, les invasions, les conquêtes, les déportations et l'institution esclavagiste imposent même la recherche d'une langue internationale pour des raisons qui dépassent la seule diplomatie.

L'épisode biblique de la tour de Babel (nom hébreux de Babylone) en témoigne. Selon la Genèse (XI, 1-9), les hommes bâtissent un édifice élevé pour atteindre les cieux; pour faire échouer leur projet, Dieu introduit la diversité des langues et les races se dispersent.

Fait étonnant et à l'exemple des arts, l'évolution linguistique ne suit pas toujours les cycles politiques et économiques. Bien qu'il cède la place à l'akkadien, le sumérien demeure longtemps la langue des savants jusqu'à ce que, sous Hammurabi, le babylonien devienne pour plus de 1000 ans la langue classique par excellence. Tout comme le français le sera plus tard dans l'Occident moderne, l'akkadien est cependant demeuré la langue diplomatique de l'Orient ancien. Le traité de Qadesh, le premier traité de paix de l'histoire qui nous soit connu, est rédigé dans cette langue.

À partir du VIIIe siècle av. J.-C., phénomène exceptionnel, l'araméen s'affirme graduellement comme la langue usuelle du Proche-Orient, d'Asie Mineure en Chaldée et de l'Égypte à la Perse. Les souverains achéménides en font la langue administrative de l'Empire perse. Or, cette langue n'est issue ni d'une grande puissance ni d'une grande civilisation. Devenue la langue des satrapes, elle se répand jusqu'en Afghanistan et en Inde. Elle est adoptée par les peuples assujettis aux empires gréco-macédoniens et romains jusqu'à la conquête arabe. C'est en araméen que Jésus-Christ fera probablement une partie de sa prédication.

Nous ignorons les causes de la popularité et de la durée de cette langue sémitique, apparentée à l'akkadien, au phénicien et à l'hébreu. Faut-il l'attribuer à l'influence des commerçants nomades araméens, ou à sa simplicité et à certaines autres qualités d'ordres linguistique et phonétique? La diffusion par les Phéniciens d'un alphabet phonétique contribuera sans doute à sa longévité. L'invention de l'alphabet facilitera non seulement les communications et les transactions commerciales, mais également le développement de la vie intellectuelle.

La vie intellectuelle

Des contraintes matérielles amènent les Égyptiens et les Mésopotamiens à inventer l'écriture, et les Phéniciens à la simplifier par l'invention de l'alphabet. Ces découvertes suscitent la rédaction des premières œuvres littéraires qui empruntent leurs personnages, dieux et héros, à la mythologie. Quoiqu'imprégnée de superstition et essentiellement orientée vers l'utilitaire, la science connaît des développements étonnants.

L'apparition de l'écriture (quest. #9)

La naissance de la littérature et des sciences, essentiellement d'origine religieuse, n'est rendue possible que grâce à l'invention de l'écriture. Cette

	3300 av. J.-C.	2800 av. J.-C.	2400 av. J.-C.	1800 av. J.-C.
CIEL				
TERRE				
MÂLE				
FEMELLE				
MONTAGNE				
HOMME				
GRAND				
ROI				
LABOUR				
GRAIN				
MOUTON				
BŒUF				
POISSON				
OISEAU				
TÊTE				
BOUCHE				
EAU				
BOIRE				
NOURRITURE				
MANGER				
MAIN				
PIED				

Évolution de l'écriture sumérienne Les premiers pictogrammes (2e colonne) basculent (3e colonne) lorsqu'on se met à écrire de gauche à droite plutôt que de haut en bas. Vers 2400 av. J.-C. (4e colonne), on cesse de dessiner sur l'argile avec un roseau pour utiliser un stylet en forme de coin. Cette écriture cunéiforme utilise des symboles de plus en plus abstraits.

conquête majeure de l'humanité se produit à peu près simultanément en Mésopotamie et en Égypte. L'écriture est à ses débuts figurative et d'une grande simplicité, car elle est constituée de petits dessins. Idéographique et pictographique, elle devient graduellement phonétique dans la mesure où chaque signe représente une syllabe ou un son isolé. Environ 18 siècles séparent les débuts de l'écriture (v. 3300 av. J.-C.) et l'apparition de l'alphabet phénicien (v. 1500 av. J.-C.).

La lointaine écriture sumérienne se compose d'abord de pictogrammes assez faciles à saisir, qui représentent divers éléments comme un poisson, un oiseau ou une tête... ou encore, elle associe des signes comme *grand* et *homme*, qui ensemble signifient un autre mot, par exemple *roi*. Ces signes sont gravés de haut en bas, à l'aide d'un roseau aiguisé, sur une tablette d'argile fraîche qu'on met ensuite au four, afin de la faire sécher pour la conserver. Les signes abstraits apparaissent après l'an 3000 av. J.-C., lorsque les pictogrammes basculent, peut-être parce qu'on se met à écrire de gauche à droite. Lorsqu'on abandonne le roseau pour le stylet à pointe en forme de coin, cette écriture, dite alors cunéiforme (du mot latin *cuneus* qui signifie « coin »), devient encore plus complexe. Vers 1800 av. J.-C., les scribes utilisent des symboles abstraits qui, pour la plupart, n'ont rien conservé des anciens pictogrammes. Cette écriture ne demeure accessible qu'à une élite de fonctionnaires et de prêtres savants. Avec le temps, elle deviendra syllabique et ne dépassera jamais ce stade. Chez les Babyloniens, elle comporte environ 500 signes que les Perses ont la sagesse de réduire à une quarantaine. Elle ne sera déchiffrée qu'au début du XIXe siècle apr. J.-C., et le mérite en reviendra à l'Allemand Georg Friedrich Grotefend et au Britannique Henry Rawlinson.

L'écriture hiéroglyphique des Égyptiens est, comme celle des Mésopotamiens, d'abord figurative. Mais rapidement, elle devient phonétique, à la fois syllabique et littérale. Comme dans les langues sémitiques, on n'écrit que les consonnes. L'idéogramme devenant syllabique, c'est comme si le dessin d'un sac pouvait également représenter les mots *sec* et *soc*. Parce que la langue égyptienne comprend plusieurs mots d'une seule consonne, on finit par mettre au point un alphabet hiéroglyphique d'environ 25 signes consonantiques. Par exemple, le dessin du vautour représente le « A », celui d'une jambe le « B » et celui du hibou le « M ».

Cependant, les Égyptiens ne conservent pas que les lettres ; l'écriture hiéroglyphique devient un mélange d'idéogrammes, de signes syllabiques et de lettres qui totalisent environ 750 signes différents. Rien d'étonnant à ce que la fonction de scribe jouisse d'un grand prestige sur les rives du Nil. Lorsqu'on abandonne la pierre gravée pour la plume et le papyrus, cette écriture se simplifie en devenant continue, c'est-à-dire cursive. Mais elle demeurera indéchiffrable jusqu'à l'expédition française en Égypte au début du XIXe siècle ; des soldats français découvriront alors, dans la petite ville de Rosette à l'est d'Alexandrie, une pierre de balsate poli de couleur noire qui présente trois versions d'un même texte, c'est-à-dire la traduction grecque d'un texte écrit à la fois en hiéroglyphes et en écriture cursive égyptienne. Après l'échec de ses quelques prédécesseurs, Champollion parviendra à traduire un certain nombre de hiéroglyphes par une méthode comparative des noms propres.

L'alphabet (quest. #9)

Environ 1500 ans av. J.-C., un événement majeur se produit dans le domaine de l'écriture et bouleverse l'évolution culturelle de l'humanité. Comme plusieurs autres grandes inventions, l'apparition de l'alphabet n'est pas spontanée. Elle résulte d'une longue évolution interactive entre certains peuples sémites du couloir syro-palestinien. Le mot *alphabet* doit son origine aux deux premières lettres de l'alphabet phénicien, *alef* et *bet*, que les Grecs transformeront en *alpha* et *bêta*. Les Phéniciens assurent la première diffusion de l'alphabet, mais on doute qu'ils en aient été les inventeurs exclusifs.

Les plus anciennes inscriptions phéniciennes ont été découvertes à Ougarit et datent de 1500 à 950 av. J.-C. Il s'agit d'une écriture exclusivement alphabétique comprenant 22 signes, tous consonantiques. Les lettres phéniciennes seraient dérivées de caractères de l'écriture cursive égyptienne et n'auraient rien de commun avec l'écriture cunéiforme de Mésopotamie. Chassés d'Égypte, les Hyksos les auraient-ils emportées en Syrie ? Ou plutôt, lors de leur Exode, les Hébreux les auraient-ils transportées en Palestine et répandues parmi les autres peuples du couloir ? Nous l'ignorons. Des inscriptions découvertes dans des grottes du Sinaï nous laissent supposer qu'à partir d'une simplification de caractères hiéroglyphiques, qui se serait produite entre 1850 et 1500 av. J.-C., on aurait obtenu une écriture de 37 signes. Le premier alphabet se serait formé en Syrie du Nord et au royaume de Saba, dans le Sud de l'Arabie. Il s'est d'abord répandu dans le bassin

Lettres phéniciennes et leurs équivalents grecs et latins en majuscules Les Phéniciens, dont l'alphabet remonte à environ 1500 av. J.-C. et comporte 22 consonnes, écrivent de droite à gauche. Les Grecs transformeront en voyelles quelques lettres consonantiques et écriront de gauche à droite. L'alphabet latin, que nous avons conservé, n'a que très peu modifié l'alphabet grec.

méditerranéen par les marins et les marchands de Phénicie, avant de l'être dans le monde, grâce aux deux grandes cultures de l'Europe et de l'Islam. Seuls les Chinois ont toujours résisté à cette influence.

L'alphabet phénicien, ancêtre de tous les alphabets actuels sauf du coréen, ne comporte que des consonnes, essentiellement parce que les langues sémitiques ne comptent que fort peu de voyelles. Au VIIIe siècle av. J.-C. apparaît un alphabet araméen, proche de celui des Phéniciens. Il sert à écrire les derniers livres de l'Ancien Testament, qui est surtout rédigé en hébreu. L'alphabet hébraïque remonte approximativement à 700 av. J.-C. et subira peu de modifications jusqu'à aujourd'hui.

Toutes ces écritures, dans leur forme primitive, se lisent de droite à gauche et ne reproduisent pas les voyelles, qui sont cependant prononcées dans la langue parlée. Les Grecs ajouteront à l'alphabet phénicien des voyelles, en empruntant des signes à l'alphabet araméen. Seul le «i» (en grec *iota*) fut une authentique innovation. Vers le Ve siècle av. J.-C., l'alphabet grec possède 17 consonnes et 7 voyelles,

soit 24 signes ou lettres qui peuvent s'écrire en minuscules sur le papyrus ou la tablette de cire et en majuscules sur la pierre gravée. Ces alphabets, de la Phénicie à la Grèce, ont pratiquement terminé l'histoire de l'écriture jusqu'à aujourd'hui. Nos alphabets qui, via l'Étrurie et Rome, en dérivent ne pourront pas faire mieux avec les langues actuelles. C'est notamment le cas du français qui possède de 35 à 37 phonèmes, 26 lettres et quelques signes diacritiques (accents et points).

Découverte révolutionnaire, l'alphabet permet de tout écrire avec seulement une vingtaine ou une trentaine de signes, ce qui provoque une véritable démocratisation du savoir. L'écriture, jusque-là réservée à une minorité de prêtres, de fonctionnaires et de scribes savants, devient accessible. Mieux informées, les sociétés lettrées suscitent chez leurs membres une façon plus systématique d'observer et plus critique de réfléchir. Avec les textes apparaissent le calcul, le schéma, le tableau, la géométrie, l'astronomie et, finalement, la géographie, le calendrier et l'histoire. L'écriture transforme donc l'organisation de la société, et l'alphabétisation représente déjà, dans ces temps anciens, la clé du développement.

Les premières œuvres littéraires (quest #10)

Comme pour les premières réalisations scientifiques, la religion inspire les premières grandes œuvres littéraires. C'est notamment le cas du Poème de la création et de l'Épopée de Gilgamesh en Mésopotamie, du Livre des morts en Égypte, de la Bible en Palestine et de l'Avesta en Perse. Rédigés parfois pendant plusieurs siècles par des hommes de Dieu et des prophètes, cautionnés par le pouvoir royal et diffusés par des prêtres savants, ces recueils sacrés servent à la fois de livres de prières et de guides de vie. Les premiers mythes sumériens expliquent la naissance des dieux et des humains, le déluge, la vie, la mort, le bien et le mal. C'est à partir du déluge que débute l'ère sumérienne. Gilgamesh, cinquième roi de la dynastie d'Uruk, devient le héros de la plus ancienne épopée qui nous soit parvenue. Sorte d'Héraclès ou d'Hercule avant la lettre, Gilgamesh part en vain à la recherche de l'immortalité pour la dérober aux dieux et la remettre aux hommes. Ce très beau texte circulera dans tout le Proche-Orient du XXVe au VIIe siècle av. J.-C., et inspirera à divers degrés les autres livres saints qui suivront.

Pour les Égyptiens, l'écriture est d'origine divine et représente un don du dieu Thot à l'humanité. Le mot *hiéroglyphe*, qui dérive des mots grecs *ieros* « sacré » et *gluphein* « graver », signifie « écriture des dieux ». Mais les textes anciens ne sont pas exclusivement religieux, et on retrouve en Mésopotamie comme en Égypte une abondante littérature profane. À côté des légendes, des épopées et des hymnes sacrés, des prières de pénitence et des formules d'exorcisme, la bibliothèque d'Assurbanipal révélera l'existence de multiples annales, de récits de fondation de temples, de contrats et de comptes ainsi que de toute une poésie rude et expressive. Malgré la perte de nombreuses œuvres, causée par la fragilité du papyrus, l'Égypte nous léguera une poésie officielle, religieuse et historique, qui relate la vie des dieux et des pharaons. À un niveau plus privé, nous retrouvons des chansons d'amour, des chansons à boire, des contes ainsi que des réflexions sur la vanité de la vie et sur la mort. Certains textes prodiguent des conseils pratiques et des leçons de morale.

Les premiers pas de la science (quest #10)

Des nécessités d'ordre matériel autant que des préoccupations et des pratiques religieuses sont à l'origine des premiers pas de la science qui, à certains égards, connaîtra un développement étonnant. En effet, dans le domaine du calcul, de la géométrie, de l'astronomie, de la médecine et de la pharmacie, les Égyptiens et les Mésopotamiens établissent des règles et des formules qui, dans certains cas, sont encore d'usage de nos jours. La recherche de la précision dans l'arpentage des terres et le creusage des canaux provoque la naissance des mathématiques. Les Égyptiens se limitent à l'addition et à la soustraction ; ils calculent à partir d'objets visibles et n'utilisent jamais, à notre connaissance, les nombres abstraits. En géométrie, ils ne connaissent que les quadrilatères et les triangles rectangles. Mais pouvons-nous leur rendre justice en cette matière, alors que de nombreux papyrus sont irrémédiablement disparus ? Ces piètres mathématiciens parviennent quand même à construire, de façon symétrique, des monuments aux dimensions colossales et aux formes harmonieuses.

En plus d'avoir recours aux fractions, les Mésopotamiens facilitent leurs calculs en inventant les tables de multiplication, de division, d'élévation au carré ainsi qu'au cube, de 60 et de ses multiples. Ils trouvent des solutions aux problèmes difficiles, notamment des équations à plusieurs degrés, grâce aux méthodes simples de l'algèbre, qu'ils transmettront

plus tard aux Occidentaux par l'intermédiaire des Arabes. Nous utilisons toujours leur système numérique décimal (base 10) et sexagésimal (base 60). En effet, leur minute compte 60 secondes, leur heure 60 minutes et leur journée 24 heures alors que leur cercle fait 360 degrés (6 × 60).

De Sumer à Babylone comme en Égypte, la géométrie ne répond qu'à des préoccupations utilitaires. Elle propose des formules destinées à mesurer les surfaces et les volumes, en utilisant le cordeau plutôt que le raisonnement. Cependant, à l'aide de recettes empiriques, on parvient à découvrir, plus de 2000 ans av. J.-C., que dans un triangle rectangle, le carré de l'hypoténuse est égal à la somme des carrés des deux autres côtés. Bien plus tard, Pythagore de Samos fera la savante démonstration de ce théorème qui compte toujours parmi les piliers de notre géométrie.

Les Égyptiens, pour leur part, acquièrent des connaissances astronomiques suffisantes pour établir, plus de 4000 ans av. J.-C., un calendrier de 365 jours. Moyennant quelques modifications, ce calendrier solaire sera imposé par Jules César en 45 av. J.-C. et par le pape Grégoire XIII en 1582. Mais tout en jetant les bases de notre calendrier actuel, les riverains du Nil

Problèmes de géométrie à Babylone Tablette d'argile du IIᵉ millénaire av. J.-C. qui contient des problèmes rédigés en écriture cunéiforme. On y reconnaît quelques figures de base parmi lesquelles un carré divisé en plusieurs figures dont les surfaces doivent être calculées.

répandent des superstitions sur les jours fastes et néfastes, qui représentent 20 % de l'année. Les Babyloniens créent une semaine de 7 jours, un mois de 29 ou 30 jours et une année de 354 jours. Accusant un retard sur l'année solaire réelle, ils doivent inventer un treizième mois qui sera longtemps placé au hasard. Chaque mois correspond à un signe du zodiaque et le treizième est celui du corbeau, oiseau de malheur. Depuis ce temps, le nombre 13 inspire la méfiance et la crainte. Pendant longtemps, l'astronomie demeure au service de l'astrologie par laquelle on tente de connaître la volonté des dieux et de prédire l'avenir.

Même si la médecine connaît chez les Égyptiens un développement intéressant, elle ne quitte jamais cependant, comme chez les Mésopotamiens, le domaine de la magie. Elle ne sera longtemps qu'un ensemble de recettes et de sortilèges destinés à chasser du corps humain les démons et les esprits malins. C'est par le biais de l'embaumement des morts que les connaissances anatomiques s'enrichissent et favorisent les progrès de la médecine. Grâce à la dissection, les médecins égyptiens améliorent leurs diagnostics et développent la chirurgie, surtout pour traiter les plaies et les fractures. Dès 3500 av. J.-C., ils savent que le cœur est le moteur de la circulation sanguine. Ils élaborent également divers remèdes, principalement composés de plantes, pour soigner les maladies des yeux et de la peau, le cancer, la calvitie, les rides et les maux de dents. En outre, ils inventent des traitements contre les affections gynécologiques et les séquelles de l'avortement. L'Égypte compte de nombreux médecins et les Grecs seront plus tard largement tributaires des conquêtes de la médecine égyptienne.

Conclusion

Les Égyptiens sur les rives du Nil, les Sumériens et les Akkadiens en Mésopotamie, et les Crétois en Méditerranée forment, entre les XXXe et XVIe siècles av. J.-C., les premières civilisations. Au lendemain des invasions indo-européennes, de nouveaux empires se reconstituent, entre les XVIe et VIe siècles av. J.-C., en Égypte, en Assyrie, à Babylone et sur l'île de Crète. N'ayant jamais exercé de domination politique ni militaire, les Phéniciens et les Hébreux, peuples du couloir syro-palestinien, laissent néanmoins un important héritage culturel et intellectuel. L'Empire perse est fondé par Cyrus II, au milieu du VIe siècle av. J.-C., et préfigure celui des Romains, tant par son niveau d'organisation que par son étendue. Sous les dominations lydienne et perse, l'Asie Mineure est le foyer d'une brillante civilisation et ses cités grecques président à la naissance de la première civilisation occidentale. L'héritage matériel et organisationnel de ces civilisations préhelléniques est considérable. Leurs religions polythéistes et monothéistes, leur architecture monumentale et leur évolution linguistique témoignent de leur rayonnement culturel. L'invention de l'écriture et de l'alphabet, la rédaction des premières œuvres littéraires et l'apparition de la science représentent leur principal legs intellectuel, caractérisé à la fois par le pragmatisme et le sens du sacré.

Ces peuples du Proche-Orient seront cependant, dans les domaines culturel et intellectuel, dépassés par les Grecs. Ils ne connaissent ni la démocratie ni le théâtre. Le gigantisme les empêche d'atteindre, dans le domaine artistique, le degré de raffinement, sinon de perfection, qu'atteindront les artistes grecs. Dans le domaine scientifique, les Proche-Orientaux ne rompent pas complètement avec les croyances et les pratiques superstitieuses. Avec des méthodes imprégnées de magie, qui demeurent stationnaires pendant des millénaires, les Mésopotamiens et les Égyptiens établissent les fondements de nos connaissances scientifiques, sans vraiment faire preuve d'esprit scientifique. En effet, ils ne s'appliquent ni à raisonner ni à démontrer. En recherchant, par contre, des solutions pratiques aux problèmes posés par la vie courante, ils développent les sciences appliquées et sont responsables de plusieurs découvertes scientifiques, dont certaines s'avéreront exactes jusqu'à ce jour.

L'humanité a longtemps vécu dans un monde de sorcellerie habité par des dieux, des génies et des esprits de toutes sortes. Ce n'est que difficilement et tardivement que la science s'en est dégagée, et nous constaterons dans notre prochain chapitre que les Grecs sont les initiateurs de ce mouvement. Mais il faut se demander si ces descendants des envahisseurs ioniens et doriens auraient pu, sans l'apport des grandes civilisations du Proche-Orient, établir, au fil des siècles, les fondements de la civilisation occidentale sur des bases culturelle et intellectuelle jusque-là inégalées. Consacré à la Grèce, le prochain chapitre pourra sans doute nous éclairer sur cette question.

Lectures suggérées

DESHAYES, Jean. *Les Civilisations de l'Orient ancien*, Paris, Arthaud, 1969.

JAN, Georges. *L'Écriture, mémoire des hommes*, Paris, Gallimard, 1987.

LEMAIRE, André. *Histoire du peuple hébreux*, Paris, P.U.F., coll. «Que sais-je?», no.1898, 1981.

MONTET, Pierre. *L'Égypte éternelle*, Paris, A. Fayard, coll. «L'Aventure des civilisations», 1970.

OPPENHEIM, Léo. *La Mésopotamie. Portrait d'une civilisation*, trad. P. Martory, Paris, Gallimard, 1970.

PALOU, Christiane et Jean. *La Perse antique*, Paris, P.U.F., coll. «Que sais-je?», n° 979, 1962.

RONAN, Colin A. *Histoire mondiale des sciences*, trad. Claude Bonnafont, Paris, Seuil, 1988.

SELLIER, Philippe, présent. *L'Orient barbare vu par un voyageur grec. Hérodote,* Paris, Calmann-Lévy, 1966.

TIME-LIFE. *Les Premières Civilisations 3000-1500 av. J.-C.,* Amsterdam, Bruxelles, Éditions Time-Life, coll. «Histoire du monde», 1987.

WHITEHOUSE, Ruth et John WILKINS. *L'Aube des civilisations*, Paris, Bordas, 1987.

«Le Golfe, 5000 ans d'histoire», *Notre Histoire*, n° 80, juillet-août 1991, numéro spécial.

«Un peuple méconnu et contesté. Les Phéniciens», *Les Cahiers de l'Histoire*, n° 95, mai-juin 1972.

Questions

1. *Caractérisez les premières civilisations connues entre le XXXe et le XVIe siècle av. J.-C.*

2. *Situez les invasions indo-européennes et expliquez-en les conséquences.*

3. *Au lendemain des invasions indo-européennes, de grands empires se reconstituent. Expliquez.*

4. *Quelle est l'originalité de l'héritage que nous ont laissé les Phéniciens et les Hébreux, qui n'ont jamais été des peuples hégémoniques?*

5. *Expliquez les caractéristiques majeures de l'empire perse.*

6. *Quelle est l'importance historique de l'Asie Mineure?*

7. *Que devons-nous, sur les plans matériel et organisationnel, aux civilisations de l'époque préhellénique?*

8. *Le polythéisme et l'art monumental représentent les principaux héritages des peuples du Proche-Orient antique. Confirmez ou nuancez cette affirmation.*

9. *Expliquez les grandes étapes de l'évolution de l'écriture chez les Sumériens, les Égyptiens, les Phéniciens et les Grecs.*

10. *Chez les Mésopotamiens et les Égyptiens, qu'est-ce qui caractérise la littérature et la science?*

Chapitre 3

La Grèce

Grèce Le territoire présente un relief montagneux parsemé de petites plaines. Son climat méditerranéen, quoique source de sécheresse, se prête bien à la culture du blé, de la vigne et de l'olivier. Où que l'on soit sur le sol grec, la mer se trouve à moins de 80 kilomètres. Très tôt, ses nombreuses îles entraînent les marins vers la Thrace, l'Asie Mineure, la Crête et finalement, vers la Grande Grèce (Sicile et Sud de l'Italie) et l'ensemble du monde méditerranéen.

L'État grec n'a pas existé; ce que nous appelons la Grèce est constitué par un ensemble de cités-États qui, à partir de la péninsule des Balkans, s'étendent jusqu'aux rives des mers Égée et Méditerranée. (*Voir la carte 3.1.*) Indépendantes les unes des autres et éprises d'autonomie, ces cités vivent le plus possible en autarcie. Continuellement en lutte les unes contre les autres, elles ne s'unissent qu'occasionnellement, et parfois tardivement, pour faire face au danger commun. Entre la fin de la domination perse vers 490 av. J.-C. et celle de Philippe de Macédoine en 338 av. J.-C., l'hégémonie d'Athènes, de Sparte et de Thèbes ne dure environ qu'un siècle et demi. Cependant, ce laps de temps devait être suffisant pour que s'édifie une brillante civilisation, la première du monde occidental. Les conquêtes d'Alexandre de Macédoine devaient assurer la survie et la diffusion de la civilisation grecque.

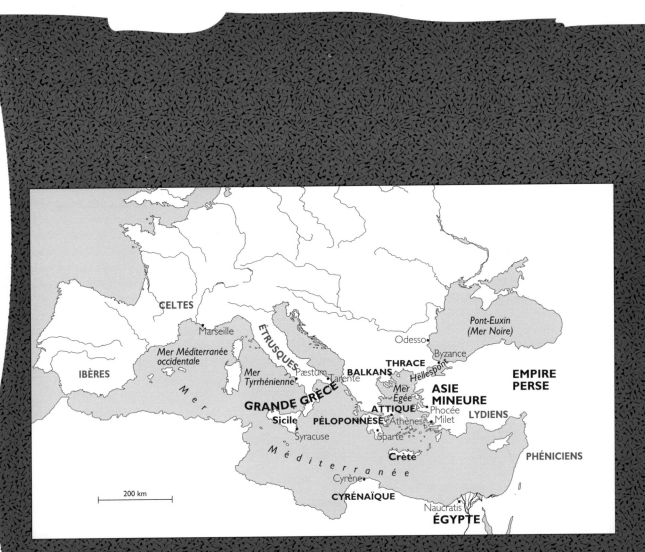

Carte 3.1
Le monde grec : principales cités et régions

Chronologie

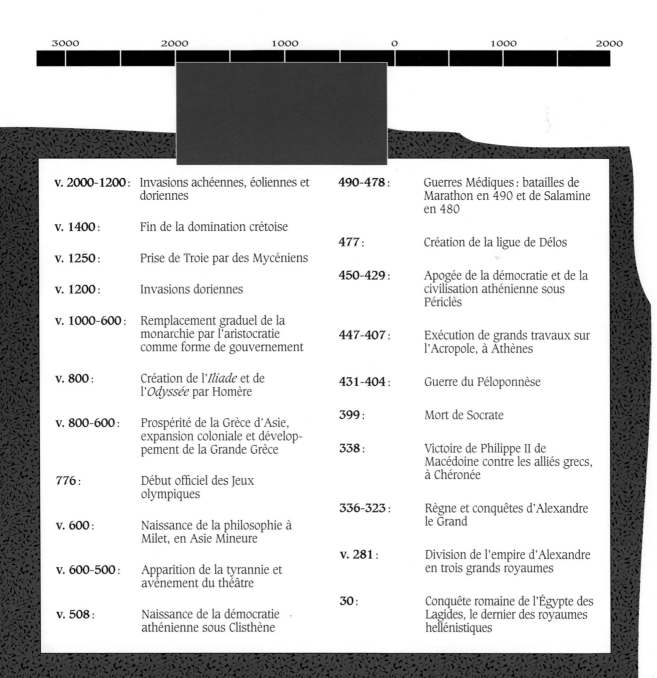

v. 2000-1200 :	Invasions achéennes, éoliennes et doriennes
v. 1400 :	Fin de la domination crétoise
v. 1250 :	Prise de Troie par des Mycéniens
v. 1200 :	Invasions doriennes
v. 1000-600 :	Remplacement graduel de la monarchie par l'aristocratie comme forme de gouvernement
v. 800 :	Création de l'*Iliade* et de l'*Odyssée* par Homère
v. 800-600 :	Prospérité de la Grèce d'Asie, expansion coloniale et développement de la Grande Grèce
776 :	Début officiel des Jeux olympiques
v. 600 :	Naissance de la philosophie à Milet, en Asie Mineure
v. 600-500 :	Apparition de la tyrannie et avènement du théâtre
v. 508 :	Naissance de la démocratie athénienne sous Clisthène
490-478 :	Guerres Médiques : batailles de Marathon en 490 et de Salamine en 480
477 :	Création de la ligue de Délos
450-429 :	Apogée de la démocratie et de la civilisation athénienne sous Périclès
447-407 :	Exécution de grands travaux sur l'Acropole, à Athènes
431-404 :	Guerre du Péloponnèse
399 :	Mort de Socrate
338 :	Victoire de Philippe II de Macédoine contre les alliés grecs, à Chéronée
336-323 :	Règne et conquêtes d'Alexandre le Grand
v. 281 :	Division de l'empire d'Alexandre en trois grands royaumes
30 :	Conquête romaine de l'Égypte des Lagides, le dernier des royaumes hellénistiques

Introduction

Le centre du monde grec est formé par la mer Égée dont les nombreuses îles relient la péninsule des Balkans à l'Asie Mineure. S'ajouteront à partir du VIIIe siècle av. J.-C. les établissements du Pont-Euxin (mer Noire), de la Grande Grèce (Sicile et Italie du Sud), de la Cyrénaïque (Lybie) et de la Méditerranée occidentale. La Grèce, pays d'à peine 400 kilomètres dans sa partie la plus longue et d'environ 250 kilomètres de largeur, est cependant divisée en un grand nombre de régions, parmi lesquelles l'Attique et le Péloponnèse ont une grande importance historique. (*Voir la carte 3.2.*)

La péninsule des Balkans, dont le sol et le sous-sol offrent peu de ressources, présente un relief parsemé de petites plaines entourées de montagnes. En fait, les montagnes occupent 80 % de la superficie de la Grèce, et le relief de l'Asie Mineure est tout aussi accidenté. Cette caractéristique géographique a sans doute favorisé la formation de **cités** dispersées et indépendantes les unes des autres. De chacune de ces cités-États relevaient habituellement les habitants de la plaine, de la montagne et de la côte.

Sur un territoire aussi irrégulier, les communications étaient nécessairement difficiles et l'on devait souvent emprunter des passages, par exemple les Thermopyles, pour se déplacer ou transiter d'une région à l'autre. Les Grecs ont établi sur mer les liaisons que leur territoire ne leur permettait pas ; ils ont dû également se procurer à l'extérieur les biens et les denrées, qu'ils ne pouvaient trouver en quantité suffisante chez eux. Aucun lieu de la Grèce n'étant à plus de 100 kilomètres de la mer, le cabotage s'est imposé très tôt à ce peuple d'origine indo-européenne, dont les guerriers se sont rapidement transformés en marins, voyageurs et marchands.

Malgré sa vocation maritime, le peuple grec est également un peuple de bergers et de paysans qui, sous un climat généralement sec, se livre à une agriculture typiquement méditerranéenne, c'est-à-dire

**Carte 3.2
La Grèce antique**

basée sur la culture des céréales, de la vigne et de l'olivier. Cependant, les problèmes reliés à l'exiguïté des terres figurent parmi les principaux facteurs d'émigration des Grecs. Hormis les invasions, la moindre augmentation subite de population, la perte d'un territoire, le développement de la grande propriété et l'expulsion des paysans suffisent à rompre l'équilibre économique et à provoquer des départs.

Les Grecs établissent, sur les pourtours égéen et méditerranéen, la première grande civilisation occidentale de l'histoire ; leurs nombreux déplacements les font entrer en contact avec des peuples plus avancés tels les Crétois, les Égyptiens, les Phéniciens et les Lydiens. Les Grecs ont le mérite de soumettre à leur génie propre les nombreuses influences de ces civilisations orientales, étudiées au chapitre précédent. Ils réalisent au sein de la cité leur idéal de gouvernement, de liberté personnelle et d'indépendance. Ils élaborent des formes littéraires, architecturales et sculpturales tout à fait inédites et empreintes de raffinement, de beauté et d'harmonie. Par l'observation, l'expérimentation et surtout le raisonnement, ils cherchent les causes des choses et établissent les fondements de la science. Mais, en raison de leur dispersion, de leurs divisions et de leur conception étroite de la patrie qui, pour eux, s'arrête aux frontières de la cité, les Grecs s'enlisent dans des luttes intestines, qui les rendent vulnérables face à l'étranger et accélèrent leur déclin.

Les faits

L'histoire de la Grèce antique peut être découpée en quatre grandes époques : la période créto-mycénienne (XXVe-VIIIe siècle av. J.-C.) qui correspond à la formation de la Grèce, la période archaïque (VIIIe-Ve siècle av. J.-C.) qui correspond à son expansion, la période **classique** (Ve-IVe siècle av. J.-C.), qui correspond à son apogée et le monde hellénistique (IVe-Ier siècle av. J.-C.), issu des conquêtes d'Alexandre le Grand, qui correspond à la période de diffusion de la culture grecque, en symbiose avec les riches cultures orientales.

Les mondes créto-mycénien et égéen (XXVe-VIIIe siècle)

La rencontre des guerriers achéens et des marins crétois permet la formation, à partir de 2000 av. J.-C., d'une nouvelle civilisation qualifiée de créto-mycénienne. La civilisation mycénienne n'a pas eu de véritable existence, et Mycènes n'a peut-être pas été la plus importante cité du Péloponnèse. Elle demeure cependant la cité qui nous fournit le plus de renseignements, grâce aux fouilles exécutées au XIXe siècle par l'archéologue allemand, Heinrich Schlieman. (*Voir l'encadré 3.1.*)

Les Créto-Mycéniens

Un récit mythologique d'inspiration babylonienne explique que les Grecs descendaient d'Hellen, fils de

> ### ENCADRÉ 3.1
> ### L'IMPORTANCE ARCHÉOLOGIQUE DE MYCÈNES
>
> En 1876, Heinrich Schlieman découvre à Mycènes des tombes princières à coupole, qui témoignent de l'existence d'une classe de guerriers assez fortunés pour commander à des artistes, parfois crétois, des objets précieux tels que des masques, des vases, des épées, des pendentifs et des diadèmes. Ces guerriers auraient introduit en Crète le cheval et le char. La céramique mycénienne côtoie celle des Minoens et on retrouve à Troie une culture apparentée.

Deucalion (fils du titan Prométhée, sauveur des hommes) et de Pyrrha, qui sont, selon la légende, les seuls rescapés du déluge déchaîné par Zeus, le père des dieux et des hommes. Après avoir quitté leur arche qui s'est posée au sommet du mont Parnasse, ils auraient repeuplé le monde, en jetant des pierres derrière eux. En l'honneur de leur fils, la Grèce primitive porte le nom d'Hellade et les Grecs sont désignés sous le nom d'Hellènes.

De fait, la Grèce est à l'origine habitée par les Pélasges, qui sont d'origine méditerranéenne. Entre 2000 et 1200 av. J.-C., des bandes indo-européennes envahissent la péninsule par vagues successives.

Porte des Lionnes à Mycènes   Entrée unique de l'Acropole, cette porte est surmontée d'un linteau (lourde pierre) qui a cinq mètres de long, deux de large et un de haut. Au-dessus de cette porte se tiennent deux lionnes sculptées dans un bloc plus mince.

Carte 3.3

Les origines de la civilisation créto-mycénienne (v. 2000-v. 1200 av. J.-C.)

(*Voir la carte 3.3.*) Les Achéens s'installent dans le Péloponnèse et y fondent des villes comme Argos, Pylos, Tirynthe et Mycènes. Les Éoliens et les Ioniens occupent pour leur part la Grèce centrale.

Grâce à leur contact avec les comptoirs crétois de la mer Égée, les cultivateurs et les éleveurs indo-européens apprennent à construire des embarcations et deviennent marins ou pirates. Ils conquièrent les îles de la mer Égée et atteignent les côtes de l'Asie Mineure, avant de s'emparer de la Crète, vers 1400 av. J.-C., et d'y détruire la ville de Cnossos. (*Voir l'encadré 3.2.*) Jusqu'à cette époque, les cités grecques auraient été sous le joug crétois dont elles réussissent finalement à se libérer.

Les Achéens assimilent de nombreux éléments de la brillante civilisation crétoise, ce qui leur permet d'accomplir des bonds prodigieux dans les domaines matériel et culturel. Entre 1400 et 1200 av. J.-C., le monde mycénien atteint son apogée comme en témoignent les constructions cyclopéennes de citadelles, telles celles de Mycènes et de Tirynthe. Les marchands achéens remplacent les marchands crétois dans la mer Égée et en Méditerranée orientale; ils se risquent jusqu'en Italie du Sud et en Sicile. Probablement dans le but de contrôler l'accès au Pont-Euxin, une région riche en blé et en bois, les Achéens s'emparent de la ville de Troie (*voir l'encadré 3.3*) vers 1250 av. J.-C.

ENCADRÉ 3.2

LA CIVILISATION CRÉTOISE OU MINOENNE

En 1894, un archéologue britannique, Sir Arthur Evans, entreprend, en Crète, des recherches qui le mènent à la découverte de la riche civilisation crétoise, dont l'écriture demeure toujours une énigme. On lui doit la restauration de Cnossos qui était, à son apogée, dirigée par la dynastie des rois Minos, d'où l'utilisation fréquente du qualificatif « minoenne » pour désigner la civilisation crétoise.

ENCADRÉ 3.3
LES VILLES DE TROIE

Au XIXᵉ siècle, sept villes de Troie superposées ont été découvertes. Elles auraient existé entre le XXIIᵉ et le XIIᵉ siècle av. J.-C. La plus éclatante est Troie II dont les trésors sont antérieurs à ceux de Mycènes. Ville pauvre et médiocre, Troie VII aurait subi une invasion brutale, peut-être un raid achéen, vers le milieu du XIIIᵉ siècle av. J.-C. Cette invasion serait à l'origine des deux épopées, l'*Iliade* et l'*Odyssée* (*voir les encadrés 3.9 et 3.10*).

Sur le plan sociopolitique, les palais fortifiés et les grandes tombes témoignent de l'existence de princes qui règnent sur des établissements dispersés et indépendants, comme Mycènes et Tirynthe. Chasseurs belliqueux, ces princes accumulent l'or et divers butins, que leur procurent la guerre et la piraterie. Au sommet d'une société hiérarchisée, le prince ou monarque règne, entouré de fonctionnaires, de responsables locaux, de prêtres et de prêtresses. Il dirige un domaine où l'élevage ovin occupe une large place. Toutefois, l'organisation de leur agriculture demeure mal connue. La majorité de la population vit à la campagne et trouve refuge, en cas d'alerte, dans l'enceinte extérieure qui entoure le palais et la ville.

ENCADRÉ 3.4
DE L'ACROPOLE À LA COLLINE PARLEMENTAIRE

À Athènes, à l'époque classique, le souci du prestige l'emporte sans doute sur la piété. Si le pouvoir politique quitte l'Acropole, il se déplace vers d'autres sites élevés tels que le mont Arès, siège de l'Aréopage, et la Pnyx, siège de l'assemblée des citoyens. Rome se construira autour de sept collines. Au cours du Moyen Âge, des époques moderne et contemporaine, plusieurs villes européennes adoptent et conservent certains de ces éléments majeurs de la cité grecque. Même en Amérique du Nord, on retrouve de nos jours un certain nombre de collines parlementaires dont celles de Québec, d'Ottawa et de Washington (*Capitole Hill*).

Dans les communautés villageoises, comme à la ville, on trouve des esclaves et des gens de métier.

Jusqu'à aujourd'hui, plus de 400 emplacements de petites principautés ont été localisés sur le continent. À partir de 1400 et surtout après 1300 av. J.-C., des palais monumentaux remplacent les bourgades et les villages. Différents des palais crétois, ils sont construits sur des sites élevés et fortifiés. Tout ce qu'on retrouve de cet embryon de civilisation, où les princes se font enterrer dans de spacieux tombeaux avec leurs armes et leurs chars, traduit une hantise de la défense.

Le centre du palais est occupé par le *megaron*, une grande pièce destinée à accueillir les hôtes. Ce trait architectural, probablement originaire du Nord de l'Asie Mineure, est adapté par les Achéens qui l'imposent jusqu'en Crète. Entouré de colonnes, le *megaron* s'ouvre sur un vestibule et, en son centre, se trouve un foyer. Les fresques et les vases découverts révèlent une société dominée par la guerre et la chasse.

Les invasions doriennes et la première colonisation

quest #3

Aux environs de 1200 av. J.-C., une deuxième vague de guerriers indo-européens envahit brutalement la Grèce centrale et le Péloponnèse où ils fondent Sparte. (*Voir la carte 3.4.*) Armés de fer, les Doriens ruinent pour plusieurs siècles le monde créto-mycénien, qui

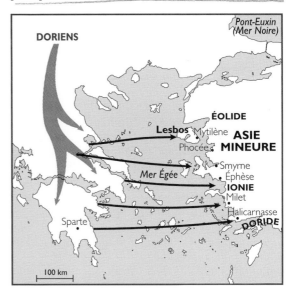

Carte 3.4

Les migrations provoquées par les invasions doriennes (v. 1200 av. J.-C. et après…)

leur est supérieur à plusieurs titres, mais qui est divisé et ne dispose que d'armes de bronze pour se défendre. Désemparés, les Achéens, les Éoliens et les Ioniens s'enfuient en grand nombre vers les îles égéennes et les côtes d'Asie Mineure qu'ils connaissent, pour y avoir commercé depuis plusieurs siècles.

Ainsi naît la Grèce d'Asie avec des villes comme Mytilène sur l'île de Lesbos, Phocée, en Éolide, et, surtout, Smyrne, Éphèse et Milet, en Ionie. Plus tard, les Doriens fondent plus au sud les villes de Doride comme Halicarnasse. C'est d'abord sur cette côte d'Asie Mineure et non sur le continent, plus précisément en Ionie, que se forme et s'épanouit la civilisation grecque.

La cité grecque devient le lieu où se réunissent le Conseil des nobles et le peuple (*dêmos*), où l'on adore son dieu et où l'on rend la justice. Elle apparaît graduellement comme un centre religieux et politique, organisé autour de l'**acropole**, une sorte de citadelle élevée et entourée de remparts dont la fonction est d'abord défensive et politique. Les murs de l'acropole ne se franchissent que par une porte monumentale, telle la célèbre porte des Lionnes à Mycènes. Dans cet ultime refuge, le roi construit son palais et, plus tard, au VIᵉ siècle av. J.-C., les tyrans s'empareront du pouvoir en prenant l'acropole. Lorsque la vie politique se déplacera vers l'**agora** de la ville basse, l'acropole demeurera le siège de la garnison et le symbole du pouvoir. En outre, l'acropole est souvent une colline où sont bâtis les temples, qui détiennent ainsi la position dominante. (*Voir l'encadré 3.4.*) Elle devait se transformer graduellement en haut lieu culturel dont la cité s'enorgueillit.

Entre le Xᵉ siècle et le VIᵉ siècle av. J.-C., la royauté s'affaiblit considérablement dans l'ensemble des cités. Une vie trop fastueuse, des problèmes de succession et les invasions doriennes auraient causé la chute des monarques. Dans la plupart des cités archaïques, le roi est confiné au rôle de magistrat ou à des fonctions religieuses. Le pouvoir exécutif est confié à des magistrats d'origine noble, qui possèdent chacun un domaine (*agros*). Regroupés, ces aristocrates finissent par représenter une force supérieure à celle du monarque.

Les invasions doriennes ont donc provoqué l'effondrement du monde créto-mycénien et la

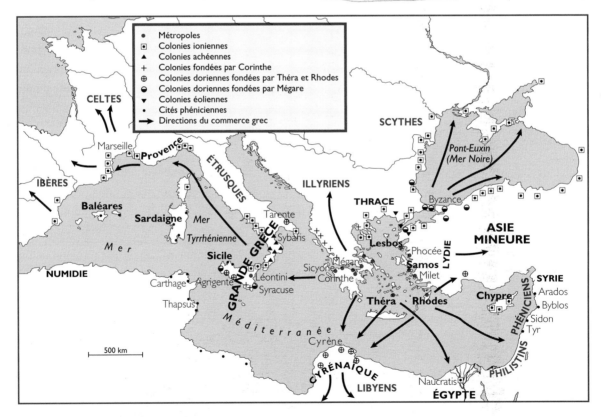

Carte 3.5

Les colonies grecques (VIIIᵉ-Vᵉ siècle av. J.-C.)

formation, dans la plupart des principautés, de **régimes aristocratiques** ou **oligarchiques**. Ainsi débute, à partir du Xe siècle av. J.-C., une période obscure sur laquelle nous savons peu de choses, faute de vestiges et de témoignages. S'y prépare cependant une renaissance dont le mouvement d'expansion coloniale devait être la première manifestation. La Grèce devient, dès lors, le centre d'un courant migratoire qui franchit les limites de la mer Égée pour atteindre la Méditerranée.

La Grèce archaïque et l'expansion méditerranéenne (VIIIe-Ve siècle av. J.-C.)

La Grèce d'Asie (l'Asie Mineure) forme, entre le VIIIe et le VIe siècle av. J.-C., la partie la plus prospère et la plus civilisée du monde grec. Elle est le foyer principal d'un nouvel essor colonial qui, dans ce cas-ci, n'est pas provoqué par des invasions, mais par des impératifs géographiques et économiques. Les colonies grecques se multiplient sur les bords du Pont-Euxin et jusqu'aux confins de la Méditerranée occidentale. Entre les nouvelles et les anciennes cités, un dynamique réseau commercial s'établit et provoque la formation d'une solide classe de marchands. Certaines cités conservent un régime aristocratique, et Sparte représente, à ce titre, un modèle tout à fait unique. Dans d'autres cités, les classes populaires, de plus en plus miséreuses, se soulèvent et remplacent l'aristocratie ou la **ploutocratie** par la **tyrannie**. Populistes et justiciers, quelques tyrans contribuent, par leurs réformes, à l'établissement des premières démocraties.

L'expansion coloniale

Le monde égéen devient le point de départ d'un mouvement d'émigration continue, qui hellénisera la majeure partie du bassin méditerranéen. Certains Grecs s'engagent comme mercenaires en Lydie ou en Égypte alors que d'autres deviennent marchands à l'étranger. Mais plusieurs partent en groupes et fondent au loin des **colonies**. (*Voir la carte 3.5.*) Ayant quitté leur cité de Grèce centrale, septentrionale ou du Péloponnèse, un grand nombre d'entre eux se dirigent vers la Grande Grèce et la Cyrénaïque. En Asie Mineure, la cité ionienne de Milet devait être à l'origine de la fondation d'environ 80 colonies sur les rives du Pont-Euxin. Phocée, en Éolide, établit des comptoirs en Sardaigne et en Provence; quant à Marseille, elle est fondée par des Phocéens. Enfin, des résidents de l'île de Samos, en Ionie, s'installent sur la côte espagnole.

En moins de 300 ans, sur les rives et les îles de la Méditerranée se forme un réseau continu de cités, qui deviennent autant de foyers de diffusion de la civilisation hellénique. Mais la Méditerranée n'est pas totalement contrôlée par les Grecs qui se heurtent à d'autres peuples commerçants. Les Phéniciens maîtrisent les côtes de la Syrie et maintiennent des comptoirs à Chypre, en Sicile occidentale, en Sardaigne ainsi que sur les rives de l'Afrique du Nord et de l'Espagne. Les Étrusques, pour leur part, dominent la mer Tyrrhénienne.

Dans ces cités neuves, composées souvent des éléments les plus dynamiques et les plus entreprenants de leur **métropole**, la civilisation hellénique prend fréquemment un essor rapide et brillant. Les colonies grecques ne sont pas que des établissements militaires ou des comptoirs commerciaux de type phénicien; elles deviennent des colonies de peuplement, qui finissent souvent par dépasser leur métropole. La ville sicilienne de Syracuse, fondée par des Corinthiens, en est un exemple notoire.

Les changements économiques et les mutations sociales

À mesure que s'étend le monde hellénique, le commerce sur de grandes distances se développe. Les colonies siciliennes exportent leurs surplus de blé et de bois, Cyrène ses épices et sa laine, les régions égéennes l'huile, les figues et le vin, vers les établissements du Pont-Euxin, qui leur fournissent des céréales et de la viande. Peu à peu, des cités portuaires apparaissent et une classe de commerçants s'y constitue. La monnaie est inventée en Lydie, un royaume fortement pénétré d'hellénisme et voisin des cités grecques d'Asie Mineure, dont les gouvernements se réservent le pouvoir exclusif de battre la monnaie.

On assiste dès lors à la fin du régime économique dominé par la grande propriété foncière. Les grands domaines se morcellent sous les pressions d'un système économique et juridique nouveau, qui favorise la petite propriété individuelle. À la mort du père, les enfants se partagent désormais le domaine. La valeur du sol augmente. Les rendements des terres s'accroissent avec l'**assolement** biennal, les engrais et l'irrigation. L'autarcie familiale disparaît et, avec la croissance des cités, l'agriculture cesse d'être le seul moyen de subsistance. Les pêcheries et l'activité manufacturière se développent. Différents métiers se spécialisent comme le tissage, la céramique et la métallurgie du bronze et du fer. En architecture, les toits à double versant apparaissent avec la colonnade qui ne se limite plus à la façade, mais qui est disposée autour des édifices et que l'on appelle péristyle. Les sculpteurs commencent à tailler dans le marbre des personnages raides, dont les bras sont collés au corps.

Avec le morcellement de la grande propriété héréditaire, la puissance ne se fonde plus sur la naissance ou la possession du sol. Les échanges commerciaux créent la richesse mobilière qui s'accroît avec l'usage de la monnaie. Armateurs et marchands aspirent à jouer un rôle de plus en plus important dans la cité, et finissent par imposer la fortune comme fondement de l'organisation politique. Le classement des **citoyens** est basé sur les indices de la richesse qui, de foncière, est devenue de plus en plus mobilière. Le régime aristocratique qui s'était substitué à la monarchie se transforme peu à peu en ploutocratie. conséquence

Dans une telle société, les petites gens ont une situation peu enviable, et l'asservissement se répand dans les campagnes. Le paysan pauvre, souvent affecté par les mauvaises récoltes et la dépréciation des denrées, se voit forcé d'emprunter à des taux usuraires pour survivre. Il hypothèque sa terre et finit par perdre son statut d'homme libre. Les esclaves sont souvent d'anciens **métayers** ou des prisonniers de guerre ; on achète également au marché des étrangers, capturés par des pirates. De plus en plus oppressif, ce régime ploutocratique favorise la création d'une classe miséreuse qui, à mesure qu'elle augmente en nombre, a tendance à se révolter.

Au début du VIᵉ siècle av. J.-C., les cités les plus importantes abritent une population de 25 000 habitants ou plus. Le régime aristocratique ou oligarchique de plusieurs d'entre elles est menacé par le profond déséquilibre social qui y sévit. Afin de secouer le joug des vieilles familles nobles qui s'épuisent dans des luttes intestines, des individus d'origine modeste, enrichis par le commerce ou l'industrie, recherchent l'appui des classes inférieures. Comme les couches populaires augmentent en nombre et demeurent exclues des hautes fonctions publiques, elles représentent une force attrayante pour tout ambitieux qui, ne pouvant utiliser les voies traditionnelles, tente de s'emparer du pouvoir sans y avoir droit. À la suite de violents troubles sociaux, les vieux régimes aristocratiques de plusieurs cités disparaissent pour céder la place à une forme de gouvernement tout à fait originale, la tyrannie.

De la tyrannie à la démocratie

Chez les Grecs, la tyrannie désigne essentiellement le pouvoir usurpé et exercé par un seul homme, qui s'appuie non plus sur le principe de droit divin et l'hérédité, mais sur le prestige personnel, le soutien des classes populaires et une solide organisation militaire. Même lorsqu'ils sont d'origine aristocratique, les tyrans grecs du VIᵉ siècle av. J.-C. se présentent comme les défenseurs des droits du peuple, qui leur a conféré des pouvoirs extraordinaires. Si certains de ces tyrans en abusent en versant régulièrement dans la **démagogie**, plusieurs sont des réformateurs exceptionnels qui établissent ou maintiennent des constitutions démocratiques. Ils éliminent le régime aristocratique, fondé sur la solidarité familiale, et élaborent une législation qui met l'accent sur les libertés individuelles. Ouverts au changement et au progrès, ils sont, comme les premiers colonisateurs, animés d'un grand esprit d'initiative et d'aventure. Porteurs d'espoir pour les classes montantes, ils n'hésitent pas à entraîner leur cité vers le développement économique, l'embellissement et l'expansion territoriale.

En Asie Mineure, une région jeune, moins attachée à la tradition et plus ouverte aux nouveautés, nous retrouvons de nombreux tyrans au VIᵉ siècle av. J.-C. Aristagoras (?-497 av. J.-C.) à Milet, Pittacos (v. 648-v. 569 av. J.-C.) à Mytilène, dans l'île de Lesbos, et Polycrate (?-v. 522 av. J.-C.) à Samos figurent parmi les plus célèbres. En Grande Grèce, les cités de Léontini, d'Agrigente et de Sybaris (*voir la carte 3.5 à la page 52*) ont également leur tyran. La Grèce péninsulaire n'échappe pas à cette tendance. Dans les cités portuaires, les populations de marchands, d'ouvriers et de marins n'hésitent pas à confier le pouvoir à des tyrans, pour renverser le vieil ordre aristocratique et ainsi satisfaire leurs aspirations ou promouvoir leurs intérêts. C'est notamment le cas à Sicyone et à Corinthe. Mais deux cités représentent, en matière institutionnelle, des modèles : il s'agit de Sparte et d'Athènes, qui ont réussi à fonder leur puissance sur des régimes aux antipodes des mouvements décrits précédemment.

Sparte représente un cas particulier, sinon unique. Fondée par des envahisseurs doriens, cette cité de Laconie, dans le Péloponnèse, est située sur le fleuve Eurotas, entre les chaînes du Taygète et du Parnon, à 40 kilomètres de la mer. Elle aurait eu pendant plusieurs siècles une évolution semblable à celle des autres cités. Formée par la réunion de quatre villages doriens,

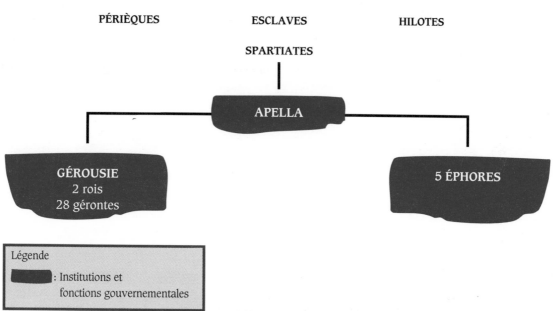

FIGURE 3.1
L'ORGANISATION SOCIALE ET POLITIQUE À SPARTE

PÉRIÈQUES · ESCLAVES · HILOTES

SPARTIATES

APELLA

GÉROUSIE
2 rois
28 gérontes

5 ÉPHORES

Légende

▬ : Institutions et
fonctions gouvernementales

elle a annexé la plaine de Messénie, après une longue guerre à la fin du VIIIe siècle av. J.-C., et elle a asservi brutalement les habitants de cette région, qui se sont révoltés fréquemment par la suite. Mais aux environs du VIIe siècle av. J.-C., la société spartiate s'est figée dans un étrange régime aristocratique, qu'elle devait conserver pendant des siècles et qui était essentiellement orienté vers l'activité guerrière. Les institutions spartiates sont attribuées à Lycurgue, un législateur mythique dont l'existence n'a jamais pu être vérifiée.

Les citoyens spartiates forment une aristocratie de guerriers qui sont les seuls à pouvoir posséder un domaine divisé en lots. En nombre restreint dans cette cité qu'ils transforment en véritable camp retranché, ils imposent brutalement leur autorité aux populations indigènes qu'ils ont vaincues. Ils ont droit de vie ou de mort sur les **hilotes**, qui cultivent leurs lots et leur versent une redevance annuelle. Entre cette oligarchie et la classe asservie, les **périèques** sont des hommes libres qui jouissent de certains droits.

À ces cadres sociaux rigides correspondent des institutions politiques équivalentes. À la tête du gouvernement, deux rois recrutés dans deux grandes familles exercent des fonctions religieuses et le commandement militaire, alors que cinq **éphores** remplissent les tâches exécutives. Les éphores sont désignés annuellement par la **gérousie**, un conseil aristocratique composé des 2 rois et de 28 **gérontes**, élus à vie parmi les citoyens âgés de plus de 60 ans. La gérousie contrôle toute la vie publique, et seuls ses membres possèdent, avec les éphores, le droit de parole à l'**Apella**, l'assemblée des citoyens spartiates âgés de plus de 30 ans, qui se borne à entériner les décisions. (*Voir la figure 3.1.*)

ENCADRÉ 3.5
LA LÉGENDE DE THÉSÉE

Héros des Athéniens, Thésée chasse d'abord les brigands de l'Attique et de l'isthme de Corinthe. Puis, il se rend en Crète pour tuer le Minotaure, un monstre affreux qui dévore annuellement sept garçons et sept jeunes filles. Thésée reçoit d'Ariane, la sœur du Minotaure, un fil qui lui permet de ne pas se perdre dans les couloirs du labyrinthe, où réside le monstre qu'il tue. Après sa victoire, Thésée retourne à Athènes où l'attend son père, le roi Égée. Cependant, le pilote du bateau oublie de hisser la voile blanche, comme convenu en cas de victoire. Lorsqu'il voit la voile noire, Égée, croyant son fils mort, se jette dans la mer qui porte désormais son nom.

Pnyx   Sur une colline près de l'Acropole, l'ecclésia (assemblée des citoyens athéniens) se réunit à la Pnyx, un emplacement en forme d'hémicycle fermé par un mur. Jusqu'à 20 000 personnes peuvent s'y tenir accroupies devant la tribune aux harangues, qui est entourée d'une balustrade. Derrière cette tribune se trouve l'autel de Zeus (cube de pierre) au-dessus duquel siègent les prytanes qui président l'assemblée.

Cette société collectiviste et militariste valorise au plus haut point les arts martiaux et les activités physiques. Chez les Spartiates, l'esprit de corps est entretenu par des coutumes spéciales telles que les repas en commun. Les enfants mâles sont confiés, dès l'âge de sept ans, à l'État et leur éducation est orientée vers la discipline, l'endurance et la bravoure. Ce régime qui cultive au plus haut point la xénophobie a représenté un véritable rempart oligarchique à la fois contre la tyrannie et la démocratie, qui devaient connaître un développement fulgurant à Athènes, la principale rivale de Sparte.

Après avoir échappé à l'invasion dorienne, Athènes serait parvenue, avant le Ier millénaire av. J.-C., à annexer l'ensemble des bourgades de l'Attique. Cette unification aurait été, selon la légende, l'œuvre de Thésée (*voir l'encadré 3.5*), qui serait devenu roi des Athéniens, après les avoir libérés du joug crétois.

À l'exemple de plusieurs autres cités grecques, l'aristocratie athénienne se substitue rapidement à la monarchie. Parmi les **Eupatrides**, qui possèdent les meilleures terres de la plaine, se recrutent les commandants civils (les **archontes**) et militaires (les

stratèges) et les membres de l'**Aréopage**. Toutefois, leur régime devient en peu de temps inacceptable, non seulement pour les paysans pauvres, mais également pour les pêcheurs, les marins, les artisans, les marchands et les négociants qui vivent à proximité de la mer et qui s'enrichissent grâce au commerce maritime. À partir du VIIe siècle av. J.-C., cette classe commerçante exprime parfois brutalement son mécontentement et obtient graduellement des changements dans l'organisation sociale et politique de la cité. Ce mouvement de réformes, qui soutire aux Eupatrides la plus grande partie de leurs privilèges au profit des classes inférieures, est principalement l'œuvre de quatre personnages : Dracon (v. fin du VIIe siècle av. J.-C.), Solon (v. 640-v. 558), Pisistrate (v. 600-v. 528 av. J.-C.) et Clisthène (deuxième moitié du VIe siècle av. J.-C.).

L'œuvre réformiste de ces tyrans s'étend à plusieurs domaines. À l'aide de lois qui sont codifiées vers 621 av. J.-C., l'égalité de tous les citoyens, riches et pauvres, est proclamée. L'esclavage pour dettes est aboli et on crée le tribunal de l'**Héliée**, dont les milliers de membres sont tirés au sort parmi les citoyens. L'Aréopage voit son rôle judiciaire diminuer et n'a plus pour fonction de nommer les archontes. Vers 594 av. J.-C., Solon institue la **boulè**, un conseil de 400 membres qui surveille les magistrats, prépare le travail législatif de l'**ecclésia** et lui rend des comptes annuellement. Le morcellement de la grande propriété est favorisé afin d'obtenir un partage plus équitable de la richesse foncière. En outre, un tyran comme Pisistrate s'allie à la classe commerçante, en menant une politique extérieure agressive et conquérante. Ayant compris que l'avenir de la cité est sur mer, il est le véritable initiateur de l'Empire athénien. Un impôt de 5 % sur les revenus, ajouté à l'exploitation des mines d'argent du Pangée (massif montagneux de Macédoine) et peut-être du Laurion (en Attique), lui permet de financer un programme de grands travaux publics.

Clisthène est aujourd'hui considéré comme le véritable fondateur de la démocratie athénienne. Il divise l'Attique en une centaine de **dèmes**, les nouveaux centres de la démocratie locale et les lieux d'enregistrement des citoyens âgés de 18 ans et plus. Les dèmes sont répartis entre 10 tribus, divisées chacune en trois trytties, une de la ville, une de la côte et une de l'intérieur. Ce découpage sert de cadre au nouveau système politique. Il a le mérite de disperser les vieilles familles nobles, de diminuer les politiques d'intérêt local et de renforcer l'unité de la cité. La boulè est portée de 400 à 500 membres, soit 50 par tribu, qui sont en fonction pendant un dixième de l'année. Il y a désormais 10 archontes, un par tribu, ainsi que 10 stratèges. Ces magistrats sont élus par le peuple, sans qu'on tienne compte de leur fortune. Le fonctionnement des institutions est ainsi simplifié par l'utilisation du système décimal. Enfin, on instaure l'**ostracisme**. Au sein de l'ecclésia, l'assemblée qui détient désormais l'autorité suprême, les citoyens participent directement au gouvernement de la cité et élisent annuellement les magistrats. Le régime démocratique athénien est né et ne va subir par la suite que des modifications mineures. Il faut cependant souligner que la majorité des habitants de l'Attique sont exclus de cet exercice démocratique. Au sommet de la société athénienne, les citoyens représentent, au Ve siècle av. J.-C., environ 40 000 personnes, soit moins de 10 % de la population. Sont exclus les jeunes de moins de 30 ans, les femmes, les **métèques** et les esclaves. (*Voir la figure 3.2.*)

FIGURE 3.2
L'ORGANISATION SOCIALE ET POLITIQUE À ATHÈNES

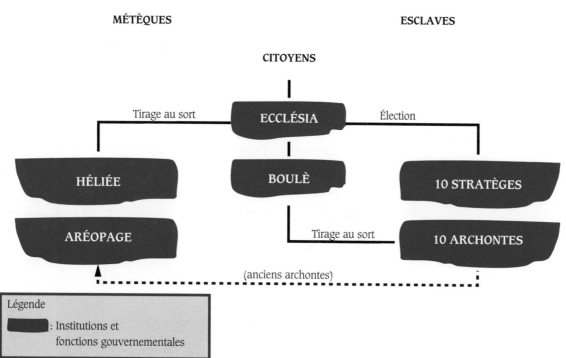

Quest #5

À la fin du VIe siècle, l'opposition entre Sparte et Athènes ne fait aucun doute. Maîtres du Péloponnèse, les Spartiates forment une aristocratie guerrière qui méprise le travail, la littérature et l'art. Ils ont également peu d'intérêt pour les affaires de l'État, qu'ils confient à une **gérontocratie**, composée d'une trentaine d'hommes âgés. Les Athéniens sont, pour leur part, indéniablement attirés par l'industrie et le commerce maritime. Ils désirent faire de leur cité le centre intellectuel et artistique du monde grec. Exclusivement continentale, la force de Sparte repose sur le soc du laboureur, l'épée du guerrier et l'asservissement brutal de la très grande majorité de sa population. Essentiellement maritime, la force d'Athènes s'appuie sur le goût du risque de ses entrepreneurs, sur l'esprit d'aventure de ses marins et, surtout, sur le respect des droits individuels de ses citoyens. C'est sur cette bipolarité que va reposer désormais l'équilibre du monde grec. Toutes les autres cités devaient, dans un proche avenir, s'aligner sur le modèle athénien ou sur le modèle spartiate.

La Grèce classique (V^e-IVe siècle av. J.-C.)

Quest #6

Lors des guerres Médiques, dirigées contre la domination perse, la résistance victorieuse des cités grecques, menées par Athènes, permet à cette ville de créer un véritable empire maritime. Mais l'hégémonie d'Athènes, qui atteint son apogée sous la direction de Périclès, suscite l'envie de ses rivales et devient rapidement odieuse aux autres cités membres de la ligue maritime de Délos. La guerre du Péloponnèse (431-404 av. J.-C.) se termine par la défaite des Athéniens contre les Spartiates, mais ne met pas fin aux tensions entre les cités grecques. Au IVe siècle av. J.-C., elles s'épuisent dans des guerres continuelles

et deviennent, de ce fait, des proies faciles pour Philippe II de Macédoine (v. 382-336 av. J.-C.).

Les guerres Médiques

Dans la première moitié du Ve siècle av. J.-C., les guerres Médiques opposent les Grecs aux envahisseurs perses. (*Voir la carte 3.6.*) Rappelons qu'au VIe siècle av. J.-C., les Perses dominent l'Orient et que cette domination s'étend, vers l'ouest, aux villes grecques de l'Asie Mineure et à la Thrace. Cette présence gêne cependant le commerce des cités grecques et, surtout, celui d'Athènes avec l'importante région du Pont-Euxin. En 499 av. J.-C., sur l'initiative d'Aristagoras, tyran de Milet, des villes grecques d'Ionie se soulèvent contre la Perse. Darius met six ans à les soumettre et fait incendier Milet. Il exige que toutes les cités grecques se soumettent à son autorité parce qu'Athènes et Érétrie, une petite cité de l'île d'Eubée, ont soutenu les révoltées. Seulement quatre d'entre elles refusent: Érétrie, Athènes, Platées et Sparte qui, jusque-là, s'est tenue éloignée du conflit. On considère généralement qu'il y a eu deux guerres Médiques: la première, en 490 av. J.-C., dont l'issue se décide dans la plaine de Marathon (*voir l'encadré 3.6*) et la deuxième, entre 480 et 478 av. J.-C., dont l'affrontement décisif a lieu sur mer, dans la rade de Salamine (*voir l'encadré 3.7*).

Défaits à Salamine, les Perses sont écrasés à Platées, en 479 av. J.-C., par les armées spartiate et athénienne. Ces victoires grecques témoignent de la puissance d'Athènes qui a dirigé la résistance à l'envahisseur. Alors que Sparte se retire du conflit, les affrontements se poursuivent sur mer pendant une trentaine d'années. La paix est signée en 448 av. J.-C. par Cimon (v. 510-v. 449 av. J.-C.), fils de Miltiade. Les cités grecques d'Asie Mineure sont désormais libres, puisque les Perses reconnaissent leur indépendance.

ENCADRÉ 3.6

LA BATAILLE DE MARATHON (490 AV. J.-C.)

Une armée perse de 50 000 hommes traverse la mer Égée et détruit Érétrie, en Eubée, avant de débarquer dans la plaine de Marathon, au nord d'Athènes. Sous la direction du stratège Miltiade (540-489 av. J.-C.) et avec l'aide de 1000 Platéens, environ 9000 fantassins (les hoplites) athéniens déroutent les archers de Darius Ier. Les Athéniens ne perdent qu'environ 200 hommes contre quelques milliers pour les Perses. Le soir même de la bataille, un combattant aurait, selon la légende, franchi au pas de course la distance de 42 kilomètres, qui sépare Marathon d'Athènes; après y avoir annoncé la victoire, il serait mort d'épuisement.

ENCADRÉ 3.7

LA BATAILLE DE SALAMINE (480 AV. J.-C.)

Sous la direction de Xerxès Ier qui a régné de 486 à 465 av. J.-C., une puissante armée franchit l'Hellespont (Dardanelles) et attaque la Grèce par le nord. Au passage des Thermopyles, le roi Léonidas (?-480 av. J.-C.) et ses 300 hoplites spartiates retardent l'avance perse, en se faisant tuer jusqu'au dernier. Par la suite, les Perses attaquent et brûlent Athènes. Cependant, les Athéniens se sont dotés, depuis peu de temps, d'une solide flotte de combat, grâce à l'archonte Thémistocle (v. 525-v. 460 av. J.-C.), qui a convaincu ses concitoyens, après la bataille de Marathon, de construire rapidement 200 **trières**. Habilement dirigés par Thémistocle, les Grecs réussissent à attirer entre l'île de Salamine et la côte de l'Attique la flotte perse qui, ayant perdu sa liberté de mouvement, est détruite.

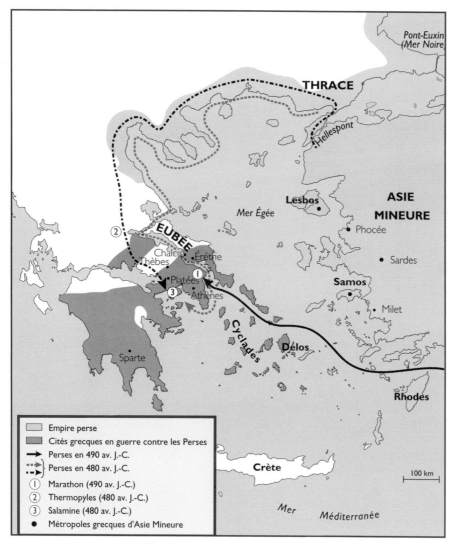

Légende :
- Empire perse
- Cités grecques en guerre contre les Perses
- → Perses en 490 av. J.-C.
- --→ Perses en 480 av. J.-C.
- ① Marathon (490 av. J.-C.)
- ② Thermopyles (480 av. J.-C.)
- ③ Salamine (480 av. J.-C.)
- • Métropoles grecques d'Asie Mineure

Carte 3.6

Les guerres Médiques (490-478 av. J.-C.)

Entre-temps, Athènes en profite pour fonder son empire par la création, en 477 av. J.-C., de la ligue de Délos, une confédération maritime et militaire des cités des îles de la mer Égée et de l'Asie Mineure. Chaque cité membre de cette ligue doit contribuer à l'entretien d'une flotte et de troupes de combat. Les moins puissantes se contentent de verser une contribution au trésor. Les délégués des différentes cités se réunissent périodiquement à Délos, une petite île des Cyclades. Le sanctuaire d'Apollon abrite le trésor de cette ligue qui, à son apogée, devait regrouper plus de 160 cités.

Le puissant empire perse, à peine ébranlé par ces échecs, doit cependant renoncer définitivement à la conquête de la Grèce, seul obstacle à son expansion du côté occidental. Après l'élimination de la flotte

Périclès (v. 495-429 av. J.-C.), neveu de Clisthène, appartient à la famille des Alcméonides. Chef du parti démocratique, il dirige le gouvernement après la mort de Cimon, vers 450 av. J.-C. Cet homme réservé et modeste ne reçoit aucun titre extraordinaire, et est réélu tous les ans au poste de stratège de 443 à 429 av. J.-C. C'est aussi un excellent orateur et un homme d'action, qui s'entoure des plus grands esprits de son temps comme le sculpteur Phidias (v. 490-v. 430 av. J.-C.), le tragédien Sophocle (496-406 av. J.-C.) et l'historien Hérodote (v. 484-v. 425 av. J.-C.). Il a notamment pour maître et ami Anaxagore (v. 500-v. 428 av. J.-C.), un philosophe et un savant de l'école ionienne. Périclès ordonne également l'exécution de grands travaux sur l'Acropole. Au début de la guerre du Péloponnèse, il meurt de la peste qui frappe Athènes.

perse du bassin de la mer Égée, Athènes adopte une politique méprisante et impérialiste envers les autres membres de la confédération de Délos. En 450 av. J.-C., elle transporte le trésor collectif de la ligue sur son acropole et s'attribue le droit d'y puiser pour financer la restauration de ses grands monuments. La cotisation libre et volontaire des membres de la ligue devient un véritable impôt annuel. Cette ligue devient la base d'un empire et les Athéniens se substituent aux Perses.

Par contre, à mesure que le danger perse s'estompe, les cités membres de la ligue voient de moins en moins les avantages de cette alliance et veulent se retirer. Mais Athènes s'y oppose et installe de véritables colonies, des **clérouquies**, chez ses alliées, afin de les surveiller. Au sein de plusieurs cités, la révolte gronde et trouve un écho favorable à Sparte, de plus en plus contrariée par la montée de la puissance athénienne. Tout est en place pour un conflit généralisé entre les cités grecques, qui devait rapidement leur coûter leur prospérité et leur liberté.

L'apogée d'Athènes

C'est pendant les 17 années de paix qui précèdent le début de la guerre du Péloponnèse, que se situe la phase la plus brillante de l'histoire d'Athènes. Alors qu'elle est au sommet de sa puissance maritime, ses activités économiques, ses institutions démocratiques ainsi que sa production littéraire et artistique atteignent des niveaux jusque-là inégalés. Cette période est appelée le *Siècle de Périclès*, du nom du dirigeant sous lequel Athènes parvient au faîte de sa splendeur.

Seules la puissance extérieure et une intense activité commerciale peuvent permettre au gouvernement d'assumer les coûts de projets de grande envergure et de l'exercice d'une démocratie directe et participative. Ainsi Périclès s'applique constamment à augmenter la part que doivent prendre les citoyens aux affaires publiques, en leur versant des indemnités payées par l'État. En plus de la perception des droits de douanes et des contributions des sujets de l'empire maritime, l'État athénien fait appel aux plus riches citoyens pour le financement de certains projets comme les représentations théâtrales et l'équipement des trières. Périclès développe la marine, accroît l'emprise d'Athènes sur les cités membres de la ligue de Délos et n'hésite pas à puiser dans le trésor commun pour les besoins de sa cité, qu'il veut proposer comme modèle et guide à la Grèce tout entière.

L'importance de Périclès a sans doute été exagérée. Sans mettre en doute ses qualités de chef d'État, on peut le considérer comme un honnête et habile dirigeant qui innove très peu. Il poursuit l'œuvre de Solon, de Pisistrate et de Clisthène, qui ont contribué plus que lui à l'édification de la puissance athénienne et à l'implantation de ses institutions démocratiques. Le Siècle de Périclès a été l'aboutissement d'un grand mouvement réformiste qui s'est développé, au siècle précédent, dans un contexte de luttes sociales et politiques qui devaient mener au renversement de l'ancien régime aristocratique.

La guerre du Péloponnèse et l'affaiblissement des cités grecques

La disparition de la menace perse a laissé les cités grecques à elles-mêmes, jalouses de leur indépendance et incapables de s'unir ou de s'entendre en temps de paix. Conséquences des guerres Médiques, l'hégémonie maritime d'Athènes, son impérialisme actif ainsi que son rayonnement politique et culturel portent rapidement ombrage à plusieurs autres cités grecques. Ce sont là les principales causes de la guerre du Péloponnèse qui oppose, de 431 à 404 av. J.-C., Athènes et ses alliées à une coalition dirigée par Sparte. (*Voir la carte 3.7.*)

Dès le début des hostilités, l'Attique est envahie par les Spartiates, et sa population se réfugie à Athènes qui est décimée par la peste. Épuisés par des combats qui ne leur procurent aucune victoire décisive, Spartiates et Athéniens signent, en 421 av. J.-C., une paix qui est de courte durée. En 413 av. J.-C., l'Athénien Alcibiade (v. 450-404 av. J.-C.), neveu de Périclès, échoue dans sa tentative de conquérir la Sicile et trahit sa patrie. Dans cette aventure, Athènes perd 40 000 hommes et une partie de sa flotte, qui est irrémédiablement détruite, en 405 av. J.-C., dans l'Hellespont. En proie à la famine, Athènes capitule l'année suivante, renonce à son empire et devient l'alliée de Sparte.

À Athènes, la défaite provoque la chute de la démocratie au profit des Trente Tyrans, un conseil oligarchique soutenu par Sparte. Mais, dès l'année 403 av. J.-C., le régime démocratique est rétabli et même renforcé : on attribue des indemnités de présence à l'ecclésia et on crée une véritable caisse d'assistance publique pour les indigents. Toutefois, les chefs du parti populaire ne se recrutent plus dans les grandes familles. Et, dans cette cité qui n'a sans doute plus les moyens de ses politiques, les écarts s'agrandissent

entre une plèbe misérable et une minorité de gens très fortunés. Le civisme et l'intérêt général cèdent la place à l'individualisme. Le refus de payer chez les riches et de servir chez les pauvres accentue les divisions et les menaces de troubles sociaux. Malgré ces symptômes de décadence, les activités culturelles atteignent un très haut niveau. Ainsi, pendant la guerre du Péloponnèse, Aristophane (450-386 av. J.-C.) fait jouer la plupart de ses pièces et Thucydide (v. 440-v. 395 av. J.-C.) rédige l'histoire de ce conflit. Au IVe siècle, après la mort de Socrate (470-399 av. J.-C.), la philosophie triomphe avec Platon (428-348 ou 347 av. J.-C.) et Aristote (384-322 av. J.-C.), la sculpture avec Scopas (fin Ve siècle-v. 350 av. J.-C.), Praxitèle (v. 390-v. 343 av. J.-C.) et Lysippe (390-310 av. J.-C.). La pensée et la création demeurent florissantes et semblent échapper aux tendances déclinantes des institutions.

Victorieuse, Sparte cède rapidement le contrôle des cités grecques d'Asie Mineure à la Perse qui, en retour, doit empêcher les Athéniens de reconstituer leur empire maritime. Cet échange annihile les gains obtenus, lors des guerres Médiques, puisque les Perses reprennent le contrôle de la mer Égée. Cet abandon des cités grecques d'Asie Mineure ne permet pas à Sparte d'établir son hégémonie sur l'ensemble de la Grèce continentale. Athènes rétablit son commerce et s'allie à Thèbes. Après avoir unifié la Béotie, les

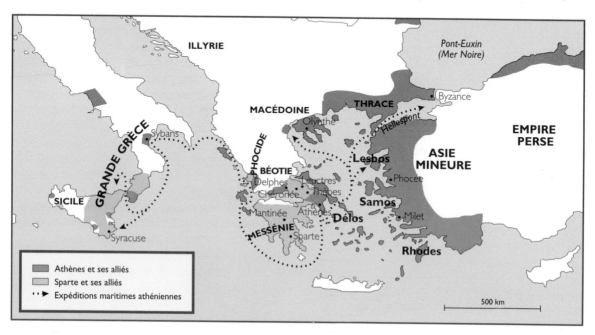

Carte 3.7

La guerre du Péloponnèse (431-404 av. J.-C.)

Thébains triomphent des Spartiates à Leuctres, en 371 av. J.-C., et à Mantinée, dans le Péloponnèse, en 362 av. J.-C. Thèbes ne réussit pas cependant à imposer sa suprématie et, dans sa guerre épuisante contre les Phocédiens, elle doit faire appel au soutien du roi Philippe II de Macédoine.

Alors qu'elles s'affaiblissent mutuellement, les cités grecques font face à de graves troubles internes. Minée par d'importants conflits, Athènes doit recourir à des mercenaires pour assurer sa défense. À Sparte, l'afflux momentané de richesses en provenance des territoires conquis accentue les inégalités. La défaite, la perte de la Messénie, la dépopulation et la menace de révolte des hilotes réduisent cette cité au rang de bourgade à la fin du IVᵉ siècle av. J.-C.

Sans l'unifier, Athènes, Sparte et Thèbes dominent donc tour à tour la Grèce, devenue de plus en plus vulnérable face à l'extérieur. Entre l'Empire perse, conquérant de jadis, et le monde grec affaibli, se dresse désormais, à la frontière nord-est, le royaume macédonien, un territoire montagneux au climat rude et aux institutions archaïques. Sa population, perçue comme barbare, subit souvent des incursions ennemies et souffre de l'absence d'accès à la mer. Par contre, ses monarques, qui se considèrent comme Grecs, participent aux Jeux olympiques. Philippe II (382-336 av. J.-C.) réussit à chasser de Macédoine les bandes illyriennes et à réduire les nobles à l'obéissance. Il organise alors son État et se dote d'une puissante armée qui lui permet de s'emparer des mines d'or de Thrace.

Comme Philippe II préfère souvent la diplomatie à la guerre et qu'il exploite habilement les rivalités entre ses adversaires grecs, ces derniers mettent longtemps à prendre au sérieux la menace macédonienne. Après la soumission de Delphes, la conquête de la Phocide et de la cité d'Olynthe, Philippe de Macédoine signe un traité de paix avec les Athéniens, en 346 av. J.-C. Malgré les exhortations enflammées de l'orateur athénien Démosthène (385-322 av. J.-C.), auteur des *Philippiques*, les Athéniens s'acharnent à considérer Philippe II comme un allié contre les cités rivales ou les Perses. Lorsque Athènes se porte finalement au secours de Thèbes, il est trop tard. Les Macédoniens écrasent les alliés grecs, en 338 av. J.-C., à Chéronée, en Béotie. La Grèce perd définitivement cette indépendance qui lui est si chère et qu'elle n'a pas su protéger.

La conquête macédonienne ne doit cependant pas être considérée comme une conquête totalement étrangère. Quoique longtemps tenus pour barbares, les Macédoniens ont la même origine que les Grecs et adhèrent à leur culture. Philippe II n'annexe pas la Grèce, et les cités conservent leur autonomie, en retour d'une alliance qui se concrétise dans la ligue de Corinthe qu'il dirige. Le grand projet de Philippe II est une expédition contre l'Empire perse. Assassiné en 336 av. J.-C., il lègue à son fils, outre la Macédoine, la Grèce des Balkans et l'ébauche d'un projet d'empire.

Le monde hellénistique (IVᵉ-Iᵉʳ siècle av. J.-C.)

Les conquêtes d'Alexandre III de Macédoine devaient prendre des dimensions mondiales. En moins d'une décennie, il instaure un empire qui va du monde oriental jusqu'à la vallée du fleuve Indus. Soucieux de répandre la civilisation grecque, il fonde, sur la route de ses conquêtes, divers centres helléniques dont la célèbre cité égyptienne d'Alexandrie. De la fusion du monde grec et du monde oriental naîtra la civilisation dite hellénistique. À la mort d'Alexandre le Grand, son

Alexandre le Grand (356-323 av. J.-C.) est le fils de Philippe II et d'Olympias, fille du roi d'Épire, et il a pour maître Aristote. Âgé de 20 ans à la mort de son père, Alexandre III de Macédoine est l'héritier d'un projet vague dont il s'empresse de préciser la portée. Après s'être emparé de tout l'Empire perse entre 334 et 327 av. J.-C., il se dirige vers l'Inde que seul le refus de ses soldats épuisés l'empêche de conquérir. Son empire aurait peut-être pu s'agrandir avec l'Arabie et les terres occidentales de la Méditerranée, mais Alexandre le Grand meurt prématurément le 10 juin 323 av. J.-C, à Babylone, dont il avait fait sa capitale. Ce personnage a été célébré par de nombreux artistes et écrivains, parmi lesquels nous retrouvons le sculpteur Lysippe, le biographe grec Plutarque (Vies parallèles) et, à l'époque moderne, le tragédien français Jean Racine (Alexandre le Grand, 1665).

empire n'est pas mondial et sera rapidement séparé en plusieurs royaumes. Seul le contenu culturel et civilisateur de son œuvre atteindra la pérennité et aura une véritable portée universelle.

Alexandre le Grand et les royaumes hellénistiques

Rappelons que l'hégémonie perse est fragile. S'étendant de l'Hellespont à l'Indus et à la Cyrénaïque, le domaine achéménide est trop dispersé et difficile à contrôler. À la fin du IVe siècle av. J.-C., l'autorité royale est confrontée aux intrigues de cour et aux révoltes de satrapies. L'empire dont hérite Darius III (?-330 av. J.-C.) en 336 av. J.-C. représente une proie relativement facile pour les Gréco-Macédoniens.

Après avoir rapidement imposé son autorité à la Grèce continentale, Alexandre III franchit l'Hellespont et entreprend la conquête de l'Orient. (*Voir la carte 3.8.*) Il libère la Grèce d'Asie (l'Asie Mineure), en 334, et la Syrie, en 333 av. J.-C., avant de conquérir la Phénicie, la Palestine et l'Égypte, en 332 et 331 av. J.-C. Seules la flotte perse de l'Égée et la ville phénicienne de Tyr lui opposent une véritable résistance. Il se tourne ensuite vers le cœur de l'Empire perse, c'est-à-dire la Babylonie et les capitales de Darius qui est assassiné par des rebelles, en 330 av. J.-C. Alexandre s'applique alors à rallier la noblesse perse et se dirige

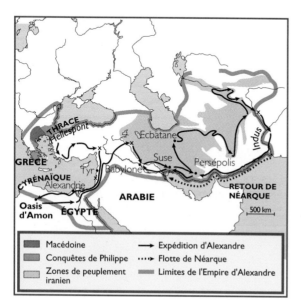

Carte 3.8

Les conquêtes d'Alexandre (334-323 av. J.-C.)

vers les satrapies d'Asie centrale, dont les seigneurs guerriers lui livrent une vive lutte entre 330 et 327 av. J.-C. Il prend enfin la direction de l'Inde et atteint la vallée de l'Indus en 326 av J.-C. Ses troupes, qui refusent de le suivre plus à l'est, compromettent ainsi la réalisation de son rêve d'un empire universel. À partir du delta de l'Indus, Alexandre ramène avec lui une partie de ses soldats, en traversant les déserts du Sud de la Perse. Il confie l'autre partie de son armée à son lieutenant, Néarque (IVe siècle av. J.-C.), qui revient par bateau, en longeant les côtes jusqu'au fond du golfe Persique.

On a conservé d'Alexandre le souvenir d'un conquérant exceptionnel, peut-être le plus grand, compte tenu de son âge et de l'étendue de ses conquêtes. Mais c'est sans doute l'aspect civilisateur de son œuvre, à cause de sa noblesse et de sa durée, qui en constitue la partie la plus impressionnante. Alexandre organise son empire avec soin. À l'exemple des premiers rois perses, il respecte les institutions et les traditions des peuples conquis. Il s'assure ainsi la collaboration des élites cléricales et des nobles, surtout perses, en leur confiant des postes de responsabilité dans l'administration de son empire.

Ses conquêtes s'accompagnent d'explorations scientifiques qui permettent de préciser la géographie des territoires conquis. D'Égypte, une expédition partie vers le sud rapporte l'explication des crues du Nil. Par contre, l'exploration de la mer Caspienne et du golfe Persique permet de découvrir les fortes marées, les baleines et la mousson, ce vent qui change de direction selon les saisons. Quant aux membres de la flotte de Néarque, ils ramènent des observations qui devaient permettre l'ouverture de nouvelles routes commerciales, particulièrement entre l'Inde et la Méditerranée orientale. Ainsi l'activité commerciale devait, par la suite, se déplacer vers les grandes villes hellénistiques, ces nouveaux centres d'un grand commerce international entre l'Orient et l'Occident.

La partie la plus novatrice de l'œuvre d'Alexandre échappe sans doute à la compréhension de ses collaborateurs et soldats macédoniens. Alexandre comprend qu'un empire universel et durable ne peut se construire que sur des assises culturelles qui, en règle générale, transcendent les hasards des guerres ou les conjonctures économiques et politiques. Il projette donc la fusion des peuples de son empire et place au même niveau les Grecs et les présumés barbares. À son retour des confins asiatiques de son empire, il épouse, à Suse, la fille aînée de Darius III. Puis, il ordonne l'union de

90 chefs gréco-macédoniens avec des jeunes filles de la noblesse mède ou perse. De plus, 10 000 Macédoniens s'unissent à des Asiatiques, dotées par le roi. Enfin, 30 000 jeunes nobles perses apprennent le grec et constituent une nouvelle phalange.

Quoiqu'attiré et séduit par l'Orient, ce jeune conquérant garde comme dénominateur commun de ses initiatives la diffusion de l'hellénisme. (*Voir la carte 3.9.*) Il est le plus fidèle serviteur de cette culture à laquelle doivent adhérer tous ses nouveaux sujets. Partout sur son passage, il fonde des cités qui doivent adopter le modèle grec. Plusieurs Alexandrie apparaissent, dont la plus célèbre est égyptienne et devait demeurer longtemps une capitale mondiale de la culture. Après Alexandre, la civilisation grecque s'est à la fois maintenue et modifiée au contact de l'Orient; c'est sous cette forme hellénistique que les Romains l'adopteront et la perpétueront.

Après la mort d'Alexandre, 40 années de luttes entre ses généraux ont laissé, vers 281 av. J.-C., son empire divisé en trois grands royaumes. La Macédoine revient à la dynastie des Antigonides, descendants d'Antigonos (384-301 av. J.-C.), général d'Alexandre. Le royaume d'Égypte passe sous la direction des Lagides, descendants de Ptolémée Ier (367-283 av. J.-C.), fils de Lagos, un noble macédo-nien. Le royaume d'Asie est dirigé par les Séleucides, descendants de Séleucos (358-280 av. J.-C.), général macédonien et lieutenant d'Alexandre. À la tête d'un territoire trop vaste, Séleucos perd l'Asie Mineure où se constituent les royaumes de Pergame, de Galatie, de Cappadoce, de Bithynie et de Pont. Vers 250 av. J.-C., les Parthes, originaires du Sud-Ouest de la mer Caspienne, forment un royaume indépendant et annexent le plateau iranien. Dès lors, les Séleucides ne contrôlent plus que la Syrie et la Mésopotamie. À partir du IIe siècle av. J.-C., tous ces royaumes, sauf celui des Parthes, seront successivement conquis par les Romains.

Le régime adopté par les différents royaumes hellénistiques est la monarchie de droit divin avec, notamment en Égypte, un très haut degré de centralisation administrative et économique. Alors que la vieille Grèce s'appauvrit et se dépeuple, les royaumes d'Orient connaissent une grande prospérité. Au IIIe siècle av. J.-C., pendant que Sparte s'effondre et qu'Athènes devient une ville de province, les grands foyers du commerce et de l'hellénisme se situent à Alexandrie ainsi qu'à Antioche, en Syrie, et à Pergame, en Asie Mineure. Les Grecs y occupent cependant une place privilégiée, tant dans le commerce et l'administration que dans la vie intellectuelle.

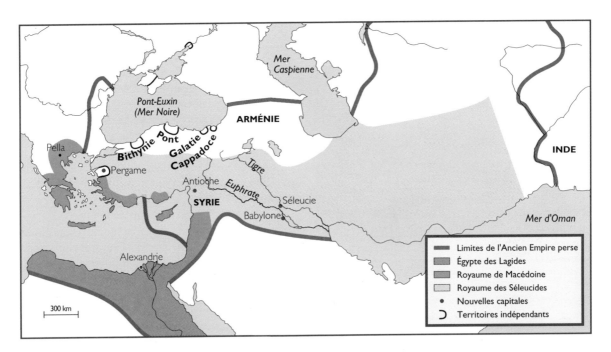

Carte 3.9
Le monde hellénistique (v. 281-v. 31 av. J.-C.)

Les héritages

La partie la plus substantielle et la plus originale de l'héritage grec n'est pas d'ordre matériel. En cette matière, les Grecs se limitent à adopter et à perfectionner ce qui leur a été transmis par les peuples méditerranéens et orientaux. Mais dans les domaines politique, intellectuel et culturel, ils établissent, malgré leurs divisions, les fondements de la civilisation occidentale.

La démocratie athénienne

À l'automne 1991, la Grèce a convié tous les pays du monde à des cérémonies modestes, afin de commémorer le deux mille cinq centième anniversaire de la naissance, dans la cité d'Athènes, de la **démocratie** et de l'idée de liberté. Transposée sur le plan politique, cette idée a permis la participation du simple **citoyen** à la gestion de la cité. Cette commémoration a été l'occasion de réfléchir à la fois sur les spécificités de la démocratie athénienne et sur la valeur de nos institutions démocratiques actuelles. Elle a cependant donné libre cours à des jugements excessifs sur la première aventure démocratique de l'histoire. Selons certains, les Athéniens du Vᵉ siècle av. J.-C. auraient construit un modèle jusque-là inégalé de l'État administré et contrôlé par tous ses citoyens, en s'appuyant sur les principes de probité politique et civique. Il faut nuancer cette vision trop idéalisée de la démocratie athénienne, qui rejoint les Occidentaux d'aujourd'hui, autant par ses faiblesses que par ses lignes de force. Un patrimoine transmis par succession comporte habituellement des aspects positifs et négatifs. La démocratie antique n'échappe pas à cette règle, et il serait inopportun d'ignorer certaines de ses failles qui ne sont d'ailleurs pas totalement disparues de nos jours. Par contre, on doit également décrire les retombées actuelles, directes et indirectes, de cette exceptionnelle aventure politique qu'ont vécue les Athéniens du Vᵉ au IVᵉ siècle av. J.-C. Elle a été à plusieurs titres édifiante et nous interpelle encore aujourd'hui.

Les forces

La démocratie serait véritablement née vers 508 av. J.-C., grâce à Clisthène qui, rappelons-le, a renforcé le caractère populaire des principales institutions de la cité, à la fin du VIᵉ siècle av. J.-C. Sans nier le rôle remarquable qu'a joué Clisthène dans cette consolidation, il faut souligner que la démocratie n'a pas été l'œuvre d'un seul individu, mais plutôt le résultat d'une longue évolution qui a atteint un sommet sous Périclès, entre 450 et 429 av. J.-C. Plusieurs générations d'Athéniens ont participé à la conquête de libertés, qui ne se limitaient d'ailleurs pas au seul domaine politique. Les tyrans du VIᵉ siècle av. J.-C. ont été soutenus par des groupes populaires contre les anciennes classes possédantes, jalouses de leurs privilèges. À la périphérie et au centre d'un nouveau cadre urbain, ces forces montantes revendiquaient des changements au sein d'une société qui subissait de profondes mutations économiques et sociales. À ce titre, Athènes a été le centre microscopique de luttes qui devaient resurgir et bouleverser les sociétés occidentales plus de deux millénaires plus tard.

À Athènes, au VIᵉ siècle av. J.-C., une suite de réformes sages et progressives abolissent l'ancien régime oligarchique, fondé sur la terreur et l'arbitraire, qui maintenait les privilèges d'une minorité au détriment d'une majorité. Principalement grâce à l'œuvre de Dracon et de Solon, un principe autre que la force régit désormais les rapports entre les individus : la justice. L'État de droit, caractérisé par le règne de la justice égale pour tous, demeure l'un des fondements de la démocratie. Ce régime aurait existé dans plusieurs îles et cités grecques, et serait né à Chios, mais c'est à Athènes qu'il atteint des sommets inégalés. Il faut également noter que la période démocratique coïncide avec la naissance et l'âge d'or de la philosophie, de la science, de la littérature et des arts.

Dans un monde jusque-là théocratique, les Grecs réussissent dans plusieurs lieux à donner le pouvoir au peuple et à protéger les citoyens contre l'arbitraire de leurs dirigeants. Ils permettent la critique des détenteurs du pouvoir, tout en libérant l'esprit humain et en cultivant l'amour de la liberté. Ce sont les premiers à établir les fondements et la seule légitimité du pouvoir des gouvernés. Les Athéniens comprennent, en outre, que l'excellence d'une décision peut reposer sur le nombre, indépendamment de la qualité de chacune des personnes qui participe à l'exercice. C'est ce que refusent les philosophes qui, à l'exemple de Platon, enseignent que le meilleur système de gouvernement est celui des meilleurs, c'est-à-dire l'aristocratie.

Les philosophes n'acceptent pas non plus les tribunaux populaires dont la juridiction s'étend non seulement au droit privé, mais également au droit public. Tout citoyen peut poursuivre en justice l'auteur d'une mesure jugée illégale, un magistrat œuvrant à l'encontre des intérêts de la cité ou un stratège vaincu. Les procès politiques occupent une place importante dans le système athénien. Malheureusement, d'éminents citoyens, dont le philosophe Socrate en 399 av. J.-C., devaient être victimes d'un tel système, qui n'était pas exempt d'erreurs judiciaires.

Après avoir été solidement implantées en Attique, les institutions démocratiques sont demeurées le siège de fortes tensions régionales et sociales. On y apprend déjà que l'excellence d'une démocratie se vérifie à sa façon de gérer, et non d'éliminer, des conflits qui se déroulent ouvertement plutôt que dans le secret d'un palais ou d'une quelconque officine du pouvoir. Les Athéniens ont découvert que la qualité primordiale d'une démocratie demeure sa transparence, et non sa capacité de camoufler ou d'étouffer les tensions.

Les faiblesses

La démocratie athénienne est qualifiée de directe, parce qu'elle s'appuie sur la participation soutenue des citoyens aux affaires de la cité. Nos actuelles démocraties parlementaires sont dites représentatives, parce qu'elles sont contrôlées par des représentants élus par le peuple. Rappelons qu'à Athènes, des milliers de citoyens peuvent participer aux séances de l'ecclésia. La boulè compte 500 membres et le tribunal de l'Héliée en regroupe 6000. Mais une telle démocratie participative ne peut s'exercer qu'avec un nombre restreint d'individus qui détiennent le statut de citoyen, soit environ 40 000 personnes, qui représentent à peine 10 % de la population. Les esclaves, qui constituent plus de la moitié de la population athénienne, sont dépourvus de droits. Démocratie et esclavage sont d'ailleurs indissolublement liés. Sans esclaves, comment le citoyen peut-il se libérer pour consacrer une partie de son temps au service de la cité ? Le petit paysan cultive son lopin avec un ou deux esclaves, et arrondit son revenu avec son salaire de marin ou de soldat, ou comme participant aux assemblées et aux tribunaux.

Au IVe siècle av. J.-C., les paysans ont de plus en plus tendance à s'absenter, lorsque les questions débattues ne les concernent pas directement. Ainsi, le peuple (*dêmos*) urbain, composé principalement de forgerons, de charpentiers, de cordonniers et de petits marchands de l'agora, contrôle majoritairement les assemblées. De condition modeste et peu instruits, les artisans doivent travailler de leurs mains pour subsister, et apprécient le supplément de revenu que leur procurent les salaires publics. Les riches, qui vivent des revenus de leurs domaines ou de leurs ateliers, forment l'essentiel du personnel politique de la cité. La direction effective des affaires publiques échappe donc, en grande partie, aux petites gens, sauf lorsque des dirigeants démagogues adoptent des mesures qui ne correspondent pas toujours à l'intérêt public, mais qui sont de nature à flatter ou à satisfaire leur clientèle électorale.

Les démocraties modernes n'ont pas totalement éliminé ces problèmes. En effet, les classes populaires demeurent toujours peu représentées au sein de nos gouvernements et de nos parlements actuels. Leur participation aux scrutins est souvent faible, et la démagogie électoraliste n'est pas complètement disparue de nos mœurs politiques. En outre, nous sommes à même de constater que les démocraties libérales, issues de mouvements réformistes ou révolutionnaires, ont entretenu avec certaines restrictions un idéal d'égalité politique plutôt que de justice économique et sociale. À la fin du XVIIIe siècle apr. J.-C., le mouvement révolutionnaire américain ne mènera pas à l'abolition de l'esclavage. Comme le mouvement révolutionnaire français, il sera récupéré par les possédants qui s'empresseront de restaurer l'ordre public, d'inscrire dans la loi le respect du droit de propriété et même, d'imposer un **cens** électoral. Enfin, il ne faudrait pas oublier que le suffrage universel et le droit de vote des femmes représentent des conquêtes récentes dans les démocraties occidentales du XXe siècle.

À Athènes, la rétribution des charges publiques et l'institutionnalisation de la justice s'accompagnent d'une diminution de l'esprit civique et de la responsabilité du citoyen, qui constituent la pierre angulaire de la démocratie. Initialement, à l'époque de Solon, les citoyens participaient massivement aux assemblées et aux tribunaux populaires. Les postes de juges et de fonctionnaires ne devaient apparaître que plus tard, lorsqu'on a commencé à attribuer des jetons de présence aux membres présents lors des diverses séances.

Au Ve siècle av. J.-C., pauvres et riches athéniens trouvent dans l'aventure impérialiste des satisfactions à la fois matérielles et psychologiques. Des guerres Médiques à l'époque de Périclès, dans cette cité qui a les moyens d'une politique de prestige, le consensus peut facilement s'établir entre les diverses catégories de citoyens. Mais la guerre du Péloponnèse, la défaite de 404 av. J.-C. et la perte de son empire devaient rompre cette harmonie. Les menaces extérieures, les défaites et l'appauvrissement qui en ont découlé devaient avoir raison de la démocratie athénienne, qui a duré près de 150 ans. Elle devait mettre plusieurs siècles à réapparaître en Occident.

Avec l'effondrement de son empire et l'appauvrissement de sa société, la démocratie athénienne donne des signes d'essoufflement. Sur les 30 000 à 40 000 citoyens que compte Athènes au IVe siècle, seuls quelques milliers participent aux assemblées. Nombre d'Athéniens ont tendance à se transformer en majorité silencieuse et à confier souvent la direction de leur gouvernement à des démagogues ou à des professionnels de la politique.

L'expérience athénienne nous apprend que la démocratie serait peut-être un luxe que seules les sociétés parvenues à un certain degré de richesse peuvent se payer. Elle nous enseigne également que les libertés démocratiques ne sont jamais acquises par une société. Il ne faut pas croire qu'une longue tradition libérale immunise contre les abus de pouvoir ou certaines formes de tyrannie. Que dire de l'intolérance pouvant résulter de l'application stricte de la règle de la majorité, ou de l'utilisation abusive du pouvoir policier et militaire par des dirigeants ébranlés à la suite d'une menace externe ou d'une crise interne ? Entre la démocratie directe, mais sélective, des Athéniens et la nôtre, largement représentative mais peu participative, il existe certes un juste milieu. Dans cette optique, tant les échecs que les réussites de l'expérience athénienne peuvent enrichir notre réflexion.

La puissance et la portée des idées

Les Grecs ont été les premiers à effectuer le passage du mythe à la réalité, d'un mode d'explication divine des phénomènes par la légende ou le mystère à une recherche des causes naturelles et à des explications rationnelles. La philosophie est née au VIe siècle av. J.-C., dans les cités ioniennes, sur les rives de la mer Égée. Elle a connu jusqu'au IIIe siècle av. J.-C. un développement à la fois fécond et étonnant. De fait, les philosophes égéens ont établi les concepts fondamentaux de notre civilisation.

Au sein des civilisations préhelléniques, la science se résumait à une collecte de faits, qui devait souvent déboucher sur une application pratique. Avec les Grecs, la science devient une recherche de la vérité

et de l'exactitude, de la régularité et de l'harmonie. La vie prend son sens lorsque chaque personne peut réfléchir sur elle-même et sur ce qui l'entoure, et accéder ainsi à la liberté. Cet affranchissement intellectuel se fait aux dépens de la religion. La science ainsi conçue ne peut que s'associer étroitement à la philosophie. La recherche de la vérité s'effectue à partir de l'observation du réel par la réflexion. Jusqu'à l'époque hellénistique, le scientifique et le philosophe se confondent fréquemment en une même personne dans sa quête de la vérité.

Les premières écoles de l'Ionie et de la Grande Grèce

C'est en Ionie que, pour la première fois, la rationalité s'est distinguée du mythe et que l'étude des causes naturelles a mené à l'abandon de l'univers des dieux. Les premiers philosophes ont d'abord tenté d'expliquer le monde par un principe unique. Les Milésiens comme Thalès (fin VIIe-début VIe siècle) sont les premiers à proposer une explication laïque de la cause du réel. Ils font appel à un principe philosophique, l'infini, et à des forces mécaniques, l'eau et l'air, pour expliquer la source de toutes choses. Avec Pythagore de Samos (VIe siècle av. J.-C.), la substance du réel réside dans les nombres. Pythagore propose une interprétation mathématique de l'univers dont la clé, le nombre parfait, serait 10, la décade. Héraclite d'Éphèse (v. 576-v. 480) est considéré comme le véritable fondateur de la **dialectique**. Au XIXe siècle apr. J.-C., G. W. Friedrich Hegel (1770-1831) et Karl Marx (1818-1883) se réclameront en partie de lui.

À Élée, en Grande Grèce, des philosophes comme Parménide (v. 544-v. 450 av. J.-C.) et Zénon (v. 485-v. 420 av. J-C.) nient l'existence du mouvement et proclament qu'à côté des êtres mortels et des réalités sensibles destinées à disparaître, il n'y a que l'être, immobile, homogène et détenteur de la vérité. Mais le sommet de la réflexion sur la nature de l'univers est atteint par une école de pensée dont Démocrite d'Abdère (v. 460-v. 370 av. J.-C.), en Thrace, est le chef de file. Cette école élabore la première conception mécaniste et atomiste de l'univers : la réalité est composée du vide où des fragments ou corpuscules indestructibles se déplacent, s'unissent et se séparent. Les atomistes sont les premiers à affirmer l'existence du vide et à définir, en termes physiques plutôt que mathématiques, la construction de l'univers. Ne faisant intervenir aucun dieu dans la formation de cet

N.B. philo

univers, ils élaborent la première doctrine matérialiste de l'histoire qui, par Épicure (341-270 av. J.-C.) et Lucrèce (v. 98-55 av. J.-C.), sera transmise à la postérité. Leurs idées seront reprises par les philosophes et les scientifiques de l'Occident contemporain. Enfin, les sophistes enseignent, de cité en cité, l'art de l'éloquence, de la discussion méthodique et, surtout, la faculté de soutenir une thèse quelle qu'elle soit. Ces maîtres de la rhétorique et de la philosophie favorisent la réflexion sans contraintes sur tout sujet et le libre examen des divers aspects d'une question. Ces humanistes croient que l'homme est la mesure de toutes choses.

Sur le plan scientifique, les Grecs ont emprunté aux Mésopotamiens et aux Égyptiens leurs connaissances initiales. Sous cette double influence, Thalès de Milet a poursuivi des recherches astronomiques et a fait quelque peu progresser la géométrie. Il a égale-

ment pu prédire avec précision l'éclipse du Soleil, le 28 mai 585 av. J.-C. En dehors de toute préoccupation utilitaire, ce savant inaugure la démarche scientifique pour le seul plaisir de la raison. Par la suite, vers le milieu du Ve siècle av. J.-C., grâce à Pythagore et à ses disciples, les Grecs maîtriseront les rudiments de la géométrie. Il ne s'agit plus d'un ensemble de conseils pratiques, mais de démonstrations et de raisonnements reliés les uns aux autres. Parmi les premiers théorèmes, notons, à titre d'exemple, la démonstration que la somme des angles d'un triangle est égale à deux angles droits. On étend à tous les triangles rectangles le fameux théorème du carré de l'hypoténuse et on découvre les figures de l'espace à 4 faces (pyramide), à 6 faces (cube), puis à 8, 12 et 20 faces égales. On rattache également l'arithmétique à la géométrie, ce qui conduit à une algèbre sans lettres avec des équations du premier et du second degré. Le premier traité de géométrie, *Éléments*, est l'œuvre d'Hippocrate de Chios (Ve siècle av. J.-C.). Son homonyme, Hippocrate de Cos (460-377 av. J.-C.), est le fondateur de la médecine occidentale. Il est à l'origine du premier code de déontologie médicale. Les médecins prêtent de nos jours un serment professionnel dont le contenu s'inspire de celui d'Hippocrate.

Le classicisme athénien

Les Grecs établissent une différence fondamentale entre le monde des idées et celui des choses sensibles d'ici-bas. Leur démarche, tant philosophique que scientifique, s'oriente vers la recherche de l'harmonie cosmique, c'est-à-dire de l'univers rationnel. Ils tentent, par la synthèse des connaissances astronomiques, physiques et mathématiques, de développer l'idée d'un savoir unifié.

Avec Anaxagore de Clazomènes (500-428 av. J.-C.), le siège de la philosophie se déplace à Athènes. Selon cet ami de Périclès, l'intelligence, le *noûs*, c'est-à-dire la force spirituelle, est la cause de toutes choses. Ce philosophe influence Socrate et est, avant lui, victime des démocrates qui le bannissent de la cité pour mépris envers les dieux. L'enseignement de Socrate ainsi que les œuvres de Platon et d'Aristote fixent les fondements de la philosophie grecque classique.

Bien qu'il n'ait rien écrit, Socrate demeure l'incontestable maître de la philosophie antique. Il enseigne à raisonner librement, à étudier sa propre pensée avec le fameux *Gnôti séauton* « Connais-toi, toi-même ». Se promenant à travers les rues d'Athènes, il

*Issu d'une famille aristocratique, **Platon (428-348 ou 347 av. J.-C.)** rencontre Socrate, en 408 av. J.-C., et suit son enseignement jusqu'à la mort de son maître, en 399 av. J.-C. Dès lors, il s'intéresse aux problèmes politiques. Il voyage, par la suite, en Cyrénaïque, en Égypte, en Italie et en Sicile, où il est l'invité de Denys, tyran de Syracuse. Chassé de Sicile pour intrigues politiques, il revient à Athènes vers 387 av. J.-C. et fonde son école philosophique, l'Académie, où il enseigne tout en écrivant la majeure partie de son œuvre. En 367 et en 361 av. J.-C., il retourne à Syracuse où ses interventions, tant philosophiques que politiques, se soldent par des échecs. Demeuré célibataire, il meurt octogénaire. Platon fait parler Socrate dans des dialogues où, à partir de la définition d'une notion, il développe une argumentation dialectique et mathématique. Poète et philosophe, il nous lègue une trentaine de dialogues, dont les plus importants sont Le Banquet, Phédon et les 10 livres de La République.*

pose à ses interlocuteurs des questions d'ordre philo-sophique. Fils d'une sage-femme, il engage le dia-logue dans le but de faire accoucher les esprits, c'est-à-dire de les amener à découvrir leur propre vérité; cette démarche pédagogique est nommée « maïeu-tique ». Questionnant en simulant l'ignorance, il con-fond ses interlocuteurs, en les plaçant devant leurs propres contradictions et en leur faisant découvrir le doute et leur propre ignorance. Comme sa vie et son activité philosophique s'entremêlent, il est accusé d'avoir détourné les jeunes de la morale religieuse et condamné à s'empoisonner. Il affronte la mort digne-ment et la postérité s'explique mal que des démocrates aient pu condamner celui qui est devenu le patron des philosophes.

Sa pensée nous est parvenue grâce à ses disci-ples, Xénophon (430-355 av. J.-C.) et, surtout, Platon, le premier grand philosophe occidental qui nous ait laissé une œuvre écrite aussi considérable. Aristote, élève de Platon, totalise le savoir de son époque dans une œuvre magistrale qu'il lègue comme son maître à une lointaine postérité. Les deux grands philosophes exerceront une influence très profonde sur la pensée occidentale.

Distinguant le savoir de l'opinion et le monde des idées du monde sensible, Platon élabore une phi-losophie idéaliste où s'articule une théorie de l'être et de la nature avec une théorie du langage et de la poli-tique. Dans sa pensée, au-delà du monde sensible en perpétuel changement, existe un monde idéal et immuable. Par exemple, l'idée du cercle, c'est le cercle idéal dont le cercle concret n'est que la reproduction. Sa dialectique, différente de celle d'Héraclite, repré-sente l'effort pour atteindre l'Idée qui, au-delà du réel, représente le Bien, c'est-à-dire le Divin qui agence l'univers et lui donne un sens. Chez Platon, l'amour est essentiellement lié à l'idée du Beau et la beauté de l'âme doit primer sur les qualités esthétiques du corps. Selon sa morale, tout ce qui relève du corps devient négatif par opposition aux gratifications obte-nues par la recherche des idées et la contemplation. Le refus des plaisirs et l'ascèse facilitent la pratique de la vertu et la recherche de la vérité. L'essentiel est donc de libérer l'âme du corps et du monde sensible, de retrouver cet ordre intérieur compromis par les jouissances physiques et de parvenir au savoir, véri-table vertu.

Le christianisme subira l'influence de Platon, notamment par l'intermédiaire de son disciple d'Alexandrie, Plotin (203-270 apr. J.-C.). Saint

*Fils de Nicomaque, médecin du roi de Macédoine, **Aristote** (384-322 av. J.-C.) se rend à l'Académie d'Athènes où il reçoit les enseignements de Platon. Il y demeure 20 ans, jusqu'à la mort de son maître, qui lui avait confié l'enseigne-ment de la rhétorique. Après avoir été le précepteur d'Alexandre de Macédoine, il fonde, en 335 av. J.-C., son école, le Lycée, et y enseigne pendant 13 ans. À la mort du grand conquérant, il est, comme l'ont été Anaxagore et Socrate, accusé d'impiété et exilé, en 323 av. J.-C. Il se réfugie à Chalcis, en Eubée, où il meurt l'année suivante. Il est l'auteur d'un grand nombre de traités de logique, de politique, d'histoire naturelle, de physique et de métaphysique.*

Augustin (354-430 apr. J.-C.), qui était évêque d'Hippone (en Algérie actuelle), contribuera beaucoup à cette assimilation. La doctrine chrétienne présentera l'homme déchiré entre le bien et le mal, vision mani-chéenne d'abord proposée par les Perses. Combinée à l'idée platonicienne de l'âme prisonnière du corps, elle aboutira à un dualisme : une opposition radicale entre l'âme bonne et le corps mauvais, ainsi que tout ce qui s'y rattache : plaisir des sens, sexualité, mariage même. La vénération de la Passion du Christ, qui souffrira dans son corps, le culte des martyrs et l'exaltation de la virgi-nité iront dans le même sens. Le corps malfaisant devra être châtié par la pénitence. Cette conception austère d'un monde où tout plaisir est mauvais sera fort répandue dans la pensée chrétienne.

Dans le domaine politique, Platon s'applique à construire la cité idéale, dirigée par les philosophes, protégée par les soldats et servie par les classes labo-rieuses, dont le seul rôle est d'obéir. Le pouvoir idéal est intellectuel et autoritaire ; il s'exerce dans une société collectiviste où le bien de l'État l'emporte sur le bien-être des individus. Cette cité utopique annonce des formes d'asservissement que s'appliqueront, plus tard, à combattre plusieurs générations d'Occidentaux, qui seront cependant fascinés par son monde des idées, ainsi que par sa dialectique de l'amour et de la beauté. Dans cette cité idéale (*voir le tableau 3.1*), Platon propose une harmonisation de tous les niveaux de la connaissance.

Aristote est le fondateur de la logique formelle, qui considère le raisonnement comme un instrument de la science. On lui doit, à ce chapitre, la théorie du syllogisme qui, à partir de deux propositions, les prémisses, impose une conclusion. En ayant recours à la logique, il devient désormais possible d'élaborer une métaphysique, la science de ce qui est véritablement.

Aristote est considéré comme le disciple infidèle de Platon. Contrairement à son maître, il est plus naturaliste que mathématicien, et préfère au domaine des idées le concret et l'individuel, comme points de départ de ses recherches, consacrées essentiellement à la substance de l'œuvre en chaque individu. Dans le domaine théologique, Dieu est la substance par excellence, éternelle et immobile, qui meut tout en dehors du monde sensible; Dieu est pensée et joie pure de la connaissance. C'est cet aspect de la métaphysique d'Aristote qu'au XIIIᵉ siècle apr. J.-C., saint Thomas d'Aquin (1227-1274) tentera de concilier avec la foi chrétienne, sans doute pour éviter le divorce entre celle-ci et la science.

Le platonisme est une doctrine sévère qui propose une morale d'application difficile, mortifiante pour le corps, où la désincarnation est érigée en vertu. La morale d'Aristote n'a rien d'excessif et demeure réaliste, en proposant la juste mesure, l'équilibre et la modération comme vertus. Ainsi, le courage peut être considéré comme le juste milieu entre la témérité et la lâcheté.

À l'intérieur du Lycée, une sorte d'université où on enseigne tout, Aristote souhaite construire une méthode de raisonnement pour une étude encyclopédique de toutes les connaissances. Il répartit ses élèves en équipes, et chacune étudie une science précise. De ce travail collectif émerge une véritable somme de connaissances, qui couvrent les champs de la logique, de la zoologie, de la physique, de l'astronomie et de la météorologie. Dans son école est née la zoologie et ses élèves procèdent à l'identification de plus de 400 espèces d'animaux, sur lesquels un grand nombre de renseignements anatomiques et d'observations exactes nous ont été transmis. Sur l'anatomie humaine et la physiologie, faute de dissections, les études qui sont faites sont, par contre, médiocres et parfois erronées. Il en est de même en botanique et, surtout, en astronomie. En effet, Aristote défend une théorie géocentrique qui présente l'univers comme une sphère, au centre de laquelle la terre est fixe, alors que les étoiles et les corps célestes se déplacent sur des trajectoires circulaires. Son influence sur les futures générations

TABLEAU 3.1
LA CITÉ IDÉALE DE PLATON

ORGANISATION INTELLECTUELLE	ORGANISATION MATÉRIELLE							
MONDE	CLASSE SOCIALE	FONCTION	DOMAINE DE CONNAIS-SANCE	FACULTÉ	VERTU	ANALOGIES CORPS	RACE	PROPRIÉTÉ
INTELLIGIBLE	roi-philosophe	gouverner	science des idées	raison	sagesse	tête	or	commune des biens, femmes et enfants
	gardiens	défendre la cité	opinion	courage	justice	cœur	argent	
SENSIBLE	ouvriers manuels	produire des biens matériels	ignorance	appétit irascible (concupiscence)	tempérance	ventre	fer (airain)	privée

Source: Jacques G. RUELLAND. *De l'épistémologie à la politique. La philosophie de l'histoire de Karl R. Popper*, Paris, PUF, coll. «Philosophie d'aujourd'hui», 1991, p. 145.

de professeurs, de chercheurs et de savants occidentaux sera immense.

La pensée de l'Occident s'élaborera en fonction de celle d'Aristote, d'abord en accord avec elle, puis en réaction contre elle. Longtemps demeurés dans l'oubli, les enseignements du maître et une grande partie ignorée de son œuvre seront transmis à l'Occident par les savants arabes d'Espagne. Redécouverte et adoptée par les chrétiens du Moyen Âge, la pensée d'Aristote servira à tous les types d'enseignement, de la botanique à la géologie et de la géographie à l'astronomie. L'Église fera sienne ses conceptions scientifiques, notamment le géocentrisme. Mais ce sera contre Aristote que se développera la pensée moderne. En effet, lorsque Copernic (1473-1543) et après lui Galilée (1564-1642) prouveront la justesse de l'héliocentrisme, ce seront simultanément l'autorité scientifique de l'Église et l'édifice d'Aristote qui seront remis en question. Au Québec français, l'enseignement de la philosophie demeurera essentiellement thomiste jusqu'en 1960.

À l'époque classique, l'histoire acquiert ses premières lettres de noblesse avec Hérodote (484-425 av. J.-C.), Thucydide et Xénophon. Né à Halicarnasse, en Asie Mineure, Hérodote fait le récit de ses voyages en Asie et en Égypte, avant de rédiger son œuvre majeure, *Histoires*, dont les guerres Médiques sont le sujet principal. L'étendue de ses recherches, la place qu'il accorde au cadre géographique et son effort d'objectivité représentent les principales caractéristiques de son œuvre. Originaire de l'Attique, Thucydide écrit une *Histoire de la guerre du Péloponnèse* et propose, en s'appuyant sur une solide documentation, une interprétation des causes et des conséquences de ce conflit entre les cités grecques. Influencée par les sophistes, sa conception de l'histoire est dénuée de toute notion de fatalité et de merveilleux. Les origines des événements s'expliquent par les intérêts et les passions des protagonistes.

L'influence d'Hérodote sera grande sur ses successeurs, notamment Xénophon. Cet historien, également né en Attique, écrit sept livres, les *Helléniques*, une œuvre qui poursuit l'histoire de Thucydide de 411 à 362 av. J.-C. *L'Anabase* est son œuvre majeure; il y relate, à la suite de l'expédition de Cyrus le Jeune contre son frère Artaxerxès II, la retraite des 10 000 mercenaires grecs, dirigés par Xénophon lui-même. Il se veut le porte-parole de Socrate, afin de perpétuer les enseignements du maître, et rédige, à cette fin, les *Mémorables*, l'*Apologie de Socrate* et le *Banquet,* une imitation du dialogue de Platon. Il est l'auteur de nombreuses autres œuvres, notamment sur Cyrus le Grand, le régime spartiate, la chasse, l'équitation et l'économie.

La morale et la science hellénistiques

Après Aristote, on réfléchit et on enseigne dans le nouveau contexte de l'époque hellénistique qui est, à bien des égards, tragique et angoissante. Les cités grecques défaites et affaiblies sont, pendant cette période, remplacées par de grands États monarchiques et centralisés, où l'individu se réfugie dans le repli sur lui-même et la soumission. Dans ces conditions, les philosophes doivent abandonner le monde des idées abstraites, s'orienter vers le pragmatisme et proposer une morale, c'est-à-dire l'usage que l'individu doit faire de la liberté qui lui reste. S'ajustant aux nouvelles conditions sociales et politiques, la philosophie s'applique donc à fournir des préceptes de vie, des règles de conduite et une sagesse, en fonction du quotidien et de l'organisation de l'existence. Épicurisme, stoïcisme et scepticisme ont pour objectif de parvenir à l'ataraxie, c'est-à-dire à l'autonomie et à la quiétude absolue de l'esprit, source essentielle de bonheur.

Épicure (341-270 av. J.-C.) emprunte à Démocrite sa théorie atomiste. Il défend de l'univers et de l'homme une conception matérialiste où tout se ramène à un assemblage complexe d'atomes, qui existent depuis toujours, sans l'intervention de créateurs divins. Épicure propose une démarche qui vise à éliminer les superstitions et les craintes devant les dieux et la mort. Sa morale du plaisir, et non de la débauche, vise la satisfaction de besoins naturels. Pour plusieurs, Épicure est un géant de la pensée, qui libère l'humanité de ses angoisses liées à la magie et au divin. Lucrèce (98-55 av. J.-C.), un de ses disciples, traduira en vers latins sa morale et sa pensée; en 1841, Karl Marx rédigera sa thèse de doctorat sur la *Différence de la philosophie de la nature chez Démocrite et Épicure.*

Les stoïciens cherchent également le bonheur dans le détachement face aux conditions matérielles et l'élimination des troubles de l'âme. Fondé par Zénon de Cittium (336-264 av. J.-C.), le stoïcisme atteindra la célébrité grâce aux auteurs latins, Sénèque (4 av.-65 apr. J.-C.) et Épictète (50-125 apr. J.-C.), et à l'empereur philosophe, Marc-Aurèle (121-180 apr. J.-C.). À partir d'une étude du monde conçu dans sa totalité et qu'ils identifient à Dieu, les stoïciens élaborent une morale de la liberté. Cette morale consiste à demeurer libre de sa pensée, qu'on soit maître ou esclave, malgré l'emprise du destin, tout en se soumettant à l'ordre divin. La morale stoïcienne préconise d'abord l'acceptation du destin, tout en prônant la maîtrise de soi. La paix et le repos ne peuvent se trouver, selon eux, dans les réalités extérieures à soi. Cette école influencera grandement la pensée occidentale, car elle contient en elle-même l'essence de la condition tragique des êtres humains que traduiront de nombreux penseurs et dramaturges occidentaux, à partir du XVIIe siècle.

Les sceptiques font de l'interrogation une vertu et s'appliquent à entretenir le doute universel. Ils proposent de faire fi de toute croyance. Le fondateur de cette école est Pyrrhon d'Élée (365-275 av. J.-C.) qui, comme Socrate, ne laissera aucun écrit. Influencé par l'Orient, il professe que la réflexion doit passer par le silence et le renoncement. Toutes les opinions se valent et la vérité demeure, à ses yeux, inatteignable.

Assez curieusement, le seul endroit où la science grecque, répandue sur le pourtour méditerranéen, s'est peu développée, c'est en Grèce elle-même. Durant les premiers siècles de notre ère, la philosophie et la science helléniques brillent à Alexandrie, carrefour des religions orientales et occidentales, où les cultures grecque, égyptienne, juive et romaine se copénètrent.

Fondée en 332 av. J.-C. par Alexandre, Alexandrie deviendra le siège du Musée et de la célèbre bibliothèque qui compte plus de 700 000 volumes, en 47 av. J.-C. Ces deux institutions constituent un centre d'études et de recherches supérieures, un lieu de rassemblement des savants et des écrivains du monde hellénistique. C'est là qu'Euclide (320-260 av. J.-C.) compose ses *Éléments*, une synthèse qui demeure la base de l'enseignement de la géométrie, en Occident. Il enseigne également à Archimède de Syracuse (287-212 av. J.-C.), un mathématicien et un physicien, sans doute l'un des plus grands savants de l'Antiquité. Les ouvrages d'Archimède portent, entre autres, sur la géométrie (calcul assez précis de la valeur de π) et sur la physique. Archimède peut être considéré comme le père de la mécanique et de l'hydrostatique (équilibre des corps plongés dans un fluide).

Ératosthène de Cyrène (284-192 av. J.-C.) calcule avec 1 % d'erreur la circonférence terrestre. Aristarque de Samos (310-230 av. J.-C.) conçoit la théorie héliocentrique dont on reconnaîtra beaucoup plus tard l'exactitude. Après avoir adopté l'idée de la rotation quotidienne de la Terre sur son axe, Aristarque démontre que les planètes tournent autour

---

ENCADRÉ 3.8

LES ORIGINES DE L'ALPHABET GREC

Vers le VIIIe siècle av. J.-C., on parle en Grèce une langue que ne peuvent transcrire ni l'alphabet phénicien dépourvu de voyelles ni les autres alphabets existants. Les Grecs, pour noter leurs voyelles, empruntent à l'alphabet araméen plusieurs signes correspondant à des consonnes inconnues de leur langue. Ainsi apparaissent l'*alpha*, l'*epsilon*, l'*omicron* et l'*upsilon* alors que l'*iota* est une pure invention. Vers le Ve siècle av. J.-C., l'alphabet grec existe avec 24 lettres, dont 17 consonnes et 7 voyelles ; elles peuvent s'écrire en majuscules sur la pierre gravée ou en minuscules sur le papyrus ou des tablettes de cire, destinées aux écoliers qui peuvent ainsi effacer. Le latin, par l'intermédiaire des Étrusques, et le cyrillique byzantin dériveront également de l'écriture grecque. Ce sont là les bases, à quelques exceptions près, de notre système d'écriture actuel (*voir le tableau 3.2*).

---

du Soleil. Il ne peut malheureusement pas ébranler la théorie géocentrique, solidement établie par Aristote. Quant à Hipparque de Nicée (IIe siècle av. J.-C.), il dresse le premier catalogue des positions des étoiles et évalue la durée de l'année à 365, 2467 jours.

Le Musée abrite également une célèbre école de médecine où la dissection du corps humain est permise. La connaissance du système nerveux et du système circulatoire progresse. On pratique l'autopsie et on découvre la déperdition énergétique du corps, base de l'étude du métabolisme, qui ne sera reprise qu'au XVIIe siècle.

On parvient ainsi au terme d'un étonnant développement intellectuel, qui débute avec des philosophes, qui désirent comprendre le monde physique dans lequel ils vivent. Milet en Asie Mineure, Athènes en Grèce et Alexandrie en Égypte sont les principaux pôles géographiques de ce mouvement qui représente le premier effort concerté des Occidentaux pour comprendre le fonctionnement de la nature, hors de toute entrave religieuse ou politique. Les anciens Grecs nous apprennent que philosopher, c'est d'abord penser par

TABLEAU 3.2
L'ALPHABET DU GREC CLASSIQUE

	NOMS DES LETTRES	PRONONCIATION
A, ∝	alpha	a
B, β[1], 6	bêta	b
Γ, γ	gamma	g
Δ, o	delta	d
E, ε	epsilon	é
Z, ζ	dzêta	dz
H, η	êta	ê
Θ, θ	thêta	th
I, ι	iôta	i
K, χ	cappa	k
A, λ	lambda	l
M, μ	mu	m
N, ν	nu	n
Ξ, ξ	xi	x
O, o	omicron	o
Π, π	pi	p
P, ρ	rhô	r
Σ, σ, s[2]	sigma	s
T, τ	tau	t
Υ, υ	upsilon	u
Φ, φ	phi	f ou ph
X, χ	chi	kh
ψ, φ	psi	ps
Ω, ω	ôméga	ô

1. Ne s'emploie qu'au début d'un mot.
2. Ne s'emploie qu'à la fin d'un mot.

Source : Adaptation de E. RAGON. *Grammaire grecque*, 4e édition, Paris, J. de Gigord, 1956, p. 2.

soi-même et tenter de donner un sens au monde, à partir de ce qu'on est et de ce qu'on observe, après avoir rompu avec le cercle des vérités révélées. Quoiqu'elle soit individuelle, cette démarche exige le dialogue non seulement avec nos contemporains, mais également avec les grands maîtres du passé, qui ont ouvert et multiplié les champs de réflexion. Ce que nous sommes culturellement ne s'est pas produit spontanément. Chaque système de pensée demeure, à divers degrés et à diverses époques, l'héritier de ceux qui l'ont précédé.

Les facteurs d'unité et de continuité quest# 10

Dans cet univers hellénique aux tendances individualistes et centrifuges, la langue, la religion, le théâtre, les jeux, l'architecture et la sculpture représentent les principales forces unificatrices. Elles donnent à la Grèce, malgré sa dispersion, une cohésion et une éclatante transcendance culturelle. Dans l'Occident d'aujourd'hui, elles suscitent, à des degrés divers, l'intérêt et parfois les passions d'un large public.

La langue

La langue grecque est, à l'origine, l'une des branches importantes du groupe linguistique indo-européen. Elle se divise en divers dialectes parlés, parmi lesquels l'ionien. (*Voir l'encadré 3.8.*)

L'héritage intellectuel et culturel des mondes hellénique et hellénistique est d'abord transmis aux Occidentaux dans le sous-dialecte attique, un rameau du dialecte ionien. Il s'agit en fait de ce qu'on appelle le grec classique, langue des chefs-d'œuvre des Ve et IVe siècles av. J.-C., qu'apprendront encore à traduire nombre d'étudiants occidentaux et québécois au milieu du XXe siècle.

Cependant, pour comprendre la réalité culturelle de la Grèce, il faut ajouter à la dimension linguistique les principaux caractères de sa religion qui est d'une grande richesse.

La religion

La religion grecque n'impose ni **dogme** ni morale, et ne propose aucune certitude. Après la mort, l'âme descend aux enfers, le royaume d'Hadès. Guidée par Hermès, elle traverse le fleuve Achéron dans la barque de Charon. Après avoir quitté le séjour des morts, l'âme comparait devant un tribunal présidé par Minos, un ancien roi de Crète. Les justes sont dirigés vers les Champs-Élysées pour y jouir du bonheur parfait alors que les méchants subissent des supplices éternels dans le noir Tartare. Aucune dévotion ni aucune soumission aveugle n'est exigée, et il n'y a pas de caste sacerdotale. Chaque famille a son autel sacré et chaque cité a son temple, habitacle du dieu et non lieu de prières, devant lequel libations, offrandes et sacrifices se déroulent.

Polythéiste, la religion grecque se caractérise surtout par son anthropomorphisme. Les Grecs imaginent des dieux et des déesses à leur image. (*Voir la figure 3.3.*) Leurs formes humaines reproduisent souvent l'humanité sous ses traits les plus avantageux tels que la jeunesse, la beauté et l'intelligence. Leur histoire est constituée d'un ensemble de légendes qui forment une mythologie d'une richesse dramatique et poétique exceptionnelle. Les dieux et les déesses, comme les héros, sont habités par des pensées, des sentiments, des passions et des vices, identiques à ceux des êtres humains ; ils sont cependant plus heureux parce qu'ils sont immortels. Le caractère ingénieux de la mythologie grecque, c'est d'avoir mis en scène un monde libéré de la crainte d'un être suprême omnipotent, de la magie et de l'astrologie, totalement absentes de la Grèce classique. Il n'y a aucun fantôme, mais beaucoup de monstres, toujours vaincus, pour permettre aux héros, dont Œdipe, Thésée et Héraclès comptent parmi les plus célèbres, d'atteindre la gloire.

Les Grecs ne disposent d'aucun livre saint, ni Bible ni Avesta ou l'équivalent. Si révélation il y a, elle n'est pas l'œuvre d'un prophète ou d'un dieu incarné, mais de poètes et de tragédiens qui, suivant la tradition orale, créent les mythes tels qu'on les connaît de nos jours. L'*Iliade* et l'*Odyssée* (*voir les encadrés 3.9 et 3.10*) sont les premiers textes écrits de la Grèce que nous possédions et qui parlent de la mythologie. Leur auteur est le poète Homère, qui a probablement vécu au IXᵉ siècle av. J.-C. Longtemps chantées par les aèdes, ces deux œuvres ne furent rédigées qu'à partir du VIᵉ siècle av. J.-C., dans une langue riche et subtile. Elles serviront à l'éducation de la jeunesse grecque et occidentale.

Par la suite, aux environs du IXᵉ et du VIIIᵉ siècle av. J.-C., Hésiode, dans *Les travaux et les jours*, prodigue des leçons de bonheur dans un monde rural de rude labeur. Dans sa *Théogonie*, ce paysan poète relate la création de l'univers et dresse les généalogies divines. À l'exception des *Perses* d'Eschyle, les tragédies grecques du Vᵉ siècle av. J.-C. ont toutes des sujets mythologiques et demeurent, avec les œuvres d'Homère, nos principales sources d'information.

Les origines de l'olympisme

La civilisation grecque favorise l'*agôn* (jeu, concours), c'est-à-dire la lutte dans le but de vaincre un adversaire pour prouver sa propre valeur et atteindre la gloire. À l'occasion des fêtes religieuses, des joutes rituelles opposant divers membres d'un même groupe sont organisées. C'est l'agonothète qui préside les

Stèle d'Olympie Cette stèle occupe avec l'autel la porte centrale du temple de Zeus, construit aux environs de 470 av. J.-C. C'est probablement dans ce lieu qu'on présentait la couronne d'olivier à l'athlète vainqueur. Les cinq anneaux sont demeurés l'emblème des Jeux olympiques modernes.

jeux publics ; ce magistrat élu est chargé par la cité de leur organisation matérielle. Réservés aux riches, les concours hippiques donnent lieu à des courses de chars, de chevaux et de poulains montés. Les concours gymniques comprennent des épreuves de course à pied, de lutte, de boxe, de pancrace (lutte où tous les coups sont permis) et le pentathlon qui comprend cinq épreuves : la course, le saut en longueur, le lancer du disque, le lancer du javelot et la lutte. Les compétitions entre athlètes venus des différentes cités grecques ont lieu dans le stade et l'entraînement dans le gymnase.

Les quatre grands concours gymniques ont lieu : à Olympie, les Jeux olympiques (officiellement à partir de 776 av. J.-C.) ; à Delphes, les Jeux pythiques ; à Corinthe, les Jeux isthmiques et à Némée, les Jeux néméens. Les autres compétitions sont souvent organisées à partir de l'un de ces modèles. Ces concours sont sacrés et ont comme enjeu une couronne, par opposition aux concours où la récompense est pécuniaire. Ce n'est qu'à partir du IVᵉ siècle av. J.-C. qu'apparaissent les athlètes professionnels qui tirent leur subsistance d'une participation aux concours récompensés par de l'argent. Pour l'athlète, la plus grande gloire consiste à recevoir la couronne d'olivier sauvage à Olympie. Le vainqueur reçoit un accueil triomphal dans sa cité ; on compose alors des poèmes

FIGURE 3.3
LES PRINCIPALES DIVINITÉS GRECQUES

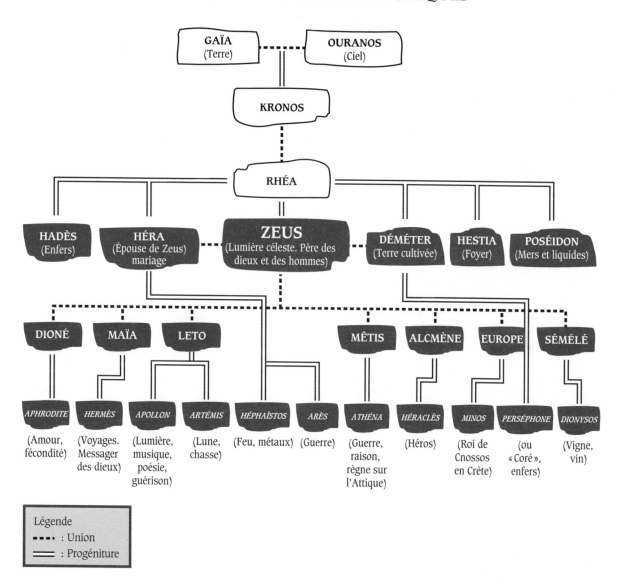

en son honneur, on lui érige des statues et, exceptionnellement, on lui confie une charge publique.

La naissance du théâtre

L'esprit de compétition et d'émulation se répand dans plusieurs sphères d'activité. Innombrables sont les concours non seulement gymniques et hippiques, mais également artistiques. Les premiers sont organisés à Athènes en 534 av. J.-C. et ils sont de deux ordres : les concours musicaux, qui se tiennent dans le théâtre ou l'odéon (salle de concert) et les concours scéniques ou théâtraux. Trois fois l'an à Athènes, en l'honneur de Dionysos, ont lieu des fêtes solennelles accompagnées de danses et de chants. Au VIe siècle av. J.-C, ces Dionysies donnent naissance à la tragédie. Graduellement, les danseurs qui miment les paroles chantées se transforment en acteurs, et les chantres qui interprètent

ENCADRÉ 3.9

L'ILIADE

Fils de Priam, roi de Troie, Pâris a enlevé la belle Hélène, épouse de Ménélas, roi de Sparte. À la demande de ce dernier, les rois achéens se lancent dans une expédition contre Troie (*voir l'encadré 3.3 à la page 51*) sous la direction d'Agamemnon, roi de Mycènes. Afin d'obtenir des dieux des vents favorables au départ de sa flotte, Agamemnon doit sacrifier sa fille Iphigénie. Le siège de Troie dure 10 ans. Le héros central de ce récit est Achille qui, après un différend avec Agamemnon, finit par vaincre dans un combat singulier le Troyen Hector, époux d'Andromaque. Les déesses Athéna et Héra soutiennent les Grecs alors qu'Aphrodite se range du côté des Troyens qui sont défaits, grâce à une ruse d'Ulysse, roi d'Ithaque. En effet, Ulysse réussit à faire pénétrer dans la ville assiégée un grand cheval de bois, à l'intérieur duquel il s'est caché avec ses guerriers.

les gestes des acteurs forment des chœurs, une des caractéristiques du théâtre grec. Il n'y a pas d'actrices et les rôles féminins sont confiés à des hommes. Le poète tragique, lors des Grandes Dionysies, doit présenter une tétralogie, c'est-à-dire trois tragédies et un drame satirique.

En plus des concours, on commence à présenter, au IVᵉ siècle av. J.-C., des pièces de répertoire. Le théâtre grec se résume à quatre grands noms : Eschyle

ENCADRÉ 3.10

L'ODYSSÉE

S'étant attiré la colère de Poséidon, Ulysse subit une longue suite de mésaventures, lors de son retour de Troie vers Ithaque. Il doit affronter le cyclope Polyphène, la magicienne Circé, les gouffres de Charybde et de Scylla, les tempêtes, le charme des Sirènes, la nymphe Calypso et les attraits de la belle Nausicaa. Revenu dans son royaume, il doit vaincre les seigneurs d'Ithaque qui, le croyant mort, prétendent à la main de son épouse, la fidèle Pénélope.

(v. 525-456 av. J.-C.), Sophocle (496-406 av. J.-C.), Euripide (480-406 av. J.-C.) pour la tragédie, et Aristophane (450-386 av. J.-C.) pour la comédie. Eschyle met en évidence la grandeur d'Athènes et la puissance des dieux ; outre *L'Orestie* (*voir l'encadré 3.11*), *Les Perses* et *Les Sept contre Thèbes* figurent parmi ses œuvres les plus célèbres. Sophocle met en scène des héros confrontés à la force du destin ; *Antigone*, *Œdipe roi* et *Œdipe à Colone* demeurent ses pièces les plus célèbres. Pessimiste et moins religieux, Euripide privilégie la misère, les passions et la grandeur des êtres humains. On retrouve ces thèmes particulièrement dans *Médée*, *Hippolyte*, *Iphigénie à Aulis*, *Alceste*, *Électre*, *Andromaque*, *Les Troyennes*, *Iphigénie en Tauride* et *Oreste*. Auteur comique, Aristophane ridiculise la guerre, l'actualité et certains personnages publics de son temps. Onze des 44 comédies qu'il aurait écrites ont été retrouvées, parmi lesquelles *Les Nuées*, *Les Guêpes*, *La Paix*, *Lysistrata* et *L'Assemblée des femmes*.

Après la disparition de ces quatre grands hommes de théâtre, il faudra attendre William Shakespeare (1564-1616) en Angleterre, Pierre Corneille (1606-1684), Jean Racine (1639-1699) et Molière (1622-1673) en France, pour que l'Occident retourne à l'école des maîtres du théâtre grec, aux fondements de l'art scénique et même à certains grands thèmes mythologiques, sources intarissables de sujets tragiques.

Chaque cité grecque d'importance possède un théâtre qui se situe, en règle générale, au cœur de la ville. En forme d'hémicycle, il comprend une scène surélevée où évoluent les acteurs et, à l'avant-scène,

Théâtre d'Épidaure Construit à flanc de colline, ce théâtre peut accueillir 14 000 spectateurs dans ses 55 gradins divisés par 13 escaliers. À l'avant-scène, le chœur évolue dans l'*orchestra* derrière laquelle les acteurs jouent sur le *proskênion* (avant-scène) alors que la *skênê* (scène) sert de coulisses. Des festivals annuels de tragédie grecque y sont encore présentés de nos jours.

ENCADRÉ 3.11

L'ORESTIE

Écrite par Eschyle, *L'Orestie* demeure la seule trilogie grecque qui nous soit parvenue. Elle comprend trois tragédies, *Agamemnon*, *Les Choéphores* et *Les Euménides*, qui sont présentées pour la première fois en 458 av. J.-C. *Protée*, le drame satirique qui l'accompagne, n'a jamais été retrouvé.

Fils d'Agamemnon et de Clytemnestre, Oreste est le frère d'Électre et d'Iphigénie qui est sacrifiée par son père, lors de la guerre de Troie. Oreste venge son père qui a été assassiné par Clytemnestre et son amant Égisthe. Grâce à Athéna, il est acquitté par l'Aréopage. Il épouse alors Hermione, fille de Ménélas et d'Hélène, et règne à Mycènes.

Le personnage d'Oreste figure dans de nombreuses œuvres : *Électre* (425 av. J.-C.) de Sophocle, *Andromaque* (426 av. J.-C.), *Iphigénie en Tauride* (414 av. J.-C.), *Électre* (413 av. J.-C.) et *Oreste* (408 av. J.-C.) d'Euripide, *Andromaque* (1667) de Jean Racine, *Électre* (1708) de Prosper Jolyot Crébillon, *Oreste* (1750) de Voltaire, *Iphigénie en Tauride* (1779-1787) de Goethe, *Électre* (1937) de Jean Giraudoux et *Les Mouches* (1943) de Jean-Paul Sartre.

l'orchestre, qui est occupé par le chœur dont le chef, le coryphée, participe parfois au dialogue des acteurs. Les gradins, disposés en demi-cercle, peuvent accueillir plusieurs milliers de personnes.

Les premiers sommets de l'art occidental

Les artistes grecs cultivent très tôt le goût de la simplicité, de l'équilibre et de l'harmonie. À l'origine, ils travaillent collectivement, et rares sont les œuvres antérieures au Ve siècle av. J.-C., dont nous connaissions les auteurs. L'art grec naît pendant la période archaïque et, à l'exemple de la philosophie et des sciences, les premières grandes œuvres voient le jour en Ionie au VIe siècle av. J.-C. L'art architectural et

sculptural est religieux. Le temple est le monument par excellence. En effet, on ne construit plus de vastes palais ou tombeaux comme à l'époque des Achéens, mais des temples, probablement issus du *megaron* mycénien, dont les plans et la décoration se stabilisent sous leur forme classique au VIe siècle av. J.-C. Le temple grec est très différent de nos églises modernes, des temples égyptiens et des ziggourats. De dimension modeste, il abrite la statue et les trésors du dieu et n'est pas fréquenté par des foules de fidèles. Les statues représentent initialement les dieux sous des formes humaines empreintes de jeunesse et de beauté.

Fuyant les conquérants perses, les artistes ioniens gagnent, au début du Ve siècle, les cités de la péninsule où domine l'art dorien, plus rigide et plus sévère. De l'alliance des arts doriens et ioniens naîtra l'art classique. Grâce aux chefs-d'œuvre athéniens, le Ve siècle av. J.-C. est considéré comme l'une des époques les plus éclatantes de l'histoire de l'art occidental. L'expression *Siècle de Périclès* renvoie d'abord à la grandeur culturelle de cette période. Ce grand stratège démocrate veut mettre à profit la suprématie d'Athènes, en assurant la promotion des arts qui doivent procurer, plus que la puissance militaire et politique, une gloire durable, sinon éternelle. Sur l'Acropole, les monuments édifiés sous Pisistrate ont été détruits par l'invasion perse. Périclès décide donc de faire de ce lieu le sanctuaire de la cité et de le doter de monuments qui feront l'orgueil de tous les Grecs. Les travaux débutent en 447 av. J.-C. avec le Parthénon et se terminent en 407 av. J.-C. avec l'Érechthéion. Ils sont réalisés sous la direction d'artistes comme Ictinos (deuxième moitié du VIe siècle av. J.-C.), Callicratès (Ve siècle av. J.-C.), Phidias (490-430 av. J.-C.) qui est considéré comme le créateur du style classique, Mnésiclès et Callimaque (deuxième moitié du Ve siècle av. J.-C.). Dans la construction de leurs temples et monuments, les Grecs emploient trois ordres d'architecture : le dorique, l'ionien et le corinthien (*voir l'encadré 3.12*). Ces ordres se distinguent surtout d'après la forme et l'ornementation de la colonne et de la frise. Pour plusieurs de leurs édifices gouvernementaux ou publics, les capitales et les villes occidentales d'aujourd'hui ont adopté plus ou moins fidèlement l'un de ces styles d'architecture.

Les sommets de ces monuments sont ornés de bas-reliefs qui rappellent l'histoire des dieux et des héros. En sculpture, deux types se développent : la *korê* (jeune fille) drapée qui se tient debout et le *koros* ou *kouros* (jeune homme). Des statues de

Parthénon Dédié à Athéna, ce célèbre temple aux colonnes doriques domine l'acropole d'Athènes. Construit entre 447 et 432 av. J.-C. sous la direction du sculpteur Phidias, il mesure environ 69 mètres de long sur 30 de large. Devenu une église chrétienne au VIe siècle et une mosquée turque vers 1450, sa partie centrale est détruite lors d'une attaque vénitienne en 1687. Au début du XIXe siècle, ses principales sculptures sont expédiées au British Museum de Londres.

marbre et de bronze ornent l'intérieur des temples et de certaines grandes demeures. En plus de Phidias, les noms de Myron d'Éleuthères (première moitié du Ve siècle av. J.-C.) et de Polyclète d'Argos (Ve siècle av. J.-C.) sont rattachés à cette époque de grande création artistique.

Au IVe siècle av. J.-C., Scopas de Paros participe à la décoration du mausolée d'Halicarnasse, une des sept merveilles du monde, et du temple d'Artémis, à Éphèse. Le sculpteur athénien Praxitèle participe également à l'achèvement du temple éphésien d'Artémis. Lysippe de Sicyone (390-310 av. J.-C.) est le portrai-

tiste officiel d'Alexandre le Grand. Il est, entre autres, l'auteur de l'*Hermès au repos*, probablement un portrait d'Alexandre. Après le IVe siècle av. J.-C., deux écoles dominent: celle de Rhodes et celle de Pergame. Parmi les chefs-d'œuvre d'artistes tout à fait inconnus, notons la *Victoire de Samothrace* et la célèbre *Vénus de Milo*.

Toutes les œuvres picturales sont disparues et ne nous sont connues que par des descriptions ou des imitations. Seuls des vases peints, au nombre de plus de 40 000, nous sont parvenus et ornent plusieurs musées d'Occident. Au VIe siècle av. J.-C., les vases

N.B. Histoire de l'art!

ENCADRÉ 3.12
LES TROIS ORDRES GRECS

Le plus ancien ordre architectural, l'ordre dorique, est d'inspiration égyptienne. Il est caractérisé par des colonnes trapues et robustes, qui ne possèdent pas de piédestal et dont le fût est creusé de cannelures vives. Sur la frise alternent les triglyphes, des plaques rectangulaires ornées de cannelures, et les métopes, des plaques lisses ou ornées de bas-reliefs. Les Propylées, qui donnent accès à l'esplanade de l'Acropole, et le Parthénon appartiennent à cet ordre.

Ordre dorique

Originaire d'Éphèse, l'ordre ionique est élégant et riche. On le retrouve dans les petits temples. La colonne, qui repose sur un piédestal, est plus élancée que la colonne dorique et les cannelures de son fût sont moins prononcées. Entre le sommet de la colonne et l'architrave, le chapiteau est décoré de volutes en forme de cornes de bélier. La frise est parfois ornée de bas-reliefs. Sur l'Acropole, le petit temple d'Athéna Niké et l'Érechthéion sont représentatifs de l'ordre ionique.

Ordre ionique

L'ordre corinthien, qui apparaît au IVᵉ siècle av. J.-C., demeure une simple variante de l'ordre ionique. Sur le chapiteau, une corbeille de feuilles d'acanthe remplace les volutes en forme de cornes de bélier. Dans la plaine d'Athènes, l'Olympieion, un temple dédié à Zeus, illustre ce style architectural.

Ordre corinthien

Vase grec représentant un sacrifice à Apollon Cratère attique à figures rouges sur fond noir, datant du Ve siècle av. J.-C. Le cratère sert à préparer la boisson (vin et eau) lors des banquets.

Temple de Paestum Situé dans la cité de Paestum (golfe de Salerne, en Grande Grèce), ce temple dorique du Ve siècle av. J.-C. est dédié à Poséidon, le dieu des vents et des mers.

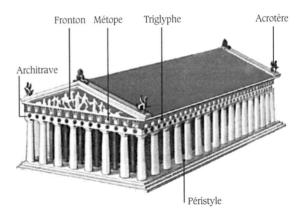

Plan d'un temple grec La plupart du temps, le temple grec est de forme rectangulaire. À l'extérieur, au-dessus du chapiteau qui surmonte la colonne, on trouve successivement l'architrave, la frise (composée de métopes et de triglyphes) et le fronton. On franchit le péristyle et le vestibule avant d'atteindre la salle centrale.

Discobole Une des nombreuses copies de cette célèbre œuvre du sculpteur Myron.

sont décorés de figurines noires sur fond rouge, alors qu'au Ve siècle av. J.-C., les figures rouges reposent sur fond noir. Les lécythes, des vases funéraires, sont à décoration polychrome sur fond blanc. La vie, le costume, le mobilier, les occupations, les jeux et la mythologie des Grecs sont évoqués dans les dessins qui mettent ces vases en valeur.

Conclusion

? ou par un cataclisme

À la suite de la destruction du monde créto-mycénien par les envahisseurs doriens (v. 1200 av. J.-C.), un mouvement d'émigration se développe vers les îles et les rives orientales de la mer Égée. Par la suite, dans la majorité des cités, la monarchie cède le pas devant *Sparte →* l'aristocratie. Entre le VIIIe et le Ve siècle av.J.-C., un grand nombre de colonies grecques sont établies dans le Pont-Euxin et en Méditerranée. Cette nouvelle expansion s'accompagne de changements politiques majeurs. Dans plusieurs cités, des tyrans renversent les régimes aristocratiques avec l'appui des classes montantes. Les Athéniens expérimentent la démocratie pendant qu'à Sparte une aristocratie de guerriers maintient un régime oppressif. Profitant de l'issue victorieuse des guerres Médiques, Athènes fonde son empire maritime par le biais de la ligue de Délos, créée en 477 av. J.-C. Ses institutions démocratiques et ses réalisations culturelles atteignent un sommet sous Périclès (450-429 av. J.-C.). Cependant, la défaite d'Athènes dans la guerre du Péloponnèse et les problèmes économiques et sociaux qui en découlent n'empêchent ni la pensée ni les arts de triompher au IVe siècle av. J.-C.

À la domination de Sparte et de Thèbes succède celle du macédonien Philippe II et de son fils, Alexandre III, qui conquiert l'Orient entre 334 et 326 av. J.-C. Il meurt prématurément en 323 av. J.-C., non sans avoir amorcé la fusion des peuples conquis et leur adhésion à la culture grecque. Telle est l'origine de la civilisation hellénistique. La naissance de la démocratie et de la philosophie, une nouvelle conception de la science et l'apparition de modes d'expression artistique, jusque-là inconnus et inégalés, constituent l'essentiel de l'héritage grec et, surtout, athénien.

Les Grecs n'ont jamais su se regrouper à l'intérieur d'une patrie commune et c'est le grand reproche que leur a adressé l'histoire jusqu'à aujourd'hui. Leur appartenance politique et leur patriotisme s'arrêtent aux limites de leur cité. Dès lors, en quoi consiste le génie ou le miracle grec dont on parle ? Qu'est-ce qui distingue les Grecs des autres grands peuples qui les précèdent ou qui sont leurs contemporains ?

L'hellénisme a globalement affirmé la dignité de la personne humaine. Dans le domaine politique, plusieurs sociétés grecques ont créé, à l'exemple d'Athènes, un citoyen libre qui participe au gouvernement de la cité. Dans une période historique relativement courte, les cités grecques ont expérimenté à des degrés divers la monarchie, l'aristocratie, la tyrannie et la démocratie. Avons-nous, depuis lors, inventé un nouveau système de gouvernement ? *? quest # 8*

La particularité de la civilisation grecque réside essentiellement dans la libération de l'esprit humain. De l'empirisme et du mysticisme des Égyptiens et des Babyloniens, les Grecs ont réussi à dégager la science pure et la spéculation désintéressée. Ils ont été les premiers à se détacher de la religion pour expliquer le sens de la vie et de l'univers. Croyant aux possibilités illimitées de l'intelligence humaine, ils se sont appliqués à expliquer rationnellement ce qui jusque-là relevait du mystère et de l'incompréhensible. Nous constatons que cet idéal anthropocentrique se manifeste non seulement à travers leurs institutions politiques et leur science, mais également dans leur littérature, leur art et même leur religion. *N.B philo !*

Les Grecs nous enseignent enfin qu'il n'est pas nécessaire de constituer de grands ensembles politiques, royaume, ligue ou confédération, pour atteindre un niveau élevé de civilisation. Les idées et les valeurs culturelles sont parfois plus puissantes et durables que les peuples et les États qui les engendrent. Les Grecs auraient-ils compris que l'hégémonie politique est éphémère comparativement à l'ascendant culturel qui s'exerce plus profondément sur les populations voisines ou lointaines ? Malgré leur dispersion et leurs divisions, ils fondent des foyers de civilisation, qui perpétuent leur héritage moral, alors que leur civilisation matérielle s'est depuis longtemps inclinée devant de nouveaux conquérants. À partir du IIe siècle av. J.-C., leur art et leur science cessent de progresser. L'hellénisme reposera désormais sur ses extraordinaires acquis culturels avec lesquels se fera, en grande partie, l'éducation du monde romain et, par extension, celle du monde occidental.

Lectures suggérées

AYMARD, A. et J. AUBOYER. *L'Orient et la Grèce antique*, 7ᵉ éd., Paris, P.U.F.,1985.

BONNARD, André. *Civilisation grecque*, Paris, Albert Mermoud, 1980.

CHAMOUX, François. *La Civilisation grecque à l'époque archaïque et classique*, Paris, Arthaud, coll. «Les grandes civilisations», 1965 (rééd. abrégée 1983).

DE DURAND, Mathieu G. *Précis d'histoire grecque*, Paris, Les Éditions du Cerf, 1991.

DE ROMILLY, Jacqueline. *Pourquoi la Grèce ?*, Paris, Éditions de Fallois, 1992.

FINLEY, M. I. *Les Anciens Grecs*, Paris, Maspéro, coll. «Série d'histoire classique», 1971.

HATZFELD, Jean. *Histoire de la Grèce ancienne*, 4ᵉ éd., Paris, Payot, 1967.

MOSSÉ, Claude. *Les Institutions politiques grecques à l'époque classique*, 4ᵉ éd., Paris, Armand Colin, 1967.

Questions

1. *Qu'est-ce qui rend les Grecs vulnérables face à l'étranger ?*

2. *Que faut-il entendre par « monde créto-mycénien » ?*

3. *Quelles seront les principales conséquences des invasions doriennes à partir de 1100 av. J.-C. ?*

4. *Expliquez les caractéristiques et les conséquences du mouvement de colonisation chez les Grecs, à partir du VIIIᵉ siècle av. J.-C.*

5. *Comparez le système social et politique de Sparte et celui d'Athènes.*

6. *Expliquez à la fois les causes et la brièveté de l'hégémonie athénienne au Vᵉ siècle av. J.-C.*

7. *En quoi consiste l'aspect civilisateur et novateur de l'œuvre d'Alexandre le Grand ?*

8. *La démocratie, telle que pratiquée dans la cité athénienne, peut-elle être comparée à celle que nous retrouvons de nos jours en Occident ?*

9. *Peut-on affirmer que les Grecs ont donné naissance à la philosophie et à la science, telles que les conçoivent les Occidentaux d'aujourd'hui ?*

10. *Dans l'univers dispersé des cités grecques, quels sont les principaux facteurs d'unité et de continuité ?*

rép. p. 58

lire mais ne pas répondre

Chapitre 4

Rome

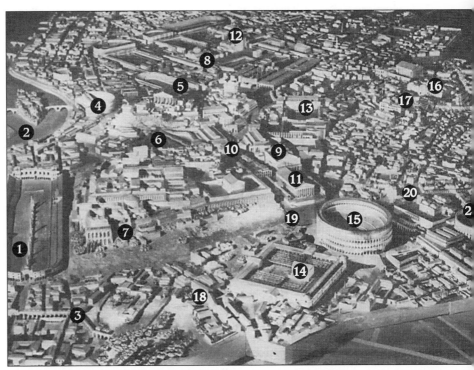

Maquette du centre de Rome sous l'Empire   Rome a compté jusqu'à 1 200 000 habitants. On y trouve notamment une centaine de temples, une douzaine de basiliques, 3 théâtres, 2 amphithéâtres, 2 cirques, une quarantaine d'arcs de triomphe, 15 forums, 3 marchés, 9 ponts sur le Tibre et 9 aqueducs qui déversent presque un million de mètres cubes d'eau. Rome représente l'*urbs* (ville) par excellence que les villes dispersées à travers l'Empire cherchent à imiter sur les plans institutionnel et architectural.

(1 : Circus Maximus ; 2 : Tibre ; 3 : Aqueduc ; 4 : Théâtre de Marcellus ; 5 : Cirque Flaminius ; 6 : Capitole ; 7 : Palatin ; 8 : Thermes d'Agrippa ; 9 : Basilique de Constantin ; 10 : Forum romanum : 11 : Temple de Vénus ; 12 : Panthéon ; 13 : Forums impériaux ; 14 : Temple de Claude ; 15 : Colisée ; 16 : Thermes de Constantin ; 17 : Quirinal ; 18 : Aqueduc de Claude et Néron ; 19 : Arc de Constantin ; 20 : Thermes de Titus ; 21 : Thermes de Trajan.)

Sous les influences étrusque et grecque, Rome, une bourgade du Latium aux origines légendaires, se transforme en une cité dominante. À partir du milieu du IIIe siècle av. J.-C., elle conquiert le monde de son époque, sous la direction de ses marchands avides de profits et de ses généraux ambitieux. Le territoire romain s'étend, par voie de conquêtes successives, de la Bretagne (Angleterre) aux rives du Pont-Euxin et de l'Euphrate ainsi que de l'Afrique du Nord au Danube (*voir la carte 4.1*). La prospérité et la puissance de Rome atteignent leur apogée pendant les deux premiers siècles de l'ère chrétienne. Le IIIe siècle apr. J.-C. marque toutefois le début de son déclin. Devenu trop vaste et trop difficile à défendre, l'Empire est ébranlé par les crises internes et la menace germanique. Malgré les efforts de redressement d'un pouvoir impérial devenu bureaucratique et absolutiste, l'Empire romain d'Occident s'écroule au Ve siècle. Outre le haut degré de développement atteint par leur pragmatisme et leur sens de l'organisation, les Romains laissent également en héritage une littérature, une langue et une religion, le christianisme, qui s'imposeront à l'Occident pour plusieurs siècles à venir.

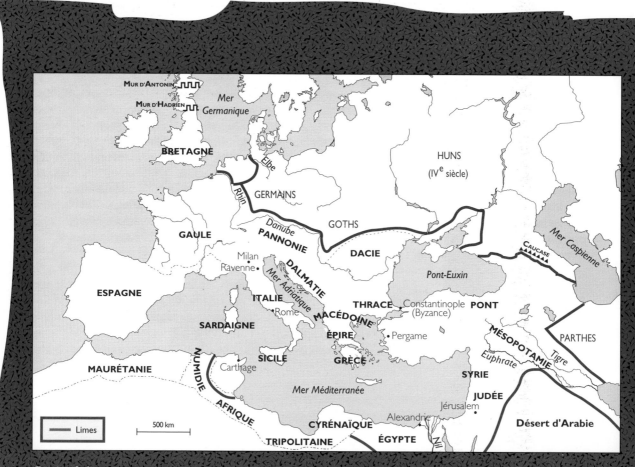

Carte 4.1
Le monde romain

Chronologie

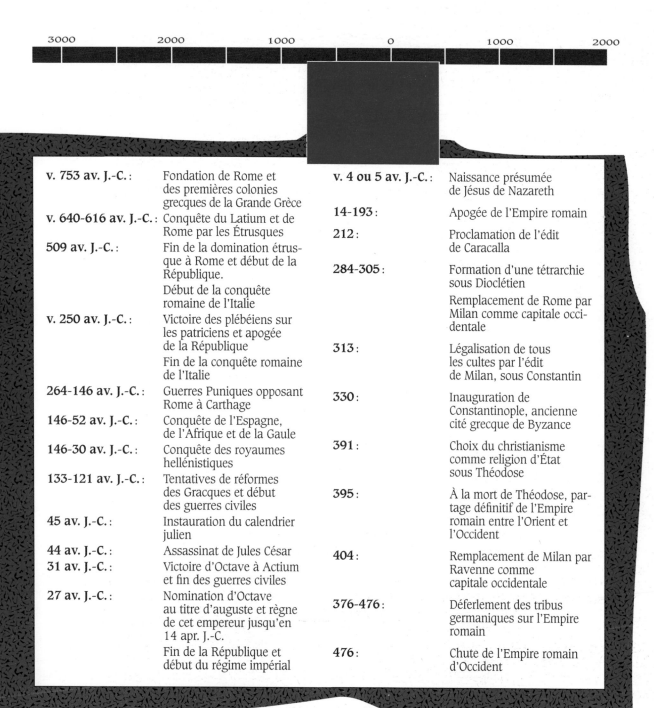

v. 753 av. J.-C. :	Fondation de Rome et des premières colonies grecques de la Grande Grèce	
v. 640-616 av. J.-C. :	Conquête du Latium et de Rome par les Étrusques	
509 av. J.-C. :	Fin de la domination étrusque à Rome et début de la République.	
	Début de la conquête romaine de l'Italie	
v. 250 av. J.-C. :	Victoire des plébéiens sur les patriciens et apogée de la République	
	Fin de la conquête romaine de l'Italie	
264-146 av. J.-C. :	Guerres Puniques opposant Rome à Carthage	
146-52 av. J.-C. :	Conquête de l'Espagne, de l'Afrique et de la Gaule	
146-30 av. J.-C. :	Conquête des royaumes hellénistiques	
133-121 av. J.-C. :	Tentatives de réformes des Gracques et début des guerres civiles	
45 av. J.-C. :	Instauration du calendrier julien	
44 av. J.-C. :	Assassinat de Jules César	
31 av. J.-C. :	Victoire d'Octave à Actium et fin des guerres civiles	
27 av. J.-C. :	Nomination d'Octave au titre d'auguste et règne de cet empereur jusqu'en 14 apr. J.-C.	
	Fin de la République et début du régime impérial	

v. 4 ou 5 av. J.-C. :	Naissance présumée de Jésus de Nazareth
14-193 :	Apogée de l'Empire romain
212 :	Proclamation de l'édit de Caracalla
284-305 :	Formation d'une tétrarchie sous Dioclétien
	Remplacement de Rome par Milan comme capitale occidentale
313 :	Légalisation de tous les cultes par l'édit de Milan, sous Constantin
330 :	Inauguration de Constantinople, ancienne cité grecque de Byzance
391 :	Choix du christianisme comme religion d'État sous Théodose
395 :	À la mort de Théodose, partage définitif de l'Empire romain entre l'Orient et l'Occident
404 :	Remplacement de Milan par Ravenne comme capitale occidentale
376-476 :	Déferlement des tribus germaniques sur l'Empire romain
476 :	Chute de l'Empire romain d'Occident

Introduction

L'histoire de la Grèce se caractérise par la passion de l'indépendance, qui a mené les cités grecques à la défaite et à l'asservissement. L'histoire de Rome est, quant à elle, l'étonnante réussite d'une bourgade qui devient, un demi-millénaire après sa fondation, un puissant empire. Après plusieurs siècles de luttes et de conquêtes, les Romains réussiront à imposer leur loi et leur ordre, c'est-à-dire la *pax romana,* la « paix romaine », au monde de leur époque. Rome a été la première artisane de l'unité européenne et son héritage est d'abord organisationnel et matériel. Routes, villes et monuments publics, qu'il s'agisse de **thermes**, d'aqueducs, de temples ou d'amphithéâtres de tous ordres, témoignent encore aujourd'hui de sa grandeur dans l'ensemble de l'Europe, du Proche-Orient et de l'Afrique du Nord.

Cet **empire** atteint son apogée au cours des deux premiers siècles de l'ère chrétienne et nombreux étaient ceux qui, à cette époque, ne pouvaient imaginer sa chute éventuelle. Pourtant, dès la fin du IIe siècle, les premiers indices de son déclin se manifestent. À l'intérieur, à la suite des conquêtes, on assiste au développement excessif du commerce par rapport à l'agriculture, ainsi qu'à la ruine et à l'élimination graduelle des classes moyennes. L'effondrement du civisme et des mœurs, la fainéantise des citoyens et le dépeuplement rural rendent le soutien des villes très accablant pour les campagnes. Pendant ce temps, le pouvoir impérial s'affaiblit à cause de l'attitude des légions des **provinces**. Composées d'un grand nombre de mercenaires, ces légions sont désormais sur la défensive et elles s'appliquent à résister à la pression de plus en plus forte, qu'exercent les tribus germaniques sur le **limès**. Le déferlement de ces tribus au Ve siècle mène à la formation des premiers royaumes germaniques et à la chute du dernier empereur romain d'Occident en 476.

Ce monde qui s'écroulait à l'Ouest devait se prolonger à l'Est jusqu'en 1453, année de la prise de Constantinople par les Turcs qui ont mis ainsi fin à l'Empire romain d'Orient. Pourtant, une grande partie de l'héritage gréco-romain a été protégé et s'est perpétué en Occident jusqu'à aujourd'hui, principalement grâce à l'action d'une religion d'origine orientale, le christianisme, qui a obtenu droit de cité dans la Rome du IVe siècle.

Les faits

L'Italie péninsulaire, au centre du bassin méditerranéen, est bordée par les mers Adriatique et Tyrrhénienne ; elle est traversée sur sa longueur par la chaîne des Apennins. Le long du littoral ouest, les plaines sont de faible superficie ; du nord au sud, l'Arno, le Tibre et le Volturne arrosent respectivement l'Étrurie, le Latium et la Campanie. À l'extrême nord, la plaine du Pô, la future Gaule cisalpine, ne fait pas partie de l'Italie ancienne. Dans la partie méridionale, se trouvent deux golfes d'importance, ceux de Naples et de Tarente, ainsi que trois îles qui représenteront les premières conquêtes extraterritoriales de Rome : la Sicile, la Sardaigne et la Corse. Également au sud, trois volcans : le Vésuve en Campanie, l'Etna en Sicile et le Stromboli dans les îles Lipari (*voir la carte 4.2*).

Rome a connu, au cours de son existence plus que millénaire, trois formes de gouvernement. Après plus de deux siècles d'existence, la monarchie (753-509 av. J.-C.) cède la place à la **république**, qui dure près de 500 ans. Ce sera cependant sous le régime impérial (27 av. J.-C.-476 apr. J.-C.) que la puissance romaine atteindra son apogée, avant d'emprunter la pente de la décadence. Par son organisation, sa cohésion et sa durée, cet empire n'aura pas son égal dans le monde occidental.

La Louve Ce bronze étrusque, qui date du début du Ve siècle av. J.-C., se trouvait à l'origine au temple du Capitole et les jumeaux n'y apparaissaient pas. Romulus et Remus sont l'œuvre tardive d'un sculpteur de la Renaissance.

La fondation de Rome et la période monarchique (753-509 av. J.-C.)

Trois peuples principaux ont contribué à l'édification de la civilisation romaine : les Italiotes, les Grecs et les Étrusques. D'origine indo-européenne, les Ombriens, les Latins, les Sabins, les Volsques et les Samnites forment les principales peuplades italiotes, qui envahissent l'Italie par vagues successives entre 1500 et 1000 av. J.-C. Les Latins, qui appartiennent à la première vague, établissent au début du premier millénaire av. J.-C., sur les collines du Latium (*voir les cartes 4.2 et 4.3*), plusieurs bourgades dont la plus importante au début du VIIIe siècle av. J.-C. s'appelle Albe. En 753 av. J.-C., des habitants d'Albe auraient fondé, à quelques kilomètres de distance, un village qui devait s'appeler Rome. Les premiers siècles de l'histoire de Rome demeurent obscurs. (*Voir l'encadré 4.1.*) Toutefois, les fouilles archéologiques confirment l'apparition de Rome au VIIIe siècle av. J.-C., la présence de Latins et de Sabins dans sa population initiale, ainsi que dans celle de divers villages, répartis sur les collines voisines du Palatin.

Les peuplades italiotes primitives ont subi l'influence de deux peuples nettement plus avancés en civilisation et établis depuis peu dans le Sud et le

ENCADRÉ 4.1
LES ORIGINES LÉGENDAIRES DE ROME

Ignorant presque tout de la fondation de leur cité, les Romains se sont appuyés, pour en expliquer les origines, sur deux légendes : celle d'Énée ainsi que celle de Romulus et de Rémus. Elles leur ont été proposées par l'historien Tite-Live (v. 64 av. J.-C.-v. 10 apr. J.-C.) et le poète Virgile (70-19 av. J.-C.), qui étaient soucieux d'attribuer de glorieux ancêtres aux Julii, la famille de César et d'Auguste. D'après Virgile, Énée, fils du Troyen Anchise et de la déesse Vénus, serait l'ancêtre lointain des Romains. Dans l'*Énéide*, une version latine de l'*Odyssée*, Virgile raconte les aventures du héros troyen qui s'enfuit de Troie avec ses compagnons. Ses longues pérégrinations méditerranéennes le conduisent finalement à l'embouchure du Tibre où, sur les rives du Latium, il fonde la cité de Lavinium. La ville d'Albe sera fondée par son fils Ascagne, ou Iule, dont la famille des Julii, et notamment Jules César, prétendra descendre. Plus tard, Romulus, le petit-fils d'un roi d'Albe, fonde Rome, en 753 av. J.-C.

Selon l'autre légende, Romulus et Rémus, fils jumeaux d'une princesse d'Albe, Rhea Silvia, et du dieu Mars, ont été abandonnés sur les eaux du Tibre, par ordre d'Amulius qui a détrôné leur grand-père, Numitor. Échoués au pied du Palatin, ils sont allaités par une louve et élevés par un berger. Devenus adultes, ils rétablissent Numitor sur son trône et, en récompense, ils obtiennent la permission de fonder une nouvelle ville. Romulus peut, à la faveur des augures, donner son nom à la future cité dont il trace les limites sur le Palatin. Rémus manifeste sa jalousie de façon sarcastique, en franchissant d'un saut la future muraille. Il est, à cause de ce geste sacrilège, tué par son frère qui affirme : « Ainsi périsse à l'avenir quiconque franchira mes murailles. »

Centre de la péninsule. En effet, à l'époque de la naissance de Rome, les premières colonies grecques s'établissent en Sicile et en Italie méridionale. Les cités
grecques s'y multiplient et forment la Grande Grèce.
Parmi les plus importantes colonies, notons Cumes en
Campanie, Crotone, Sybaris et Tarente sur la rive sud-
orientale, ainsi que Syracuse et Agrigente en Sicile.
(*Voir la carte 4.2.*)

Quant aux Étrusques, un peuple de marchands
et de navigateurs exceptionnels, ils seraient arrivés en
Italie au milieu du VIIIe siècle av. J.-C. Ils s'établissent
entre l'Arno et le Tibre, en Toscane actuelle. L'Étrurie
regroupe une trentaine de cités indépendantes les unes
des autres, mais unies par une religion et une culture
communes. Douze de ces plus importantes principautés, parmi lesquelles Populonia, Tarquinia et Véies, forment une confédération. Au VIIe siècle av. J.-C., les
Étrusques occupent le Latium et la Campanie. Ils
réunissent les villages latins et sabins en une seule
ville qu'ils organisent et ceinturent d'une solide
muraille. Ils peuvent être considérés comme les véritables fondateurs de la cité de Rome, qu'ils auraient
conquise vers 616 av. J.-C. (*Voir l'encadré 4.2.*)

Rome aurait été gouvernée par des rois entre
753 et 509 av. J.-C. Selon la légende, le premier roi de
Rome aurait été Romulus entre 753 et 715 av. J.-C.
Les trois monarques suivants auraient été des Sabins,
Numa Pompilius, Tullus Hostilius et Ancus Martius,
de 715 à 616 av. J.-C. Mais à partir de 616 av. J.-C.,
Rome est gouvernée par des rois étrusques : Tarquin
l'Ancien, Servius Tullius et Tarquin le Superbe. Ces
rois, après avoir soumis l'ensemble du Latium, réalisent de grands travaux et améliorent l'organisation de
cette bourgade qui se transforme en une véritable cité
(*voir la carte 4.3*).

Sous la domination étrusque, la société romaine
se divise en grandes familles. En plus des parents et
des enfants, chacune de ces familles comprend toutes
les personnes descendant du même ancêtre, que l'on
appelle *pater*. Les membres de ces grandes familles
sont des **patriciens**. Leurs **clients**, c'est-à-dire ceux
qui leur obéissent, sont des pauvres admis au sein de
leur famille, auxquels ils concèdent une terre moyennant certaines redevances. Au gouvernement, les
patriciens les plus importants forment le **sénat** qui
assiste le roi alors que les **plébéiens**, ceux qui
n'appartiennent à aucune famille patricienne, forment l'assemblée du peuple.

Les Étrusques sont évincés sur mer par les
Carthaginois et surtout, par les Grecs. Les Romains

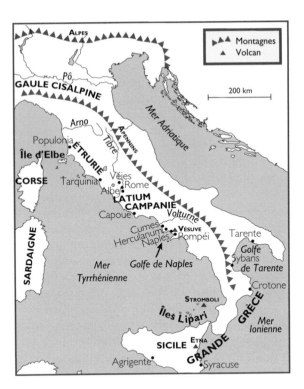

Carte 4.2
L'Italie primitive

ENCADRÉ 4.2

UNE TOPONYMIE D'ORIGINE ÉTRUSQUE

Mer Tyrrhénienne Selon la légende, cette
portion de la Méditerranée qui baigne la
côte occidentale de l'Italie doit son nom à
Tyrrhenos. Ce prince lydien aurait quitté
Smyrne avec des compagnons et aurait
échoué sur les rives de l'Italie centrale.

Rome En langue étrusque, le mot *ruma*
signifie « eau » et désigne le Tibre.

Toscane Après la conquête de Rome par les
Étrusques, sur le *vicus Tuscus*, la « rue des
Étrusques », que les Romains surnomment
Tusc, s'installent des marchands venus des
principautés étrusques voisines, notamment
de Véies. Le mot *Tusc* donnera *Toscana*.

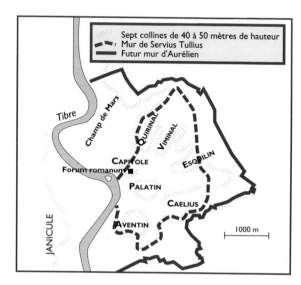

Carte 4.3
Le site de Rome

plusieurs guerres. Leurs principaux gains sont l'abolition des dettes, la nomination de protecteurs, les tribuns et la promulgation de lois communes, gravées sur 12 tables. Il s'agit du premier code de lois écrites et il soustrait les plébéiens à l'arbitraire des magistrats. La légalisation des mariages mixtes (entre les patriciens et les plébéiens) et le droit d'éligibilité aux diverses magistratures représentent également des conquêtes importantes pour la plèbe. Les citoyens romains, patriciens et plébéiens, sont désormais tous égaux, mais seuls les hommes libres peuvent jouir de ce statut. À Rome comme en Grèce, il y a des esclaves dont le nombre augmente considérablement avec les conquêtes et l'enrichissement des citoyens. Propriété de son maître qui peut l'affranchir et devenir son patron, l'esclave romain affranchi ne devient pas pour autant un citoyen à part entière ; seuls ses petits-enfants pourront l'être un jour.

s'affranchissent de leur domination vers 509 av. J.-C., et abolissent la royauté en faveur de la république. À Rome, le monarque est remplacé par deux consuls élus pour un an ; en cas de péril grave, les deux magistrats doivent nommer un dictateur pour une durée maximale de six mois. L'hégémonie étrusque, fort brève, aura servi de charnière entre la Grèce et Rome qui s'est toujours appliquée à faire oublier la civilisation étrusque à laquelle elle devait tant.

La période républicaine (509-27 av. J.-C.)

La République romaine s'étend sur presque cinq siècles (509-27 av. J.-C.) et atteint son apogée vers 250 av. J.-C., après une lutte qui dure plus de 200 ans et qui se termine par la victoire des plébéiens sur les patriciens. (*Voir la figure 4.1.*) Le but de cette lutte est l'obtention pour les plébéiens de l'égalité sociale et politique avec les patriciens. Les doléances des plébéiens rappellent celles des classes montantes athéniennes contre les Eupatrides au VIᵉ siècle av. J.-C. Par exemple, les plébéiens sont jugés par des tribunaux patriciens, selon des lois non écrites, connues des seuls patriciens et, à la suite de ces jugements, ils peuvent être réduits à l'esclavage pour des dettes non remboursées.

Les plébéiens obtiennent gain de cause, particulièrement grâce à leur menace de refuser de combattre comme soldats, au moment où Rome doit soutenir

La conquête de l'Italie (509-250 av. J.-C.)

Les Romains mettent deux siècles et demi pour s'emparer de l'ensemble de la péninsule et commencent par se rendre maîtres de l'Étrurie méridionale. Après une longue lutte contre Véies, la plus résistante des cités étrusques, ils doivent, vers 390 av. J.-C., reculer devant des bandes gauloises, venues de la Cisalpine, qui pillent Rome et ne la quittent qu'au prix d'une importante rançon. À partir de 340 av. J.-C., ils conquièrent l'Italie centrale et se battent contre les montagnards samnites qui doivent s'avouer vaincus vers 295 av. J.-C. En Italie méridionale, les villes grecques acceptent assez docilement la domination romaine, sauf l'opulente Tarente qui, soucieuse de conserver l'emprise sur son commerce en Adriatique, résiste jusqu'en 270 av. J.-C. Malgré le soutien et les succès de la cavalerie et des éléphants de combat de Pyrrhus (v. 319-272 av. J.-C.), roi d'Épire, les Romains finissent par l'emporter et les Tarentins capitulent vers 270 av. J.-C. Toute la péninsule est désormais soumise à Rome. Hormis la détermination de ses soldats-citoyens, animés par un amour sacré de la patrie, les succès de l'armée romaine s'expliquent par sa discipline et son sens de l'organisation, que lui ont transmis les Étrusques. (*Voir l'encadré 4.3.*) Au rythme des guerres des IVᵉ et IIIᵉ siècles av. J.-C., la solde est instituée (v. 400 av. J.-C.) et le nombre des combattants augmente pendant que l'armement, la tactique et l'organisation se perfectionnent.

FIGURE 4.1
L'ORGANISATION SOCIALE ET POLITIQUE DE LA RÉPUBLIQUE ROMAINE VERS 250 AV. J.-C.

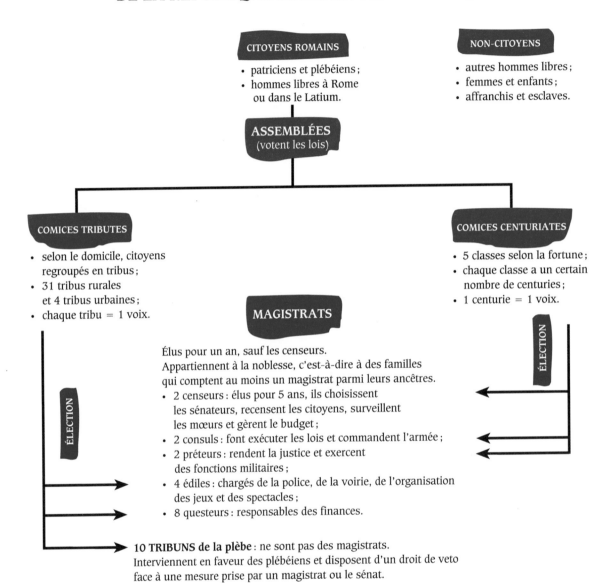

CITOYENS ROMAINS
- patriciens et plébéiens ;
- hommes libres à Rome ou dans le Latium.

NON-CITOYENS
- autres hommes libres ;
- femmes et enfants ;
- affranchis et esclaves.

ASSEMBLÉES
(votent les lois)

COMICES TRIBUTES
- selon le domicile, citoyens regroupés en tribus ;
- 31 tribus rurales et 4 tribus urbaines ;
- chaque tribu = 1 voix.

COMICES CENTURIATES
- 5 classes selon la fortune ;
- chaque classe a un certain nombre de centuries ;
- 1 centurie = 1 voix.

MAGISTRATS

ÉLECTION

ÉLECTION

Élus pour un an, sauf les censeurs.
Appartiennent à la noblesse, c'est-à-dire à des familles qui comptent au moins un magistrat parmi leurs ancêtres.
- 2 censeurs : élus pour 5 ans, ils choisissent les sénateurs, recensent les citoyens, surveillent les mœurs et gèrent le budget ;
- 2 consuls : font exécuter les lois et commandent l'armée ;
- 2 préteurs : rendent la justice et exercent des fonctions militaires ;
- 4 édiles : chargés de la police, de la voirie, de l'organisation des jeux et des spectacles ;
- 8 questeurs : responsables des finances.

10 TRIBUNS de la plèbe : ne sont pas des magistrats.
Interviennent en faveur des plébéiens et disposent d'un droit de veto face à une mesure prise par un magistrat ou le sénat.

SÉNAT
- 300 membres choisis par les censeurs parmi les anciens magistrats ;
- ses décisions (Senatus-consulte) sont des avis destinés aux magistrats ;
- dirige la politique étrangère ;
- surveille les finances et la religion.

ENCADRÉ 4.3

L'ORGANISATION
DE L'ARMÉE ROMAINE

Comme l'armée romaine n'est pas permanente, le nombre de ses effectifs est fixé par le sénat, alors que les deux consuls procèdent au recrutement chez les citoyens âgés de 17 à 60 ans. Vers 300 av. J.-C., cette armée, commandée par un général (*praetorium*), est composée de plusieurs légions et chacune comprend 300 cavaliers, quelques **vélites** et 4200 fantassins, regroupés en compagnies de 120 hommes, les manipules. Chaque manipule compte 2 centuries d'environ 60 hommes. Étant donné que leurs alliés italiens ne jouissent pas encore de la citoyenneté romaine, ils forment les corps spéciaux, les ailes, divisés en cohortes. Chaque aile est attachée à une légion. Les alliés fournissent autant de fantassins et trois fois plus de cavaliers que les citoyens romains. Sous la direction des deux consuls, la légion est commandée par six tribuns militaires, la centurie par un centurion et l'aile par des officiers romains, les préfets des alliés.

Le légionnaire a pour armes le javelot (*pilum*) ou la pique (*hasta*) ainsi qu'une épée longue, empruntée aux Espagnols, qui devient courte (*gladius*) à compter du IIᵉ siècle av. J.-C. Les armes défensives sont le casque métallique (*cassis*), la cuirasse (*iorica*), le bouclier long (*scutum*) ou rond (*parma*) pour les vélites et les cavaliers. Au repos, l'armée dresse un camp entouré d'un fossé, d'une levée de terre (*agger*) et d'une palissade (*vallum*). À l'intérieur du camp, deux chemins se coupent à angle droit et aboutissent à quatre portes, protégées par les vélites. Au centre du camp, se trouve la tente du général et un autel. Excavateurs exceptionnels, les Romains excellent dans l'art d'assiéger une ville ; ils l'entourent de tranchées et l'attaquent à l'aide de béliers ainsi que de machines lançant des pierres ou des flèches, avant de donner l'assaut.

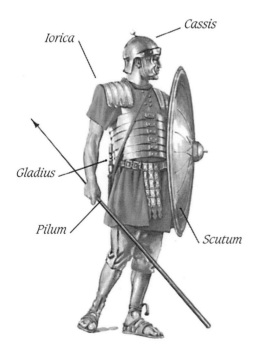

Iorica
Cassis
Gladius
Pilum
Scutum

Légionnaire romain (*Voir l'encadré 4.3.*)

Au lendemain de sa conquête par Rome, l'Italie présente une certaine diversité. On y retrouve l'*ager romanus*, c'est-à-dire le territoire romain, environ 25 000 kilomètres carrés, et le territoire des alliés, environ 105 000 kilomètres carrés. Le territoire des alliés est formé de cités qui s'administrent elles-mêmes, mais qui sont liées à Rome par un traité qui prescrit leurs droits et leurs devoirs. Les habitants de ce territoire n'ont pas le statut des citoyens romains. Afin de maintenir son autorité et d'assurer l'ordre et la paix, Rome crée également, dans les territoires conquis, des colonies ; ce sont de véritables postes militaires, dont les habitants jouissent de droits spéciaux. Les diverses régions italiennes sont reliées à Rome par des routes qui permettent le déplacement rapide des troupes et favorisent les échanges commerciaux. L'une des plus anciennes est la voie Appienne qui relie Rome à Capoue, le long du littoral, et qui se rendra plus tard jusqu'à la côte adriatique. Tout cela n'est que le prélude d'un imposant réseau routier qui se développera, au cours des deux siècles suivants, au rythme des conquêtes.

Les conquêtes méditerranéennes (250-27 av. J.-C.)

Après la conquête de l'Italie, Rome poursuit son expansion en Méditerranée (*voir la carte 4.4*). Seule Carthage, une ancienne colonie phénicienne qui s'est énormément enrichie grâce à son commerce, se dresse devant Rome et l'empêche de dominer la Méditerranée occidentale. La Sicile est le premier enjeu d'un duel qui s'étendra sur plus d'un siècle (264-146 av. J.-C.) et se déroulera en trois étapes.

La première guerre Punique (du latin *poeni*, «carthaginois») se termine par la victoire de Rome qui annexe, en 241 av. J.-C., la Sicile, sauf la riche cité de Syracuse. La Corse, la Sardaigne et une partie de la Gaule cisalpine seront par la suite conquises par les Romains. Hamilcar (v. 290-v. 229 av. J.-C.), le général carthaginois défait, se prépare à une guerre de revanche à partir de l'Espagne et transmet à son fils, Hannibal (v. 247-183 av. J.-C.), sa haine de Rome.

La deuxième guerre Punique (218-201 av. J.-C.) se déroule en deux phases. Dans un premier temps, Hannibal, après avoir franchi les Alpes, pénètre au cœur de l'Italie avec 26 000 hommes et 21 éléphants. Il y remporte quatre victoires successives, notamment au lac Trasimène et à Cannes, en 217 et 216 av. J.-C. Dans un deuxième temps, la guerre s'étend à la Sicile ainsi qu'à l'Espagne, avant de se terminer en Afrique. La cité sicilienne de Syracuse résiste pendant trois ans aux Romains, grâce au génie inventif du savant grec Archimède (287-212 av. J.-C.), qui conçoit des miroirs ardents qui enflamment les navires romains. En 202 av. J.-C., Scipion l'Africain vainc Hannibal à Zama, près de Carthage. En plus de verser une forte indemnité de guerre aux Romains, les Carthaginois leur cèdent l'Espagne qui est divisée, en 197 av. J.-C., en deux provinces romaines. La troisième guerre Punique (149-146 av. J.-C.) a pour résultat la destruction complète de Carthage par Scipion Émilien

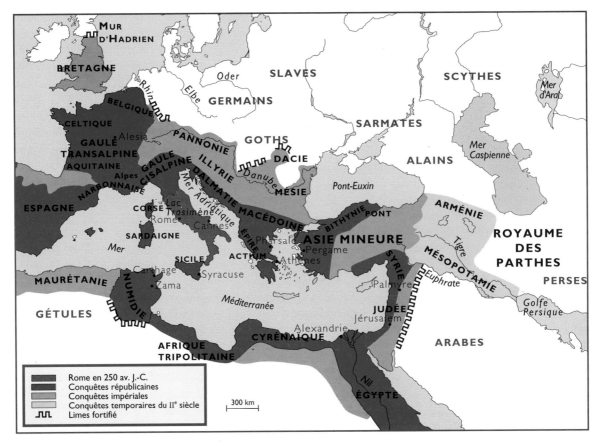

Carte 4.4
Les conquêtes républicaines et impériales

(v. 185-129 av. J.-C.). Le territoire conquis devient la province romaine d'Afrique.

Après l'élimination de Carthage, Rome écrase de 147 à 133 av. J.-C. des révoltes en Espagne, et achève l'occupation de la Gaule cisalpine, avant de conquérir la Gaule transalpine. La Gaule méridionale devient une province romaine, en 120 av. J.-C., et sera plus tard appelée Narbonnaise. Du côté de l'Afrique, le général Sylla (138-78 av. J.-C.) remporte, en 105 av. J.-C., une victoire définitive contre Jugurtha (v. 160-v. 104 av. J.-C.), roi de Numidie. Ce royaume sera annexé par Jules César (101-44 av. J.-C.), en 46 av. J.-C. Chez les Gaulois, restent l'Aquitaine, la Gaule celtique et la Gaule belgique, des territoires habités par plus de 60 tribus, divisées et menacées à la fois par les Germains et les Romains. Ces territoires sont conquis par Jules César. La victoire romaine est définitivement confirmée à Alésia, en 52 av. J.-C., par la célèbre défaite de Vercingétorix (v. 72-46 av. J.-C.), ce noble Arverne qui dirigeait et coordonnait l'insurrection gauloise.

Du côté de l'Orient, la conquête de la Macédoine et des cités grecques dure 50 ans et se termine en 146 av. J.-C. Le royaume de Pergame est annexé sous le nom de province d'Asie, en 133 av. J.-C.; celui de Bythinie devient province romaine, en 74 av. J.-C., et on lui annexe, en 60 av. J.-C., le royaume du Pont dont le redoutable monarque, Mithridate (v. 132-63 av. J.-C.), résiste pendant 30 ans aux célèbres généraux romains, Sylla et Pompée (106-48 av. J.-C.). Pompée agrandit jusqu'à l'Euphrate le territoire romain auquel il annexe également la Syrie et Jérusalem, en 63 av. J.-C. Mais commandés par Crassus (114-53 av. J.-C.), les Romains subissent, en 53 av. J.-C., du côté de la Mésopotamie, un grave échec contre les Parthes. Par contre, amorcée par César, qui poursuit les partisans de son rival Pompée, la conquête de l'extrémité sud du Croissant fertile s'achève par la victoire d'Octave (63 av. J.-C.-14 apr. J.-C.) contre Marc Antoine (83-30 av. J.-C.) et Cléopâtre VII (69-30 av. J.-C.), reine d'Égypte, ainsi que par l'annexion, en 30 av. J.-C., de l'Égypte, le dernier des royaumes hellénistiques. Un nouvel empire mondial voit le jour.

Les territoires conquis deviennent des provinces romaines. Chaque province est dirigée par un gouverneur, choisi par le sénat parmi les anciens consuls ou préteurs. Entouré de lieutenants et d'un questeur-trésorier, ce gouverneur, qui porte le titre de proconsul ou de propréteur, possède tous les pouvoirs civils et militaires. Sa fonction lui permet souvent de refaire ou d'augmenter sa fortune et celle de ses amis. Jusqu'à la fin de la période républicaine, Rome exploite de façon abusive les ressources de ses provinces, plutôt que de favoriser leur développement et leur prospérité.

Les crises internes (250-27 av. J.-C.) quest #3

Entre 250 et 27 av. J.-C., pendant les grandes conquêtes qui suivent l'éviction de Carthage, de graves crises internes affectent la société romaine et compromettent l'avenir des institutions républicaines. À la suite des conquêtes, l'afflux de richesses et d'esclaves ainsi que les importations massives de blé transforment radicalement la société romaine. Décimée par les guerres et ruinée par la chute du prix du blé, la classe des petits et moyens propriétaires fonciers abandonne l'agriculture au profit des riches. Seuls les riches disposent désormais des moyens de pratiquer l'élevage et la culture de l'olivier et de la vigne. Les paysans appauvris affluent vers Rome où ils forment graduellement une plèbe composée de clients, vivant aux crochets de leurs patrons et comptant sur les magistrats, notamment les édiles, pour les distributions de blé et les spectacles gratuits (*panem et circenses*, «du pain et des jeux»). Démoralisée par l'oisiveté, la société romaine perd tout esprit civique et tout sens des responsabilités, et elle est prête à vendre son soutien aux riches ambitieux.

Il n'y a plus de classe moyenne. À côté de la plèbe urbaine miséreuse, la noblesse sénatoriale agrandit et exploite de grandes propriétés (*latifundia*) à l'aide d'une main-d'œuvre servile, tout en accaparant les fonctions politiques. Hors de cette caste, seule une nouvelle classe d'hommes d'affaires, qui est apparue avec les conquêtes, les **chevaliers** et les **publicains**, s'enrichit grâce à l'exploitation des provinces. Les valeurs et la culture traditionnelle des Romains s'affaiblissent. La cellule familiale est ébranlée par la perte d'autorité du père, les divorces et les mariages d'intérêt. La vieille religion romaine souffre de désaffection au profit de religions étrangères, grecque ou orientales. Le respect des dieux diminue, et le nombre de sceptiques augmente, tandis que le recrutement des prêtres devient difficile. À partir du IIIe siècle av. J.-C., le renforcement de l'influence hellénique suscite l'émergence d'une vie intellectuelle et artistique. Aux IIe et Ier siècles, cette influence grecque devient remarquable en philosophie et en littérature.

Dans le domaine politique, l'équilibre constitutionnel est compromis par l'élimination de la classe moyenne et l'effondrement des mœurs. Les Gracques, Tiberius Gracchus (162-133 av. J.-C.) et son frère Caius (154-121 av. J.-C.), des tribuns d'origine noble, tenteront des réformes. Sur le modèle des tyrans réformateurs de la Grèce du IVe siècle av. J.-C., Tiberius Gracchus s'en prend aux intérêts des nobles et des riches, en imposant une réforme agraire. Cette réforme a pour objet la reconstitution d'une classe moyenne de petits propriétaires terriens, afin de faire diminuer la plèbe urbaine et la main-d'œuvre esclavagiste. Mal soutenu par les bénéficiaires de la loi, c'est-à-dire les ruraux et les pauvres citadins, Tiberius périt assassiné au Capitole par ses adversaires. À partir de 124 av. J.-C., en plus d'appliquer la loi agraire, Caius Gracchus propose une réforme de l'État, dirigée contre le sénat et la caste des nobles, qui échouera ; il se fera donner la mort par son esclave afin d'échapper à ses adversaires.

La noblesse sénatoriale accapare les magistratures, en s'assurant du vote des clients et en achetant celui des autres électeurs. Elle contrôle à son profit le fonctionnement de la justice, ce qui provoque le mécontentement des chevaliers qui n'ont pas accès aux hautes fonctions politiques et judiciaires. Les pauvres qui renoncent à la fainéantise réclament de l'État des concessions de terres jusque-là possédées par des nobles. Les alliés italiens revendiquent, pour leur part, une égalité complète avec les citoyens romains. Ces insatisfactions jointes à l'effritement des vertus civiques pavent la voie aux guerres civiles. S'appuyant sur leur armée repue de butins de guerre ainsi que sur la plèbe romaine avide de pillage, des généraux ambitieux convoitent le pouvoir et accélèrent la chute de la République.

La chute de la République

En refusant obstinément toute forme de démocratisation, la République aristocratique favorise l'arrivée des empereurs. Désormais, l'enjeu des luttes ne sera plus la réforme de la société ou de l'État, mais l'intérêt personnel de quelques généraux, chefs de partis. Les rivalités de Marius et de Sylla, de Pompée et de César, d'Octave et de Marc Antoine représentent les dernières étapes de la marche vers l'établissement d'une monarchie impériale.

D'origine plébéienne, Marius (157-86 av. J.-C.) se distingue comme soldat en Espagne et en Afrique ; il obtient, en 105 av. J.-C., la reddition de Jugurtha, grâce à son général, Sylla. Il réussit à se faire élire consul par le peuple, et rompt avec la noblesse sénatoriale. Sa plus importante réalisation est d'ordre militaire : il porte la légion à 6000 hommes et y fait entrer les **prolétaires**. Ces soldats de métier, attirés par la solde et le butin, se révéleront dans l'avenir plus dévoués à leur chef qu'à la patrie. Marius se montre inapte à gouverner et Sylla, son ancien questeur, le chasse du pouvoir. Après avoir rétabli le pouvoir du sénat et des nobles aux dépens des chevaliers et des tribuns, Sylla part combattre Mithridate qu'il soumet,

*Né à Arpinum, au sud de Rome, **Cicéron (106-43 av. J.-C.)** est un homme politique et un avocat fort controversé ; il est, en outre, un ardent défenseur de la République. Comme avocat, il se distingue, en l'an 70 av. J.-C., lors du procès de Verrès, un propréteur qui avait pillé la Sicile de façon honteuse. En 63 et 64 av. J.-C., il est élu consul contre Catilina qui conspire pour s'emparer du pouvoir par la force. Après l'avoir démasqué en plein sénat, Cicéron le fait exécuter avec ses complices. Exilé sur l'ordre du triumvirat, formé par Pompée, César et Crassus, il revient à Rome, en 58 av. J.-C., et se réconcilie avec César. Après la mort de ce dernier en 44 av. J.-C., il s'oppose à Marc Antoine qui le fait assassiner. Comme écrivain, ce grand maître de la rhétorique et de la prose latine manie le langage d'une façon jusque-là inégalée ; il crée également une importante terminologie philosophique à partir de la traduction de termes grecs. Outre son œuvre la plus connue, les* Catilinaires, *sa correspondance, qui comprend environ 900 lettres, témoigne de l'humour et de la lucidité de ses jugements sur la vie et la connaissance.*

en 84 av. J.-C. Avec des troupes gorgées de butin, le général vainqueur regagne l'Italie où il tente, en vain, de s'imposer comme monarque absolu. Devant les résistances du sénat, il préfère abdiquer, en 79 av. J.-C., plutôt que de renoncer à l'exercice du pouvoir monarchique. Son projet sera repris, une génération plus tard, par Jules César.

D'origine noble, l'ancien officier de Sylla, Pompée, acquiert la célébrité grâce à des victoires militaires relativement faciles, entre 72 et 63 av. J.-C. Il décime notamment les restes de l'armée de Spartacus (?-71 av. J.-C.), cet ancien gladiateur qui, à la tête de plusieurs dizaines de milliers d'hommes, avait organisé, entre 73 et 71 av. J.-C., la plus célèbre révolte d'esclaves de l'histoire. En plus d'être un militaire médiocre, Pompée est un politicien hésitant entre le maintien des privilèges du sénat et le respect des aspirations du peuple. Pendant ce temps, à Rome, le consul Cicéron réussit à contrer la conjuration du sénateur Catilina (v. 108-62 av. J.-C.), le chef d'un parti révolutionnaire qui vise l'abolition des dettes et le partage des fortunes. Alors qu'il croit avoir sauvé la République aristocratique, Cicéron ne peut empêcher la formation d'un triumvirat, composé de Pompée, César et Crassus, qui l'exile en Grèce.

La conquête et la pacification de la Gaule transalpine, entre 58 et 52 av. J.-C., ont permis à Jules César de se procurer les instruments indispensables à l'obtention du pouvoir, soit la gloire militaire, l'argent et une armée dévouée à sa personne. Cependant, la mort de Crassus (53 av. J.-C.) dans l'expédition contre les Parthes et les intrigues de Pompée disloquent le triumvirat. Pompée s'allie alors au sénat et se fait nommer seul consul avec les pleins pouvoirs, avant d'ordonner au vainqueur des Gaulois d'abandonner son commandement. César refuse et franchit le Rubicon. Il s'empare de Rome et inflige la défaite à Pompée et à ses partisans, en 48 av. J.-C., à Pharsale, en Grèce. Après l'assassinat de Pompée sur l'ordre des ministres du roi d'Égypte, César châtie les meurtriers et installe sur le trône d'Égypte, Cléopâtre VII, la dernière survivante des Lagides. Entre les années 47 et 45 av. J.-C., César reconquiert les provinces d'Afrique et d'Espagne, dirigées par les pompéiens.

De retour à Rome, César accumule les pouvoirs personnels. Grand pontife de la religion romaine et dictateur à vie, il se fait confier les pouvoirs des tribuns et des censeurs. À titre de consul et de chef suprême de l'armée et des provinces, il s'attribue le titre d'*imperator*. Accomplie dans un temps très bref, son œuvre est immense. Il réforme les tribunaux, restaure les finances, tente d'améliorer les mœurs et entreprend de grands travaux publics. Afin d'unifier le monde romain, il réorganise et assainit l'administration des provinces. Il accorde le droit de cité à des provinciaux, introduit des Gaulois au sénat et fonde des colonies de citoyens, afin de répandre la civilisation romaine dans les diverses régions de l'Empire. La réforme du calendrier (*voir l'encadré 4.4*), en 45 av. J.-C., représente l'une de ses plus importantes réalisations.

Le meurtre de César par des républicains ne sauve pas la République. Marc Antoine, lieutenant de César, et Octave, son petit-neveu et héritier, s'unissent pour punir les meurtriers et écrasent l'armée républicaine à Philippes, en Macédoine, en 42 av. J.-C. Ils se partagent par la suite le monde romain : Marc Antoine obtient l'Orient et épouse Cléopâtre VII, la reine d'Égypte, alors qu'Octave se réserve l'Occident, incluant l'Italie. En accusant Cléopâtre de vouloir faire d'Alexandrie la capitale du monde gréco-romain, Octave obtient du sénat, en 32 av. J.-C., des pouvoirs extraordinaires pour entrer en guerre contre l'Égypte.

Jules César (101-44 av. J.-C) est le petit-neveu de Marius. En 60 av. J.-C., il s'allie, contre le sénat, à Pompée et au très riche Crassus, ce qui lui vaut le consulat l'année suivante, puis le proconsulat des Gaules. Après avoir soumis les Gaulois et vaincu Pompée et ses partisans, il rédige, en prenant Alexandre pour modèle, ses Commentarii de Bello Gallico *sur la guerre des Gaules et ses* Commentarii de Bello Civili *sur la guerre civile ; ce sont les mémoires d'un général et d'un homme politique victorieux. En se faisant accorder des honneurs réservés aux dieux, César dissimule mal son projet d'établir un régime de monarchie absolue. Aux Ides de mars (15 mars) de l'an 44 av. J.-C., il est assassiné en plein sénat par quelques républicains, dirigés par son fils adoptif, Brutus (v. 85-42 av. J.-C.) et par Cassius (?-42 av. J.-C.).*

ENCADRÉ 4.4
LE CALENDRIER JULIEN

Ne tenant désormais aucun compte de la Lune, Jules César impose un calendrier solaire. Sur les conseils de Sosigène, un astronome grec établi à Alexandrie, il accorde à l'année tropique une durée de 365 jours et $1/4$.

L'année commune est fixée à 365 jours et le déficit annuel de $1/4$ de jour est comblé par 1 jour additionnel tous les 4 ans, afin d'éviter l'errance des saisons à travers le calendrier. C'est l'origine des années bissextiles. Le jour supplémentaire est attribué au mois de février, jusque-là dernier mois de l'année chez les Romains. César change également le premier jour de l'année du 1er mars au 1er janvier, le jour de l'entrée en fonction des consuls.

Notre calendrier actuel, le calendrier grégorien (*voir l'encadré 6.4 à la page 204*), sera décrété en 1582, afin de corriger une légère erreur. L'année tropique des saisons valant 365,2422 jours, l'année julienne est donc trop longue de 0,0078 jour, c'est-à-dire de 11 minutes et 14 secondes.

Après la victoire d'Octave à Actium, en 31 av. J.-C., contre la flotte égyptienne, suivie du suicide du couple rival, Cléopâtre et Marc Antoine, l'Égypte est annexée l'année suivante, l'Orient est pacifié et le monde romain est réunifié.

La période impériale (27 av. J.-C.-476 apr. J.-C.)

L'accueil triomphal que Rome réserve à Octave, à son retour d'Égypte, marque non seulement la fin des guerres civiles qui sévissent depuis les Gracques, mais également la fin de la République. Octave laisse subsister les comices et le sénat, mais il s'empare graduellement des pouvoirs des principaux magistrats, tout en acceptant les titres d'**auguste** et d'*imperator*. Il concentre de fait le pouvoir entre ses mains et inaugure le culte impérial. À sa mort, en 14 apr. J.-C., le sénat lui accorde l'apothéose, c'est-à-dire qu'il l'élève au rang des dieux.

L'empire mondial (27 av. J.-C.-193 apr. J.-C.)

Le règne d'Octave, devenu Auguste, se révèle brillant. Il poursuit l'œuvre de Jules César, en mettant de l'ordre dans les finances, l'armée et l'administration des provinces. Il embellit Rome et fait notamment construire les premiers thermes, le **Panthéon**, deux théâtres et un amphithéâtre. Il accroît la prospérité économique, particulièrement par la construction de routes terrestres et de phares pour la navigation. Aidé de son ministre Mécène (v. 69 av. J.-C.-8 apr. J.-C.), il protège les auteurs. Après avoir terminé la conquête de l'Espagne et celle des Alpes occidentales, Auguste agrandit le territoire de l'Empire. Du côté oriental, il annexe la Judée et une partie de l'Asie Mineure. Au nord, le limès atteint le Danube et franchit même le Rhin pour s'étendre provisoirement jusqu'à l'Elbe.

Colisée ou amphithéâtre Flavien Construit entre 72 et 80, près du Forum romanum, cet amphithéâtre de 4 étages peut recevoir plus de 60 000 spectateurs pour les combats de gladiateurs et de fauves. En 1349, une secousse sismique endommage le côté sud.

Les quelque 180 années qui suivent la mort d'Auguste représentent l'époque la plus éclatante de l'Empire. Trois dynasties se succèdent sur le trône impérial : les Julio-Claudiens, les Flaviens et les Antonins (*voir le tableau 4.1*). Les Julio-Claudiens sont, de diverses façons, apparentés à Auguste, mais ne laissent pas un très bon souvenir à la postérité. Tibère (42 av. J.-C.-37 apr. J.-C.) s'est d'abord révélé un bon général et un administrateur consciencieux, mais il finit par verser dans la paranoïa et impose à la société romaine un véritable régime de terreur. Caligula (12-41 apr. J.-C.) est d'abord apprécié de Rome et de ses armées, avant de devenir fou et de se livrer aux pires extravagances. Il est assassiné par des membres de sa **garde prétorienne** qui choisit, pour lui succéder, son oncle Claude (10 av. J.-C.-54 apr. J.-C.). Ce dernier est sans doute le représentant le plus efficace et le plus compétent de cette dynastie déséquilibrée. (Cette dynastie fournira, par ailleurs, aux auteurs et dramaturges qui suivront des personnages d'une richesse exceptionnelle, entre autres, *Britannicus* [1669] de Jean Racine et *Caligula* [1939] d'Albert Camus.)

À la fois dupe et mal entouré, Claude est à son tour assassiné par sa seconde femme, Agrippine (16-59), qui fait accepter comme empereur, en 54, son fils Néron (37-68) par le sénat et la garde prétorienne. Dominé par sa mère et conseillé par le philosophe stoïcien Sénèque (4 av. J.-C.-65 apr. J.-C.), Néron a un début de règne respectable, mais devient rapidement un dirigeant cruel et vaniteux, qui accumule les crimes et se prend pour un grand artiste. Parmi ses nombreuses victimes figurent Britannicus (41-55), son frère adoptif, Agrippine, sa propre mère, Sénèque, son précepteur, et de nombreux chrétiens qu'il rend responsables du grave incendie de Rome, en 64. Face à l'insurrection de ses armées, il se retrouve isolé et se fait enlever la vie par un esclave.

Fait non négligeable, les légions des provinces, et non seulement la garde prétorienne, participent désormais à la désignation de l'empereur. Comme chaque légion a son candidat, la mort de Néron est suivie d'une brève guerre civile. L'armée d'Orient en sort victorieuse et impose, en 69, son chef, Vespasien (9-79), de la famille des Flaviens, qui est d'origine bourgeoise. Elle crée ainsi un précédent puisque la couronne impériale a jusque-là été réservée à la haute aristocratie patricienne. Vespasien et Titus, son successeur, sont d'excellents administrateurs, épris d'ordre et de discipline. Vespasien achève la répression des soulèvements en Judée par la destruction de Jérusalem en l'an 70 ; il ordonne la construction du temple de Jupiter

TABLEAU 4.1

LES EMPEREURS DE ROME À SON APOGÉE

	Auguste :	27 apr. J.-C.
JULIO-CLAUDIENS (14-68)	Tibère :	14-37
	Caligula :	37-41
	Claude :	41-54
	Néron :	54-68
FLAVIENS (69-96)	Vespasien :	69-79
	Titus :	79-81
	Domitien :	81-96
ANTONINS (96-192)	Nerva :	96-98
	Trajan :	98-117
	Hadrien :	117-138
	Antonin :	138-161
	Marc-Aurèle :	161-180
	Commode :	180-192

Mur d'Hadrien ou mur des Pictes   Construit en Bretagne (Angleterre) entre la mer d'Irlande et la mer du Nord, ce mur inauguré en 122 a une longueur de 118 kilomètres et une hauteur moyenne de 5 mètres. Il est destiné à arrêter l'invasion des tribus écossaises.

Capitolin ainsi que celle du célèbre Colisée de Rome. En 79, le règne de Titus est assombri par l'éruption du Vésuve qui détruit, en Campanie, les villes de Pompéi et d'Herculanum (*voir la carte 4.2*). Domitien (51-96), le second fils de Vespasien, succède à Titus ; c'est un tyran dont la cruauté s'exerce particulièrement aux dépens des chrétiens, des Juifs, des sénateurs et des philosophes.

Le siècle des Antonins est sans doute le plus heureux de l'histoire de Rome. Les cinq premiers Antonins ne forment pas une véritable dynastie puisqu'ils n'étaient pas apparentés. Ils se révèlent des dirigeants de qualité qui se réservent le droit de désigner leur successeur. Leurs choix sont ratifiés par le sénat qu'ils respectent, comme d'ailleurs les magistratures républicaines qu'ils laissent subsister, tout en entraînant le régime vers la monarchie absolue. Seul Commode (161-192) échappera à cette règle. Gladiateur brutal et sanguinaire, il décime le sénat, avant de mourir assassiné à la suite d'un complot. Il inaugure la série des empereurs-soldats. Trajan (53-117), quant à lui, est un bon général et un monarque épris d'ordre et de justice. La Dacie (la Roumanie actuelle) et l'Arménie comptent parmi ses conquêtes qui le mènent jusqu'aux rives du Tigre et du golfe Persique. Hadrien (76-138) s'applique à consolider les frontières de l'Est et de l'Ouest. Il écrase sévèrement une dernière révolte des Juifs qui commencent alors à se disperser hors de la Palestine. Il fait cons-

truire, en Bretagne, un mur long de 118 kilomètres afin de contenir les tribus d'Écosse. (La romancière française Marguerite Yourcenar contribuera à perpétuer son souvenir, en publiant en 1951 *Mémoires d'Hadrien*, les mémoires imaginaires de cet empereur, qui proposent également une réflexion sur la fin des civilisations.) Antonin (138-161), surnommé le Pieux, protège et renforce les légendes et les cultes traditionnels contre l'influence de plus en plus forte des religions orientales. Marc Aurèle (121-180), ce philosophe stoïcien pourtant pénétré d'humanisme, ne modifie pas la situation des chrétiens. Entre 161 et 180, il doit passer une partie de son règne à combattre les Parthes sur l'Euphrate et, surtout, les Germains qui forcent la frontière du Danube et atteignent, durant un moment, l'Adriatique.

Les Antonins, bien qu'épris d'**absolutisme**, établissent une justice plus équitable pour les plus démunis, c'est-à-dire les esclaves et les orphelins. Trajan fait réunir et codifier les diverses lois relatives à la famille et à la propriété. Il fonde des œuvres de charité et l'institution alimentaire, afin de secourir à la fois l'agriculture et les familles nombreuses. L'empereur prête, à de très bas taux d'intérêt, de l'argent à des cultivateurs qui doivent, en retour, entretenir des enfants pauvres.

Pendant cette période néanmoins faste, Rome ne semble contenir que deux classes : les riches et les pauvres dont les empereurs se procurent les faveurs en leur donnant, comme au temps de la République, du pain et des jeux. Les citoyens fortunés contribuent à donner à Rome une apparence de luxe par la construction de superbes monuments et la réalisation de grands travaux d'utilité publique. Mais l'Empire affiche des symptômes de plus en plus évidents de décadence. L'Italie s'appauvrit et commence à se dépeupler alors que la poussée des ennemis aux frontières s'accroît. Devenue permanente depuis Auguste, l'armée recrute ses troupes sur la base d'un volontariat de moins en moins romain et italien. Les soldats sont surtout des provinciaux : Gaulois et Germains dans l'armée du Rhin, originaires d'Asie Mineure dans celle d'Orient. C'est une situation inconfortable pour un empire désormais sur la défensive, d'autant plus que ces armées de province interviennent de plus en plus fréquemment sur la scène politique.

Des premières crises au partage de l'Empire (193-395)

Les IIIe et IVe siècles sont dominés par les crises et le règne des empereurs-soldats à la recherche de solutions de redressement. (*Voir le tableau 4.2.*) Après la mort de Commode, les luttes éclatent entre les cohortes de la garde prétorienne et les armées de provinces. Le trône revient, en 193, au commandant de l'armée du Danube, Septime Sévère (146-211), un Africain de Tripolitaine, qui renforce la centralisation bureaucratique. Il épouse une Syrienne et règne en véritable despote. Son fils, Caracalla (188-217), lui succède et accorde, en 212, le droit de cité à tous les habitants de l'Empire (édit de Caracalla). L'assassinat de Caracalla inaugure une période d'anarchie et de crises, pendant laquelle les soldats nomment, déposent et assassinent régulièrement des empereurs. Ceux-ci exercent un pouvoir oppressif, en s'appuyant sur une puissante bureaucratie et une armée dont les soldats, d'origine rurale ou frontalière, sont peu préoccupés par l'avenir des villes et de la civilisation romaine. À cause de l'insécurité grandissante, les affaires déclinent, la bourgeoisie urbaine s'appauvrit et les impôts rapportent moins à l'État. La monnaie, qui contient de moins en moins de métal, se dévalue et les prix augmentent.

C'est ainsi que débute la véritable dislocation de l'Empire romain. L'armée qui a perdu de sa puissance ne peut plus arrêter les invasions. À l'est, les Perses remplacent les Parthes et envahissent l'Asie Mineure. À l'ouest, des Germains, surtout les Francs et les Alamans, franchissent le Rhin et pénètrent en Gaule,

en Espagne, en Italie et en Grèce. La menace d'effondrement est conjurée par des empereurs originaires d'Illyrie. Aurélien (v. 212-275) préfère abandonner la Dacie et entoure Rome de solides fortifications. Il repousse les Germains et triomphe de Zénobie (?-272), la reine de Palmyre, qui s'était emparée d'une bonne partie de l'Asie Mineure et de l'Égypte.

Comme la défense des frontières est devenue une tâche trop lourde pour un seul empereur, Dioclétien (245-v. 313) s'associe à trois collègues afin de former une tétrarchie : deux augustes et deux césars. Il se réserve l'Orient avec Nicomédie comme capitale et laisse, en 286, l'Occident à Maximien

TABLEAU 4.2
LES PRINCIPAUX EMPEREURS DE ROME À SON DÉCLIN

Septime Sévère : 193-211
Caracalla : 211-217
Aurélien : 270-275
Dioclétien : 284-305

DÉBUT DE LA TÉTRARCHIE

Maximien : 286-305
Galère : 305-311
Constance Chlore : 305-306
Licinius : 312-324
Constantin : 306-324

FIN DE LA TÉTRARCHIE

Constantin : 324-337
Julien : 361-363
Théodose : 379-395

PARTAGE DÉFINITIF

Arcadius (Orient) : 395-408
Honorius (Occident) : 395-423

(v. 250-310) qui s'installe à Milan plutôt qu'à Rome. Chacun porte le titre d'auguste et est assisté d'un subalterne, son éventuel successeur, qui porte le surnom de césar. Aux armées de frontières, on ajoute une armée de réserve prête à accourir aux endroits les plus menacés par les tribus germaniques. En 301, par l'édit du Maximum, Dioclétien tente en vain de fixer les prix des denrées et des salaires.

En l'an 305, Dioclétien et Maximien se retirent en faveur des deux césars, Galère et Constance Chlore (?-306), qui deviennent augustes et nomment à leur tour deux césars. Mais le système trop lourd de la tétrarchie ne peut pas durer et une guerre civile éclate. Le pouvoir échoit au fils de Constance Chlore, Constantin, qui, après avoir régné avec Licinius de 312 à 324, gouverne seul jusqu'en 337.

Le régime du principat, en vigueur depuis Auguste, prévoit une coexistence des institutions républicaines et monarchiques. En Italie, l'empereur

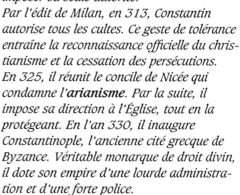

*Fils de Constance Chlore, **Constantin** (entre 280 et 288-337) est né à Naïsse, en Mésie qui se trouve entre la Macédoine et la Dacie. Il devient empereur en 306 et, après de nombreuses intrigues et de nombreuses luttes contre ses rivaux, il parvient à imposer sa seule autorité. Par l'édit de Milan, en 313, Constantin autorise tous les cultes. Ce geste de tolérance entraîne la reconnaissance officielle du christianisme et la cessation des persécutions. En 325, il réunit le concile de Nicée qui condamne l'**arianisme**. Par la suite, il impose sa direction à l'Église, tout en la protégeant. En l'an 330, il inaugure Constantinople, l'ancienne cité grecque de Byzance. Véritable monarque de droit divin, il dote son empire d'une lourde administration et d'une forte police.*

Les Tétrarques Statue qui se trouve à Saint-Marc de Venise et qui représente deux augustes qui embrassent leurs césars, adjoints appelés à leur succéder. Créée par l'empereur Dioclétien, la tétrarchie est un système qui ne survivra pas aux guerres civiles du début du IVe siècle.

obtient le consulat à vie et le cumul des magistratures alors que, dans le reste de l'Empire, il exerce l'*imperium*, c'est-à-dire qu'il commande l'armée, qu'il dirige la politique extérieure et qu'il impose son autorité aux provinces impériales, gouvernées par les légats qu'il nomme. Sous Constantin, l'absolutisme atteint son apogée. Constantin gouverne avec un consistoire, une sorte de conseil privé, composé de nobles qui se partagent divers ministères. L'Empire demeure divisé en 117 provinces, réparties en 14 **diocèses** et 4 **préfectures**, dont les titulaires relèvent de l'empereur. Les sénats de Rome et de Constantinople sont transformés en conseils municipaux alors que les emplois civils et militaires sont séparés les uns des autres et deviennent héréditaires. Le choix de Constantinople (Byzance) comme capitale permet de surveiller les Goths sur le Bas-Danube et les Perses sur l'Euphrate. À l'avenir, l'Empire aura deux capitales : Constantinople pour l'Orient et Milan pour l'Occident. À la mort de Théodose (v. 346-395), ses fils Arcadius et Honorius reçoivent respectivement l'Orient et l'Occident. Ce partage est définitif et, plus tard, en l'an 404,

Ravenne remplacera Milan comme capitale occidentale. (*Voir la carte 4.5.*)

Malgré la splendeur de la cour, l'empire d'Occident est confronté à de graves problèmes démographiques et économiques. Les invasions, les guerres et les épidémies font augmenter dangereusement le taux de mortalité. Entre 150 et 300, la population aurait diminué de moitié. De nombreuses terres demeurent en friche et les campagnes approvisionnent de plus en plus difficilement les villes qui, à l'exemple de Rome sous Aurélien, s'entourent de remparts afin de se protéger contre les incursions des Germains. L'industrie s'effondre et, à cause de l'insécurité, l'activité commerciale cesse dans nombre de régions. La rareté des produits et des denrées entraîne une augmentation du coût de la vie, alors que les impôts deviennent de plus en plus lourds. Cependant, les empereurs tentent de réglementer la vie économique, en contrôlant les prix des denrées de base et en ordonnant que les enfants aient la même occupation que leurs parents, afin de protéger ainsi les métiers les plus importants. En outre, lorsqu'un propriétaire vend son champ, il doit par la même occasion vendre les colons qui y sont attachés et qui n'ont pas le droit de quitter la terre. Par contre, ces mesures et bien d'autres ne peuvent qu'être des palliatifs, impuissants à contrer une profonde tendance à la dislocation.

Pendant cette période, afin de lutter contre la dépopulation qui atteint l'ensemble du monde romain, les empereurs du IVe siècle ouvrent l'Empire aux Germains, qui ne demandent pas mieux que de s'y établir comme soldats, colons ou ouvriers. Comme ils sont loyaux, ils finissent par accéder aux plus hautes fonctions publiques. Par exemple, l'empereur Théodose a nommé le Germain Stilicon (v. 359-408), généralissime et régent de son fils Honorius. Toutefois, ces mesures donnent l'impression de contenir la pression germanique et de ralentir pour un temps très court le mouvement de déclin.

Des invasions germaniques à la chute de l'Empire romain d'Occident (395-476)

À partir de 376, les frontières cèdent devant la ruée massive des tribus germaniques, causée par la terreur que provoque l'irruption des Huns en Europe (*voir la carte 4.5*). Ces Asiatiques, de terribles cavaliers originaires de Mongolie, jettent d'abord leur dévolu

sur la Chine d'où ils sont refoulés au Ier siècle apr. J.-C. Ils se dirigent alors vers l'Occident et se heurtent, en premier lieu, vers 370, aux Ostrogoths dans le Sud de la Russie actuelle. Rapidement, la panique se répand dans l'ensemble de la Germanie, tant chez les Vandales et les Wisigoths du Danube que chez les Francs, les Burgondes et les Alamans de la région du Rhin. Leur fuite accélère l'effondrement de la civilisation romaine en Occident. En tant que mercenaires logés chez l'habitant, les Germains se font céder des terres et conservent leurs chefs, leur langue et leurs lois. D'abord établis entre l'Elbe et l'Oder, les Germains possèdent un niveau d'organisation rudimentaire et essentiellement guerrier. Ils se répartissent en une foule de tribus dont les chefs sont élus et soumis à la coutume. Ils n'ont ni littérature ni art, si ce n'est une certaine habileté dans la fabrication des bijoux et des armes. Certaines tribus se sont converties au christianisme, mais ont adopté l'arianisme et sont, de ce fait, considérées comme des hérétiques.

Les Wisigoths, sous la direction de leur roi Alaric (v. 370-410), envahissent l'Italie et pillent Rome, en 410, avant de se rendre en Espagne, qui deviendra plus tard un royaume wisigoth. L'empereur Honorius leur accorde, en 419, le droit de s'établir dans le Sud-Ouest de la Gaule. Ces régions ont préalablement subi, en 406, l'invasion des Burgondes et des Vandales. Quant aux Burgondes, ils s'établissent en Savoie alors que les Vandales, après un séjour en Espagne d'où ils sont chassés par les Wisigoths, franchissent le détroit de Gibraltar. Sous la direction de Genséric (?-477), les Vandales s'établissent en Afrique du Nord, entre 429 et 439. La Bretagne (l'Angleterre actuelle) est principalement envahie par les Angles et les Saxons, qui refoulent les Bretons au pays de Galles et jusqu'en Gaule, plus précisément en Armorique, qui prend alors le nom de Bretagne. Responsables de ces brusques migrations, les Huns envahissent aussi la Gaule. Leur roi, Attila (v. 395-453), évite Lutèce (Paris), se dirige vers Orléans et est battu, en 451, près de Troyes, par une coalition dirigée par le général romain Aetius, le roi franc Mérovée et le roi wisigoth Théodoric Ier (?-451). Attila pille par la suite l'Italie avant de mourir, en 453, en Pannonie (la Hongrie et la Croatie actuelles).

Dans une Italie victime de nombreuses invasions, Rome a été successivement pillée par les Wisigoths et les Vandales, avant d'être menacée par les Huns. L'empereur, installé à Ravenne, n'a plus de pouvoir réel dans ce climat de troubles et d'assassinats.

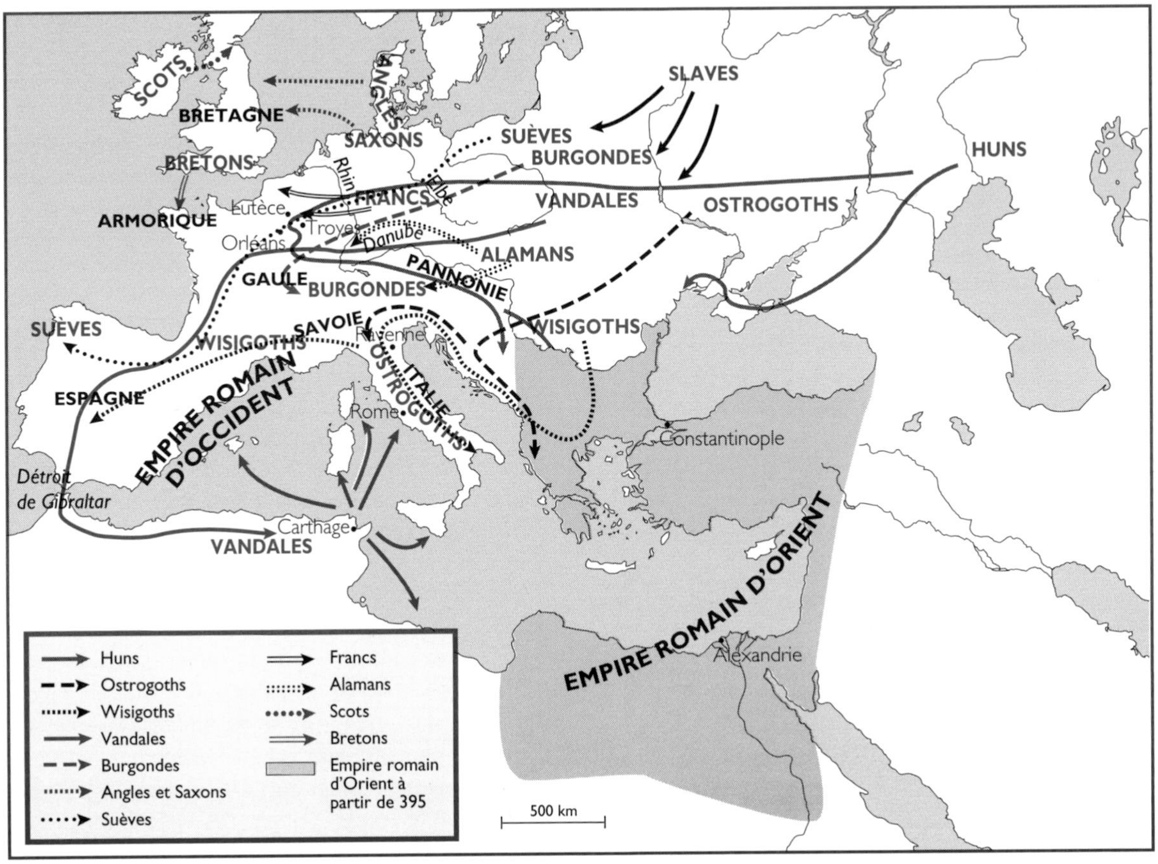

Carte 4.5
Les principales invasions germaniques

Âgé d'une dizaine d'années, Romulus Augustule (v. 461-apr. 476), le dernier empereur, est déposé, en 476, par Odoacre (v. 433-493), le chef de la tribu germanique des Hérules. C'est cette année-là qu'on situe la fin de l'Empire romain d'Occident, la fin de l'Antiquité et le début du Moyen Âge. En 493, Odoacre est renversé par Théodoric le Grand (v. 455-526) qui fait de l'Italie un royaume ostrogoth.

Pendant ce temps, on assiste au recul de l'esclavage et de la paysannerie libre au profit des grandes fermes. En proie à l'insécurité, les petits paysans abandonnent leurs terres à de grands propriétaires de villas, entourées de murailles, en échange de leur protection. Ainsi, ils sont protégés à la fois contre les barbares et les fonctionnaires du fisc impérial. Depuis le IIIᵉ siècle, les habitants des villes retournent à la terre comme colons, parce que la ville ne peut plus les nourrir convenablement. L'insécurité des rou-

tes provoque un retour à l'économie naturelle (le **troc** et le paiement en nature) et à l'autarcie économique où le domaine, sous la bienveillante protection du seigneur (*dominus*), se suffit à lui-même. Le centre de l'économie passe des villes, où règne l'anarchie, à la campagne fortifiée. Ce mouvement provoque un effondrement de la civilisation qui ne peut survivre et s'épanouir que dans un contexte urbain. Ce sont là les origines lointaines d'une civilisation basée sur un nouveau régime, la féodalité, qui atteindra son apogée en Occident au XIᵉ siècle (*voir le chapitre 5*).

Les causes de la chute de Rome

Des opinions divergentes ont été exprimées sur les causes de la chute de Rome. Les invasions germaniques doivent être considérées comme la cause immédiate de la chute, mais elles n'expliquent pas le déclin qui l'a précédée. Il faut en effet se demander pourquoi Rome n'a plus trouvé en elle-même la force de résister à ses ennemis extérieurs, qui lui sont pourtant inférieurs en nombre et dont la civilisation n'est jamais aussi avancée. La réponse réside, sans aucun doute, dans l'analyse d'une crise interne aux aspects multiples.

L'insécurité des routes et l'effondrement du commerce provoquent l'exode urbain. La dégradation et l'abandon des sols cultivables entraînent une concentration encore plus forte de la propriété. Dans plusieurs régions rurales, les paysans se transforment en colons et, parallèlement à l'État, le grand domaine s'organise sous l'autorité d'un seigneur. Le mouvement de transition d'une économie monétaire à une économie naturelle semble irréversible. L'or est désormais réservé aux classes possédantes alors que la monnaie de cuivre, créée sous Théodose, est continuellement dévaluée. La ruine des centres urbains semble confirmée par le déplacement des grandes activités commerciales. Quittant le pourtour de la Méditerranée, les activités commerciales ont tendance à se concentrer sur l'axe du Rhin et du Danube, où se développent des centres germano-romains. Ces graves difficultés économiques privent l'État des rentrées de fonds nécessaires à la couverture des dépenses supplémentaires reliées à la défense des frontières.

L'armée romaine est également en crise. Souvent commandée par des généraux ambitieux et des usurpateurs du pouvoir, sa fidélité à l'État s'est graduellement atténuée, d'autant plus qu'elle recrute régulièrement des étrangers depuis l'époque républicaine. Ces deux faits contribuent à détériorer le moral des troupes et à diminuer leur ardeur au combat, même si les Germains n'y sont entrés massivement que sous Vespasien et qu'ils n'ont pu obtenir de grades qu'à partir de Constantin. Malgré le problème de dépopulation qui affecte les Romains depuis le IIIe siècle, les envahisseurs germains n'auraient certes pas triomphé à cause de la supériorité numérique de leurs effectifs : la Germanie est dépeuplée et ses ressortissants sont rarement en surnombre dans les combats. L'Afrique du Nord aurait été conquise par 15 000 Vandales se battant contre 30 000 soldats impériaux. Attila, chef des Huns, n'aurait disposé que de quelques milliers de guerriers pour semer la terreur en Gaule et en Italie. On peut se demander qui était encore prêt à mourir pour Rome.

Les échecs militaires doivent nécessairement être étudiés à la lumière des transformations économiques.

La capacité de production doit permettre à l'État de supporter les charges financières reliées à l'entretien des armées et des flottes. Mais lorsque le même État consacre de plus en plus ses ressources disponibles à la chose militaire plutôt qu'à la création de richesses, sa puissance ne peut que diminuer à long terme. Un jour ou l'autre, il n'aura plus les moyens de soutenir une politique extérieure prestigieuse et les efforts militaires qui en découlent. Rome a peut-être pratiqué une stratégie de conquêtes trop coûteuse en regard des bénéfices que pouvait procurer une telle expansion.

S'ajoutant à la crise économique, l'entretien d'une plèbe urbaine de plus en plus oisive et d'une lourde bureaucratie ainsi que l'augmentation des dépenses militaires obligent l'État à lever des taxes de plus en plus lourdes. En l'absence d'une prospère classe moyenne, les impôts pèsent sur les plus pauvres. Le ressentiment provoqué par un partage inéquitable des richesses et des obligations provoque une grave crise sociale et un profond désarroi moral.

Dès l'époque de la République, et notamment sous les Gracques, le comportement de la noblesse sénatoriale révèle qu'elle est plus soucieuse du maintien de ses privilèges que de la sauvegarde de l'État. Dans l'ensemble, la classe des chevaliers, enrichie par les conquêtes, ne se montre pas plus préoccupée par le bien commun. Cette classe décadente de privilégiés, réfugiée dans le luxe de ses maisons urbaines et de ses grandes villas rurales, est à peine atteinte par la crise des derniers siècles. Il faut ajouter qu'elle s'applique à influencer à son profit le pouvoir impérial qui se discrédite de plus en plus auprès des classes laborieuses. Ces dernières, mal protégées contre les exactions des riches et des puissants, considèrent parfois l'arrivée des Germains comme une délivrance. D'ailleurs, l'Empire aurait été davantage submergé par des réfugiés terrorisés par les Huns que par des envahisseurs. Avec des paysans et des petits commerçants surtaxés, des fonctionnaires mal payés et une armée en germanisation croissante, les révoltes, les défaites et les intrigues ont eu raison de l'attachement à l'Empire.

Rome a perdu son ressort moral et apparaît comme une société dont les élites, au comportement égoïste et désabusé, sont dépourvues d'esprit d'entreprise et préfèrent cultiver la fierté du passé plutôt que de relever les défis de l'avenir. Aucune grande force ne semble apte à mobiliser les Romains face aux menaces qui les assaillent de l'intérieur comme de l'extérieur.

Les héritages

Même si, sur les plans intellectuel et culturel, ils n'ont pas réussi à se démarquer totalement des Grecs, les Romains fondent, dans les domaines matériel et organisationnel, une civilisation originale. Les Grecs ont transmis aux peuplades du Latium un héritage culturel composé notamment de leur mythologie, de leur art, de leurs connaissances scientifiques, de leur alphabet et de leur littérature.

Cependant, la domination culturelle exercée par les vaincus grecs sur les élites romaines n'est pas sans provoquer la résistance de certains et une véritable querelle des anciens et des modernes. Ainsi, une certaine élite, sous la protection de Scipion l'Africain (235-183 av. J.-C.), se passionne pour la culture et la langue grecques alors qu'une autre, dont le porte-parole est Caton l'Ancien (234-149 av. J.-C.), combat en vain l'implantation des mœurs grecques à Rome. Plus tard, sous les règnes d'Auguste et d'Antonin le Pieux, des mouvements de retour aux vertus et aux valeurs traditionnelles (attachement à la terre, vie champêtre simple et pratique) tentent de dégager Rome des tentacules de l'hellénisme. En 161 av. J.-C., on expulse les philosophes et en 154 av. J.-C., on interdit la construction d'un théâtre permanent à Rome. Caton, pour sa part, dénonce la décadence de la famille romaine traditionnelle et la nouvelle somptuosité tout orientale des mœurs.

Malgré l'opposition qui s'organise au nom de la tradition, l'attrait pour la civilisation hellénique ne cesse de grandir, et tout Romain cultivé se doit d'apprendre le grec. Cette influence demeure jusqu'à la fin de l'Empire romain d'Occident et lui survit. Les Romains ont le mérite d'avoir transmis à la postérité non seulement les éléments les plus riches de la civilisation hellénique, mais également les valeurs judéo-chrétiennes qui seront longtemps la base de l'unité occidentale.

Le pragmatisme et le sens de l'organisation

Toutefois, si les Romains érigent une civilisation quelque peu originale à côté de l'omniprésente influence grecque, ils le doivent principalement aux Étrusques qui forment une véritable thalassocratie, apte à rivaliser avec celles des Grecs et des Phéniciens pour le contrôle de la Méditerranée occidentale. Rome hérite en fait de l'empire commercial et industriel des Étrusques. Grâce à leurs techniques, à leurs armes et à leur bois de charpente, elle réussira à vaincre Carthage. En outre, les Étrusques transforment le fer, extrait du sous-sol des Apennins ou de l'île d'Elbe, dans leur centre métallurgique aux environs de la cité de Populonia, dans le Nord de l'Étrurie.

Les ingénieurs étrusques enseignent aux Romains le drainage des terres, les adductions d'eau, la construction des égouts, des remparts, des temples et des nécropoles ainsi que leur façon de faire des plans d'urbanisme et leur mode de parcellisation des terres agricoles. Grâce à l'apport étrusque, les Italiotes acquièrent rapidement des talents de constructeurs et d'organisateurs méthodiques. Dans le domaine militaire, les légions romaines auraient entre autres emprunté aux troupes étrusques leur ordre de combat. D'abord réservées aux grandes familles, les **nécropoles** étrusques demeurent les principaux témoins de leur civilisation. En plus de magnifiques **fresques** et bas-reliefs polychromes, les Étrusques auraient légué aux Romains leur technique de la voûte, en architecture, et leur science du portrait en sculpture.

Sans renoncer à la mer, les Romains sont principalement des hommes de la terre, de grands ingénieurs et de grands constructeurs. Essentiellement monumental et orienté vers l'utilitaire, leur art s'est peut-être affranchi plus facilement de l'emprise grecque que leur littérature et leur pensée. Quant aux juristes romains, ils ont transformé le droit en une véritable science et ils ont conçu le rôle de l'État en fonction des intérêts de la collectivité, du bien commun.

Les arts

Alors que les activités littéraires et philosophiques ne franchissent jamais les cercles et les salons de l'aristocratie, l'art doit davantage tenir compte des besoins et des aspirations populaires. L'architecture romaine est surtout urbaine et fonctionnelle, c'est-à-dire orientée vers le bien-être des personnes et l'intérêt public. Tout en s'inspirant du style corinthien, les Romains utilisent le blocage, la voûte et la coupole (ignorées des Grecs), pour construire, dans toutes les régions de leur empire, des édifices monumentaux tels que des amphithéâtres pour les jeux, des théâtres, des **cirques** pour les courses de chars, des aqueducs, des thermes, des **forums**, des colonnes, des arcs de triomphe et des marchés, qui ont résisté en grand nombre à l'épreuve du temps jusqu'à aujourd'hui. Ces monuments sont ornés de bas-reliefs qui, avec les bustes de personnages célèbres, constituent les réalisations majeures des artistes romains. Comme les peintures et les mosaïques, ces réalisations sont fortement inspirées de l'art hellénique. Ainsi, sous les Antonins, les citoyens fortunés contribuent à donner à Rome une apparence de luxe par la construction de superbes monuments tels les mausolées d'Auguste et d'Hadrien, le Panthéon, la maison de Livie, le palais Flavien et les cinq forums impériaux.

Les Romains sont les premiers à généraliser l'usage du béton, un mélange de mortier, d'eau, de sable et de gravier, qu'ils recouvrent souvent de brique ou de pierre. À partir du IIe siècle av. J.-C., les Romains ajoutent une petite quantité de cendre volcanique à la chaux et obtiennent ainsi un ciment imperméable et plus résistant. Dans les basiliques et les temples romains, on découvre la présence des divers ordres de l'architecture grecque. La **basilique**, qui a surtout un rôle judiciaire, avec son hall rectangulaire, ses nefs séparées par des colonnades et ses absides, influencera grandement les temples chrétiens. Typiquement romain et d'origine religieuse, l'arc de triomphe est par la suite surtout dédié à la grandeur et à la mémoire d'un vainqueur ou d'un empereur. La colonne est également élevée en l'honneur d'un triomphe ou d'un individu en particulier, surtout un empereur. La plus célèbre est celle de Trajan qui sert également de tombeau.

Forum romanum Construit par les Étrusques, au pied du Palatin, au XIe siècle av. J.-C., le Forum est à l'origine un site commercial qui deviendra graduellement un centre politique, judiciaire et religieux. Sous la République et l'Empire, on retrouve au Forum romain la Curie (siège du sénat), la basilique Iulia et plusieurs temples. Véritable centre-ville très fréquenté par les promeneurs, on le désengorgera en construisant les forums impériaux.

Aqueduc romain Réalisé vers 20 av. J.-C. par Agrippa, gendre d'Auguste, le pont du Gard a une hauteur d'environ 50 mètres et est constitué de 3 séries d'arcades superposées. Composé de blocs ajustés sans ciment, il permet de franchir le Gardon. Son étage supérieur est un tronçon de l'aqueduc qui alimente la cité de Nîmes (Narbonnaise) en eau potable.

La sculpture est indissociable de l'architecture, plus particulièrement le statuaire et le bas-relief à sujets mythologiques, historiques et privés, qu'on retrouve sur un grand nombre de monuments. Les portraits qui remontent au IVe siècle av. J.-C. sont fort appréciés des Romains et, à partir du Ier siècle av. J.-C., ils inspirent souvent les bustes, qui alternent entre le réalisme proprement romain et le classicisme grec. D'origine grecque, la mosaïque devient un art avec les Romains et les Italiens. En noir et blanc jusqu'au IIIe siècle, elle est de pierre, de marbre ou parfois d'émail et recouvre autant les planchers que les murs et les plafonds. Souvent fleurie et évocatrice, elle illustre le rôle attribué à la pièce.

Parmi les arts utilitaires, la poterie à vernis rouge ou la céramique non vernissée et, surtout, la verrerie, d'origines orientale et égyptienne, connaissent un développement majeur à l'époque impériale. Notons qu'avec la mosaïque, la verrerie italienne a conservé jusqu'à aujourd'hui une réputation d'excellence. Les Romains brillent d'ailleurs dans l'art de concilier l'idée esthétique du créateur et la destination fonctionnelle de l'objet fabriqué. L'Italie demeure, encore de nos jours, le pays du design.

Arc de Constantin Construit à Rome en 318 entre le Palatin et le Colisée.

Les infrastructures

L'esprit terre-à-terre des Romains se reflète dans leurs infrastructures par un exceptionnel sens de l'ordre et de l'organisation, qu'ils ont initialement hérité des Étrusques. Cependant, les Romains ont su le développer et le perfectionner, lorsqu'ils ont dû régir un territoire qui atteignait les dimensions d'un empire mondial. Les célèbres voies romaines, à travers l'Italie et le pourtour méditerranéen, constituent le premier réseau routier conçu dans le but de maintenir, sous une seule autorité, un ensemble de territoires dont la superficie équivaut à celle d'un État-continent d'aujourd'hui (*voir la carte 4.6*). Par contre, avec leurs stations postales et leurs relais, ces routes ont une importance plus administrative et militaire qu'économique. En effet, le transport des marchandises est toujours limité par la lenteur des bœufs et l'attelage des chevaux qui, munis d'un collier de gorge, ne peuvent pas tirer un chargement supérieur à 500 kilogrammes. Sur le continent, la navigation fluviale demeure donc le meilleur moyen de transport des denrées et des marchandises.

Au croisement des grandes voies de communication terrestres, fluviales et maritimes, se développe la ville qui peut produire et croître en toute sécurité à l'intérieur du limès. Sous le contrôle de notables locaux, les villes possèdent des comices (assemblées) populaires, un sénat local et des magistrats élus. Elles affichent souvent un plan régulier emprunté au camp militaire et des monuments d'inspiration romaine, qui sont la fierté de leurs habitants. Elles tirent de la campagne environnante les produits nécessaires à leur subsistance et parfois destinés à l'exportation. Dans certaines de ces villes, outre les ateliers et les boutiques, apparaissent les *fabricae*, de grandes entreprises privées ou d'État, qui pourvoient aux besoins de l'armée, de la flotte ou de la bureaucratie. Les corporations de métiers deviennent même obligatoires sous Dioclétien. C'est par la multiplication et le développement de ces centres urbains que se répand la civilisation romaine. Elle s'effondrera malgré tout lorsque le limès cédera et que la sécurité des routes et, par conséquent, des villes ne pourra plus être assurée.

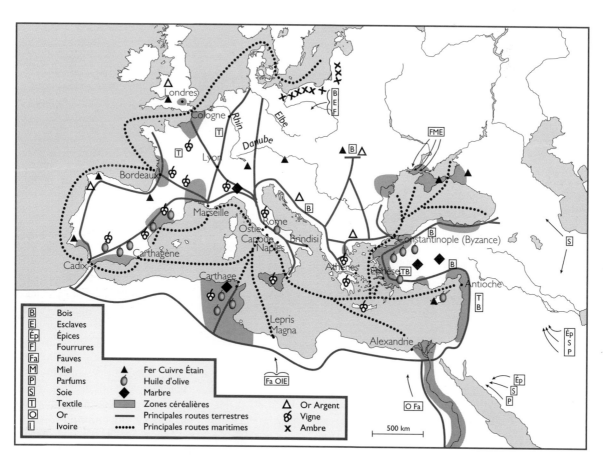

Carte 4.6
Les voies terrestres, fluviales et maritimes sous l'Empire romain

Voie romaine Dès l'époque de la République, les régions de l'Italie sont reliées par de grandes routes pavées. L'ensemble de l'Empire sera sillonné par ces routes dont la largeur variait de 3 à 10 mètres.

Les fondements du droit

Au carrefour de toutes les voies de communication se trouve Rome, le siège du pouvoir politique suprême, mais également la cité par excellence, qui sert de modèle à toutes les autres. Y convergent, via le port d'Ostie, des produits, des bêtes, des esclaves et des hommes libres, en provenance des grandes régions de l'Empire. À des fins de cohésion, il faut soutenir et encadrer cette lourde circulation de biens et de personnes, et régir les transactions et les rapports humains par un système juridique approprié et efficace.

Les Romains ont accumulé, au fil des siècles, de nombreuses lois, non seulement issues de leur propre coutume, mais également puisées dans celles des peuples conquis. Datant du milieu du Ve siècle av. J.-C., la loi des Douze Tables est la première législation écrite des Romains. Sur les instances des plébéiens, une commission de 10 membres (décemvir) rédige un code connu de tous et affiché publiquement. En plus d'édicter des règles relatives au droit privé, criminel et religieux, à la procédure et aux sanctions, ce premier code interdit les privilèges et sanctionne l'égalité des patriciens et des plébéiens devant la loi. Bien qu'incomplet et issu d'une société rurale, ce code est largement diffusé dans l'Empire, et les Romains le considèrent comme le fondement de leur droit.

Sous la République, la *lex rogata*, la «loi proposée», est votée par les comices, après avoir été déposée par un magistrat, un consul, un préteur ou un tribun, dont elle porte d'ailleurs le nom. Son texte est précédé d'un préambule et suivi des sanctions prévues. Avant d'être voté, le projet de loi est publié et parfois discuté, lors de réunions publiques. Après son adoption, la loi est affichée alors que les questeurs l'inscrivent dans les archives. Dès 287 av. J.-C., s'ajoutent les **plébiscites** qui deviennent valables pour tous. Mais à partir du règne d'Auguste, l'empereur peut désormais s'opposer à tout projet de loi et, dans les faits, légiférer seul.

Comme leurs lois deviennent de plus en plus nombreuses et complexes, les Romains font appel à des spécialistes du droit, les jurisconsultes, afin de les interpréter et de les appliquer correctement. Le droit devient ainsi une véritable science. Sous l'influence d'Aristote et des stoïciens, les jurisconsultes précisent un certain nombre de concepts éthiques tels que l'équité, la coutume et la dignité. Ils rédigent plusieurs ouvrages, véritables manuels de droit, dont l'ensemble forme la jurisprudence qui, chez les Romains, comprend non seulement la pratique (décisions de justice), mais également la science du droit. L'empereur Hadrien, au début du IIe siècle, ordonne que les édits des préteurs soient codifiés afin que tous les magistrats y soient astreints.

Cependant, cette codification, lentement élaborée à Rome, obtiendra sa consécration finale à Constantinople, avec un code qui entre en vigueur en l'an 534, sous le règne de l'empereur Justinien (482-565). Le droit romain, tel qu'on le retrouve dans le Code justinien, pose un certain nombre de principes tels que l'égalité, devant la loi, des citoyens possédant le même statut. Le châtiment est déterminé autant en fonction des conséquences d'un délit que de la culpabilité de l'accusé. Le droit romain établit également qu'il est préférable de libérer un coupable que de condamner un innocent. Il comprend une législation abondante et complexe sur la propriété privée, dont le respect sera le fondement des sociétés de l'Occident contemporain. Il stipule aussi que le consentement des époux et l'affection mutuelle, et non la cohabitation ou la dot, constituent le fondement du mariage. Enfin, la famille est fondée sur l'autorité du père (*pater familias*). Le Code justinien demeure de nos jours le fondement du droit civil moderne. Adopté par l'Église catholique dans son **droit canon** et répandu dans l'Europe du Moyen Âge, il est à l'origine du droit tel qu'il est pratiqué dans de nombreux pays occidentaux. Plusieurs de ses stipulations seront reprises dans le Code Napoléon (1804) et dans le Code civil du Québec (1866).

quest. # 6

Une conception élargie de l'État et de la citoyenneté

Les Romains doivent également élaborer une conception de l'État qui dépasse largement les intérêts particuliers et les cadres de la cité traditionnelle. Exprimant la volonté de la communauté, l'État se situe au-dessus des individus et promulgue des lois que tous les gouvernés doivent respecter, au mépris de leurs propres intérêts. C'est ce qu'on entend également par État de droit. La république, la «chose publique» (*res publica*), est constituée de tout ce qui est relatif à la collectivité, en fonction du bien commun. La conception que la plupart des Occidentaux se font actuellement de l'État découle directement de celle des Romains.

Le citoyen romain a cependant une importance politique limitée par ses origines et l'état de sa fortune. Au sein des comices, les plus riches monopolisent les votes aux dépens des prolétaires. La magistrature, de la fonction d'édile à celle de consul, est fortement hiérarchisée; l'âge, l'origine familiale, la carrière et surtout le talent oratoire constituent les plus importants facteurs d'éligibilité. Il ne faudrait donc pas attribuer à la *res publica* romaine la connotation démocratique qu'ont les régimes républicains occidentaux d'aujourd'hui.

N.B.

Les Romains ont également proposé à la postérité, en plus d'une vision collective de l'État, une conception élargie du droit de cité, qu'ils ont tendance à accorder de plus en plus facilement. Entre le Ier siècle av. J.-C. et le IIIe siècle apr. J.-C., l'homme libre non romain peut graduellement, par étapes, obtenir la plénitude de la citoyenneté romaine. En l'an 212, l'édit de l'empereur Caracalla stipule que tous les hommes libres de l'Empire jouissent désormais du statut de citoyen romain. Une telle initiative aurait été impensable dans la Grèce antique; même les démocrates athéniens maintiennent la distinction entre le citoyen et le métèque privé de tout droit politique. L'omniprésence administrative d'une lourde bureaucratie impériale et la multiplication des villes de province sur le modèle de Rome favorisent l'intégration institutionnelle des peuples conquis, qui adoptent d'ailleurs la langue latine, du moins les élites urbaines. Cette romanisation renforce le prestige et le poids démogra-

phique d'un empire qui regroupe environ 70 millions d'habitants à son apogée.

Les lettres latines

Lorsqu'on traite de la vie culturelle des Romains, se pose inévitablement le problème de l'hellénisation. À presque toutes les périodes de l'histoire romaine et dans l'ensemble des diverses formes d'expression intellectuelles et artistiques, l'omniprésence de la culture grecque se vérifie. Mais cet attrait exercé par la Grèce et l'Orient hellénistique n'a pas privé la littérature latine de toute originalité.

L'influence grecque et la spécificité latine

S'ils ont renié l'influence étrusque, les Romains n'ont jamais désavoué celle des Grecs, qui devient encore plus forte après la victoire définitive contre Carthage et le début des conquêtes orientales. En effet, ces conquêtes s'effectuent dans un monde hellénistique plus riche et plus avancé que Rome en ce qui concerne le niveau de civilisation, avec Alexandrie comme principal foyer intellectuel. Outre les marchands et les navigateurs, de nombreux esclaves et otages des cités grecques conquises sont amenés à Rome et en Italie; dès le milieu du IIe siècle av. J.-C., des philosophes athéniens y donnent des conférences. L'historien Polybe (v. 202-v. 120 av. J.-C.), otage à Rome de 170 à 150 av. J.-C. et disciple de Thucydide, bénéficie de la protection de Scipion Émilien dont le cercle, principalement composé de poètes, fait la promotion d'une nouvelle culture, qui est une synthèse des traditions grecques et latines. À l'époque républicaine, les membres de la classe dirigeante apprennent, dès l'enfance, la langue des grands maîtres de la Grèce antique.

Plaute (v. 254-v. 184 av. J.-C.) et Térence (v. 190- v. 159 av. J.-C.) empruntent les sujets de leurs comédies aux auteurs grecs qu'ils imitent. L'orateur et homme politique Cicéron, imbu de métaphysique et de morale grecques, est un digne héritier de Démosthène. Lucrèce (v. 98-55 av. J.-C.), disciple d'Épicure, est l'auteur de *De natura rerum* (*De la nature des choses*) qui représente l'un des sommets de la poésie et de la pensée romaines. Chez les historiens, Salluste (86-35 av. J.-C.) s'inspire de Thucydide pour la rédaction de ses œuvres, notamment les *Histoires*, une œuvre consacrée à l'histoire de Rome entre 78 et 67 av. J.-C.

À côté des chants religieux et des éloges funèbres, l'art oratoire occupe très tôt une place importante chez les auteurs latins. Reliée à la pratique du droit autant qu'à l'action politique, l'éloquence est également une manifestation originale du génie romain. L'homme politique doit être un orateur habile, apte à convaincre le corps électoral et à s'imposer par la parole. Cette capacité de persuader, d'imposer sa volonté et d'exercer son ascendant sur les masses devient, chez les Romains, un art soigneusement réglé, grâce à l'enseignement des rhéteurs grecs. La rhétorique occupe d'ailleurs une place importante dans le système scolaire romain. (*Voir l'encadré 4.5.*)

Le théâtre romain connaît bien, aux IIIe et IIe siècles av. J.-C., un développement important. Les auteurs latins les plus célèbres auraient été Pacuvius (v. 220-v. 132 av. J.-C.) et Accius (v. 170-v. 86 av. J.-C.), dont les œuvres, à l'exemple des autres tragédies de cette période, ne nous sont parvenues que de façon fragmentaire. Transposées en latin, les grandes tragédies grecques sont également très populaires parce qu'elles reposent sur une mythologie commune (*voir le tableau 4.3*) et des légendes déjà connues à Rome et dans l'ensemble de l'Italie. Mais les tragédies perdent rapidement la faveur populaire au profit de spectacles à grand déploiement. Plus tard, à l'époque impériale, les tragédies d'Ovide et surtout de Sénèque sont réservées à un public restreint, recruté au sein d'élites lettrées, c'est-à-dire hellénisées.

> ## ENCADRÉ 4.5
> ### LE SYSTÈME SCOLAIRE ROMAIN
>
> Le système scolaire romain comprend les trois niveaux que nous connaissons aujourd'hui : le primaire, le secondaire et le supérieur. Dès l'âge de sept ans, l'enfant, sous la direction d'un maître (*litterator* ou *magister ludi*), un esclave ou un affranchi, apprend la lecture, l'écriture et l'arithmétique. Vers l'âge de 11 ans, il est confié au grammairien (*grammaticus*) avec lequel il approfondit les langues latine et grecque ainsi que les auteurs latins et grecs. Il acquiert, par la même occasion, des connaissances en mythologie, en histoire et en géographie. Finalement, à 17 ans, il apprend l'art de la parole auprès d'un rhéteur (*rhetor*) et même le droit auprès d'un *magister juris*. Il peut également recevoir, en langue grecque, un enseignement spécialisé dans diverses disciplines telles que l'architecture, l'arpentage et la médecine.

Il en est de même pour les comédies. Plaute est à la fois auteur, acteur, directeur de troupe et entrepreneur de spectacles. On connaît une vingtaine de ses comédies qui ont joui d'un certain succès. Il sait adapter,

TABLEAU 4.3
LES ÉQUIVALENTS ROMAINS DES PRINCIPALES DIVINITÉS GRECQUES

GRÈCE	ROME	REPRÉSENTATION CHEZ LES ROMAINS
Zeus	Jupiter	Ciel et puissance
Héra	Junon	Ciel et mariage
Aphrodite	Vénus	Amour et beauté
Hestia	Vesta	Foyer
Poséidon	Neptune	Mer
Hadès	Pluton	Mort
Déméter	Cérès	Blé, terre et fécondité
Athéna	Minerve	Intelligence
Apollon	Apollon	Soleil et arts
Artémis	Diane	Lune, chasse et chasteté
Hermès	Mercure	Commerce, voyage et éloquence
Dionysos	Bacchus	Vin
Arès	Mars	Guerre, printemps et jeunesse
Héphaïstos	Vulcain	Feu, métaux

dans une langue populaire, les sujets grecs aux goûts rudimentaires du public romain. Il a peut-être été l'initiateur, avant la lettre, du burlesque. Avec Térence, cet esclave affranchi originaire de Carthage, la comédie devient plus moralisante et plus subtile alors que la psychologie prime sur l'action. Seule l'intelligentsia romaine apprécie son œuvre. Elle marque la fin de la comédie latine qui ne ressortira de ses cendres qu'à l'époque de la Renaissance avec la commedia dell'arte.

Le peuple romain préfère les exploits des gladiateurs, des pugilistes et des funambules du cirque aux œuvres de Plaute et surtout de Térence. Les conquêtes orientales ont eu pour conséquence d'intensifier l'hellénisation des classes aisées et de ruiner la classe moyenne qui, urbanisée, aurait pu remplir les théâtres. La tragédie et la comédie sont désormais destinées aux odéons, de petits théâtres réservés aux lectures publiques et aux concerts. Les mimes et les atellanes (petites représentations bouffonnes) s'installent dans les théâtres qui se dotent également, dans leur sous-sol, de machineries destinées à éblouir les spectateurs.

Théâtre d'Orange   Datant probablement de l'époque d'Auguste, ce théâtre possède 7000 places et un orchestre semi-circulaire réservé aux dignitaires. Le théâtre romain n'est pas construit à flanc de colline (comme chez les Grecs). Il a un mur de scène élevé qui est relié par deux tours et dont le sommet est incliné vers l'avant, afin d'améliorer l'acoustique.

Les dernières œuvres de la littérature romaine sont écrites par des descendants de vaincus gaulois, espagnols et berbères, qui se considèrent comme les héritiers et les porteurs de la civilisation romaine. La langue et la culture romaines seront prolongées, après la chute de Rome, par les descendants des conquérants germains, qui s'en feront longtemps les protecteurs et les propagandistes. Dans le répertoire des grands auteurs classiques de l'Occident moderne, la Rome antique est aussi présente par sa mythologie et son histoire que la Grèce ancienne. (*Voir le tableau 4.4.*)

Des auteurs engagés

Plusieurs auteurs latins sont associés à l'exercice du pouvoir politique. Jules César inaugure une longue tradition de mémoires, écrits par des hommes publics soucieux de se valoriser devant leurs contemporains et de se justifier face à la postérité. Avocat célèbre, Cicéron exerce le consulat alors que l'un de ses adversaires politiques, l'historien Salluste, est questeur, tribun, sénateur et proconsul en Afrique. Un autre historien, Tacite, auteur des *Annales* et des *Histoires*, est consul, puis proconsul d'Asie. Le stoïcien Marc Aurèle est empereur de 162 à 180, et ses *Pensées* représentent, de l'avis de plusieurs, le plus grand ouvrage didactique de l'Antiquité. Le fabuliste Phèdre est fonctionnaire des finances alors que le stoïcien Sénèque est précepteur et conseiller de Néron. Pline le Jeune mène une brillante carrière de haut fonctionnaire sous Domitien et Trajan.

Certains auteurs mettent par ailleurs leur talent d'écrivain au service du pouvoir politique de leur temps comme Virgile et Tite-Live, qui représentent les cas les plus célèbres. Ils sont mobilisés par l'empereur Auguste et son ami Mécène dans l'élaboration d'une mystique nationale et impériale. Le poète Virgile est le chantre des vertus traditionnelles. Avec les *Bucoliques* et les *Géorgiques*, il célèbre les mœurs champêtres et entretient la nostalgie du monde rural. Avec l'*Énéide*, un poème épique inspiré de l'*Odyssée* de Homère, il soulève l'orgueil national, en faisant remonter les origines de Rome à Énée et celles de César et d'Auguste à Iule, le fils du héros troyen. L'historien Tite-Live s'applique, dans son *Histoire de Rome* de 753 à 9 av. J.-C., à combattre le relâchement des mœurs chez ses contemporains, en exaltant le sentiment patriotique et la grandeur de la cité.

TABLEAU 4.4

LES PRINCIPAUX AUTEURS LATINS

	RÉGION D'ORIGINE	GENRE LITTÉRAIRE	PRINCIPALES ŒUVRES
Ennius (239-169 av. J.-C.)	Italie	Poésie Épopée Tragédie	*Annales* *Médée en exil*
Plaute (v. 254-v. 184 av. J.-C.)	Italie	Comédie	*Le revenant* *Le soldat fanfaron*
Térence (v. 190-v. 159 av. J.-C.)	Carthage	Comédie	*La belle-mère* *Le bourreau de lui-même*
Lucilius (v. 180-103 av. J.-C.)	Italie	Poésie Satire	?
Cicéron (106-43 av. J.-C.)	Italie	Éloquence Philosophie Épistolaire	*Catilinaires* *De la république* *Correspondance*
Jules César (101-44 av. J.-C.)	Rome	Mémoires Histoire	*Commentaires sur la guerre des Gaules* *Commentaires sur la guerre civile*
Lucrèce (v. 98-55 av. J.-C.)	Rome	Poésie Philosophie	*De la nature des choses*
Salluste (86-35 av. J.-C.)	Italie	Histoire	*Histoires*
Catulle (v. 87-54 av. J.-C.)	Gaule cisalpine	Poésie Épopée	*Noces de Thétis et Pélée*
Virgile (70-19 av. J.-C.)	Gaule cisalpine	Poésie Épopée	*Bucoliques* *Géorgiques* *Énéide*
Horace (65-8 av. J.-C.)	Italie	Poésie Satire	*Épodes* *Satires*
Tite-Live (v. 64 av.-v.10 apr. J.-C.)	Italie	Histoire	*Histoire*
Ovide (43 av.-17 apr. J.-C.)	Italie	Poésie Légendes	*Métamorphoses*
Phèdre (v. 15 av.-50 apr. J.-C.)	Thrace	Fables Satire	*Fables*
Sénèque (v. 4 av.-65 apr. J.-C.)	Espagne	Philosophie Tragédie	*Lettres à Lucilius*
Pétrone (?-65)	?	Roman	*Satiricon*
Perse (34-62)	Italie	Poésie Satire	*Satires*
Martial (40-104)	Espagne	Poésie Satire	*Épigrammes*
Juvénal (v. 55-v. 140)	Italie	Poésie Satire	*Satires*
Tacite (v. 55-v. 120)	?	Histoire Éloquence	*Vie d'Agricola* *Germanie* *Histoires* *Annales* *Dialogues des orateurs*
Pline le Jeune (v. 61-v. 114)	Italie	Éloquence Épistolaire	*Panégyrique de Trajan* *Lettres*
Marc-Aurèle (121-180)	Rome	Philosophie	*Pensées*
Lucien (v.125-v. 192)	Syrie	Dialogues Satire	*Dialogues des morts*
Saint Cyprien (v. 200-258)	Numidie	Religion	*Des faillis*
Arnobe (2e moitié du IIIe s.)	Numidie	Religion	*Contre les païens*
Lactance (v. 260-v. 325)	Numidie	Religion	*Institutions divines*
Saint Hilaire (v. 315-v. 367)	Gaule	Religion	*Sur la trinité*
Saint Ambroise (v. 330-397)	Gaule	Religion	*Sur les devoirs des clercs*
Prudence (348-v. 415)	Espagne	Poésie (chrétienne)	*Livre des couronnes* *Apotheosis*
Saint-Jérôme (v. 347-420)	Dalmatie	Épistolaire Traduction de la Bible	*Correspondance* *Vulgate*
Saint Augustin (354-430)	Numidie	Philosophie (chrétienne)	*Confessions* *Cité de Dieu*

Certains auteurs créent un genre original, la satire, qui ridiculise et censure à la fois les mœurs publiques. Surtout morale et sociale, la satire existe autant sous la République que sous l'Empire ; les nouveaux riches et la corruption des mœurs sont ses principales cibles. C'est surtout par cette voie que la littérature fait son chemin dans la société romaine. Inauguré par Ennius et Lucilius, le genre satirique est utilisé par des auteurs tels que Catulle, Horace, Phèdre, Perse, Martial et Juvénal. Avec *Satiricon* dont l'épicurien Pétrone est probablement l'auteur, le roman fait son apparition sous la forme d'une satire sociale. Lucien, quant à lui, dénonce le vide intérieur derrière les apparences, la rhétorique, la sophistique et surtout une religion vétuste et superstitieuse (*voir la section « L'affaiblissement du paganisme romain »*). Son œuvre la plus célèbre demeure *Dialogues des morts*, une satire sur les hommes aux enfers. Considéré comme le dernier grand auteur de l'Antiquité, il sera le modèle d'auteurs modernes tels qu'Érasme (v. 1469-1536), Fénelon (1651-1715) et Fontenelle (1657-1757).

Au IIIe siècle, entre les règnes de Septime Sévère et de Constantin, malgré les persécutions, la religion chrétienne est largement diffusée à l'aide d'une littérature de combat, d'abord en grec puis, pour des impératifs politiques, en latin. Avec Tertullien, les premiers promoteurs du christianisme sont des Africains comme saint Cyprien, Arnobe et Lactance. Les chrétiens expriment leur nouvelle religion en empruntant au style classique et tentent, dans la construction et la décoration de leurs églises, de concilier la foi chrétienne et l'art païen. Cette tendance est également manifeste en prose chez saint Ambroise et en poésie, surtout chez l'Espagnol Prudence. Cependant, dans leurs œuvres, les auteurs chrétiens poursuivent la lutte contre le paganisme et protègent l'unité du christianisme contre de nombreuses hérésies et particulièrement contre l'arianisme. Ce fut le cas de saint Hilaire, né à Poitiers, et de saint Jérôme, originaire de Dalmatie (la Croatie actuelle). Mais le plus universel et important **Père de l'Église** sera saint Augustin, évêque d'Hippone, en Numidie (Afrique du Nord). Ce dernier est d'abord professeur de rhétorique à Carthage, à Rome et à Milan. Imprégné de culture antique, il adhère au manichéisme (la religion perse), puis au scepticisme, et finalement au néoplatonisme, avant de se convertir au christianisme à l'âge de 32 ans.

Le christianisme

quest #8

L'Église naît et se développe initialement dans le cadre de l'Empire romain. De nos jours, en plus d'être catholique et apostolique, elle est romaine, et son chef, le souverain pontife, siège toujours dans la Ville éternelle, Rome. Mais le christianisme a d'abord été une religion orientale, issue du judaïsme (*voir le chapitre 2*) et propagée par des hellénistes.

L'affaiblissement du paganisme romain

À l'origine, les Étrusques ont transmis aux Romains une religion empreinte de magie et de pratiques comme l'examen, après les sacrifices d'animaux, des entrailles des victimes pour en dégager des présages. N'attendant rien de l'au-delà, les Étrusques s'appliquent à jouir d'une existence où la danse et la musique occupent une place importante. Hommes et femmes festoient, étendus sur les banquettes du triclinium, cette salle à manger avec des lits en pente, qu'adopteront plus tard les Romains.

Dans le champ privé, les Romains conservent le culte des ancêtres et de certains dieux sous l'autorité du *pater familias*, tel qu'il est pratiqué chez les Étrusques. Mais dans le domaine public, la religion païenne, dirigée par le grand pontife et ses prêtres, ne leur suffit plus. Dès l'époque républicaine, les Romains font preuve de tolérance et d'une grande ouverture envers les autres religions. Dénués de tout fanatisme, ils permettent même aux Juifs de la **diaspora** de pratiquer librement leur religion. De larges couches de la population occidentale de l'Empire ont été séduites par de nouvelles religions orientales, bien avant l'apparition du christianisme. Le culte de la déesse phrygienne Cybèle se répand en Italie et en Gaule, et celui de la divinité égyptienne Isis en Campanie, à Rome et en Espagne. Le dieu iranien Mithra est également vénéré par les Campaniens et les Romains, mais surtout par les soldats des régions militaires. Ces religions à mystères, bien intégrées au monde grec, enseignent la purification, le rachat des fautes et offrent des perspectives de salut en promettant l'immortalité. Elles représentent sans doute une avenue intéressante pour des esprits en proie à l'insécurité et écrasés par l'absolutisme impérial.

Au IVe siècle, sous Théodose, la condamnation officielle du paganisme ne provoque pas sa disparition complète. Il s'estompe graduellement, non sans transmettre certains de ses rites au christianisme. Le

Romain faisait ses prières publiques ou privées devant un autel avec des signes d'adoration et des formules qui demeuraient inchangées. Les prières devenaient collectives, lors de pèlerinages à divers sanctuaires. Le sacrifice, sanglant ou non, procurait l'expiation alors que la lustration, un rite de purification par immolation d'animaux, permettait de se libérer de toute influence maléfique. Cela n'est pas sans nous rappeler le sacrifice de la messe catholique et la formule «Agneau de Dieu, qui enlèves les péchés du monde...», qui invoque le Christ immolé. Au IIᵉ siècle, dans le calendrier romain, une journée sur deux était consacrée à des fêtes religieuses, des jeux ou des représentations. En outre, comment ne pas voir dans le culte des reliques et des saints, qui se répand rapidement chez les chrétiens, des relents de paganisme sinon une volonté de se réconcilier avec le polythéisme du monde païen?

Les origines du christianisme

Le christianisme remonte à Jésus de Nazareth. Ce Juif de Palestine, d'origine modeste, naît et termine ses jours en Judée, une province romaine administrée par un procurateur de Rome. Sa jeunesse et la partie non publique de sa vie se déroulent en Galilée, une région administrée par un prince vassal de Rome, Hérode Antipas (4 av. J.-C.-39 apr. J.-C.). La théologie chrétienne présente Jésus comme le Verbe, c'est-à-dire la Parole de Dieu qui s'est incarnée et a habité parmi les hommes. L'enseignement de Jésus, imprégné de stoïcisme, ne s'adresse pas exclusivement aux Juifs, mais à tous les peuples, hommes et femmes. Il prône l'amour du prochain, même des ennemis, le pardon des offenses et le détachement des biens matériels. Jésus ne fonde pas une nouvelle religion de son vivant. Il prétend ne pas vouloir abro-

ger la loi de Moïse (*voir le chapitre 2*) et face à la Tradition, il fera figure de réformateur plutôt que de révolutionnaire.

Les Juifs de Palestine se considèrent comme le peuple élu de Dieu et, fidèles à la religion de leurs pères, ils résistent aux influences hellénistiques et romaines. D'autres Juifs, notamment ceux de la diaspora établis dans les grandes cités de l'Empire, adhèrent à la culture hellénistique sans toutefois renoncer à leur religion. Tous les Juifs attendent la venue du Messie, l'oint de Yahvé, le sauveur, annoncée par les prophètes. Ce descendant du roi David doit imposer l'hégémonie d'Israël et le règne de Yahvé sur terre. Or Jésus se révèle décevant à plusieurs titres pour ses coreligionnaires. Le Christ (du grec *kristos* «oint») n'a rien du conquérant traditionnel. Il ne prêche même pas la résistance au pouvoir de Rome et promet un royaume qui n'est pas de ce monde. De plus, sa doctrine heurte les traditionalistes, dont les plus radicaux, les Pharisiens, qui prônent un respect inconditionnel de la loi de Moïse.

À l'exemple de Socrate, et après lui de Mahomet, Jésus ne laisse aucun écrit. Sa vie et son enseignement ne nous sont connus qu'à travers les quatre *Évangiles* (du grec *evaggelion* «offrande pour une bonne nouvelle»). Ces œuvres postérieures sont rédigées en grec. Les évangiles de saint Mathieu, de saint Marc et de saint Luc sont écrits entre 70 et 90; ils présentent suffisamment de similitudes pour être qualifiés de synoptiques. Le dernier évangile, différent des trois premiers et rédigé entre 90 et 100, est l'œuvre de saint Jean. (*Voir l'encadré 4.6.*) Aux quatre évangiles s'ajoutent quelques textes, les *Actes des Apôtres*, les *Épîtres* de saint Paul et l'*Apocalypse* de saint Jean; l'ensemble forme le Nouveau Testament. Rappelons que l'Ancien et le Nouveau Testament forment la Bible des chrétiens qui,

*La vie de **Jésus de Nazareth** n'est connue qu'à travers les Évangiles qui en donnent un récit imprécis et parfois contradictoire. Il serait né à Bethléem sous le règne d'Auguste, probablement vers l'an 4 ou 5 avant l'ère qui porte son nom. Il serait décédé sous le règne de Tibère, vers l'an 28 ou 29 de notre ère. Fils de Marie, femme de Joseph, il vit à Nazareth, en Galilée. À partir de l'âge de 30 ans, il parcourt la Galilée et les autres régions de la Palestine, accompagné des apôtres, ses disciples les plus fidèles. Il accomplit des miracles et prêche en s'adressant surtout aux pauvres et aux désespérés. Ses dénonciateurs obtiennent du procurateur romain Ponce Pilate sa condamnation à mort. Il est crucifié sur la colline du Golgotha (Calvaire), près des remparts de Jérusalem.*

conformément à la volonté du Christ, ne rompent pas totalement avec le judaïsme.

Hors de Palestine, Jésus est méconnu de ses contemporains. Mal accueilli dans les milieux juifs de Palestine, il meurt crucifié, donc de façon humiliante. Son enseignement finira cependant par avoir une extraordinaire résonnance dans le monde romain.

La diffusion et les persécutions

Jésus lègue non seulement une doctrine et une morale, mais aussi un certain nombre de directives. Il enseigne à ses disciples une prière, le « Notre Père » et leur confie également, avant son Ascension, une mission universelle dans les termes suivants : «Allez dans le monde entier, proclamez l'Évangile à toute la création» (saint Marc, chap. 16, v. 15) et «Vous serez [...] mes témoins dans toute la Judée et la Samarie, et jusqu'aux extrémités de la terre» (Actes des apôtres, chap.1, v. 8).

À ses débuts, le christianisme demeure associé au judaïsme et est confiné pendant une courte période aux limites de Jérusalem, avant de se répandre surtout dans les communautés juives des grandes villes orientales de l'Empire, et même jusqu'à Rome. Le christianisme se répand d'abord dans la partie orientale de l'Empire et a une diffusion très lente dans sa partie occidentale. La Gaule et l'Espagne ne sont

---

ENCADRÉ 4.6
PRINCIPAUX ÉPISODES ÉVANGÉLIQUES

Nativité Naissance de Jésus à Bethléem.

Baptême Vers l'âge de 30 ans, Jésus est baptisé par le prophète Jean le Baptiste, qui a annoncé la venue du fils de Dieu et qui sera, par la suite, décapité sur l'ordre du roi Hérode Antipas, à la demande de Salomé.

Prédication En Galilée, Jésus prêche à l'aide de paraboles, accomplit de nombreux miracles et choisit ses principaux disciples, les 12 apôtres (du grec *apostolos* «envoyé»).

Entrée à Jérusalem Jésus affronte les Pharisiens, chasse les vendeurs du Temple et prédit la destruction de la ville de David, qui aura lieu en 70.

Dernière Cène (du latin *cena* «repas») À la veille de la Pâque juive, Jésus prend son dernier repas avec ses apôtres. Il institue le sacrement de l'Eucharistie, c'est-à-dire la communion sous les deux espèces, le pain et le vin ; selon le futur dogme qui sera refusé par les protestants, le pain et le vin deviennent, par transsubstantiation, le corps et le sang du Christ. Jésus annonce la trahison de Judas. C'est le début de la Passion qui se termine par la mort du Christ.

Arrestation Du mont des Oliviers, Jésus est amené devant Caïphe, le grand prêtre juif qui préside le sanhédrin, la haute cour de justice siégeant dans l'enceinte du Temple. Jésus est condamné à mort.

Comparution devant Pilate Le procurateur romain offre au peuple de Jérusalem de relâcher le prisonnier Barabbas ou Jésus. Excitée par les prêtres, la foule demande la libération de Barabbas. Après l'avoir fait flageller, Pilate livre Jésus pour qu'il soit crucifié.

Crucifixion Pour se rendre au Golgotha, Jésus porte péniblement sa croix. Il est crucifié entre deux brigands et, après six heures de souffrances, il expire.

Résurrection Enseveli dans un tombeau, Jésus ressuscite le troisième jour.

Ascension Jésus apparaît à ses disciples et aux 11 apôtres auxquels il confie la prédication du christianisme. Quarante jours après sa résurrection, il monte au ciel auprès de son Père.

La Cène **de Léonard de Vinci (1452-1519)**   La Cène représente l'un des plus importants épisodes évangéliques, parce qu'il est relié au sacrement de l'Eucharistie et au début de la Passion du Christ. Le grand maître italien de la Renaissance, Léonard de Vinci, et le peintre surréaliste d'origine espagnole, Salvador Dali, sont parmi les artistes occidentaux qui ont repris ce thème avec une maîtrise exceptionnelle.

pénétrées qu'au IIIe siècle, alors que la Bretagne ainsi que les régions rhénanes et danubiennes résistent à ce nouveau courant religieux.

Initialement, c'est en grec et non en latin que se propage le message évangélique. Les premiers convertis appartiennent en grand nombre aux milieux grecs et orientaux des esclaves et des affranchis. Mais assez rapidement, ce message se répand chez les riches et les classes supérieures. L'unité de l'Empire et particulièrement l'excellent réseau de routes favorisent la diffusion du christianisme (*voir la carte 4.7*) qui, cependant, demeure longtemps un phénomène urbain.

*Le principal responsable de la propagation du christianisme est **Saül** (v. 10-67), le futur **saint Paul**, un Juif rigoriste originaire de Tarse, en Asie Mineure, et un citoyen romain, converti à la religion du Christ qui lui serait apparu sur le chemin de Damas. Parti d'Antioche, il se rend en Palestine, à Chypre, en Asie Mineure, en Macédoine et en Grèce. Arrêté à Jérusalem, il est transféré à Rome où il subit une longue captivité. Libéré, on ignore s'il se rend en Gaule et en Espagne, avant de parcourir l'Orient et de revenir à Rome, où il meurt martyrisé, sous Néron, en même temps que saint Pierre. Auteur des Épîtres, des lettres destinées aux diverses communautés qu'il visite, il dissocie graduellement le christianisme du judaïsme, afin de le rendre plus accessible aux autres peuples. C'est notamment sous son influence que l'Église primitive doit admettre que le respect de certaines prescriptions de la loi juive, telles que la circoncision et les tabous alimentaires, ne soit plus imposé aux païens convertis au christianisme. Saint Paul est à juste titre appelé l'apôtre des gentils, c'est-à-dire des païens.*

La Cène de Salvador Dali (1904-1989).

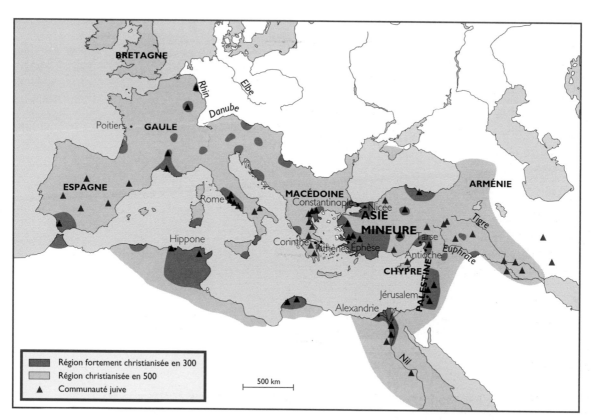

Carte 4.7

La diffusion du christianisme

Les campagnes, plus traditionalistes et réfractaires au changement, demeurent fidèles au paganisme. D'ailleurs, le mot «païen» dérive du mot latin *paganus* qui signifie «paysan». Au IVe siècle, après avoir quitté les catacombes du temps des persécutions, les chrétiens construiront des églises sur le modèle des basiliques romaines, en y ajoutant le plan cruciforme.

Les persécutions contre les chrétiens commencent sous Néron et sont épisodiques, mais parfois d'une rare violence, sous certains de ses successeurs; elles se poursuivent jusqu'à la fin du règne de Dioclétien, en 305, qui tentera d'éliminer le christianisme sur les conseils de son césar, Galère (?-311). Les chrétiens sont persécutés essentiellement parce qu'ils demeurent de farouches monothéistes et refusent le culte impérial. Néanmoins, le nombre de nouveaux adhérents ne cesse d'augmenter, particulièrement dans les classes défavorisées des centres urbains. L'empereur Théodose interdit les cultes païens et adopte le christianisme comme religion d'État en 391.

L'organisation initiale de l'Église

Après la mort de Jésus, ses fidèles se regroupent sous la direction de l'apôtre Pierre qui s'est fait confier cette responsabilité par le Christ qui lui a dit: «Tu es Pierre et sur cette pierre je bâtirai mon Église» (saint Mathieu, chap. 16, v. 18). Les chrétiens se regroupent par la suite en petites communautés, c'est-à-dire en églises (du grec *ekklesia* «assemblée»). Chacune a un évêque (du grec *episkopos* «surveillant»), assisté de prêtres (du grec *presbuteros* «ancien») et de diacres (du grec *diakonos* «serviteur»). Le dimanche, ils se réunissent pour prier et lire des passages de la Bible et, dans la soirée, ils participent à des agapes (du grec *agapè* «tendresse»), un repas fraternel au cours duquel ils se partagent le pain et le vin, bénis par l'évêque, en souvenir de la dernière Cène. Au IIIe siècle, les évêques en provenance de divers chefs-lieux se réunissent en synodes (du grec *sunodos* «réunions») locaux et parfois œcuméniques, c'est-à-dire mondiaux. Au lendemain des persécutions, au IVe siècle, l'Église modèle son organisation sur celle de l'Empire. À l'intérieur d'une province, chaque cité forme un diocèse dirigé par un évêque sous l'autorité d'un métropolitain (futur archevêque), l'évêque de la capitale provinciale.

Les divisions internes et les hérésies

Les évêques des quatre grands centres orientaux jouissent d'un prestige exceptionnel; ce sont les patriarches d'Alexandrie, de Jérusalem, d'Antioche et de Constantinople. L'évêque de Rome, à titre de successeur de saint Pierre, exerce une autorité spirituelle qui n'est pas contestée en Occident. Mais la primauté, même morale, de celui qui, éventuellement, se proclamera pape et souverain pontife, n'est pas reconnue par les communautés orientales. Sous Constantin, le centre de gravité de l'Empire se déplace vers l'est alors que Rome cesse d'être un centre politique. Constantinople, qui reprendra bientôt son ancien nom de Byzance, deviendra la capitale de la chrétienté orthodoxe grecque. L'évêque de Rome devient le chef du catholicisme romain qui adopte définitivement le latin et l'impose à l'Occident. Le christianisme a désormais deux bases de diffusion. Au moment de son effondrement politique, Rome parvient à s'affranchir de la domination hellénique. Apparue dès le IVe siècle et reliée à la division de l'Empire, l'opposition religieuse entre Rome et Constantinople ne sera consacrée officiellement que par le schisme de 1054.

Toujours au IVe siècle, le christianisme est confronté à des dissidences doctrinales, c'est-à-dire des hérésies, et la plus importante est sans doute l'arianisme qui remet en question la nature divine du Christ. Malgré les écrits réprobateurs des Pères de l'Église et la condamnation par les conciles de Nicée (325) et de Constantinople (381), cette hérésie survit jusqu'au IVe siècle et se répand hors de l'Empire, ce qui entraîne des conséquences politiques majeures. En effet, grâce à l'action missionnaire d'Ulfilas (v. 311-383), un évêque arien d'origine gothe, la plupart des peuples germaniques adhèrent à l'arianisme.

Pendant ce temps, suivant la tradition des ermites des déserts orientaux, des chrétiens veulent se retirer de ce monde perturbé pour se livrer à la prière et à la méditation; on les appelle moines (du grec *monos* «seul»). En Égypte, en Syrie et en Asie Mineure, ils se regroupent en communautés dans des monastères où ils se donnent des règles. Saint Augustin, pour son diocèse africain d'Hippone, sent le besoin de publier des préceptes de vie monastique. Vers 360, saint Martin fonde le monastère de Liguré, dans la région de Poitiers. En Occident, le monachisme connaîtra, au cours du Moyen Âge, un développement fulgurant et constituera une assise importante du christianisme et de l'autorité pontificale.

Conclusion

Grâce à l'apport des Grecs et des Étrusques, les descendants d'une petite communauté pastorale du Latium édifient une grande civilisation. Après le départ, en 509, du dernier roi étrusque, ils mettent environ 250 ans à conquérir l'Italie et autant de temps à dominer l'ensemble du bassin méditerranéen. Mais l'enrichissement que procurent ces conquêtes provoque des malaises et des crises internes, qui compromettent l'avenir de cette république aristocratique. Les guerres civiles se terminent par l'assassinat de César, en 44 av. J.-C., et la fondation du régime impérial, en 27 av. J.-C., par Octave devenu Auguste. Pendant les deux siècles suivants, l'Empire est pacifique et prospère. Les premiers signes de déclin se manifestent à la fin du IIe siècle. La récession, la diminution démographique, les troubles sociaux, la décadence des mœurs et l'anarchie politique sont le lot des Romains du IIIe au Ve siècle. Les élites se réfugient derrière leurs privilèges et la vieille religion romaine cède le pas devant la progression du christianisme. Face à une armée en crise et à des citoyens qui se détachent de l'autorité impériale, les hordes germaniques franchissent de plus en plus facilement le limès. Le renversement, en 476, d'un empereur enfant n'est que l'aboutissement symbolique d'une œuvre de destruction qui s'est échelonnée sur presque trois siècles.

Les Romains laissent un très riche héritage matériel et organisationnel. Avec leur réseau routier qui parcourt l'Italie et l'Empire, les Romains créent la première forme d'unité européenne. Cette idée unificatrice demeurera et animera la pensée des futurs grands conquérants, de Charlemagne à Napoléon. Après la Deuxième Guerre mondiale, l'Europe dévastée reprendra à son compte ce rêve d'unité européenne qui, en cette fin de XXe siècle, semble en voie de se réaliser par des voies nouvelles. Mais selon plusieurs, le droit romain constitue la partie la plus importante de l'héritage romain, car les jurisconsultes romains ont été les véritables initiateurs de la science juridique, qui commence à être enseignée sous l'Empire.

Dans les domaines culturel et intellectuel, quoique tributaires de la culture grecque, les Romains ont quand même produit quelques chefs-d'œuvre. Ils ont surtout transmis, principalement grâce à l'Église catholique, une langue qui demeurera celle des chrétiens et des intellectuels occidentaux du Moyen Âge au XVIIIe siècle. Ajoutons que les langues nationales de plusieurs pays occidentaux, notamment le français, l'italien, l'espagnol et le portugais, sont dérivées du latin. Cette langue a été enseignée dans les collèges du Québec jusqu'à la réforme scolaire des années 1960. Elle demeure, de nos jours, au programme de certaines institutions d'enseignements secondaire et universitaire. Elle a été, jusqu'au concile Vatican II (1962-1965), lue et chantée dans toutes les églises catholiques d'Occident.

Enfin, les Romains ont doté le monde occidental de deux éléments de base de sa culture. Ils ont transmis à l'Occident celte et germanique les fondements de la civilisation hellénique, ce que les Grecs n'ont pu réaliser eux-mêmes. Ils ont également sauvegardé les valeurs judéo-chrétiennes, parmi lesquelles figure le monothéisme. Avant son effondrement, Rome a en effet donné droit de cité au christianisme, une religion d'origine orientale. En l'associant au pouvoir civil occidental, Rome pourra ainsi maintenir, à travers des temps parfois anarchiques, les bases d'une unité à la fois culturelle et politique.

L'Empire romain se prolongera en Orient jusqu'en 1453, l'année de la prise de Constantinople par les Turcs. L'Occident, pour sa part, devra reconstruire lentement et patiemment une nouvelle force sur les ruines de Rome. Entre la civilisation gréco-romaine et celle des Temps modernes, nous retrouvons une période intermédiaire, le Moyen Âge. Le christianisme conservera précieusement l'héritage antique dans ses établissements monastiques, diocésains et scolaires, devenus, pour quelques siècles, les dépositaires du savoir et de la culture antiques. L'Église de Rome soutiendra la monarchie de droit divin et l'idée impériale qui renaîtra avec Charlemagne et Otton, qui voudront se faire reconnaître comme les successeurs des empereurs romains.

Lectures suggérées

BORDET, Marcel. *Précis d'histoire romaine,* Paris, Armand Colin, coll. «U», 1969.

CHRISTOL, M. et D. NONY. *Des origines de Rome aux invasions barbares,* Paris, Hachette-Université, 1990.

CORNELL, T. et J. MATTHEW. *Atlas du monde romain,* Paris, Fernand Nathan, 1984.

ENGEL, J.-M. *L'Empire romain,* Paris, P.U.F., coll. «Que sais-je?», n° 1536, 1984.

LEGLAY, M., J.-L. VOISIN et Y. LE BOHEC. *Histoire romaine,* Paris, P.U.F., coll. «Premier Cycle», 1991.

PIGANIOL, A. *Histoire de Rome,* 5e éd., Paris, P.U.F., coll. «Clio»,1962.

ROUGÉ, Jean. *Les Institutions romaines,* Paris, Armand Colin, coll. «U2», 1991.

Questions

1.   *Quel rôle jouent les Étrusques dans la formation de la civilisation romaine ?*

2.   *Rome a connu, au cours de son existence, trois formes de gouvernement. Expliquez.*

3.   *Peut-on établir un lien entre les conquêtes et la chute de la République ?*

4.   *Après l'éclat des deux premiers siècles, des symptômes de décadence apparaissent sous l'Empire romain. Quelles seront les principales causes de la chute de Rome ?*

5.   *Expliquez comment l'esprit pratique des Romains se manifeste tant dans le domaine des arts que dans celui des infrastructures.*

6.   *Le droit romain et une certaine conception de l'État forment l'un des héritages précieux que Rome a laissés à la postérité. Expliquez.*

7.   *Malgré l'omniprésence grecque, la culture latine n'en a pas moins été originale et féconde. Expliquez.*

8.   *Expliquez comment le christianisme est d'abord une religion orientale, issue du judaïsme et propagée en Occident par des hellénistes.*

Chapitre 5

Le Moyen Âge

La société médiévale   Cette miniature du XVᵉ siècle représente les principales classes de la société au Moyen Âge. En haut, le monarque accueille une délégation du haut clergé (à gauche) et des représentants de la noblesse (à droite). En bas à gauche, la bourgeoisie est représentée par des marchands de la ville qui, à la suite de leurs opérations commerciales, font leurs comptes. En bas à droite, des paysans se livrent aux divers travaux des champs, un géomètre arpente et plus au fond, près du château, des bergers gardent leurs moutons.

D u Vᵉ au Xᵉ siècle, l'Occident divisé en royaumes germaniques se reconstruit lentement à partir des ruines de la culture antique, des coutumes germaniques et des valeurs du christianisme. Que ce soit avec les Carolingiens ou les Hohenstaufen, la restauration de l'autorité impériale ne permet pas d'unifier le monde chrétien. Ce monde divisé subira, à divers degrés, les influences du Sud musulman, du Nord scandinave et de l'Orient byzantin. Malgré les efforts de la papauté et de l'Empire, l'Occident demeure fragmenté. Entre le XIᵉ et le XIIIᵉ siècle, il se rebâtit sur les bases nouvelles de la féodalité et redevient conquérant. Les Croisades et la reprise économique favorisent la reconstitution d'un monde urbain et l'édification d'une civilisation originale. La **bourgeoisie** et le pouvoir monarchique sortent renforcés des terribles épreuves des XIVᵉ et XVᵉ siècles, alors que se dessinent les sentiments d'appartenance nationale et le mouvement humaniste.

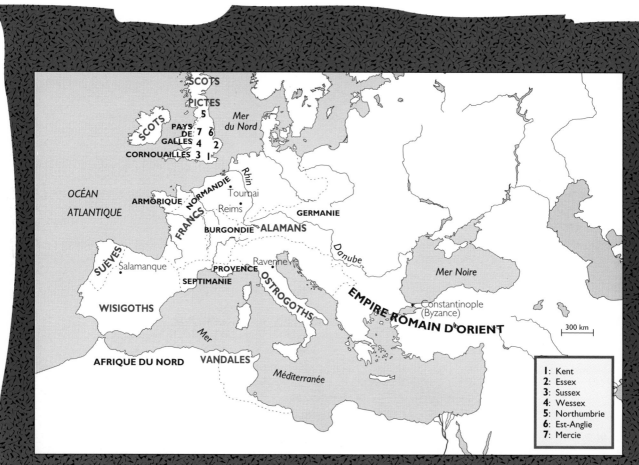

Carte 5.1
Les principaux royaumes germaniques après 476

Chronologie

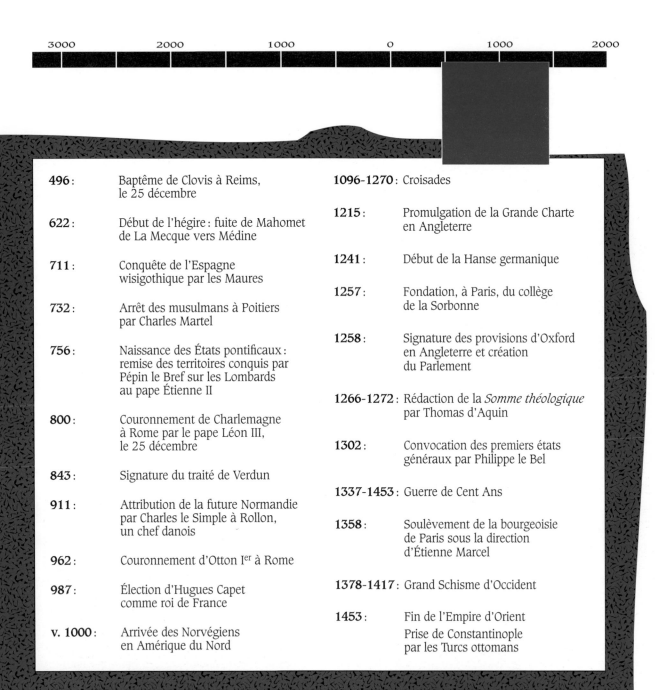

3000   2000   1000   0   1000   2000

496 : Baptême de Clovis à Reims, le 25 décembre

622 : Début de l'hégire : fuite de Mahomet de La Mecque vers Médine

711 : Conquête de l'Espagne wisigothique par les Maures

732 : Arrêt des musulmans à Poitiers par Charles Martel

756 : Naissance des États pontificaux : remise des territoires conquis par Pépin le Bref sur les Lombards au pape Étienne II

800 : Couronnement de Charlemagne à Rome par le pape Léon III, le 25 décembre

843 : Signature du traité de Verdun

911 : Attribution de la future Normandie par Charles le Simple à Rollon, un chef danois

962 : Couronnement d'Otton Ier à Rome

987 : Élection d'Hugues Capet comme roi de France

v. 1000 : Arrivée des Norvégiens en Amérique du Nord

1096-1270 : Croisades

1215 : Promulgation de la Grande Charte en Angleterre

1241 : Début de la Hanse germanique

1257 : Fondation, à Paris, du collège de la Sorbonne

1258 : Signature des provisions d'Oxford en Angleterre et création du Parlement

1266-1272 : Rédaction de la *Somme théologique* par Thomas d'Aquin

1302 : Convocation des premiers états généraux par Philippe le Bel

1337-1453 : Guerre de Cent Ans

1358 : Soulèvement de la bourgeoisie de Paris sous la direction d'Étienne Marcel

1378-1417 : Grand Schisme d'Occident

1453 : Fin de l'Empire d'Orient Prise de Constantinople par les Turcs ottomans

Introduction

Le Moyen Âge qui s'étend sur plus d'un millénaire a été longtemps dévalorisé. Entre les splendeurs de l'Antiquité gréco-romaine et celles de la Renaissance qui s'appliquera à les faire revivre, le Moyen Âge a parfois fait figure d'un obscur et long intermède de décadence. Depuis quelques décennies, de nombreuses études se sont appliquées à réhabiliter le monde médiéval. Elles nous apprennent que les Occidentaux de cette époque n'ont pas totalement rejeté l'héritage du monde antique, pas plus que les influences de leurs puissants voisins byzantins et **musulmans**. Ils ont cependant renoncé à verser dans l'imitation servile des autres. Pendant que Byzance, Bagdad, Le Caire et Cordoue brillaient de tout leur éclat, l'Europe de l'Ouest se reconstruisait péniblement sur les ruines de l'Empire romain. Avec une persévérance qui s'est étendue sur plusieurs siècles, elle est parvenue à se reconstituer de façon originale. L'expression « civilisation de l'Occident médiéval » n'est pas un euphémisme.

Cependant, lorsqu'il s'agit de définir ses limites temporelles, cet âge intermédiaire représente un véritable cauchemar pour les historiens. Après les périodes bien découpées de la Grèce antique et hellénistique, de la Rome royale, républicaine et impériale, le Moyen Âge apparaît comme une zone historique nébuleuse où les grands moments de transition sont difficiles à cerner. Les migrations germaniques et l'effondrement de l'Empire romain d'Occident se sont produits bien avant 476. Plusieurs rappellent, à juste titre, que la Renaissance et notamment le mouvement humaniste sont apparus en Italie du Nord bien avant le XVIᵉ siècle. Parmi les étapes décisives de cette époque, les règnes de Clovis (481-511) et de Charlemagne (768-814), le passage de l'ère carolingienne à l'ère capétienne (987), la fin des invasions (vers l'an 1000), les Croisades (1096-1291) et l'éclatement de la guerre de Cent Ans (1328) ont été, à divers degrés, privilégiés par les médiévistes. Le Moyen Âge s'est-il terminé vers le milieu du XVᵉ siècle avec l'invention de l'imprimerie (v. 1450) ou la fin de la guerre de Cent Ans et la prise de Constantinople par les Turcs (1453)? Ou plutôt n'a-t-il pas pris fin, environ un demi-siècle plus tard, avec la prise de Grenade et la découverte de l'Amérique en 1492, le début des guerres d'Italie en 1494, l'avènement de François Iᵉʳ en 1515 ou celui de l'empereur Charles Quint en 1519?

Le Moyen Âge peut être divisé en plusieurs périodes. Par souci de simplicité et de clarté, il est préférable d'en délimiter deux: du Vᵉ au Xᵉ siècle et du XIᵉ au milieu du XVᵉ siècle. En ce qui concerne la culture et la civilisation, on évite ainsi toute confusion entre les longs balbutiements des premiers siècles et les réalisations éclatantes des XIIᵉ et XIIIᵉ siècles, entre un Occident replié sur lui-même et un Occident qui s'ouvre au monde et redevient conquérant.

#1 Expliquer comment le t-A demeure une période difficile à situer dans le temps

Les faits

Parmi les royaumes germaniques, celui des Francs devient chrétien sous les Mérovingiens et se transforme en un domaine impérial centralisé sous les Carolingiens. Mais les querelles de l'Église et de l'Empire assurent, malgré la fin des menaces arabe et scandinave, le maintien du système féodal qui atteint son apogée au XIᵉ siècle. Dans un Occident redevenu conquérant, les Croisades orientales ont pour effet d'affaiblir la **noblesse**, de renforcer la bourgeoisie et de consolider le pouvoir monarchique. Cependant, aux XIVᵉ et XVᵉ siècles, les guerres, la famine et les épidémies stoppent la croissance démographique et économique des deux siècles précédents.

L'Occident disloqué à la recherche de son unité (v^e-xe siècle)

À la fin du ve siècle, une multitude de royaumes germaniques se sont constitués. Fougueux et belliqueux, les Francs, les Saxons, les Ostrogoths et les Wisigoths sont les peuples les plus importants (*voir la carte 5.1 à la page 122*). Universaliste et apostolique, l'Église romaine s'empresse de rechercher un protecteur capable de rétablir l'ordre dans cet Occident divisé et affaibli. Elle veut restaurer, sous l'égide d'un nouveau pouvoir chrétien et germanique, l'unité romaine de jadis. Ce projet d'origine ecclésiastique nous éclaire sur les causes du baptême de Clovis, en 496, par l'évêque saint Rémi et, quelques siècles plus tard, sur celles des couronnements de Charlemagne, en 800, et d'Otton Ier, en 962, par des papes.

Jusqu'aux environs de l'an 1000, nous sommes donc en présence d'un monde rural, autarcique et fortifié dont l'adhésion au christianisme représente le seul trait commun. Il ne peut se départir de son primitivisme et de son insécurité, malgré les efforts louables de renouveau et d'unification de ses rois et de ses empereurs, soutenus par les souverains pontifes. Mais les fondateurs d'empires verront leur héritage divisé et partagé par des successeurs médiocres. En outre, l'arrivée de nouveaux envahisseurs, hongrois et surtout arabes et normands, accentuera l'insécurité et le morcellement politique entre les VIIIe et Xe siècles. Dans ce contexte, les échanges commerciaux seront gravement compromis. Malgré la tentative de renaissance amorcée par Charlemagne, les populations germano-romaines accuseront un retard culturel très prononcé sur les peuples orientaux. Avec la disparition du monde urbain, la culture gréco-romaine se réfugiera dans les bibliothèques des monastères et des évêchés.

Les principaux royaumes germaniques

Le peuple des Francs comprend plusieurs ethnies, dont les Saliens et les Ripuaires, qui s'établissent dans la région du Rhin entre 250 et 400, avant de pénétrer en Gaule entre 430 et 450. Sur le territoire de la Hollande et de la Belgique actuelles, avec Tournai comme capitale, s'était constitué le royaume des Francs Saliens. Leur roi, Mérovée, à l'origine de la dynastie mérovingienne (*voir la figure 5.1*), avait

participé à la victoire de 451 sur les Huns, aux côtés du général romain Aetius. Son petit-fils Clovis, tout en soumettant les roitelets francs, défait entre 486 et 507 le gallo-romain Syagrius (?-486), les Alamans et les Wisigoths. Une nouvelle puissance naît dans la majeure partie de l'ancienne Gaule, à l'exception de l'Armorique, de la Burgondie, de la Septimanie et de la Provence.

Hormis les qualités militaires et diplomatiques de Clovis, les succès des Francs s'expliquent d'abord par leur unité et leur stabilité. Ils sont les seuls envahisseurs germaniques à ne pas perdre le contact avec leur région d'origine et à éviter l'isolement parmi les populations celto-romaines. Profitant des divisions et de l'affaiblissement de leurs voisins, ils progressent lentement vers le sud, tout en consolidant la partie septentrionale de leur royaume. Mais la conversion de

Guerrier franc De haute stature, ce guerrier porte des vêtements collants et un large baudrier couvre ses épaules. Redoutable combattant, il excelle au lancer de la hache et de la lance.

FIGURE 5.1
LA DYNASTIE DES MÉROVINGIENS

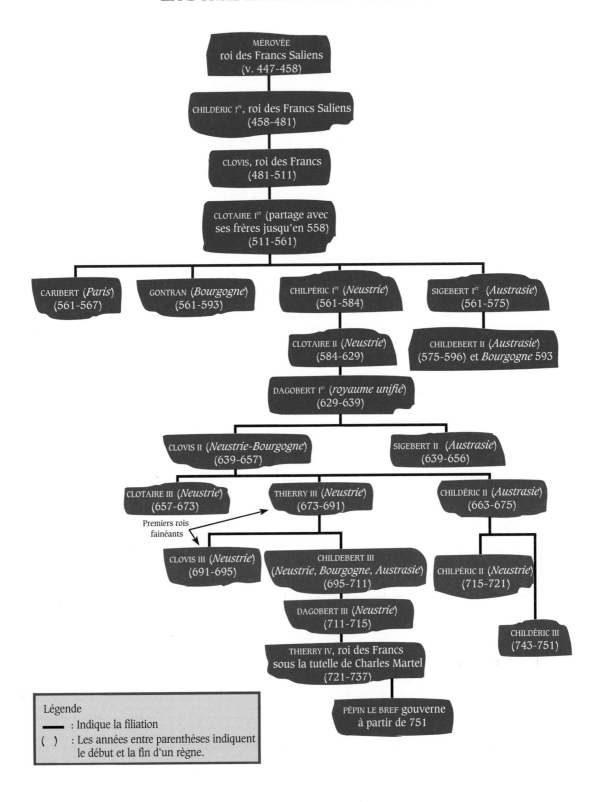

Légende

— : Indique la filiation

( ) : Les années entre parenthèses indiquent le début et la fin d'un règne.

Clovis au christianisme est sans doute le facteur le plus déterminant de leur réussite. Le 25 décembre 496, sous l'influence de sa femme Clotilde, une princesse burgonde, Clovis se serait fait baptiser par l'évêque de Reims, le futur saint Rémi (v. 437-v. 530). Cet événement aura une portée politique majeure pour l'avenir du royaume de France et de l'Europe occidentale : en effet, par son baptême, Clovis se transforme en libérateur et en protecteur de la chrétienté. Il établit ainsi, pour la postérité, un nouveau modèle de royaume germanique où les relations entre vainqueurs et vaincus sont plus solides que partout ailleurs. À sa mort, malgré un partage entre ses fils, son royaume s'agrandit au sud par l'ajout de la Burgondie et de la Provence ; à l'est, au-delà du Rhin, toute la Germanie méridionale passe également sous domination franque. Après la disparition de ses trois frères, Clotaire Ier (497-561) gouverne à partir de 558, le plus grand royaume d'Occident (*voir la carte 5.2*). Demeurés ariens devant des populations gallo-romaines d'obédience chrétienne, la plupart des autres royaumes germaniques dépérissent, malgré leurs succès initiaux.

Venus de Pannonie, les Ostrogoths se dirigent vers l'Italie, avec l'accord de Zénon (v. 426-491), l'empereur d'Orient. Après avoir destitué Odoacre (v. 433-493), roi des Hérules, ils établissent leur royaume sur son territoire vers 493. Leur roi, Théodoric (455-526), appuyé par Constantinople, tente en vain d'imposer son autorité aux autres royaumes germaniques situés entre le Danube et l'Afrique du Nord. Il fixe sa capitale à Ravenne, s'entoure de conseillers romains, restaure le droit romain et soutient une renaissance littéraire et artistique. Il se considère comme l'héritier de l'Empire d'Occident. Malgré un règne brillant, il peut, tout au plus, limiter l'expansion franque. En outre, sa tentative d'imposer en Italie une cohabitation pacifique des Goths ariens et des Romains catholiques s'avère un échec. À la fin de son règne, des conflits religieux éclatent. Ses successeurs cesseront de protéger les catholiques, et il y aura rupture avec la papauté. Ces divisions faciliteront, entre 568 et 572, l'invasion des Lombards, un peuple germanique qui partagera le Nord de la péninsule avec les Byzantins, avant de les chasser en 751.

Devant la poussée franque, les Wisigoths doivent se satisfaire du futur territoire espagnol. Après avoir résisté aux Byzantins, entre 551 et 575, et conquis le royaume des Suèves en 585, ils se convertissent au catholicisme sous le roi Recarède Ier

(?-601), en 589. La réconciliation entre les Goths et les Hispano-Romains est confirmée sous Receswinthe (?-672). Ce roi promulgue pour ses sujets, en 653, un seul code de lois, le *Forum Judicium*, qui découle du droit romain. Au VIIIe siècle, malgré une renaissance littéraire et artistique, l'établissement d'une monarchie élective et la persécution des Juifs provoquent des troubles qui facilitent une nouvelle conquête. En 711, le roi Rodrigue (?-711) est défait à Salamanque par les **Maures**. La brillante civilisation musulmane s'implante alors pour plusieurs siècles dans la majeure partie de la péninsule ibérique (Espagne et Portugal actuels), qui prend le nom de califat de Cordoue.

Du côté des îles Britanniques, à partir du milieu du Ve siècle, les Angles, les Saxons et les Jutes repoussent les Celtes (Bretons) vers le pays de Galles, la péninsule de Cornouailles et même jusqu'en Armorique (Bretagne actuelle). L'organisation romaine fait place à sept royaumes : le Kent occupé par les Jutes, l'Essex, le Sussex et le Wessex occupés par les Saxons, la Northumbrie, l'Est-Anglie et la Mercie occupées par les Angles. L'*Engle-land* des Anglo-Saxons se substitue à la *Britannia* romaine. Après les Gallois, les Scots et les Pictes, les Saxons sont christianisés sous le pape Grégoire Ier le Grand (590-604). Avec l'apport du **monachisme** irlandais, l'Église anglo-saxonne devient un centre culturel prospère et

Carte 5.2
Le royaume des Francs (511-751)

dynamique dans un milieu demeuré pourtant très barbare. Aux IXe et Xe siècles, les invasions scandinaves font de l'Angleterre orientale un territoire danois, auquel seul le royaume saxon du Wessex résiste avec son roi, Alfred le Grand (871-899). Sous ses successeurs, les Saxons conquièrent le royaume danois mais, devenu électif, le pouvoir royal s'affaiblit.

Les Carolingiens et le retour de l'idée impériale

Sur le continent, les rois germaniques, malgré le soutien de l'Église, ne peuvent asseoir leur autorité par le rétablissement des institutions romaines. Les différentes aristocraties germaniques suscitent des conflits qui menacent le pouvoir et les richesses du **clergé**. Partisane inconditionnelle d'un retour à l'unité, l'Église se tourne de nouveau vers les Francs

*Fils de Pépin le Bref et de Berte, fille du comte de Laon, **Charlemagne (742-814)** (Carolus Magnus « Charles le Grand ») partage avec son frère Carloman, en 768, le titre de roi des Francs, qu'il sera le seul à détenir à partir de 771. Devenu maître de l'Italie, de la Bavière et de la Saxe, il reçoit, le jour de Noël de l'an 800, la couronne impériale du pape Léon III. Charlemagne se considère désormais comme le continuateur de l'œuvre des empereurs romains depuis Constantin. Il obtient, à ce titre, la reconnaissance de l'empereur byzantin et accepte des présents du puissant calife de Bagdad. Il fixe sa capitale à Aix-la-Chapelle et tente, par une législation appropriée (capitulaires), de consolider politiquement son empire naissant. Charlemagne veut également, en collaboration avec l'Église, améliorer le niveau culturel de ses sujets. Dans les domaines scolaire, littéraire et artistique, les efforts qu'il a déployés sont suffisants pour que l'on parle de renaissance carolingienne. En 813, peu avant sa mort, il couronne empereur son fils Louis.*

qui, après une période d'anarchie, reconstituent leurs forces sous une nouvelle dynastie, la dynastie carolingienne. Mais cette fois, on ne rêve à rien de moins qu'à une restauration de l'Empire romain, dont la permanence doit être assurée par l'alliance de l'Église romaine et d'un empire germanique.

Avant la fin du VIe siècle, la décadence des rois mérovingiens *(voir la figure 5.1 à la page 126)* est telle qu'elle leur vaudra, surtout après Dagobert, le triste titre de rois fainéants. De fait, le pouvoir réel passe aux maires du palais, sorte de premiers ministres qui s'appliquent à maintenir l'État mérovingien. L'un d'eux, Charles Martel, mène une politique énergique d'unification et de défense des frontières ; c'est lui qui arrête les Maures à Poitiers en 732. La transcription latine de son prénom, *Carolus*, sera attribuée à la célèbre dynastie carolingienne *(voir la figure 5.2)*.

Le fils du héros de Poitiers, Pépin le Bref (714-768), lui succède comme maire du palais, en 741, et devient, 10 ans plus tard, roi des Francs. Il unifie le royaume et dépose, en 751, avec l'accord du pape Étienne II (?-757), le dernier roi mérovingien, Childéric III (?-755). En retour de l'appui pontifical, Pépin le Bref mène en Italie, en 754 et 756, deux expéditions contre les Lombards. Il remet à l'évêque de Rome une partie des territoires conquis qui forment les premiers **États pontificaux**. Après avoir vaincu les Saxons et les Bavarois, il enlève Narbonne aux Arabes et soumet l'Aquitaine. Son fils, Charlemagne, étend encore plus loin cette nouvelle politique de conquête, entre 768 et 814. Il occupe la Saxe et conquiert l'Italie contre les Lombards dont il se proclame le roi en 774. Au-delà des Pyrénées, il échoue contre les musulmans devant Saragosse en 778. Après s'être emparé de la Bavière en 781 et avoir soumis les Saxons en 797, Charlemagne règne désormais sur un territoire équivalent à l'Ancien Empire romain d'Occident. Se donnant pour mission d'y restaurer l'ordre et de protéger le christianisme, il se fait couronner empereur en 800.

Le nouvel État impérial est d'abord fondé sur l'autorité d'un monarque, assisté d'une noblesse qui lui prête serment de fidélité, en retour des avantages que lui procurent les conquêtes. À cela s'ajoute le titre de protecteur de l'Église, ce qui permet au monarque d'imposer sa paix et sa justice à un ensemble de peuples chrétiens sur un territoire d'environ 1 200 000 kilomètres carrés. À des fins d'unité législative, les décisions officielles sont rédigées chapitre par chapitre et appelées capitulaires ; elles sont promulguées avec l'accord des seigneurs laïcs et ecclésiastiques.

FIGURE 5.2
LA DYNASTIE DES CAROLINGIENS

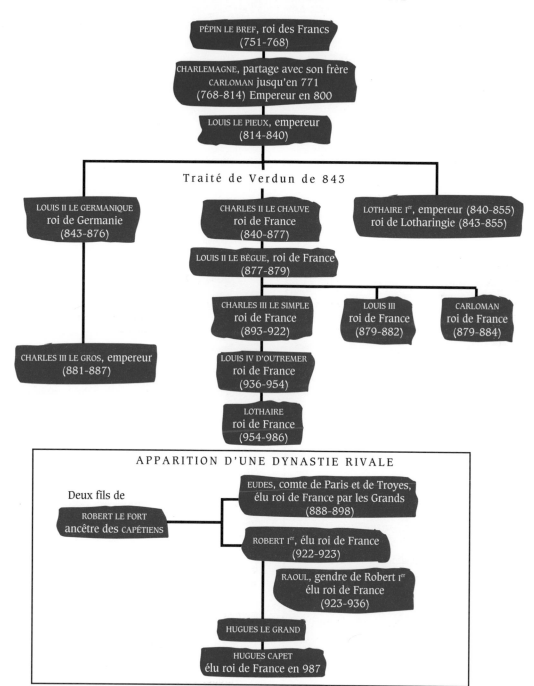

PÉPIN LE BREF, roi des Francs
(751-768)

CHARLEMAGNE, partage avec son frère
CARLOMAN jusqu'en 771
(768-814) Empereur en 800

LOUIS LE PIEUX, empereur
(814-840)

Traité de Verdun de 843

LOUIS II LE GERMANIQUE
roi de Germanie
(843-876)

CHARLES II LE CHAUVE
roi de France
(840-877)

LOTHAIRE Ier, empereur (840-855)
roi de Lotharingie (843-855)

LOUIS II LE BÈGUE, roi de France
(877-879)

CHARLES III LE SIMPLE
roi de France
(893-922)

LOUIS III
roi de France
(879-882)

CARLOMAN
roi de France
(879-884)

CHARLES III LE GROS, empereur
(881-887)

LOUIS IV D'OUTREMER
roi de France
(936-954)

LOTHAIRE
roi de France
(954-986)

APPARITION D'UNE DYNASTIE RIVALE

Deux fils de

ROBERT LE FORT
ancêtre des CAPÉTIENS

EUDES, comte de Paris et de Troyes,
élu roi de France par les Grands
(888-898)

ROBERT Ier, élu roi de France
(922-923)

RAOUL, gendre de Robert Ier
élu roi de France
(923-936)

HUGUES LE GRAND

HUGUES CAPET
élu roi de France en 987

Légende
—— : Indique la filiation
( ) : Les années entre parenthèses indiquent le début et la fin d'un règne.

Pour ce qui est du gouvernement central, le monarque s'entoure de grands officiers tels le sénéchal, le connétable, le comte du palais et le chancelier. Les ordres du palais sont expédiés vers quelque 300 comtés. Entouré d'une dizaine de fonctionnaires, chaque comte exécute les ordres du monarque, préside le tribunal royal et convoque les hommes libres pour le service d'**ost**, c'est-à-dire l'expédition militaire annuelle. Désignés sous le nom de marches, les grands territoires frontaliers sont administrés par des marquis ou des ducs. On tente d'empêcher l'émergence de despotes locaux par l'installation d'envoyés royaux, les *missi dominici*, dans toutes les régions de l'empire ; chaque région compte environ 1 500 000 sujets et un peu plus de 3000 fonctionnaires. Contrôlée totalement par l'État, l'Église en est le principal auxiliaire dans l'œuvre d'unification de l'Empire. L'empereur nomme les évêques et parfois les abbés. Il confie des tâches gouvernementales à des membres du clergé et ses capitulaires s'appliquent à l'Église. Il fait appel à des moines de toute provenance pour l'éducation des Francs et celle des peuples conquis, que l'on tente également d'évangéliser de gré ou de force. (*Voir l'encadré 5.1.*)

Afin de renforcer les liens entre ses sujets, Charlemagne généralise et consacre le lien vassalique : il invite tous les hommes libres à se soumettre à un seigneur et à devenir son **vassal**, afin de bénéficier

---

ENCADRÉ 5.1

QUELQUES MOINES SAVANTS RECRUTÉS PAR CHARLEMAGNE

Le théologien anglo-saxon Alcuin (v. 735-804) fut directeur de l'école du palais. Cet auteur de manuels, écrits sous forme de dialogues pédagogiques, forma plusieurs générations de maîtres et d'auteurs carolingiens.

L'historien italien Paul Diacre (v. 720-v. 799) fut l'auteur d'une *Chronique des Lombards*.

Le Français Éginhard (v. 770-840) dirigea la construction de la cathédrale et du palais d'Aix-la-Chapelle. Cet ami de l'empereur écrivit une *Vie de Charlemagne* sur le modèle de la *Vie d'Auguste* de Suétone.

L'Espagnol Théodulf (v. 750-821), théologien et évêque wisigoth d'Orléans, fut l'auteur de traités théologiques et de pièces liturgiques latines.

---

de sa protection. En instituant, à partir de sa personne en tant que **suzerain** suprême, toute une hiérarchie de subordination, Charlemagne inaugure ainsi la féodalité (*voir la section « La société féodale » à la page 139*). Il compromet du même coup l'unité de son empire car, malgré le soutien de l'Église, les successeurs de Charlemagne ne pourront ni soumettre définitivement les grands vassaux, ni vaincre les résistances des nombreux peuples de leur empire.

L'héritage de Charlemagne, comme celui de Clovis, a été morcelé. Après la mort de son fils, Louis le Pieux, ses petits-fils, Lothaire, Louis le Germanique et Charles le Chauve, se partagent, par le traité de Verdun en 843, le patrimoine carolingien (*voir la carte 5.3*). En plus du titre impérial, Lothaire conserve un territoire intermédiaire qui, s'étendant de la mer du Nord à l'Italie, comprend les deux capitales, Aix-la-Chapelle et Rome, ainsi que la Bourgogne et la Provence. Louis le Germanique obtient des territoires à l'est du Rhin désignés sous le nom de Francie orientale, alors qu'à l'ouest du royaume de Lothaire, Charles le Chauve se réserve la Francie occidentale. Ce partage annonçait la formation des territoires de la France et de l'Allemagne actuelles.

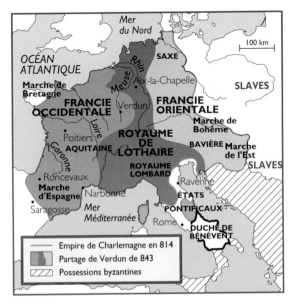

Carte 5.3
L'Empire carolingien

Regroupant trois royaumes aux frontières mal définies, le Nouvel Empire n'a aucune unité économique et linguistique. Après la mort de Lothaire, les querelles de successions se multiplient. Au grand déplaisir de la papauté qui ne peut arbitrer efficacement les querelles du monde carolingien, les territoires se morcèlent. À la fin du IXe siècle, le désordre et l'insécurité atteignent un sommet : aux méfaits des comtes et autres grands vassaux, s'ajoute la menace des envahisseurs musulmans et scandinaves. À la veille de l'an 1000, sous les derniers Carolingiens de Francie occidentale, la monarchie devient élective. En 987, la couronne passe à un petit seigneur, Hugues Capet, duc de l'Île-de-France et premier roi de la dynastie capétienne.

Les territoires outre-Rhin sont les seuls à échapper à l'anarchie générale, grâce à une dynastie saxonne qui atteint puissance et renommée sous Otton Ier (930-973). Après avoir soumis les seigneurs allemands et annexé la Lorraine carolingienne, Otton entreprend avec succès un projet d'expansion aux dépens des Slaves de l'Est. Il triomphe définitivement des envahisseurs hongrois à Lechfeld, en 955, et cet exploit lui permet de se présenter comme le nouveau défenseur de l'Occident chrétien. Après avoir soumis les grands féodaux du Nord de la péninsule, il épouse Adélaïde, veuve de Lothaire II, et se proclame roi d'Italie. Il ne lui manque que le titre impérial que seul l'évêque de Rome, c'est-à-dire le pape, peut lui conférer. Menacé par les seigneurs romains, le pape appelle Otton à son secours, et le couronne empereur, le 2 février de l'an 962. Ainsi naît le Saint-Empire romain germanique, qui est désormais réduit à des territoires germaniques et italiens (*voir la carte 5.4*).

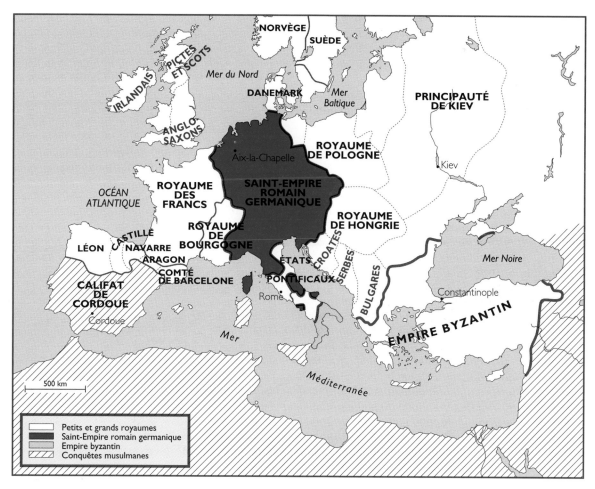

Carte 5.4

L'Europe vers la fin du Xe siècle

Ajoutées aux prétentions et aux résistances des papes, les révoltes ultérieures des princes et des villes d'Italie mettront le pouvoir impérial dans une instabilité perpétuelle.

L'idéal de restauration d'un empire romain sous des apparences germaniques a peu de lien avec la nouvelle réalité occidentale. Ce qui graduellement finira par triompher, ce sera la notion d'une Europe chrétienne et latine. Mais seul le pape disposera de l'autorité nécessaire pour mobiliser les populations et les seigneurs d'Occident dans une grande entreprise commune. Cependant, l'Europe occidentale commence à prendre peu à peu conscience d'elle-même, et c'est sans doute la partie la plus réussie et la plus durable de l'œuvre des Carolingiens.

La présence musulmane en Occident

Au cours des IXe et Xe siècles, l'Occident tremblait devant la proximité menaçante des musulmans, qui avaient conquis la majeure partie du bassin méditerranéen et s'étaient installés dans la péninsule ibérique. (*Voir la carte 5.5.*) Ces conquêtes s'expliquent par leur désir de répandre l'**islam**. Elles devaient pourtant contribuer à la consolidation de l'Occident, malgré l'hostilité

et l'incompréhension qui s'installent entre les mondes arabe et occidental.

L'islam est né en Arabie, une péninsule qui avance dans l'océan Indien et qui est bordée par la mer Rouge à l'ouest et le golfe Persique à l'est. Le Sud de ce territoire est fertile alors que le Centre et le Nord forment un désert, parcouru traditionnellement par des nomades et des caravanes. Des sédentaires occupent les oasis dont les plus importantes sont Médine, un site agricole, et surtout La Mecque, un centre commercial et religieux. Le Centre et le Nord sont multiethniques et pluriconfessionnels : polythéisme, judaïsme et christianisme y coexistent. Mais en l'absence de toute unité politique, les luttes tribales y sont florissantes.

Mahomet (570?-632) est un riche marchand caravanier, membre de la tribu Quraysh de La Mecque. Après avoir reçu de l'ange Gabriel les révélations d'Allah (Dieu), il les transmet aux Arabes, non sans quelques difficultés. Ayant rencontré une forte hostilité à La Mecque, le prophète se réfugie à Médine. Cette fuite, désignée sous le nom d'hégire, se produit en 622 et représente dorénavant la première année de l'ère musulmane. Mahomet conquiert finalement La Mecque, en 630, et impose l'unité politique et religieuse à l'ensemble de l'Arabie. Ses disciples consignent ses

[note manuscrite en marge : #4 Evaluer la contribution des Arabes au dvt de l'Occident]

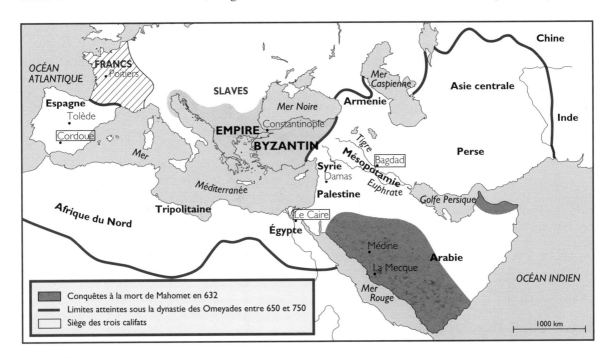

Carte 5.5
L'expansion de l'islam de 622 à 750

enseignements dans le **Coran**. Pour les musulmans, la révélation qui est transmise par les prophètes juifs, puis par Jésus, est rectifiée et achevée par Mahomet, le plus grand des prophètes. Les mahométans croient au jugement dernier. Leur soumission à la volonté divine les amène à manifester une grande indifférence devant la mort; ce fatalisme facilite, après la mort de Mahomet, l'imposition de la guerre sainte contre les infidèles.

Au début, ce **prosélytisme** armé permet à l'islam de connaître une expansion foudroyante. Elle sera principalement l'œuvre du calife Omar (634-644) qui, en l'espace d'une décennie, s'emparera de l'Arménie, de la Syrie, de l'Égypte et de la Tripolitaine aux dépens des empires perse et byzantin. Mais en ne prévoyant pas les règles de sa succession, Mahomet laisse un héritage de divisions et de révoltes chez ceux qui se réclament de lui. Après la mort d'Omar, les discordes éclatent jusqu'à ce que la dynastie des Omeyades (650-750), à partir de Damas en Syrie, relance les conquêtes. À l'est, les musulmans se rendent en Inde et en Asie centrale jusqu'aux portes de la Chine. À l'ouest, d'Afrique du Nord, ils passent en Espagne qu'ils dominent à partir de 711. Les points d'arrêt seront à l'est, Constantinople, défendue victorieusement par l'empereur Léon III alors qu'à l'ouest, Charles Martel les arrêtera définitivement à Poitiers, en 732.

Confronté à des oppositions internes, ce vaste empire se morcèle, au milieu du Xe siècle, en trois califats: les Omeyades doivent se satisfaire du califat de Cordoue alors que celui du Caire revient aux Fatimides et celui de Bagdad aux Abassides. Du côté de l'Asie centrale, les nomades mongols et turcs se sont en grande partie convertis à l'islam. Au XIe siècle, la tribu des Turcs Seldjoukides s'emparera de Bagdad et menacera Le Caire. Leur intolérance religieuse sur les Lieux saints de Palestine servira de prétexte à l'organisation des Croisades.

Malgré leur dispersion et leurs divisions, les Arabes élaborent une brillante civilisation dont les fondements survivront jusqu'à nos jours. Ces agriculteurs, commerçants et marins exceptionnels laisseront un riche héritage matériel et culturel. Grâce à leurs procédés d'irrigation, ils introduisent en Espagne de nouvelles cultures, notamment celles de produits exotiques tels le riz, le coton, l'abricot, l'orange et la canne à sucre. Leurs tapis, leurs tissus et leurs cuirs travaillés comptent parmi les produits de luxe les plus recherchés en Occident. Ils construisent également un magnifique réseau urbain, et les splendeurs de Bagdad rivalisent avec celles de Constantinople. La très riche culture arabe envahira surtout l'Occident via les centres espagnols de Tolède et de Cordoue. Cette dernière cité abrite, au Xe siècle, outre sa **mosquée**, des écoles, un conservatoire et une bibliothèque de 400 000 volumes. Elle sera la ville d'origine d'Averroès (1126-1198), un célèbre philosophe arabe qui fit redécouvrir Aristote à l'Occident.

En outre, les Arabes perfectionnent l'astronomie, la science nautique, la géographie, la médecine et les mathématiques; ils transmettront à l'Occident les chiffres arabes, l'emploi du zéro et l'algèbre. Leur poésie lyrique et leurs contes inspireront les auteurs occidentaux. Dans le domaine artistique, leur architecture associe les colonnes grecques, les coupoles persanes et les arcs en fer à cheval. Parce que leur religion leur interdit de représenter Dieu et les créatures, leur décoration est essentiellement non figurative. Les murs des mosquées sont ornés d'arabesques, c'est-à-dire de réseaux où s'entrelacent lignes et courbes. En Occident, les artistes romans y puiseront certains sujets.

Intérieur de la mosquée de Cordoue   Cette mosquée fut construite entre 786 et 987. On remarque à l'intérieur la présence de colonnes, de chapiteaux et d'arcs reposant sur des piliers, ainsi que l'absence de motifs figuratifs.

Les invasions scandinaves

Aux IXe et Xe siècles, l'Occident tremble non seulement devant la menace arabe, mais aussi devant les incursions des Scandinaves. En provenance de Scandinavie, des hordes de marins pillards déferlent sur l'ensemble des côtes maritimes et remontent les estuaires (*voir la carte 5.6*). Les Suédois investissent l'Europe orientale et la Russie actuelle; les Varègues y fondent, dans la deuxième moitié du Xe siècle, les principautés de Novgorod et de Kiev. Ils sont ainsi à l'origine du premier État russe. De leur côté, les Norvégiens se dirigent vers l'Irlande et, après avoir atteint l'Islande et le Groenland, ils auraient atteint l'Amérique du Nord vers l'an 1000. (*Voir l'encadré 5.2.*) Ils ne réussiront cependant pas à y fonder des établissements permanents.

Quant aux Danois, ils optent pour l'Angleterre ainsi que pour les belles terres et les riches monastères du monde carolingien. En 911, dans l'espoir de mettre fin aux pillages, le roi carolingien, Charles le Simple, cède le pays de Caux, une partie de la future Normandie, à un chef danois du nom de Rollon. Les Normands annexent le Bessin et le Maine, et maintiennent, sur leur territoire devenu duché en 945, les monastères et les seigneuries. Menacé par le comte de Flandre et son suzerain Louis IV, Richard Ier, petit-fils de Rollon, reçoit l'aide de Harald, roi du Danemark. En 987, Richard favorise l'accession au trône de France de son beau-frère, Hugues Capet. Au petit-fils de Richard, Robert le Diable (1020-1035), succédera son fils illégitime, Guillaume le Bâtard (v. 1028-1087), qui devait devenir Guillaume le Conquérant.

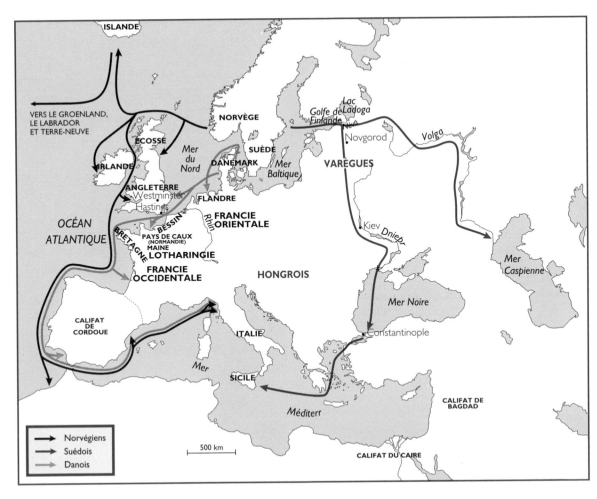

Carte 5.6

Les invasions scandinaves aux IXe et Xe siècles

Les Byzantins

L'Empire d'Orient a résisté aux invasions germaniques, mais il est devenu plus grec que romain. Sous Justinien (527-565), une période d'hégémonie et de faste, on tente de restaurer l'empire de Constantin.

Barque viking Appelée drakkar qui signifie dragon, cette barque a environ 25 mètres de long. Munie de rames et de voiles carrées, elle peut transporter quelque 60 rameurs et guerriers.

ENCADRÉ 5.2
LE NORVÉGIEN LEIF ERIKSSON, PREMIER DÉCOUVREUR DE L'AMÉRIQUE

Deux sagas (récits fabuleux) islandaises du XIIIe siècle racontent la colonisation viking du Groenland, d'où seraient parties des expéditions vers l'Amérique : il s'agit de la *Saga d'Éric le Rouge* et de la *Saga des Groenlandais*. Banni d'Islande, le Norvégien Éric le Rouge découvre le Groenland et y organise un mouvement de colonisation ; il fonde la ville de Bratahild, l'actuelle Tungdiliafik. Leif, l'un de ses deux fils, dirige à son tour une expédition de 35 hommes vers une terre plus à l'ouest, à la recherche de bois et de nouvelles terres agricoles. Il découvre d'abord une terre glacée et venteuse qu'il baptise Helluland (peut-être le Labrador). Il atteint par la suite un littoral plat et sableux, entouré de collines boisées, qu'il nomme Markland, avant d'aborder sur une terre appelée Vinland (probablement Terre-Neuve). Les sagas mentionnent quatre voyages vikings du Groenland vers le Vinland.

En 1960, l'archéologue norvégien Helge Ingstad découvre le site terre-neuvien de l'Anse-aux-Meadows. Les fouilles des années 60 et 70 qui révéleront l'existence, au XIe siècle, d'une colonie permettront d'identifier les ruines de six maisons et de quatre hangars à bateaux. Cette occupation de l'Anse-aux-Meadows, par une communauté de 60 à 90 personnes, sera cependant temporaire. Les sagas désignent les Inuits et les Indiens par le même nom de *skraelingar* qui signifie « laid » ou « affreux ». L'attitude hostile des autochtones semble être la raison pour laquelle les Vikings retourneront au Groenland et ne s'établiront pas en Amérique.

Certains territoires occidentaux sont repris, notamment l'Italie aux Ostrogoths, l'Espagne aux Wisigoths et l'Afrique du Nord aux Vandales. Justinien se concilie la papauté et combat les hérésies. Il rétablit les cadres administratifs romains et codifie, de façon cohérente, les lois romaines (*voir le chapitre 4*). Mais malgré les efforts de cet empereur, cette civilisation demeure hellénique et orientale.

Entre l'Asie et le monde méditerranéen, les villes byzantines prospèrent grâce au commerce et aux industries de luxe. Presque autant que les jeux de l'hippodrome, les discussions théologiques passionnent la population alors que l'histoire et la poésie religieuse représentent les principaux genres littéraires. La coupole persane, et non la voûte, domine en architecture, un domaine où la culture byzantine se manifeste avec beaucoup d'éclat. L'intérieur des églises se couvre d'une luxueuse décoration composée de mosaïques, de fresques et d'icônes.

Après Justinien, l'Empire se disloque. Du côté occidental, les Byzantins sont chassés d'Espagne par les Wisigoths et d'une partie de l'Italie par les Lombards. Les peuples slaves des Balkans menacent Byzance alors qu'au Proche-Orient et en Afrique du Nord, les Arabes imposent leur domination. Réduit à la Thrace, à l'Asie Mineure et à quelques territoires italiens, l'Empire byzantin n'a plus rien d'universel. En outre, à l'intérieur, une grave querelle religieuse entre les **iconoclastes** et les **iconolâtres** dégénère en véritable guerre civile et se termine par la victoire des iconolâtres. L'Empire d'Orient parviendra à résister aux menaces des Slaves d'Europe orientale, des Turcs d'Asie Mineure, des Normands d'Italie du Sud et des croisés occidentaux. Cet État « accordéon », dont le territoire se modifie au rythme des revers et des succès, survit grâce à Constantinople, qui fera longtemps figure de forteresse imprenable.

Grâce aux missionnaires, Cyrille (v. 827-869) et Méthode (825-885), et à leurs disciples, la menace slave s'estompe graduellement. En outre, le **tsar** Vladimir (956-1015), prince de Novgorod et de Kiev, se convertit au christianisme grec qu'il impose à ses sujets. Il organise également l'intégration des Slaves et des Varègues. Ainsi se forme l'embryon de la future Russie. Dans son action missionnaire, Cyrille a recours à la langue vulgaire des Slaves et invente, à partir du grec, un alphabet cyrillique qui facilite la diffusion des œuvres littéraires et artistiques de Byzance dans les Balkans et la Russie kiévienne. Du côté occidental, l'église Saint-Marc de Venise témoigne d'une présence byzantine alors que des artistes commenceront, dès le XIᵉ siècle, à réaliser des mosaïques, des fresques et des miniatures.

Depuis les premiers siècles du Moyen Âge, les tensions linguistiques et religieuses ne cessent de se développer entre l'Église de Rome et celle de Byzance, dont le patriarche refuse l'autorité du pape. En 1054, dans la basilique Sainte-Sophie de Constantinople, le patriarche Michel Cérulaire (1053-1058) est excommunié par les légats du pape Léon IX. Ainsi s'officialise le **schisme** d'Orient qui consacre la rupture définitive entre les deux Églises et la naissance de deux Europe. De fait, depuis la crise arienne et le règne de Justinien, deux univers différents s'étaient formés et s'opposaient : un Occident germanisé et latinisé face à un Orient byzantin et slave, fortement hellénisé.

L'Occident reconstitué et conquérant (XIᵉ-XVᵉ siècle)

Au XIᵉ siècle, sans avoir atteint le niveau de civilisation de ses voisins byzantins et musulmans, l'Occident est suffisamment reconsolidé pour se lancer dans une tentative de conquête qui durera deux siècles. Son espace territorial dépasse les frontières de l'ancien empire de Charlemagne, notamment du côté des Carpates, de la Baltique, de la mer du Nord, des îles Britanniques et d'une péninsule ibérique en pleine Reconquista. Mais cet Occident demeure divisé en une multitude de petits territoires relativement indépendants les uns des

autres. Dans cette Europe parsemée de monastères et de châteaux fortifiés, se développe une société agitée, composée de prêtres, de guerriers et de paysans libérés du servage. La féodalité, érigée en système, gère un désordre apparent, entretenu par les rivalités, les guerres et les crises. On assiste, en effet, à l'installation d'un nouvel ordre dont la seigneurie rurale sera le fondement. Variant d'une région à l'autre, des liens territoriaux et interpersonnels, de suzerain à vassal, s'établissent. Parallèlement et indépendamment des grands domaines féodaux, les bourgs du XIᵉ siècle se consolident et, dans plusieurs cas, se transformeront pendant les deux siècles suivants en villes prospères et indépendantes. Ces villes deviendront le siège d'une nouvelle classe dirigeante, la bourgeoisie marchande. Cette classe représentera, avec l'Église, le principal soutien des grandes royautés qui se constitueront aux XIVᵉ et XVᵉ siècles.

Épuisés par leurs rivalités, les papes et les empereurs ne contrôlent plus cette Europe de l'Ouest qui s'est reconstituée sur des bases nouvelles, indépendamment de leurs volontés. Les États deviendront monarchiques alors que les Églises, du moins celles qui conservent un lien avec Rome, prendront un caractère de plus en plus national. Néanmoins, ce sera dans cette ambiance en apparence anarchique que les Européens poseront lentement les bases de leur civilisation. Le projet de reconstituer une unité européenne, fondée sur l'alliance de l'Église et de l'Empire, échouera lamentablement. Par contre, dans cet univers morcelé, la religion du Christ transcendera les frontières seigneuriales, ethniques et nationales. Le christianisme demeurera le principal facteur d'unité, qui permettra l'émergence d'une première conscience européenne sinon occidentale.

La papauté et l'Empire : une alliance stérile

La fin des invasions procure soulagement et détente à l'Europe occidentale qui cesse, cependant, d'être carolingienne. Son centre de gravité politique s'est déplacé vers la Germanie, gouvernée, depuis 936, par Otton Iᵉʳ. Jusqu'à la fin du XIIIᵉ siècle, plutôt que de coopérer, papes et empereurs s'affrontent dans des luttes continuelles pour la suprématie du monde chrétien. À titre de représentant de Dieu sur terre, le pape *(voir la figure 5.3)* dispose d'une force morale qui lui permet, par la cérémonie du couronnement, de transmettre l'autorité à un empereur. Quant à l'empereur,

FIGURE 5.3
LES PRINCIPAUX PAPES DU XIe AU XVe SIÈCLE

LÉON IX (1049-1054)

NICOLAS II (1059-1061)

GRÉGOIRE VII (1073-1085)

URBAIN II (1088-1099)

INNOCENT III (1198-1216)

BONIFACE VIII (1294-1303)

CLÉMENT V (1305-1314)

GRÉGOIRE XI (1370-1378)

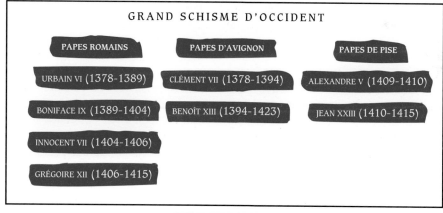

GRAND SCHISME D'OCCIDENT

PAPES ROMAINS	PAPES D'AVIGNON	PAPES DE PISE
URBAIN VI (1378-1389)	CLÉMENT VII (1378-1394)	ALEXANDRE V (1409-1410)
BONIFACE IX (1389-1404)	BENOÎT XIII (1394-1423)	JEAN XXIII (1410-1415)
INNOCENT VII (1404-1406)		
GRÉGOIRE XII (1406-1415)		

MARTIN V (1417-1431)

Légende

( ) : Les années entre parenthèses indiquent le début et la fin d'un règne.

en tant que successeur des empereurs romains et de Charlemagne, il prétend gouverner l'Italie et l'ensemble de l'Europe dont les États ne sont, à ses yeux, que des parties de son empire. Mais au sein de cette direction bicéphale, qui devait détenir le véritable pouvoir : celui qui le décernait ou celui qui en était investi ?

Un grave conflit, la querelle des **Investitures**, éclate entre l'Église et les monarques. Dès le règne d'Otton Ier, l'empereur intervient dans la nomination du pape. Toutefois, il ne fait qu'imiter les seigneurs laïcs qui ont pris l'habitude de nommer les évêques, sous prétexte de leur décerner l'investiture de leurs possessions territoriales. Appuyé par le puissant ordre monastique de Cluny qui, fondé en 910, ne reconnaît que la seule autorité du pape, le Saint-Siège (la papauté) rejette les prétentions impériales ; c'est notamment le cas sous les papes Léon IX et surtout Nicolas II qui décide que les **cardinaux** éliront désormais le souverain pontife. Mais l'empereur et plusieurs seigneurs ne l'entend pas ainsi ; ils continuent à vendre les abbayes qui se trouvent sur leur seigneurie et à désigner les évêques. Le différend atteint son point culminant sous le pape Grégoire VII (1073-1085) et l'empereur Henri IV (1056-1106) qui, humilié et défait, devra abdiquer la veille de sa mort.

Dans l'intervalle, le prestige de la papauté s'est suffisamment rétabli pour que son titulaire, Urbain II, organise avec succès la première croisade en 1095 (*voir la section « Les Croisades » à la page 143*). En 1122, sous Calixte II, le Saint-Siège voit son indépendance confirmée par le concordat de Worms qui met fin à la querelle des Investitures : l'empereur Henri V doit accepter que les évêques soient élus. Entre-temps, sous Innocent III, la puissance pontificale atteint son apogée. Imposant son autorité à tous les princes chrétiens, ce pape organise la quatrième croisade ainsi que celle contre les **Albigeois** (*voir l'encadré 5.3*) qui adhèrent au catharisme.

Non seulement les Normands, mais à leur suite, la majorité des princes chrétiens établissent un lien de suzeraineté avec l'Église de Rome, ce qui ne peut qu'être menaçant pour l'autorité impériale. Pour tenter de se maintenir, les empereurs doivent multiplier les concessions aux féodaux allemands et aux villes de leur empire, qui aspirent de plus en plus à la liberté. À partir de 1138, la dynastie des Hohenstaufen, notamment avec Frédéric Iᵉʳ Barberousse (v. 1122-1190), tente vainement de rétablir l'autorité de l'empereur. En 1273, le titre impérial revient à l'Autrichien Rodolphe de Habsbourg. L'Empire est désormais gravement affaibli.

ENCADRÉ 5.3

LA CROISADE
CONTRE LES ALBIGEOIS

À partir de 1209, les croisés dirigés initialement par Simon de Montfort (v. 1150-1218), infligent aux Albigeois plusieurs défaites militaires. Montségur, leur dernier retranchement, ne tombe qu'en 1244. Au Languedoc, les églises cathares subsisteront jusque dans la deuxième moitié du XIIIᵉ siècle. Menée par les franciscains et surtout par les dominicains, des ordres mendiants fondés au début du XIIIᵉ siècle, l'**Inquisition** sera instituée en 1239, et parviendra à détruire le mouvement albigeois.

Contrairement aux territoires français, hispaniques et anglais, les territoires allemands et italiens se morcellent. L'Italie, partagée en plusieurs petits États, devient pour quelques siècles l'un des principaux champs de bataille de l'Europe. Charles d'Anjou doit céder, en 1282, le Sud de l'Italie au roi d'Aragon, sauf Naples qu'il conserve. Le Centre est occupé par les États pontificaux pendant que, dans le Nord, quelques États riches et puissants se constituent, notamment les républiques de Venise, de Gênes et de Florence, ainsi que le duché de Milan. Les montagnards des cantons suisses s'unissent contre la domination des Habsbourg et, à la fin du XIVᵉ siècle, la Confédération helvétique (Suisse actuelle) proclame son indépendance. Confronté à une féodalité allemande de plus en plus puissante, l'empereur Charles IV de Habsbourg doit accepter, par la bulle d'or de 1356, le choix de l'empereur par la voie élective. Sept princes électeurs, dont trois ecclésiastiques (les archevêques de Trèves, de Mayence et de Cologne), ainsi que quatre laïcs (le roi de Bohême, le comte palatin du Rhin, le duc de Saxe, le margrave de Brandebourg) forment désormais le collège électoral qui se réunit à Francfort.

On aurait cru par ailleurs que, triomphante au XIIIᵉ siècle, la papauté pourrait réaliser sous son égide l'unité de l'Europe chrétienne ; il n'en sera rien, car elle est affaiblie par cette lutte interminable contre le pouvoir impérial. Ébranlée par l'échec des croisades orientales et minée par les hérésies (arianisme, **nicolaïsme**, catharisme, **simonie**, etc.), l'Église de Rome ne peut pas vassaliser les royautés nationales récemment constituées, qui sont très jalouses de leur indépendance. En 1296 débute, entre le pape Boniface VIII et le roi Philippe le Bel, un conflit pour le contrôle du clergé français. Refusant l'autorité pontificale sur la couronne de France, Philippe le Bel ne craint pas d'avoir recours à l'intimidation. Il obtient, en 1305, que Bertrand de Got, archevêque de Bordeaux, soit élu pape sous le nom de Clément V et s'installe à Avignon. Jusqu'en 1378, les papes sont choisis presque exclusivement parmi des Français qui prélèvent de lourds impôts et mènent une vie fastueuse.

Toutefois, certains franciscains n'hésitent pas, face à l'opulence des papes d'Avignon, à rappeler la pauvreté du Christ et des apôtres. À l'université anglaise d'Oxford, le théologien John Wyclif (v. 1320-1384) affirme l'indépendance du pouvoir royal face à la papauté. Affirmant que la foi doit reposer sur l'Écriture sainte, il rejette le culte des saints, les sacrements et le célibat des prêtres. Propagées par ses disciples,

Palais des papes à Avignon La construction de cet édifice gothique, à la fois palais et forteresse, débute entre 1334 et 1342, sous Benoît XII (Jacques Fournier) et se termine entre 1352 et 1362 sous Innocent VI (Étienne Aubert).

ses idées sont reprises en Bohême par le Tchèque Jan Hus (1369-1415), qui professe à l'université de Prague. De leur côté, les Italiens n'ont jamais accepté que le successeur de saint Pierre ait quitté leur sol.

En 1378, à la mort de Grégoire XI, qui avait consenti à regagner la Ville éternelle, un pape est élu à Rome alors qu'un autre s'installe à Avignon. C'est le début du Grand Schisme d'Occident (*voir la figure 5.3 à la page 137*). Devant une chrétienté divisée, en 1409, le concile de Pise installe Alexandre V sur le trône de saint Pierre, après avoir déposé les deux autres papes qui résistent et ont recours aux armes. Il y avait alors trois papes au lieu de deux. Cependant, le concile de Constance (1414-1418) met finalement un terme au Grand Schisme d'Occident ; il dépose tous les papes, ce qui permet l'élection de Martin V en 1417. Jan Hus, qui commet l'imprudence de se présenter à Constance, est arrêté et exécuté, au grand mécontentement des Tchèques de Bohême qui se révoltent. Le pouvoir pontifical semble triompher, mais l'Église sort diminuée de ces conflits. Les rois en profitent pour augmenter leur emprise sur le clergé, en intervenant notamment dans l'élection des abbés et des évêques de leur royaume. En outre, le Tchèque Jan Hus et l'Anglais John Wyclif ont jeté les bases d'un profond mouvement réformiste qui bouleversera l'Europe du XVIe siècle.

La société féodale

Depuis Charlemagne, les monarques ont fait de la vassalité un mode de gouvernement ; leurs fonctionnaires, les comtes et les ducs, ont aussi des vassaux.

Le seigneur, en retour du service militaire (service d'ost), doit fournir à son vassal l'usufruit (droit de jouissance) à vie d'un bien foncier, c'est-à-dire d'un **fief**. Toutefois, l'ensemble des lois et des coutumes régissant les rapports de suzerain à vassal finit par constituer un système cohérent, le système féodal, qui repose sur le lien de vassal à suzerain et atteint son apogée au XIe siècle.

Le noble est feudataire, c'est-à-dire qu'à titre de vassal, il a reçu un domaine ou un fief d'un seigneur (un noble plus puissant) qui lui fournit également aide et protection. Ce fief représente sa principale source de revenus et correspond généralement à une seigneurie avec des châteaux et des terres cultivées par des paysans. En plus de prêter un serment de fidélité (*voir l'encadré 5.4*), le vassal doit, en retour de cette concession, rendre un certain nombre de services militaires et financiers à son suzerain. (*Voir l'encadré 5.5.*)

Face à des vassaux rebelles et infidèles, le suzerain peut avoir recours à la commise, c'est-à-dire à la confiscation du fief. Cependant, dès la fin du IXe siècle, les fiefs deviennent héréditaires. Parmi les principaux feudataires, on distingue les ducs, les marquis, les comtes, les vicomtes et les châtelains. Sur son fief, le noble vit des contributions versées par ses vassaux et des rentes perçues sur les terres concédées en **censives** à des paysans ou sur les siennes qu'il

ENCADRÉ 5.4
LE CÉRÉMONIAL DE L'ENGAGEMENT VASSALIQUE

L'engagement vassalique comprend deux rituels : l'hommage et le serment de fidélité.

Lors de la cérémonie de l'hommage, le vassal agenouillé place ses mains jointes dans celles de son seigneur et se proclame son « homme ». En retour, par l'« investiture », le seigneur lui remet un objet symbolique (rameau, lance, motte de terre, etc.) qui vient du fief concédé.

Le serment de fidélité, prêté sur les Évangiles ou sur des reliques, sacralise le lien vassalique qui ne peut être rompu que si le seigneur compromet l'honneur de son vassal par un comportement outrageant.

LES PRINCIPALES OBLIGATIONS DU VASSAL

Le service d'aide, le service d'ost et le service de cour constituent les trois principales obligations du vassal. Le service d'aide consiste à fournir armes et ressources à son suzerain. Le soutien financier peut être imposé, lors du paiement d'une rançon, du mariage de la fille du suzerain pour régler les frais de la noce, de l'armement du fils du suzerain comme chevalier, du départ pour la croisade...

Le service d'ost correspond à un service militaire qui peut durer jusqu'à 40 jours par année.

Le service de cour consiste à aider son suzerain à rendre la justice et à gouverner. Le vassal peut être convoqué au conseil afin de délibérer avec les autres vassaux.

plus dispendieuse. En plus de ses obligations envers son suzerain, il doit construire et entretenir un château qui sert de refuge aux paysans et aux populations environnantes. En temps de paix, il se livre également à des activités coûteuses telles que la chasse ou la participation à des **tournois**.

En outre, les féodaux guerroient régulièrement les uns contre les autres. Devant l'obligation d'augmenter constamment leurs revenus, ils ont tendance à exiger des corvées et des redevances de plus en plus élevées de la part de leurs paysans et à les attaquer. Même les monastères n'échappent pas à leurs pillages. Or, voulant faire cesser ces exactions qui ruinent les populations, l'Église interdit les attaques contre les paysans et impose la trêve de Dieu : sous peine d'excommunication, les activités guerrières doivent cesser du mercredi soir au lundi matin.

Afin de bien canaliser la hardiesse de ces guerriers, on transforme et renforce la chevalerie, une institution militaire et religieuse, dont les membres doivent servir et défendre les faibles. Cependant, le

fait cultiver par ses **serfs**. Mais l'occupation principale du noble est la guerre qui, avec son lot de butins et de rançons extorquées, peut lui procurer des ressources appréciables. Néanmoins, sa vie devient de plus en

Château médiéval   Bâti sur un promontoire, le château est entouré d'un profond fossé. On y accède par un pont-levis de bois et une herse (grille de fer), qui mènent à la basse-cour ou à la baille. Le donjon domine la muraille dont le parapet est percé de créneaux.

Chevalier franc de la première croisade   Chaque chevalier porte le heaume (casque de métal) et le haubert (tunique recouverte d'une cotte de mailles métallique). Il utilise la lance, l'épée et l'écu (bouclier). L'étrier est apparu vers la fin du Xe siècle.

coût de l'armement lourd et de l'entraînement fait de la chevalerie une classe héréditaire et peu nombreuse. Plusieurs doivent se satisfaire de la condition moins prestigieuse d'écuyer.

Pendant les XIVe et XVe siècles, les seigneurs subissent une diminution de leurs revenus fonciers et doivent, pour compenser ces pertes, guerroyer davantage. Ils utilisent l'impôt de guerre, ce qui accentue la haine des populations rurales envers ces guerriers professionnels qui combattent et festoient à leur seul profit. Ces nobles pillards n'ont plus rien en commun avec les châtelains de jadis qui protégeaient les paysans. Cette attitude sera une des causes majeures des **jacqueries** et des nombreuses tensions sociales à la fin du Moyen Âge. La noblesse se comporte de plus en plus comme une caste fermée, dévouée à ses seuls intérêts et privilèges.

Les paysans vivent dans une seigneurie dont la superficie peut varier de 100 (1 km²) à 20 000 ou 30 000 (200 ou 300 km²) hectares. On y retrouve la réserve, exploitée directement par le maître, et les **tenures**, concédées aux paysans qui sont contraints à certaines obligations. Ces obligations comprennent les droits domaniaux et les droits banaux. Rattachés à l'exploitation des terres, les droits domaniaux consistent principalement en redevances annuelles, versées surtout en nature et en corvées, des travaux que doit effectuer le paysan sur la réserve du seigneur. Les droits banaux sont reliés, quant à eux, au droit, qu'a acquis le seigneur, de commander et de châtier. De plus en plus nombreux, les droits banaux deviennent parfois arbitraires et donnent lieu à plusieurs abus. Ces droits comprennent des droits de justice, diverses amendes et des taxes sur les transactions, dans les marchés et les foires, ainsi que sur la circulation des marchandises (péages). S'ajoutent des prélèvements sur les ressources, comme la **taille**, ainsi que le droit de gîte et d'approvisionnement pour la troupe seigneuriale. Enfin, selon les régions, les seigneurs s'arrogent le droit exclusif de construire un moulin, un four ou un pressoir, que les paysans doivent utiliser moyennant le versement de **banalités**, c'est-à-dire d'une partie de leurs grains, de leurs pâtes à pain ou de leurs raisins.

Entre la fin des invasions germaniques et celle des razzias scandinaves, la majorité des paysans sont miséreux et fréquemment exposés à la famine. Leurs terres sont souvent des clairières cultivées dont l'étendue et les rendements sont fort limités. Au sein de cette classe paysanne, on retrouve principalement des **vilains** et des serfs. Le nombre des serfs varie selon les régions, mais à la fin du XIe siècle, ils représentent la majeure partie de la masse rurale. Cependant, du XIe au XIIIe siècle, le monde rural

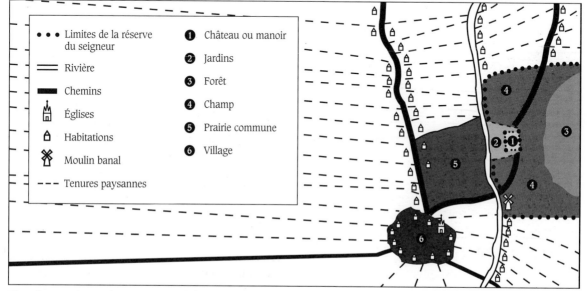

Limites de la réserve du seigneur
Rivière
Chemins
Églises
Habitations
Moulin banal
Tenures paysannes

❶ Château ou manoir
❷ Jardins
❸ Forêt
❹ Champ
❺ Prairie commune
❻ Village

Plan d'une seigneurie Le seigneur habite un château ou un manoir alors que les paysans occupent de modestes habitations à l'extérieur de la réserve. Toutefois, le village, qui se confond souvent avec la paroisse, deviendra graduellement un centre de vie communautaire plus important que la réserve.

bénéficie des transformations dans les modes d'exploitation agricole, ce qui permet d'accroître les espaces cultivés ainsi que les rendements. Le fief devient de plus en plus une entreprise économique qui accumule des surplus et enrichit la classe noble. La féodalité devient un régime qui repose désormais sur la confiscation, par la classe dominante, des bénéfices du travail paysan. Néanmoins, au XIIIe siècle, les affranchissements se multiplient, et seuls les plus démunis conservent la condition servile. Aux XIVe et XVe siècles, le servage se fixe en Europe de l'Est alors qu'il disparaît progressivement en Occident. Souvent confrontés à la fuite des serfs vers les villes, les seigneurs, les abbés des monastères et les monarques préfèrent de plus en plus monnayer leur affranchissement. Plusieurs serfs s'endettent par ailleurs pour acheter leur liberté et tombent ainsi dans une nouvelle forme de dépendance.

L'Église est omniprésente dans cette société féodale, tant par son clergé séculier (évêques et prêtres de paroisses) que par son clergé régulier (moines et religieuses). Entre les XIe et XIIIe siècles, la société rurale a pour cadre principal le village, qui tend à se confondre avec la paroisse, la cellule religieuse de base. Le curé, souvent ignorant ou peu instruit, joue un rôle important dans la communauté paysanne qui pratique une religion mêlée de superstitions et de récits terrifiants. Lorsque leur ferveur religieuse ne suffit plus à contenir leurs mécontentements, les paysans miséreux se soulèvent et subissent la répression d'une classe dominante qui les méprise et les craint.

Dans cet Occident divisé, l'Église s'applique à maintenir tant bien que mal l'ordre et l'unité. Elle s'efforce d'humaniser les mœurs féodales (trêve de Dieu) et n'hésite pas à utiliser l'excommunication ou l'interdit contre les puissants. Elle participe directement à la vie féodale en raison de ses évêchés et de ses monastères, qui forment des seigneuries ecclésiastiques souvent très prospères. Contrairement aux seigneurs laïcs, les seigneurs ecclésiastiques n'ont pas de suzerain, mais ils disposent de plusieurs vassaux laïques. La plupart du temps épargnées par les guerres, leurs seigneuries sont bien administrées et prospères.

À la richesse matérielle de l'Église, s'ajoute la puissante influence morale, que lui procure son œuvre éducative et les secours qu'elle dispense aux indigents et aux malades. Un premier ordre mendiant, celui de Cîteaux, est fondé à la fin du XIe siècle. À Clairvaux, saint Bernard (1091-1153) et ses moines défricheurs et pauvres prêchent la charité et l'amour dans les

> *Urbain II (1040-1099)*, né Eudes de Châtillon à Châtillon-sur-Marne, étudie à Reims où il est l'élève de saint Bruno, le fondateur de l'ordre des Chartreux. Entré dans l'ordre de Cluny vers 1073, il en sort en 1077 pour passer au service du pape Grégoire VII qui le nomme évêque d'Ostie et cardinal en 1078. Lorsqu'il devient le 157e pape en 1088, il trouve le Saint-Siège en sérieuse difficulté. Guibert de Ravenne, antipape (pape illégitime) de 1080 à 1100 sous le nom de Clément III, bénéficie de larges appuis, dont celui de l'empereur Henri IV. Cependant, Urbain II surmonte ces problèmes avec un certain succès et poursuit, à l'intérieur de l'Église, l'œuvre réformiste de son prédécesseur. Il convoque, entre 1089 et 1098, plusieurs conciles importants, dont ceux de Plaisance et de Clermont en 1095. Il combat avec succès le nicolaïsme et la simonie ainsi que l'investiture laïque. À Clermont, en 1095, il lance un projet de croisade afin de reconquérir la Terre sainte. Il meurt le 29 juillet 1099, 14 jours après la prise de Jérusalem par les barons chrétiens.

campagnes. Afin d'exercer une présence dans les villes, l'ordre des Frères prêcheurs est fondé en 1215, à Toulouse, par saint Dominique (v. 1170-1221). Les dominicains, par la prédication et l'exemple de pauvreté, s'appliqueront à convertir les hérétiques ; ils seront également membres des tribunaux de l'Inquisition, instituée en 1239. Au début du XIIIe siècle, les franciscains pratiquent la pauvreté en mendiant, et développent l'idée de mission par opposition à celle de croisade. Avec leur fondateur, saint François d'Assise (v. 1181-1226), ils chantent l'amour de la nature et de toutes les créatures.

#8 Les causes et les conséquences n'ont-elles été que religieuses ?

Les Croisades

Le 27 novembre 1095, le dernier jour du concile de Clermont en Auvergne, le pape Urbain II prêche la première croisade. Il dénonce l'occupation islamique et surtout turque (Turcs Seldjoukides) de la Terre sainte. Il invite tout ce que l'Occident compte de seigneurs belliqueux ou de brigands à se transformer en soldats du Christ, afin de libérer les Lieux saints de l'occupation musulmane.

L'appel du pape est reçu avec enthousiasme dans l'ensemble de la chrétienté occidentale. Des individus de toutes conditions attachent à leur vêtement une croix de drap rouge, signe de ralliement des croisés. Par les masses, et particulièrement les pauvres serfs, l'entreprise est perçue comme une délivrance et une promesse de vie nouvelle. Animés par une foi profonde, ils sont enthousiasmés à la seule idée d'atteindre Jérusalem et d'approcher le Saint-Sépulcre. Quant aux seigneurs, l'entreprise leur fournit l'occa-

sion d'expier leurs péchés et de sauver leur âme, tout en se libérant de la trêve de Dieu, qui tempère leur passion pour la guerre. En outre, plus d'un croisé part avec l'idée de s'enrichir rapidement, par des moyens souvent peu compatibles avec le message évangélique. Entre 1096 et 1270, s'organisent huit grandes croisades (*voir la carte 5.7 et l'encadré 5.6*) auxquelles participent non seulement des milliers de seigneurs et de chevaliers, des rois et des empereurs, mais aussi des centaines de milliers d'hommes, de femmes et d'enfants.

Les causes des Croisades sont d'abord religieuses et essentiellement reliées aux pèlerinages qui augmentent à partir de l'an 1000, lorsqu'avec la fin des invasions, les routes deviennent plus sûres. À cette époque, la peur de la fin du monde, les famines et les

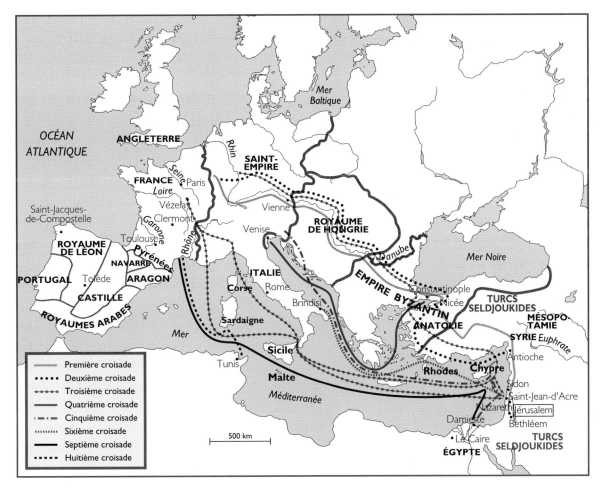

Carte 5.7
Les Croisades

ENCADRÉ 5.6
LES CROISADES

Première croisade (1096-1099): La première croisade populaire est prêchée principalement par Pierre l'Ermite et Gautier sans Avoir. Elle regroupe environ 100 000 hommes, femmes et enfants, qui sont massacrés par les Turcs en Asie Mineure: elle se solde par un échec. Puis, une croisade de chevaliers, avec Godefroid de Bouillon et Robert de Normandie, est organisée. Victorieux, les chevaliers s'emparent d'Antioche, en Syrie, en 1098 et de Jérusalem en 1099. La Terre sainte est ensuite divisée en quatre États: le comté d'Édesse, la principauté d'Antioche, le comté de Tripoli et le royaume de Jérusalem.

Deuxième croisade (1137-1149): La deuxième croisade est prêchée en France et en Allemagne par saint Bernard de Clairvaux. Le roi Louis VII, l'empereur Conrad III et leurs vassaux respectifs sont tout d'abord défaits par les Turcs. Par la suite et jusqu'en 1187, les croisés perdent presque toutes leurs possessions, dont Jérusalem, au profit de Saladin, le sultan d'Égypte et de Mésopotamie.

Troisième croisade (1189-1192): L'empereur Frédéric Barberousse, Philippe Auguste de France et Richard Cœur de Lion participent à la troisième croisade. C'est un demi-échec, puisque les croisés reprennent une partie de la côte syrienne et de la Palestine, dont Saint-Jean-d'Acre, mais ne peuvent délivrer Jérusalem. L'idée de la croisade s'affaiblit à partir de ce moment.

Quatrième croisade (1202-1204): Prêchée par Innocent III, la quatrième croisade est détournée par les Vénitiens contre l'empereur byzantin, leur rival commercial. Malgré l'opposition du pape, les croisés s'emparent de Constantinople en 1204, faisant de l'Empire byzantin l'Empire latin d'Orient, qui sera repris en 1261 par le prince byzantin de Nicée.

Cinquième croisade (1212): Il y a d'abord la «Croisade des enfants». La majorité des 30 000 jeunes Français atteignent l'Égypte où ils sont vendus comme esclaves. Environ 20 000 jeunes Allemands, parvenus à Brindisi, doivent rebrousser chemin; ils périssent ou disparaissent en grand nombre sur le chemin du retour. En 1218, avec l'aide du roi de Chypre et de celui de Hongrie, Jean de Brienne, roi de Jérusalem, se dirige vers Damiette, une ville importante du delta du Nil, dans le but de l'échanger contre Jérusalem. L'expédition tourne au désastre trois ans plus tard.

Sixième croisade (1228-1229): L'empereur Frédéric II conclut, avec le sultan d'Égypte Al-Kamil, un traité qui lui permet d'obtenir Jérusalem et quelques places environnantes dont Bethléem, Nazareth et Sidon. Cependant, il est dénoncé, notamment par le pape, pour avoir négocié plutôt que combattu. En 1244, Jérusalem est reprise par l'Égypte qui, en moins d'un an, s'empare de la majeure partie de la Palestine chrétienne.

Septième croisade (1248-1254): Louis IX (saint Louis) s'empare de Damiette en 1249, échoue devant Le Caire et est capturé en avril 1250. Contre une forte rançon et la remise de Damiette, il est libéré le mois suivant et revient en France quatre ans plus tard, sans avoir repris la Ville sainte.

Huitième croisade (1270): Saint Louis échoue de nouveau devant Tunis où il meurt de la peste.

épidémies entretenaient l'espoir d'un au-delà bienheureux. Avec Rome et Saint-Jacques-de-Compostelle (au nord-ouest de l'Espagne) et malgré leur éloignement, ce sont Jérusalem et les Lieux saints (*voir la carte 5.8*) qui attirent de plus en plus les foules de pèlerins.

L'idée que l'accès aux Lieux saints puisse être compromis par les infidèles (Turcs Seldjoukides) devient insupportable pour les Occidentaux de toutes conditions. Animés par un idéal de purification, certains rêvent de souffrir et même de mourir sur les lieux

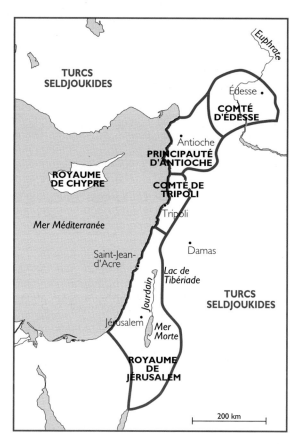

Carte 5.8
Les États chrétiens d'Orient en 1099

asservis ou sans avenir, aux guerriers inoccupés, les Croisades offriront la possibilité de satisfaire leurs ambitions par le pillage des terres conquises. Le départ des seigneurs et des chevaliers belliqueux permet de faire respecter la trêve de Dieu et de pacifier davantage l'Occident. Ainsi, après l'occupation de l'Angleterre en 1066 et de la Sicile en 1071, les Normands seront impatients de poursuivre leurs conquêtes vers l'est ; c'est pourquoi ils dominent la première croisade. Pour leur part, les seigneurs français traversent régulièrement les Pyrénées pour aider les petits États chrétiens du Nord de l'Espagne dans la Reconquista (*voir la carte 5.9*) et, en 1085, Tolède devient castillane. Dans cette Europe de l'Ouest de la deuxième moitié du XIe siècle, l'éclatement d'un désir expansionniste et conquérant ne fait aucun doute.

La papauté sait, lorsque les circonstances l'imposent, se livrer à d'habiles calculs politiques. Bien que séparée depuis le schisme de 1054, la chrétienté orientale est considérée par Rome comme une alliée qu'on doit aider dans la lutte contre les païens. Il devient donc urgent d'orienter vers les Turcs les ambitions des Normands et la convoitise des villes italiennes. L'alliance de l'empereur byzantin pourrait également être d'une certaine utilité contre l'empereur germanique. En plus, elle pourrait peut-être faciliter le retour au bercail de l'Église séparée. Par ailleurs,

mêmes de la Passion du Christ. Avec un projet qui fait appel à la solidarité de tous les chrétiens, le Saint-Siège développe l'idée d'une guerre sainte contre tous ceux qui rejettent ce qu'il considère comme la vraie foi. La guerre devient ainsi spiritualisée et bénie ; le soldat du Christ peut piller, violer et tuer en paix, tout en obtenant la rémission de ses péchés s'il meurt au combat. Et tous ces combattants se reconnaissent les fidèles et les vassaux du pape qui décuple ainsi son prestige et sa puissance.

Les Croisades ne peuvent pas être considérées comme une entreprise uniquement religieuse. Il faut les situer dans le contexte social et économique de l'époque. Entre le XIe et le XIIIe siècle, avec l'essor démographique qui accompagne la reprise économique, les terres paysannes et les fiefs seigneuriaux se morcèlent et deviennent trop étroits. Les jeunes nobles occidentaux doivent de plus en plus orienter leur avenir vers la religion ou les armes. Aux paysans

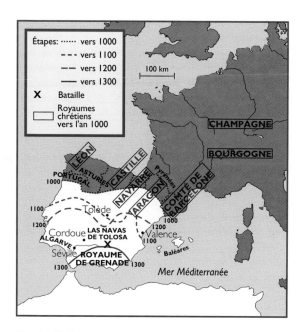

Carte 5.9
La Reconquista

Byzance est, en cette fin de XIe siècle, dans une position inconfortable. En Anatolie et en mer Noire, les Turcs Seldjoukides compromettent son commerce avec la Baltique au nord et avec la Chine à l'est. Les Byzantins doivent avoir recours à des mercenaires occidentaux, surtout normands, pour assurer leur défense. Dès 1073, l'empereur byzantin Michel VII a lancé un appel à l'aide au pape Grégoire V en lui offrant de discuter du schisme de 1054. En 1095, Alexis s'adresse au pape Urbain II afin d'obtenir des combattants pour ses armées.

Sous l'égide de l'Église, la chrétienté occidentale s'est engagée dans les Croisades avec un fanatisme et une intolérance hors du commun non seulement envers les musulmans, mais envers les cathares (Albigeois), les Juifs et même les chrétiens orthodoxes. Après la huitième croisade, les établissements chrétiens d'Orient sont enlevés par le sultan d'Égypte. La dernière forteresse chrétienne, Saint-Jean-d'Acre, tombe en 1291. Les chevaliers de Saint-Jean se réfugient d'abord sur l'île de Chypre, puis à Rhodes, en 1310, et à Malte, en 1522. (*Voir la carte 5.7 à la page 143.*) La Terre sainte demeurera islamique jusqu'en 1918. Entre l'Occident vaincu et l'Islam victorieux devait se creuser un fossé d'incompréhension sinon de haine, qui n'est pas encore disparu de nos jours. Plus que tout autre événement, les Croisades amènent l'Occident chrétien à ignorer et à déformer ce que la riche civilisation islamique a de plus élevé sur les plans culturel et scientifique.

L'affaiblissement et la chute de l'Empire byzantin (prise de Constantinople en 1453 par les Turcs ottomans) représente l'une des conséquences les plus importantes des Croisades et de leur échec, car sa destruction compromet le commerce en Méditerranée orientale et l'expansion vers l'est. Avant la fin du XVe siècle, les Occidentaux devront chercher de nouvelles routes afin de maintenir les contacts avec l'Asie, ce qui les amènera à la découverte du Nouveau Monde. Les Croisades augmentent le prestige et la richesse de l'Église qui accroît son pouvoir de taxer et de prélever de l'argent. En l'absence des turbulents féodaux qui ont pris la route des Lieux saints, l'Occident prend davantage conscience de son unité sous la direction d'une papauté et de monarchies récemment constituées.

De son côté, la noblesse occidentale est, à plusieurs titres, une grande victime des Croisades. Les nobles périssent en grand nombre sur les champs de bataille. D'autres se ruinent dans l'aventure ou doivent concéder des **franchises** aux villes afin de financer leur expédition. Certains seigneurs perdent leur fief, faute de pouvoir rembourser les emprunts contractés. Enfin, d'autres se livrent à une consommation abusive de marchandises orientales (épices, soieries, etc.) alors que l'essor du capitalisme commercial diminuera la valeur des biens fonciers, assises de leur richesse et de leur puissance. Si elles s'avèrent décevantes pour les autorités ecclésiastiques et épuisantes sinon fatales pour la noblesse, les Croisades sont profitables aux marchands occidentaux. Ces derniers s'enrichissent d'abord dans la fourniture de vivres, d'équipements et de navires aux croisés (*voir la section « L'essor des villes et la naissance de la bourgeoisie » à la page 158*). Cette nouvelle classe très dynamique, la bourgeoisie marchande des villes, soutiendra le pouvoir monarchique.

La formation des grands États monarchiques

Profitant autant des querelles entre la papauté et l'Empire que de l'affaiblissement des féodaux, le pouvoir monarchique se taille une place sur quelques grands territoires occidentaux. À travers les conflits, quelques grandes dynasties parviennent à s'imposer. C'est notamment le cas des monarques chrétiens de Castille et d'Aragon, des Capétiens de France ainsi que des Plantagenets d'Anjou et d'Angleterre. Plutôt qu'à l'unité de l'Europe, ces princes se dédient à la grandeur de leur royaume respectif.

Les princes chrétiens d'Espagne Du VIIIe au Xe siècle, la religion et la civilisation musulmanes se sont établies en Espagne. L'occupant doit cependant composer avec la résistance des montagnards et des paysans des Pyrénées et des Asturies. Vers l'an 1000, les royaumes chrétiens de Léon, de Castille, de Navarre, d'Aragon et le comté de Barcelone sont constitués (*voir la carte 5.9 à la page 145*), alors que l'immense **califat** de Cordoue brille de tous ses éclats. À partir du XIe siècle, ce grand État se désintègre et l'Islam ibérique se divise en principautés rivales.

La Reconquista (la reconquête de la péninsule sur les Maures) qui débute au XIe siècle est facilitée à la fois par les dissensions du monde islamique et les interventions étrangères. Au sud, des tribus musulmanes d'Afrique, les Almoravides au XIe siècle et les Almohades au XIIe siècle, investissent l'Islam espagnol qu'ils jugent trop généreux et laxiste. Au nord, de nombreux chevaliers français, venus surtout de

Bourgogne et de Champagne, ainsi que des moines cisterciens et clunisiens introduisent la haine religieuse et l'idée de la guerre sainte. Entre le XIᵉ et le XIIIᵉ siècle, cette reconquête connaîtra des étapes célèbres. En 1085, Alphonse II de Castille devient maître de Tolède alors qu'en 1094, Rodrigue de Bivar, le Cid Campeador, s'empare de Valence. Au début du XIIᵉ siècle, le Capétien Henri de Bourgogne libère les plaines portugaises et devient comte du Portugal. Enfin, les forces unifiées de Castille, d'Aragon et de Navarre remportent, en 1212, la victoire décisive de Las Navas de Tolosa contre les Almohades. La puissance des Maures est désormais chose du passé. Ferdinand III de Castille s'empare de Cordoue en 1236 et de Séville en 1248, pendant que l'Aragon occupe les Baléares et reprend Valence qui était redevenu possession almoravide. Le roi du Portugal ayant dégagé l'Algarve, les musulmans se réfugient dans leur dernier réduit, le royaume de Grenade.

Les plus importants États espagnols sont désormais la Navarre, le Portugal, l'Aragon et la Castille (*voir la carte 5.10*). La Navarre fera l'objet d'un partage entre la France et l'Aragon. Le Portugal, vassal de la Castille, forme un royaume indépendant dès 1143, et agrandit son territoire aux dépens des Maures. Il connaît un remarquable développement économique avec la monarchie de Bourgogne. Avec la dynastie d'Aviz et surtout grâce au prince Henri le Navigateur (1394-1460), les Portugais entreprennent des explorations maritimes vers le sud, en longeant la côte occidentale d'Afrique.

Les Capétiens Avec Hugues Capet, les Capétiens (*voir la figure 5.4 à la page 148*) succèdent aux Carolingiens en 987 et règnent en ligne directe jusqu'en 1328. À la fin du Xᵉ siècle, le domaine des Capétiens se limite au petit duché de France, qui correspond aux régions de Paris et d'Orléans. Par les guerres et les mariages, les Capétiens parviennent à neutraliser les puissants féodaux et tentent de rapprocher le royaume de ses frontières naturelles, c'est-à-dire les Pyrénées, le Rhin, les Alpes, les côtes atlantique et méditerranéenne. Créant un obstacle de taille à l'entreprise d'unification du royaume, Louis VII répudie imprudemment sa femme, Aliénor d'Aquitaine, qui épouse son rival, Henri II Plantagenet, duc de Normandie, comte d'Anjou, du Maine, de Touraine, de Bretagne, et bientôt, en 1154, roi d'Angleterre. Dès lors, le monarque britannique se transforme, sur le continent, en un puissant féodal qui doit être soumis à son suzerain, le roi de France. Cette présence anglaise, à côté du domaine capétien, deviendra une source constante de conflits. (*Voir la carte 5.11.*)

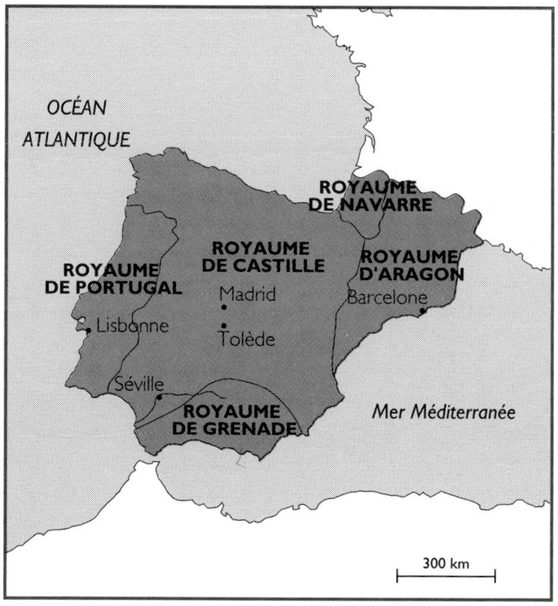

Carte 5.10

L'Espagne au début du XIVᵉ siècle

Carte 5.11

La France des Capétiens de 987 à 1328 : principaux territoires et sites

FIGURE 5.4
LA DYNASTIE DES CAPÉTIENS

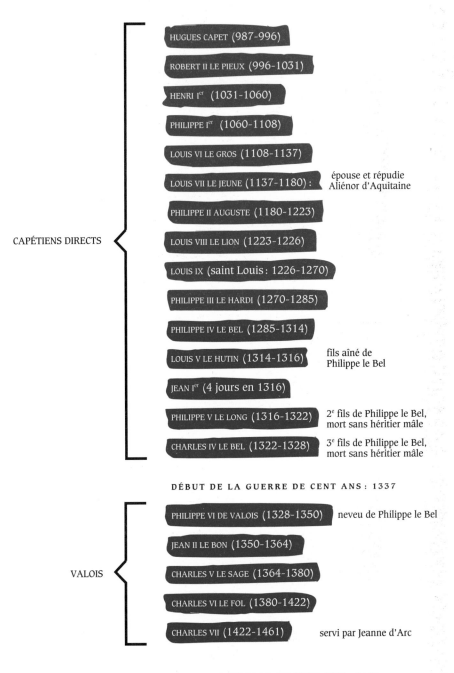

CAPÉTIENS DIRECTS

HUGUES CAPET (987-996)

ROBERT II LE PIEUX (996-1031)

HENRI Ier (1031-1060)

PHILIPPE Ier (1060-1108)

LOUIS VI LE GROS (1108-1137)

LOUIS VII LE JEUNE (1137-1180) : épouse et répudie Aliénor d'Aquitaine

PHILIPPE II AUGUSTE (1180-1223)

LOUIS VIII LE LION (1223-1226)

LOUIS IX (saint Louis : 1226-1270)

PHILIPPE III LE HARDI (1270-1285)

PHILIPPE IV LE BEL (1285-1314)

LOUIS V LE HUTIN (1314-1316) fils aîné de Philippe le Bel

JEAN Ier (4 jours en 1316)

PHILIPPE V LE LONG (1316-1322) 2e fils de Philippe le Bel, mort sans héritier mâle

CHARLES IV LE BEL (1322-1328) 3e fils de Philippe le Bel, mort sans héritier mâle

DÉBUT DE LA GUERRE DE CENT ANS : 1337

VALOIS

PHILIPPE VI DE VALOIS (1328-1350) neveu de Philippe le Bel

JEAN II LE BON (1350-1364)

CHARLES V LE SAGE (1364-1380)

CHARLES VI LE FOL (1380-1422)

CHARLES VII (1422-1461) servi par Jeanne d'Arc

FIN DE LA GUERRE DE CENT ANS : 1453

Légende
( ) : Les années entre parenthèses indiquent le début et la fin d'un règne.

L'œuvre de consolidation du pouvoir monarchique sera principalement l'œuvre de Philippe Auguste, de Louis IX et de Philippe le Bel. Philippe Auguste remporte, en 1214, la célèbre victoire de Bouvines contre l'empereur Otton de Brunswick et son allié, Jean sans Terre, roi d'Angleterre. Il enlève aussi aux Plantagenets la majeure partie de leurs possessions françaises. Son fils, Louis VIII, profite quant à lui de la croisade contre les Albigeois pour annexer le Languedoc. Pour sa part, Louis IX (saint Louis) soumet les barons du Poitou et son fils, Philippe III le Hardi, réunit au royaume les comtés de Toulouse, de Poitiers, d'Alençon, de Guines ainsi que l'Auvergne. Enfin, Philippe le Bel achève, avec fermeté, l'œuvre de consolidation territoriale. Il ajoute au domaine royal la Champagne et la Navarre, Lille, Douai, le Barrois et Lyon. Sous l'influence de légistes imbus de droit romain, il signifie brutalement aux nobles et au clergé qu'il est le souverain de ses sujets plutôt que le suzerain de ses vassaux. Soutenu par ses **états généraux**, il affronte le Saint-Siège qu'il soumet, francise et installe à Avignon. En 1312, il obtient du pape Clément V la suppression de l'ordre des Templiers et la confiscation de leurs biens.

Les Plantagenets Entre 978 et 1066, la couronne britannique alterne entre titulaires danois et saxons. En 1051, le Saxon Édouard le Confesseur (v.1002-1066) reconnaît comme héritier son cousin, Guillaume de Normandie (v.1028-1087). Après avoir soumis le Maine, la Bretagne et la Flandre, ce dangereux rival des Capétiens envahit l'Angleterre en 1066.

À la suite de cette invasion, la dernière de son histoire, l'Angleterre se francise et renforce son unité sous une nouvelle monarchie autoritaire. Mais cette alliance anglo-normande, plutôt que de rapprocher les Anglais et les Français, leur léguera un héritage de luttes dynastiques, territoriales et internationales qui se prolongeront sur plusieurs siècles.

Le pouvoir monarchique doit cependant composer avec des forces opiniâtres. Si Guillaume le Conquérant règne en monarque absolu, ses successeurs se disputent le trône. Ils ont même failli compromettre son œuvre jusqu'à ce que son arrière-petit-fils, Henri II Plantagenet (1154-1189), rétablisse brutalement l'autorité royale. Henri II doit faire face à l'opposition nobilière et cléricale, notamment à celle de Thomas Becket (1118-1170), archevêque de Cantorbéry, qu'il fait assassiner. Mais ses fils se comportent comme des princes étrangers pour qui le sol anglais ne représente qu'un centre de recrutement et de financement pour leurs conflits continentaux contre les Capétiens. Richard Ier Cœur de Lion, occupé par une croisade et la protection de ses possessions françaises, ne séjourne presque pas en Angleterre. Son frère, Jean sans Terre, après sa défaite de 1214 contre Philippe Auguste de France, doit accepter, en 1215, la Grande Charte que lui imposent les barons anglais. Ce document fixe au pouvoir monarchique des limites importantes, mais porteuses d'avenir pour le royaume et l'ensemble de l'Occident (*voir la page 166*).

La guerre de Cent Ans (1337-1453)

Les fils de Philippe le Bel meurent successivement sans laisser d'héritier mâle et, par trois fois, les femmes sont

Fils de Robert, duc de Normandie, et d'Arlette, fille d'un peaussier de Falaise, Guillaume le Conquérant (v. 1028-1087) ne soumet ses vassaux révoltés qu'en 1047. Il impose la trêve de Dieu dans l'ensemble de son duché dont il fait un modèle d'État féodal. Il persuade aussi son cousin, Édouard le Confesseur, roi anglo-saxon d'Angleterre, de le désigner comme successeur. Cependant, à la mort d'Édouard qui n'a pas d'enfants, les chefs anglo-saxons désignent Harold, comte de Sussex, comme roi. Guillaume envahit alors l'Angleterre et remporte contre l'usurpateur la célèbre bataille de Hastings, le 14 octobre 1066. Couronné à Westminster, le 25 décembre suivant, il implante en Angleterre une organisation féodale centrée autour du monarque. Il confisque les terres des Saxons afin de distribuer des fiefs aux Normands. Il met également sur pied une administration royale efficace et nomme un shérif par comté. Il épouse sa cousine Mathilde, fille du comte de Flandre, et trois fils naissent de cette union : Guillaume II le Roux, Henri Ier Beauclerc et Robert II Courteheuse.

évincées du trône afin d'en exclure tout candidat étranger. En 1329, après la mort de Charles IV, les barons du royaume préfèrent Philippe VI de Valois, neveu de Philippe le Bel par son père, à Édouard III Plantagenet, petit-fils de Philippe le Bel par sa mère. Il faudra la guerre de Cent Ans (*voir la carte 5.12*) pour mettre fin à la présence et aux prétentions anglaises sur le royaume de France.

Bien que la France soit l'État le plus riche et le plus populeux d'Europe, la flotte et l'armée anglaises, appuyées par les Flamands, remportent les premiers affrontements. Toutefois, conseillé par le connétable Bertrand du Guesclin, Charles V reprend, entre 1370 et 1380, toutes les provinces occupées par les Anglais, sauf la Guyenne et Calais. Pendant une période de paix qui dure une trentaine d'années, les deux royaumes sont confrontés à de graves troubles internes. En Angleterre, Richard II est détrôné par son cousin, Henri de Lancastre, qui règne sous le nom de Henri IV jusqu'en 1413. En France, la minorité puis la folie de Charles VI favorisent les complots et précipitent le royaume dans la guerre civile. Cette dernière met aux prises les Armagnacs, soutenus par la noblesse, et les Bourguignons qui, appuyés par les bourgeois et le peuple de Paris, se rapprocheront des Anglais.

Après la défaite française d'Azincourt en 1415, les Anglais reprennent la Normandie, dont Rouen en 1419. Charles VI, le roi fou, cède par traité la couronne de France à Henri V d'Angleterre. Son successeur, Charles VII, qui a l'appui des Armagnacs, résiste tant bien que mal à l'alliance anglo-bourguignonne jusqu'en 1428, année où les Anglais tentent de s'emparer d'Orléans. C'est alors qu'entre en scène Jeanne d'Arc, dont la détermination et la mort ont suscité, sur le sol français, l'émergence d'un sentiment patriotique dont n'a pu que profiter le pouvoir royal. Charles VII,

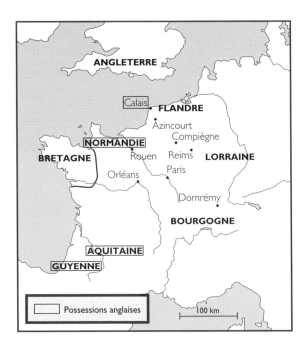

Carte 5.12
La guerre de Cent Ans

réconcilié avec les Bourguignons, parvient à expulser les Anglais qui, à partir de 1453, ne conserveront que Calais sur le sol de France.

Une sombre fin d'époque

En Occident, les années 1300 à 1450 sont assombries par une détérioration du climat, des mauvaises récoltes et des épidémies dévastatrices. Des années froides et pluvieuses compromettent les récoltes et provoquent la famine qui est, dès le début du XIVe siècle, la première cause de l'effondrement démographique. En

*Née à Domrémy, en Lorraine, **Jeanne d'Arc (v. 1412-1431)** est une jeune paysanne. Obéissant à des « voix » surnaturelles qui lui ordonnent de libérer la France, elle réclame une armée et, en mai 1429, délivre Orléans assiégée par les Anglais. Elle mène le roi Charles VII à Reims pour le faire sacrer. Elle échoue néanmoins devant Paris et, en 1430, à Compiègne, elle est prise par les Bourguignons et vendue aux Anglais. Amenée à Rouen, elle est condamnée, après un long procès, par un tribunal ecclésiastique comme hérétique et sorcière et elle est brûlée le 30 mai 1431. Béatifiée en 1909 et canonisée en 1920, elle a inspiré de nombreux auteurs, artistes et cinéastes.*

effet, la famine ne vient pas seule, dans la mesure où les maladies épidémiques se répandent rapidement, en Europe occidentale, parmi des populations mal nourries et affaiblies. La peste bubonique (inflammation des ganglions lymphatiques) et la peste pulmonaire sont amenées d'Asie centrale par des vaisseaux qui transportent dans leurs cales des rats contaminés. Empruntant les routes commerciales, elle apparaît à Marseille à la fin de 1347, et se répand dans toutes les régions d'Europe, qui ne sont cependant pas toutes touchées au même degré. En règle générale, les villes le sont plus que les campagnes, même si certaines paroisses rurales perdent la moitié de leur population.

Jusqu'à la veille de la guerre de Cent Ans, la population européenne était en pleine expansion. La France comptait entre 15 et 20 millions d'habitants, l'Italie et la péninsule ibérique environ 8 millions, l'Allemagne 7 millions et l'Angleterre 3,5 millions. Mais entre 1300 et 1700, la population de l'Europe demeurera pratiquement la même, malgré une reprise démographique à partir du XIVe siècle.

Avec la famine et les guerres, la peste entretient le désarroi des populations et modifie gravement les comportements sociaux. Les Juifs sont souvent rendus responsables des épidémies et de nombreux pogroms (pillages et massacres) s'organisent contre eux. Des **flagellants** apparaissent en Italie et se répandent en même temps que la peste. Faute de ressources humaines, le nombre de terres en friche augmente et, s'ajoutant aux autres formes de violence, la misère fait augmenter le brigandage. Les campagnes connaissent de nouveau l'insécurité, et certains villages sont abandonnés. Devant la baisse du prix des grains, conséquence de la chute démographique, l'exaspération des paysans s'exprime par des révoltes (les jacqueries) rapidement écrasées.

Comme ils doivent imposer des redevances moins lourdes à leurs tenanciers, plusieurs seigneurs sont également affaiblis. Toutefois, parmi les paysans libres et les seigneurs qui ont survécu à ces malheurs, certains en profitent pour agrandir leur exploitation et s'enrichir. Vers le milieu du XVe siècle, avec la fin de la guerre de Cent Ans et le ralentissement des épidémies,

La peste noire Cette miniature d'un manuscrit (*Annales* de Gilles de Muisis) illustre l'ensevelissement hâtif des victimes de la grande peste à Tournai, en 1349.

les populations occidentales commencent à surmonter cette grave crise qui sévit depuis près d'un demi-siècle. Elle a failli compromettre les progrès économiques et les gains démographiques enregistrés entre le XIᵉ et le XIIIᵉ siècle.

Du côté oriental, hormis sa brillante culture, Byzance ne devait pas survivre. Elle parvient à résister, au XIIIᵉ siècle, aux assauts des Mongols, mais cède, en 1453, devant les Turcs ottomans qui s'emparent de Constantinople qui devient Istanbul. Les invasions tatare et surtout turque provoquent le départ de savants et d'artistes qui apporteront une contribution majeure à la Renaissance italienne. Du côté slave, les grands princes de Moscou libèrent la Russie de la domination tatare et l'un d'eux, Yvan III (1462-1505) épouse Sophie Paléologue, la nièce du dernier empereur byzantin. Avec les églises et les palais du Kremlin, Yvan III veut faire de sa ville une troisième Rome. Tsar de Russie, il se considère comme l'héritier de l'empereur d'Orient.

Du côté occidental, quelques grandes dynasties se partagent la majeure partie du sol européen (*voir la carte 5.13*). L'empire des Habsbourg d'Autriche ne regroupe que quelque 350 seigneuries et villes libres d'Allemagne et d'Italie du Nord. Ce sera dans des villes et des principautés italiennes, constamment envahies et convoitées par de grands princes, que débutera alors un important mouvement humaniste, initiateur d'une renaissance qui atteindra son apogée au XVIᵉ siècle. En outre, de puissants royaumes riverains de l'Atlantique participent, pour le moment, à des enjeux strictement européens et méditerranéens. Mais ils étendront bientôt plus à l'ouest et à l'ensemble de la planète leur volonté de domination et donneront à l'Occident des dimensions jusque-là inconnues.

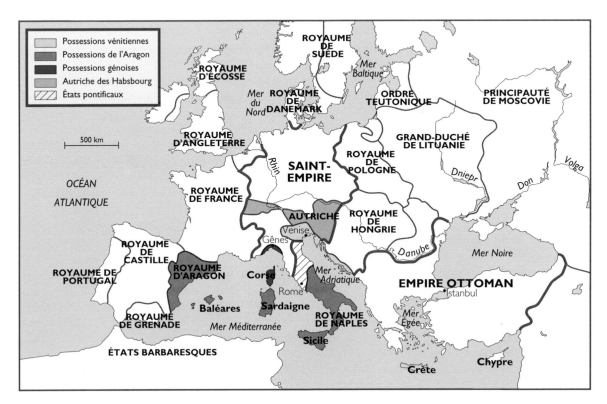

Carte 5.13
L'Europe à la fin du Moyen Âge

Les héritages

Ce monde médiéval, dominé par la seigneurie rurale et initialement composé de paysans, de prêtres et de guerriers, est loin d'être statique et fermé au progrès, tant matériel que culturel. À partir de l'an 1000, dans la seigneurie jusque-là autarcique, finit par se produire une révolution agricole qui provoque une augmentation appréciable de la production. S'ensuit une croissance de la population et une renaissance du commerce qui, avec les Croisades, reprend des dimensions internationales. La période médiévale nous enseigne, comme l'histoire de la Grèce ancienne, que le progrès, pour une civilisation, n'est pas l'apanage des seuls grands ensembles politiques. Aux XIIe et XIIIe siècles, dans un cadre rural et féodal marqué par la diversité et l'adversité, les progrès techniques, agricoles et démographiques mèneront à la formation d'une civilisation riche et originale. Parmi les bourgs reconstitués ou récemment formés, certains atteignent la dimension de villes où se forme une nouvelle classe dirigeante, la bourgeoisie. Cet univers urbain, qui se constitue parallèlement au monde rural, devient le siège de tensions qui conduisent à la formation d'une nouvelle civilisation et à la conquête de nouvelles libertés.

Une culture originale

Jusqu'au Xe siècle, les paysans et leurs seigneurs sont regroupés en villages, dans de petites clairières, au milieu de grandes zones forestières. Leurs champs modestes et la forêt, avec la chasse et la cueillette, leur procurent leur subsistance. La forêt fournit le bois, le principal matériau de construction et de combustion; elle sert également de lieu de pacage pour les troupeaux. Elle accueille les brigands et les fugitifs, souvent nombreux dans ce monde miséreux, en proie aux privations et exposé aux invasions et aux guerres.

Les progrès agricoles

Jusqu'au Xe siècle également, l'agriculture, centrée sur le blé et l'orge, assure difficilement la survie des peuples occidentaux. Les terres se vident de leurs matières fertilisantes, faute de repos suffisant, de labours et d'engrais. Les trois siècles suivants représentent l'âge d'or de l'agriculture médiévale. Les ren-

dements des terres doublent alors qu'apparaissent le froment pour le pain blanc et l'avoine pour les chevaux des seigneurs et des laboureurs. Les ravages causés par les guerres, les famines et les épidémies s'atténuent et, mieux nourrie, la population d'un grand nombre de régions double ou triple.

De nouveaux défrichements permettent l'augmentation des cultures et l'apparition de nouveaux villages. On abandonne une méthode héritée des Romains et on adopte l'assolement triennal, c'est-à-dire une rotation des cultures qui s'étend sur trois ans plutôt que deux. Les sols sont donc cultivés pendant deux ans avant d'être mis en jachère. Le fer remplace le bois pour la fabrication des outils tranchants tels que l'araire, la bêche et la faucille. L'apparition de la cognée pour abattre les arbres et de chaînes pour essoucher facilite les défrichements. La charrue et la herse pour préparer le sol et la faux pour couper le foin sont des innovations qui permettent d'augmenter les rendements.

À partir du XIe siècle, le cheval remplace le bœuf comme bête de somme et de trait. De plus, d'importantes innovations multiplient la force de traction animale. On cloue des fers sous les sabots des chevaux, ce qui accroît considérablement l'importance du métier de forgeron; on remplace également la sangle qui serre le cou par un collier de bois qui repose sur les épaules, ce qui permet d'utiliser l'attelage en file plutôt que de front. L'animal peut désormais tirer environ 2000 kilogrammes au lieu de 400 kilogrammes. Enfin, la tâche de moudre les grains accable les paysans et

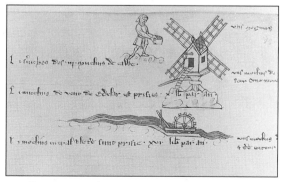

Moulins   Les moulins à eau se multiplient entre les XIe et XIIe siècles. Plus coûteux à construire, les moulins à vent apparaissent au XIIe siècle, surtout en Europe du Nord.

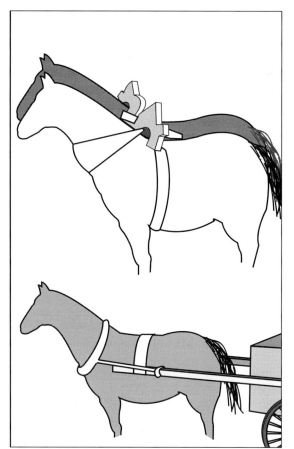

Collier d'épaule   Jusqu'au XIᵉ siècle, on passe autour du cou du cheval une courroie de cuir qui risque de l'étrangler si la charge dépasse 500 kilogrammes. Le collier d'épaule, qui s'appuie sur le squelette de l'animal, permet d'augmenter considérablement la charge que les chevaux peuvent tirer et de les atteler en file.

retarde les autres travaux. Du XIᵉ au XIIIᵉ siècle, on construit nombre de moulins à eau (dont l'invention date de l'époque romaine) et, dans les plaines côtières du Nord dépourvues de cours d'eau, on voit apparaître, au XIIᵉ siècle, des moulins à vent.

Les conditions de vie générale des paysans s'améliorent et, comme le servage disparaît graduellement, les disparités deviennent essentiellement économiques : la majorité des paysans deviennent de pauvres manouvriers à côté d'une minorité de riches laboureurs. Les manouvriers disposent de petites tenures et ont souvent tendance à se diriger vers les villes plutôt que de demeurer dans la mendicité. Les laboureurs, quant à eux, bénéficient des innovations

techniques et agrandissent leur exploitation. Plusieurs s'enrichissent et occupent une place importante dans la communauté villageoise.

Le rôle de l'Église et des monastères

L'Église n'échappe pas au changement ; elle est même au cœur d'importantes transformations. Apparus en Occident dès le IVᵉ siècle, les monastères se soumettent à la règle de saint Benoît de Nursie (v. 480-v. 547) à partir du IVᵉ siècle. La diffusion des textes sacrés est assurée par des moines copistes qui utilisent l'écriture caroline avec des majuscules uniformes et des minuscules carrées et fines. Sous Charlemagne, l'activité des monastères sera à la base d'une réforme scolaire et culturelle d'inspiration romaine que l'on désignera sous le nom de renaissance carolingienne. La réforme scolaire privilégie un enseignement d'inspiration romaine où la grammaire et la musique prédominent. S'ajoutent la rhétorique, la dialectique (raisonnement) et les sciences de la nature auxquelles se greffent l'arithmétique, la géométrie et l'astronomie. Les écoles se fondent surtout au nord de la Loire, autour d'un **chapitre** ou d'un monastère.

Les monastères se répandent dans l'ensemble de l'Europe, notamment avec l'ordre de Cluny au Xᵉ siècle et celui de Cîteaux au XIIᵉ siècle. Au Xᵉ siècle, l'abbé de Cluny dirige plus de 1000 monastères et s'affirme comme l'un des personnages les plus puissants de l'Occident. Les clunisiens transforment la règle bénédictine et leurs monastères deviennent non

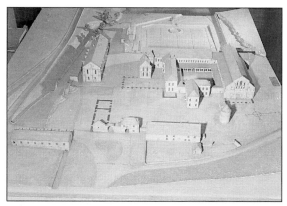

Abbaye cistercienne de Fontenay   Cette abbaye fut fondée en 1119 par saint Bernard. Sa construction selon un plan précis témoigne de l'équilibre entre les bâtiments religieux et ceux qui ont une vocation économique.

seulement des centres religieux, mais également des établissements agricoles, des refuges et des centres intellectuels. La vie quotidienne des moines se partage entre la prière ou la méditation, le travail manuel et l'étude. Sous la direction d'un abbé, plusieurs monastères exercent des droits seigneuriaux, accumulent des surplus agricoles, grâce au travail de leurs paysans et édifient de faramineuses fortunes. Les cisterciens (trappistes) possèdent de véritables fermes modèles où sont appliquées les techniques de culture et d'élevage les plus avancées.

À cette époque où les individus sont principalement préoccupés par leur survie, la culture est essentiellement orale et peu de personnes savent lire et écrire. La vie intellectuelle gravite autour des seuls monastères qui, avec leurs bibliothèques, se donnent comme mission de protéger la culture et le savoir antiques. Les monastères exercent également une fonction sociale, en secourant les pauvres, les personnes âgées, les malades ainsi que les victimes des épidémies et des guerres. Comme l'assistance publique est une condition de salut, l'Église s'approprie cette fonction en la rattachant au principe de charité chrétienne. Les premiers hôpitaux relèvent donc de l'évêché ou du monastère ; ils accueillent autant les pèlerins, les pauvres et les malheureux que les malades. Au XIIᵉ siècle, les fondations se multiplieront dans les centres urbains où des communautés religieuses feront du soin des pauvres voyageurs ou des malades une spécialité. Cependant, avec les Croisades, la lèpre et d'autres maladies contagieuses telles que la peste, le choléra et la tuberculose se répandent. Les léproseries ou maladreries ont désormais comme rôle de protéger la collectivité par l'isolement sinon l'emprisonnement des personnes contaminées. Dans ce secteur, l'intervention sociale devient déjà plus autoritaire que charitable.

Avec les hôpitaux et les agglomérations urbaines, les monastères se sont multipliés sur les parcours routiers empruntés par les pèlerins. Îlots de tranquillité et d'isolement, leurs logis des hôtes accueillent gratuitement les voyageurs et les pèlerins. Au XIIᵉ siècle, les moines de Cluny ont même publié un *Guide du Pèlerin*, un véritable guide touristique avant la lettre. Il nous faut également considérer les croisades populaires comme un mouvement de pèlerins armés. La création d'ordres de moines soldats, comme les hospitaliers en 1113 et les templiers en 1119, témoigne du rôle non négligeable que joue le monachisme dans l'organisation des Croisades.

L'art roman

À l'époque de Charlemagne, les arts, notamment l'architecture, affichent une certaine originalité. Les constructeurs d'églises et de palais empruntent à la Ravenne des Byzantins le plan central et à la Rome de Constantin le plan basilical qui sera plus tard prépondérant dans l'art roman. Les Francs conservent leur préférence pour l'orfèvrerie qui, avec ses formes géométriques, influence la **toreutique** et parfois l'**enluminure**. L'art de l'Occident médiéval repose sur une architecture religieuse qui se précise à partir du XIᵉ siècle. L'affluence des pèlerins impose la construction d'églises plus vastes et nécessairement des modifications au plan basilical d'origine romaine. Présents dans toutes les régions rurales d'Europe, les monastères sont à l'origine de ce mouvement qualifié de roman, apparu en France dans la deuxième moitié du XIᵉ siècle. Il s'agit du premier art majeur propre à l'Occident.

Tout en conservant la largeur de la basilique romaine, la cathédrale romane s'élève verticalement à l'aide de tours. Cette élévation est permise grâce au remplacement de la voûte en berceau par la voûte d'arêtes, qui est un réseau d'arcs reliés par des pierres de petites tailles. Les constructeurs doivent cependant limiter sa hauteur et réduire les ouvertures, principalement à cause de la poussée de la voûte sur la maçonnerie qui la supporte. Contrairement aux édifices romains et byzantins, l'église romane dispose de peu d'ornements, elle est sombre et elle affiche un caractère austère. Construite en pierre, elle diminue considérablement les risques d'incendie qu'entretenaient les anciennes structures de bois. Cette pierre est travaillée, ce qui permet à la sculpture de connaître un grand essor avec les bas-reliefs, les statues et les chapiteaux. Saint Hugues, abbé de Cluny de 1049 à 1109, autorise la construction de plus d'un millier d'églises et notamment celle des illustres églises abbatiales de Cluny, d'Autun et de Vézelay.

L'émergence des langues romanes et les premières œuvres littéraires

Les églises ne sont pas les seuls témoins de cette culture nouvelle dont certains traits distinctifs remontent jusqu'aux premiers siècles du Moyen Âge. Les populations occidentales développent des langages qui s'éloignent graduellement du latin. Certains demeurent des dialectes d'usage régional alors que d'autres se répandent à l'échelle des royaumes et donnent naissance

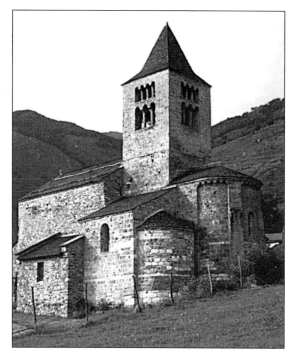

Église romane du village d'Axiat, dans la région de l'Ariège (Pyrénées) On remarque la petitesse des fenêtres et l'importance des lignes rondes (cercle et demi-cercle). L'éclairage y est sombre et la décoration archaïque.

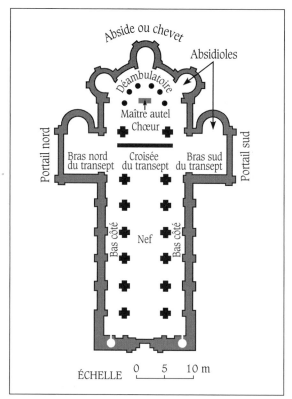

Plan d'une église romane Apparu au XIᵉ siècle, le plan cruciforme de l'église romane est emprunté aux premières basiliques chrétiennes. La voûte en berceau (nef) et la voûte d'arête (bas-côtés) sont recouvertes de pierre.

aux langues romanes que sont l'italien, l'espagnol, le provençal et le français. (*Voir l'encadré 5.7.*)

Les langues romanes deviennent les véhicules d'une nouvelle poésie, celle des **troubadours** qui, d'abord chantée par les jongleurs, finit par être transposée dans des textes qui sont aujourd'hui considérés comme les premières œuvres littéraires. Quant au latin, il continue d'être la langue écrite d'usage dans les œuvres non littéraires. La chanson de geste représente la phase épique de la littérature occidentale. Elle glorifie le sens de l'honneur des seigneurs alors que les premières croisades y ajoutent la foi et le patriotisme des chevaliers dans leur lutte contre les infidèles. On n'a retrouvé qu'une centaine de ces poèmes dont *La Chanson de Roland* (*voir l'encadré 5.8*), écrite vers 1065, qui demeure la plus ancienne et la plus célèbre.

La chanson de geste propose un idéal exaltant de vie héroïque qui imprègne l'ensemble de la chrétienté et facilite sans doute le recrutement des croisés. Mais les nobles se détournent rapidement de ces épopées pour jeter leur dévolu sur des œuvres plus imprégnées de lyrisme. À partir du XIIᵉ siècle, les récits fabuleux substituent l'amour aux prouesses des

héros et, parfois, la ruse ou l'ironie y accompagnent les nobles sentiments. Le héros ajoute, à sa vaillance guerrière, la galanterie qui l'amène à combattre non seulement pour Dieu et son suzerain, mais également pour sa dame. L'univers chevaleresque se détache davantage du monde réel et l'idéalise. Ce mouvement, qui repose essentiellement sur une exaltation subtile de l'amour, est désigné sous le nom d'esprit courtois. (*Voir l'encadré 5.9.*)

Au XIIᵉ siècle, la littérature occidentale se renouvelle aussi avec le retour de grands poètes de l'Antiquité, dont Virgile et surtout Ovide, chantre de l'amour et auteur de légendes mythologiques. Tirant ses origines de la tradition orale, de la littérature orientale et des auteurs grecs ou latins, la fable devient un genre littéraire très apprécié au Moyen Âge. Ainsi, les textes remaniés d'Ésope et de Phèdre inspirent les nombreux bestiaires (fables moralisantes sur les bêtes) et ysopets (fables ésopiques) comme celui de Marie de France à la fin du XIIᵉ siècle. Au

ENCADRÉ 5.7
LA LANGUE D'OÏL ET LA LANGUE D'OC

Au nord de la Loire se développe la langue d'*oïl* (« oui ») qui comporte plusieurs dialectes tels le picard, le wallon, le lorrain, le normand, l'angevin, le poitevin, le bourguignon, le francien et l'anglo-normand (en Angleterre après 1066). Les premiers textes littéraires témoignent de leur existence. Par contre, au sud de la Loire apparaît la langue d'*oc* qui signifie également « oui », et qui regroupe des dialectes rattachés à l'occitan ou au provençal. Ces dialectes réussissent, au même titre que les dialectes celtiques comme le breton de France et le gaélique d'Irlande, à survivre localement. Mais à partir du XIVᵉ siècle, avec la centralisation monarchique, le francien de l'Île-de-France l'emporte sur les autres dialectes.

ENCADRÉ 5.9
LA LÉGENDE ARTHURIENNE

Avec son *Roman de Brut,* Robert Wace (1110-v. 1180), un chanoine anglo-normand de Bayeux, adapte la *Historia regum Britanniae* (Histoire des rois de Bretagne), rédigée en 1135 par Geoffrey de Monmouth (v. 1100-1154). Il fait ainsi connaître les aventures du roi Arthur qui aurait dirigé, au VIᵉ siècle, la résistance des Bretons contre les envahisseurs saxons. La légende et surtout les œuvres de Chrétien de Troyes (v. 1135-v. 1190) entourent le roi Arthur des chevaliers de la Table ronde, qui doivent se lancer à la recherche du **Graal**. Parmi ces chevaliers, Lancelot incarne le parfait amant courtois alors que Perceval fait figure de héros imbu de spiritualité.

XVIIᵉ siècle, Jean de La Fontaine (1621-1695) puisera dans ces différentes sources. Mais avec ses contes et ses légendes (*voir l'encadré 5.10*), la vieille culture celtique inspire de façon encore plus déterminante les poètes du XIIᵉ siècle.

La littérature courtoise et chevaleresque ne cessera jamais de satisfaire l'incessante quête du merveilleux chez les humains. À partir du XIXᵉ siècle, la vogue du roman historique se répand avec l'utilisation des personnages authentiques et légendaires du XIIᵉ siècle, qui fascineront plusieurs générations de lecteurs juvéniles. En 1819, l'Écossais Walter Scott (1771-1832) publie le roman *Ivanhoé*, dont le héros

imaginaire a été le compagnon de croisade de Richard Cœur de Lion, qu'il assiste dans la lutte contre son frère, Jean sans Terre. Le roman met également en scène Robin des Bois, un personnage historique et un héros légendaire saxon, dont les aventures inspireront nombre d'auteurs.

Une nouvelle civilisation urbaine

Au début du XIᵉ siècle, les bourgs occidentaux sont rares et peu peuplés. À peine une dizaine d'agglomérations, surtout des villes épiscopales, dépassent 10 000 habitants. Au cours des trois siècles suivants, l'accroissement démographique lié aux progrès de

ENCADRÉ 5.8
LA CHANSON DE ROLAND

L'histoire nous apprend que le 15 août 778, lors de son retour de Saragosse, l'arrière-garde du roi Charles est décimée, dans le col de Ronceveaux, par des montagnards basques. Roland, comte de la marche de Bretagne, figure parmi les principales victimes.

Dans *La Chanson de Roland*, on fait de Roland le neveu du roi Charles devenu empereur et on crée également le personnage d'Olivier, l'ami inséparable de Roland. Les Basques chrétiens sont remplacés par des Sarrasins, et l'expédition devient une croisade, comme en menaient les seigneurs français des Xᵉ et XIᵉ siècles contre les musulmans d'Espagne.

ENCADRÉ 5.10

TRISTAN ET ISEULT

Parmi les légendes bretonnes, celle de *Tristan et Iseult*, dont on n'a retrouvé que des fragments datant d'environ 1170, sera sans doute la plus riche et la plus féconde sur le plan des adaptations. Entre 1854 et 1857, Richard Wagner (1813-1883) composera l'opéra *Tristan et Isolde*. En 1900, le médiéviste Joseph Bédier (1864-1938) reconstituera ce récit tragique sous la forme d'un roman qui connaîtra une grande notoriété jusqu'à nos jours. Ayant consommé un philtre magique, Tristan et Iseult la blonde succombent à la passion fatale qu'ils éprouvent désormais l'un pour l'autre. Ils se rendent coupables devant Marc, le roi de Cornouailles et l'époux d'Iseult, ainsi que devant Iseult aux blanches mains, l'épouse de Tristan. Seule la mort les libère et les unit.

---

l'agriculture provoquera un véritable essor urbain. Pendant cette période, plus de 2500 villes voient le jour en Europe occidentale, grâce à la reprise des échanges. Autour du marché ainsi que du parvis de l'hôtel de ville ou de la nef de la cathédrale, se tiennent d'importants rassemblements. Marchands, magistrats, artisans, maîtres et étudiants s'y réunissent. Une intense vie communautaire donne lieu à des manifestations culturelles qui renforcent le sentiment d'appartenance des citadins.

L'essor des villes et la naissance de la bourgeoisie

Au XIᵉ siècle, la fin des invasions, l'accroissement des rendements agricoles et l'accumulation de surplus favorisent la reprise du commerce et de l'industrie artisanale, dans des villes qui se reconstituent peu à peu. Dans les bourgs formés autour d'un château ou d'une abbaye, les artisans et les marchands se regroupent en **corporations** et **guildes** ou **hanses**. L'ensemble des bourgeois se rassemble en **communes** qui finissent par obtenir du seigneur une charte pour garantir les droits et libertés nécessaires à leurs activités. Certaines de ces communes pourront obtenir l'autonomie

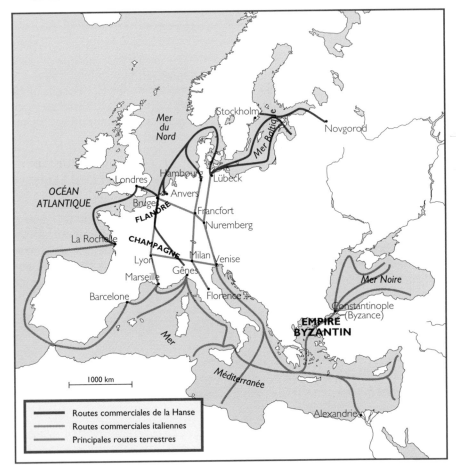

Carte 5.14
Le développement d'une économie urbaine

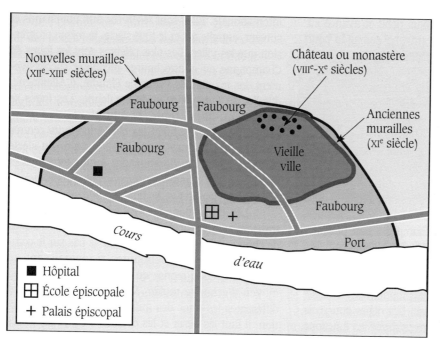

Carte 5.15
L'évolution d'une ville médiévale

complète, et formeront, dans certains cas, de véritables républiques. Ce sera notamment le cas sur les rives de la Baltique, en Flandre et dans le Nord de l'Italie où certaines cités marchandes, profitant des Croisades, étendront leur emprise commerciale sur la Méditerranée orientale. (*Voir la carte 5.14.*)

Le nouveau paysage urbain varie selon les régions. Les villes neuves sont conçues en fonction d'un plan rigoureux avec une place centrale et des rues droites. Par contre, la plupart des villes sont initialement des communautés villageoises, regroupées autour d'une église, d'un monastère, d'un château entouré de remparts ou d'une ancienne villa romaine fortifiée. L'accroissement de la population et des activités économiques dans les villes provoque, au-delà des premiers remparts et à leur périphérie, le développement de faubourgs. Ces faubourgs finissent par former un bourg neuf, entouré de nouvelles murailles. (*Voir la carte 5.15.*)

Sous l'égide du clergé et de la classe marchande, les citadins développent un fort sentiment d'appartenance. Un véritable esprit de clocher les amène à soutenir, en rivalité avec les cités voisines, la construction de monuments, tels un hôtel de ville, une cathédrale, une université, à la mesure de leurs ambitions et de leur fierté. Comme dans les sociétés antiques, l'essor

des villes médiévales s'accompagne de progrès matériels et techniques, qui permettent une amélioration du niveau de vie. Une division accentuée des tâches provoquera l'émergence, dans ce nouveau contexte urbain, d'une littérature originale, d'un art qualifié de gothique et d'une vie intellectuelle qui gravitera autour des premières universités occidentales.

La circulation de plus en plus libre des personnes, des biens et des espèces sonnantes suscite la création d'un vaste marché qui s'étend de la Méditerranée jusqu'à la Baltique et à la mer du Nord. Anvers, Hambourg, Bruges et Lübeck forment de véritables républiques marchandes dont la richesse commande le respect des princes. Devenue autonome depuis le XIᵉ siècle, Venise construit, aux dépens de Byzance et à la faveur des Croisades, un solide empire commercial en Méditerranée orientale. La puissance industrielle de Florence lui permet de se libérer du joug impérial et de dominer la majeure partie de la Toscane.

En Méditerranée, le commerce est-ouest est grandement stimulé par les Croisades. Les navires italiens transportent hommes, denrées et produits à destination des ports orientaux, d'où ils rapportent, à bas prix, diverses marchandises de luxe. Acheminés par caravanes depuis le golfe Persique et le Turkestan, des articles comme les épices et divers fruits, le sucre, les tapis et les tapisseries, le verre, les parfums et les médicaments sont très demandés en Occident. La reprise du grand commerce international favorise le développement d'une économie monétaire, ce qui entraîne l'élévation du niveau de vie. Cette reprise favorise également l'émergence d'une classe de grands marchands, particulièrement chez les Italiens du Nord et chez les templiers (moines chevaliers), qui mettent au point les techniques bancaires. La prospérité des marchands s'accroît à la suite de l'établissement de nouveaux réseaux commerciaux avec un

Né à Roccasecca, dans le royaume de Naples, **Thomas d'Aquin** *(1227-1274),
théologien et philosophe italien, entre dans l'ordre des Dominicains vers 1240. Il
étudie à l'abbaye du Mont-Cassin, puis à Naples et à Cologne où il est l'élève
d'Albert le Grand. Entre 1252 et 1274, il enseigne à Rome ainsi qu'aux universités de Paris et de Naples. Il s'applique à rapprocher la métaphysique et la logique
d'Aristote de la théologie, en délimitant les domaines de la raison et ceux de la foi.
La plus célèbre œuvre de ce grand docteur de la scolastique est la* Somme théologique *qu'il compose entre 1266 et 1272. On le canonisera en 1323, et le thomisme
sera proclamé philosophie officielle de l'Église par le pape Léon XIII, à la fin du
XIXᵉ siècle. Jusqu'au milieu du XXᵉ siècle, les Québécois s'initieront à la philosophie
par le biais du thomisme.*

la faculté des arts attribue le baccalauréat alors que
les facultés de théologie, de droit et de médecine
décernent la licence et le doctorat. Cette organisation
de base et cette hiérarchie des grades se perpétueront
dans plusieurs pays occidentaux jusqu'au XXᵉ siècle.

L'art gothique

L'art gothique naît au début du XIIIᵉ siècle, dans le
Nord de la France et se répand, jusqu'au XVᵉ siècle,
dans la majeure partie de l'Europe (*voir la carte
5.17*). Cette période n'est pas en reste d'originalité, et

ses artistes sont, à divers titres, d'authentiques inventeurs. Refusant d'imiter servilement les Anciens, ils
ont recours à des techniques nouvelles qui révolution-
nent leur art, notamment en architecture religieuse.
En effet, les cathédrales gothiques demeurent, jusqu'à

**Croisée d'ogives : intérieur de la cathédrale de Reims
(XIIᵉ et XIIIᵉ siècles)**   La voûte repose sur des arcs
(ogives) qui se croisent en diagonale et s'appuient sur
quatre piliers. Les croisées d'ogives se suivent, séparées
par des arcs-doubleaux.

Carte 5.17

**Les constructions romanes et gothiques
du XIᵉ AU XVᵉ siècle**

Cambridge

Nuremberg

Avignon

Lisbonne
Séville

500 km

- Extension de l'art roman (XIᵉ-XIIᵉ s.)
- Hauts lieux de l'art roman
- Berceau de l'art gothique
- Extension de l'art gothique
- Gothique flamboyant

Cathédrale de Reims La construction de cette cathédrale commença en 1211, mais ses tours ne furent achevées qu'en 1427. Jusqu'à Louis XVI, les cérémonies du sacre des rois de France se sont tenues sous sa voûte.

nos jours, les témoins les plus spectaculaires de ce nouveau style d'origine française et essentiellement urbain. Les maîtres d'œuvre prônent un nouveau mode de construction qui utilise deux arcs brisés formant une croisée d'ogives. Cette croisée supporte une voûte dont la poussée s'exerce non seulement vers le bas, mais également vers les côtés en s'appuyant sur des arcs-boutants et des contreforts extérieurs. Les cathédrales deviennent de plus en plus vastes et atteignent des hauteurs dépassant régulièrement les 40 mètres.

Ne servant plus exclusivement de supports, les murs sont amincis et ajourés pour faire place à de larges ouvertures qui donnent naissance à l'art du vitrail. Sur des panneaux de verre formés de pièces colorées et assemblées avec du plomb, cet art permet, à l'aide de dessins, de reproduire des personnages ou des enseignements chrétiens. Désormais pénétré de plusieurs côtés par le soleil, l'intérieur de ces temples gigantesques s'illumine alors que le portail et les façades se parent de sculptures exceptionnelles, notamment des statues-colonnes adaptées à ces édifices tout en hauteur. La construction d'une cathédrale, souvent très coûteuse, mobilise plus d'une génération de citadins. Visible à des kilomètres de distance, elle témoigne de la prospérité d'une ville ainsi que de la fierté de ses habitants et de sa classe bourgeoise.

Une littérature renouvelée

Au XIIIe siècle, en même temps que le style gothique prend forme, une littérature originale se développe dans ce nouveau monde urbain. Le *Roman de Renart* (*voir l'encadré 5.11*) et les fabliaux, petits contes comiques, comptent parmi les œuvres satiriques les plus importantes. Ils inspireront, au XVIIe siècle, Jean de La Fontaine et Molière (1622-1673).

Les citadins ont également leurs poètes lyriques tel le trouvère Rutebeuf (XIIIe siècle) qui vit dans la pauvreté à Paris, au temps de saint Louis. La poésie lyrique atteint son apogée avec François Villon (v. 1431-apr. 1463), un poète délinquant et déchu dont l'œuvre dépasse celle de ses prédécesseurs par son contenu satirique et pathétique. Il décrit de façon pittoresque et réaliste le milieu qu'il fréquente, composé de filles, de voleurs et de bourgeois parisiens. Ignoré de ses contemporains, il ne cessera d'être

---

ENCADRÉ 5.11

LE ROMAN DE RENART

Œuvre composée de 27 récits indépendants et rédigés en vers de 8 syllabes, le *Roman de Renart* raconte les aventures d'un goupil dont le prénom de *Renart* finit par désigner l'animal. Dans sa lutte contre Isengrin le loup, comme dans l'ensemble de la société animale, il triomphe par la ruse et le mensonge. Dans l'aventure de Renart avec le corbeau, la flatterie apparaît comme l'arme principale du trompeur. L'œuvre, fort appréciée des citadins, présente une sévère critique de la société médiévale et des mœurs aristocratiques.

apprécié à partir du XVIe siècle. La partie la plus importante de l'œuvre de Villon demeure le *Grand Testament*. En 1462, sa condamnation, avec des complices, à la potence pour vol lui inspire la célèbre *Ballade des pendus (voir l'encadré 5.12)*. Après avoir été gracié, il quitte définitivement Paris et se fait oublier.

Parallèlement à la naissance des universités et aux progrès de la philosophie, se développe une littérature didactique qui atteint son apogée avec le *Roman de la Rose*. Ce poème en octosyllabes présente les enseignements de la courtoisie et de l'ensemble du savoir médiéval. Enfin, le récit historique réapparaît en langue romane, sous forme de chronique, c'est-à-dire composé par des témoins oculaires des événements. Geoffroi de Villehardouin (v. 1150-v. 1213) et Robert de Clary (v. 1170-apr. 1216) racontent l'histoire de la quatrième croisade à laquelle ils ont participé. Joinville (v. 1224-v. 1317) écrit une vie de saint Louis dont il est le confident. Froissart (v. 1337-apr. 1400), dans ses *Chroniques,* relate les origines et la première moitié de la guerre de Cent Ans. Philippe de Commynes (v. 1447-1511) consacre ses *Mémoires* aux règnes de Louis XI et de Charles VIII.

Comme dans la Grèce antique, le théâtre a des origines religieuses. Simultanément aux miracles et aux mystères joués sur le parvis des cathédrales, la farce apparaît et permet au théâtre comique d'atteindre un sommet au milieu du XVe siècle. Mais la plus grande œuvre littéraire du Moyen Âge demeure, de l'avis de plusieurs, la *Divine Comédie* du Florentin Dante Alighieri (1265-1321), un véritable tableau

---

ENCADRÉ 5.12

PREMIÈRE STROPHE DE LA
BALLADE DES PENDUS

Frères humains qui après nous vivez,

N'ayez les cuers contre nous enducriz,

Car, se pitié de nous pauvres avez,

Dieu en aura plus tost de vous merciz.

Source : A. LAGARDE et L. MICHARD. *Moyen Âge. Les grands auteurs français du programme,* Paris, Bordas, 1968, p. 219.

---

d'une civilisation médiévale à son apogée. Le rêve d'unité chrétienne et l'amour courtois y côtoient l'esprit de pauvreté diffusé par les ordres mendiants et l'émerveillement devant les auteurs anciens. De fait, le mouvement humaniste voit le jour dans l'Italie du XIVe siècle, avec des auteurs tels que Pétrarque (1304-1374) et son ami florentin Boccace (1313-1375), le premier prosateur en langue italienne. Au moment où l'art gothique atteint son apogée ailleurs qu'en Italie, le peintre Giotto et les architectes de la cathédrale de Florence proposent les nouvelles voies de l'**humanisme** naissant. La Renaissance a vu le jour au Moyen Âge.

Des solidarités et des libertés nouvelles

À partir du XIe siècle, à mesure que le réseau commercial se reconstruit, des tensions propres à la formation de toute civilisation se manifestent à l'intérieur des villes nouvelles ou reconstituées. S'entourant à son tour de murailles, le nouveau bourg rend périmé le système défensif du monastère ou du château féodal. Le coût de construction et d'entretien des nouveaux murs est à l'origine de la faible superficie de ces premières villes. Il explique également les problèmes de promiscuité de leurs habitants et l'esprit communautaire qui s'y développe. Ces nouveaux citadins vivent dans des maisons entassées sur des rues étroites. L'absence de plan d'ensemble, d'aqueducs, d'égouts et de dépotoirs rend le milieu malsain. En plus des problèmes d'hygiène personnelle, la libre circulation des chiens, des porcs et même de la vermine multiplie les risques d'épidémies. Mais la ville représente également un milieu attrayant où s'exercent de nouvelles libertés. Les paysans pauvres y trouvent le refuge et l'espoir que le château ne leur offre plus, tout en les dégageant de leurs obligations envers le seigneur.

Les regroupements corporatifs

Entre le XIe et le XIIIe siècle, dans une industrie artisanale en pleine expansion, les tâches se spécialisent. Dans les grands métiers du textile, tels ceux de tisserands, de foulons et de drapiers, on fabrique des biens destinés au grand commerce international. Dans les métiers mineurs, comme la boulangerie et la boucherie, la vente des produits se déroule sur les lieux de travail. Chaque métier est chapeauté par une

Scène de la vie urbaine Une rue étroite, bordée par les boutiques du fourreur au fond, du barbier au centre, de l'épicier pharmacien à droite et du drapier à gauche. La résidence du boutiquier est généralement au deuxième étage.

association professionnelle qui regroupe des **maîtres**, des **compagnons** et des **apprentis**, qui s'imposent une discipline commune. Cette corporation se fait accorder, par le pouvoir seigneurial ou monarchique, un statut juridique et le monopole de son secteur d'activité.

Bien qu'ils se doivent une assistance mutuelle, ces artisans deviennent vulnérables en temps de récession. Pendant les deux derniers siècles du Moyen Âge, le statut de compagnon devient permanent pour plusieurs. Les maîtres ont tendance à réserver la maîtrise à leurs fils et à former un groupe de plus en plus fermé. Les ouvriers s'organisent en confréries et s'éloignent graduellement du système corporatif dominé par les maîtres. Le nouveau milieu

urbain génère donc de nouvelles solidarités et nécessairement de nouveaux conflits qui se propagent également dans les milieux intellectuels.

Nées de regroupement corporatifs, les universités représentent un monde original où se développent des libertés et des solidarités nouvelles. Le mot *universitas* désigne d'abord la communauté urbaine, avant de s'appliquer à des rassemblements d'hommes de métiers et, finalement, de maîtres et d'étudiants. Les universités abritent un monde turbulent d'étudiants qui se réunissent dans le quartier latin de la ville, et affrontent souvent les forces de l'ordre. Ces dernières ne peuvent cependant investir le site universitaire sans un appel des autorités. L'esprit d'entraide donne naissance aux « nations » et aux « collèges ».

Les nations regroupent des maîtres et des étudiants originaires des mêmes régions. Les collèges sont des institutions charitables destinées à héberger les étudiants pauvres. Le plus célèbre exemple demeure la Sorbonne de Paris, une maison fondée en 1257 par Robert de Sorbon, le chapelain de saint Louis. Mais aux XIVe et XVe siècles, l'université, qui tombe graduellement sous l'emprise de l'État, devient élitiste et évacue ses étudiants pauvres.

Les institutions représentatives

Le monde politique n'est pas épargné par les tensions. L'autonomie communale est, selon les régions, plus ou moins complète et s'obtient de diverses façons. En Italie, de véritables républiques urbaines se constituent alors que d'autres communes ne se libèrent du joug seigneurial que pour passer sous l'autorité royale. Le pouvoir communal repose, en règle générale, sur une assemblée de citoyens et un conseil délibératif. Souvent collégial en Europe méridionale, l'exécutif est dominé dans le Nord par un maire ou un bourgmestre, assisté de consuls ou d'échevins. Qu'elles soient de nature démocratique ou oligarchique, les institutions municipales deviennent de plus en plus sclérosées, dominées qu'elles sont par d'ambitieux bourgeois et des maîtres artisans, jaloux de leurs privilèges. Les communes sont régulièrement déchirées par des rivalités et des luttes internes qui les rendent vulnérables devant la puissance montante des États monarchiques. Mais leur naissance et leurs luttes se sont appuyées sur des principes de fraternité et de liberté; ces germes de démocratie, quoique combattus et souvent refoulés pour quelques siècles, sont garants de l'avenir.

Selon les régions et les royaumes, des institutions représentatives voient le jour avec plus ou moins de succès. Afin d'obtenir des concessions d'ordre fiscal ou des appuis dans le renforcement de leur pouvoir, des souverains font appel à des assemblées devant représenter l'ensemble de leurs sujets. Telles sont les origines des *landtags* germaniques, des *cortès* espagnols ainsi que des états généraux français, qui sont bien différentes des débuts du Parlement anglais. Notons que le Parlement de Paris est créé au XIIIe siècle et n'exerce que des pouvoirs judiciaires.

Même si, entre le XIe et le XVe siècle, les histoires de France et d'Angleterre se recoupent fréquemment, leurs régimes politiques prennent des orientations tout à fait différentes. En France, le monarque ne partage aucunement son pouvoir et ne sollicite qu'une approbation auprès des assemblées d'états, provinciales ou générales. Mais en Angleterre, dès la première moitié du XIIIe siècle, l'impôt repose sur le consentement des sujets du roi qui doit, par la suite, composer avec un parlement dont les prérogatives ne cesseront d'augmenter.

Regroupant l'ensemble des forces du royaume, les états généraux français sont assignés par le pouvoir monarchique. En 1302, Philippe le Bel est le premier à convoquer cette assemblée composée de représentants des trois **ordres**: le clergé, la noblesse et le tiers état contrôlé par les élites urbaines. Jusqu'en 1328, ils sont rassemblés en quelques occasions, notamment pour accorder des subsides et donner leur avis sur l'unification des monnaies. Par la suite, ils sont toujours convoqués de façon irrégulière par les rois de France. En 1439, ils votent une taille permanente, si bien qu'ensuite leur vote n'est plus nécessaire que pour lever de nouveaux impôts. Ils renoncent ainsi à une part importante du pouvoir de négociation qu'ils auraient pu détenir face au pouvoir royal. Ils devront se contenter d'adresser, sur divers sujets, des doléances et des remontrances dont le roi disposera à sa guise.

Pourtant, au début de la guerre de Cent Ans, le monarque français subit, à l'occasion de revers militaires, de sévères remontrances. Par l'entremise du conseil du roi et des états généraux, des bourgeois français tentent d'investir la scène politique. Le tragique épisode d'Étienne Marcel (1315-1358) en témoigne. (*Voir l'encadré 5.13.*)

En France, la monarchie se renforcera et fera même lever des impôts sans consulter les états généraux. Ainsi, Charles VII réprime des révoltes féodales alors que son successeur, Louis XI (1461-1483), brise les résistances des villes et des nobles. Pendant ce temps, en Angleterre, la bourgeoisie urbaine s'est associée au clergé et à la noblesse pour réprimer les abus du monarque et obtenir de plus en plus de concessions de sa part.

La Grande Charte de 1215 (la *Magna Carta*) est aujourd'hui considérée comme l'acte initial des libertés du peuple anglais et de plusieurs nations occidentales. Vingt-quatre barons doivent surveiller l'application de cette charte qui, en Occident, représente la première véritable restriction imposée aux tendances absolutistes de la couronne. Les nobles révoltés, tout en se faisant reconnaître par le roi certains privilèges, ont recours à une stratégie qui favorise l'unité du royaume: ils obtiennent la promulgation

ENCADRÉ 5.13

UN SOULÈVEMENT BOURGEOIS

Prévôt des marchands de Paris, Étienne Marcel est l'un des chefs de la bourgeoisie aux états généraux de 1355-1356. On y impose la Grande Ordonnance de 1357 qui prévoit le contrôle des subsides par les états généraux et la création d'un conseil adjoint au dauphin, le futur Charles V. Devant la résistance du dauphin et le recul des états généraux, Étienne Marcel mobilise la bourgeoisie en vue d'un soulèvement urbain. Le 22 février 1358, ses partisans envahissent le palais et contraignent le dauphin à renouveler l'ordonnance de l'année précédente. Devenu maître de Paris, le chef rebelle tente en vain de rallier la province à sa cause. Le dauphin réussit à fuir et à rassembler une armée qui encercle Paris. Étienne Marcel est isolé et meurt assassiné par un partisan du dauphin.

de règles applicables à tous les sujets et dans tous les comtés du royaume. Ce document oblige le roi Jean sans Terre à obtenir le consentement du Grand Conseil du royaume pour lever des impôts supplémentaires, autres que ceux prévus par la coutume. En plus des droits des barons, prélats et hauts fonctionnaires royaux, la Grande Charte garantit un certain nombre de libertés à tous les hommes libres. Elle les protège contre les arrestations, les emprisonnements et les dépossessions arbitraires, c'est-à-dire sans un jugement loyal de leurs pairs et conformément à la loi. Les amendes deviennent proportionnelles à l'importance des délits. Sauf en temps de guerre, toutes les personnes jouissent du droit de circuler librement, à l'intérieur et à l'extérieur du royaume. La cité de Londres ainsi que les autres bourgs et cités bénéficient également de certaines garanties. Leurs marchands obtiennent la libre circulation, en temps de paix, des biens et des personnes. Cette Grande Charte contient une liste de privilèges dont le caractère libérateur devait être développé et précisé dans de véritables déclarations des droits, par les générations futures, souvent au prix de luttes sanglantes.

Henri III (1216-1272), fils de Jean sans Terre, tente de revenir à une politique absolutiste. Mais une révolte de barons conduits par Simon de Montfort, le fils du vainqueur des Albigeois et comte de Leicester, force le roi à signer, en 1258, les provisions d'Oxford. Ce deuxième document crée, sous le nom de Parlement, un grand conseil de 15 membres qui devra se réunir trois fois l'an. Malgré la condamnation du pape et l'arbitrage défavorable de saint Louis de France, une coalition de nouveau dirigée par Simon de Montfort écrase l'armée royale en 1264 et convoque le Parlement l'année suivante. À côté des barons et des prélats figurent deux chevaliers par comtés et des représentants des villes. Édouard Ier (1272-1307) admet le principe qu'on ne peut lever aucune taxe sans l'autorisation du Parlement. Cette règle du *no taxation without representation* constituera l'un des fondements de la démocratie parlementaire en Occident. Au XIVe siècle, le Parlement britannique se divise en deux chambres: des représentants de la noblesse et du clergé forment la Chambre des lords alors que le reste de la population est représenté par la Chambre des communes. Il ne restera qu'à assurer la suprématie définitive du Parlement, ce qui ne se produira qu'à la fin du XVIIe siècle.

Conclusion

L'Occident est partagé en un certain nombre de royaumes germaniques ; celui de la dynastie franque et christianisée des Mérovingiens devient le plus important au milieu du VIᵉ siècle. Après la victoire de Poitiers en 732, les Carolingiens s'emparent du trône et agrandissent leur domaine qui, lors du couronnement de Charlemagne en 800, équivaut à l'Ancien Empire romain d'Occident. Les menaces que font peser les Maures et les Scandinaves sur ce monde carolingien n'ont pas que des effets dommageables et favorisent le développement de la féodalité. À cause des querelles de succession, l'héritage carolingien se morcèle et le titre impérial passe à une dynastie saxonne avec Otton Iᵉʳ en 962. Au cours des siècles suivants, le Saint-Empire romain germanique est réduit à des territoires allemands, italiens et slaves. Épuisé par d'interminables conflits avec la papauté, il doit également faire face à de puissantes monarchies, dont celles de France, d'Angleterre et d'Espagne.

Entre 1095 et 1270, les Occidentaux tentent vainement de conquérir les Lieux saints. Les Croisades orientales, en favorisant la reprise du grand commerce et la multiplication des centres urbains, sont à l'origine du premier essor du capitalisme occidental. Pendant que les nobles se ruinent et périssent en grand nombre sur les champs de bataille, les marchands s'enrichissent. Les villes obtiennent de plus en plus leur autonomie, et les princes, soucieux de consolider leur royaume, recherchent l'alliance de cette bourgeoisie devenue puissante. Des terribles épreuves des XIVᵉ et XVᵉ siècles, l'Occident sortira renforcé et entreprendra de nouvelles conquêtes à l'échelle de la planète.

À partir du XVIᵉ siècle, plusieurs générations d'Occidentaux rejetteront l'héritage culturel médiéval qui est surtout français. Les humanistes italiens discréditeront toute œuvre qui n'est pas conforme aux règles de l'esthétique grecque ou latine. Ils attribueront, de façon méprisante, à l'architecture originale des cathédrales, le qualificatif *gothique* synonyme de « barbare ». Dans le domaine politique, les Européens de l'époque moderne ne croiront que dans les vertus des grands ensembles, royaumes et empires. Sauf quelques érudits qui se souviendront des exploits des cités grecques, il leur sera impossible d'admettre qu'un monde médiéval aussi morcelé ait été le foyer d'une authentique civilisation. Pourtant, dans l'Europe assiégée, c'est d'abord au niveau de la seigneurie que s'organise la vie économique et que se définissent les relations d'homme à homme, c'est-à-dire de vassal à suzerain. Par la suite, des villes renaissantes se transformeront en principautés et permettront d'atteindre, aux XIIᵉ et XIIIᵉ siècles, un haut niveau de culture et de civilisation. Ces centres urbains deviendront le siège de tensions fécondes qui mèneront à la formation d'une civilisation originale et à l'apparition de nouvelles libertés.

Les XIVᵉ et XVᵉ siècles sont à plusieurs titres catastrophiques et décadents. Épidémies et guerres sèment le désarroi dans un Occident qui connaîtra un important ralentissement démographique. Mais à travers ces malheurs, se dessinent des phénomènes et des événements annonciateurs de temps nouveaux. C'est l'époque où la fin du Moyen Âge et le début de la Renaissance se confondent et deviennent, par conséquent, difficiles à situer dans le temps. À l'est, l'Empire byzantin disparaît sous les coups des Turcs et, grâce à la Moscovie, les principautés russes se libèrent du joug mongol. À l'ouest, les Espagnols achèvent leur Reconquista alors que les Maures se réfugient dans leur dernier bastion de Grenade. Presque partout, la classe noble affaiblie et ruinée par les Croisades, dépassée par le nouveau paysage urbain et capitaliste, s'incline devant l'autorité royale. Les conflits entre Maures et Espagnols, Français et Anglais, Allemands et Slaves ont suscité, dans chaque État, l'émergence d'un sentiment national dont profite le pouvoir monarchique. L'idée de nation se développe aux dépens de celle d'une Europe chrétienne. Le Grand Schisme et la vie scandaleuse de plusieurs prélats jettent de plus en plus de discrédit sur une Église qui, selon certains, a perdu le contact avec ses origines et avec Dieu. Enfin, avec les villes de l'Italie du Nord comme épicentre, un mouvement humaniste se dessine, avant de se répandre dans l'ensemble de l'Europe. Entre-temps, la chute de Constantinople impose la recherche d'une nouvelle route vers l'Orient, qui mènera à la découverte et à la mise en valeur d'un nouveau continent. L'Occident atteindra bientôt des dimensions atlantiques et outre-atlantiques.

Lectures suggérées

BALARD, M., J. F. GENET et M. ROUCHE. *Le Moyen Âge en Occident. Des barbares à la Renaissance*, Paris, Hachette, coll. «Histoire Université»,1990.

DELORT, Robert. *La Vie au Moyen Âge,* Paris, Seuil, coll. «Points/Histoire», n° H62, 1982.

LE GOFF, Jacques. *La Civilisation de l'Occident médiéval*, Paris, Arthaud, 1964.

LES CROISADES. Introduction de Robert Delort, Paris, Seuil, coll. «Points/Histoire», n° H100, 1988.

PERNOUD, Régine. *Pour en finir avec le Moyen Âge*, Paris, Seuil, coll. «Points/Histoire», n° H38, 1977.

Questions

1. *Expliquez comment le Moyen Âge demeure une période difficile à situer dans le temps.*

2. *Présentez les principaux royaumes germaniques, tout en expliquant les succès des Francs Saliens et de Clovis.*

3. *Commentez l'œuvre de Charlemagne et des Carolingiens.*

4. *Évaluez la contribution respective des Arabes, des Scandinaves et des Byzantins au développement de l'Occident.*

5. *L'Occident médiéval n'a pas été tel que l'auraient souhaité l'Empire et la papauté. Expliquez.*

6. *Aux XIVᵉ et XVᵉ siècles, l'Église est confrontée à des crises qui annoncent le mouvement réformiste du XVIᵉ siècle. Commentez.*

7. *Au sein de la société féodale, quels sont les rapports entre la noblesse, la paysannerie et le clergé ?*

8. *Les causes et les conséquences des Croisades n'ont-elles été que religieuses ?*

9. *À la fin du Moyen Âge, sous l'égide de quelques dynasties, comment le pouvoir monarchique parvient-il à s'imposer sur certains territoires occidentaux ?*

10. *À partir du XIᵉ siècle, grâce aux progrès agricoles et démographiques, les Occidentaux élaborent une culture tout à fait originale, sur des bases féodales et chrétiennes. Commentez.*

11. *Expliquez comment, entre le XIᵉ et le XIIIᵉ siècle, le réseau urbain de l'Occident se reconstitue et suscite la formation d'une véritable civilisation.*

12. *Des tensions propres à ce nouveau monde urbain provoquent l'apparition de solidarités et de libertés porteuses d'avenir. Expliquez.*

Chapitre 6

La Renaissance

La Naissance de Vénus   Cette peinture de Sandro Botticelli, réalisée vers 1485, est conservée à la Galerie des Offices de Florence. Elle témoigne de l'intérêt des artistes de la Renaissance pour le nu qui était proscrit au Moyen Âge, ainsi que pour les sujets et les modèles antiques. Cette peinture aurait été inspirée par la description de l'*Aphrodite anadyomène*, œuvre perdue d'Apelle (IVe siècle av. J.-C.), portraitiste d'Alexandre le Grand.

La Renaissance est initialement l'œuvre d'humanistes italiens qui, à partir du XVe siècle, puisent dans les œuvres des Anciens les idées qui ouvriront de nouveaux et brillants horizons à la pensée, à la science et à l'art de l'Occident. Ce mouvement, qui atteint son apogée au XVIe siècle, se répand dans l'ensemble de l'Europe et aboutit, surtout dans les régions septentrionales, à une importante réforme protestante, dirigée contre l'Église de Rome. Ébranlée par cette crise, l'Église ne parvient à redresser sa discipline et sa doctrine qu'au milieu du XVIe siècle. De plus, soucieux de découvrir de nouvelles routes commerciales vers l'Asie, des États monarchiques plus forts et plus centralisés soutiennent de grandes expéditions maritimes. Ces voyages d'exploration mènent à une meilleure connaissance de la planète, à la conquête d'un Nouveau Monde, à la formation des premiers empires coloniaux et à un déplacement des activités économiques de la Méditerranée vers l'Atlantique. De ces transformations surgit un nouveau monde occidental qui, loin de rompre avec la violence sous toutes ses formes, la justifie et la camoufle sous le couvert d'une hégémonie que lui procure sa supériorité technique et intellectuelle.

Carte 6.1
L'Europe de la Renaissance

Chronologie

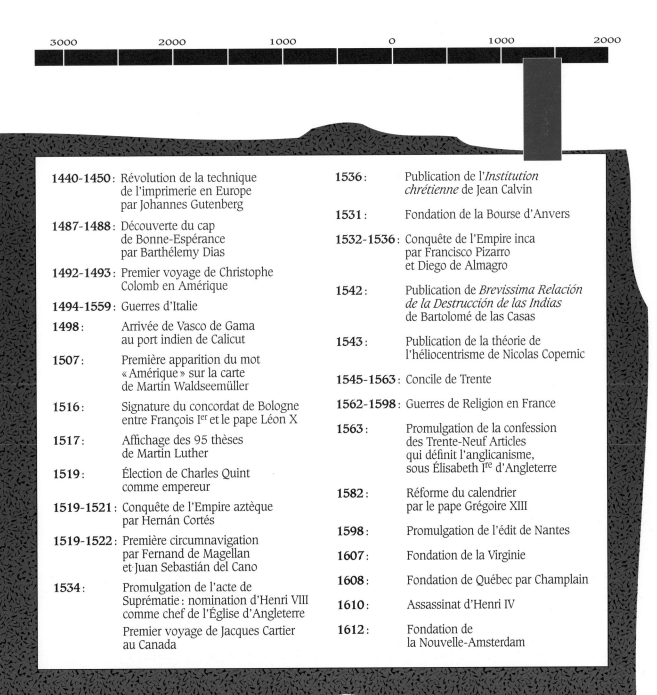

1440-1450 : Révolution de la technique de l'imprimerie en Europe par Johannes Gutenberg

1487-1488 : Découverte du cap de Bonne-Espérance par Barthélemy Dias

1492-1493 : Premier voyage de Christophe Colomb en Amérique

1494-1559 : Guerres d'Italie

1498 : Arrivée de Vasco de Gama au port indien de Calicut

1507 : Première apparition du mot « Amérique » sur la carte de Martin Waldseemüller

1516 : Signature du concordat de Bologne entre François Ier et le pape Léon X

1517 : Affichage des 95 thèses de Martin Luther

1519 : Élection de Charles Quint comme empereur

1519-1521 : Conquête de l'Empire aztèque par Hernán Cortés

1519-1522 : Première circumnavigation par Fernand de Magellan et Juan Sebastián del Cano

1534 : Promulgation de l'acte de Suprématie : nomination d'Henri VIII comme chef de l'Église d'Angleterre

Premier voyage de Jacques Cartier au Canada

1536 : Publication de l'*Institution chrétienne* de Jean Calvin

1531 : Fondation de la Bourse d'Anvers

1532-1536 : Conquête de l'Empire inca par Francisco Pizarro et Diego de Almagro

1542 : Publication de *Brevissima Relación de la Destrucción de las Indias* de Bartolomé de las Casas

1543 : Publication de la théorie de l'héliocentrisme de Nicolas Copernic

1545-1563 : Concile de Trente

1562-1598 : Guerres de Religion en France

1563 : Promulgation de la confession des Trente-Neuf Articles qui définit l'anglicanisme, sous Élisabeth Ire d'Angleterre

1582 : Réforme du calendrier par le pape Grégoire XIII

1598 : Promulgation de l'édit de Nantes

1607 : Fondation de la Virginie

1608 : Fondation de Québec par Champlain

1610 : Assassinat d'Henri IV

1612 : Fondation de la Nouvelle-Amsterdam

Introduction

À la fin du Moyen Âge, sur la toile de fond tragique des XIVe et XVe siècles, les sociétés occidentales connaissent d'importantes mutations. À travers les crises, les épidémies et les guerres, une Europe nouvelle, mieux organisée et dominante, émerge au XVIe siècle. Après les épreuves et les chutes démographiques des deux siècles précédents, la population européenne connaît, au XVIe siècle, une croissance rapide, essentiellement grâce à une augmentation du taux de natalité. Cette réalité nouvelle, qui a tous les aspects d'une renaissance, modifie profondément les conditions de vie ainsi que les attitudes des Européens de 1500 et de leurs descendants des deux générations suivantes.

Devenus optimistes, ils créent une nouvelle culture et un art de vivre avec un enthousiasme que l'on retrouve tant chez les princes que chez les poètes, les savants et les artistes. Ils recherchent et apprécient la vérité, la beauté et l'harmonie, en empruntant des voies renouvelées, hors des interprétations qui, au Moyen Âge, s'appliquaient à tout concilier avec les enseignements de l'Église. L'esprit humain se libère et cesse de rechercher exclusivement l'absolu qui le dépasse et l'écrase. Un nouveau dynamisme, souvent accompagné de profondes remises en question de l'héritage médiéval, se répand dans toutes les sphères de l'activité humaine.

Ce mouvement, qualifié d'humaniste, prend naissance dans certaines villes italiennes du XVe siècle, avant de s'étendre, au siècle suivant, à l'ensemble de l'Europe occidentale. Rejetant le dogmatisme, ses propagateurs prônent un retour aux sources gréco-latines et judéo-chrétiennes, par l'imitation des auteurs de l'Antiquité et la lecture de la Bible. Ils placent les réalités humaines, et non seulement le monde divin, au centre de leurs préoccupations et de leurs entreprises. Cette nouvelle culture humaniste se réapproprie l'idéal anthropocentrique, hérité de la Grèce ancienne. Elle s'appuie sur les vertus de l'être humain dont les capacités intellectuelles et créatrices semblent de nouveau illimitées. En réaction contre les traditions et les institutions médiévales, l'humanisme ouvre la voie à une vision transformée du monde. Les humanistes rejettent les œuvres du Moyen Âge et l'enseignement scolastique; ils enrichissent leurs travaux d'un éventail plus élargi de sources littéraires et philosophiques de l'Antiquité. Outre le latin, ils apprennent avec enthousiasme le grec et l'hébreu, afin de redécouvrir, à travers les textes anciens, les origines gréco-latines et judéo-chrétiennes de leur civilisation.

Au début du XVIe siècle, principalement en Europe septentrionale, ce mouvement amène une importante remise en question des fondements et de l'autorité de l'Église de Rome. D'abord incapable de contrer les influences luthérienne et calviniste, l'Église catholique ne se relèvera qu'au milieu du XVIe siècle. À un autre niveau, l'Europe devient de plus en plus divisée en grands et petits royaumes soucieux de s'agrandir ou de conserver leur intégrité à travers les rivalités dynastiques, les tensions politiques et les conflits religieux. Souvent en lutte, les États italiens subissent l'intervention étrangère et demeurent morcelés. L'immense domaine des Habsbourg, menacé de l'extérieur par les Turcs et les Français, est miné de l'intérieur par les mouvements nationaux de revendication et les succès rapides du protestantisme; il sera disloqué par l'empereur Charles Quint, principalement au profit de son fils Philippe II, qui devient roi d'Espagne. Au terme de sanglantes guerres de Religion, les Valois de France doivent céder le trône au Bourbon Henri IV, un huguenot qui se convertit au catholicisme afin d'éviter l'intervention espagnole en France. Quant à l'Angleterre des Tudors, après avoir rompu avec Rome sous Henri VIII, elle devient anglicane sous Élisabeth Ire, soutient les huguenots français et se dresse avec succès contre l'Espagne catholique.

Les grands États monarchiques portent au-delà des mers, sur des terres nouvelles, leurs rivalités et leur volonté de domination. Les Espagnols atteignent et conquièrent l'Amérique qu'ils peuplent rapidement, afin d'en tirer d'abondantes ressources, minérales et végétales. Pour leur part, les Portugais contournent l'Afrique et se rendent aux Indes; ils parviennent à contrôler cette nouvelle route commerciale, en établissant un grand nombre de comptoirs sur les côtes de l'océan Indien. Quelques décennies plus tard, les Néerlandais, les Français et les Anglais édifieront, à leur tour, leur propre système de colonisation dans ces nouvelles régions. En Europe, l'afflux des métaux précieux venus d'Amérique entraîne, au XVIe siècle, une hausse constante des prix; pendant ce temps, le nouveau commerce colonial favorise le développement des ports atlantiques, provoque un nouvel essor du capitalisme et renforce la bourgeoisie. Malheureusement, l'exploitation des terres conquises ne va pas sans l'asservissement et la destruction des peuples amérindiens, et sans l'émigration forcée d'une main-d'œuvre africaine, réduite à l'esclavage.

L'expansion européenne vers l'Ouest donne désormais à la civilisation occidentale de nouvelles dimensions, atlantiques et américaines. L'exploration et la colonisation de nouvelles terres entraînent d'importants changements économiques, sociaux et culturels dans la vie des Européens. Grossiers, intolérants et violents en terre d'Amérique, les Européens développent simultanément et paradoxalement chez eux, en ce qui concerne la pensée et l'action, un idéal humaniste teinté de nuances et de respect envers leurs semblables. La civilisation européenne connaît sur les plans intellectuel, artistique et technique un formidable développement que l'on désigne sous le nom de Renaissance. Les contemporains de cette époque ont la prétention de faire renaître de ses ruines une grande civilisation. Selon eux, cette civilisation a été écrasée et enfouie par les invasions, la barbarie et surtout, l'occultisme entretenu par l'Église qui a monopolisé le savoir pendant des siècles. En réaction contre le dogmatisme des théologiens, les savants se détournent graduellement du surnaturel pour s'orienter de plus en plus vers l'étude de la nature, afin de la comprendre et de la maîtriser. Ils établissent ainsi les fondements d'une nouvelle démarche scientifique. Refusant de dissocier les techniques et les arts, qu'ils renouvellent de façon magistrale, les maîtres européens de la Renaissance s'efforcent de concilier le profane et le sacré.

Les faits

L'Italie du Nord morcelée sera le siège initial de conflits qui, après les succès de la Réforme protestante, prendront des dimensions politico-religieuses et se répandront à l'ensemble de l'Europe occidentale. Les rois et les princes de la Renaissance opposeront le concept d'équilibre européen à celui d'unité, si cher aux empereurs et aux papes des siècles précédents. Entre-temps, la recherche d'une nouvelle route commerciale vers l'Asie amène le Portugal et l'Espagne catholique à devancer leurs rivaux dans l'exploration de la planète et la fondation d'empires coloniaux.

La Réforme et la Contre-Réforme

Certains chrétiens contestent l'autorité de l'Église de Rome qui ne répond plus aux exigences de leur foi et de leur conscience. De ce mouvement de protestations émergent des confessions nouvelles qui se propageront particulièrement en Europe septentrionale. Désormais, la religion ne rassemble plus les Occidentaux, mais les divise et les oppose. Secouée, l'Église catholique tentera d'enrayer la menace et de se réformer, mais l'unité religieuse de l'Occident chrétien est définitivement brisée. Contrairement à d'autres mouvements de la Renaissance qui demeurent l'apanage d'une élite de savants, d'écrivains et d'artistes, le mouvement protestant rejoint rapidement toutes les couches de la société. En outre, les tensions politico-religieuses susciteront, pour quelques siècles, de longs et sanglants conflits, tant sur la scène internationale qu'à l'intérieur de certains royaumes.

Les origines du protestantisme

La foi chrétienne demeure, à la fin du XVe siècle, le plus puissant lien entre les Occidentaux. Mais le christianisme sera bientôt confronté à une crise plus grave que les pires hérésies et les pires schismes du Moyen Âge. Les abus de la fiscalité pontificale, les ambitions politiques de la papauté et la décadence morale des prélats compromettent définitivement le prestige de l'Église romaine aux yeux de plusieurs Européens. Le développement de la bureaucratie pontificale, les dépenses excessives, les constructions luxueuses ainsi que les guerres hypothèquent la stabilité financière du Saint-Siège. Comme les impôts de plus en plus élevés ne suffisent plus à couvrir les dépenses, divers stratagèmes sont utilisés par les princes de l'Église, notamment la vente d'**indulgences**, pour se procurer de nouvelles sources de revenus. La violence, les nominations scandaleuses, le **népotisme** et la simonie sont des pratiques répandues chez les papes de la Renaissance. Ainsi, Sixte IV et Jules II pratiquent la supercherie et l'assassinat à des fins politiques. Innocent VIII nomme cardinal un enfant de 14 ans, Jean de Médicis, le futur pape Léon X (*voir la figure 6.1 à la page 182*). Rodrigue Borgia, devenu Alexandre VI, favorise sa famille et a deux fils durant son pontificat. En outre, la corruption et la recherche de bénéfices sont devenues pratiques courantes dans l'ensemble des évêchés et des monastères. Même si la foi des fidèles demeure intense, des critiques commencent à s'exprimer au sein de la chrétienté et dépassent la simple dénonciation des mœurs corrompues.

Une remise en question des idées médiévales et aristotéliciennes (*voir au chapitre 3 la section « Le classicisme athénien », aux pages 39 à 45, et le portrait d'Aristote, à la page 42*), chères à l'Église et enseignées dans la plupart des universités, est proposée par certains intellectuels italiens. Cette tendance se précise au XVe siècle, chez certains penseurs et prédicateurs, notamment des membres des ordres mendiants dont le mysticisme s'oriente de plus en plus vers une spiritualité **néoplatonicienne**. (*Voir le chapitre 4.*) Les Italiens Pic de la Mirandole (1463-1494) et Jérôme Savonarole (1452-1498) sont les plus célèbres représentants de ce courant qui prône, en plus de celle du latin, l'étude du grec et de l'hébreu; ce mouvement se répand dans l'ensemble de l'Europe. S'appuyant sur une revalorisation de la nature humaine, il tente de concilier la pensée antique et les enseignements évangéliques, tout en réclamant une réforme de l'Église et de son clergé. Hors d'Italie et principalement en Europe septentrionale, ce courant rompant avec la Tradition de l'Église catholique prêche un retour à la lettre des enseignements de l'Ancien et du Nouveau Testament.

Les réformateurs

Pour plusieurs réformateurs, il ne s'agit pas uniquement de rejeter la discipline et certains sacrements, mais bien de remettre en question le dogme et les fondements de la foi catholique romaine. L'Écriture sainte représente, à leurs yeux, la seule référence et le seul guide acceptables pour les croyants. À travers les époques romaine et médiévale, elle a selon eux été

tronquée par la Tradition, qui est l'œuvre des papes et des conciles. Cette scission, qui se produit dans la première moitié du XVIe siècle, est l'œuvre d'un certain nombre de réformateurs, parmi lesquels l'Allemand Martin Luther et le Français Jean Calvin (1509-1564) occupent une place prépondérante.

Né à Eisleben en Saxe, **Martin Luther (1483-1546)**, *un fils de paysan, obtient une maîtrise en philosophie de l'université d'Erfurt, et devient moine augustin en 1505. Après un séjour à Rome, il est nommé, en 1512, professeur de théologie à l'université de Wittenberg. Au lendemain de la publication, en 1517, de ses 95 thèses, il refuse de se rétracter; seule la protection de certains princes allemands le protège des foudres papales et impériales. En 1525, il épouse Katharina von Bora, une ancienne religieuse. Par ailleurs, il organise le culte et la liturgie de son Église. Il publie des ouvrages théologiques dont certains sont dirigés contre ses opposants catholiques et réformistes; par exemple, dans* De Servo Arbitrio, *il s'oppose aux thèses d'Érasme. Il compte également parmi les premiers auteurs de langue allemande; il écrit, entre autres,* Manifeste à la noblesse allemande, *une traduction de la Bible, le* Grand *et le* Petit Catéchisme.

En commentant, à partir de 1515, les Épîtres de saint Paul, Martin Luther serait devenu partisan de la doctrine du salut par la seule foi. Il affiche en 1517, sur les portes de l'église du château de Wittenberg, ses 95 thèses qui dénoncent principalement la vente des indulgences. Cette initiative provocante marque le début de la Réforme. Refusant de se rétracter, Luther brûle publiquement la **bulle** pontificale *Exsurge Domine*. Ce geste lui vaut l'excommunication par le pape Léon X et, en 1521, la mise au **ban** de l'Empire par la **diète** de Worms. Cependant, Luther est protégé par l'électeur Frédéric de Saxe et par d'autres princes allemands. Il organise aussi des communautés évangéliques et simplifie le culte, en privilégiant la lecture et le commentaire de la Bible et en introduisant le chant choral. En 1530, son compatriote et disciple, l'helléniste Melanchthon (1497-1560), publie la *Confession d'Augsbourg* qui définit le statut des communautés luthériennes. Après la mort de Luther, Melanchthon devient le chef de la nouvelle Église et tente un rapprochement avec les autres courants réformistes et même avec les catholiques.

En Suisse allemande, le prêtre humaniste Ulrich Swingli (1484-1531) prêche à Zurich contre le mercenariat et l'autorité de l'Église romaine. Il adhère à la **Réforme**, mais se dissocie de Luther sur certains points et particulièrement sur la communion. Il reçoit à cet égard l'appui des Zurichois dont il devient le chef religieux et politique. Mais son influence ne dépassera pas les frontières de sa région helvétique. L'écrivain et humaniste français Jean Calvin (1509-1564) se convertit également à la Réforme en 1533 et devient prédicateur. L'année suivante, des placards sont affichés par des protestants à Paris et à Amboise, dans la nuit du 17 au 18 octobre. Ils y attaquent la transsubstantiation des catholiques et la consubstantiation des luthériens (*voir le tableau 6.1*). Après cette affaire des Placards et la persécution qui s'ensuit, plusieurs protestants, dont Calvin, doivent s'exiler à Bâle, en Suisse. En 1536, Calvin y publie l'*Institution chrétienne* en latin, avant de le rééditer en français cinq ans plus tard. Entre 1541 et 1564, il organise l'Église réformée de Genève, dans laquelle il exerce un pouvoir religieux et politique, fondé sur l'intolérance et l'oppression. Outre la reconnaissance de la Bible comme seule source de la foi, le calvinisme se caractérise par sa doctrine de la **prédestination** et de la grâce. Cette religion accorde une valeur symbolique aux sacrements du baptême et de la communion et impose la nomination des pasteurs par les fidèles.

Les conséquences du mouvement protestant

La Réforme se fait hors de l'Église catholique et rejette non seulement son autorité ecclésiastique, mais également ses fondements religieux. Le fait qu'elle se propage rapidement et s'établit définitivement dans plusieurs pays témoigne de l'ampleur du malaise et de la profondeur de ce mouvement de protestation (*voir la carte 6.2*). Les succès rapides de ce mouvement en Europe septentrionale s'expliquent par la politique hésitante des prédécesseurs du pape Paul III et par le soutien de plusieurs princes germaniques qui convoitent les biens ecclésiatiques. Dans les royaumes latins, en Espagne et en France, la Réforme a moins de succès parce que les souverains optent pour le maintien du catholicisme. Quant aux Italiens, ils demeurent insensibles à ce mouvement évangélique qui se réclame pourtant de l'humanisme; ils le considèrent comme un phénomène étranger.

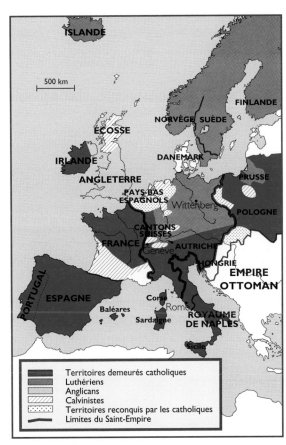

Carte 6.2
L'expansion du mouvement réformiste au XVIᵉ siècle

À la suite de ce qui a d'abord été une révolution des consciences, une partie importante de l'Europe occidentale rejettera l'autorité pontificale, se séparera de l'Église catholique et refusera plusieurs de ses dogmes. Le luthéranisme se répand principalement chez les Allemands du Nord et de l'Est ainsi que chez les Scandinaves. De Genève, le calvinisme gagne la plus grande partie des cantons suisses et les Provinces-Unies; il atteint également les pays rhénans, la

TABLEAU 6.1

LE CATHOLICISME ET LES RELIGIONS ISSUES DE LA RÉFORME

	CATHOLICISME	LUTHÉRANISME	CALVINISME	ANGLICANISME
VOIES DE SALUT	La foi et les bonnes œuvres	La foi	La foi et la prédestination (grâce accordée à un petit nombre d'élus)	La foi
FONDEMENTS DE LA FOI	La Bible et la Tradition	La Bible	La Bible	La Bible
RÔLE DE L'ÉGLISE	Indispensable au salut	Utile au salut	Utile au salut	Utile au salut
ORGANISATION DE L'ÉGLISE	Hiérarchie épiscopale sous l'autorité du pape (évêque de Rome)	– Élimination de la hiérarchie ; – Mariage des prêtres ; – Absence de clergé régulier.	– Absence de hiérarchie ; – Choix par les fidèles au niveau local des pasteurs et du conseil des anciens ; – Mariage des pasteurs ; – Absence de couvents.	– Maintien de la hiérarchie épiscopale sous l'autorité du monarque ; – Mariage des prêtres ; – Absence de couvents.
DÉCORATION DES ÉGLISES	Riche	– Peu de biens matériels ; – Tolérance des images.	Aucune décoration (murs nus et absence de statues)	D'inspiration catholique.
SACREMENTS	Sept sacrements : Baptême, Confirmation, Eucharistie (Cène), Extrême-Onction, Mariage, Ordre, Pénitence.	Trois sacrements : Baptême, Pénitence, Eucharistie (Cène).	Deux sacrements : Baptême et Eucharistie (Cène).	Deux sacrements : Baptême et Eucharistie (Cène).
EUCHARISTIE (CÈNE)	Présence réelle par transsubstantiation (changement du pain et du vin en corps et sang du Christ)	Présence réelle par consubstantiation (coexistence du corps et du sang du Christ avec le pain et le vin)	Présence spirituelle seulement	Présence spirituelle seulement
CULTE	Messe avec le sacrifice eucharistique, base du culte célébré en latin ; – Culte de la Vierge Marie, des saints et des reliques ; – Existence du purgatoire.	– Culte simplifié : • Célébré dans la langue nationale, • Basé sur la prière, la lecture de la Bible, la prédication et le chant ; – Pas de culte de la Vierge, des saints, des reliques ; – Pas de purgatoire.	– Culte simple : • célébré dans la langue nationale, • basé sur la prière, la lecture de la Bible, la prédication et le chant ; – Pas de culte de la Vierge, des saints et des reliques ; – Pas de purgatoire.	– Pas de sacrifice de la messe, mais conservation de la liturgie ; – Rejet du culte de la Vierge, des saints et des reliques ; – Pas de purgatoire ; – Prières en anglais.

Bohême, la Hongrie, l'Écosse (presbytérianisme) et l'Angleterre (anglicanisme). L'Église d'Écosse adopte le modèle genevois alors que l'influence calviniste se propage chez les Anglais, surtout par le puritanisme qui devait s'opposer à l'anglicanisme, la religion officielle. L'anglicanisme emprunte néanmoins au calvinisme les fondements de la foi, les sacrements et l'Eucharistie. Elle conserve du catholicisme une hiérarchie épiscopale et une liturgie, sauf le sacrifice de la messe. En France, l'édit de Nantes en 1598 reconnaît aux huguenots (calvinistes français) des droits qui ne seront pas respectés par la suite. Aux Pays-Bas (future Belgique) et en Irlande, l'Église catholique conserve son hégémonie, alors qu'à la fin du XVIe siècle, l'Italie et l'Espagne demeurent les seuls territoires entièrement catholiques.

La Réforme aura des conséquences politiques majeures. À brève ou à longue échéance, peu de pays occidentaux échapperont aux luttes religieuses. Divers peuples de l'Empire, les Français de la deuxième moitié du XVIe siècle et les Anglais du siècle suivant se livreront à de terribles luttes fratricides. Plusieurs colonies anglo-américaines seront, au XVIIe siècle, fondées par des réfugiés, fuyant les persécutions religieuses (puritains de Nouvelle-Angleterre, quakers en Pennsylvanie, catholiques au Maryland). Cependant, on interdira aux huguenots français d'émigrer en Nouvelle-France. De nombreux conflits internationaux opposeront également défenseurs du catholicisme et champions du protestantisme.

La Contre-Réforme

Devant les progrès du protestantisme, l'Église catholique tente de se ressaisir et d'élaborer une stratégie afin d'enrayer ce mouvement et même, de reprendre une partie du terrain perdu. Cette entreprise de redressement sera l'œuvre de papes énergiques qui, à partir de Paul III, renonceront au mécénat et aux ambitions politiques de leurs prédécesseurs. Afin d'endiguer la propagation des idées réformistes et de ramener en son sein les brebis égarées, Rome hésite entre la conciliation et la confrontation. Influencés par les idées conciliantes d'Érasme (1466-1536), Charles Quint et les papes ont d'abord recours à la négociation. Mais, entre 1521 et 1541, les diverses rencontres et discussions échouent. C'est pourquoi soutenus par la Compagnie de Jésus, dont la fondation est approuvée par le pape en 1540, les partisans de la contrainte et de la répression l'emportent sur les érasmiens, et

Paul III réorganise l'Inquisition. Comme l'imprimerie (*voir la section «Les progrès techniques» à la page 205*) joue un grand rôle dans la diffusion du protestantisme, l'Église catholique fonde la congrégation de l'Index qui dresse la liste des livres interdits aux fidèles. Cette mesure n'est efficace qu'en Espagne et en Italie, parce que ce sont des territoires peu touchés par le luthéranisme et le calvinisme.

Plus importante et décisive sera, au sein de l'Église, l'entreprise de réforme intérieure. Il s'agit d'abord de réintroduire la discipline, c'est-à-dire d'éliminer les abus tant décriés par les réformistes. Toutefois, il faut également redéfinir le dogme catholique afin de préciser, dans les esprits, ce que doit être la vérité face à l'erreur. Ce sera l'œuvre du concile universel convoqué à Trente, dans le Tyrol italien, par le pape Paul III en 1545. Ce concile siège de 1545 à 1548 sous Paul III, en 1551 et 1552 sous Jules III et en 1562 et 1563 sous Pie IV. Globalement, les érasmiens appuyés par Charles Quint et François Ier doivent s'incliner devant le clan jésuitique des rigoristes, surtout espagnols et italiens, derrière lequel se range le Saint-Siège. Les règles et les principes qui découlent de ce concile sont consignés, en 1566, dans un catéchisme romain, par saint Charles Borromée (1538-1584). Toute discussion entre catholiques et protestants devient désormais inutile. L'autorité du pape en sort renforcée d'autant plus que sa supériorité a été proclamée sur celle des conciles. Le catholicisme romain tel que nous le connaissons encore de nos jours, c'est-à-dire dogmatique et centralisé autour du Saint-Siège, est directement issu du concile de Trente. (*Voir l'encadré 6.1.*)

Certains prélats, notamment italiens, jouent un rôle prédominant dans l'œuvre de redressement de l'Église. C'est le cas du cardinal Charles Borromée, neveu de Pie IV, qui veille à l'application des décisions du concile de Trente et fonde, à cette fin, la congrégation des Oblats en 1581. L'entreprise de ranimer en profondeur la foi catholique dans les esprits repose grandement sur l'action du clergé régulier. Par la méditation, certains ordres religieux approfondissent la spiritualité et s'aventurent très loin dans l'expérience mystique. C'est le cas, en Espagne, de l'ancien ordre de Notre-Dame du Mont-Carmel, qui se renouvelle avec l'action contemplative de sainte Thérèse d'Avila (1515-1582) et de saint Jean de la Croix (1542-1591). Cette vague de mysticisme atteindra au XVIIe siècle la France et même l'Amérique française. En effet, la fondation de Ville-Marie (Montréal) en 1642 y sera directement reliée.

**LES PRINCIPALES RÉFORMES
DU CONCILE DE TRENTE
(1545-1563)**

Dans le domaine disciplinaire, on interdit le cumul des charges et l'obtention d'un bénéfice ecclésiastique avant l'âge de 14 ans. On institue des séminaires pour la formation des prêtres qui ne pourront pas être ordonnés avant l'âge de 25 ans. Le latin est confirmé comme langue liturgique, et le célibat des prêtres est maintenu.

Sur le plan dogmatique, non seulement l'Écriture sainte, mais également la Tradition transmise par l'Église catholique sont définies comme sources de croyance. En plus de la foi, les œuvres peuvent procurer le salut de l'âme. On confirme l'existence des sept sacrements institués par Jésus-Christ, dont la présence réelle dans l'Eucharistie se reproduit par transsubstantiation. La vision du purgatoire, le culte de la Vierge et des saints et la vénération des images sont conservés.

Mais l'ordre religieux le plus prolifique et le plus puissant de la Contre-Réforme demeure celui des jésuites. Fondée entre 1534 et 1540 par l'officier basque Ignace de Loyola (v. 1491-1556), cette communauté se donne des règles sévères. Ces règles s'appuient sur l'obéissance à un général qui dispose d'un pouvoir absolu et dont la nomination à vie doit être confirmée par le pape. La Compagnie de Jésus ne recrute que des esprits d'élite, qui se destinent à de longues études. Renonçant au monachisme, les jésuites sont des hommes d'action hors du commun, dans des domaines aussi divers que l'éducation, la direction des consciences, la prédication et l'évangélisation ; par exemple, saint François Xavier (1506-1552) sera l'apôtre de l'Inde et du Japon. Les jésuites fondent, un peu partout en Occident, des collèges d'enseignement, voués à la formation des élites. Ils hantent les officines du pouvoir comme principaux conseillers des papes réformateurs et confesseurs de plusieurs souverains. Ces prédicateurs enrayent les progrès de la Réforme en Europe et participent à la plus fulgurante entreprise de leur époque : les voyages de découvertes et l'organisation des empires coloniaux.

Les principaux foyers de la Renaissance

Alors que les savants et les artistes italiens du **Quattrocento** insufflent à l'Europe un nouveau dynamisme culturel, le domaine impérial des Habsbourg atteint momentanément des dimensions jusque-là inégalées. Mais face à leur pouvoir, les Valois et les Tudors protègent l'intégrité de leur royaume respectif, malgré les bouleversements religieux issus du puissant mouvement réformiste.

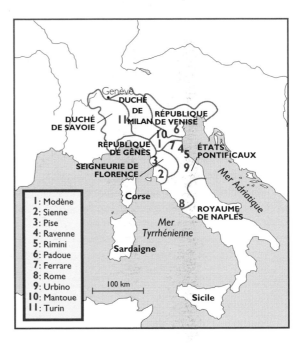

Carte 6.3
Les principaux États italiens de la Renaissance

Les États italiens

Profitant de l'affaiblissement du Saint-Empire dans sa lutte contre la papauté, certaines communes d'Italie du Nord acquièrent leur autonomie et agrandissent leur domaine territorial. Grâce à une reprise des échanges commerciaux datant du XIe siècle, accentuée par les Croisades, les villes portuaires comme Venise, Gênes et Pise connaissent un développement prodigieux alors que plusieurs cités intérieures font des activités bancaires ou industrielles, notamment du textile, une spécialité. À partir du XIVe siècle, les Italiens du Nord exercent sur l'ensemble de l'Europe occidentale une véritable domination commerciale et financière, tout en disposant d'une riche agriculture qui s'étend à l'ensemble de la péninsule et de la Sicile. (*Voir l'encadré 6.2 et la carte 6.3.*)

Notons que les États du Sud ne peuvent participer à ce mouvement d'émancipation et de prospérité, puisqu'ils vivent constamment sous une emprise étrangère. Le royaume de Naples et la Sicile passent en effet de la domination des Normands (XIe siècle) à celle des Hohenstaufen (XIIe siècle), de celle de la maison d'Anjou (XIIIe siècle) à celle de la maison d'Aragon (XVe siècle). Le Centre de la péninsule est occupé par les États pontificaux qui, depuis le retour des papes à Rome (1420), parviennent à se reconstituer, en luttant contre les velléités autonomistes de quelques grandes familles comme les Colonna et les Orsini et de quelques cités, passées sous le contrôle des condottieres (mercenaires) tels les Malatesta à Rimini et les Montefeltro à Urbino.

À travers leurs rivalités et leurs conflits, plusieurs villes italiennes se transforment en seigneuries dans lesquelles le pouvoir appartient, depuis le XIIIe siècle, à quelques grandes familles telles les Este à Ferrare, les Della Scala à Vérone, les Malatesta à Rimini et les

---

ENCADRÉ 6.2

LES PRINCIPAUX ÉTATS ITALIENS

Duché de Savoie: Au XVe siècle, le territoire savoyard a plus de 1 million d'habitants et s'étend des deux côtés des Alpes, entre les vallées du Pô et du Rhône; sa capitale est Turin. Le duché de Savoie subira l'invasion de la France et la perte de Genève aux mains des calvinistes.

Duché de Milan: Érigé en duché par l'empereur en 1395, Milan, ce riche État de plus de 1 million d'habitants, est gouverné par la famille des Visconti à partir du XIIIe siècle et par celle des Sforza entre 1450 et 1535. En 1498, les prétentions des rois de France sur ce duché, réputé pour ses industries de luxe et d'armements, déclenchent les guerres d'Italie. Malgré la résistance de Ludovic Sforza dit «le More», le duché de Milan est finalement annexé par Charles Quint qui le lègue à son fils, Philippe II d'Espagne, en 1540.

République de Venise: L'empire maritime de la république de Venise date du XIe siècle, et ses marchands établiront des comptoirs, des rives orientales de l'Adriatique à la Méditerranée orientale et à la mer Noire. Enrichie par les Croisades, Venise résistera à la menace turque après la prise de Constantinople (1453) et jusqu'au XVIIe siècle. Cette république est gouvernée par un doge, un monarque élu à vie, qui doit partager le pouvoir avec divers conseils, sous le contrôle des représentants de l'oligarchie marchande.

République de Gênes: Ville portuaire, Gênes devient indépendante au XIIe siècle et, à la fin du XIIIe siècle, elle annexe Pise, la Sardaigne et la Corse. Lors des Croisades, elle établit des comptoirs en Méditerranée orientale, en mer Égée et en mer Noire. À partir de 1339, Gênes est gouvernée par un doge et devient la principale rivale de Venise. Défaits par les Vénitiens, les Gênois se placent, au XVe siècle, sous la protection des rois de France, des Visconti et des Sforza, avant de solliciter, au XVIe siècle, l'alliance de Charles Quint.

Seigneurie de Florence: Cité toscane, Florence devient libre en 1115 et se transforme en seigneurie au milieu du XIVe siècle; elle tombe alors sous l'emprise de grandes familles de marchands et de banquiers, qui y soutiennent, par leur mécénat, une éclatante vie culturelle. Quoique dotée d'institutions républicaines, Florence demeure sauf exception sous le pouvoir de la riche famille des Médicis entre 1435 et 1737. Laurent le Magnifique (1449-1492), à qui Nicolas Machiavel dédie *Le Prince,* protège les savants et les artistes, dont Botticelli. À partir de 1492, le prédicateur dominicain Savonarole (1452-1498) y exerce un véritable pouvoir théocratique, avant d'être condamné au bûcher comme hérétique.

FIGURE 6.1
LES PRINCIPAUX PAPES DE LA RENAISSANCE

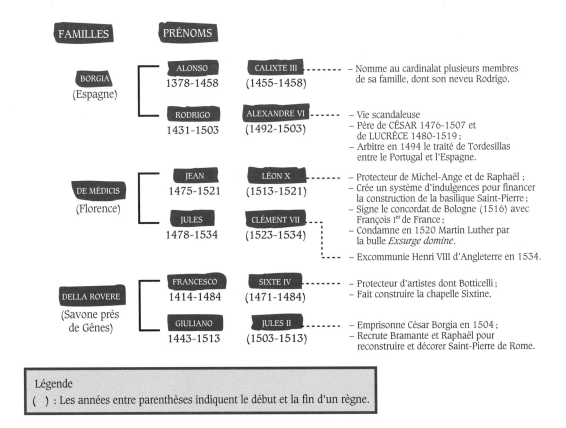

FAMILLES   PRÉNOMS

BORGIA (Espagne)
- ALONSO 1378-1458 — CALIXTE III (1455-1458) — – Nomme au cardinalat plusieurs membres de sa famille, dont son neveu Rodrigo.
- RODRIGO 1431-1503 — ALEXANDRE VI (1492-1503) — – Vie scandaleuse
  – Père de CÉSAR 1476-1507 et de LUCRÈCE 1480-1519 ;
  – Arbitre en 1494 le traité de Tordesillas entre le Portugal et l'Espagne.

DE MÉDICIS (Florence)
- JEAN 1475-1521 — LÉON X (1513-1521) — – Protecteur de Michel-Ange et de Raphaël ;
  – Crée un système d'indulgences pour financer la construction de la basilique Saint-Pierre ;
  – Signe le concordat de Bologne (1516) avec François Ier de France ;
  – Condamne en 1520 Martin Luther par la bulle *Exsurge domine.*
- JULES 1478-1534 — CLÉMENT VII (1523-1534) — – Excommunie Henri VIII d'Angleterre en 1534.

DELLA ROVERE (Savone près de Gênes)
- FRANCESCO 1414-1484 — SIXTE IV (1471-1484) — – Protecteur d'artistes dont Botticelli ;
  – Fait construire la chapelle Sixtine.
- GIULIANO 1443-1513 — JULES II (1503-1513) — – Emprisonne César Borgia en 1504 ;
  – Recrute Bramante et Raphaël pour reconstruire et décorer Saint-Pierre de Rome.

Légende
( ) : Les années entre parenthèses indiquent le début et la fin d'un règne.

Gonzague à Mantoue. Dans certaines de ces cités transformées en véritables principautés, le pouvoir devient tyrannique entre les mains de quelques grands princes.

Chef spirituel de toute la chrétienté, le pape est également le monarque d'un État de 1,5 million d'habitants, riche en diverses ressources. Après le Grand Schisme, le redressement politique du Saint-Siège est l'œuvre de souverains pontifes appartenant à quelques grandes familles rivales : les Borgia, les Médicis et les Della Rovere (*voir la figure 6.1*).

Hommes de cour fastueux et grands princes, mécènes et humanistes, les papes de la Renaissance tardent à réaliser les changements qui s'imposent au sein de l'Église. Le relèvement de leurs États leur importe plus que celui de la chrétienté. Devant l'expansion du luthéranisme et du calvinisme, la Contre-Réforme catholique ne s'organise que sous la direction d'Alessandro Farnese (1468-1549) qui devient Paul III en 1534, et convoque le concile de Trente en 1545.

Quoique politiquement morcelée, l'Italie fait preuve d'une grande homogénéité culturelle. Elle devient, aux XIVe et XVe siècles, le lieu privilégié du mouvement humaniste. Au XVIe siècle, s'établit entre les États italiens un équilibre qui compromet pour des siècles l'unification de la péninsule. Leurs relations sont souvent fondées sur la diplomatie, la violence, le crime et la trahison. Pour ses puissants voisins, sur lesquels il exerce un attrait économique et culturel, le territoire italien devient le théâtre de leurs rivalités et de leurs guerres. Commencées en 1494, les guerres d'Italie se terminent en 1559, par l'abandon des prétentions de la France au profit de l'Espagne qui y maintiendra sa domination jusqu'au XVIIe siècle. Seules la Savoie, Venise et Gênes conservent leur indépendance. Les Espagnols pacifient le territoire, tout en rétablissant l'Inquisition et en imposant la

FIGURE 6.2
LES PRINCIPAUX MEMBRES DE LA MAISON
DES HABSBOURG À LA RENAISSANCE

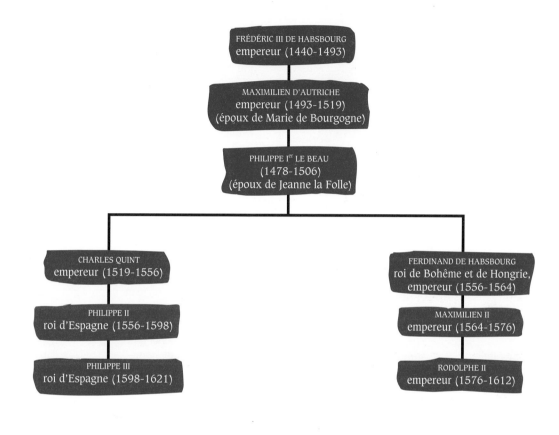

FRÉDÉRIC III DE HABSBOURG
empereur (1440-1493)

MAXIMILIEN D'AUTRICHE
empereur (1493-1519)
(époux de Marie de Bourgogne)

PHILIPPE Ier LE BEAU
(1478-1506)
(époux de Jeanne la Folle)

CHARLES QUINT
empereur (1519-1556)

FERDINAND DE HABSBOURG
roi de Bohême et de Hongrie,
empereur (1556-1564)

PHILIPPE II
roi d'Espagne (1556-1598)

MAXIMILIEN II
empereur (1564-1576)

PHILIPPE III
roi d'Espagne (1598-1621)

RODOLPHE II
empereur (1576-1612)

Légende
( ) : Les années entre parenthèses indiquent le début et la fin d'un règne.
⎯ : Indique la filiation.

Contre-Réforme. La lourde fiscalité imposée par l'Espagne et l'afflux de métaux précieux venus de son empire affaibliront les économies italiennes, déjà ébranlées par la diminution de leur commerce en Méditerranée orientale et par le déplacement des grandes activités économiques vers le monde atlantique.

Les domaines des Habsbourg

La maison des Habsbourg (*voir la figure 6.2*) s'est emparée du trône impérial en 1273 et le conservera presque sans interruption jusqu'à la disparition du Saint-Empire romain germanique en 1806 ; elle gou-vernera également l'Autriche de 1278 à 1918. Par une habile politique de mariages, cette famille augmente sa puissance qui atteint son apogée sous Charles Quint (*voir la carte 6.4*).

À la mort de son père, Philippe Ier le Beau, le jeune Charles hérite, en plus de la Flandre, de l'Alsace et de l'Artois, de la Franche-Comté et des Pays-Bas (la Belgique, la Hollande, le Luxembourg et la région de Cologne d'aujourd'hui). Petit-fils, par sa mère Jeanne la Folle (1479-1555), de Ferdinand d'Aragon (1452-1516) et d'Isabelle de Castille (1451-1504), il reçoit, en 1516, l'Espagne et son empire colonial, la Sardaigne, la Sicile, le royaume de Naples et plusieurs

Carte 6.4
Les possessions européennes de Charles Quint

hégémoniques de Charles Quint. Alors que les Turcs et les princes protestants allemands s'allient au roi de France, Charles se heurte aux résistances religieuses et nationales de plusieurs peuples de son empire. À la paix d'Augsbourg en 1555, il doit accepter la division religieuse de l'Europe et abdique l'année suivante.

Le vaste domaine de Charles Quint est alors partagé entre son frère Ferdinand (1503-1564) et son fils Philippe II (1527-1598). En plus de l'Autriche et des territoires allemands, Ferdinand se fait remettre le titre impérial. Philippe II hérite, quant à lui, de l'Espagne et de ses colonies, des territoires italiens, des Pays-Bas et de la Franche-Comté. Ferdinand parvient à contenir l'offensive turque et prône en vain, par une réforme de l'Église romaine, un rapprochement entre luthériens et catholiques. Tout au contraire, son neveu Philippe II veut assurer le triomphe du catholicisme et imposer la domination espagnole aux hérétiques et aux protestants. Après avoir conclu la paix de Cateau-Cambrésis avec Henri II de France en 1559, il écrase les **Morisques** d'Espagne. Sa participation, en 1571, avec les forces vénitiennes et papales, à la victoire navale de Lépante (*voir la carte 6.1 à la page 172*) contre les Turcs, confirme la prépondérance espagnole en Méditerranée.

Du côté atlantique, en 1580, à cause d'un vide dynastique, le Portugal et ses colonies sont réunis à l'Espagne. Il faudra attendre 1640 pour que le Portugal redevienne indépendant. Philippe II d'Espagne devient le monarque le plus puissant de son époque. Afin de protéger ses possessions européennes et son empire colonial, il se dote d'une armée et d'une force maritime redoutables. Grâce à l'exploitation des mines américaines, il semble disposer de ressources inépuisables.

territoires italiens. Son grand-père paternel, l'empereur Maximilien Ier (1459-1519), lui lègue l'Autriche et les territoires allemands des Habsbourg. Élu empereur en 1519, il prend le nom de Charles Quint et tente, en tant que chef de la chrétienté, de rassembler tous les princes sous son autorité.

Le Valois François Ier (1515-1547) s'oppose à ses prétentions, et les deux rivaux s'épuisent dans des luttes qui durent plus de 30 ans. Le royaume de France ne représente pas le seul obstacle aux projets

*Né à Gand, **Charles Quint (1500-1558)** est le fils de Philippe le Beau et de Jeanne la Folle. Le français est sa langue maternelle, et il ne possédera l'espagnol qu'au fil des années. Charles de Habsbourg règne sur de nombreux territoires germaniques, néerlandais, italiens et espagnols. Il ne lui manque que le titre impérial qu'il obtient, en 1519, aux dépens de son rival, François Ier de France, grâce au soutien financier des Fugger, de puissants banquiers allemands. Charles donne en effet aux princes électeurs des lettres de change élevées, payables après l'élection. Mais tant dans l'ensemble de l'Europe chrétienne qu'à l'intérieur de son empire, il n'arrive pas à imposer son autorité. Désenchanté, Charles Quint termine son règne dans la tristesse et renonce au trône en 1556.*

Toutefois, l'hégémonie espagnole repose sur des bases dont la fragilité devient manifeste à la fin du règne de Philippe II, en raison des aspirations autonomistes des Pays-Bas où le calvinisme devient prépondérant. Guillaume d'Orange-Nassau (1533-1584) y dirige la lutte pour l'indépendance qui est proclamée par l'union d'Utrecht en 1579 ; cette union réunit les sept provinces septentrionales (Zélande, Hollande, Utrecht, Gueldre, Overijssel, Frise et Groningue). Soutenues par l'Angleterre devenue anglicane, les Provinces-Unies s'engagent dans une longue lutte pour leur autonomie. Entre-temps, Philippe II tente une invasion de l'Angleterre qui se solde, en 1588, par le désastre de sa flotte, l'Invincible Armada ; comble d'humiliation, Cadix (*voir la carte 6.1*) est pillée par les Anglais en 1596. Dans les guerres de Religion en France, l'intervention de Philippe II en faveur de la Ligue catholique n'est pas plus heureuse. Les victoires d'Henri IV (1553-1610) et la promulgation de l'édit de Nantes (1598) représentent un grave échec pour l'Espagne catholique.

Malgré les richesses que procure rapidement et peut-être trop facilement la colonisation de l'Amérique, l'économie espagnole progresse très lentement. L'industrie se développe très peu, parce que l'afflux des métaux précieux venus d'Amérique permet aux Espagnols de financer leurs guerres et de se procurer ailleurs des produits de base, qu'ils pourraient produire chez eux. Ils provoquent ainsi, dans l'ensemble de l'Europe occidentale, une inflation qui ne s'atténuera qu'au siècle suivant. L'élevage du mouton et l'industrie des produits de luxe demeurent les activités majeures, dans cette Espagne dont la structure économique vétuste ne peut supporter les engagements militaires et politiques de plus en plus coûteux. D'autant plus que le gouvernement très centralisateur de Philippe II crée une lourde bureaucratie, tout en renforçant l'administration coloniale et en supportant une forte activité missionnaire. Cet empire semble connaître simultanément son apogée et les premiers symptômes de son déclin. Philippe II le pressentira-t-il, lui qui se réfugiera, pendant ses dernières années, dans l'isolement de l'austère palais de l'Escorial ? Le drame de cette Espagne décadente sera omniprésente dans l'œuvre de Miguel de Cervantes (1547-1616), auteur de *Don Quichotte*. Malgré ses malheurs, l'Espagne laissera un riche héritage culturel qui survivra jusqu'à nos jours, bien au-delà de l'Europe.

La France des Valois et les guerres de Religion

La France entre dans la Renaissance par le biais des guerres d'Italie qui débutent en 1494, sous le règne de Charles VIII. Ces guerres se poursuivent sous les règnes de son cousin Louis XII, de François Ier et de son fils Henri II. Lors de ces conflits, diverses coalitions s'opposent aux prétentions françaises sur Naples et Milan. La victoire française de Marignan en 1515 est cependant suivie d'une série de revers des Valois contre les Habsbourg. Après avoir été élu empereur aux dépens du roi de France, Charles Quint s'allie par la suite à Henri VIII d'Angleterre et au connétable de Bourbon. Après avoir perdu le Milanais (*voir la carte 6.5*) en 1523, François Ier (*voir la figure 6.3*) est battu à Pavie et devient prisonnier des Espagnols en 1525. Il doit alors renoncer aux territoires italiens, à l'Artois, à la Flandre et à la Bourgogne.

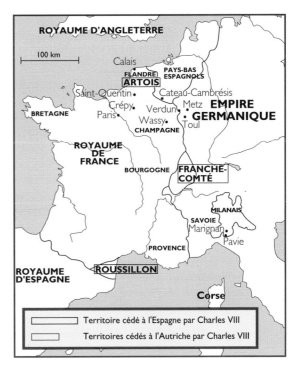

Carte 6.5
La France de la Renaissance

Une deuxième guerre (1526-1529) du roi de France contre son rival impérial ne lui procure aucun gain. Il conclut une alliance avec les princes protestants en 1531 et même avec les Turcs qui sont aux

FIGURE 6.3
LES ROIS DE FRANCE À LA RENAISSANCE

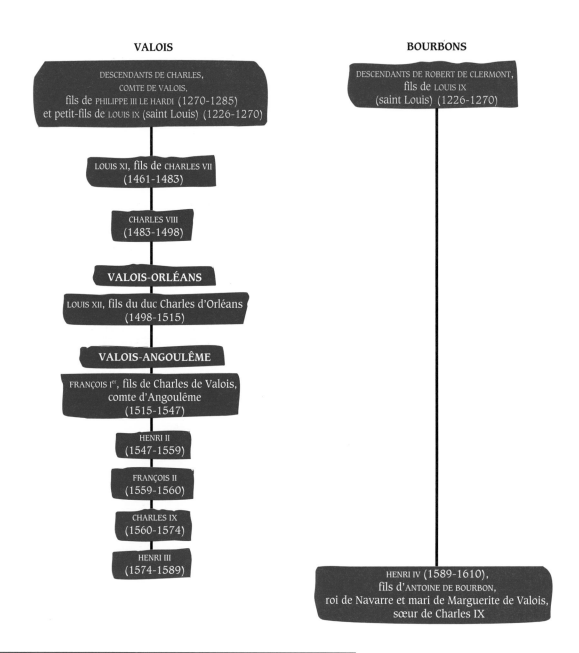

VALOIS

DESCENDANTS DE CHARLES,
COMTE DE VALOIS,
fils de PHILIPPE III LE HARDI (1270-1285)
et petit-fils de LOUIS IX (saint Louis) (1226-1270)

LOUIS XI, fils de CHARLES VII
(1461-1483)

CHARLES VIII
(1483-1498)

VALOIS-ORLÉANS

LOUIS XII, fils du duc Charles d'Orléans
(1498-1515)

VALOIS-ANGOULÊME

FRANÇOIS Iᵉʳ, fils de Charles de Valois,
comte d'Angoulême
(1515-1547)

HENRI II
(1547-1559)

FRANÇOIS II
(1559-1560)

CHARLES IX
(1560-1574)

HENRI III
(1574-1589)

BOURBONS

DESCENDANTS DE ROBERT DE CLERMONT,
fils de LOUIS IX
(saint Louis) (1226-1270)

HENRI IV (1589-1610),
fils d'ANTOINE DE BOURBON,
roi de Navarre et mari de Marguerite de Valois,
sœur de Charles IX

Légende
( ) : Les années entre parenthèses indiquent le début et la fin d'un règne.
 : Indique la filiation.

portes de Vienne (*voir la carte 6.1*) en 1535. Mais entre 1536 et 1544, les troisième et quatrième guerres contre l'empereur sont suivies de la paix de Crépy, qui confirme le Milanais comme possession impériale alors que Naples revient à l'Espagne. Henri II de France sera à peine plus fortuné que son père. En 1552, il occupe les trois évêchés (Metz, Toul et Verdun). Après l'abdication de Charles Quint en 1555, la guerre reprend brièvement entre Henri II et Philippe II en 1557, et elle se termine par une dernière défaite française près de Saint-Quentin en 1558. Épuisés et ruinés, les deux camps souhaitent mettre fin à un conflit qui dure depuis plusieurs décennies. La paix s'impose d'autant plus qu'il leur faut contrer une menace qui pèse sur l'Europe septentrionale et la France, le protestantisme. Par la paix de Cateau-Cambrésis (1559), Henri II renonce à la Corse, à la Savoie et à toutes prétentions sur l'Italie. Il garde Calais qu'il a pris aux Anglais et conserve les trois évêchés.

Malgré leurs échecs militaires et diplomatiques, le pouvoir des Valois se renforce à l'intérieur de leur royaume qui s'agrandit grâce à la confiscation des biens du connétable de Bourbon. En 1516, par le concordat de Bologne, l'Église de France passe sous le contrôle royal. En France, plus que partout ailleurs, l'ensemble des sujets se rallie autour de la personne du monarque qui gouverne selon son «bon plaisir», à l'aide de conseils, de secrétaires d'État, de grands officiers et de cours souveraines. Les impôts tels que la taille, les **aides**, les **traites** et la **gabelle** ne suffisant pas à couvrir les dépenses royales, on fait des emprunts et on vend, à des bourgeois en mal d'annoblissement, des **offices** qui deviendront plus tard héréditaires. Mais cette œuvre d'unification et de consolidation du royaume sera compromise, pendant un demi-siècle, par de violentes luttes fratricides.

Après la mort accidentelle d'Henri II, de profondes divisions religieuses menacent l'autorité royale et l'unité du royaume, en suscitant des guerres civiles qui prennent également l'aspect d'une révolte nobiliaire. De grands seigneurs, regroupés en factions politiques et religieuses rivales, profitent de l'affaiblissement de l'autorité royale pour tenter de s'en emparer ou de retourner à l'ère féodale. Les affrontements sont d'une brutalité digne des plus sanglants conflits de l'époque précédente. François II, marié à Marie Stuart d'Écosse, est un enfant malade; il est entouré par les Guise catholiques, les oncles de sa femme. C'est sous le règne d'un autre enfant, Charles IX, que débutent en 1562 les guerres de Religion. La régente Catherine de Médicis (1519-1589) tente d'abord d'appliquer une politique d'équilibre entre les catholiques et les **huguenots**. Mais cette tolérance envers les calvinistes et cet effort de conciliation sont compromis par le massacre de huguenots à Wassy, en Champagne. Les guerres de Religion (*voir le tableau 6.2*) se poursuivront sous Henri III (1551-1589) et ne prendront fin qu'en 1598, sous le règne du Bourbon Henri de Navarre (1572-1610), devenu Henri IV de France. Henri IV périra à son tour, en 1610, sous les coups du catholique François Ravaillac (1578-1610). N'eût été du fanatisme religieux, la France aurait pu devenir une terre exemplaire de refuge et de tolérance religieuse.

De son deuxième mariage, en 1600, avec Marie de Médicis (1573-1642), Henri IV a quatre enfants, dont le futur Louis XIII. Sous son règne, l'autorité royale est restaurée et l'économie redressée. En 1605, par l'édit de la Paulette, Henri IV rend les offices héréditaires et vénaux. Il consolide les finances et s'assure de la fidélité d'une nouvelle classe de fonctionnaires et de conseillers, surtout protestants. Pendant que Sully (1560-1641) assainit les finances et favorise l'agriculture, la politique mercantiliste de Laffemas (1545-v.1612) produit ses effets sur l'industrie et le commerce, qui connaissent un nouvel essor. Les premières manufactures de produits de luxe (toiles fines et soieries, tapisseries, dentelles et cuirs) sont créées, dont certaines sous le patronage royal.

Le massacre de la Saint-Barthélemy Dans la nuit du 23 au 24 août 1572, plus de 3000 huguenots sont égorgés et jetés dans la Seine avec l'accord de Charles IX et de Catherine de Médicis.

TABLEAU 6.2

LES PRINCIPAUX ÉPISODES DES GUERRES DE RELIGION

1562 :	Des huguenots sont massacrés à Wassy.
1572 :	Le 24 août, fête de la Saint-Barthélemy, a lieu le massacre de huguenots et de leur chef, Gaspard de Coligny (1519-1572).
1574 :	Henri III (1551-1589), dernier des Capétiens-Valois, monte sur le trône.
1576 :	Henri Ier de Lorraine, duc de Guise, fonde la Ligue catholique, soutenue par Philippe II d'Espagne. Appuyé par Élisabeth Ire d'Angleterre, le camp huguenot est dirigé par les Bourbons, Henri de Condé (1552-1588) et Henri de Navarre (1572-1610).
1589 :	Après avoir fait tuer le duc de Guise en 1588, Henri III est à son tour assassiné. Son cousin et allié huguenot, Henri de Navarre, devient roi de France sous le nom de Henri IV.
1593 :	Vainqueur des catholiques et des Espagnols, le huguenot Henri IV ne parvient à imposer son autorité qu'en abjurant sa foi.
1598 :	Par l'édit de Nantes, on accorde droit de cité aux huguenots, en reconnaissant presque partout la liberté de culte et en leur confiant, pour une période de huit ans, une centaine de « places de sûreté ».

L'Angleterre des Tudors

Henri Tudor met fint à la guerre dynastique des Deux-Roses (1455-1485) entre la maison d'York et celle de Lancastre à laquelle il appartient. Il impose la paix en épousant Élisabeth d'York, et rétablit l'autorité monarchique aux dépens du Parlement et de la noblesse ruinée par la guerre. Son fils, Henri VIII, consolide les finances du royaume et pratique une politique extérieure d'équilibre entre Charles Quint et François Ier. Après avoir été un ardent défenseur du catholicisme, il subit l'**excommunication** pour avoir répudié sa première femme, Catherine d'Aragon, tante de l'empereur. Cette rupture avec Rome l'amène à adopter, en 1534, l'acte de Suprématie par lequel il devient chef de l'Église d'Angleterre. Sous son successeur, Édouard VI, le luthéranisme et le calvinisme se répandent dans le royaume. Mais Marie Tudor, qui épouse Philippe II d'Espagne, tente de rétablir le catholicisme. Grandement persécutés, les protestants résistent cependant et affublent la reine du surnom de *Bloody Mary*, c'est-à-dire « Marie la Sanglante ».

Ce royaume insulaire atteint toute sa splendeur et pénètre véritablement dans la Renaissance sous le règne d'Élisabeth Ire, la fille d'Henri VIII et d'Anne Boleyn (1507-1536). Cette période glorieuse de l'histoire d'Angleterre est désignée sous le nom d'ère élisabéthaine. Élisabeth évince définitivement la religion romaine ; en 1559, par l'adoption d'un nouvel acte de Suprématie et de l'acte d'Uniformité, le *Common Prayer Book* est imposé à tous ses sujets. En 1563, la confession des Trente-Neuf Articles définit l'anglicanisme. De sévères persécutions contre les catholiques valent à cette souveraine l'excommunication en 1570. Elle fait également exécuter sa cousine catholique Marie Stuart (1542-1587), veuve de François II de France et reine d'Écosse, dont les presbytériens (calvinistes écossais) révoltés avaient obtenu l'abdication en 1567, en faveur de son fils, Jacques VI. En Irlande catholique, l'oppression religieuse provoque une grave révolte à la fin du XVIe siècle.

Sur le continent, Élisabeth soutient la lutte des huguenots français et assiste les Provinces-Unies dans leur lutte pour l'indépendance. Sa défense du protestantisme ne l'empêche pas de persécuter, sur son propre sol, la secte des puritains, dont l'influence

FIGURE 6.4
LES TUDORS ET LES STUARTS D'ANGLETERRE

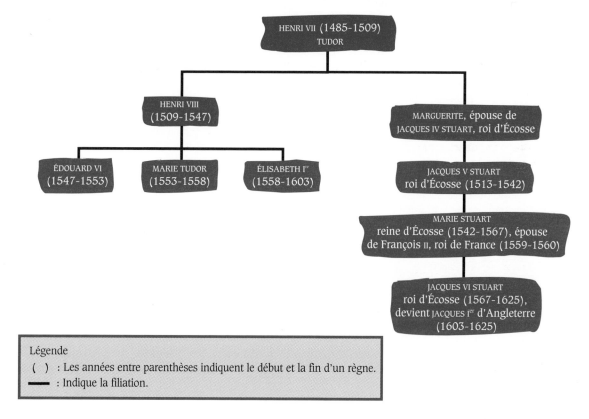

Légende
( ) : Les années entre parenthèses indiquent le début et la fin d'un règne.
━━━ : Indique la filiation.

ne cesse d'augmenter à la Chambre des communes. Pour l'instant, le Parlement ne peut que se soumettre à l'autorité de la reine et de ses conseillers. Mais la dynastie des Tudors s'éteint, en 1603, à la mort d'Élisabeth Iʳᵉ, et le Stuart Jacques VI d'Écosse devient Jacques Iᵉʳ d'Angleterre. (*Voir la figure 6.4.*)

Sous le long règne élisabéthain, l'Angleterre est devenue une grande puissance économique et maritime. La prépondérance britannique sur mer devient évidente après l'échec de l'Invincible Armada espagnole en 1588. La mise sur pied d'une flotte de corsaires permet aussi à l'Angleterre de tirer profit de la traite des esclaves et du pillage des galions espagnols. Par ailleurs, la création de compagnies de commerce stimule les relations avec les diverses régions du monde. Dans les régions rurales, on assiste à l'essor de l'élevage relié à la production de la laine. Les **enclosures** se développent alors que les tensions s'accentuent entre la **gentry** et les **yeomen** d'une part et la masse des paysans pauvres d'autre part. Avec les persécutés religieux, ils seront nombreux à

émigrer au XVIIᵉ siècle, notamment vers les colonies d'Amérique du Nord. Les textiles, les mines et la construction navale connaissent également un véritable essor. Les villes se développent et les marchands de Londres se dotent d'une bourse, le Stock Exchange.

Les grandes explorations

L'expansion commerciale et urbaine provoque, dans la deuxième moitié du XVᵉ siècle, une fulgurante accélération du développement culturel et intellectuel. Les Européens disposent d'une telle supériorité technique et militaire, qu'ils peuvent entreprendre la conquête d'autres peuples, sur leur planète dont ils découvriront rapidement les véritables dimensions. Au Moyen Âge, les capitaines des nefs ou des **galères** méditerranéennes n'auraient pas pu entreprendre les grandes explorations. Les connaissances, les sources de financement et même les hommes d'équipage leur auraient fait défaut, pour ce que l'on aurait sans doute considéré comme une folle entreprise.

Désormais, le monde n'est plus uniquement celui de Cyrus, d'Alexandre, d'Auguste, des successeurs de Mahomet ou des Turcs ottomans, dont les empires ont été essentiellement continentaux et méditerranéens. Le nouveau mouvement expansionniste prend des dimensions atlantiques et planétaires; il est principalement l'œuvre de navigateurs italiens, portugais et espagnols, commandités par les États monarchiques. En empruntant la route du Sud, les Portugais atteignent l'Inde, après avoir contourné le continent africain. À l'ouest, ils ne découvrent que la côte du Brésil; ils sont cependant devancés par les Espagnols qui entreprennent, dans cette direction, des explorations qui les mènent à la conquête de l'Amérique. Au XVIe siècle, ces découvertes aboutissent à la fondation des riches Empires portugais et espagnols.

La recherche d'une nouvelle route

De la chute de Saint-Jean-d'Acre (1291), le dernier foyer chrétien d'Orient, à celle de Constantinople (1453), les Européens de l'Ouest se replient sur leurs terres, bloqués par la barrière islamique et une navigation qui leur interdit de s'éloigner des côtes. Le souvenir des Croisades et des récits fabuleux de Marco Polo (*Livre des merveilles du monde*) entretient chez eux le mythe de l'Orient; ils rêvent de richesses et de villes légendaires. Ils croient aussi en l'existence du mystérieux royaume africain du prêtre Jean, ce puissant monarque chrétien d'Abyssinie (Éthiopie actuelle), auquel ils pourraient s'allier dans une nouvelle croisade contre les musulmans. Comme les gisements européens d'or et d'argent sont épuisés, la pénurie de métaux précieux nécessaires à la fabrication de la monnaie limite le commerce. En outre, les épices comme le poivre, la cannelle, le clou de girofle et la muscade en provenance de l'océan Indien et la soie de Chine se vendent à des prix excessifs.

Des nefs du golfe Persique aux caravanes du désert, les cargaisons passent des marchands arabes d'Alexandrie et de Beyrouth aux Vénitiens qui en contrôlent la distribution en Occident. Ces circuits traditionnels représentent de tels inconvénients que les Occidentaux se convainquent de la nécessité d'atteindre directement les pays producteurs, pour obtenir leurs produits exotiques à meilleurs prix. Encore faut-il que l'entreprise soit réalisable sur le plan technique. Jusqu'au XVe siècle, l'idée de s'aventurer sur des mers lointaines faisait craindre la rencontre de monstres,

l'engloutissement des navires et le bouillonnement excessif des eaux au niveau de l'Équateur. Seuls les progrès de l'astronomie, des techniques navales et de la cartographie ont pu rendre possibles les expéditions outre-mer (*voir la section* «Les progrès techniques» *à la page 205*).

C'est aux Portugais que revient le mérite d'entreprendre les premiers voyages d'exploration. À partir de 1416, un fils du roi Jean Ier (1357-1433), le prince Henri, surnommé «le Navigateur» (1394-1460), en est le principal responsable. Dans son château de Sagres, il met sur pied un véritable centre de recherches géographiques et cartographiques, qui devient le lieu de rencontre de navigateurs et de savants de diverses origines. Presque annuellement, une flottille quitte le Portugal et dépasse, en longeant la côte africaine en direction du sud, les limites atteintes par l'expédition précédente. Entre 1420 et 1482, Madère, les Açores, le Cap-Vert, la Guinée, l'Équateur et l'embouchure du Congo représentent les principales étapes franchies par ces aventuriers. Le capitaine Barthélemy Dias contourne en 1487 le cap de Bonne-Espérance, aux confins méridionaux de l'Afrique. Dix années plus tard, Vasco de Gama dépasse ce cap et remonte la côte orientale de l'Afrique jusqu'à Zanzibar. De là, favorisé par la mousson (vent tropical), il atteint le port de Calicut sur la rive occidentale de l'Inde, grâce à l'aide d'un pilote arabe. Pour la première fois, une ligne maritime directe est établie entre l'Europe occidentale et les pays d'Extrême-Orient. Cette route est plus longue qu'on ne l'a imaginée, ce qui fait espérer et même croire à certains qu'un plus court chemin permettra d'atteindre la même destination par l'ouest.

Le Gênois Christophe Colomb propose en vain au roi Jean II (1455-1495) du Portugal, puis aux rois d'Angleterre et de France, l'organisation d'une expédition vers l'ouest pour atteindre l'Asie. En 1492, il se fait confier par les monarques espagnols la vice-royauté des terres à découvrir et le commandememt de trois vaisseaux (la *Santa María*, la *Pinta* et la *Niña*) qui quittent le port de Palos, le 3 août de la même année. Après une escale aux Canaries, la flottille navigue pendant 33 jours, avant d'atteindre une île (peut-être Watling) de l'archipel des Bahamas que Colomb confond d'abord avec Cipangu, c'est-à-dire le Japon. Colomb découvre les îles de Cuba et de Saint-Domingue, puis revient à son point de départ espagnol, le 15 mars 1493. De sa périlleuse randonnée, il ramène quelques indigènes qu'il nomme «Indiens» et rapporte un peu d'or ainsi que quelques oiseaux exotiques. Colomb effectue trois autres voyages qui, outre la mer des Antilles, l'amènent à explorer une partie de la côte du Venezuela et de l'Amérique centrale. Bien qu'il n'ait trouvé ni une grande quantité de métaux précieux, ni une nouvelle route des épices, ses découvertes seront très profitables à l'Espagne. Dès 1493, le pape espagnol Alexandre VI partage les Indes occidentales (Antilles actuelles) et orientales entre l'Espagne et le Portugal. L'année suivante, les deux royaumes concluent le traité de Tordesillas, qui fixe la ligne de démarcation au niveau du 47e méridien. De nouvelles explorations révéleront que ces nouvelles terres regorgent de richesses, bien qu'elles ne soient pas l'antichambre de l'Extrême-Orient comme on le croyait.

Refusant le partage de Tordesillas, l'Angleterre retient les services des Italiens Jean (v. 1450-1498) et Sébastien (1476-1557) Cabot, qui explorent, en 1497, les côtes du Groenland, du Labrador, de Terre-Neuve et de la Nouvelle-Angleterre. Le tour du monde de Francis Drake (v. 1540-1596) et les explorations nord-américaines de Walter Raleigh (v. 1552-1618) soulèvent la fierté des Britanniques et témoignent de leur nouveau dynamisme maritime. En 1500, le Portugais Pedro Álvarez Cabral (v. 1460-1526) prend possession du Brésil au nom de son souverain.

Lors de voyages au service du Portugal et de l'Espagne, le Florentin Amerigo Vespucci (1454-1512) longe, au début du XVIe siècle, la côte à partir du Brésil jusqu'à l'embouchure du Rio de la Plata et plus au sud, au niveau du 52e parallèle. Il aurait été le premier à plaider ouvertement en faveur de l'existence d'un nouveau continent, mérite que lui reconnaît le cartographe alsacien Martin Waldseemüller (v. 1470-v. 1521). Waldseemüller publie, en 1507, une carte du monde où les nouvelles terres apparaissent pour la première fois; il leur attribue le nom d'«Amérique», qui ne désigne initialement que l'Amérique du Sud, avant de s'appliquer à l'ensemble du Nouveau Monde, à compter de 1541.

Encore faut-il trouver, sur la route de l'Occident, le passage qui permettra d'atteindre les mers de Chine et du Japon. L'Espagnol Vasco Núñez de Balboa (1475-1517) traverse, en 1513, l'Amérique dans sa partie la plus étroite, soit l'actuel isthme de Panama, et contemple un nouvel océan. Fernand de Magellan (v. 1480-1521), un navigateur portugais au service de Charles Quint, permet d'éliminer les derniers doutes. Son expédition effectue entre 1519 et 1521 le premier tour du monde, ce qui permet de confirmer la sphéricité et les véritables dimensions de la terre (*voir l'encadré 6.3 et la carte 6.6*).

À l'exemple de l'Angleterre, la France conteste l'accord de Tordesillas. Recruté par l'armateur dieppois Jean Ango, le navigateur florentin Giovanni da Verrazano (v. 1485-1528) entreprend en 1523, avec un équipage normand de 50 hommes, le premier voyage en Amérique sous le patronage officiel de la France. À la recherche d'un passage vers l'Orient, il

*On ignore presque tout des origines de **Christophe Colomb (v. 1451-1506)**, qui serait né à Gênes ou à Savone d'un père tisserand. À la suite d'un naufrage, Colomb échoue au Portugal vers 1476 et s'y établit; il effectue alors quelques voyages, notamment en Angleterre, en Irlande et en Islande. Il épouse une veuve de Lisbonne, qui meurt prématurément en 1483. De ses lectures, notamment la* Géographie *de Ptolémée et l'*Imago Mundi *de Pierre d'Ailly, il tire la conclusion erronée que la Chine est à proximité de l'Europe par l'ouest. Il passe en Espagne en 1485 et parvient, après six années d'efforts, à intéresser le roi et la reine catholiques (Ferdinand d'Aragon et Isabelle de Castille) à son projet. Entre 1492 et 1502, Colomb effectue quatre voyages vers ces nouvelles terres. Outre le fait qu'il n'a pas atteint l'Asie par l'ouest, des erreurs administratives le discréditent auprès des monarques espagnols. Christophe Colomb meurt à Valladolid, le 20 mai 1506, dans la disgrâce et l'oubli, ignorant qu'il avait abordé les rives orientales d'un nouveau continent et non celles de l'Asie. Il laisse un frère aîné, Barthélemy (v. 1461-1514), qui fut son lieutenant et fonda la ville de Saint-Domingue en 1496. Il a eu un fils légitime, Diego (v. 1478-1526), et un fils naturel, Fernando (1488-1539), qui a participé à la dernière expédition de son père dont il a écrit une biographie.*

explore, en 1524, la côte américaine de la Caroline actuelle jusqu'à Terre-Neuve et reconnaît l'embouchure de l'Hudson. Il établit que le littoral américain est continu du sud au nord.

Le titre de découvreur du Canada revient au navigateur malouin Jacques Cartier (1491-1557), que François Ier charge de découvrir quantité d'or et d'autres richesses, en plus de trouver le passage vers Cathay (Chine). Lors d'un premier voyage en 1534, Cartier explore Terre-Neuve, le golfe Saint-Laurent et la baie des Chaleurs. Le 14 juillet, dans la baie de Gaspé, il prend officiellement possession du territoire au nom de son roi, en présence des Iroquois. Revenu en 1535, il explore la « rivière de Canada » (fleuve Saint-Laurent) jusqu'à « Stadaconé » (Québec) et « Hochelaga » (Montréal). Lors de son retour en 1536, il établit l'insularité de Terre-Neuve. Sous les ordres du huguenot Jean-François de La Rocque de Roberval, Cartier reprend, en 1541, son périple précédent. Il revient brusquement l'année suivante avec des échantillons de quartz et de pyrite de fer, qu'il croit

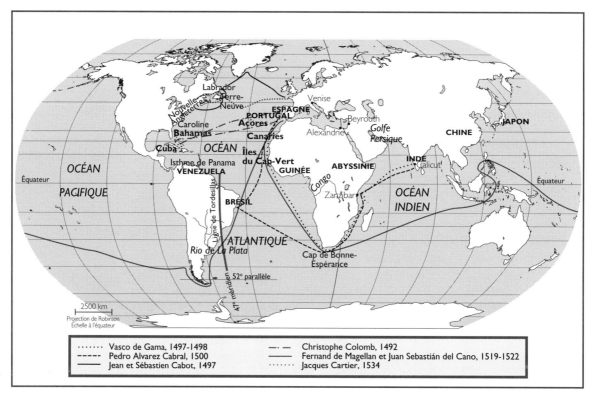

Carte 6.6
Les principales explorations

être du diamant et de l'or. Cette déconvenue et une certaine indiscipline lui valent de mourir oublié de ses contemporains. Avec l'exploration des côtes de l'Afrique et du Nouveau Monde et devant les possibilités d'enrichissement qu'offraient ces nouveaux territoires, l'idée de trouver une nouvelle route vers l'Asie perdra de son importance. Le grand commerce se déplace de la Méditerranée vers l'Atlantique.

L'Amérique précolombienne

On a attribué faussement le nom d'« Indiens », et récemment le nom d'« Amérindiens » afin de corriger l'erreur de 1492, aux premiers occupants de l'Amérique. De fait, il semble que ces peuples soient plus apparentés aux Chinois qu'aux véritables habitants de l'Inde. Probablement d'origine mongoloïde,

ils seraient passés d'Asie en Amérique environ 35 000 ans av. J.-C., en empruntant une bande de terre submergée plus tard par le détroit de Béring. À partir du nord-ouest, ils se seraient graduellement répandus vers le sud. Nous savons que vers 1500 av. J.-C., certaines tribus cultivent le maïs, la seule céréale connue avant l'arrivée des Européens. Les débuts de l'agriculture ont favorisé la sédentarisation et, avec la formation de villages, l'apparition de sociétés plus structurées.

Au nord, une multitude de tribus se partagent l'actuel territoire des États-Unis et du Canada. (*Voir la carte 6.7.*) Elles sont nomades ou semi-nomades et souvent classées en cinq groupes, soit ceux de la zone du maïs, du bison, des graines, du saumon et du caribou. La dernière zone correspond au territoire actuel du Canada. Les Indiens du Canada sont regroupés en 11 grandes familles linguistiques. Parmi celles-ci, les Inuits parcourent les régions arctiques et le littoral du Labrador. S'étendant de l'Atlantique aux Rocheuses, la famille algonquine est composée de chasseurs vivant exclusivement de la forêt et surtout du bouleau. Les Hurons-Iroquois vivent au sud et près de la vallée du Saint-Laurent. Sédentaires, ils occupent des cabanes à l'intérieur de villages qu'ils déplacent tous les 15 ou 20 ans. Ils cultivent le maïs, le tabac, la courge et le haricot. Les tribus nordiques, les communautés antillaises ou celles des forêts tropicales d'Amazonie représentent, à divers degrés, un monde primitif vivant encore à l'âge de la pierre taillée. Par contre, certains peuples sédentaires des hauts plateaux, du Mexique au Chili, atteignent un certain niveau de civilisation. C'est notamment le cas des Mayas et, surtout, des Aztèques et des Incas qui fondent de véritables empires pendant les 12 siècles qui précèdent l'arrivée des Européens.

L'Empire maya se serait formé au IVe siècle. À partir du Guatemala et du Nord du Honduras actuel, les Mayas se dirigent vers le Yucatan, et construisent la ville de Chichen-Itza qui devient leur centre politique et religieux. Ils fondent également plusieurs autres villes ainsi que des temples imposants et richement décorés. En proie à des luttes intestines, les Mayas s'effondrent sous les coups d'envahisseurs venus du Mexique. À l'arrivée des Espagnols, leur civilisation est décadente et Chichen-Itza est en ruine, alors que deux grands empires fleurissent dans la future Amérique latine : celui des Aztèques sur le haut plateau central du Mexique et celui des Incas dans la région des Andes.

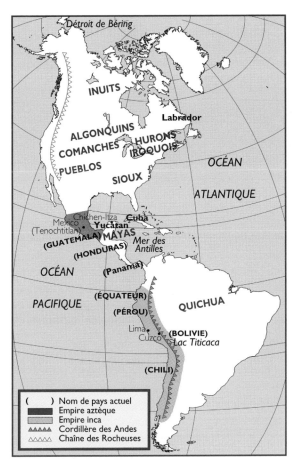

Carte 6.7

Les principaux peuples de l'Amérique précolombienne

Venus du nord, les Aztèques envahissent le Mexique au cours du XIVᵉ siècle et leur culture traditionnelle s'enrichit des apports des peuples conquis, notamment les Toltèques qui y auraient créé un premier empire vers le IXᵉ siècle. Les Aztèques fondent la ville de Tenochtitlan (aujourd'hui Mexico) sur des lagunes du lac Texoco. En 1502, lors de l'élection de l'empereur Moctezuma II (1466-1520), leur domination s'étend de l'Atlantique au Pacifique. Vénéré comme un demi-dieu, l'empereur dispose d'un pouvoir absolu sur ses sujets, majoritairement des paysans qui ignorent la propriété privée et individuelle. Chaque clan, qui regroupe un certain nombre de familles, administre collectivement les terres, considérées comme la propriété des dieux. En plus du maïs, de la pomme de terre, du manioc, du haricot, du melon, de la vanille et du cacao, les paysans aztèques cultivent des plantes industrielles telles le coton, le tabac et l'agave dont on tire une boisson, des cordes et des tissus. Les grains de cacao servent de monnaie d'échange.

En outre, la solide organisation militaire de ce peuple lui permet d'imposer un tribut aux autres peuples. Afin d'apaiser des dieux monstrueux et sanguinaires, les Aztèques immolent leurs prisonniers. Ils construisent, au sommet d'imposantes pyramides, leurs temples où des prêtres président les sacrifices humains. Leur capitale, Tenochtitlan, dispose d'un aqueduc qui dessert plus de 200 000 habitants, et ses rues sont bordées de canaux et de jardins flottants. Les Aztèques possèdent une écriture composée de symboles semblables aux hiéroglyphes égyptiens. Leurs connaissances en astronomie et en calcul leur permettent d'adopter un calendrier solaire de 365 jours.

L'empire des Incas apparaît au début du XIVᵉ siècle sur les hauts plateaux de la cordillère des Andes ; il s'étend du Pérou à l'Équateur, à la Bolivie et à une partie du Chili d'aujourd'hui. Peu nombreux, les Incas forment une caste aristocratique et sacerdotale qui, à partir de Cuzco, située près du lac Titicaca, domine un ensemble d'autres peuples et notamment les Quichua. L'Inca suprême, fils du dieu du Soleil, dirige un État centralisé et communautaire, où la propriété individuelle n'existe pas. La structure sociale repose sur l'*ayullu*, c'est-à-dire le clan, dont le chef répartit le territoire entre les familles. Le culte du Soleil, religion d'État, se pratique dans des temples richement décorés où l'or domine. Les Incas sont de grands constructeurs de forteresses, de magasins de ravitaillement et de routes. Leur réseau routier franchit les hauts cols,

La rencontre entre Cortés et l'empereur Moctezuma II
Ce dessin aztèque représente également Dona Marina, interprète indienne qui aidera les Espagnols à se rallier les peuples opposés à la domination aztèque.

longe les précipices et comprend des tunnels, des ponts, des auberges et un service de poste. Ils pratiquent l'agriculture en terrasses et élèvent des lamas pour leur laine qu'ils savent tisser. Ils comptent avec des *quipus*, des cordelettes reliées les unes aux autres et parsemées de différents nœuds.

En 1492, l'ensemble de la population amérindienne se situe entre 80 et 100 millions d'habitants, dont la grande majorité vit sur les hauts plateaux. Il s'agit d'un monde dispersé et morcelé sur un territoire très inégalement occupé par des communautés possédant divers niveaux de culture et de développement technique.

Les premiers empires coloniaux

Guidés par l'appât du gain, animés par l'esprit de croisade et redevenus conquérants, les Européens entreprennent la colonisation du Nouveau Monde. Leur supériorité matérielle et technique les amène à établir des relations de dominants à dominés avec les peuples de l'Amérique, comme avec ceux de l'Afrique et de l'Asie. Les hasards de la navigation font en sorte que les Espagnols atteignent rapidement cette région qui s'étend du Mexique aux Andes. Les habitants de cette zone, la plus peuplée et la plus civilisée du continent, seront littéralement décimés au cours

Les ruines de Machu Picchu   Cette ancienne ville inca est construite en gradins. Située près de Cuzco, elle a échappé à la destruction espagnole.

des 75 années qui suivront l'arrivée de Christophe Colomb. En effet, vers 1492, la population autochtone des Antilles et de l'Amérique latine aurait été de plus de 70 millions d'habitants; en 1570, elle ne dépasse pas 12 millions d'habitants.

Cette entreprise de destruction est amorcée par une poignée d'aventuriers cupides et intrigants, les *conquistadors*. Hernán Cortés (1485-1547) quitte Cuba pour le Yucatan en 1519. En moins de trois ans, il conquiert l'empire des Aztèques avec environ 600 hommes, 14 canons et plusieurs chevaux. Partis de Panama en 1531, Francisco Pizarro et Diego de Almagro s'emparent de l'immense Empire inca entre 1532 et 1536, et fondent Lima en 1535. Pizarro envahit le Pérou avec 180 combattants et 37 chevaux. Compte tenu de l'énorme disproportion des effectifs, ces rapides conquêtes, qui sont pour le moins étonnantes, méritent une explication.

L'arrivée subite de ces conquérants pilleurs et sanguinaires provoque un effet de surprise paralysante chez ces peuples qui les traitent initialement avec déférence et respect. Même s'il met ses richesses à leur disposition et qu'il accepte de payer des impôts au roi d'Espagne, l'empereur aztèque Moctezuma II ne peut néanmoins empêcher le massacre de son peuple. De mentalité collectiviste, les conquis ne peuvent comprendre ni le sens de l'appropriation individuelle des Espagnols, ni l'attrait qu'exercent sur eux l'or et l'argent. Enfin, les Empires aztèques et incas sont en proie à des divisions internes qui facilitent la tâche des Espagnols. Dans sa conquête du Mexique, Cortés rallie des peuples hostiles à la domination aztèque; quant à Pizarro, il pénètre dans un Empire inca en pleine guerre civile.

Mais la cause la plus déterminante du succès des conquérants espagnols demeure sans doute leur nette supériorité technique et militaire. Les Aztèques et les Incas ont édifié des civilisations comparables, en certains points, à celles de certains peuples de l'Antiquité proche-orientale. Mais une distance variant de deux à plusieurs millénaires les sépare des grandes civilisations européennes de la Renaissance. Les sociétés aztèque et inca demeurent archaïques à plus d'un titre. La force musculaire humaine représente leur seule source d'énergie, tant en agriculture que dans les transports. Ignorant la roue et la charrue, les paysans utilisent un outillage de type néolithique comme le bâton et la houe (pioche à large lame). À l'exception du lama des Andes, ils ne pratiquent pas l'élevage et ne possèdent ni animaux de trait ni bœufs ni chevaux. Les potiers n'utilisent pas le tour et les artisans ne connaissent que les métaux non ferreux tels l'or, l'argent et le cuivre. Chez les Aztèques, les transports se font à dos d'hommes sur de simples pistes; le transport maritime se fait sur de petites barques manœuvrées à bras, puisque la voile leur est inconnue. Enfin, leurs armements de pierre et de bois cèdent devant les épées, les pointes de flèches, les cuirasses métallisées, les charges de cavalerie et surtout le tir foudroyant des canons ou des armes à feu.

La colonisation française en Amérique du Nord débute sérieusement, principalement grâce à des entrepreneurs huguenots, ou récemment convertis, partisans d'Henri IV. Samuel de Champlain (v. 1570-1635), qui jouissait d'une pension à la Cour du roi, est d'abord un lieutenant du protestant Pierre de Gua, sieur de Monts (v. 1558-1628), lui-même titulaire du monopole de la traite des fourrures en Acadie entre 1603 et 1607. La perte du monopole acadien l'amène à envoyer dans la région appelée « Canada » Champlain qui, en 1608, fonde Québec, le premier établissement permanent de la vallée du Saint-Laurent. Absente depuis le dernier voyage de Jacques Cartier, la France renoue officiellement avec le Nouveau Monde en ayant plus d'un siècle de retard sur l'Espagne. Mais les Français devront affronter des rivaux en Amérique du Nord. En 1607 à Jamestown, les Anglais fondent leur première colonie qu'ils nomment « Virginie ». À l'embouchure de l'Hudson, des colons wallons venus de la province de Hollande établissent, en 1612, la colonie de la Nouvelle-Amsterdam, qui deviendra la colonie anglaise de New York en 1664.

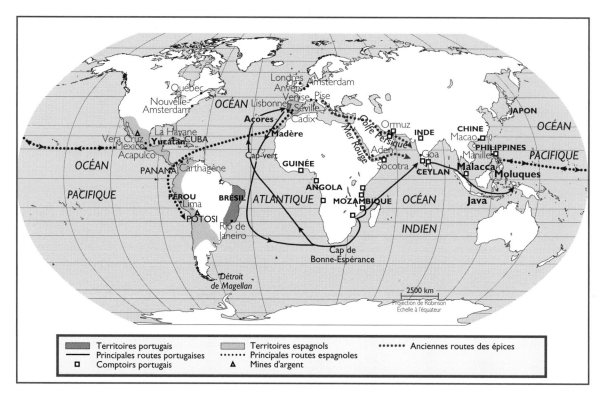

Carte 6.8
Les premiers empires coloniaux

En Amérique espagnole (*voir la carte 6.8*), le vaste territoire conquis est organisé de façon systématique par le Conseil des Indes, duquel relèvent le vice-roi de Mexico en Nouvelle-Espagne et celui de Lima en Nouvelle-Castille. La chambre de commerce de Séville se voit confier la réglementation du commerce entre la métropole et ses colonies. Deux fois l'an, une flotte se charge de produits métropolitains principalement destinés au Mexique et au Pérou. Au retour, les galions rapportent du port de Vera Cruz de nouvelles productions américaines et surtout de grandes quantités de lingots d'or et d'argent. Ces métaux proviennent des riches sous-sols du Mexique et du Pérou où le célèbre gisement du Potosi est découvert en 1545. Cette seule mine américaine produit environ 300 tonnes d'argent par année contre 60 tonnes pour l'ensemble de l'Europe. Le port espagnol de Cadix profite également de ce grand commerce alors que les villes de La Havane (Cuba) et de Carthagène (Colombie) deviennent d'importants ports d'escale. Sur le Pacifique, des galions transportent entre Manille aux Philippines et le port mexicain d'Acapulco de lourdes cargaisons d'épices. Cet essor commercial est accompagné d'un puissant mouvement d'immigration qui porte le nombre de colons espagnols à 50 000 vers 1560 et à 150 000 vers la fin du XVIᵉ siècle. À cette date, les Anglais et les Français n'ont fondé aucun établissement permanent en terre d'Amérique.

D'énormes bénéfices sont accumulés par ce commerce qui prospère aux dépens de millions d'Amérindiens. Plusieurs meurent à la suite de leurs contacts avec les Européens qui leur transmettent des virus mortels, tels ceux de la variole et de la vérole. Mal nourries et maltraitées, les femmes autochtones meurent de faim et d'épuisement sur les terres, alors que les hommes subissent le même sort dans les mines, les transports, les sucreries et les plantations. Conséquence de leur quasi-anéantissement, il faut, dans certaines régions, remplacer cette main-d'œuvre défaillante par des esclaves, capturés en Guinée. La traite des Noirs permet de repeupler les îles antillaises qui sont le siège de l'un des plus grands holocaustes de l'histoire. Des 3 millions d'Amérindiens qui vivaient sur la seule île de Saint-Domingue en 1492, il n'en reste que 200 en 1542; aux Antilles (Indes occidentales), les Arawaks et les Caraïbes sont totalement exterminés. Les 25 millions de Mexicains en 1519 ne sont plus que 1 million en 1605. Les habitants du Pérou passent, entre 1500 et 1530, de 11 à 3 millions.

À l'époque, seuls certains porte-parole de l'Église ont le courage de dénoncer ouvertement ce génocide. Parmi eux, le dominicain Bartolomé de las Casas (1474-1566) qui dénonce dans *Brevissima Relación de la Destrucción de las Indias* le travail forcé, la malnutrition et les atrocités commises. En 1537, par la bulle *Sublimus Deus*, le pape Paul III proclame que les Indiens sont réellement des hommes et non des bêtes. De ce fait, ils peuvent être convertis et ne doivent pas être asservis. La conversion doit donc leur procurer la liberté et, en 1571, l'Inquisition s'installe au Mexique. L'année suivante, on exécute à Cuzco, Tupac Amaru, le dernier empereur inca. Quant aux autorités métropolitaines, elles se donnent bonne conscience, en interdisant par une législation qui ne sera pas respectée les travaux forcés et la servitude.

Pendant les 30 premières années du XVIᵉ siècle, alors que les Espagnols entreprennent la pénible ascension des hauts plateaux, leurs rivaux portugais se contentent d'exploiter le bois du Brésil et d'y cultiver la canne à sucre. L'Empire portugais se compose surtout de comptoirs commerciaux établis sur les côtes d'Afrique et d'Asie (*voir la carte 6.8*). Parmi les plus importants figurent Goa sur la côte occidentale de l'Inde, Socotra et Aden à l'entrée de la mer Rouge et Ormuz à l'entrée du golfe Persique. Les Portugais bloquent et ruinent ainsi le grand commerce musulman et vénitien, qui reliait l'océan Indien à la Méditerranée. Ils s'installent également à Ceylan, à Malacca, aux Moluques, à Java, au Japon et à Macao, au sud de la Chine. Chaque année, une flotte de **caraques** quitte Lisbonne pour revenir chargée d'épices, de soieries, de parfums, de café, de pierres précieuses et de plusieurs autres produits exotiques. Lisbonne devient un important centre de distribution de marchandises coloniales destinées à l'Europe. Mais la conservation de ce vaste empire représente un défi insurmontable pour un royaume d'à peine 1,5 million d'habitants. Les Portugais ne pourront protéger efficacement leurs entrepôts commerciaux contre la convoitise des Espagnols et surtout celle des Néerlandais.

Alors que les Provinces-Unies poursuivent sur leur sol une lutte d'émancipation nationale, leurs dynamiques commerçants et armateurs construisent une flotte de plusieurs milliers de navires. Leur puissante Compagnie des Indes orientales s'empare graduellement des comptoirs portugais de l'océan Indien. À l'exemple de Venise au Moyen Âge, ce petit État à forte densité de population fonde sa puissance sur la mer. À la fin du XVIᵉ siècle, le port d'Anvers est dépassé par celui d'Amsterdam dont la banque, fondée en 1609, devient le plus grand centre européen de crédit, de dépôt et d'opérations de change. Cependant, du côté de l'Amérique, les Néerlandais ne pourront pas s'emparer du Brésil portugais et fonderont en 1612, sur les rives de l'Hudson, la colonie de la Nouvelle-Amsterdam.

Les héritages

L'Occident hégémonique, imbu de sa force matérielle et convaincu de sa supériorité intellectuelle et culturelle, apparaît à la Renaissance. Comme toutes les puissances impérialistes de l'histoire, les nations occidentales imposeront de gré ou de force leur domination aux autres peuples jugés moins avancés en civilisation. À partir du XVe siècle, dans les domaines de la pensée et de la littérature comme dans ceux des arts et des techniques, de nouveaux courants se développent et triompheront au siècle suivant. Le fil conducteur de ce mouvement est l'humanisme.

L'émergence d'un nouveau monde occidental

À tort ou à raison, plusieurs Occidentaux d'aujourd'hui adoptent une attitude ambivalente envers ces Européens de la Renaissance dont ils sont, en quelque sorte, les descendants en ligne directe. Des sentiments de honte et de culpabilité rétroactives se sont récemment ajoutés à l'admiration mêlée de fierté qu'avait longtemps entretenue l'histoire traditionnelle. (Plusieurs manuels ont jadis élevé les explorateurs et les pionniers du Nouveau Monde au statut de héros modernes.) Si la fierté demeure, elle se fait généralement plus discrète, à cause de la révélation de certaines suites peu glorieuses du choc des cultures amérindiennes et européennes.

La rencontre de ces deux mondes à peine sortis, l'un de la préhistoire et l'autre du Moyen Âge, prend en effet des allures d'étreinte mortelle. L'Europe de la Renaissance ne romp pas du jour au lendemain avec son violent passé médiéval. Les guerres politiques et religieuses, l'Inquisition, l'esprit de croisade et la cupidité demeurent des réalités du XVIe siècle. Les marins, les soldats et les colons qui franchissent l'Atlantique ne deviennent pas soudainement brutaux et sanguinaires en touchant le sol du Nouveau Monde. Ils transportent avec eux les préjugés, les passions et les formes de violence qui ont cours à leur époque et dans leur milieu de vie. Mais il faut également retenir que ce rendez-vous de l'Ancien et du Nouveau Monde n'est pas totalement manqué; il engendre d'appréciables mutations qui, sous diverses formes,

demeurent jusqu'à nos jours. Avec la Réforme protestante, la conquête de l'Amérique représente la plus importante rupture de l'Occident avec son passé. La vie économique et sociale des Européens, leur culture et leur mode de pensée seront, à plusieurs égards, grandement modifiés.

D'abord stimulé par les Croisades, le capitalisme commercial connaît un second essor grâce à la découverte de nouvelles routes commerciales et à la formation des premiers empires coloniaux. L'afflux des métaux précieux venus d'Amérique provoque, dans l'ensemble de l'Europe, une inflation qui ruine de nombreux petits producteurs ruraux, artisans et salariés. Déjà affaiblie par les guerres, la noblesse décline alors que la bourgeoisie consolide son pouvoir dans ce nouveau contexte où priment la puissance de l'État royal et le respect de la liberté d'entreprise. Marchands et monarques se découvrent des intérêts communs, parce que les premiers fournissent aux seconds le numéraire que seule une balance commerciale favorable peut leur procurer. Le résultat de cette alliance est l'adoption du mercantilisme, une politique économique qui fait du royaume l'unité économique à la grandeur duquel tous doivent œuvrer. Désormais, l'État a intérêt à favoriser un nouvel équilibre entre une bourgeoisie montante et une noblesse condamnée à une lente décadence. En effet, tout en subissant les assauts d'une fraction de la bourgeoisie transformée en noblesse de robe par l'achat d'offices de judicature, les membres de la vieille aristocratie guerrière (noblesse d'épée) sont, sauf en Angleterre, pratiquement exclus des grandes sphères du commerce, de la finance et de l'industrie.

Le grand commerce maritime se déplace de la Méditerranée vers l'Atlantique Nord qui devient le nouveau centre de gravité économique de la planète. Gênes, Pise et même Venise déclinent; les nouveaux circuits internationaux aboutissent désormais à Séville, Cadix, Lisbonne, Londres, Anvers et Amsterdam. Les Européens découvrent le maïs, la pomme de terre, le haricot, la tomate, l'ananas, le cacao, la vanille, le tabac et l'indigo d'Amérique. Tout en y développant la culture intensive du sucre et du café, ils en importent une quantité étonnante de métaux

Le port d'Anvers (Cabinet des Estampes de la ville d'Anvers) Plaque tournante du commerce entre les diverses régions de l'Ancien et du Nouveau Monde, ce port de Flandre dépasse celui de Bruges au XVIᵉ siècle. À gauche, la banderole indique qu'on donne le nom d'« entrepôt des marchands » à Anvers, qui est devenue la plus grande ville du monde.

précieux. Avec leur production d'or qui quadruple et d'argent qui quintuple, les Portugais et surtout les Espagnols provoquent un fort accroissement de la masse monétaire européenne.

Cependant, comme cette masse augmente plus rapidement que les biens de consommation, les prix deviennent quatre fois plus élevés au cours du XVIᵉ siècle. Cette inflation atteint, à des degrés divers, les différentes couches de la société européenne. Ceux dont les revenus demeurent fixes ou augmentent peu en sont les principales victimes. C'est le cas des petits seigneurs, des paysans, des artisans et des travailleurs salariés ; ils forment une masse turbulente pour qui les guerres civiles et étrangères servent souvent d'exutoires. Par contre, enrichis par de nouvelles et de plus larges activités économiques, les bourgeois deviennent de plus en plus des gentilshommes. Ils s'annoblissent par l'achat de terres et d'offices et affichent, souvent de façon choquante, leur nouveau luxe.

Mal protégées contre les épidémies, la famine et l'inflation, les classes populaires bénéficient peu de cette nouvelle prospérité. Dépossédés par les grands propriétaires, plusieurs paysans deviennent des salariés, des mendiants ou des brigands. Dans les villes, les compagnons et les apprentis sont de moins en moins protégés par les corporations qui sont contrôlées par des maîtres devenus entrepreneurs capitalistes. Leurs salaires n'augmentent pas aussi rapidement

que les prix, ils se regroupent en associations clandestines, confréries ou compagnonnages. Ils participent à des grèves violentes qui sont parfois durement réprimées. Les vieux cadres industriels du Moyen Âge éclatent. Les marchands drapiers contournent les règlements de fabrication par la création de grands ateliers ruraux qui regroupent des travailleurs à domicile. Ces travailleurs traitent la matière première qu'ils reçoivent d'un marchand et celui-ci récupère le produit fini pour le vendre. Seuls de riches entrepreneurs peuvent contrôler les nouvelles industries qui exigent un équipement dispendieux. C'est notamment le cas des soieries, des imprimeries, des chantiers navals et des fabriques de canons. Concentrées en un même endroit, elles annoncent l'ère des manufactures. Les nouveaux métiers qui s'y pratiquent échappent aux règles corporatives.

Malgré l'opposition des corporations et des guildes, la mécanisation (grue, roue hydraulique) apparaît dans les chantiers navals, les scieries, les fabriques d'épées et les mines. L'extraction du charbon débute également en Angleterre. Le capitalisme prend alors un nouvel essor, grâce à la formidable accumulation de capitaux, qui accompagne tous ces changements commerciaux et industriels. Des compagnies par actions gèrent les capitaux des marchands et des banquiers, qui font partie de toutes sortes d'entreprises et qui possèdent des succursales dans plusieurs villes d'Europe de l'Ouest. Ils forment une véritable aristocratie de l'argent, qui prête aux princes, aux rois, voire à l'empereur. Les Fugger d'Augsbourg exploitent des mines, des forges et des fonderies. Également d'Augsbourg, les Welser se font confier par les Portugais le lucratif commerce des épices. Les Sforza de Milan contrôlent les manufactures de draps alors que les Médicis de Florence possèdent, outre des banques, des soieries. L'échange de l'argent et des valeurs mobilières se sépare de plus en plus de celui des marchandises.

Cosme de Médicis (1389-1464)   Sous sa direction, la famille de Médicis s'enrichit grâce à une compagnie à filiales. Tout en gouvernant Florence, il y fonde l'Académie platonicienne et protège les artistes. Ses descendants l'imiteront.

D'une société de paysans, de prêtres et de guerriers, on passe à un monde dominé par des bourgeois marchands et des membres de la noblesse de robe. Avec une augmentation de la spécialisation des tâches, s'installe une structure sociale à la fois plus complexe et plus sujette à la mobilité, où les valeurs matérielles sont désormais jugées respectables. L'accès à l'éducation, la richesse et l'ascension sociale ne dépendent plus exclusivement de la naissance.

L'ambition, le mérite, le talent et l'esprit d'entreprise commencent à être des conditions nécessaires à la réussite. L'idéal n'est plus essentiellement spirituel et céleste, mais gravite autour de la construction d'un paradis sur terre et d'une vision optimiste de l'avenir.

Tant les voyages d'exploration que les bouleversements économiques et sociaux qui s'ensuivent révèlent aux Européens une multitude de nouveautés. Leur champ de connaissances s'enrichit, à un rythme jusque-là inégalé, en astronomie, en géographie, en navigation et en botanique. Au contact des nouveaux et grands espaces maritimes et continentaux, les esprits s'élargissent. La rencontre de nouvelles races humaines pose le défi et le problème de la colonisation. C'est le début de l'«eurocentrisme» triomphal à travers lequel la race blanche impose ses lois, ses institutions et ses valeurs au reste du monde. L'Europe du XVIᵉ siècle s'initie à l'exercice exclusif d'une domination mondiale qui se poursuivra, de façon ininterrompue, jusqu'à la première moitié du XXᵉ siècle. Cette prédominance s'appuie sur une conception de l'être humain, héritée du monde gréco-romain. S'y juxtaposent les valeurs chrétiennes et plus tard, le rationalisme scientifique. Issu du XVIᵉ siècle, leur système capitaliste entraînera les Européens vers des excès impérialistes, matérialistes et scientistes.

L'aventure de 1492 a modifié l'évolution de l'Europe et de l'Amérique. Au XVIᵉ siècle, on a versé du sang espagnol et du sang portugais, mêlés de sang maure et de sang juif, dans les veines amérindiennes. La venue de centaines de milliers d'esclaves africains a provoqué l'apparition de mulâtres, issus des unions entre les Blancs et les Noirs. Les Européens, les Amérindiens et les Noirs se sont unis pour toujours, faisant de l'Amérique latine le plus grand laboratoire de métissage de l'histoire moderne et contemporaine.

D'une certaine façon, le monde occidental de demain se rapprochera de plus en plus de celui de l'Amérique latine; il s'agira d'un monde métissé, issu de migrations légales ou illégales. En retour, les Latino-Américains souhaitent inévitablement conserver ou se réapproprier certains traits culturels de leurs ancêtres européens. Par un phénomène normal de projection, les descendants des immigrants européens ont conservé une large part de l'héritage de leur mère patrie. Encore plus que les structures et les institutions, ce sont les liens et les traits culturels de l'ancienne métropole qui demeurent le plus profondément enracinés. Or, malgré leurs contradictions, les

Européens seront capables d'autocritique et réussiront à promouvoir la souveraineté des peuples et les droits humains. Ils ont préalablement permis, dès la Renaissance, à des penseurs, à des poètes, à des artistes et à des inventeurs de faire reculer l'ignorance, l'intolérance, les dogmes et les vérités uniques. Il s'agit du combat humaniste dont pourrait bien se réclamer de nos jours, en Amérique latine, une classe dirigeante rajeunie et éprise de liberté.

L'humanisme
et la vie intellectuelle

L'humaniste a un esprit universel qui ne néglige aucune branche du savoir qu'il veut, par sa raison, maîtriser au plus haut degré. C'est également un éternel optimiste qui, à la fois réaliste et anthropocentrique, demeure convaincu de la bonté de la nature et des capacités illimitées de l'être humain qu'il place au centre de ses préoccupations et de ses entreprises. Rejetant les certitudes et les anathèmes du passé, il cultive à la fois le scepticisme et la tolérance. Par sa volonté et son intelligence, l'homme de la Renaissance redevient, comme à l'époque de la Grèce antique, l'artisan de son propre destin.

Les humanistes

Afin de rappeler à leurs contemporains et à la postérité leur puissance et leur richesse, les princes et les marchands italiens se réservent les services d'écrivains et d'artistes à la recherche de mécènes. Milan sous les Sforza, Florence sous les Médicis, Venise sous sa puissante oligarchie marchande et Rome deviennent les principaux centres culturels de l'Occident. Des académies littéraires et philosophiques ainsi que de grandes bibliothèques s'y constituent et regroupent des milliers d'œuvres manuscrites.

L'humanisme est d'abord un mouvement italien dont les poètes Pétrarque (1304-1374) et Boccace (v. 1313-1375), restaurateurs des lettres et de la mythologie latines, sont les précurseurs. Au XVe siècle, des érudits s'appliquent à traduire et à commenter de façon rigoureuse des textes latins, recueillis dans les monastères, et des manuscrits grecs, apportés par des réfugiés byzantins. Ce nouveau courant se développe initialement dans des académies et de grandes bibliothèques de Rome et de Florence. Parmi les principaux maîtres figurent le philologue romain Laurentius Valla (1407-1457) et

le philosophe florentin Pic de la Mirandole (1463-1494). Mais l'œuvre la plus originale de l'Italie humaniste demeure *Le Prince* écrit en 1513 par le philosophe florentin Nicolas Machiavel (1469-1527), considéré comme le fondateur de la science politique. En expliquant les mécanismes cachés du pouvoir et les façons les plus efficaces de le conserver, il rédige un véritable traité sur l'art de gouverner. En révélant l'existence du mensonge et de la duplicité, il renseigne les lecteurs sur les dessous de la politique et de la raison d'État.

Malgré ses pérégrinations diplomatiques et politiques, son emprisonnement et son bannissement, Machiavel meurt paisiblement. Son compatriote Giordano Bruno (1548-1600) n'aura pas la même veine. Après un procès de sept ans accompagné de tortures, ce dominicain défroqué périra sur le bûcher de l'Inquisition, pour ne pas avoir renoncé à ses « erreurs » théologiques et cosmologiques. Il exprime en effet des doutes sur la virginité de Marie et identifie Dieu à la Nature, c'est-à-dire à la totalité du réel. Adepte de l'**héliocentrisme**, il proclame le caractère infini de l'univers et rejette l'idée de sa création. Entre-temps, l'humanisme se répand hors d'Italie et provoque une véritable floraison littéraire, philosophique et scientifique.

Le plus illustre représentant de l'humanisme européen est sans doute le Hollandais Didier Érasme. Ce moine voyageur et érudit entretient une correspondance soutenue avec ses admirateurs, ses disciples et ses émules européens. Outre l'explication des leçons à tirer des œuvres de l'Antiquité, il n'hésite pas à verser dans la critique et plus spécialement dans la satire, une démarche chère à certains auteurs latins. Telle est l'orientation qu'il donne à son œuvre majeure, l'*Éloge de la Folie,* qu'il dédie en 1509 à son ami anglais Thomas More (1478-1535). Il y dénonce de façon virulente les travers de son époque, notamment les abus de l'Église et de ses prélats.

L'humanisme débouche sur une grave crise spirituelle et théologique dont témoignent plusieurs intellectuels de la Renaissance. À l'exemple d'Érasme, un grand nombre d'entre eux refusent néanmoins de se rallier aux réformistes. Sans les condamner totalement, ces intellectuels prônent à leur endroit la tolérance et la conciliation. Mis à part Érasme, les plus célèbres humanistes non italiens sont le Français Jacques Lefèvre d'Étaples (v. 1450-1537), les Anglais John Colet (1467-1519) et Thomas More, les Allemands Ulrich von Hutten (1488-1523) et Johannes

qui se livre aux analyses les plus profondes des réalités de son temps. Conseiller au Parlement et maire de Bordeaux, cet homme d'action n'en pratique pas moins l'exercice du doute, afin de conserver en tout temps son indépendance d'esprit face au dogmatisme et aux croyances. Par son scepticisme, il est l'un des premiers défenseurs de la liberté de conscience. Quant à La Boétie, il est l'auteur du *Discours sur la servitude volontaire,* un autre chef-d'œuvre de la nouvelle science politique. Il s'y demande pourquoi tant de peuples acceptent, sans y être nécessairement contraints, la tyrannie d'un seul individu. Il répond à cette question en affirmant que la source du pouvoir repose sur un phénomène d'identification au maître et de participation imaginaire à sa puissance. Il propose ainsi une étonnante explication psychologique de la domination.

L'apparition des littératures nationales

Tout en valorisant les lettres et les langues antiques, l'humanisme favorise l'émergence des littératures nationales. Pétrarque, Boccace et Machiavel écrivent en italien. En Grande-Bretagne, William Shakespeare (1564-1616), le grand dramaturge de l'ère élisabéthaine, écrit dans la langue de ses compatriotes. Encore aujourd'hui, on emploie souvent l'expression « langue de Shakespeare » pour désigner la langue anglaise. Miguel de Cervantes (1547-1616) publie en espagnol son célèbre roman *El Ingenioso Hidalgo don Quijote de la Mancha* (*L'ingénieux Hidalgo Don Quichotte de la Manche*). Le même phénomène se produit en Allemagne avec Martin Luther et Melanchthon, ainsi qu'au Portugal, avec la poésie de Luis de Camoens (v. 1524-1580). Ce poète raconte l'expédition de Vasco de Gama dans *Les Lusiades*, une œuvre qui devient le poème national des Portugais.

En France, le poète Clément Marot (1495-1541) traduit des auteurs latins et les psaumes de l'Ancien Testament. Les poètes de la Pléiade s'appliquent à promouvoir l'utilisation de la langue française. C'est le cas de Pierre de Ronsard (1524-1585) et de Joachim Du Bellay (1491-1543), auteur de *Défense et Illustration de la langue française.* Quant à Rabelais (v. 1522-1560), il célèbre l'idéal humaniste en racontant les aventures burlesques des géants *Gargantua* et *Pantagruel.* Montaigne publie, lui aussi, ses *Essais* en français. Dans la même veine, François Ier promulgue l'édit de Villers-Cotterêts (1539) qui désigne le français comme langue administrative à la place du latin.

Érasme Apatride et érudit hollandais, Érasme se considère comme un Européen et n'écrit qu'en latin. Les écrivains humanistes de divers pays l'estiment comme un maître.

Reuchlin (1455-1522). Ils défendent tous un catholicisme libéral, fondé sur la tolérance et la conciliation envers la Réforme protestante. Thomas More publie en 1516 *L'Utopie,* un roman qui porte sur un pays imaginaire où règne un gouvernement idéal à la tête d'une république communautaire et égalitaire, sans commerce d'argent. Nommé grand chancelier par Henri VIII en 1529, il dénonce l'acte de Suprématie de 1533 et refuse de reconnaître la suprématie spirituelle de son roi. Il est accusé de haute trahison et décapité, le 6 juin 1535.

Parmi les humanistes français qui s'inscrivent dans ce courant, citons Guillaume Budé (1467-1540), Michel Eyquem de Montaigne (1533-1592), auteur des *Essais,* et son ami Étienne de La Boétie (1530-1563). En 1530, Budé obtient de François Ier la fondation du Collège des lecteurs royaux, où l'on enseigne le grec et l'hébreu ; c'est l'origine du Collège de France qui permet, face à la Sorbonne demeurée fidèle à la scolastique, le développement d'un enseignement humaniste. Montaigne demeure sans doute l'auteur

Par l'expression de nouveaux sentiments et de nouvelles préoccupations, ces auteurs du XVIᵉ siècle créent de nouveaux genres littéraires et inventent des mots et des expressions qui enrichissent la langue en usage dans leur terre d'origine. Ils rendent accessibles à leurs compatriotes non latinisés les plus grandes œuvres du passé et de leur époque.

L'évolution scientifique

Même si le XVIᵉ siècle n'abonde pas en grandes découvertes scientifiques, certains humanistes se révèlent de grands savants qui contribuent à l'éclosion d'un nouvel esprit scientifique. Au Moyen Âge, en matière scientifique, on se réfère surtout aux œuvres d'Aristote plutôt que de s'appuyer sur l'observation et sur l'expérimentation. On apprend une science livresque qui est la seule admise et qui bloque tout progrès. À la Renaissance, une nouvelle soif de connaître, entretenue par le courant humaniste, suscite le développement d'une nouvelle curiosité scientifique. Des savants osent enfin vérifier dans les faits ce que l'on enseigne depuis des siècles. Les secteurs scientifiques qui connaissent de notables progrès sont la médecine, l'algèbre et l'astronomie.

Donnant ses cours en allemand plutôt qu'en latin, le médecin suisse Paracelse (v. 1493-1541) dénonce la médecine de son époque et affirme que le corps humain a la capacité de s'autoguérir. Il prône également le recours aux plantes médicinales et la prévention par une alimentation équilibrée plutôt que l'utilisation de la seule chirurgie. Pendant que l'Espagnol Michel Servet (v. 1509-1553) cherche les lois de la circulation sanguine, le Flamand André Vésale (1514-1564) publie un premier traité d'anatomie. Enfin, le Français Ambroise Paré (v. 1509-1590) se sert de la ligature des artères au lieu de leur cautérisation pour arrêter les hémorragies, notamment lors des amputations. Il est aujourd'hui considéré comme le père de la chirurgie moderne.

Dans un autre domaine, l'Italien Jérôme Cardan (1501-1576) solutionne l'équation du troisième degré. Précurseur des mathématiques modernes, le Français François Viète (1540-1603) publie une table de fonctions trigonométriques, facilite l'extraction des racines et précise la valeur de π avec 10 décimales exactes ; ses études sont à l'origine de la théorie des équations algébriques et de la géométrie analytique.

En astronomie, le chanoine polonais Nicolas Copernic (1473-1543) constate les erreurs du géo-

centrisme, cette théorie qui, depuis Aristote et Ptolémée, accorde à la Terre une place privilégiée au centre de l'univers. Copernic conçoit la théorie héliocentrique selon laquelle certaines planètes, dont la Terre, tournent à la fois sur elles-mêmes et autour du Soleil. Afin de se soustraire à la colère des théologiens, il ne publie son œuvre *De revolutionibus orbium cœlestium libri sex* qu'à la veille de sa mort. Les idées coperniciennes sont à l'origine de notre actuel calendrier grégorien (*voir l'encadré 6.4*). Bien que condamnée officiellement par l'Église, cette

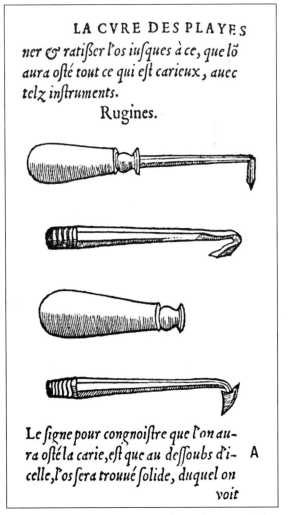

Les instruments d'Ambroise Paré Ce chirurgien publie en 1545, en français, *La Méthode de traiter les plaies faites par arquebuses et autres bâtons à feu.* Les rugines, sortes de racloirs, permettent de traiter la carie des os.

ENCADRÉ 6.4

LE CALENDRIER GRÉGORIEN

Étant donné que l'année tropique des saisons vaut 365,2422 jours, l'année julienne est trop longue de 0,0078 jour (c'est-à-dire de 11 minutes et 14 secondes), ce qui finit par produire, dans la deuxième moitié du XVIᵉ siècle, une avance de 10 jours sur l'année solaire. On retranche, en premier lieu, 10 jours à l'année 1582 et le vendredi 5 octobre devient le vendredi 15 octobre. Ainsi, le 21 mars 1583 peut coïncider avec l'équinoxe de printemps. On décrète également la suppression de 3 années bissextiles en 400 ans. Voilà pourquoi les années séculaires dont le millésime se termine par 2 zéros cessent d'être bissextiles, sauf celles dont le nombre de siècles est divisible par 4. Par exemple, dans le calendrier julien, 1600, 1700, 1800, 1900, 2000 et 2100 devaient être bissextiles. Or, dans le calendrier grégorien, seules les années 1600 et 2000 demeurent bissextiles parce qu'elles sont divisibles par 400. L'année grégorienne, avec 365,2425 jours, demeure tout de même trop longue de 0,0003 jour. C'est pourquoi, dans 10 000 ans, notre calendrier comportera 3 jours de trop.

découverte de notre système solaire amène le pape Grégoire XIII à former une commission de savants afin de corriger l'erreur du calendrier julien.

La réforme du calendrier est appliquée en 1582 à Rome, en Espagne et au Portugal. En France et dans les Pays-Bas espagnols, elle se fait en décembre de la même année, sauf chez les protestants qui ne s'inclineront que vers 1700. L'Angleterre et la Suède l'adopteront en 1752 et le Japon en 1873. Quant aux orthodoxes grecs, bulgares, serbes, roumains et russes, ils conserveront le calendrier julien jusque dans le premier quart du XXᵉ siècle ; ce sera également le cas des Chinois et des Turcs.

Celui que l'on considère comme le véritable fondateur de la nouvelle science moderne est un Anglais du nom de Francis Bacon (1561-1626). Ce premier

L'univers d'Aristote et de Ptolémée À l'extérieur, se trouve la sphère des étoiles fixes à mouvement circulaire, un monde éthéré. Au centre, le monde sublunaire contient quatre éléments : feu, air, eau, terre.

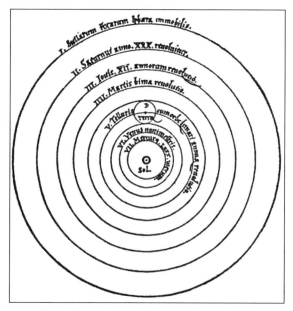

Le système de Copernic Sept planètes, dont la Terre, tournent sur elles-mêmes et autour du Soleil. Cependant, elles se déplacent selon un mouvement qui demeure circulaire.

théoricien de la méthode expérimentale laisse deux ouvrages majeurs : *De la Dignité et de l'Accroissement des sciences* et le *Novum Organum* (*La Nouvelle Logique*). Par le biais de l'observation et de l'expérimentation, l'identification des lois constantes de la nature devient le but de la connaissance scientifique. Bacon rejette le formalisme de la logique d'Aristote, devenue trop abstraite et dogmatique avec la scolastique.

Les savants de la Renaissance ne font que jeter les fondements d'un courant scientifique qui n'explosera qu'au siècle suivant. Les hommes de science du XVIe siècle manquent d'instruments précis d'observation tels que le télescope et le microscope. Ils ne disposent d'aucun système unifié de poids et de mesures. Alors que même les opérations de base se font difficilement, les mathématiques en sont à leurs premiers balbutiements. La croyance au surnaturel, aux fantômes et aux sorciers est encore fort répandue et l'astrologie demeure très populaire. La véritable révolution scientifique ne se produira qu'au XVIIe siècle. Mais les chercheurs du XVIe siècle ont le génie et le courage d'établir les bases d'une nouvelle démarche scientifique qui remet en question les vieilles certitudes. Ce désir insatiable de savoir se répercute également dans les domaines technique et artistique.

L'humanisme, les techniques et les arts

Le dynamisme qui se manifeste dans les techniques dont le perfectionnement accéléré bouleverse à la fois les connaissances et les modes de vie se vérifie également dans le domaine des arts, qui connaît un renouvellement étonnant. Mais surtout, la technique fait partie intégrante de l'art dont elle demeure désormais indissociable. À la Renaissance, le procédé devient aussi important que l'inspiration et la connaissance dans l'exécution d'une œuvre. Cette nouvelle tendance s'est admirablement incarnée chez l'Allemand Johannes Gutenberg et l'Italien Léonard de Vinci. Gutenberg perfectionne, de façon décisive, une invention technique sans laquelle l'humanisme serait demeuré le fait restreint d'une intelligentsia d'écrivains et de savants. De Vinci représente admirablement ce que la Renaissance compte d'esprits universels. Ses recherches, pour la plupart ignorées de ses contemporains, se sont étendues à un nombre impressionnant de domaines scientifiques, techniques et artistiques.

Les progrès techniques

Chez les Occidentaux, depuis le XIIe siècle, on a remplacé le parchemin de peau de mouton par le papier de chiffon d'origine chinoise. On maîtrise depuis la fin du XIVe siècle, la xylographie, c'est-à-dire la reproduction sur papier de lettres gravées sur une planche de bois. Au XVe siècle, le Hollandais Laurens Coster (v. 1370-v. 1440) invente des caractères mobiles en bois, qui sont cependant trop fragiles et s'usent rapidement. Johannes Gutenberg est le premier à mettre au point, entre 1440 et 1450, des caractères mobiles en métal fondu, grâce à un alliage très résistant d'antimoine et de plomb. En utilisant une presse à main et une encre grasse, il inaugure la technique typographique. En outre, son procédé permet d'imprimer sur les deux faces du papier. Après leurs débuts en Allemagne, les premières imprimeries apparaissent en Italie, aux Pays-Bas, en France et en Angleterre entre 1465 et 1476. À la fin du XVe siècle, toutes les villes d'Europe en ont au moins une. Environ 25 000 livres y ont été imprimés avec une moyenne de 500 exemplaires pour chacun. Reproduit en quantité jusque-là inconnue, le livre connaît une diminution sensible de prix et devient plus accessible. La lecture est désormais à la portée de tous. Les chrétiens connaissent l'Ancien et le Nouveau Testament autrement que par les sermons des prêtres et les vitraux des églises.

Un atelier d'imprimerie À l'aide de tampons, on enduit d'encre le texte du typographe. La feuille est comprimée sur le châssis, puis imprimée en actionnant une vis et vérifiée ensuite par des correcteurs.

*Johannes Gensfleisch, dit **Gutenberg (v. 1400-1468)**, est né à Mayence dans une famille d'orfèvres. Son plus ancien ouvrage imprimé aurait été un livre de prédictions dont on n'a retrouvé que des fragments. À court de capital, il s'associe en 1450 à Johann Fust, un riche négociant. Leur imprimerie produit, en 1456, une Bible en latin dont une quarantaine d'exemplaires seront conservés. Après avoir perdu un procès contre Fust, Gutenberg doit lui céder l'imprimerie. Les dernières années de sa vie demeurent méconnues.*

*Fils naturel d'un greffier florentin et d'une paysanne, **Léonard de Vinci (1452-1519)** est né à Vinci, un village toscan. Il s'initie à la sculpture et à la peinture dans l'atelier du maître florentin Andrea Verrochio (1435-1488). Entre 1480 et 1500, on le retrouve à Milan, comme sculpteur au service de Ludovic le More. Tout en développant la technique du bronze, il occupe les fonctions de peintre, d'ingénieur et d'architecte. Dans ses Carnets rédigés entre 1489 et 1516, de nombreux dessins, croquis et esquisses accompagnent ses pensées. Il dirige des travaux de canalisation et dessine des plans de machines dont certaines n'existeront qu'au XXᵉ siècle. Peu intéressé à la politique, Léonard de Vinci passe au service des rois de France lorsqu'ils deviennent les maîtres de Milan. Il mourra d'ailleurs au manoir de Clos-Lucé, près d'Amboise, dans la vallée de la Loire.*

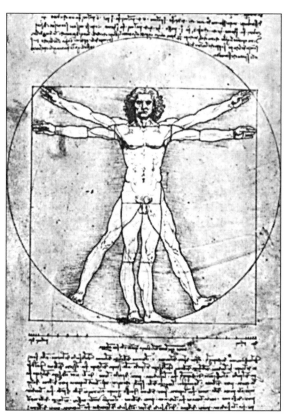

L'*Anatomie humaine* Dessin réalisé et annoté par Léonard de Vinci, vers 1512, d'après Vitruve (Iᵉʳ siècle apr. J.-C.), auteur de *De Architectura*, un ouvrage souvent consulté par les maîtres de la Renaissance.

Outre la peinture et la sculpture, les recherches de Léonard de Vinci s'étendent également à la science et à la technique. Aujourd'hui, ce sont sans doute ses innombrables études et projets qui, bien que souvent inachevés, suscitent le plus d'intérêt et d'étonnement. De Vinci est un esprit inventif en constante ébullition. Aucun domaine n'échappe à sa curiosité et à son investigation. La mécanique, l'astronomie, l'anatomie, la médecine, les animaux, les plantes et l'érosion font l'objet de ses investigations. Il s'intéresse à la construction des écluses, des pompes, des appareils hydrauliques, des canons, des mortiers et des machines de guerre. Il soupçonne que le mouvement des planètes obéit à des lois rigoureuses, et il prône le recours à l'observation, à la démonstration mathématique et à l'expérience pour les découvrir. Il pressent certaines réalités et imagine certaines inventions qui auraient pu paraître bizarres s'il les avait révélées à ses contemporains. Il conçoit sur papier des scaphandres, des sous-marins, des chars d'assaut et des machines volantes. Rien d'étonnant à ce qu'il ait recours à un système inversé d'écriture dans le but de protéger la confidentialité de ses nombreux projets. La concentration, chez un seul homme, d'une telle somme de connaissances, d'activités scientifiques, artistiques et techniques ne peut qu'éblouir toutes les générations d'Occidentaux jusqu'à aujourd'hui.

Les recherches de Léonard de Vinci demeurent souvent à l'état de projets et n'aboutissent pas nécessairement à des découvertes mirobolantes. Plusieurs scientifiques et artistes de son époque ont aussi légué une œuvre substantielle. Sauf exception, des dessins et croquis presque identiques aux siens apparaissent dans d'autres ouvrages, surtout allemands et italiens. Il n'est certes pas le plus grand ingénieur ou le plus grand technicien de son temps, et il a également d'importants prédécesseurs. Par exemple, Filippo Brunelleschi (1377-1446) et Bramante (1444-1514) sont également très polyvalents, et laissent des œuvres ou des traités qui feront école.

Au cours de la Renaissance, les transports terrestres et surtout maritimes subissent des transformations radicales. La voiture avec avant-train mobile facilite le transport des canons alors que l'amélioration, grâce à Cardan, de la suspension formée de deux cercles concentriques rend plus maniables les coches et les carrosses. Ces deux derniers modes de transport se multiplient et deviennent luxueux durant la deuxième moitié du XVIe siècle. L'apparition des roues à raies et d'un essieu fixe qui ne tourne pas avec elles rend par ailleurs ces véhicules plus rapides et plus confortables. Malgré ces progrès, les routes terrestres se développent lentement, et on leur préfère encore les routes fluviales pour leur sécurité et le transport de lourdes cargaisons.

Toutefois, les progrès les plus spectaculaires s'accomplissent dans la navigation sur mer. Depuis la fin du Moyen Âge, on connaît l'ancre à bras écarté plutôt qu'en U, le gouvernail d'étambot et la boussole. Hérités des Arabes, l'astrolabe et le quadrant sont simplifiés avec l'invention du « bâton de Jacob ». On leur ajoute les portulans (cartes des côtes et des ports) et des cartes marines plus précises et détaillées. Comme ils savent calculer la latitude à partir de la position du Soleil ou de l'Étoile polaire, les navigateurs occidentaux deviennent plus audacieux sur l'océan. D'autant plus que la construction maritime se développe de façon spectaculaire. On améliore les voiles afin d'utiliser de façon maximale la force des vents. À la voile nordique carrée s'ajoute la voile latine triangu-

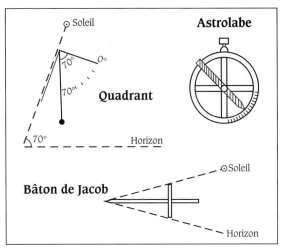

Le calcul de la latitude sur mer Le quadrant et l'astrolabe utilisent l'arc de cercle gradué. Le « bâton de Jacob » se sert d'un segment qui se déplace sur une tige et qui doit s'aligner sur l'astre visé.

laire d'origine méditerranéenne, qui permet, grâce à sa souplesse, de naviguer contre le vent. Cette combinaison permet l'apparition d'un nouveau navire, la caravelle, dont les origines demeurent imprécises.

À partir d'Henri le Navigateur, dans la première moitié du XVe siècle, quelques gouvernements manifestent de l'intérêt pour les perspectives d'enrichissement que peuvent désormais leur procurer les explorations

La maquette de la _Santa María_, caravelle de Christophe Colomb Mesurant approximativement 40 mètres de long et 8 mètres de large, cette caravelle peut atteindre une vitesse de 10 kilomètres à l'heure.

maritimes. Mais aucun prince ne peut rester indifférent aux progrès de la métallurgie, à cause de leurs incidences militaires. De nombreux ingénieurs allemands et italiens de la Renaissance sont des spécialistes de l'armement d'attaque et de défense. Aux canons de cuivre et de bronze succèdent les canons en fonte de fer, plus mobiles et plus destructeurs, avec des boulets creux remplis de poudre. Avec l'utilisation des mines explosives, les techniques de siège se transforment et les systèmes de fortifications doivent s'ajuster. On doit épaissir les murs et abaisser les remparts à cause de la présence de cette artillerie plus puissante et plus importante. Les châteaux médiévaux deviennent caducs. De grands artistes dessinent des armures sur mesure, et on révolutionne les armes portatives. Des premiers canons à main, on passe à l'arquebuse (tube fixé sur une crosse) longue, puis courte (pistolet) et avec mèche (mousquet). Lors des guerres d'Italie, les succès français s'expliqueraient par l'efficacité de leur artillerie légère. Par contre, à Pavie en 1525, la victoire de Charles Quint serait due aux arquebuses à mèche des Espagnols qui déciment la cavalerie française.

À la Renaissance, plutôt qu'à une révolution, nous assistons à un perfectionnement constant des techniques, notamment dans plusieurs secteurs industriels. Malgré l'opposition des puissantes corporations, l'industrie du textile connaît une forte mécanisation. La fabrication des toiles de coton, de lin et de chanvre ainsi que des étamines et des tissus de soie connaît un véritable essor. Le tissage, le finissage et le pressage des draps se mécanisent. Le cardage pour démêler et mélanger les laines ainsi que le rouet avec une pédale (système bielle-manivelle) et une ailette (pour torsion supplémentaire) pour filer la laine se répandent dès le XIVe siècle. La bonneterie se développe également. En outre, à la fin du XVIe siècle, la première machine à tricoter est inventée en Angleterre, signe précurseur de la véritable révolution industrielle qui débutera dans ce royaume deux siècles plus tard. Au XVIe siècle, les lunettes concaves pour les myopes sont inventées. Au niveau domestique, on assiste notamment à l'apparition, au XIVe siècle, des premières horloges mécaniques avec un balancier ou un pendule qui divise le temps en intervalles égaux. Avec l'invention du « ressort moteur » au XVe siècle, il devient possible de se procurer des horloges portatives et des montres. Le calcul du temps, de la vitesse d'exécution et de fabrication devient de plus en plus important.

Le renouvellement des arts

Dans les arts, les changements importants se produisent aux Pays-Bas et en Allemagne. La peinture commence à prendre la forme de panneaux de bois, puis de toiles, plutôt que de fresques. Se dégageant de la mosaïque, elle accède à une existence plus autonome et perd sa fonction strictement décorative. Elle développe une certaine intimité avec le portrait et sa propre valeur pour ce qui est du paysage. Les Flamands Hubert (1366-1426) et Jan (1390-1441) Van Eyck perfectionnent le procédé de la peinture à l'huile qui remplace graduellement la peinture à l'eau. L'enrichissement des couleurs permet d'augmenter le niveau de profondeur de la lumière et d'améliorer la précision du détail et de la forme. D'autres peintres dont Jérôme Bosch (v. 1450-1516) et Pieter Bruegel (v. 1530-1569) sont qualifiés de « primitifs flamands » à cause de leur réalisme. La gravure sur bois et en creux (*voir l'encadré 6.5*) se développe avec l'Alsacien Martin Schongauer (v. 1415-1491), mais elle est dépassée rapidement par la technique de l'eau-forte, probablement inventée par le peintre allemand Albrecht Dürer (1471-1528). Ce nouvel art connaît un succès qu'il conservera jusqu'à nos jours. Tout en développant sa propre esthétique, il contribue à diffuser la culture tout comme l'imprimerie permet de répandre la connaissance.

ENCADRÉ 6.5
LA GRAVURE

La gravure est un art qui permet de reproduire en plusieurs copies un dessin effectué sur une planche de bois, puis sur une plaque de cuivre. Sur la planche, on évide le bois autour du dessin, destiné à recevoir l'encrage, pour le mettre en relief. Avec la gravure en creux, on creuse à l'aide d'un burin un dessin sur la plaque de cuivre, qui est par la suite encrée et essuyée. Le burin, un ciseau d'acier et la pointe sèche, une sorte de crayon d'acier, permettent d'obtenir une variété de traits, des plus fins aux plus prononcés. L'eau-forte est une technique qui utilise un liquide corrosif, l'acide nitrique. Initialement recouverte d'un vernis résistant, la plaque de cuivre n'est pénétrée par l'acide que dans ses parties dessinées à l'aide du burin.

Dans la foulée du mouvement humaniste, les artistes italiens du Quattrocento sont à l'origine du renouvellement de la création artistique. L'architecte Filippo Brunelleschi relance les constructions et les décorations de l'Antiquité. À l'exemple des sculpteurs grecs, les Florentins Lorenzo Ghiberti (1378-1455), Donatello (1386-1466) et Verrochio (1435-1488) reproduisent avec des nuances les formes et les mouvements du corps humain. Tout comme la sculpture qui cesse de présenter des personnages figés, le dessin et la peinture se plient aux règles de la perspective et à l'étude de l'anatomie humaine. Leurs sujets sont surtout religieux et mythologiques. Les Florentins Fra Angelico (1387-1455) et Botticelli (1444-1510) ainsi que les Vénitiens Jacopo (v. 1400-1470) et Giovanni (v. 1430-1516) Bellini sont les plus célèbres représentants de cette tendance qui ouvre la voie aux grands maîtres du XVIe siècle. Ce siècle est celui des créateurs géniaux dont les œuvres serviront de modèles à l'ensemble de l'Occident.

Léonard de Vinci rédige en 1490 un *Traité de la peinture*. Imbu de néoplatonisme, il tente de réaliser un idéal de Beauté dans la représentation du visible. Parmi ses œuvres picturales les plus célèbres figurent une fresque très abîmée, *La Cène (voir la page 116)*, et un portrait de Mona Lisa, appelé *La Joconde*, réalisé entre 1503 et 1507, la seule de ses œuvres achevées qui soit peu endommagée. L'expression mystérieuse du personnage a contribué à l'immortalisation de ce tableau qui sera acheté par François Ier, volé au Louvre en 1911 et retrouvé à Florence en 1913.

À la même époque, de grands maîtres tels Bramante, Raphaël (1483-1520) et Michel-Ange (1475-1564) participent à la construction et à la décoration de la basilique Saint-Pierre de Rome. Les Vénitiens Titien (v. 1485-1576), le Tintoret (1518-1594) et Véronèse (1528-1588) sont également leurs contemporains. En rupture avec l'art gothique, les architectes coiffent les grands temples d'une coupole. San Lorenzo à Florence (construite par Brunelleschi)

L'École d'Athènes   Cette fresque de Raphaël, réalisée sous Jules II, représente la nouvelle tendance humaniste qui exalte le savoir antique. Au centre, entourés de nombreux philosophes et scientifiques de l'Antiquité, Platon lève le doigt vers le domaine des idées et Aristote tend le bras vers le monde sensible.

demeure, avec Saint-Pierre de Rome, le plus célèbre exemple de ce nouveau style. L'architecture se pare de décors empruntés aux monuments romains alors que le nu et le drapé réapparaissent. Les places publiques, les jardins des palais et les tombeaux des princes s'ornent de statues mythologiques et bibliques. Avec ce retour au classicisme, la nouvelle peinture – celle qui est effectuée sur chevalet et les vastes fresques – obéit à la perspective géométrique. Les œuvres picturales deviennent des constructions rigoureuses où s'ordonnent les dimensions, les formes ainsi que les jeux d'ombres et de lumières. Les artistes sont à la fois orfèvres, peintres, sculpteurs et, dans certains cas, architectes. Ils deviennent de véritables vedettes, entretenues par les princes, les marchands et les grandes familles. Ces mécènes, italiens et étrangers, rivalisent pour l'obtention de leurs services.

Chenonceaux   Ce château de la Loire a été construit entre 1515 et la fin du XVIᵉ siècle. Sa grande galerie reposant sur cinq arches au-dessus du Cher est l'œuvre de Philibert Delorme.

La place Saint-Pierre de Rome   Dirigée par Bramante, la construction de la basilique débute en 1506. La coupole, commencée par Michel-Ange, n'est terminée qu'en 1590. La façade et la colonnade datent du XVIIᵉ siècle.

Patrie du gothique, la France n'en subit pas moins, surtout à partir du règne de François Iᵉʳ, l'influence de l'art italien dont elle est la grande héritière. Dans la région de la Loire, les artistes français et italiens adaptent les traditions médiévales au style classique. Uniques au monde, des châteaux comme ceux de Blois, de Chambord, de Chaumont et de Chenonceaux témoignent de ce nouveau goût pour l'équilibre harmonieux des pures formes géométriques. Plus au nord, les châteaux de Fontainebleau et du Louvre sont à leur tour aménagés dans l'esprit et le style de la Renaissance italienne. En 1563, Philippe II d'Espagne fait appel aux nouveautés italiennes pour la construction de son palais de l'Escorial. Mais le peintre espagnol d'origine crétoise, le Greco (1541-1614), s'éloigne de l'art classique. Son œuvre témoigne d'une sensibilité et d'un lyrisme qui annoncent la prochaine tendance, le baroque.

Arlequin   Ce célèbre personnage de la *Commedia dell'arte* porte un masque noir et un costume polychrome. Ce bouffon rustre s'est graduellement transformé en valet crédule et tendre.

Alors qu'il conserve en Espagne son caractère sacré et qu'il triomphe en Angleterre avec le drame shakespearien, le théâtre se renouvelle avec les acteurs de la *commedia dell'arte,* qui dérident l'ensemble des Européens. Au XVe siècle, dans les villes du Nord de l'Italie, ce théâtre populaire reprend la tradition de Plaute et surtout des atellanes de l'époque impériale romaine : il s'agit d'un théâtre d'improvisation qui repose sur un canevas et sur le jeu d'acteurs professionnels plutôt que sur un texte. Chaque personnage possède, outre son propre caractère, son costume et parfois son masque. Ainsi le soldat brutal est personnifié par Matamore ou Escarmouche et le valet par Arlequin ou Pierrot. Dans ce théâtre burlesque, le geste, avec baffes et moqueries, a autant sinon plus d'importance que la parole ; il permet aux spectateurs de comprendre l'action lorsqu'ils ne comprennent pas la langue des acteurs italiens.

Le plus grand mérite des artistes de la Renaissance est d'avoir renouvelé et modernisé, au-delà de l'imitation des Anciens, de nombreuses disciplines artistiques. Ils en ont assuré la diffusion tout en accomplissant des merveilles sur le plan esthétique. Certains, et notamment les graveurs et les acteurs, se sont joints aux imprimeurs pour favoriser le plaisir de la lecture et le culte de la Beauté. Les œuvres de ces grands maîtres obtiennent encore de nos jours l'adhésion d'un très vaste public des deux côtés de l'Atlantique et sur le reste de la planète.

Conclusion

Au XVIe siècle, une Europe nouvelle, renforcée et dominante émerge des terribles épreuves des XIVe et XVe siècles. Malgré son morcellement politique, l'Italie devient le foyer du mouvement humaniste qui s'étend à l'ensemble de l'Europe occidentale. Dans les régions septentrionales, il prend la forme d'une opposition à l'Église de Rome. Seuls les États italiens et la péninsule ibérique résistent à l'expansion du protestantisme que le mouvement de la Contre-Réforme catholique ne pourra qu'endiguer. Dans la première moitié du XVIe siècle, le Habsbourg Charles Quint échoue dans sa tentative d'opposer aux grandes monarchies nationales l'idée d'une Europe chrétienne, unie sous sa seule autorité impériale. À sa mort, ses domaines sont partagés entre son fils Philippe II d'Espagne et son frère alors que le luthéranisme et le calvinisme se sont établis dans plusieurs de ses États. L'Angleterre des Tudors, devenue anglicane sous Élisabeth Ire, soutient le parti des huguenots français dans la France des Valois, déchirée par les guerres de Religion. Ces guerres permettent à Henri de Navarre, un Bourbon, de devenir roi de France sous le nom d'Henri IV.

Entre-temps, l'avance des Turcs ottomans et la chute de Constantinople ayant compromis leur approvisionnement en denrées et produits de provenance orientale, les Européens doivent, dès le XVe siècle, chercher de nouvelles routes vers l'Asie. Les Portugais empruntent la voie du sud alors que les Espagnols, sur l'initiative de Christophe Colomb, prennent la direction de l'ouest. Ce choix les mène, au siècle suivant, à la conquête du Nouveau Monde et à un premier tour de la planète. Pendant que les Portugais établissent leurs comptoirs sur les rives et les îles de l'océan Indien, les Espagnols expédient, à des fins d'exploitation économique, des dizaines de milliers de colons et d'esclaves africains en terre d'Amérique. Dans la mer des Antilles comme sur les hauts plateaux du Mexique et des Andes, ils exterminent avec une rapidité inouïe les peuples amérindiens, neutralisés par la supériorité technique des conquérants. À la même époque, grâce à la profondeur de leurs recherches et à l'excellence de leurs œuvres, des intellectuels et des artistes mènent la civilisation européenne à un très haut degré de raffinement.

Les hommes de la Renaissance renversent d'abord le vieil ordre médiéval, et le mouvement humaniste est, sous certains aspects, une crise d'autorité. La pensée moderne se développe en effet contre Aristote, dont l'Église, maître à penser de l'Europe, a adopté et imposé les conceptions. L'autorité tant religieuse que scientifique de l'Église est contestée, parce qu'elle s'oppose, parfois violemment, au renouvellement de la pensée et des idées. Mais plus globalement, il faut se demander si les humanistes ne remettent pas en cause le principe même de l'autorité. La vérité n'est plus pour eux un monopole que l'on défend jalousement, mais l'aboutissement d'une recherche constante de la connaissance ; sitôt acquise, elle doit être améliorée sinon remise en question. Qu'ont en commun les Johannes Gutenberg, Christophe Colomb, Nicolas Machiavel, Martin Luther, Léonard de Vinci, Michel-Ange, Didier Érasme, Michel Eyquem de Montaigne, Nicolas Copernic, William Shakespeare et plusieurs de leurs contemporains ? Ces hommes nouveaux diffusent et défendent des idées qui ne sont pas nécessairement nouvelles. Elles sont la plupart du temps empruntées à l'Antiquité gréco-romaine, à l'Islam ou à Byzance. Mais par leurs remises en question, leur passion pour la Vérité et la Beauté, leur extraordinaire soif de connaissances, ces maîtres pavent la voie à des changements majeurs. Au-delà des préjugés et des croyances de leur temps, ils attribuent au besoin de savoir une légitimité nouvelle et définitive. Ils ne s'imposent qu'une seule règle, le relativisme, et déclenchent ainsi une révolution qui devait, au cours des deux siècles suivants, poser les assises morales, sociales et culturelles de la civilisation occidentale d'aujourd'hui.

Les penseurs et les artistes du XVIe siècle ne démolissent cependant rien sans puiser, dans le Moyen Âge, les matériaux qui peuvent servir à leur reconstruction. Ils contestent la vieille conception de l'Univers et de l'Homme, mais ils ne renversent, ni ne remplacent totalement l'édifice aristotélicien. Il faudra attendre René Descartes, au siècle suivant, pour que soit proposé un système philosophique cohérent et indépendant du christianisme. La Renaissance est essentiellement une époque de crise spirituelle et d'ébranlement des connaissances. Elle ferme lentement la porte sur le Moyen Âge et ouvre celle du XVIIe siècle, qui sera une période de crise globale.

Lectures suggérées

BENNASSAR, Bartolomé et Jean JACQUART. *Le XVIe Siècle,* Paris, Aramand Colin, 1972.

BOURASSIN, Emmanuel. *Pour comprendre le siècle de la Renaissance,* Paris, Éditions Tallandier, 1990.

BRAUDEL, Fernand. *La Méditerranée et le Monde méditerranéen à l'époque de Philippe II* , 2 tomes, 2e éd., Paris, Armand Colin, 1966.

DELUMEAU, Jean. *La Civilisation de la Renaissance,* Paris, Arthaud, 1973.

FAURE, Paul. *La Renaissance,* 4e éd. revue, Paris, P.U.F., coll. «Que sais-je?», n° 345, 1965.

Questions

D'examen final

1. Quelles sont les origines et les conséquences de la Réforme protestante ?

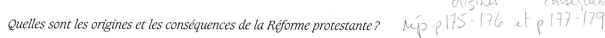

origines   conséquences
rép. p 175-176 et p 177-179

2. En quoi consiste la Contre-Réforme catholique et, dans ce contexte, l'œuvre du concile de Trente ?

3. Malgré son morcellement politique, expliquez comment l'Italie devient le principal foyer de la Renaissance.

4. Menacés par les guerres et les conflits internes, jusqu'à quel point les Habsbourg, les Valois et les Tudors maintiendront-ils l'intégrité de leurs domaines respectifs ?

5. Comment la recherche d'une nouvelle route de l'Asie mènera-t-elle à la découverte de l'Amérique et à la formation des premiers empires coloniaux ?

6. Quel jugement doit-on porter sur les peuples de l'Amérique précolombienne et le sort que leur ont réservé les Européens du XVIe siècle ?

7. L'aventure qui débute en 1492 modifiera profondément l'évolution du monde occidental. Expliquez.

8. En quoi consiste l'humanisme et la vision transformée du monde que proposent les intellectuels qui appartiennent à ce mouvement ?

9. Expliquez comment, à la Renaissance, les arts et les techniques deviennent indissociables sous l'influence de certains créateurs et inventeurs géniaux.

10. *Caractériser le nouveau monde occidental qui émerge de la Renaissance au 15e et 16e siècle.*
rép. p 198 à 201 (l'émergence d'un nouveau monde occidental)

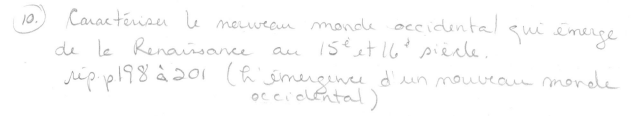

Chapitre 7

LE XVIIᵉ SIÈCLE
(1598-1715)

Vue du palais de Versailles **vers 1722 par Pierre-Denis Martin**   Principal héritage architectural de Louis XIV, le château est construit entre 1661 et 1686 à partir d'un pavillon de chasse construit par Louis XIII en 1624. Souvent remanié sous Louis XV, le palais est un parfait exemple de l'idéal d'ordre classique et servira de modèle architectural à travers l'Europe. Versailles est aussi la résidence du roi et la *prison dorée* de la cour.

Le XVIIe siècle est parsemé de crises économiques, sociales, politiques, philosophiques et religieuses. Au cours de ce siècle, la civilisation occidentale se transforme radicalement : la mentalité scientifique et la grande mutation intellectuelle s'éveillent avec Galilée, Descartes et Newton, le Nouveau Monde prend forme et la technologie commence à révolutionner l'Occident, malgré les nombreuses guerres qui ponctuent cette époque. Siècle de contrastes, le XVIIe siècle est caractéristique d'une civilisation en pleine évolution.

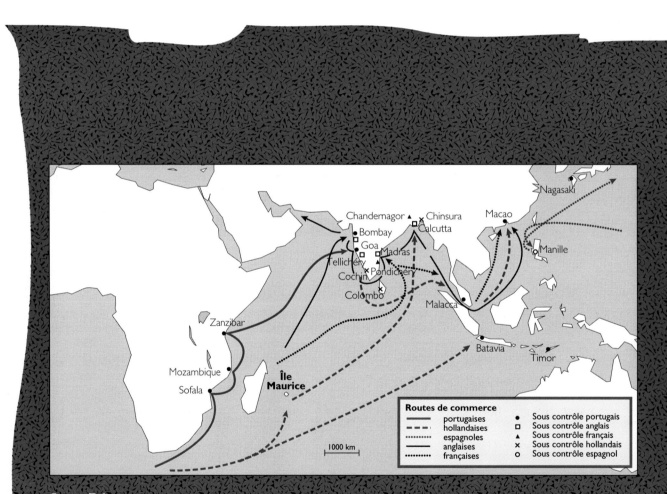

Carte 7.1
Les comptoirs européens autour de l'océan Indien et en Asie dans la première moitié du XVIIe siècle

Chronologie

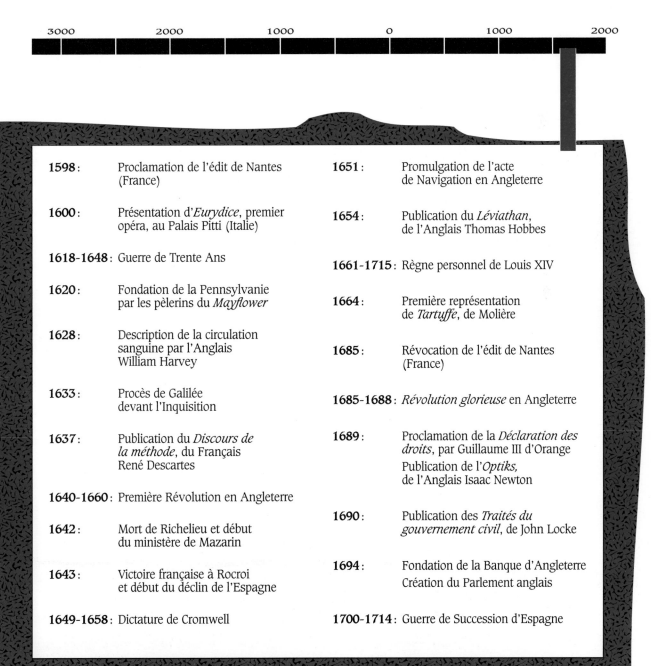

3000   2000   1000   0   1000   2000

1598 : Proclamation de l'édit de Nantes (France)

1600 : Présentation d'*Eurydice*, premier opéra, au Palais Pitti (Italie)

1618-1648 : Guerre de Trente Ans

1620 : Fondation de la Pennsylvanie par les pèlerins du *Mayflower*

1628 : Description de la circulation sanguine par l'Anglais William Harvey

1633 : Procès de Galilée devant l'Inquisition

1637 : Publication du *Discours de la méthode*, du Français René Descartes

1640-1660 : Première Révolution en Angleterre

1642 : Mort de Richelieu et début du ministère de Mazarin

1643 : Victoire française à Rocroi et début du déclin de l'Espagne

1649-1658 : Dictature de Cromwell

1651 : Promulgation de l'acte de Navigation en Angleterre

1654 : Publication du *Léviathan*, de l'Anglais Thomas Hobbes

1661-1715 : Règne personnel de Louis XIV

1664 : Première représentation de *Tartuffe*, de Molière

1685 : Révocation de l'édit de Nantes (France)

1685-1688 : *Révolution glorieuse* en Angleterre

1689 : Proclamation de la *Déclaration des droits*, par Guillaume III d'Orange
Publication de l'*Optiks,* de l'Anglais Isaac Newton

1690 : Publication des *Traités du gouvernement civil*, de John Locke

1694 : Fondation de la Banque d'Angleterre
Création du Parlement anglais

1700-1714 : Guerre de Succession d'Espagne

Introduction

Héritier du XVIᵉ siècle, le XVIIᵉ siècle marque un tournant dans l'histoire de la civilisation occidentale. Durant ce siècle, les Occidentaux vivent de grandes crises politiques, sociales, économiques, culturelles, techniques et scientifiques; les calamités naturelles alternent avec les remises en question des valeurs les plus sûres. C'est un siècle où, dans tous les domaines, s'affrontent les Anciens et les Modernes, où les puissances en déclin opposent leurs principes politiques et socio-économiques séculaires à ceux des nations en progrès.

À l'intérieur de chaque nation, s'affrontent les tenants des valeurs des siècles précédents aux partisans d'un renouveau de la culture. Le XVIIᵉ siècle est celui des guerres que mène Louis XIV, qui désire doter la France de frontières naturelles. Grâce à l'absolutisme, la France assure, durant la majeure partie du siècle, sa prépondérance dans le domaine politique. Mais entre-temps, d'autres puissances européennes s'éveillent, particulièrement l'Angleterre où les mutations politiques et religieuses aboutissent successivement à la dictature de Cromwell et au changement de dynastie. À la fin du siècle, l'Angleterre a conquis un immense empire; deux autres pays, la Prusse et la Russie, se forgent progressivement une place enviable au sein des grandes nations occidentales, pendant que la France voit diminuer son influence politique en Europe.

Au XVIIᵉ siècle, la prépondérance française s'exerce incontestablement dans le domaine des arts. Toutefois, d'importantes querelles animent la vie intellectuelle; le **rationalisme** triomphe sur le continent

Scène de pillage d'une ferme   En plus des mauvaises récoltes et de la maladie, les paysans ont aussi à souffrir les pillages par les troupes qui se rendent au front et qui s'approvisionnent à même les ressources locales.

alors que l'**empirisme** révolutionne la pensée des intellectuels anglais. Cette situation permet à une science nouvelle de naître et de faire reculer les limites du savoir, tout en éliminant un grand nombre de conceptions erronées.

C'est ainsi que le XVIIᵉ siècle est à la fois une période d'épreuves que traversent péniblement les Européens, mais aussi l'époque où la civilisation occidentale telle que nous la connaissons aujourd'hui se donne ses assises les plus solides.

Vue d'ensemble

Le XVIIᵉ siècle, que Voltaire a nommé *le siècle de Louis XIV*, est marqué par de profondes crises qui atteignent les Occidentaux dans l'ensemble de leurs activités et qui favorisent l'émergence de valeurs novatrices. Dès le début de cette période, des variations climatiques importantes entraînent une suite encore jamais vue de mauvaises récoltes en Occident. La disette généralisée entraîne la stagnation démographique. La poussée démographique (les femmes ont 5 ou 6 enfants durant leur vie) est contenue par une forte mortalité infantile (*voir la figure 7.1*) : 25 %

des enfants meurent avant d'avoir atteint l'âge d'un an ; en outre, dès que la population augmente, la famine la décime. Le nombre d'habitants reste donc stable : en 1700, l'Angleterre compte 5 millions d'habitants et la France, le pays occidental le plus peuplé, en compte 20 millions.

L'instabilité économique caractérise cette époque. Alors que le XVIᵉ siècle avait connu l'inflation, depuis 1580, on assiste à une déflation. Au XVIIᵉ siècle, l'Angleterre est le pays occidental le plus développé sur le plan industriel, tandis que l'économie continentale

FIGURE 7.1

LES BAPTÊMES ET LES DÉCÈS DANS LA PAROISSE D'AUNEUIL EN BEAUVAISIS (FRANCE) DE 1675 À 1735

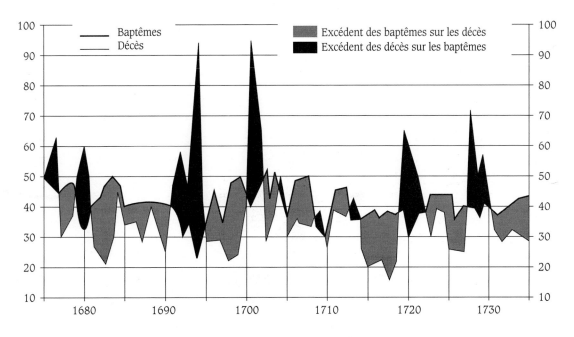

Source : D'après P. GOUBERT. *Cent mille provinciaux au XVIIᵉ siècle*, Paris, Flammarion, 1968.

de l'Europe demeure très agricole. La hausse des prix incite les nobles et les bourgeois à se restreindre, le chômage apparaît dans les villes, la mévente frappe les commerçants. La crise oppose les capitalistes, les seigneurs de province, leurs tenanciers ainsi que les pauvres. En cas de mauvaise récolte, les prix augmentent, touchant davantage le peuple. Lorsque deux disettes se suivent, les épidémies apparaissent : ce sont les « pestes » (variole, typhus, choléra, peste proprement dite) ; la maladie décime alors jusqu'à 30 % de la population d'une ville ou d'une région. Enfin, dernier fléau, les guerres, qui sont encore plus redoutables par les pillages que par les batailles elles-mêmes.

Les empires coloniaux

En 1609, le Hollandais Grotius publie le *Mare liberum* ; selon cet auteur, chaque nation devrait jouir de la libre circulation et commercer librement avec les autres nations. De nouveaux empires coloniaux naissent alors (*voir la carte 7.1 à la page 216*). En 1602, les Hollandais fondent la Compagnie hollandaise des Indes orientales et installent des comptoirs au Cap, à Ceylan, en Asie du Sud-Est, ainsi qu'en Amérique du Sud où ils combattent les Espagnols et les Portugais. Après avoir fondé Batavia (1619), les Hollandais s'établissent en Indonésie, chassent les Portugais de l'Inde et envoient l'explorateur Tasman en Australie, en Nouvelle-Zélande et en Nouvelle-Guinée. En Amérique, ils fondent en 1623 la colonie de la Nouvelle-Amsterdam (actuellement New York), prennent pied à partir de 1630 dans les Antilles et au Brésil, capturent les galions qui amènent les métaux précieux d'Amérique en Espagne.

En Amérique, les Français et les Anglais combattent les Espagnols et les Portugais (*voir la carte 7.2*). Au début du XVIIᵉ siècle, le principal empire colonial est espagnol : en Amérique, il s'étend de la Californie au Chili ; en Asie, il comprend les Philippines, découvertes par Magellan. L'Empire portugais se compose surtout de comptoirs, installés le long de la route qui mène à l'Inde, à l'Insulinde (péninsule de

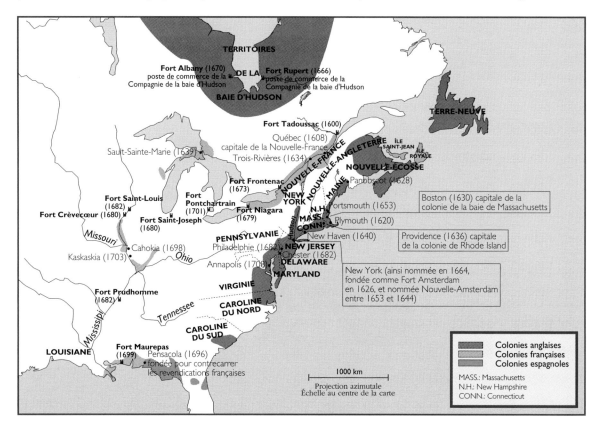

Carte 7.2
La colonisation européenne en Amérique du Nord

l'Inde), à la Chine et au Japon ; en Afrique, les Portugais s'installent en Angola et au Mozambique ; en Amérique, ils possèdent le Brésil, qui fournit à l'Europe du sucre et du bois. Le commerce maritime se déplace vers l'Atlantique au cours du siècle. Le grand commerce triangulaire date de cette époque : les bateaux européens vont chercher des esclaves en Afrique, les amènent dans les Antilles, puis chargent des produits exotiques qu'ils importent en Europe.

L'organisation de la société

Au XVIIᵉ siècle, la place de l'individu dans la société est de plus en plus fonction de sa fortune. Nobles, financiers et officiers s'opposent continuellement entre eux ainsi qu'aux petits « patrons » ou aux artisans. L'État cautionne les « patrons » dans leurs efforts pour éliminer la concurrence, réduire les salaires, augmenter la productivité, imposer des journées de travail de 12 à 16 heures, diminuer le nombre de jours de congé et interdire le concubinage, la fréquentation des cabarets, le recours à la coalition ou à la grève. Le nombre total d'ouvriers s'accroît sans cesse et leur force grandit.

Le village dépend d'un seigneur (noble, clerc, bourgeois) qui exploite souvent lui-même une partie de ses terres (réserve) et y rend la justice. Le village correspond à une paroisse ; son centre est l'église. Les laboureurs (20 % des paysans) possèdent des terres, une charrue, un attelage et du bétail ; ils louent les terres du seigneur et prêtent de l'argent ou leur attelage aux plus pauvres ; s'ils savent lire et écrire, ils dominent les assemblées villageoises. La plupart des paysans sont embauchés comme ouvriers agricoles pour les grands

travaux : la fenaison, la moisson, les vendanges. Les artisans ruraux (charrons, charpentiers, forgerons) complètent leurs revenus par des travaux à domicile comme le tissage.

À peine 15 % de la population est citadine. Paris compte 500 000 habitants à la fin du XVIIᵉ siècle. La ville est limitée par des murailles, qui perdent leur intérêt défensif au cours du siècle et sont parfois remplacées par des boulevards. Gouvernée par un maire et des échevins, la ville possède des **privilèges** fiscaux (exemption de la taille), économiques (exemptions des péages, des droits sur les marchandises), judiciaires ou administratifs.

Les guerres appauvrissent les souverains. Seigneurs et paysans ont pour ennemi l'impôt royal : si les récoltes sont mauvaises, le paiement de l'impôt empêche celui des redevances seigneuriales. (*Voir l'encadré 7.1.*) La centralisation croissante de l'État a pour effet d'unir momentanément les divers groupes sociaux contre le souverain pour la défense de la coutume et des libertés. (*Voir la carte 7.3.*)

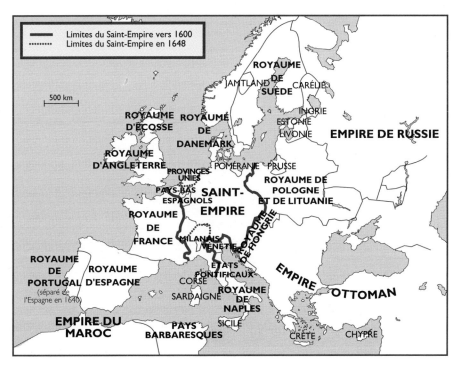

Carte 7.3
L'Europe de 1600 à 1648

ENCADRÉ 7.1
LES IMPÔTS PAYÉS PAR LE CONTRIBUABLE SOUS L'ANCIEN RÉGIME

La superposition de nouveaux impôts à ceux que l'on connaît déjà crée des conflits.

Impôts directs :

– *les redevances seigneuriales : le loyer (ou cens) pour les terres exploitées par les paysans (les tenures), les droits de mutation lors d'un héritage ou d'une vente, le* **champart** *sur les récoltes, les péages et les banalités ;*

– *la dîme sur les récoltes, due à l'Église ;*

– *la taille personnelle, impôt sur l'individu, et la taille réelle, impôt sur les biens ;*

– *le taillon ou les quartiers d'hiver (logement des troupes en hiver) ;*

– *la capitation : crue (ou augmentation) de la taille personnelle ;*

– *le vingtième (ou une autre fraction : le 1/5, le 1/10, etc.).*

Impôts indirects (taxes payées lors d'un achat) :

– *la gabelle, impôt sur le sel ;*

– *les aides sur les boissons ;*

– *le droit de marquage sur les ouvrages en fer, en or ou en argent, sur les cartes à jouer, le papier, les cartons, les cuirs, les huiles, les savons, les amidons, les produits de boucherie, le tabac et sur beaucoup d'autres produits selon les régions et les époques (par exemple : droit sur les draps dans une ville où l'on trouve beaucoup de drapiers) ;*

– *les droits d'octroi, lorsqu'on désire s'octroyer un droit ou un privilège ;*

– *les péages le long des routes ;*

– *les traites (taxes sur les échanges).*

Impôts indirects perçus par le Trésor royal :

– *droit de contrôle notarié, lorsqu'on acquiert une propriété ;*

– *droit de timbre sur tous les actes officiels ;*

– *droit sur la mutation des offices (ou* **paulette**, *qui mécontentera tant les officiers de l'État au cours du siècle, que beaucoup se joindront à la population dans sa lutte contre la fiscalité) ;*

– *droit sur la concession des brevets et privilèges.*

Source : D'après François HINCKER. *Les Français devant l'impôt sous l'Ancien Régime*, Paris, Flammarion, coll. « Questions d'histoire » n° 22, 1971.

Les antagonismes philosophiques et religieux

Deux conceptions de la société coexistent alors. Le seigneur « à l'ancienne mode » (à l'exception de la noblesse anglaise) considère que la société est composée de communautés interdépendantes ; il prône l'organisation médiévale du village (champs ouverts et allongés, culture en commun, **vaine pâture**), et croit que les affaires sont un service public. Le capitaliste a, au contraire, une conception bourgeoise de la propriété : l'individu est maître absolu de son bien et autorisé à l'exploiter dans l'unique but de son profit, sans égard au bien-être de son prochain. Cette conception individualiste annihile tous les devoirs sociaux, vise la satisfaction des désirs et peut légitimer un matérialisme outrancier. Elle trouve un renfort dans le **puritanisme**, dont la substance est la révélation de Dieu à l'âme de l'individu : chacun est libre, mais l'ordre universel étant d'origine divine, il faut travailler pour plaire à Dieu. Les hommes d'affaires doivent voir leurs transactions comme des prières et les traiter le mieux possible. Le bénéfice est le signe du devoir bien accompli et la pauvreté, la punition du péché. La protection du pauvre favorise l'oisiveté et le péché : il ne faut donc pas le secourir mais le réformer pour qu'il sorte de son péché et de sa misère. Ces deux conceptions coexistant dans le même État, il n'est pas étonnant d'y voir naître de nombreux conflits.

Depuis le XVIᵉ siècle, la chrétienté est divisée. (*Voir la carte 7.4.*) L'Église catholique romaine s'appuie sur la France, l'Espagne, les États italiens ainsi que le Sud et l'Ouest du Saint-Empire. Les **Églises**

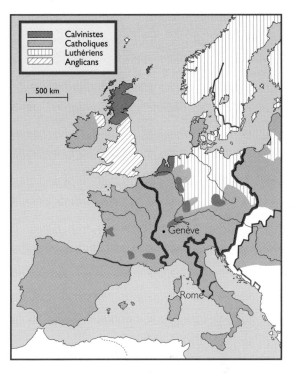

Carte 7.4
Les Églises réformées vers 1600

protestantes sont diverses : **anglicans** en Angleterre, **luthériens** en Europe du Centre et du Nord, **calvinistes** à Genève, en Écosse et dans les Provinces-Unies. Les oppositions sociales sont accrues par les antagonismes religieux. L'édit de Nantes (1598) a réglé les guerres de Religion en France, à l'exception de la prise du port protestant de La Rochelle par Richelieu (1628).

Les faits

Les puissances en déclin

Le XVIIᵉ siècle voit péricliter l'influence des grandes puissances (territoires allemands, Espagne, Portugal) du siècle précédent, alors que d'autres (Angleterre) consolident leur position à la faveur d'un renouveau du commerce maritime. En proie à d'incessantes luttes religieuses, politiques, sociales et économiques, certains pays d'Europe parviennent à profiter de ces conflits, mais d'autres ne s'en relèvent pas. La France, qui possède pourtant tous les atouts pour devenir la grande puissance économique d'Europe, est ruinée par les guerres que mène Louis XIV.

Les Habsbourg possèdent l'Espagne, le Portugal, Naples, le Milanais, la Franche-Comté, les Pays-Bas espagnols et un immense empire colonial. La branche autrichienne règne sur de vastes territoires en Autriche, en Hongrie et en Bohême ; à la tête du Saint-Empire germanique, elle dirige 350 États, dont la plupart sont germanophones. La maison des Habsbourg contrôle ainsi la majorité des routes militaires et navales en Europe.

Le Saint-Empire et la guerre de Trente Ans (1618-1648)

Causée par les visées dominatrices des Habsbourg d'Autriche, la guerre de Trente Ans a pour origine un conflit religieux entre les princes protestants allemands et la maison catholique des Habsbourg, mais elle se généralise du fait de l'intervention de la Suède et de la France. Dès 1625, la guerre s'élargit encore à cause de l'intervention des Danois qui, battus par les catholiques, signent la paix de Lübeck (1629). Français et Suédois envahissent la Bavière et la Bohême. L'empereur signe la paix de Westphalie en 1648. Toutefois, divisés religieusement, les territoires allemands font tous les frais de cette guerre : ayant subi pendant trente ans les exactions des mercenaires, ils sont en ruine et dépeuplés d'un tiers environ de leur population.

L'Espagne

La richesse de l'Espagne repose principalement sur l'or et l'argent extraits des mines du Mexique et du Pérou. En Amérique, les esclaves africains et amérindiens cultivent des produits tropicaux (canne à sucre, tabac), qui sont exportés vers la métropole. Un des facteurs responsables de la crise économique du XVIIᵉ siècle et du déclin des grandes puissances du XVIᵉ siècle est la baisse de production des mines de métaux précieux dans le monde entier (*voir le tableau 7.1*), alors que l'accroissement des échanges commerciaux en exige au contraire davantage. L'Espagne importe d'Amérique 2 707 625 kilogrammes d'argent entre 1591 et 1600, mais de 1651 à 1660, elle n'en importe plus que 433 256 kilogrammes.

Sous Philippe III de Habsbourg (1598-1621), l'Espagne fait encore grande figure en Europe : son armée est considérée comme la plus puissante d'Europe jusqu'à la bataille de Rocroi, qui l'oppose à la France (mai 1643). Madrid est le modèle des autres cours d'Europe. C'est le « Siècle d'or » de l'art espagnol (1555-1665) : la mode, la littérature et l'art de l'Espagne rayonnent à l'extérieur. Les universités espagnoles sont réputées. Cependant, au début du siècle, le Trésor royal est presque vide et l'industrie est affaiblie. L'Espagne renonce à sa politique de prestige, signe la paix avec l'Angleterre (1604) et la trève de Douze Ans avec les Provinces-Unies (1609).

La révolution de Lisbonne rétablit l'indépendance du Portugal. La victoire française à Rocroi

TABLEAU 7.1
LA PRODUCTION MONDIALE DE MÉTAUX PRÉCIEUX ENTRE 1621 ET 1700

Années	Europe et Afrique	Amérique	Total	Pourcentage du total provenant d'Amérique
PRODUCTION D'OR (en quintaux)				
1621-1640	30,5	48,2	78,7	61,2
1641-1660	30,5	48,2	78,7	61,2
1661-1680	30,5	48,2	78,7	61,2
1681-1700	30,5	55,4	85,9	64,5
PRODUCTION D'ARGENT (en quintaux)				
1621-1640	240	3 253	3 493	93,1
1641-1660	240	3 136	3 376	92,9
1661-1680	260	2 759	3 019	91,4
1681-1700	300	2 727	3 027	90,1

Source : Adapté de St. HOSZOWSKI. *Les prix à Lwow*, Paris, 1954.

(1643) porte un coup terrible au prestige militaire de l'Espagne, qui continue cependant les combats pendant plus de dix ans après les traités de Westphalie. En 1659, elle signe la paix des Pyrénées, perd presque tous ses territoires au nord des Pyrénées et renonce, au profit de la France, à ses rêves d'hégémonie en Europe. Elle conserve presque intact son empire colonial américain, bien qu'elle accorde en 1700, aux Français, un droit de commerce en Amérique. Toutefois, sa détresse financière (*voir le tableau 7.2*) la prive de toute initiative internationale. Son infortune n'est pas allégée par le règne de Charles II de Habsbourg (1665-1700), monarque infirme et débile. Aux traités d'Aix-la-Chapelle (1668) et de Nimègue (1678), la France arrache encore à l'Espagne le reste de l'Artois et la Franche-Comté. La corruption, l'intrigue et le brigandage rongent l'État espagnol, alors que la noblesse, qu'elle soit d'épée ou de robe, dédaigne l'industrie.

Charles II, qui est sans héritier, institue en octobre 1700 le prince français Philippe d'Anjou, petit-fils de Louis XIV et de Marie-Thérèse d'Espagne, son légataire universel, puis meurt en novembre 1700. Louis XIV accepte avec hésitation la couronne d'Espagne pour son petit-fils. L'Autriche oppose la candidature de Charles de Habsbourg, qui est par sa mère l'arrière-petit-fils de Philippe III. Ainsi débute la guerre de Succession d'Espagne, qui se termine par les traités d'Utrecht (1713) et de Rastat (1714). L'Espagne reste aux Bourbons, et Philippe d'Anjou, devenu roi sous le nom de Philippe V, renonce au trône de France. Mais les possessions espagnoles sont réduites à la péninsule ibérique et aux colonies d'Amérique ; Milan, Naples, la Sardaigne et les Pays-Bas vont aux Habsbourg d'Autriche, la Sicile à la Savoie (qui l'échangera ensuite contre la Sardaigne), Gibraltar à l'Angleterre – qui se fait en outre concéder le monopole de la traite dans les colonies espagnoles.

Le Portugal

Au cours du XVIe siècle, le Portugal se montre incapable de maintenir un empire colonial trop grand pour lui. Installés au Japon, en Inde, à Ceylan, aux Moluques, en Éthiopie, en Arabie, en Perse et en Amérique, les Portugais se limitent à l'exploitation de comptoirs. Toutefois, le système du monopole d'État, appliqué par les fonctionnaires de Lisbonne, se révèle très vite déficitaire.

Depuis le début du XVIe siècle, le Portugal est en proie à divers désordres. La monarchie est sclérosée ; en 1536, l'Inquisition s'installe au pays. Principales victimes du fanatisme religieux, les musulmans et les juifs mettent leurs talents de commerçants au service des Hollandais. La gouverne du pays étant passée aux mains des Espagnols, les Portugais font les frais des guerres de l'Espagne contre les Provinces-Unies. Les Hollandais chassent les Portugais du Japon, s'emparent de Ceylan et des Moluques, tentent d'investir le Brésil. Des révoltes contre la domination espagnole ont lieu au Portugal en 1634 et 1637. Grâce à l'aide de Richelieu, la révolution triomphe en 1640. Après une

TABLEAU 7.2

LA CHUTE DU TRAFIC ATLANTIQUE DE SÉVILLE (ESPAGNE) ENTRE 1600 ET 1710

	1600-1604	1640-1650	1670-1680	1701-1710
Départs de Séville pour les Indes orientales :				
– navires	55	25	17	8
– tonneaux	19 800	8 500	4 650	2 640
Arrivées à Séville :				
– navires	56	29	19	7
– tonneaux	21 600	9 850	5 600	2 310

Source : Adapté de Pierre et Huguette CHAUNU. *Séville et l'Atlantique. Documents statistiques*, Paris, 1955.

longue guerre civile (1640-1668), l'Espagne reconnaît l'indépendance du Portugal (traité de Lisbonne, 1668). Par aversion envers leurs dominateurs, les Portugais rompent alors leurs liens originels avec l'hispanisme. Le souci d'affirmer sa particularité jette le pays, en 1703, dans une alliance avec l'Angleterre, qui sera la pierre angulaire de la politique étrangère du Portugal jusqu'au XXᵉ siècle. Cette alliance avantage surtout les Anglais, qui la transforment rapidement en tutelle économique et commerciale ; néanmoins, le pays tire de grandes richesses du Brésil.

Les puissances en progrès

En 1603, l'Angleterre et l'Écosse s'unissent sous la responsabilité personnelle de leurs souverains et développent la marine et le commerce colonial. Le Danemark contrôle les détroits de la mer Baltique. Le reste de l'Europe est dominé par la Pologne, la Russie et la Suède qui s'étend sur les rivages allemands de la Baltique. Les Balkans appartiennent à l'Empire ottoman. Les Provinces-Unies et la Suisse gagnent leur indépendance.

Alors que la monarchie de droit divin est au faîte de sa gloire en France, deux pays maritimes et commerciaux d'Europe occidentale, l'Angleterre et les Provinces-Unies, se sont déjà dotés de systèmes politiques originaux qui limitent strictement les pouvoirs dévolus aux dirigeants. L'Angleterre a connu sa révolution en 1688, cent ans avant la France, alors que les Provinces-Unies forment, longtemps avant les États-Unis et les autres États européens, une république fédérale.

L'Angleterre

L'Angleterre connaît deux révolutions successives, en 1640-1660 (*voir la carte 7.5*) et en 1685-1688. La puissante bourgeoisie tente de substituer à la monarchie absolue de droit divin une monarchie tempérée par les représentants des tendances capitalistes, munis du pouvoir législatif, du contrôle de l'exécutif et de l'administration de l'État. En fait, cette époque voit l'Europe entière en proie à une grave crise sociale due en partie à la montée de la bourgeoisie.

À la mort d'Élisabeth Iʳᵉ (1603), Jacques VI Stuart d'Écosse devient Jacques Iᵉʳ d'Angleterre (1603-1625). En 1599, il publie le *Basilikon doron*, où il expose une théorie du droit divin des rois, qui contrarie le Parlement – sur lequel pourtant les Tudors

s'étaient appuyés pour assurer leur prospérité au siècle précédent. Catholique converti à l'anglicanisme (et donc chef de l'Église anglicane), Jacques Iᵉʳ se montre intransigeant envers les minorités religieuses (catholiques ou puritaines) ; il impose partout la conformité à l'anglicanisme. Des puritains s'expatrient ; parmi eux, les «pèlerins» du *Mayflower*, en 1620, vont en Amérique. La corruption, la dilapidation des biens, l'usurpation du pouvoir par les amis du roi, poussent le Parlement à refuser toutes les demandes de subsides du roi. Un conflit va éclater, mais le roi meurt et est remplacé par son fils, Charles Iᵉʳ, monarque absolu dont les sympathies vont aux catholiques. En 1628, il convoque le Parlement qui lui refuse son aide financière ; il est alors forcé de signer la Pétition du droit (*Petition of Right*), qui limite le pouvoir royal. En mars 1629, il renvoie le Parlement et ne le reconvoque qu'en 1639.

L'opposition se déplace alors sur le terrain religieux. En 1637, le roi laisse William Laud, archevêque de Canterbury, imposer aux **presbytériens** écossais le *Book of Common Prayer*, livre de prières et de rites anglicans. L'Écosse se révolte. Le roi, ayant

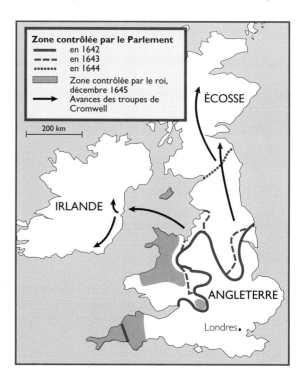

Carte 7.5

La guerre civile en Angleterre (1643-1649) : les conquêtes des troupes de Cromwell de 1642 à 1645

besoin de subsides pour mener les « deux guerres épiscopales » (1638-1640), convoque le Parlement en avril 1640, qui lui refuse encore son aide et est renvoyé au bout de trois semaines : c'est le « Court Parlement ». Comme les Écossais continuent la guerre, l'assemblée est rappelée en novembre 1640 et reste en session pendant vingt ans : c'est le « Long Parlement ». L'Angleterre entre alors en révolution. Le Parlement décide qu'il ne pourra être dissous que de son propre consentement et vote le *Triennal Bill*, qui oblige le souverain à convoquer les parlementaires au moins une fois tous les trois ans. Dominant l'assemblée, les puritains tentent de faire exclure les évêques catholiques de la Chambre des lords. En janvier 1642, le roi fait arrêter les principaux chefs puritains, mais les bourgeois de Londres refusent de les livrer. La guerre civile éclate et se poursuit de 1642 à 1649. Les partisans du roi ou *Cavaliers* (anglicans, haute noblesse, paysans) s'opposent aux partisans du Parlement ou *Têtes rondes* (puritains, petite noblesse terrienne, bourgeoisie urbaine), qui gagnent la bataille de Naseby (1645) sous la conduite d'Olivier Cromwell (1599-1658), gentilhomme campagnard et puritain.

Olivier Cromwell (1599-1658) Issu de la petite noblesse puritaine, Cromwell se révèle un chef militaire exceptionnel mais un leader politique qui n'assoit son pouvoir que sur la dictature.

Réfugié en Écosse, Charles Ier est livré au Parlement par les Écossais. Le Parlement, qui comprend une majorité de modérés, ne veut pas renverser la monarchie et arrange pour le roi une tentative de fuite. Cromwell en profite pour écraser le Parlement. Le 7 décembre 1648, il ordonne à la troupe d'expulser ses adversaires de la Chambre, alors réduite aux seuls puritains extrémistes. Le roi est décapité à Whitehall le 30 janvier 1649, et l'Angleterre devient une république ; Cromwell possède alors des pouvoirs dictatoriaux. Mais la révolution avorte faute d'avoir consacré le nouveau régime par des institutions durables. Le Parlement proclame le principe de la souveraineté populaire et confie le pouvoir à un Conseil d'État dont Cromwell est un des 41 membres.

D'un autre côté, l'acte de Navigation (octobre 1651) illustre la suprématie maritime de l'Angleterre et l'engage dans un rigoureux protectionnisme. (*Voir le tableau 7.3.*) Le monopole de l'importation étant réservé à la flotte anglaise, le commerce hollandais en souffre gravement, ce qui déclenche une guerre anglo-hollandaise (1652-1654). À la paix de Westminster (mai 1654), les Provinces-Unies reconnaissent l'acte de Navigation. En 1655, les Anglais prennent la Jamaïque aux Espagnols ; Cromwell s'allie à Mazarin contre l'Espagne (1657) : la flotte anglaise capture des galions espagnols tandis que l'armée franco-anglaise remporte la bataille des Dunes (1658). Cromwell meurt le 3 septembre 1658. Les Anglais demandent alors au fils de Charles Ier de prendre le pouvoir. Le 29 mai 1660, la République d'Angleterre a vécu.

La déclaration de Breda, publiée par Charles II en mai 1660, garantit l'amnistie générale et la liberté de conscience. Le roi est convaincu de son droit divin, tout comme son beau-frère Louis XIV. Quoique personnellement attiré par le catholicisme, le roi signe le *Test Act* (1673) qui exclut les catholiques des fonctions de l'État. La seconde guerre anglo-hollandaise (1665-1667) est menée grâce à l'appui du Parlement qui vote d'amples subsides. Mais la Grande Peste (1665) et l'incendie de Londres (1666) donnent aux Hollandais l'occasion, en 1667, de se livrer à un raid sur la Tamise. Le 31 juillet 1667, Charles II fait confirmer l'annexion par l'Angleterre de la Nouvelle-Amsterdam, qui devient New York ; en revanche, il doit rétablir la liberté de commerce avec les Provinces-Unies. L'alignement de la politique anglaise sur celle de la France (1670) entraîne Charles II dans une troisième guerre anglo-hollandaise (1672) ; toutefois, en 1674, le Parlement force le roi à conclure une paix séparée.

La lutte entre le pouvoir et l'opposition se reporte à nouveau sur le plan religieux. Les puritains tentent en vain de faire exclure du trône les catholiques. Cette querelle marque la naissance des deux grands **partis** anglais : celui des tories, qui soutient le roi, et celui des whigs, qui forme l'opposition. En 1685, Jacques II monte sur le trône. La répression qui suit la rébellion des puritains (juin 1685) indigne l'opinion publique. Lorsque le roi et son épouse catholique ont un fils (juin 1688), les deux partis contrecarrent l'établissement d'une dynastie catholique en Angleterre. Ils font alors appel, en novembre 1688, au gendre du roi, le **stathouder** de Hollande, Guillaume d'Orange, qui est proclamé régent du royaume, lorsque le roi s'enfuit en France. C'est ainsi que la « glorieuse révolution » de 1688 ne fait presque pas couler de sang et met fin aux longs conflits entre la royauté et le Parlement.

Avant d'être reconnus comme souverains, Marie II Stuart et son époux Guillaume III d'Orange (1689-1702) sont enjoints par le Parlement de signer la Déclaration des droits (*Bill of Rights*) de 1689. (*Voir l'encadré 7.2.*) Cette déclaration stipule que le roi ne peut lever d'impôt ni mettre sur pied une armée sans l'aval du Parlement qu'il doit convoquer tous les trois ans, que chaque législature doit désormais être suivie d'élections et que le roi ne peut suspendre l'application des lois. Guillaume III signe cette déclaration afin de s'assurer le concours de la flotte britannique contre Louis XIV. La monarchie parlementaire est néanmoins née en Angleterre : en 1694, Guillaume III choisit pour la première fois ses ministres dans le parti majoritaire aux Communes, celui des whigs. (*Voir la figure 7.2.*)

TABLEAU 7.3

LE COMMERCE BRITANNIQUE ENTRE 1663 ET 1701 (EN MILLIERS DE LIVRES STERLING)

	1663-1669	1699-1701
EXPORTATIONS		
Exportations du port de Londres	2 039	2 773
Exportations des autres ports	1 200	1 660
Réexportations	900	1 986
Total des exportations	4 139	6 419
IMPORTATIONS		
À Londres	3 495	4 667
Dans d'autres ports	900	1 182
Total des importations	4 395	5 849

Source : Adapté de R. Davis. *Economic History Review*, 1954.

FIGURE 7.2

LE SYSTÈME POLITIQUE ANGLAIS APRÈS 1689

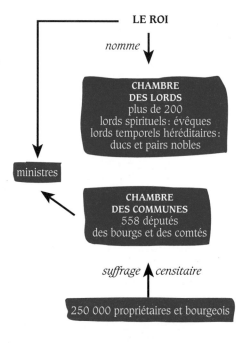

La fondation en 1694 de la Banque d'Angleterre coïncide avec l'aube de la prépondérance mondiale de ce pays. Londres remplace Amsterdam comme première place financière d'Europe. Le nouveau régime est confirmé par l'acte d'Établissement de 1701, qui assure la succession de Guillaume III à sa belle-sœur, Anne, puis à la maison de Hanovre, excluant ainsi les Stuarts catholiques. Ces derniers ayant des chances de s'établir d'abord en Écosse, la reine Anne (1702-1714) réalise l'unification définitive de l'Angleterre et de l'Écosse (acte d'Union du Royaume-Uni de Grande-Bretagne, 1707).

Dans son *Essai sur l'entendement humain* (1690), John Locke (1632-1704) soutient que les idées viennent de la seule expérience des sens, de l'intellect (l'âme) ou de l'intuition – expérience qui limite la capacité humaine de tout savoir et interdit la connaissance intime de la substance des choses. Libre parce que raisonnable, l'homme a des obligations résultant de sa liberté. Théoricien du nouveau régime politique et religieusement très tolérant (*Apologie pour le christianisme raisonnable*, 1695), Locke invente un système dont la base est la loi de la nature humaine – une loi de raison. Sa philosophie politique

---

ENCADRÉ 7.2
LE *BILL OF RIGHTS* DE 1689

Les Lords et les Communes déclarent :

1. *Que le prétendu pouvoir de suspendre l'exécution des Lois par l'autorité royale sans le consentement du Parlement est contraire aux Lois.*

2. *Que le prétendu pouvoir de dispenser des Lois ou de l'exécution des Lois par l'autorité royale, comme il a été usurpé et exercé en dernier lieu est contraire aux Lois.*

3. *Que l'érection d'une Cour ecclésiastique et de toute autre Cour est contraire aux Lois et pernicieuse.*

4. *Que toute levée d'argent pour l'usage de la Couronne, sous prétexte de la prérogative royale, sans qu'elle ait été accordée par le Parlement, ou pour un plus long temps, ou d'une autre manière qu'elle n'a été accordée, est contraire aux Lois.*

5. *Que c'est un droit des Sujets, de présenter des Requêtes au Roi et que tous emprisonnements et toutes poursuites pour ce sujet sont contraires aux Lois.*

6. *Que lever ou entretenir une Armée, dans le Royaume, en temps de paix sans le consentement du Parlement est une chose contraire aux Lois.*

7. *Que les Sujets qui sont Protestants peuvent avoir des armes pour leur défense, selon leurs conditions, de la manière que les Lois le permettent.*

8. *Que les élections des Députés au Parlement doivent être libres.*

9. *Que les discours faits ou tenus dans les débats en Parlement ne doivent être recherchés ou examinés dans aucune Cour, ni dans aucun lieu, que dans le Parlement même.*

10. *Qu'on ne doit point exiger des cautionnements excessifs, ni imposer des amendes exorbitantes, ni infliger des peines trop rudes.*

11. *Que les Jurés doivent être choisis sans partialité. Que ceux qui sont choisis comme Jurés dans les procès de haute trahison doivent être membres des Communautés (« francs tenanciers »).*

12. *Que toutes concessions ou promesses de donner les confiscations des biens des personnes accusées, avant qu'elles ne soient convaincues d'être coupables, sont contraires aux Lois et nulles.*

13. *Que pour trouver du remède à tous ces griefs, pour corriger et pour fortifier les Lois et pour les maintenir, il est nécessaire de tenir fréquemment des Parlements.*

Source : E. JARRY. *XVIe, XVIIe et XVIIIe siècles*, Paris, Éditions de l'école, s.d., p. 205-206.

Une séance à la Chambre des communes de Londres après 1689 Ayant remporté une victoire décisive sur le pouvoir royal en 1688, le Parlement représente dorénavant le pouvoir de la bourgeoisie et de la petite noblesse (la *gentry*, qui dominera la vie parlementaire pendant tout le XVIIIe siècle).

aboutit au **libéralisme** dans ses *Traités du gouvernement civil* (1690) : la nation se fonde sur le libre consentement de ses membres ; l'homme a le droit de défendre sa liberté individuelle. Le pouvoir absolu et arbitraire est condamné, car il se dresse contre la loi de nature et engendre la guerre. La raison doit harmoniser la morale et la politique.

Les Provinces-Unies

Depuis 1579, la région méridionale des Pays-Bas, formant l'Union d'Arras (Flandre, Hainaut, Wallonie, Artois – à peu près le territoire actuel de la Belgique), est séparée des sept provinces septentrionales (Hollande, Zélande, Gueldre, Utrecht, Frise, Overijssel et Groningue), formant l'Union d'Utrecht ou Provinces-Unies. En 1581, les Provinces-Unies se sont affranchies de la tutelle des Habsbourg. La puissance maritime et coloniale hollandaise date de cette époque. En bloquant le fleuve Escaut, les Hollandais (habitants des Provinces-Unies) ruinent le port d'Anvers au profit d'Amsterdam. En outre, la Compagnie hollandaise des

Indes orientales (créée en 1602) et la Compagnie hollandaise des Indes occidentales (1621) livrent une guerre commerciale sans merci à l'Angleterre, au Portugal et à l'Espagne. Les Espagnols cherchent de l'or, mais les Hollandais mettent en valeur leur empire colonial et en font profiter toute la population des Provinces-Unies. Les compagnies hollandaises sont des sociétés par actions qui distribuent des dividendes atteignant de 10 à 25 %. La concentration capitaliste, dont l'apogée se situe entre 1650 et 1670, génère une prospérité qui se reflète dans les œuvres picturales de Rembrandt, Hals et Vermeer.

Les Provinces-Unies constituent au milieu du XVIIe siècle un centre très important de la civilisation occidentale, mais elles connaissent aussi de nombreuses difficultés. Au cours de la seconde guerre anglo-hollandaise (1665-1667), elles perdent leurs colonies d'Amérique du Nord. La guerre menée par Louis XIV atteint également l'économie hollandaise, puisqu'elle a pour origine le **protectionnisme** français. En outre,

Un négociant hollandais Le grand commerce colonial hollandais voit se développer au XVIIe siècle une classe prospère d'entrepreneurs, de banquiers et d'agents de change, d'armateurs et de négociants en rivalité constante avec leurs homologues anglais.

TABLEAU 7.4

LES VENTES DE LA COMPAGNIE HOLLANDAISE DES INDES ORIENTALES À AMSTERDAM ENTRE 1660 ET 1739

Années	Valeurs totales (en millions de florins)
1660-1669	89,5
1670-1679	92,9
1680-1689	101,6
1690-1699	124,4
1700-1709	137,9
1710-1719	159,1
1720-1729	188,5
1730-1739	167,8

Source : Tiré de K. Glamann. *Dutch-Asiatic Trade*, Copenhague – La Haye, 1958.

à l'intérieur, républicains et royalistes se livrent à des querelles largement alimentées par les autres puissances européennes, intéressées à conquérir ce petit pays prospère. Néanmoins, le déclin des Provinces-Unies n'est que relatif : Amsterdam demeure une des principales places financières d'Europe (*voir le tableau 7.4*) jusqu'à la fin du XVIIIᵉ siècle. Pays de richesse et de confort, la Hollande du XVIIᵉ siècle est aussi un pays de tolérance. René Descartes et d'autres penseurs de l'époque (comme Pierre Bayle) y trouvent asile et peuvent y poursuivre leurs recherches en toute quiétude.

Le cas de la France

L'histoire de la France au XVIIᵉ siècle peut être divisée selon le règne de Louis XIII (1610-1643) et celui de Louis XIV (1643-1715). (*Voir la figure 7.3.*) Toutefois, cette division ne doit pas avoir pour effet d'éclipser l'importance primordiale prise par deux ministres qui se sont succédé à la tête du pays : Richelieu et Mazarin.

Louis XIII et le cardinal de Richelieu

Fils d'Henri IV (1553-1610), Louis XIII (1601-1643) n'a que neuf ans lorsqu'il devient roi à l'assassinat de son père. Sa mère, Marie de Médicis, assure la **régence**

FIGURE 7.3

LES ROIS DE FRANCE D'HENRI IV À LOUIS XV

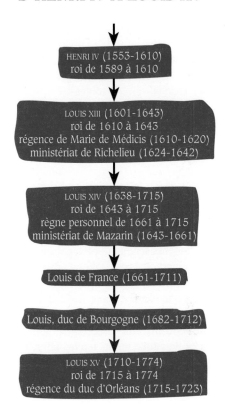

jusqu'en 1617. Convoqués en 1614, les États généraux étalent les conflits entre les trois ordres (ils ne devaient plus être réunis jusqu'en 1789). Le trésor amassé grâce aux économies de Sully est dissipé. Le redressement est l'œuvre du cardinal de Richelieu (1585-1642), entré au Conseil en 1624.

Bien qu'il soit catholique et qu'il combatte les **huguenots** en France, Richelieu n'hésite pas à s'allier aux princes protestants et à l'Empire ottoman contre les Habsbourg de Vienne. La France intervient dans la guerre de Trente Ans, à la fois contre l'Empire et contre l'Espagne. Elle cherche alors à établir son territoire à l'intérieur de frontières naturelles et bénéficie de cette guerre : elle annexe notamment une grande partie de l'Alsace et joue désormais un rôle prépondérant en Europe. La reine Anne d'Autriche (1601-1666), devenue régente de France à la mort de Louis XIII (1601-1643), continue la guerre. Plus tard, Louis XIV tentera également d'établir une frontière au nord-est.

Richelieu abat la noblesse turbulente par des châtiments impitoyables, démantèle les châteaux forts et désarme les protestants (siège et prise de La Rochelle, 1627-1628), tout en confirmant le régime de la tolérance religieuse. Tout au long du siècle, les révoltes paysannes ne discontinuent pas. En 1639, les **Va-nu-pieds** de Normandie se révoltent; ils réclament la suppression de l'impôt le plus lourd, la taille, de la gabelle ainsi que de toutes les taxes apparues depuis la mort d'Henri IV. Dans les villes, c'est le même scénario. (*Voir la carte 7.6.*)

Malgré son habileté, le cardinal Mazarin (1602-1661), qui succède à Richelieu en 1642, ne peut empêcher la Fronde (1648-1653): la bourgeoisie parlementaire se joint à l'opposition des aristocrates contre les Bourbons. Des émeutes éclatent en France et ailleurs en Europe durant la guerre de Trente Ans (1618-1648), et ce, jusqu'à la guerre avec l'Espagne (1659). Les petits seigneurs protègent les paysans et souvent fomentent des révoltes contre l'État et les **fermiers généraux**. Les hauts fonctionnaires, lourdement taxés, paralysent l'appareil d'État et s'octroient des pouvoirs: ils font ouvrir les greniers (Dauphiné, 1630) ou les coffres du Trésor royal pour y prendre eux-mêmes leur traitement, retenu pour les besoins militaires (Toulouse, 1630); ils laissent agir le peuple dans la mesure où celui-ci ne s'attaque qu'aux officiers royaux et non aux autres sujets du roi. L'anarchie règne partout et le roi perd le contrôle de l'État.

Atelier de menuisier en France au milieu du XVIIᵉ siècle Dans un local étroit, le maître et ses apprentis travaillent en présence de la femme et des enfants qui, à la première occasion, sont aussi mis à contribution.

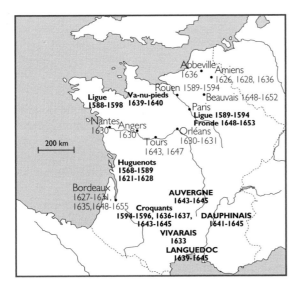

Carte 7.6
Les révoltes en France aux XVIᵉ et XVIIᵉ siècles

Armand Jean du Plessis, cardinal, duc de Richelieu (1585-1642) Administrateur infatigable, diplomate et stratège, Richelieu est le principal restaurateur du pouvoir royal et de la puissance française en Europe continentale.

FIGURE 7.4

L'ABSOLUTISME EN FRANCE SOUS LOUIS XIV : LE SYSTÈME POLITIQUE

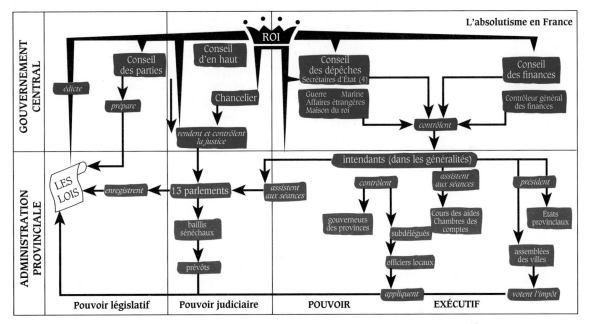

L'absolutisme en France

GOUVERNEMENT CENTRAL

ROI

édicte — prépare — Conseil des parties

Conseil d'en haut — Chancelier

Conseil des dépêches — Secrétaires d'État (4) — Guerre Marine / Affaires étrangères / Maison du roi

Conseil des finances — Contrôleur général des finances

contrôlent

rendent et contrôlent la justice

ADMINISTRATION PROVINCIALE

LES LOIS — enregistrent — 13 parlements — assistent aux séances

baillis sénéchaux

prévôts

intendants (dans les généralités)

contrôlent — assistent aux séances — président

gouverneurs des provinces — subdélégués — Cours des aides / Chambres des comptes — États provinciaux

officiers locaux — assemblées des villes

appliquent — votent l'impôt

Pouvoir législatif | Pouvoir judiciaire | **POUVOIR** | **EXÉCUTIF**

Louis XIV et l'absolutisme

Louis XIV (1638-1715) commence son règne personnel à la mort de Mazarin (1661) ; il incarne le type accompli de la monarchie absolue ; il est convaincu du caractère sacré de son pouvoir et adhère à la doctrine du droit divin, formulée par Bossuet. Il est persuadé de tenir son autorité directement de Dieu et non par l'intermédiaire de l'Église ou du peuple, et il n'entend rendre compte de sa conduite qu'à Dieu seul. (*Voir l'encadré 7.3.*) Il fait de la noblesse un «instrument de règne» en l'obligeant à demeurer à Versailles, où elle s'endette et doit constamment recourir aux faveurs du roi. Louis XIV met fin au règne du ministériat institué par Richelieu ; il ne laisse aux nobles que leurs titres et s'entoure de bourgeois compétents et dociles comme Colbert, Le Tellier et Louvois. Le roi concentre entre ses mains tous les pouvoirs ; les tâches gouvernementales sont réparties entre le Conseil du roi, le chancelier de France, le contrôleur général des Finances (Colbert, 1665-1683), les quatre secrétaires d'État (Affaires étrangères, Guerre, Marine, Maison du roi). Privés de leur titre de «cours souveraines» dès 1673, les parlements sont contraints d'obéir sans discussion aux

Louis XIV le Grand (1638-1715), *roi de France (1643-1715), est le fils et le successeur de Louis XIII. Sa mère, Anne d'Autriche, est régente jusqu'en 1651. En fait, c'est Mazarin qui gouverne jusqu'à sa mort en 1661. Le gouvernement personnel de Louis XIV (1661-1715) constitue l'apogée de la monarchie absolue. Servi non par un premier ministre mais par des grands «commis» plus modestes et de grands généraux, Louis XIV soutient quatre grandes guerres. Il réalise les conquêtes territoriales indispensables à l'unité française. À l'intérieur, l'administration est centralisée, l'activité économique encouragée et protégée. La construction de Versailles témoigne de l'éclat de son règne. Toutefois, les difficultés financières, la misère grandissante du peuple, la révocation de l'édit de Nantes (1685) ont tôt fait de susciter l'éveil d'une opposition et ont jeté une ombre sur la gloire du «Roi-Soleil».*

ordonnances royales. La police, réorganisée en 1667, est placée sous l'autorité d'un lieutenant général de police.

La centralisation administrative s'étend partout; les gouverneurs provinciaux sont remplacés par des intendants de justice, de police et des finances, dévoués au pouvoir. Le roi s'occupe de la politique étrangère, qui commande tout le reste, annule les efforts de redressement financier de Colbert et oriente l'économie française vers un mercantilisme impitoyable, générateur de guerres. La politique de conquête (*voir la carte 7.7*) et la vision continentaliste et centralisatriste de Louis XIV sont en grande partie responsables des problèmes financiers de la France du XVIIe siècle,

alors qu'une gestion commerciale ouverte sur l'Atlantique aurait pu lui assurer une prospérité comparable à celle de l'Angleterre.

Sous prétexte de faire valoir les droits de sa femme, l'infante Marie-Thérèse, sur les Pays-Bas espagnols, Louis XIV envahit les Flandres en 1667, sans déclaration de guerre. L'Angleterre et la Hollande l'obligent à se contenter d'une portion de la Flandre (traité d'Aix-la-Chapelle, 1668). Il décide alors de se venger des Hollandais, d'abord économiquement (règlement tarifaire de Colbert, fin 1667), puis en les attaquant en 1672-1676. Cette guerre galvanise les Hollandais, mais a aussi un écho en Angleterre où Charles II abandonne l'alliance avec la France en 1674. Néanmoins,

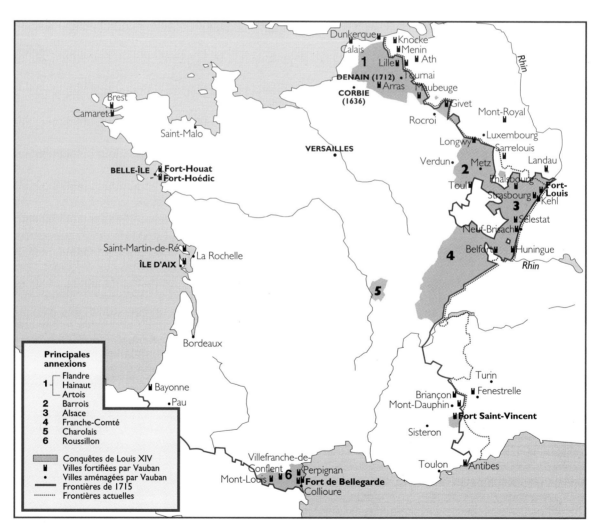

Carte 7.7
Les conquêtes de Louis XIV

ENCADRÉ 7.3
LE MÉTIER DE ROI

Après la mort du cardinal Mazarin, je commençai à jeter les yeux sur toutes les diverses parties de l'État, [...] des yeux de maître, sensiblement touché de n'en pas voir une qui ne m'invitât et ne me pressât d'y porter la main[...]. Deux choses, sans doute, m'étaient absolument nécessaires : un grand travail de ma part ; un grand choix de personnes qui me pourraient seconder [...] Je m'imposai pour loi de travailler régulièrement deux fois par jour, et deux ou trois heures chaque fois avec diverses personnes, sans compter les heures que je passerais seul [...]. Je ne puis [...] dire [...] quel fruit je recueillis aussitôt après cette résolution. Je me sentis comme élever l'esprit et le courage, je me trouvai tout autre, je découvris en moi ce que je n'y connaissais pas et je me reprochais avec joie de l'avoir trop longtemps ignoré. [...] Il me sembla seulement alors que j'étais roi et né pour l'être [...] La fonction des rois consiste principalement à laisser agir le bon sens, qui agit toujours naturellement et sans peine. [...] Un roi, quelque habiles et éclairés que soient ses ministres, ne porte point lui-même la main à l'ouvrage sans qu'il y paraisse [...] Je commandai aux quatre secrétaires d'État de ne plus rien signer du tout sans m'en parler [...] le chancelier eut pareil ordre. J'appelais [le Chancelier] à tous les conseils publics que je tenais moi-même et particulièrement deux jours la semaine avec les quatre secrétaires d'État, pour les Dépêches [...] Je voulus assister quelquefois au Conseil des Parties [...] où il ne s'agit que de procès entre particuliers [...] Dans les intérêts les plus importants de l'État et les affaires secrètes [...] ne voulant pas les confier à un seul ministre, les trois que je crus pouvoir y servir le plus utilement furent Le Tellier, Fouquet et Lionne [...]

Source : Extrait des *Mémoires de Louis XIV*, pour l'année 1661, dans E. JARRY. *XVIᵉ, XVIIᵉ et XVIIIᵉ siècles*, Paris, Éditions de l'école, s.d., p. 229-230.

---

grâce à ses victoires militaires, Louis XIV obtient la Franche-Comté en 1676 et la régularisation de la frontière du Nord (paix de Nimègue, 1678). La politique de réunion suivie par Louis XIV à partir de 1680 fait naître l'inquiétude dans le corps germanique : en pleine paix, des « Chambres de réunion » prononcent unilatéralement l'annexion de Montbéliard, Courtrai, Sarrebrück, Sarrelouis, Deux-Ponts, et les troupes françaises occupent Strasbourg en 1681. Obligés de ratifier ces annexions à la paix de Ratisbonne (1684), les États allemands deviennent franchement hostiles après la révocation de l'édit de Nantes. À la formation de la Ligue d'Augsbourg, Louis XIV répond en 1689 par la dévastation du Palatinat, qui ruine la position de « protectrice des libertés germaniques » (c'est-à-dire des libertés des protestants) que la France s'était acquise contre l'empereur catholique, lors des traités de Westphalie.

L'absolutisme n'épargne pas l'Église. En 1682, le **gallicanisme** obtient sa charte ; le roi veut que la religion ne soit plus un motif de discorde entre le pouvoir royal et le pouvoir pontifical. C'est dans ce mouvement d'unification de toutes les forces de la nation que Louis XIV décide de la révocation de l'édit de Nantes

(1685), désastreuse à la fois à l'extérieur, car elle dresse les protestants européens contre la France, jusqu'alors leur alliée, et à l'intérieur, car elle provoque l'exil de quelque 300 000 réformés, dont le départ nuit à l'économie du pays. À ce moment, Louis XIV éprouve déjà de grandes difficultés diplomatiques et militaires. À la fin de son règne, la France est épuisée et ruinée, et le roi a perdu la confiance de son peuple. L'idéalisme politique de Fénelon (1651-1715) et sa crainte du despotisme annoncent dès cette époque l'attitude des philosophes du XVIIIᵉ siècle. *Les Aventures de Télémaque*, publiées à son insu en 1699, critiquent sévèrement le gouvernement et lui valent la disgrâce du roi.

La naissance du Nouveau Monde et le mercantilisme

Les conflits qui ébranlent l'Europe au cours du XVIIᵉ siècle ont un effet important sur les colonies. Les empires coloniaux fondés au siècle précédent sont l'enjeu des guerres européennes, car ils alimentent aussi les métropoles par leurs richesses. C'est ainsi que le colonialisme devient, au cours du XVIIᵉ siècle,

FIGURE 7.5
LE SYSTÈME MERCANTILISTE

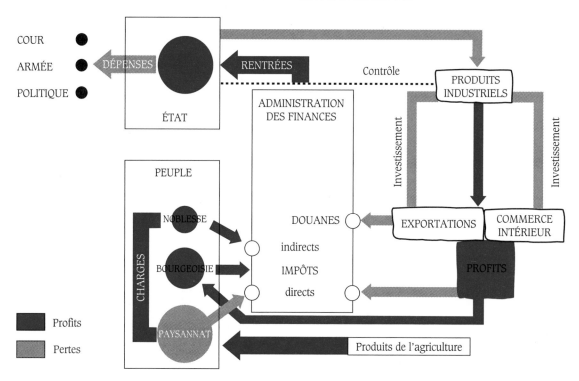

une nécessité aux yeux des États européens qui rêvent de puissance. À la conquête armée qui caractérise le mouvement colonial du XVIᵉ siècle succèdent l'occupation des territoires conquis et le pillage systématique de leurs richesses. Le Portugal apprend à ses dépens qu'un conquérant ne peut se passer d'une politique d'occupation et d'une structuration sociale du pays conquis ; mais l'Espagne, la Hollande et plus tard la Grande-Bretagne, quant à elles, appliquent une telle politique d'occupation et conservent ainsi leurs empires durant de longues années, notamment grâce à la réduction en **esclavage** des indigènes et la déportation en Amérique d'esclaves capturés en Afrique. Par ailleurs, en raison même de leur puissance, les colons développent des sentiments **nationalistes**, favorisant du XVIIIᵉ au XXᵉ siècle l'émancipation des colonies.

Système économique du XVIIᵉ siècle, le **mercantilisme** a pour principe de base la supériorité des métaux précieux sur les autres richesses (*voir la figure 7.5*). Ses adeptes croient que la quantité de richesses disponibles dans le monde est limitée ; l'économie mondiale se présente à leurs yeux comme un tout que les États se partagent, tout en tentant de trouver les

meilleurs moyens d'accroître leur part respective. Depuis le XVᵉ siècle, le mercantilisme conduit les Occidentaux à restreindre l'exportation des métaux précieux et le commerce avec l'étranger, et à développer une économie qui assure l'afflux régulier de capitaux étrangers (protectionnisme). Le mercantilisme peut être commercial, agricole (doctrine de Sully) ou industriel (doctrine de Colbert ou colbertisme) ; il stimule l'industrie nationale, notamment en Hollande, en Angleterre et en France. Sous Colbert, une véritable industrie d'État est mise en place : plusieurs manufactures appartiennent à l'État (Gobelins, Beauvais) et font travailler une foule de petits ateliers dispersés. Le mercantilisme contribue aussi au grand commerce (Compagnie des Indes orientales, 1664 ; Compagnie des Indes occidentales, 1664 ; Compagnie du Nord, 1669 ; Compagnie du Levant, 1670, etc.). Le réseau routier et fluvial est amélioré (canaux des Deux-Mers et d'Orléans), et de grands ports sont aménagés (Brest, Cherbourg, Rochefort, Toulon). La marine militaire protège les lignes commerciales et les comptoirs lointains. En 1668, est inaugurée l'inscription maritime qui permet de recruter les équipages parmi les populations côtières.

Les héritages

Sur le plan des héritages artistiques, on peut distinguer ceux de l'époque baroque et ceux de l'époque classique. Alors qu'une conception renouvelée de l'être humain s'impose, deux grands courants philosophiques opposés, le rationalisme et l'empirisme, influencent le développement des sciences et des techniques.

Le baroque

Au XVIIᵉ siècle, la crise de la sensibilité se manifeste d'abord dans les arts. Elle reçoit, principalement dans la première moitié du siècle, le nom de **baroque** et s'étend à toutes les formes d'expression artistique. Les premières manifestations du baroque apparaissent en Italie (1527) et s'affirment à la fin du XVIᵉ siècle. Le centre en est Rome où, en 1568, Jacques Vignole édifie le Gesù, église mère de l'ordre des jésuites, qui exerce alors une très grande influence dans tout l'Occident. L'art baroque est celui de la Contre-Réforme : il exprime la pensée du concile de Trente. Par l'intermédiaire des évêques et des ambassadeurs, il rayonne sur toute l'Europe catholique. L'art de la **Contre-Réforme** n'est cependant qu'un aspect de la sensibilité baroque, où se côtoient également d'autres tendances non catholiques, les unes compatibles avec l'œuvre du concile de Trente, et les autres en désaccord – notamment par le fait que le baroque se retrouve également dans des pays non catholiques.

Le baroque est le reflet des crises économiques, sociales, politiques et intellectuelles qui secouent l'Europe à la fin de la Renaissance. En période de crise, l'unité de la personne s'affaiblit et au « moi » unique se substituent des sentiments contradictoires. Le baroque traduit le goût de la liberté, le dédain des règles et de la mesure ; il est contradictoire et renferme en lui-même des oppositions, des intentions multiples. Par exemple, l'avant-bras d'un ange qui couronne la grille d'un temple à Salamanque s'élève comme pour arborer un objet, alors que sa main s'abaisse comme pour le déposer : il y a deux directions opposées dans le même membre, une dualité d'intentions. C'est fréquent chez le Greco qui met dans une des jambes d'un Christ deux directions divergentes. Dans

L'extase de sainte Thérèse (1647-1652) par **Le Bernin (1598-1680)**   Un des pères de la sculpture baroque, Le Bernin réalise pour la papauté de nombreuses œuvres à caractère religieux.

les églises, souvent les colonnes sont torses (comme celles du maître-autel du Vatican). Le baroque a le goût du mystère et du surnaturel, de l'émotif, du passionnel, des charmes de la nature et du folklore. Il cherche la communion avec les forces de l'Univers, l'élan vital de la nature.

Pierre-Paul Rubens (1577-1640) est sans doute le peintre le plus représentatif du baroque : il pousse les sentiments à leur limite extrême et s'attaque aux sujets les plus vastes : l'histoire d'un règne, la fable antique, l'Ancien Testament, la vie du Christ, le Jugement dernier. Sous sa brosse, tout s'élargit, s'amplifie. Il recrée le réel par des figures qui dépassent la réalité. Les femmes qu'il peint sont des Flamandes, mais leurs corps opulents – ce qui est alors

Baldaquin du maître-autel de Saint-Pierre de Rome (1624-1633) par Le Bernin (1598-1680) L'utilisation par Le Bernin de colonnes torses afin de briser la verticalité des supports du baldaquin illustre bien les oppositions propres au style baroque.

brables animaux sculptés; les anges, les saints, les démons, les divinités païennes, ornent les corniches, les frises, les autels, etc. Une vie monstrueuse anime la pierre. De plus, la littérature inspire la sculpture. Le même foisonnement d'idées se retrouve dans les cartouches, les frontons redondants et les atlantes musclés.

La littérature

Les gens de la cour et ceux de la ville sont fous de théâtre, où souvent la règle des trois unités (temps, lieu, action) est oubliée. Magie et surprise triomphent au théâtre : on y fait usage de breuvages miraculeux, de bijoux enchantés, de pommades merveilleuses. On se bat sur scène; on montre des cadavres, des têtes coupées, des cœurs; on joue les fous désespérés ou furieux. Le public réclame des émotions fortes : on lui en donne sans ménagement !

Contrairement au baroque, l'idéal classique n'est pas une exaltation de l'individu, mais de la raison; cela se reflète dans le théâtre du XVIIᵉ siècle, aussi bien chez Molière que chez Corneille ou Racine. Pierre Corneille (1606-1684) et Jean Racine (1639-1699) illustrent la tragédie. Corneille aime les intrigues compliquées (*Le Cid*, 1637) et se plie difficilement à la règle des trois unités, alors que Racine (*Andromaque*, 1667) incarne à merveille l'idéal classique.

le critère de la beauté féminine – n'existent que dans son imagination. Les représentations exactes (« photographiques », dirions-nous) sont rares dans son œuvre; il prend une grande liberté dans le choix des couleurs et multiplie les contrastes inattendus, les fulgurations de lumière. Dans les Provinces-Unies, Harmenszoon van Rijn, dit Rembrandt (1606-1669) est un autre peintre baroque célèbre, qui joue principalement avec la lumière : ses tableaux (*La Leçon d'anatomie*, 1632) peuvent aisément être reconnus à cause de son utilisation de la technique du clair-obscur.

En sculpture et en architecture, on remarque l'éclosion de la même frénésie. Une végétation drue de feuillages exubérants prolifère; les feuilles s'agrippent à toutes les surfaces, s'incurvent en palmes, tombent en chutes, s'accrochent en guirlandes, s'arrondissent en couronnes. Une faune grouille, composée d'innom-

*Jean-Baptiste Poquelin, dit **Molière (1622-1673)**, figure parmi les dramaturges les plus célèbres de l'Occident depuis le XVIIᵉ siècle. Ses personnages sont devenus des noms communs : Harpagon, Tartuffe, Maître Jacques. Molière décrit les mœurs de son temps : le riche bourgeois qui prête aux nobles, le voyageur aux prises avec les corsaires, etc. Parmi ses œuvres principales, mentionnons :* Tartuffe *(1664),* Le Misanthrope *et* Le Médecin malgré lui *(1666),* Le Malade imaginaire *(1673).*

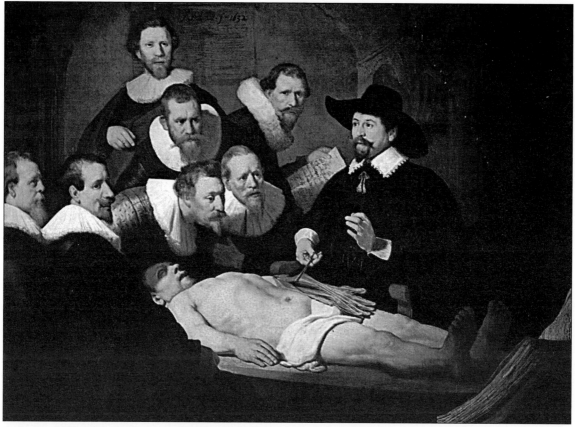

La leçon d'anatomie du docteur Tulp **(1632) de Rembrandt (1606-1669)**   L'intérêt de ce tableau provient non seulement de ses qualités artistiques mais aussi du sujet scientifique qu'a choisi le peintre.

Le précieux

Au baroque se rattache le précieux. La préciosité est une manière d'être, comme le baroque, qui apparaît de temps à autre dans les cours d'amour et les salons. Les précieux se distinguent du vulgaire et surprennent en toutes choses. L'amour, pour eux, est pur, platonique, quasi religieux, loin des contacts charnels et même du mariage. Leur volonté de différenciation génère un jargon particulier. En littérature, les précieux recherchent la perfection formelle, l'effet de surprise, le tour de force ou de génie: pointes, antithèses, métaphores, périphrases, allégories, comme dans les romans de Mᶫˡᵉ de Scudéry, *Le Grand Cyrus* (1645), *Clélie* (1654), ou dans de petits écrits (lettres, épigrammes, madrigaux, blasons, rondeaux, sonnets). Dans le genre allégorique, la «géographie amoureuse» (la «carte de Tendre») connaît une grande vogue de 1654 à 1664.

L'amour du public pour le théâtre fait aussi naître l'opéra, qui connaît son apogée aux XVIIIᵉ et XIXᵉ siècles. Œuvre d'art complète, l'opéra est une fête à la fois pour la vue, l'ouïe et l'esprit, un champ d'action pour les poètes, compositeurs, chefs d'orchestres, chanteurs, instrumentistes, costumiers, «machinistes» (régisseurs), etc. Mais il est aussi, du moins à ses débuts, «baroque»: il bouscule les règles habituelles en mélangeant les genres. Issu de l'idéal d'art hellénique de la Renaissance, l'opéra naît en 1600 à Florence, alors que l'on présente *Eurydice* au Palais Pitti, d'après un livret du poète Ottavio Rinuccini (1565-1621) et une musique de Giacomo Peri (1561-1633) et Giulio Caccini (1550-1618). C'est l'époque où Claudio Monteverdi (1567-1643), déjà célèbre pour sa musique religieuse, compose des opéras comme *Orphée*, dans lesquels on célèbre la tragédie antique. En 1637 est inauguré le premier théâtre à vocation d'opéra, le théâtre San Cassiano à Venise. Incontestablement, les maîtres de l'opéra sont vénitiens: Francesco Cavalli (1602-1676) et Marc Antonio Cesti (1623-1669), ou napolitains: Alessandro

Scarlatti (1659-1725) ou Alessandro Stradella (1645-1682) ; ils annoncent le grand maître italien du début du XVIIIe siècle : Giovanni Pergolèse (1710-1736).

Les compositeurs allemands imitent l'opéra italien. Heinrich Schütz (1585-1672) et Reinhard Keizer (1674-1739) sont les deux chefs de file de l'opéra allemand au XVIIe siècle. Schütz, pour sa part, compose aussi de la musique religieuse qui annonce celle de Bach. En France, l'Italien Lulli (1632-1687) se distingue par ses ballets somptueux ; les spectacles à la cour de Louis XIV surpassent en luxe l'opéra italien. Mentionnons aussi les madrigaux de Monteverdi, les cantates, les motets et les oratorios de Carissimi (1605-1674), les pièces musicales pour clavecin de François Couperin (1668-1733), les sonates de l'Anglais Henry Purcell (1658-1695) et de l'Allemand Dietrich Buxtehude (1637-1707).

La musique du XVIIe siècle est par ailleurs bien représentative de son époque. Tandis que les compositeurs catholiques des États allemands du Sud et de l'Autriche suivent l'école vénitienne, les compositeurs allemands du Nord, qui sont protestants (comme Keizer), se cantonnent dans les spectacles nationaux en langue allemande et d'esprit germanique. Ainsi, comme tous les arts, la musique est soumise aux aléas de la vie sociale et politique.

Le classicisme

Le baroque appelle une réaction, le **classicisme**, qui connaît son apogée en France durant la seconde moitié du XVIIe siècle, principalement dans le domaine des arts et des lettres. Comme Aristote ramenait à la raison la pensée poétique de son maître Platon, le classicisme remet l'artiste trop téméraire face aux exigences de la règle et de la mesure. Le classicisme veut que la raison contrôle l'art et respecte les règles ; il est une esthétique de l'unité et vise la clarté, la rigueur, le majestueux. En peinture, le représentant français du classicisme est Nicolas Poussin (1594-1665) ; en poésie, c'est Chapelain (1595-1674), célèbre pour ses lettres où il traite des règles, et Guez de Balzac (1597-1654). En Angleterre, le philosophe Thomas Hobbes (1588-1679), dans son *Léviathan* (1654), justifie par la raison le pouvoir absolu des rois, alors que le Français Malebranche (1638-1715) tente de fonder la religion sur le cartésianisme et que Vaugelas (1595-1650) se fait le théoricien de la langue française.

Avant 1660, la littérature reflète l'indécision de l'époque entre l'ordre et la liberté. Mais après cette date, le classicisme s'impose partout, illustrant ainsi l'idéal d'ordre, institué par Louis XIV. Ses plus illustres représentants sont, en littérature française, Boileau (1636-1711) qui imite les Anciens (*Art poétique*, 1674), Bossuet (1627-1704), maître de l'éloquence sacrée et Jean de La Fontaine (1621-1695), dont les *Fables* sont inspirées des modèles antiques. Mme de La Fayette (1643-1693), dans le roman *La Princesse de Clèves* (1678), Mme de Sévigné (1626-1696) dans ses *Lettres*, et le duc François de La Rochefoucauld (1613-1680) dans ses *Maximes* (1665), allient les qualités du style à une profonde connaissance du cœur humain. En Angleterre, John Dryden (1631-1700) est le meilleur représentant du classicisme.

L'architecture

Majesté, symétrie, mesure, sont les marques du goût de cette époque en France. L'architecte Louis Le Vau (1612-1670), le décorateur Charles Le Brun (1619-1690) et le jardinier André Le Nôtre (1613-1700) font du château de Versailles le modèle du classicisme français, alors que le décorateur portugais José de Churriguera (1665-1723) fait triompher le style baroque dans la péninsule ibérique et que les architectes Johann Fischer von Erlach (1656-1723) et Lucas von Hildebrandt (1668-1745) édifient à Vienne les palais du Belvédère, de Schwarzenberg et de Schönbrunn. Les grands sculpteurs de la fin du siècle sont les Français Pierre Puget (1622-1694) et François Girardon (1628-1715).

La querelle des Anciens et des Modernes

La querelle des Anciens et des Modernes caractérise la fin du XVIIe siècle. Les Anciens veulent révolutionner l'art par leur souci de suivre la Nature et d'imiter les maîtres de l'Antiquité, incomparables peintres de cette nature (Boileau est de cette école). À l'opposé, les Modernes (comme Charles Perrault, 1628-1703) réclament pour eux la liberté de la création. La querelle éclate en 1687 entre Boileau, La Fontaine, Racine et Jean de La Bruyère (1645-1696) d'une part, et, d'autre part, Charles Perrault que suivent presque tous les académiciens. Elle se poursuit au cours du XVIIIe siècle et se termine par l'opinion nuancée de Fénelon qui, dans sa *Lettre sur les occupations de l'Académie française* (1714), montre qu'il est possible de concevoir plus d'une forme de beauté littéraire.

La colonnade de la façade orientale du Louvre (1667-1678) par Claude Perrault (1613-1688) Médecin, physicien et architecte, Claude Perrault est le frère de Charles (1628-1703). La colonnade est un exemple probant de la symétrie et de la mesure, caractéristiques de l'architecture classique.

Une conception renouvelée de l'être humain

Le baroque a provoqué une crise de la raison qui se manifeste en morale par deux conceptions de l'être humain. La conception classique de l'homme (le noble, le soldat par excellence) est contestée; désormais, l'homme idéal est un virtuose, un héros orgueilleux et courageux; il doit satisfaire la gloire, c'est-à-dire observer les règles de l'honneur social, féodal, noble. Dans *Le Cid* de Corneille, l'Infante sacrifie son amour à ce qu'elle doit à son rang, qui lui interdit de s'allier à un simple gentilhomme qui a par ailleurs tué son père. Passion, peur, timidité, tendresse, tous les sentiments sont soumis à l'orgueil; la seule vertu est celle de l'affirmation orgueilleuse de l'individu. Le héros puise sa force d'âme aux sources de sa sensibilité, dans la haine, la vengeance, l'ambition, le patriotisme, expressions de la puissance qui poussent l'individu à l'excellence, au dépassement et à la domination des médiocres – qui finiront par l'entourer de l'auréole de leur admiration, de leur haine furieuse, de leurs cabales persistantes ou de leurs calomnies odieuses. Rubens n'a-t-il pas défini son art comme «la glorification des forces et des aspirations de l'homme»? Le héros recherche, même dans le crime, le beau, l'illustre. Au XVIIᵉ siècle, la morale du héros dépasse l'idéal chevaleresque et l'idéal de la Renaissance; elle vise moins l'épanouissement de l'individu dans toutes ses activités que la satisfaction de son orgueil par la puissance.

D'un autre côté, l'humanisme dévot, hérité du concile de Trente, génère de nombreuses *Introductions à la vie dévote* et de nombreux *Traités de l'amour de Dieu*. Le monde est bon et a été créé pour mener à Dieu. L'homme doit être «honnête», aimer les beautés de la nature et des arts, et la beauté féminine, l'amour conjugal étant un rayonnement de l'amour divin. Cette conception, très éloignée de l'orgueil, prône l'oubli de soi, le sacrifice, la contemplation. Depuis 1570 environ, le mysticisme, essence de la Contre-Réforme, se répand parmi les gens de toutes les **classes** qui vivent désormais d'oraisons, toujours sous le regard de Dieu, souvent frappés d'extases et de visions. Ce foisonnement de conceptions religieuses a pour effet d'engendrer un sentiment de lassitude à l'endroit de la religion, dont l'autorité est de plus en plus contestée dans les divers domaines où les Églises imposent leurs vues.

Rationalisme et empirisme

Par opposition à l'empirisme, le rationalisme est un système philosophique selon lequel la raison est à l'origine des idées premières. D'après le rationalisme, certaines idées, telles que celles de «cause» et de «substance», et les jugements, appelés «principes directeurs de la connaissance», sont soit innés, soit construits par l'esprit, et n'ont pas leur origine dans les seules données de l'expérience. Sous des formes différentes, Platon, Descartes, Leibniz, Kant et le courant néocriticiste élaborent une théorie rationaliste de la connaissance.

René Descartes (1596-1650)   Issu de la petite noblesse, éduqué chez les jésuites, Descartes consacre sa vie aux sciences et à la philosophie. Outre ses contributions en mathématiques et en physique, on lui doit surtout la philosophie nouvelle qui est un des fondements du développement des sciences, le rationalisme.

John Locke (1632-1704)   Médecin, administrateur royal et philosophe, Locke s'oppose au rationalisme de Descartes en se faisant le défenseur de l'empirisme.

René Descartes (1596-1650), bien connu pour sa philosophie (le cartésianisme), est aussi l'inventeur de la géométrie analytique et il jette les bases de l'optique. Mais le philosophe, chez lui, l'emporte sur le savant. Il néglige trop les faits ; par exemple, il pense que le sang fait battre le cœur et que la propagation de la lumière est instantanée. William Harvey (1578-1657) a pourtant établi, dès 1628, la circulation du sang, et Roemer (1644-1710) a calculé, en 1676, la vitesse de la lumière. De même, les travaux de Blaise Pascal (1623-1662) sur le vide contredisent ceux de Descartes ; expérimentateur prudent, Pascal se méfie des principes dans lesquels il voit de simples résumés provisoires des faits acquis. À la faveur de ce pragmatisme, fort à la mode parmi les savants de l'époque, Malebranche (1638-1715) génère les premiers principes de la science positive, qui pénètre sans trop de heurts dans un large public, en dépit de la condamnation papale de 1633.

Le système philosophique de Descartes est relativement simple : la raison est capable de comprendre tous les phénomènes, mais la certitude n'arrive qu'au terme d'un long cheminement, au cours duquel le « doute méthodique » remet systématiquement en question les idées reçues jusqu'à ce qu'elles deviennent des idées claires et distinctes. Par cette méthode, expliquée dans le *Discours de la méthode* (1637), toutes les idées sont remises en question, à l'exception de deux, dont Descartes soutient, dans ses *Méditations métaphysiques* (1641), ne pouvoir douter : que Dieu existe, et que j'existe, la preuve de mon existence étant le fait que je pense (« Je pense, donc je suis. »). La raison est ainsi en mesure d'expliquer toutes les idées indépendamment de l'expérience. Le cartésianisme a en Occident une influence durable et permet à la connaissance de progresser en s'émancipant de la foi et des croyances en l'origine métaphysique des événements. En redonnant à l'esprit humain la responsabilité de l'explication des causes, Descartes lui rend toute sa dignité et légitime le rôle que l'être humain s'est donné depuis la Renaissance : devenir « maître et possesseur de la nature ».

D'un autre côté, l'empirisme s'oppose au rationalisme cartésien et à l'innéisme (doctrine de l'origine innée des idées). Au XVIIe siècle, contre le cartésianisme, des philosophes – principalement des Anglais et des Allemands – soutiennent que l'expérience seule est garante de la vérité. L'empiriste, reconnaissant ou non l'existence de principes innés chez l'individu, n'admet pas que l'esprit ait des lois propres, différant de celles des choses connues ; il fait reposer la connaissance du vrai sur la seule expérience, en dehors de laquelle ne peuvent être admises que des hypothèses arbitraires. Par exemple, John Locke soutient que toutes les connaissances ont leur origine dans l'expérience, soit externe, soit interne. Et d'après Leibniz (1646-1716), les principes sont innés à l'état de « petites perceptions » (jugements inconscients ou virtuels), mais l'expérience est nécessaire pour les faire passer à l'état d'aperceptions (jugements clairement aperçus et consciemment appliqués).

La méthode cartésienne peut servir de base aux recherches purement théoriques, mais la méthode empirique est celle qui s'applique le mieux à la recherche appliquée et à la technologie. La révolution technique naît en Angleterre au XVIIe siècle, alors même que le cartésianisme motive les Français à expliquer les phénomènes naturels en recourant plus volontiers au raisonnement qu'à l'expérience. Actuellement, l'opposition entre l'empirisme et le rationalisme est contestée par la doctrine de la connaissance ouverte, qui souligne le mouvement de va-et-vient entre le moment empirique et le moment théorique de la recherche. Néanmoins, ces deux systèmes philosophiques du XVIIe siècle se trouvent encore au fondement des diverses théories de la connaissance à la fin du XXe siècle en Occident.

Les sciences et les techniques

Le XVIIe siècle voit naître en Occident une science nouvelle, qui se répand ensuite dans le monde entier. Les mathématiques renouvellent ou génèrent l'algèbre, la théorie des nombres, le calcul des probabilités, la géométrie projective et le calcul infinitésimal ; elles s'imposent à la plupart des sciences physiques : la dynamique qui, de Galilée à Newton, se constitue en science autonome ; la mécanique céleste, dont les principes sont formulés par Kepler et Newton ; l'optique, qui se transforme en science exacte grâce à la mathématisation. L'invention du télescope, du microscope et des lois de l'optique, l'étude des phénomènes magnétiques et électriques et la recherche pratique en chimie, ouvrent la voie au renouveau du siècle suivant. Dans le domaine des sciences du vivant, il faut remarquer que la découverte de la grande circulation du sang, la vogue de la théorie de l'homme-machine, la naissance de l'anatomie microscopique, l'étude du problème de la génération et les débuts de la physiologie végétale, ont une incidence notable sur la médecine qui s'individualise et prend un caractère de plus en plus scientifique.

Les savants du XVIIe siècle fondent la science moderne, parfois en commettant des erreurs, mais toujours en créant des méthodes originales et fécondes. Le monde où ils vivent est cependant très différent du nôtre. Ce n'est qu'à la fin du siècle que se dégage la notion de masse. En outre, on ignore les notions de quantité de chaleur et de cellule vivante. Cependant, l'étude de la géologie, du magnétisme et de l'électricité débute. Descartes voit dans le tonnerre l'explosion d'un mélange détonant et dans les sources des montagnes la remontée des mers. La physiologie mécaniste ne présente qu'une image arbitraire des êtres vivants. Mais c'est la démarche intellectuelle des savants du XVIIe siècle qui retient l'attention : grâce à

Isaac Newton (1642-1721) a l'importance, sur le plan scientifique, de Descartes sur le plan philosophique. Mathématicien, physicien et astronome anglais, il manifeste dès son enfance son goût pour la mécanique en construisant une horloge à eau et un cadran solaire. Il précise la formule du binôme, donne un procédé de résolution des équations numériques et approfondit l'étude des cubiques. En 1688, il envoie à la Royal Society ses Principes de philosophie naturelle, où il formule les lois de l'attraction universelle, notamment grâce au calcul infinitésimal dont il partage l'invention avec Leibniz.

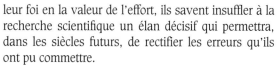

La lunette de Galilée, mise au point en 1609.

Télescope à réflexion conçu par James Gregory (1638-1675) aux environs de 1663 Issu des progrès réalisés en optique, ce télescope (aussi appelé *télescope de Newton*), grâce à son diamètre beaucoup plus large, permet des observations beaucoup plus précises que celles faites par la lunette de Galilée, mise au point à peine 50 ans auparavant.

leur foi en la valeur de l'effort, ils savent insuffler à la recherche scientifique un élan décisif qui permettra, dans les siècles futurs, de rectifier les erreurs qu'ils ont pu commettre.

En marge de la science officielle – celle des sociétés savantes comme la Royal Society de Londres (1660) ou l'Académie des sciences de Paris (1666) – s'instaure une science nouvelle. Le secret entoure souvent les expériences des savants, qui sont presque toujours solitaires. Roberval et Pascal gardent jalousement une bonne part de leurs découvertes en physique (notamment en ce qui concerne l'expérience barométrique). Descartes, qui fait l'apologie du travail en commun et de la transmission du savoir, écrit pourtant dans le *Discours de la méthode* un véritable traité du savant solitaire : les expériences que les autres vous communiquent, dit-il, sont souvent insipides et indéchiffrables, écrites dans un jargon et une graphie qui font perdre plus de temps qu'elles ne

valent. Exilé en Hollande, il change de domicile aussi souvent qu'il le peut ; au fond il ne croit qu'en lui-même plutôt qu'en un système où trop d'individus interviennent.

Il n'existe pas de public pour la science (la vulgarisation scientifique naît au siècle suivant avec Fontenelle), mais l'habitude de s'adresser au grand public par-dessus les universités rebelles, en publiant les traités savants en langue vulgaire, contribue dès le début du XVIIe siècle à donner à la population le « goût de savoir » : c'est le cas du *Dialogo* de Galilée (1632), du *Discours de la méthode* de Descartes (1637) et de l'*Optiks* de Newton (1689).

C'est d'Italie que viennent la science et l'art. Presque tous les savants européens du XVIIe siècle connaissent le latin et l'italien, les premières langues scientifiques. Chaque cité, chaque famille régnante, les cardinaux, les papes et même les grands bourgeois veulent avoir leurs savants attitrés. En 1603 se forme à Rome, grâce au prince Frédéric de Cesi, la première académie de savants, l'Accademia dei Lincei, dont Galilée fait partie. Cinquante ans plus tard, Ferdinand II, grand-duc de Toscane, crée à Florence l'Accademia del Cimento («Académie de l'expérience») où, de 1657 à 1667, siègent Viviani, Borelli, Redi, Stenon, etc. Ces académies ont pour rôle de stimuler le travail des savants en organisant des concours et en assurant la diffusion des œuvres primées.

À Bruges puis en Hollande, Simon Stevin (1548-1620), mathématicien et ingénieur des digues de Hollande, est un exemple de l'intérêt que peut susciter une physique mise enfin au service de l'humanité. Antony van Leeuwenhoek (1632-1723), drapier de Delft, ne quittera jamais sa table d'expériences pour une chaire d'enseignement. Les savants et les chercheurs comme Descartes trouvent dans les Provinces-Unies, sérieuses et bien informées, une liberté d'expression qu'ils n'ont plus chez eux. Descartes et Mersenne, protégés par un haut magistrat comme Constantijn Huyghens, deviennent les génies de son fils, Christiaan Huyghens (1629-1695), dont l'œuvre mathématique et physique assure la liaison entre celles de Galilée et de Newton. Christiaan Huyghens séjourne en France (1666-1681) et reste jusqu'à sa mort pensionné de Louis XIV et membre de l'Académie royale des sciences.

En Angleterre, William Gilbert (1540-1603), médecin d'Élisabeth Ire et de Jacques Ier, publie en 1600 un traité sur le magnétisme, *De magnete*, qui fait date en histoire des sciences. Francis Bacon (1561-1626), chancelier d'Angleterre, emprisonné à la suite d'un procès, est une autre figure marquante du monde scientifique de l'époque. Quoique plus connu que Gilbert, Francis Bacon n'a pas la même valeur scientifique : il ne comprend pas que la science nouvelle est désormais mathématique ; néanmoins, il a le mérite, dans le *Novum organum* (1620), de remettre les savants au travail : la vieille physique est dépassée ; il faut désormais joindre la théorie à la pratique. En 1618, William Harvey (1578-1657) devient médecin de Jacques Ier ; en 1628, il publie un traité qui bouleverse les idées millénaires sur la circulation sanguine. Le 28 novembre 1660 est fondée la Royal Society ; en 1665 commencent à paraître ses *Philosophical Transactions*, qui répandent les idées nouvelles en Angleterre et sur le continent. Enfin, l'œuvre d'Isaac Newton (1643-1727), quoique contestée par les cartésiens et par Leibniz, marque le sommet de la science anglaise au XVIIe siècle et domine le siècle suivant en Europe. Président de la Royal Society dès 1703 et constamment réélu jusqu'à sa mort, Newton voit son génie consacré par l'admiration passionnée de ses compatriotes. Avec lui, le savant sort de son isolement, il devient un homme public, un être dont l'œuvre est aussi appréciée et discutée par le peuple que peut l'être celle d'un prince ou d'un général.

En France, les premiers mécènes sont Peiresc, conseiller au parlement de Provence, et Mazarin. Les grandes villes de province comptent leurs savants : Peiresc à Aix-en-Provence, Fermat à Toulouse, Étienne Pascal à Clermont-Ferrand, puis à Rouen. Mais, en raison de la centralisation étatique, la vie scientifique se développe surtout à Paris. Les universités, obstinément scolastiques, sont surclassées par le Collège royal qui accueille Gassendi et Roberval. L'artisan de la vie scientifique en commun est Marin Mersenne (1588-1648). Grâce à lui, les savants s'écrivent et comparent leurs découvertes. Mersenne publie les

*La vie de **Galilée (1564-1642)** illustre les dangers qui guettent le scientifique du XVIIe siècle. Galilée est nommé professeur de mathématique à Pise (sa ville natale) par le grand-duc de Toscane ; attiré par le sénat de Venise, il est rappelé à Florence par le grand-duc. Grâce aux observations qu'il fait, dès 1608, au moyen d'une lunette astronomique qu'il a lui-même fabriquée, Galilée constate que la Lune n'est pas, comme on le croit à son époque, une sphère parfaite, mais que sa surface est irrégulière ; il nomme « mer » (mer de la Tranquillité, mer de la Sérénité) plusieurs grandes plaines de la surface lunaire. En 1633, l'Église catholique lui intente un procès, parce qu'il soutient le système héliocentrique de Copernic, lequel s'oppose au géocentrisme enseigné par l'Église. Son exil à Arcetri, où il meurt, est adouci par la présence de son disciple Viviani et de Torricelli, et il en profite pour écrire ses* Discorsi *(1638).*

Mécaniques de Galilée et les *Nouvelles pensées de Galilée* puis, en 1634, cinq ouvrages «récréatifs» sur la science; en 1635, il fonde l'Academia parisiensis, qui regroupe les savants de toutes disciplines. Pour sa part, Colbert crée en 1666 l'Académie des sciences, juste après le début, en 1665, de la publication du *Journal des savants*.

L'Europe centrale produit quelques savants de grand renom, notamment Johannes Kepler (1571-1630) et Gottfried Wilhelm Leibniz (1646-1716). Kepler, mathématicien, physicien et astronome du Wurtemburg, fait des découvertes qui annoncent Newton. Dans sa *Nouvelle astronomie ou physique du globe* (1609), il énonce, en se fondant sur les observations de Tycho Brahé (1546-1601), les trois lois qui portent son nom et qui complètent en le corrigeant et en le précisant, le système astronomique de Copernic: il décrit l'orbite elliptique des planètes autour de leur étoile, les variations de la vitesse des planètes en fonction de leur place sur l'ellipse, et les principes de comparaison des révolutions de planètes situées à différentes distances de l'étoile. Leibniz, mathématicien, juriste, chimiste, grand voyageur, conseiller politique et diplomate, trouve dans la bibliothèque de Hanovre, dont il est le conservateur, de quoi nourrir sa prodigieuse érudition. Il emploie son influence à répandre les «Lumières». En effet, il collabore depuis leur fondation (1682) aux *Acta eruditorum*, publiés à Leipzig et directement accessibles aux savants de tous les pays parce qu'écrits en latin, et il fonde, en 1700, l'Académie des sciences de Berlin. En 1673, Leibniz élabore les principes du calcul différentiel et intégral et crée une notation mathématique encore utilisée aujourd'hui.

Dans la seconde moitié du XVIIe siècle, la science connaît une certaine stabilité. À la fin du siècle, elle est devenue objet de curiosité pour la plupart des gens instruits, qui se passionnent désormais pour tout ce qui pique leur curiosité. En cette époque de balbutiement, la science côtoie encore souvent la superstition. Les voyageurs s'intéressent aux mœurs des pays qu'ils traversent, aux souvenirs historiques ou légendaires, visitent les marais salants, les mines, les grottes, prennent des notes sur le temps, sur les remèdes, etc., rapportent pêle-mêle des documents intéressants et du bric-à-brac. Le tri commence à s'opérer dans le dernier tiers du siècle, quand les idées se clarifient. Alors se multiplient les jardins botaniques, les musées, les observatoires astronomiques (Paris, 1672; Greenwich, 1675). Le champ des connaissances devient si étendu qu'au siècle suivant la spécialisation s'imposera: nul ne sera plus savant *et* philosophe.

Parallèlement aux sciences, les techniques connaissent un prodigieux développement, notamment l'imprimerie avec des imprimeurs-éditeurs hollandais comme Plantin, la famille Elzevir, à qui Galilée confie l'édition des *Discorsi*, ou Jean Maire qui publie le *Discours de la méthode*.

Conclusion

Le XVIIᵉ siècle, l'une des plus brillantes époques de la civilisation occidentale, est souvent désigné sous le nom de Grand Siècle. Malgré son éclat culturel, il connaît de nombreuses oppositions et des crises : rivalités, guerres entre États monarchiques, malaises économiques, famines, antagonismes sociaux et religieux. Alors que la vie politique est bouleversée par les conflits armés, la vie économique connaît un prodigieux essor grâce au développement du commerce intercontinental et à l'introduction du libéralisme. Le mercantilisme nécessite un contrôle étatique rigoureux de toutes les activités commerciales et industrielles ; il va de pair avec l'absolutisme royal, dont s'inspirent les monarques du XVIIᵉ siècle et qui se fonde sur la doctrine du droit divin, vivement critiquée par les penseurs de la fin de ce siècle. Vers la fin du XVIIᵉ siècle, on assiste à une grande effervescence intellectuelle et morale qui remet en cause les idées dominantes. Les sciences et la philosophie participent à la remise en question globale de la vision médiévale de l'univers. L'expérience et la raison sont alors les principaux référents d'une conception renouvelée de l'être humain et de ses rapports avec la nature, qui connaîtra son épanouissement au siècle suivant. La science et l'art du XVIIᵉ siècle ouvrent ainsi la voie à la libération des esprits qui caractérise le XVIIIᵉ, tant sur le plan de la pensée que sur celui des mœurs privées ou sur celui de la politique.

Lectures suggérées

ADAM, Antoine. *Histoire de la littérature française au XVIIᵉ siècle*, Paris, Del Duca, 1964, 4 vol.

BÉNAC, Henri. *Le Classicisme*, Paris, Hachette, 1949.

GARRISSON, Janine. *L'Édit de Nantes et sa révocation*, Paris, Seuil, 1985.

GOUBERT, Pierre. *L'Avènement du Roi-Soleil* (1661), Paris, Julliard, 1967.

HINCKER, François. *Les Français devant l'impôt sous l'Ancien Régime*, Paris, Flammarion, 1971.

PILLORGET, Suzanne. *Apogée et déclin des sociétés d'ordre*, Paris, Larousse, 1969.

VOLTAIRE. *Le Siècle de Louis XIV*, Paris, Garnier-Flammarion, 1966.

Questions

1. Quelles sont les justifications et les applications de l'absolutisme royal en France ?
2. Qu'est-ce que le mercantilisme ? Quelles en sont les conséquences économiques ?
3. Quels sont les événements ayant mené à la création de la démocratie parlementaire en Angleterre au XVIIᵉ siècle ?
4. Expliquez les causes et les conséquences de la crise démographique du XVIIᵉ siècle.
5. Quelles sont les causes et les conséquences politiques de la guerre de Trente Ans ?
6. Comment le baroque s'exprime-t-il en littérature et en peinture ?
7. Comment la musique se développe-t-elle au XVIIᵉ siècle ?
8. Quelles sont les deux grandes théories épistémologiques du XVIIᵉ siècle ? Expliquez-les et comparez-les.
9. Donnez quelques exemples de mathématisation de domaines scientifiques au XVIIᵉ siècle.
10. Quel est l'apport des académies scientifiques créées au XVIIᵉ siècle ?

Chapitre 8

LE XVIIIᵉ SIÈCLE (1715-1775)

Atelier de construction de machines à vapeur de Boulton et Watt à Soho, près de Birmingham, vers la fin du XVIIIᵉ siècle De la *machine atmosphérique* de Thomas Newcomen en 1712 aux perfectionnements apportés par James Watt au début des années 1780, le XVIIIᵉ siècle voit s'imposer l'utilisation de la machine à vapeur qui révolutionnera tant la production minière (en assurant un drainage des galeries de mines) que la production textile (filage et tissage) et, en quelques décennies, les transports (locomotive et bateau à vapeur).

Au XVIIIᵉ siècle, les États occidentaux s'engagent dans des luttes où les intérêts économiques priment sur les ambitions politiques. L'équilibre voulu par les traités d'Utrecht (1713) et de Rastadt (1714) est menacé par des guerres de succession. Les rivalités européennes se prolongent hors d'Europe car, depuis le XVIᵉ siècle, les puissances maritimes ont conquis des empires coloniaux. Les Anglais s'opposent âprement aux Français et aux Espagnols. À la fin du siècle, l'Angleterre reste la seule puissance coloniale importante, alors que la Prusse consolide sa position sur le continent. En outre, le prodigieux développement industriel de l'Angleterre lui assure la place de première puissance économique mondiale.

Carte 8.1
L'Europe en 1715

Chronologie

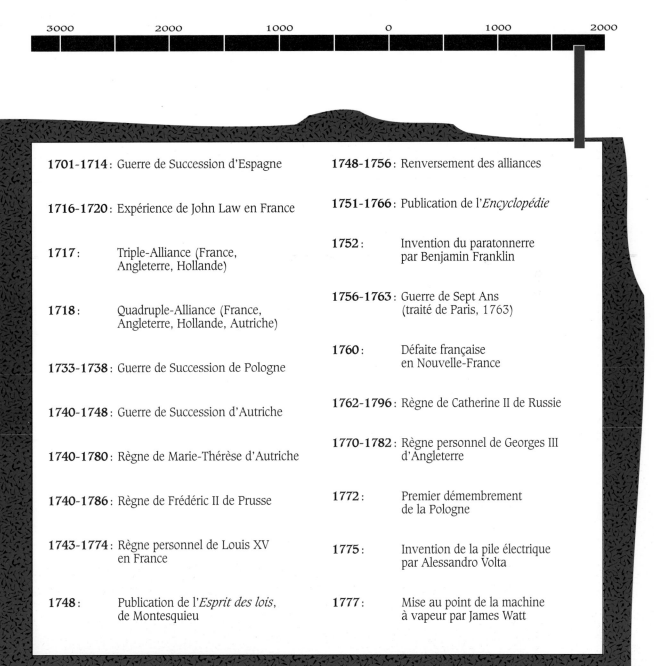

3000   2000   1000   0   1000   2000

1701-1714 : Guerre de Succession d'Espagne

1716-1720 : Expérience de John Law en France

1717 : Triple-Alliance (France, Angleterre, Hollande)

1718 : Quadruple-Alliance (France, Angleterre, Hollande, Autriche)

1733-1738 : Guerre de Succession de Pologne

1740-1748 : Guerre de Succession d'Autriche

1740-1780 : Règne de Marie-Thérèse d'Autriche

1740-1786 : Règne de Frédéric II de Prusse

1743-1774 : Règne personnel de Louis XV en France

1748 : Publication de l'*Esprit des lois*, de Montesquieu

1748-1756 : Renversement des alliances

1751-1766 : Publication de l'*Encyclopédie*

1752 : Invention du paratonnerre par Benjamin Franklin

1756-1763 : Guerre de Sept Ans (traité de Paris, 1763)

1760 : Défaite française en Nouvelle-France

1762-1796 : Règne de Catherine II de Russie

1770-1782 : Règne personnel de Georges III d'Angleterre

1772 : Premier démembrement de la Pologne

1775 : Invention de la pile électrique par Alessandro Volta

1777 : Mise au point de la machine à vapeur par James Watt

Introduction

Alors que l'Angleterre devient une grande puissance coloniale et maritime au XVIIIe siècle, l'Europe continentale (*voir la carte 8.1*) voit s'affirmer la Prusse, l'Autriche et la Russie. La France, quant à elle, fait face à de multiples problèmes. Le siècle est ponctué de guerres de succession qui contrastent avec le nouveau type de guerre que l'Angleterre livre au continent européen : la guerre économique, fondée sur l'exploitation des richesses de son immense empire.

Plusieurs monarques européens affichent une attitude ouverte aux nouvelles exigences de la société du XVIIIe siècle, tout en conservant les prérogatives de leur position politico-sociale : ce sont les « despotes éclairés » qui, comme Frédéric II de Prusse et Joseph II d'Autriche, parviennent à donner à leur pays respectif l'éclat des grandes puissances. Les jeux des alliances entre diverses nations ne sont pas étrangers à cette situation, et dans ce jeu, la France ne gagne rien.

Toutefois, sur le plan des arts – sauf celui de la musique – la France imprime à la civilisation occidentale une marque durable. La philosophie des Lumières, qui articule la remise en question globale des valeurs traditionnelles, annonce, par les œuvres qu'elle inspire, la guerre d'Indépendance des États-Unis et la Révolution française. Les sciences autant que les arts et la littérature profitent largement de ce renouvellement des idées et contribuent, en retour, à la mutation de la société occidentale. C'est ainsi que le XVIIIe siècle est, depuis le début de la civilisation occidentale, celui au cours duquel les idées philosophiques et artistiques auront l'impact le plus important sur l'ensemble des conditions de vie sociale, politique, économique et intellectuelle de toutes les nations.

Vue d'ensemble

Le XVIIIe siècle, le Siècle des lumières, est celui de la liberté. La philosophie des Lumières (au nombre desquelles se trouve la liberté) suscite, en Occident, une évolution intellectuelle qui a pour effet d'asseoir la civilisation sur des bases idéologiques dont l'écho se fait entendre encore aujourd'hui. Les intérêts des Occidentaux sont alors économiques et politiques ; il y a conflit entre l'Espagne, l'Angleterre, la France, l'empire d'Autriche, la Prusse, sans parler des États du Nord et de la question d'Orient. L'Angleterre livre une guerre commerciale au continent européen. Il n'est plus question du triomphe du catholicisme ou du protestantisme. Au XVIIIe siècle, la guerre se fait comme le commerce : pour obtenir des avantages matériels ; le jeu des alliances est instable et associe des partenaires dont les intérêts matériels ne concordent que pour un court laps de temps. On distingue deux périodes : jusqu'en 1740, la paix est relative ; après 1740, éclatent les guerres. Mais, sur d'autres plans, le XVIIIe siècle est plus prospère que le précédent. Industrie, commerce, finances, sciences et techniques progressent rapidement. Les catastrophes climatiques et les famines du XVIIe siècle sont terminées. La population augmente considérablement (*voir la carte 8.2*) :

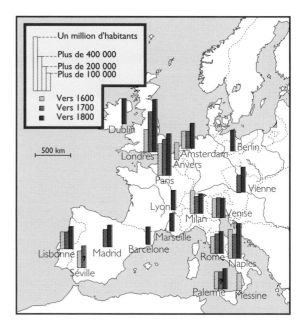

Carte 8.2

Les grandes villes d'Europe de 1600 à 1800

Source : D'après R. MOLS. *Introduction à la démographie historique des villes d'Europe*, t. II, Louvain, 1955, p. 512

TABLEAU 8.1

L'ACCROISSEMENT DE LA POPULATION EUROPÉENNE, PAR PAYS, ENTRE 1700 ET 1800

Pays	Vers 1700	Vers 1800
Îles Britanniques	9 400 000	16 000 000
Angleterre-Galles	5 800 000	9 200 000
Écosse	1 000 000	1 700 000
Irlande	2 500 000	5 100 000
France	19 000 000	27 000 000
Portugal	1 700 000 (1732)	2 900 000
Espagne	6 000 000	11 000 000
Italie	13 000 000	18 000 000
Allemagne	12 000 000	23 000 000
Autriche	7 300 000	28 000 000
Pays-Bas (Belgique)	1 700 000	3 000 000
Provinces-Unies (Hollande)	1 900 000	2 100 000
Suisse	1 200 000	1 700 000 (1789)
Pologne	3 000 000	4 000 000
Suède	1 400 000 (1720)	2 300 000
Norvège	600 000	900 000
Finlande	300 000 (1720)	800 000
Danemark	700 000 (1735)	900 000
Russie	14 000 000 (1724)	36 000 000 (1796)

Source : Adapté de Pierre Léon. *Économies et sociétés pré-industrielles*, Paris, 1970.

la France passe de 19 à 27 millions d'habitants ; l'Angleterre, de 6 à 10 millions ; l'Espagne, de 5,5 à 10,5 millions ; l'Europe, de 118 à 187 millions. La mortalité des jeunes de 1 à 20 ans diminue et la durée de vie s'allonge (*voir le tableau 8.1*).

L'agriculture

Les paysans, qui forment encore la grande majorité de la population occidentale, ont amélioré les techniques d'agriculture. On pratique des assolements plus longs au lieu de laisser la terre se reposer un an sur deux ou trois en jachère ou en vaine pâture ; on substitue des prairies artificielles à la jachère : la production agricole double. On exporte du blé, le cheptel augmente, le paysan acquiert des terres libres. Les progrès de l'agriculture dépendent d'un mouvement d'études qui aboutit à faire de l'économie agricole une véritable science, la physiocratie, dont le maître à penser, François Quesnay (1694-1774), rédige les articles « fermier » et « grains » de l'*Encyclopédie*. On mange mieux au XVIIIᵉ siècle, et l'on résiste mieux aux maladies. Importé d'Amérique, le maïs, dont le rendement est supérieur à celui du blé, se répand jusqu'en Allemagne du Nord. La pomme de terre, également venue d'Amérique et connue en Espagne dès le XVIᵉ siècle, achève au XVIIIᵉ siècle de conquérir l'Europe ; on l'apprécie quand manque le blé. Le haricot et le sarrasin, importés d'Asie, commencent vers 1750 à faire sentir les résultats de leur diffusion. En outre, en raison des progrès de l'élevage, on mange plus de viande au XVIIIᵉ siècle.

L'industrie

Dans les villes, les métiers sont sévèrement régis par les corporations; dans les faubourgs et à la campagne, le travail est libre. C'est là que se développe la grande industrie (surtout celle du textile). D'Angleterre arrivent les machines et les méthodes nouvelles du jeune capitalisme. Les raffineries, les houillères, les fabriques de toiles peintes, de produits chimiques, de savon, les tissages, la grosse métallurgie (machines en fonte, fours à haut fourneau) se développent rapidement. En 1777, Jacques Necker (1732-1804), financier et politicien genevois, directeur général des Finances en France, estime que ce pays détient la moitié du numéraire existant en Europe : les capitaux abondent. Par l'intermédiaire des sociétés anonymes, le noble français peut gagner de l'argent dans le commerce ou l'industrie sans déchoir, bien qu'il ne soit pas aussi bien intégré au commerce que son homologue anglais. À la fin du siècle, par exemple, sous le règne de Louis XVI (1774-1793), le comte d'Artois commandite des usines de produits chimiques.

Le commerce et les affaires

Commerçants et financiers font fortune grâce au commerce colonial (Antilles, Inde, Extrême-Orient). Les ports deviennent puissants. Les Européens prennent dans les colonies les denrées qui leur manquent en Europe. Le commerce, très actif à partir de 1730, porte encore sur les métaux précieux, mais davantage sur le sucre, le café, le cacao, le thé, le tabac, le coton et les plantes tinctoriales (*voir le tableau 8.2*). Comme on l'a vu au siècle précédent, l'essor des plantations provoque une demande de main-d'œuvre servile. Les négriers font alors le trafic triangulaire : les produits européens sont échangés en Afrique contre des esclaves (le «bois d'ébène»), lesquels sont vendus en Amérique contre les produits des îles (sucre, mélasse, etc.) que l'on ramène en Europe. Ainsi s'accroît le peuplement noir du continent américain. L'énorme bénéfice de ce commerce génère un cumul de capitaux qui enrichit les ports atlantiques. Le pacte colonial (ou «régime exclusif») réserve à la métropole le commerce avec ses colonies. Mais ce système n'est pas respecté de la même manière par toutes les puissances : les Anglais commercent à l'intérieur de l'Empire portugais et envoient un navire par an en Amérique espagnole : le «vaisseau de permission». La vraie limite du régime exclusif, c'est l'importante contrebande dans les colonies espagnoles et entre les Antilles françaises et les colonies anglo-américaines. Les rivalités économiques débouchent souvent sur des guerres ouvertes (*voir les cartes 8.3 et 8.4*).

TABLEAU 8.2

L'ÉVOLUTION DU STOCK MONDIAL DE MÉTAUX PRÉCIEUX ENTRE 1701 ET 1800

Périodes	Stock d'argent (kg)	Variation en %	Stock d'or (kg)	Variation en %
1701-1720	335 000		12 820	
1721-1740	431 200	28,7	10 080	(21,3)
1741-1760	533 145	23,6	24 160	139,7
1761-1780	652 740	22,4	20 705	(14,3)
1781-1800	879 150	34,7	17 790	(14,1)

Source : Adapté de A. Soetbeer. *Edelmetall-Produktion und Wertverhältnisse zwischen Gold und Silber seit der Entdeckung Amerikas*, Gotha, 1879.

Plantation de canne à sucre   Cette gravure du XVIIIe siècle illustre les étapes de la production de sucre dans une plantation aux Antilles. Entre 1700 et 1800, les commerces anglais et français se multiplient par cinq. En Angleterre, la plus forte augmentation est celle du commerce colonial qui enrichit de façon spectaculaire les classes dirigeantes.

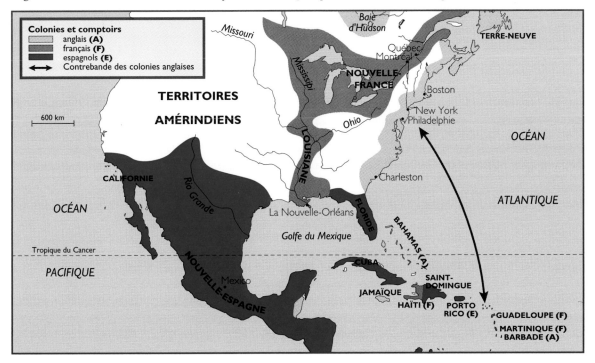

Carte 8.3

L'Amérique du Nord vers 1740

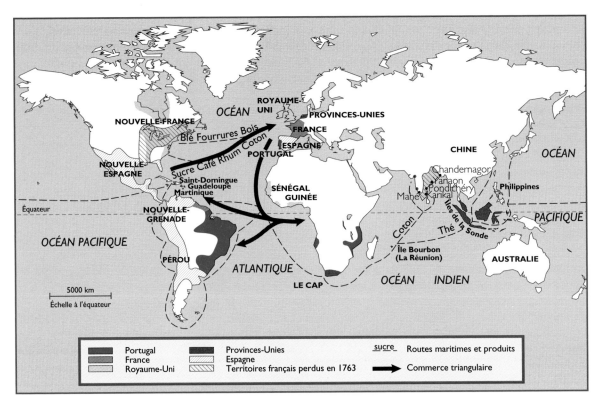

Carte 8.4
Le grand commerce dans la deuxième moitié du XVIIIe siècle

Les guerres coloniales

En Amérique du Nord, la lutte est inévitable. Malgré la construction de la forteresse de Louisbourg, la Nouvelle-France voit son accès à la mer gêné par la présence des Anglais à Terre-Neuve et en Acadie. Inversement, l'occupation française de la vallée de l'Ohio (qui unit le Canada à la Louisiane) arrête toute expansion anglaise vers l'intérieur du continent. Le choc décisif a lieu au cours de la guerre de Sept Ans (1756-1763). Quoiqu'abandonnée par sa métropole, la Nouvelle-France, entre 1756 et 1758, gagne des batailles contre les forts anglais des lacs Ontario et Champlain. Mais, à la suite de l'arrivée massive de soldats anglais, la défaite est inéluctable en 1760; en fait, depuis le début des hostilités, environ 70 000 Canadiens isolés luttent contre 1 610 000 colons anglais bien soutenus par leur métropole.

Au traité de Paris (1763), la France fait tous les frais de la guerre de Sept Ans, abandonnant aux Anglais le Canada (sauf l'archipel de Saint-Pierre-et-Miquelon), le territoire situé entre les Appalaches et le Mississipi, plusieurs Antilles, le Sénégal et presque toutes ses possessions de l'Inde (notamment ses comptoirs). Elle cède la Louisiane à l'Espagne, dépossédée de la Floride que les Anglais ont annexée. (Toutefois, l'Espagne rendra la Louisiane à la France en 1800, qui la revendra aux États-Unis en 1803.) Mais en conservant ses possessions antillaises, la France croit avoir sauvé l'essentiel. Bien que le traité de Paris lui ait cédé la Louisiane, l'Espagne autorise la France à commercer pendant 10 ans encore avec son ancienne colonie; quelques bâtiments bordelais s'y rendent après 1763. L'abandon du Canada par les Français suscite de vigoureuses protestations en France et en Amérique française. Les conséquences de cette guerre sont déterminantes pour l'Amérique du Nord: le Canada devient une colonie anglaise, et les 13 colonies de la Nouvelle-Angleterre, maintenant très peuplées, songent à se libérer de la tutelle anglaise.

Les faits

L'ascension de la Prusse, de l'Autriche et de la Russie est notamment due aux réformes entreprises par les souverains de ces États après 1740. On appelle **despotisme éclairé** cet effort de modernisation. Le bon despote se réclame de la philosophie des Lumières. Désirant avant tout renforcer son pouvoir, il institue la tolérance et soumet le clergé au pouvoir civil. Il s'inspire des méthodes de Louis XIV pour centraliser l'administration aux dépens de la noblesse et utilise les recettes du colbertisme. Il applique les idées des physiocrates sur la terre, source de richesse. Ses réformes visent à doter le pays de bonnes finances et d'une armée solide, conditions de la puissance réelle. Le programme du despotisme éclairé se résume en quatre thèmes : l'antiféodalisme, les améliorations matérielles, les progrès socio-économiques (qui augmentent le rendement des impôts) et l'anticléricalisme. Ce programme est mis en place d'autorité, sans appel à des assemblées représentatives.

La guerre de Succession d'Espagne (1701-1714) et la Triple-Alliance (1717)

Pendant une cinquantaine d'années, des questions de succession servent de prétextes aux guerres. Les belligérants, des aristocrates, sont solidaires en dépit de leurs querelles. Confiées à des armées de métier, les guerres de chancelleries ne mobilisent pas le peuple et n'ont pas le caractère d'acharnement que revêtent les conflits nationaux après 1789. Pourtant, il s'agit toujours de la prépondérance en Europe et dans le monde. Durant la période de 1701 à 1714, la France hésite. Doit-elle se désintéresser des conflits européens ou consacrer ses forces à la consolidation de ses colonies ? Soutenir la maison d'Autriche ou la combattre ? Grande gagnante de ces conflits, l'Angleterre oriente les Européens vers une politique continentale, tout en s'assurant la maîtrise des mers.

Les traités d'Utrecht (1713) et de Rastadt (1714) mettent fin à la guerre de Succession d'Espagne, sans régler les problèmes. L'Espagne regrette le traité de commerce qu'elle a signé avec l'Angleterre. Philippe V convoite la France, renforce son armée et sa marine, et entraîne son pays dans la guerre en violant le traité d'Utrecht par l'invasion de la Sardaigne (1717). L'empereur d'Autriche Charles VI (1685-1740) garde l'espoir de régner sur l'Espagne et veut faire de l'Italie un protectorat autrichien. Au traité de Rastadt, il renonce à l'Espagne et reçoit en échange le royaume de Naples, le Milanais, Mantoue, la Sardaigne (troquée contre la Sicile en 1718, que la Savoie possédait depuis 1713) et les Pays-Bas espagnols ; il tente alors de ranimer le commerce en Belgique. L'Angleterre est tiraillée : ses marchands veulent développer leur commerce, mais les effets de la contrebande en Amérique latine se font sentir. À cause du Hanovre, l'Angleterre doit suivre de près la situation politique en Baltique. Bien installée en Méditerranée (Gibraltar, Minorque, la Sicile passée aux Bourbons d'Espagne en 1735), elle se soucie de la question italienne. La France, encore paralysée en 1717 par la minorité de Louis XV (1710-1774), ne demande rien.

Pour maintenir les traités d'Utrecht, la France, l'Angleterre et la Hollande signent la Triple-Alliance (1717), à laquelle se rallie l'Autriche (1718). L'Espagne attaque l'Autriche, puis signe la paix à Madrid en 1720. En 1725, l'Espagne et l'Autriche complotent contre la France et l'Angleterre, tandis que ces deux royaumes étendent leur alliance au Hanovre. En 1726, la guerre générale est en vue, mais en France, le cardinal Fleury (1653-1743), pacifiste convaincu, préfère faire des concessions. Il rapproche la France de l'Espagne en promettant à Philippe V le trône italien de Parme et Plaisance ; il rapproche l'Angleterre de l'Espagne en obtenant que celle-ci conserve aux Anglais leurs droits commerciaux (dont la France est exclue), en retour de quoi l'Angleterre promet également Parme et Plaisance à l'Espagne. Fleury réconcilie aussi l'Autriche et l'Angleterre. La France ne gagne que la paix, mais c'est la condition essentielle de son relèvement. La succession d'Espagne est réglée en 1731.

La Prusse

Tandis que l'Angleterre réagit contre l'absolutisme, on assiste dans le reste de l'Europe au renforcement de la monarchie. Frédéric II (1712-1786) règne en monarque absolu ; ses ministres ne sont que des exécutants. Il développe le pays et se fait applaudir des philosophes en favorisant l'enseignement et en réformant la législation. Mais il contracte avec la noblesse une union indissoluble (jusqu'à la chute des Hohenzollern en 1918) qui limite la portée de ses réformes sociales : la corvée est remplacée par une redevance fixe en argent, mais les paysans restent soumis à la justice seigneuriale ; toutefois, dans les territoires polonais annexés en 1772, les serfs deviennent des tenanciers libres.

Imitant ses prédécesseurs, Frédéric II met en valeur les terres en friche du Brandebourg en les peuplant de colons. À Francfort et à Hambourg, des agences recrutent 300 000 colons qui s'établissent en Prusse ; semences et outils leur sont distribués gratuitement ; les nobles doivent construire des villages sur leurs terres. La population prussienne passe de 2,24 à plus de 6 millions d'habitants par le fait de la colonisation et des annexions. La germanisation de la Prusse-Orientale date de cette époque. Frédéric II trouve installées dans ses États diverses Églises : luthérienne dans le Brandebourg, catholique à Clèves. Il ne change rien à cela et pratique une large tolérance religieuse. Il appelle chez lui les **jésuites**, expulsés des États catholiques, qui sont de bons professeurs ; il crée également des écoles, qui donnent un enseignement devenu obligatoire (*voir la carte 8.5*).

L'Autriche

Lorsque meurt le roi de Pologne en 1733, deux candidats briguent le trône électif : l'électeur Frédéric-Auguste III de Saxe, fils du défunt roi, et Stanislas Ier Leszczyński (1677-1766), beau-père de Louis XV, élu roi de Pologne en 1704 et détrôné en 1709. Revenu à Varsovie en 1733, Stanislas en est chassé par son rival, que soutiennent la Russie et l'Autriche (1734). Fleury ne peut empêcher l'éclatement de la guerre ; 1500 soldats français sont envoyés en Pologne, mais Stanislas n'est pas maintenu. Battue, l'Autriche demande la paix, que l'on signe finalement à Vienne en 1738. L'Autriche cède à Stanislas la Lorraine, qui doit ensuite revenir (à sa mort, survenue en 1766) à la France ; Frédéric-Auguste III de Saxe demeure roi de Pologne sous le nom d'Auguste III. L'Espagne, qui a appuyé la France, obtient Naples et la Sicile, en échange de Parme. Fleury a été l'arbitre incontesté de toutes ces négociations.

Sacré en 1711 à la mort de son frère Joseph Ier, l'empereur Charles VI d'Autriche fait garantir par l'Europe, en 1713, la Pragmatique Sanction qui attribue l'Autriche à sa fille Marie-Thérèse. Aussitôt après la mort de Charles VI en 1740, quatre souverains disputent à Marie-Thérèse la succession d'Autriche : Frédéric-Auguste II, électeur de Saxe et mari de Marie-Josèphe, fille de Joseph Ier ; Charles-Albert, électeur de Bavière et mari de Marie-Amélie, sœur de Marie-Josèphe ; Philippe V d'Espagne ; Frédéric II de Prusse, qui revendique la Silésie autrichienne. En 1741, Frédéric II envahit la Silésie, l'Allemagne et l'Italie. Marie-Thérèse resserre ses liens avec l'Angleterre, abandonne la Silésie à Frédéric II (1742), qui laisse alors ses alliés français combattre seuls les Austro-Hongrois.

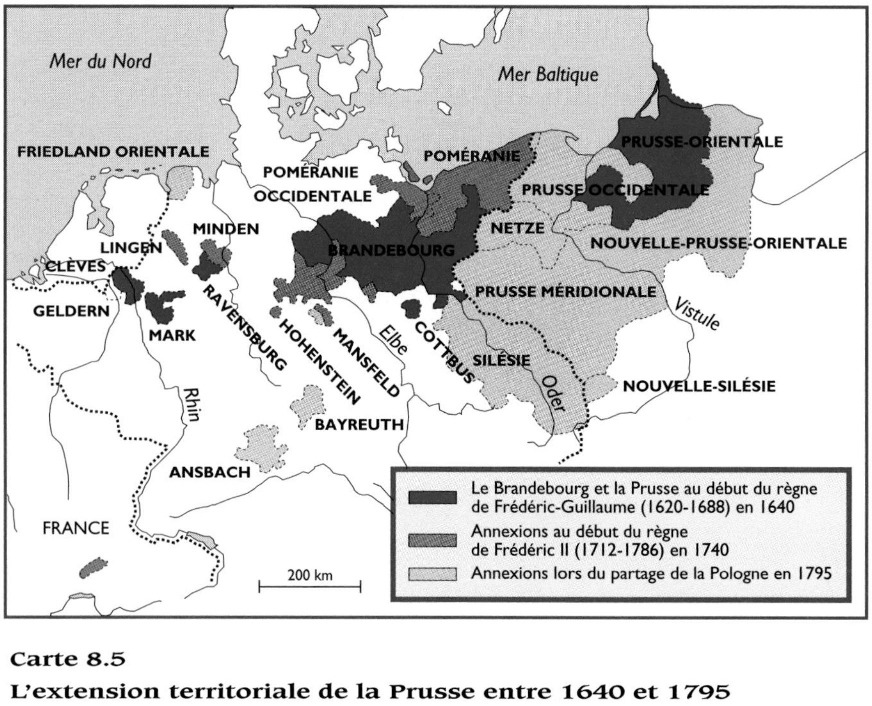

Carte 8.5
L'extension territoriale de la Prusse entre 1640 et 1795

Despote éclairé et libéral

Frédéric II le Grand (1712-1786), *roi de Prusse (1740-1786). Dans ses livres, il se dit «premier domestique de son peuple, chef d'une famille de citoyens». Il attire Voltaire à sa cour. En 1739, il expose ses opinions politiques dans l'*Antimachiavel *que Voltaire publie à La Haye l'année suivante. Il s'oppose au théoricien florentin du XVIᵉ siècle en montrant que l'État n'est pas la «chose» du prince, et que celui-ci doit subordonner son intérêt personnel au bien commun; cependant, il est fidèle à Machiavel par son indifférence dans le choix des moyens employés: «Un prince ne doit consulter que son intérêt.» Frédéric II crée des fabriques, embauche des experts étrangers, fait creuser des canaux. Fondée en 1700 par Frédéric Iᵉʳ à l'instigation de Leibniz, la Société des sciences de Berlin prend, en 1743 sous Frédéric II, le nom d'Académie royale des sciences et belles-lettres de Prusse; on la connaît aussi sous le nom d'Académie de Berlin. Le Français Maupertuis en est le président et les mémoires de l'Académie sont rédigés en français de 1746 à 1804; elle stimule le développement de la science allemande. Par ailleurs, la philosophie des Lumières* (Aufklärung), *qui inspire les académiciens, domine la vie intellectuelle de la Prusse pendant une génération. Frédéric II simplifie l'appareil judiciaire, introduit la triple instance des tribunaux (première instance, appel, cassation), modernise et accélère la procédure, abolit la torture (1742), interdit les peines corporelles et améliore le régime des prisons. Il amorce une réforme du droit prussien qui ne se terminera qu'après sa mort, avec la publication du Code général et du Code de procédure en 1793 et 1794.*

influencé par philo de la lumière EU France Prusse Autriche Russie

S'étant aventurés en Bohême (occupation de Prague), les Français doivent se replier sur le Rhin. Louis XV, à la tête de l'armée, tombe très malade à Metz (1744); on le croit mort (c'est à la suite de l'émoi que provoque cette maladie qu'il reçoit le surnom de Louis le Bien-Aimé). En même temps que la guérison du roi survient la fin de l'invasion: Frédéric II a décidé de se replier et de se retourner contre l'Autriche. Les Français remportent cependant la bataille de Fontenoy (1745) contre les Anglais et les Hollandais, et annexent les Pays-Bas. À la paix d'Aix-la-Chapelle (1748), Louis XV veut en finir avec la guerre; il cède toutes les conquêtes françaises aux Pays-Bas, recouvre en échange les colonies prises par les Anglais et reconnaît Marie-Thérèse comme impératrice d'Autriche. Le second fils de Philippe V et d'Élisabeth Farnèse, don Philippe, reçoit le duché de Parme et de Plaisance. La France s'est battue «pour le roi de Prusse» – pour ne rien obtenir.

Marie-Thérèse (1717-1780) et son fils Joseph II (1741-1790) renforcent l'autorité centrale de l'empire d'Autriche par la germanisation. Après la guerre de Sept Ans (1763), l'impératrice Marie-Thérèse, reine de Bohême et de Hongrie, emploie le reste de son règne (qui débute en 1740) à des réformes intérieures. Elle crée une Cour des comptes, une Chancellerie, un Conseil d'État, des organismes communs à tous les États habsbourgeois. Elle améliore le sort des paysans

Marie-Thérèse (1717-1780), impératrice d'Autriche de 1740 à 1780   Selon les principes du despotisme éclairé, elle favorise l'unité des États autrichiens où règne une grande diversité ethnique protégée par des particularismes locaux (imposition d'un conseil d'État, institution d'un code pénal). Elle aura seize enfants dont Marie-Antoinette, épouse de Louis XVI et reine de France.

en régularisant les corvées, diminue les impôts et fonde des écoles. Catholique, elle ne prise guère les philosophes ni les francs-maçons. Joseph II est au contraire un roi selon le vœu des philosophes. Appliqué, méthodique, minutieux, ennemi du fanatisme et des privilèges ecclésiastiques, désirant sincèrement le bien-être de son peuple, il veut se conduire en tout selon la Raison. L'anticléricalisme, l'antiféodalisme et la bureaucratie constituent son plan de réforme. Il impose à tous ses États une administration unique, remplace les diètes locales par 13 gouvernements, installe partout des bureaux allemands et oblige les fonctionnaires à parler l'allemand. Affranchis, les serfs de Bohême et de Hongrie reçoivent en don un lopin de terre qu'ils cultivent. Même les terres des nobles sont soumises à l'impôt. Un nouveau Code civil promulgue l'égalité de tous devant la loi ; les peines sont adoucies. Il y a des résistances en Hongrie, où le nationalisme est vif, et en Belgique, trop loin de Vienne pour être facilement influencée.

Le joséphisme, la politique religieuse de Joseph II, est un renforcement du gallicanisme qui veut que l'Église d'Autriche soit une Église d'État à peine rattachée à Rome. L'empereur édicte de nombreux règlements spécifiant, notamment, le nombre de bougeoirs à placer sur l'autel. Sous Marie-Thérèse, le catholicisme était la seule religion autorisée, mais l'édit de Tolérance (1781) de Joseph II permet à toutes les confessions chrétiennes d'exercer leur culte, de fonder des écoles, et à leurs membres d'accéder à tous les emplois. Le pape Pie VI fait une visite à Vienne en 1782 ; il est reçu avec de grands honneurs, mais n'obtient rien. Quelques années plus tard, les constituants français s'inspireront des décrets de Joseph II pour établir une Constitution civile du clergé.

Le renversement des alliances (1748-1756) et la guerre de Sept Ans (1756-1763)

De 1748 à 1756 s'établit un nouveau regroupement des puissances : l'Angleterre et la Prusse se garantissent mutuellement la Silésie et le Hanovre ; la France est préoccupée par l'ascension de la Prusse et de l'Autriche, impatiente de recouvrer la Silésie. La rivalité franco-anglaise éclate en Amérique du Nord. En 1755, l'Angleterre saisit 300 vaisseaux de commerce français. La guerre se répand en Europe en 1756. En janvier 1756, la Prusse signe avec l'Angleterre un traité de neutralité à Westminster ; isolée, la France s'allie à l'Autriche : c'est le renversement des alliances, consacré par le premier traité de Versailles (mai 1756). Frédéric II prend l'offensive en août 1756, envahit la Saxe en octobre et la Bohême au printemps suivant ; battu en juin 1757, il doit évacuer la Bohême tandis que les Russes envahissent la Prusse-Orientale. Frédéric II est battu de nouveau en août 1759 et se trouve en difficulté, lorsqu'il est sauvé par la mort de la tsarine Élisabeth (5 janvier 1762) ; le nouveau tsar est son neveu, Pierre III (1728-1762). Admirateur de Frédéric II, Pierre III se hâte de signer la paix avec la Prusse le 5 mai 1762 et lui remet la Poméranie et la Prusse-Orientale. En juillet 1762, Frédéric II a reconquis la Silésie.

L'Europe centrale et orientale

Après 1763, la politique européenne se déplace vers l'est. Catherine II de Russie succède (1762-1796) à son mari, Pierre III, qu'elle a fait assassiner. Princesse allemande élevée à la française et devenue russe, elle incarne le cosmopolitisme du siècle. Son modèle est l'autocrate Pierre le Grand. Comme tout despote éclairé, elle se sert des philosophes pour assurer son prestige. Au début de son règne, la tsarine prend des initiatives « éclairées ». En 1767, elle forme une commission, représentant toutes les classes de la nation, pour connaître leurs besoins : n'aboutissant à rien, cette assemblée est dissoute en 1768. En 1773, en pleine guerre avec la Turquie, les serfs se soulèvent dans l'Est de la Russie et menacent Moscou. Cette révolte incite la tsarine à des réformes. Après la paix de Kaïnardji en 1774, elle multiplie les gouvernements locaux et réserve des privilèges à la noblesse (1785) ; elle met également en valeur les steppes du Sud, mais aggrave le servage et l'étend à l'Ukraine ; elle considère les paysans comme des esclaves. Catherine II donne à l'Occident l'illusion que la Russie s'intègre à l'Europe ; en réalité, elle favorise plus les conquêtes que les réformes. À sa mort (1796), la Russie est ce qu'elle était au XVIIe siècle : un grand village serf (*voir la carte 8.6*).

D'un autre côté, deux États faibles, la Pologne et la Turquie, sont menacés de démembrement par leurs voisins. Désunie, la Pologne ne possède ni administration, ni finances, ni armée régulière. Les troubles qui suivent l'élection de Stanislas II Poniatowski (1732-1798) au trône de Pologne

Carte 8.6

L'extension territoriale de la Russie entre 1462 et 1796

(1764) servent de prétextes à la Russie pour occuper ce pays. La Russie, la Prusse et l'Autriche s'allient pour démembrer la Pologne, s'attribuant les deux cinquièmes de son territoire (1772). Deux autres partages (1793 et 1795) font disparaître l'ancienne Pologne. Quant à la Turquie, elle souffre d'une désorganisation administrative et militaire; jadis asservies, ses populations chrétiennes se réveillent. Poussée par la France qui tente de sauver la Pologne, la Turquie déclare la guerre à la Russie en 1768, mais elle est vaincue. À la paix de Kaïnardji (1774), la Russie obtient la Crimée (annexée en 1784) et le protectorat des chrétiens orthodoxes de l'Empire ottoman. L'Autriche obtient la Bukovine. Une nouvelle guerre russo-turque éclate en 1787. La Russie reçoit alors les rives de la mer Noire à la paix de Jassy en 1792. L'histoire des pays d'Europe de l'Est est donc liée, dès le XVIIIᵉ siècle, à la politique des pays d'Europe occidentale.

L'Angleterre

Pendant ce temps, l'Angleterre s'enrichit (*voir la carte 8.7*). Face au despotisme éclairé, elle prône le modèle d'une monarchie tempérée par les droits individuels. Son histoire au XVIIIᵉ siècle tient en trois faits: la consolidation du régime parlementaire tel qu'il a été créé en 1688; la lutte contre la France, qui lui donne la maîtrise des mers et un immense empire colonial; la naissance de la grande industrie (*voir le tableau 8.3*) qui, grâce au machinisme, développe le capitalisme et le prolétariat ouvrier, avec toutes leurs conséquences politiques, économiques, sociales, techniques et scientifiques.

En 1714, l'électeur de Hanovre, arrière-petit-fils de Jacques Iᵉʳ, devient Georges Iᵉʳ d'Angleterre. Ses descendants occupent encore aujourd'hui ce trône. Le règne des deux premiers Georges (1714-1760) favorise le **parlementarisme**. Jusqu'alors, malgré des pouvoirs limités, le roi choisissait et révoquait ses ministres à sa guise. Mais Georges Iᵉʳ et Georges II,

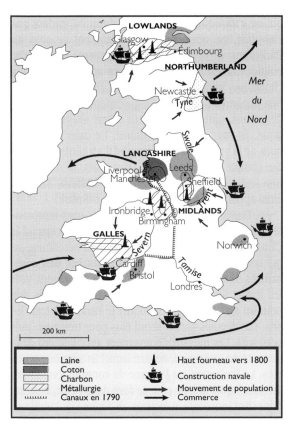

Carte 8.7

L'économie anglaise au XVIIIᵉ siècle

élan à l'économie et au commerce extérieur. Mais il doit faire face à une nouvelle agitation religieuse et parlementaire. En 1743, Louis XV veut gouverner personnellement.

La guerre de Succession d'Autriche, qui se termine par le traité d'Aix-la-Chapelle (1748) sans gain pour la France, a coûté cher. Louis XV soutient une politique de justice fiscale et crée, en 1749, l'impôt du vingtième sur tous les revenus. Mais le clergé s'oppose à cette réforme avec l'appui des parlements qui jouent double jeu : ils se présentent à la nation comme les défenseurs des libertés contre le despotisme, mais constituent en même temps le rempart des privilégiés. En 1752, les parlementaires relancent la querelle religieuse, lorsque l'archevêque de Paris, Christophe de Beaumont, pour lutter contre le **jansénisme**, exige des mourants un billet de confession. En même temps, la publication de l'*Encyclopédie* (1751) répand dans l'intelligentsia française un esprit hostile à la religion. Pour détourner l'attention, les privilégiés font campagne contre les dépenses de la Cour et contre le roi. Louis XV tergiverse, exempte le clergé du vingtième (1751), condamne l'*Encyclopédie* (1752) mais ne révoque pas son privilège et la laisse reparaître, exile puis rappelle le Parlement (1753) ; cette politique versatile ruine son prestige. Alors

Louis XV dit *le Bien-Aimé* (1710-1774), roi de France de 1715 à 1774   Arrière-petit-fils de Louis XIV, il assume seul la direction du royaume à partir de 1743. Son règne est marqué par une grande prospérité, des guerres dispendieuses et l'opposition des parlements.

Atelier de coutelier au XVIIIᵉ siècle   Cette planche tirée de l'*Encyclopédie* illustre la machinerie et les opérations de fabrication de couteaux dans la deuxième moitié du siècle. On remarquera l'utilisation de la force humaine (ouvrier à gauche) pour le fonctionnement des meules d'affûtage des lames.

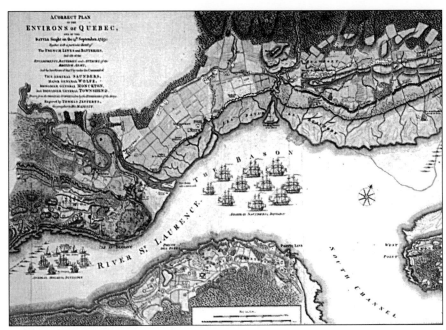

La flotte anglaise devant Québec en 1759 Bien que le traité de Paris soit favorablement accepté par l'opinion française, il met fin à la guerre de Sept Ans qui sonne le glas de l'Empire français en Amérique et qui assure à l'Angleterre le premier empire colonial de l'époque.

lorrain, il raffermit la discipline, astreint les officiers à vivre dans leurs garnisons, ouvre une école militaire, fait construire des navires, crée des arsenaux (Marseille, Lorient), rend la France capable d'affronter l'Angleterre et fait aboutir l'annexion de la Corse, qui appartenait à la république de Gênes. Incapables d'y maintenir l'ordre, les Gênois ont fait appel à la France, qui accepte d'abord et menace ensuite d'en retirer ses troupes si l'on ne lui donne pas l'île ; Gênes y consent moyennant finance en 1768.

qu'en 1744, la maladie du roi avait suscité un émoi national, l'attentat de Damiens (5 janvier 1757) ne produit aucun effet.

Le renversement des alliances de 1756, liant la France à l'Autriche contre son ancienne alliée, la Prusse, maintenant unie à l'Angleterre par le traité de Westminster, comporte des engagements très lourds : impopulaire en France, où les sympathies vont à Frédéric II, le type même du despote éclairé, cette alliance oblige la France, durant la guerre de Sept Ans, à disperser ses efforts sur le continent contre la Prusse, sur mer et aux colonies contre l'Angleterre. Le résultat est désastreux : en 1763, le premier empire colonial français est perdu et l'Angleterre s'impose comme première puissance maritime mondiale.

L'opposition parlementaire, faute de pouvoir attaquer de front le roi, tourne gallicans et jansénistes contre les jésuites, que le ministre Choiseul interdit en 1764. Afin de se concilier le Parlement, Choiseul joue la carte de l'anticléricalisme. Cependant, cette concession ne désarme pas le Parlement, car Choiseul, qui s'intéresse davantage à la politique étrangère, n'a plus d'autorité en France. Il a pourtant à son actif la réorganisation de l'armée, qui a fait piètre figure lors de la guerre de Sept Ans ; lui-même ancien officier

Les héritages

Les pays du continent européen adoptent au XVIIIe siècle certaines améliorations matérielles venues d'Angleterre, constituant un début de confort. L'enrichissement de la bourgeoisie donne aux artistes une clientèle plus importante mais de goûts différents. Les arts, les sciences et les techniques s'épanouissent comme jamais auparavant.

Les arts

La France domine dans le domaine des beaux-arts, des arts décoratifs et de l'architecture, alors que la musique du XVIIIe siècle est incontestablement l'œuvre d'artistes allemands.

La prépondérance française dans les beaux-arts

Au temps du Roi-Soleil, l'aménagement de Versailles fournissait aux artistes l'essentiel de leurs commandes; les académies définissaient l'art officiel. Sous le régent Philippe d'Orléans, Paris redevient la capitale de l'art. On y demande moins de faste et plus d'intimité. À un art de cour succède un art de société. Quand, en 1722, le roi Louis XV retourne à Versailles, la cour ne crée plus la mode, elle la suit. Il n'y a plus d'art officiel. Au XVIIIe siècle, l'architecte devient urbaniste. Les villes s'embellissent. C'est l'époque des places royales à la française : moins de palais, plus d'hôtels particuliers. Des façades gracieuses et ornées surgissent; partout, on remarque des courbes et des couleurs claires. Les pièces en enfilade disparaissent. L'intérieur doit satisfaire l'intimité et le confort des occupants. Les pièces sont moins grandes, les plafonds plus bas et moins décorés, les murs garnis de boiseries ouvragées et peintes dans des tonalités douces. Après 1760 apparaît le papier peint. Même à Versailles, on construit de petits appartements. Les pièces se spécialisent : on ne reçoit plus dans sa chambre. Différentes des pièces d'habitation, les pièces de réception (boudoir, fumoir, salon) se voient adjoindre une salle à manger à partir de 1750.

On abandonne les meubles imposants et raides pour un mobilier varié et maniable, adapté à son usage : sièges galbés, bureaux, secrétaires, tables de jeu. Les bois sont clairs et précieux, égayés de marqueteries et de vernis. L'usage des services de table se répand, justifiant la création de faïenceries. Services à café, à thé, à chocolat s'imposent avec ces boissons nouvelles. La multiplicité des créations des arts mineurs réduit la place des arts traditionnels. Les sculptures s'apparentent aux bibelots, et certaines sont reproduites en miniature. On place des figurines en porcelaine ou des tabatières, véritables œuvres d'art ornées de miniatures précieuses, sur les étagères, les manteaux des cheminées et les guéridons. Tout, dans la décoration, contribue à créer le cadre de la vie moderne.

On désigne souvent le style rocaille sous le nom de style Louis XV. En réalité, le rocaille commence vers 1690 et s'achève vers 1750. Caprices et fantaisie y règnent dans l'asymétrie des courbes et des contre-courbes; la ligne droite et l'austère symétrie du style Louis XIV sont proscrites. Variété allégée du baroque, le style rocaille puise son inspiration dans la bizarrerie de formes des rochers (d'où son nom), des coquillages, des cristaux que l'on collectionne. Un penchant pour les arts d'Extrême-Orient multiplie pagodes et dragons. Le rocaille règne sur le décor intérieur et extérieur, mais l'esprit de l'architecture reste classique. Jacques Gabriel (1667-1742) aménage les places royales de Rennes et de Bordeaux, et édifie des ponts (Blois). À Nancy, Héré construit la place Stanislas.

En sculpture, on retrouve une certaine continuité, car les traditions d'ateliers sont renforcées par les liens de famille. Les frères Coustou et Robert Le Lorrain continuent la manière versaillaise, mais y introduisent fougue et mouvement. Les grands sculpteurs sont Cafferi, Bouchardon (1698-1762), Falconet, Pigalle (1714-1785), auteur du monument du Maréchal de Saxe, et surtout Houdon (1741-1828), dont le *Voltaire assis* joint à la virtuosité technique un sens aigu de la psychologie. La peinture suit les coloristes vénitiens, flamands et hollandais. Antoine Watteau (1684-1721) lance la peinture nouvelle. Boucher (1703-1770), premier peintre du roi, règne sur la peinture décorative. Les thèmes les plus traités sont les fêtes galantes, les divertissements champêtres et les bergeries. Les meilleurs portraitistes sont Nattier et Quentin de La Tour (1704-1788), le maître du pastel. La tapisserie s'inspire directement de la peinture : les peintres en fournissent les cartons. La gravure popularise les œuvres célèbres. En grande vogue, le livre illustré est l'œuvre de spécialistes comme Moreau le Jeune.

Avant le milieu du siècle, on dénonce les excès du rocaille. Un retour aux sources s'amorce : retour au Moyen Âge, qui s'épanouira au XIXᵉ siècle avec le romantisme ; retour à l'Antiquité (néoclassicisme), qui dure jusqu'à la Restauration et qu'on désigne souvent sous les noms de style Louis XVI et style Empire. Au-delà des monuments de Rome, on cherche une connaissance directe de l'Antiquité grecque, étrusque ou égyptienne. Les fouilles d'Herculanum (1738) et de Pompéi (1748) fournissent des idées. En 1751, on redécouvre les temples grecs de Paestum (Italie). L'Antiquité est à la mode : façades nues, lignes droites. D'un autre côté, l'anglomanie introduit le culte de la nature, avec la mode du jardin anglais au tracé sinueux, agrémenté de fabriques, petits édifices ornementaux.

Ce retour à l'Antiquité se partage en deux tendances : fils de Jacques Gabriel, Jacques Ange Gabriel (1705-1782) tempère la solennité du style Louis XIV par le rocaille : l'École militaire de Paris, les pavillons de la place Louis-XV (actuelle place de la Concorde), le Petit Trianon et l'opéra de Versailles. Avec Soufflot s'impose un attachement plus solide à l'Antiquité : le portique de l'église Sainte-Geneviève (maintenant le Panthéon) s'inspire des temples grecs de Paestum et la coupole, de Saint-Pierre de Rome. La peinture de Fragonard (1732-1806) maintient le goût du début du siècle. Le culte des sentiments mis à la mode par Jean-Jacques Rousseau s'exprime dans les toiles de Greuze (1725-1805) et dans les portraits de David (1748-1825). Chardin (1699-1779) peint des scènes intimes et simples de bons bourgeois dans leur intérieur ; son art a un accent de vérité unique.

Les arts en Occident

Les artistes étrangers vont se former à Paris. L'influence de la France se manifeste par l'édification de châteaux royaux, répliques de Versailles, et l'aménagement de places royales ; la persistance des caractères nationaux permet d'éviter l'uniformité. L'Italie demeure un fief de l'art baroque. Venise domine toujours en peinture. À Lisbonne, reconstruite après le séisme de 1755, on aménage la place de Palladio sur le modèle de la place Louis-XV de Paris. En Espagne, Goya (1746-1828) s'inspire des peintres français et italiens. En Angleterre, l'influence française est limitée. Les frères Adam créent un style à l'antique. Les recherches archéologiques inspirent les faïences de Wedgewood. Hogarth (1697-1764), dans ses tableaux, se fait le censeur de la société de son temps. Reynolds (1723-1792) et Gainsborough (1727-1788) peignent leurs personnages dans des décors champêtres. L'influence italienne se manifeste à Vienne et dans les abbayes bordant le Danube. Les États allemands adoptent le baroque dans l'architecture civile, mais le rococo domine l'art religieux. En Russie, la construction de Saint-Pétersbourg, commencée à l'imitation d'Amsterdam, se poursuit en s'inspirant de la ville de Versailles, et Falconet dresse la statue équestre de Pierre le Grand. Aux États-Unis, le major français L'Enfant édifie l'hôtel de ville de New York et dessine le plan de la capitale, Washington, sur les bords du Potomac.

La musique

Au XVIIIᵉ siècle, la musique est de toutes les fêtes. Les musiciens sont soutenus par des mécènes. L'Allemagne et l'Autriche sont les royaumes de la

Wolfgang Amadeus Mozart (1756-1791) est le plus grand musicien du XVIIIᵉ siècle. À la fois facile et savante, son œuvre offre d'innombrables facettes. Sa prodigieuse précocité, le ton léger et lumineux de sa facture, font oublier la profondeur de sa pensée et le caractère parfois tragique de son inspiration. La production de Mozart est considérable ; outre ses opéras dont les plus célèbres sont Les Noces de Figaro *(1786),* Don Giovanni *(1787),* Cosi fan tutte *(1790),* La Flûte enchantée *(1791), il écrit des symphonies, des concertos pour pianos, violons, flûtes, etc. ; de la musique de chambre : quintettes, quatuors, trios, sonates ; des lieder, des sérénades et de la musique religieuse, notamment un* Requiem, *qu'il ne peut achever (1791).*

Influence 2 révolutions

musique. En France, Jean-Baptiste Rameau (1683-1764), d'abord théoricien, n'aborde qu'assez tard l'opéra. L'Allemand Glück (1714-1787), influencé par Jean-Jacques Rousseau, recherche dans ses drames simplicité et naturel, mais sa réussite n'entame pas celle du *bel canto* italien. Le spectacle comique prend deux formes : l'opéra bouffe, créé en Italie par Pergolèse, et en France, l'opéra-comique, où alternent parties chantées et parties parlées, dans lequel triomphe André Grétry. En Allemagne, la musique religieuse impose son austérité aux œuvres profanes. Jean-Sébastien Bach (1685-1750), issu d'une lignée de musiciens saxons, compose une œuvre riche et variée, qui comprend notamment les célèbres *Concertos brandebourgeois* et de nombreuses pièces pour orgue. Haendel (1685-1759), établi en Angleterre, montre moins d'austérité dans son œuvre. L'Autriche tempère la rigueur germanique par la grâce italienne. Joseph Haydn (1732-1809) compose une musique élégante et agréable. L'essentiel des compositions de Mozart allie la perfection de l'écriture, la fraîcheur du sentiment et la profondeur de l'émotion. La prépondérance de la musique allemande ne doit cependant pas faire oublier l'œuvre d'Antonio Vivaldi (1680-1743), qui influence Bach par la fraîcheur de ses thèmes (*Les Quatre Saisons*) et qui se complaît à transcrire ses concertos pour divers instruments.

La philosophie des Lumières et la littérature

La diversité des goûts nouveaux qui se manifestent dans les arts est soutenue par une profonde évolution de la pensée, que la philosophie des Lumières qui en résulte exprime avec grandeur. Couronnant trois siècles de transformations sur tous les plans, le XVIIIe siècle marque en Europe l'avènement du règne des Lumières : le triomphe de la Raison et de l'esprit critique. Dignes héritiers de Descartes, les philosophes du XVIIIe siècle ont une foi absolue en la Raison pour atteindre la vérité ; convaincus que la nature est source de justice et de bonté (l'homme étant lui-même naturellement bon), ils croient au progrès indéfini de l'humanité vers le bonheur. Ce courant d'idées est renforcé par la pensée anglaise, celle de John Locke en particulier, et est stimulé par les succès scientifiques, œuvres de la Raison. Il se répand dans tous les pays ; les philosophes l'adaptent à leurs propres préoccupations. Le philosophe prussien

Emmanuel Kant (1724-1804) écrit la *Critique de la Raison pure* (1781) et un opuscule intitulé *Qu'est-ce que les Lumières ?* (1784). Dans *De l'influence de la révolution d'Amérique en Europe* (1786), Condorcet souligne le rôle émancipateur des Lumières (*voir l'encadré 8.3*). Mais cette émancipation de l'esprit humain, tant désirée par les intellectuels de l'époque, ne va pas sans heurts. La vision de l'avenir prônée par les philosophes des Lumières se concrétise, au cours du siècle, par la guerre d'Indépendance des États-Unis d'Amérique et la Révolution française.

L'*Encyclopédie*, ce grand dictionnaire (17 volumes publiés de 1751 à 1766, 5 volumes de suppléments et 11 volumes d'illustrations), œuvre du mathématicien Jean Le Rond d'Alembert (1717-1783) et du philosophe Denis Diderot (1713-1784), qui trouvent sans peine 250 collaborateurs et 4000 souscripteurs, est le manifeste de l'Europe éclairée. Cet ouvrage collectif propose pour la première fois dans l'histoire de faire le point sur les connaissances. Les encyclopédistes élaborent avec rigueur une doctrine

---

ENCADRÉ 8.3
LE PROGRÈS DES LUMIÈRES

[...] *occupé à méditer depuis longtemps sur les moyens d'améliorer le sort de l'humanité, je n'ai pu me défendre de croire qu'il n'y en a réellement qu'un seul : c'est d'accélérer le progrès des Lumières. Tout autre moyen n'a qu'un effet passager et borné. Quand même on avouerait que des erreurs, des fables, des législations combinées, non d'après la Raison, mais d'après les préjugés locaux, ont fait le bonheur de quelques nations, on serait forcé d'avouer aussi que partout, ce bien trop vanté a disparu en peu de temps, pour faire place à des maux que la Raison n'a pas encore pu guérir après plusieurs siècles. Que les hommes soient éclairés, et bientôt vous verrez le bien naître, sans effort, de la volonté commune.*

Source : Condorcet. *De l'influence de la révolution d'Amérique en Europe*, dans *Œuvres*, édition établie par F. Arago et Mme O'Connor, Paris, F. Didot, 1847-1849 (12 vol.), vol. 8, p. 3-117.

résolument dégagée de la religion et formulent un humanisme fondé sur l'efficacité de la Raison, la bonté de la Nature et la vérité du Progrès. Les articles de l'*Encyclopédie* résument les thèmes essentiels de la philosophie des Lumières, également diffusée par les gazettes et les salons, et qui ose prendre position sur toutes les réalités du temps. L'*Encyclopédie* suscite un rude combat : le roi l'interdit en 1752 et le libraire qui l'édite est poursuivi. Mais l'intervention de Mᵐᵉ de Pompadour, favorite de Louis XV, permet de reprendre sa publication. Malesherbes, directeur de la Librairie, chargé de saisir les in-folio de l'ouvrage, les entreposait dans sa propre maison ! Cela donne bien le ton du siècle. Même confinée à l'élite des lecteurs de l'*Encyclopédie*, la philosophie des Lumières va dans le sens des souhaits de la bourgeoisie, groupe social dynamique mais tenu à l'écart du pouvoir, dont les modes de vie et les intérêts économiques appellent une refonte de l'État et de la société.

Le mouvement des Lumières est représenté par de nombreux penseurs dans divers domaines qui proposent des solutions originales. Jugeant les institutions politiques, les philosophes, de l'Anglais John Locke au Français Jean-Jacques Rousseau, rejettent l'absolutisme. Ils acceptent en général la monarchie, mais exigent que les libertés des sujets soient sauvegardées, le souverain devant obtenir l'assentiment des gouvernés. Montesquieu expose dans l'*Esprit des lois* (1748) la théorie du libéralisme aristocratique :

une monarchie modérée où les pouvoirs exécutif, législatif et judiciaire sont séparés, où la noblesse a un rôle de conseillère privilégiée et où des pouvoirs intermédiaires (noblesse, clergé, magistrature) empêchent le souverain d'abuser de sa force. La critique de l'absolutisme politique et religieux et des privilèges sociaux devient un levier révolutionnaire, lorsqu'elle alimente la contestation d'une opinion publique, déjà défiante à l'égard des institutions en place. Depuis la fin du XVIIᵉ siècle en effet, se constitue une opposition composée de protestants victimes de la révocation de l'édit de Nantes (1685), de nobles écartés du pouvoir par Louis XIV et d'intellectuels bourgeois gagnés aux Lumières.

La philosophie des Lumières inspire également les dramaturges et les narrateurs. Marivaux (1688-1763), dont l'influence est toujours vivace à l'heure actuelle, signe un grand nombre de comédies caractérisées par un raffinement de la pensée et de l'expression (le marivaudage) : *La Double Inconstance* (1723), *Le Jeu de l'amour et du hasard* (1730). Dans les domaines du roman et du récit, il faut retenir les noms des Anglais Jonathan Swift (1667-1745),

Le repas des philosophes   On reconnaît Voltaire (le personnage au bras levé) et, à sa gauche, Denis Diderot (1713-1784), le principal artisan de l'*Encyclopédie*.

> **Jean-Jacques Rousseau (1712-1778),** *philosophe genevois solitaire et brouillé avec les autres philosophes, se fait l'apôtre de la nature et restaure le sentiment religieux. En politique, il veut plus que des réformes. Dans* le Contrat social *(1762), trace le projet d'un État démocratique basé sur le libre consentement de citoyens égaux. Ses principales œuvres sont :* le Discours sur les sciences et les arts *(premier prix du concours de l'académie de Dijon en 1749),* le Discours sur l'origine et les fondements de l'inégalité parmi les hommes *(1755),* la Lettre à d'Alembert sur les spectacles *(1758),* Julie ou la Nouvelle Héloïse *(1761),* Émile ou De l'éducation *(1762),* Les Confessions *(1765-1770),* Les Rêveries du promeneur solitaire *(1775-1778).*

auteur des *Voyages de Gulliver* (1726), et Arthur Young (1741-1810), auteur du *Voyage en France*, le meilleur reportage de l'époque, ainsi que le nom du Français Nicolas Restif de La Bretonne (1734-1806), romancier et journaliste, qui a signé *Les Nuits de Paris* (1788). Signalons enfin Rivarol (1753-1801), auteur du *Discours sur l'universalité de la langue française*, premier prix du concours de l'Académie de Berlin en 1784.

Les systèmes économiques : la physiocratie et le libéralisme

Physiocrates comme Quesnay, libéraux comme l'Anglais Adam Smith, tous les philosophes condamnent l'intervention de l'État dans l'économie. Les physiocrates font de l'étude de la richesse une véritable science tandis qu'ils font progresser l'agriculture. Leur devise est : « Laissez faire, laissez passer. » La physiocratie soutient que seule la terre est capable de fournir une richesse véritablement nouvelle : une seule graine produit une plante qui porte à son tour de nombreuses graines, multipliant ainsi le capital initial sans exiger de gros investissements (le travail du laboureur et le coût de son équipement : outils, bêtes de somme, etc.) par rapport au profit envisagé. Il faut améliorer le rendement de la terre, faciliter les échanges, détruire les douanes intérieures, ne demander à l'État que le strict minimum, laisser circuler librement les grains, établir un impôt unique et équitable. Dans cette société vivant sous le signe de l'individualisme économique, le souverain, privé de toute compétence non politique, est le président d'une république de producteurs. L'influence des physiocrates – au nombre desquels on compte Du Pont de Nemours (1739-1817), Turgot (1727-1781) et Lavoisier (1743-1794) – est considérable sur le gouvernement et l'opinion publique ; ils amorcent un mouvement qui incite les nobles à installer des fermes expérimentales sur leurs terres. Turgot va plus loin en souhaitant la liberté complète du commerce. Mais selon Adam Smith (1723-1790), les physiocrates exagèrent le rôle de la classe agricole.

Les progrès scientifiques

Dans ce chapitre, nous portons notre attention principalement sur les progrès scientifiques réalisés au cours du XVIIIe siècle. Dans le chapitre 9, nous insisterons davantage sur les innovations techniques de la fin du siècle.

Les efforts d'éducation scientifique s'amplifient. Les changements d'habitudes sociales, vestimentaires, culinaires, l'augmentation en nombre et en qualité des produits de luxe, la multiplication des goûts qu'ils engendrent, entraînent le progrès scientifique et technique ; réciproquement, celui-ci soutient l'évolution des individus sur tous les plans. Jamais auparavant, la connaissance scientifique n'a été une mode, n'a fait partie de la culture générale d'un aussi large public. Chaque personne cultivée discute de toutes les sciences à son aise, sans être spécialiste d'une discipline particulière. « La curiosité est leur mobile, l'amour du vrai est leur passion, le désir de le découvrir est en eux une volonté permanente qui les anime », déclare Diderot dans l'article « Génie » de l'*Encyclopédie*. L'homme du XVIIIe siècle participe à l'émancipation de son esprit par l'éducation scientifique et est ainsi un philosophe tel que le définit encore l'*Encyclopédie* : « un honnête homme qui agit en tout par Raison et qui joint à un esprit de réflexion et de justesse, les mœurs et les qualités sociables ». Les salons, où se rencontrent savants, poètes et politiciens, sont des lieux privilégiés d'échanges fructueux ; académies et revues savantes jouent un rôle similaire (*voir l'encadré 8.4 à la page 276*). Le XVIIIe siècle est, sur le plan de la pensée scientifique, celui de la liberté d'expression dans la curiosité la plus vive.

Des savants et des philosophes

Au XVIIIe siècle, la science englobe toute la connaissance. Le savant n'est pas encore celui qui ne formule que des théories scientifiques, mais celui qui s'intéresse aux sciences en amateur éclairé et les diffuse en les vulgarisant. Ce n'est donc pas un spécialiste comme on l'entend aujourd'hui. Le chimiste Lavoisier se préoccupe de réformes sociales, propose des réformes dans le système d'éducation sur la base de celles qu'avait élaborées Condorcet et participe aux projets économiques des physiocrates. Voltaire, qui n'est ni physicien ni médecin, répand sur le continent les théories de Newton et fait la promotion de l'**inoculation**. L'horloger Beaumarchais (1732-1799) invente un échappement de montre, enseigne la musique aux filles de Louis XV, espionne pour le compte du roi et se livre au trafic d'armes. Il est aussi l'auteur de pièces de théâtre : *Le Barbier de Séville*

*Économiste écossais, **Adam Smith (1723-1790)** est le père du libéralisme économique. Lors de son voyage en France (1764-1766), il rencontre Voltaire, qu'il admire, et se lie avec les encyclopédistes et les physiocrates, en particulier Turgot. De retour en Angleterre, il achève son grand ouvrage commencé à Toulouse, les* Recherches sur la nature et les causes de la richesse des nations *(1776), fondement du libéralisme économique d'aujourd'hui. Pour Smith, le monde est un vaste atelier où tous les travailleurs (et non les seuls agriculteurs) coopèrent à la production des richesses. Smith vit dans la période préindustrielle et n'est pas un précurseur du machinisme: il tient à l'agriculture. Il proclame toutefois l'efficacité de la division du travail, qui accroît la production individuelle. Il estime que le moteur psychologique de l'économie est l'intérêt personnel qui pousse l'homme à améliorer sa situation économique, à rechercher le maximum de satisfaction avec le minimum d'effort. Il croit en une loi naturelle bienveillante: en obéissant à des mobiles égoïstes, l'homme réalise inconsciemment un dessein providentiel; de la spontanéité des institutions économiques, Smith conclut à leur caractère bienfaisant.*

On constate son optimisme dans sa théorie du mécanisme des prix et de l'adaptation de l'offre à la demande; il lui inspire aussi une doctrine libérale: la production excessive d'une marchandise en fait baisser le prix. Automatiquement, les producteurs, voyant diminuer leurs profits, réduisent leur production et rétablissent l'équilibre; par contre, une production insuffisante, se traduisant par une hausse des prix, incite les producteurs à accroître les stocks pour satisfaire la demande. Il suffit donc, pour assurer l'intérêt général, que les activités individuelles jouent librement selon les indications du baromètre des prix.

*Smith repousse (comme les physiocrates) l'intervention de l'État dans l'économie et s'oppose au mercantilisme: le **libre-échange** permet de profiter des avantages de la division internationale du travail. La loi de l'offre et de la demande et l'intérêt personnel invitent les pays à s'organiser en harmonie. En matière de finances publiques, Smith formule les quatre principes classiques de l'impôt: la justice (les sujets doivent contribuer aux dépenses du gouvernement selon leur revenu), la certitude (la taxe imposée à chaque citoyen doit être certaine et non arbitraire), la commodité (toute contribution doit être levée à l'époque et suivant le mode les plus convenables pour le contribuable), l'économie (toute contribution doit être parcimonieuse). Du vivant de Smith paraissent en Angleterre cinq éditions de son livre, qui est quatre fois traduit en France entre 1779 et 1802, et qui joue, pour les économistes libéraux, le rôle que jouera, moins d'un siècle plus tard,* Le Capital *pour les économistes socialistes.*

(1775, mis en musique par Rossini), *Le Mariage de Figaro* (1784, mis en musique par Mozart). Son audace prépare la Révolution française. Voltaire, Lavoisier, Beaumarchais, sont des savants du siècle autant que des philosophes des Lumières.

La vulgarisation scientifique

L'éducation se développe grâce à la vulgarisation scientifique, qui tire ses origines de l'œuvre de diffusion de Marin Mersenne au XVIIe siècle et acquiert toute sa vigueur avec Fontenelle (1657-1757). Neveu de Corneille, Fontenelle abandonne ses études d'avocat et se consacre aux sciences. Il prépare le Siècle des lumières et prouve l'inanité des préjugés et des superstitions. Premier vulgarisateur scientifique, il s'adresse, dans ses *Entretiens sur la pluralité des mondes* (1686), non pas à un scientifique, mais à une femme du monde. Quant à Nicolas Baudeau, il diffuse le savoir par la correspondance et l'édition.

La vulgarisation scientifique veut mettre à la portée du grand public un ensemble de connaissances produites par des chercheurs éclairés. Ceux qui proposent des réformes ne sont pas tous des spécialistes; la Raison leur suffit. Leur érudition **éclectique** et leur compétence les incitent à mettre leurs connaissances à la portée du plus grand nombre par le biais des journaux, espérant ainsi éclairer leurs lecteurs, leur permettre

Le salon de Madame Geoffrin (née Marie-Thérèse Rodet, 1699-1777) À partir de 1749, elle tient deux fois par semaine un salon célèbre où se réunissent artistes, gens de lettres, savants et philosophes. Elle subventionne l'*Encyclopédie* et, parce qu'elle reçoit des étrangers de marque, son salon acquiert une renommée européenne.

ENCADRÉ 8.4

LES LIEUX DE DISCUSSION

Au XVIIIe siècle, les nouvelles idées naissent souvent dans les salons ou les loges maçonniques. Un écrivain ou un savant qui n'est pas reçu dans les salons reste inconnu. Les principaux salons du XVIIIe siècle, souvent tenus par des femmes de lettres, sont ceux de la duchesse du Maine où se retrouvent les libertins ; ceux de Mme de Lambert et de Mme de Tencin qui lui succède ; le Club de l'entresol réunit des politiciens (1724-1731) ; le salon de Mme du Deffand, à partir de 1730, où se retrouvent d'Alembert et Turgot. Ceux de Mme Geoffrin, de Mlle de Lespinasse, de Mme d'Helvétius et de Mme d'Épinay, amie de Diderot et de Rousseau, ont une influence dans la seconde moitié du siècle.

Aux salons et aux sociétés littéraires ou savantes, ajoutons les loges maçonniques, influentes à partir de 1725. Fondée à Londres en 1717, la **franc-maçonnerie** est une société secrète répandue en Occident (Espagne, 1728 ; Allemagne, 1733 ; Portugal, Pays-Bas, 1735 ; Suisse, 1740 ; Danemark, 1745 ; Italie, 1763 ; Belgique, 1765 ; Russie, 1771 ; Suède, 1773). Réunissant des aristocrates, des bourgeois et même des religieux dans un idéal de liberté et de tolérance, elle influence la politique des pays où elle est implantée, quoique cette influence soit souvent occulte, toutes ses délibérations étant secrètes – d'où la crainte qu'elle inspire aux régimes **totalitaires** ou intégristes, qui la combattent. Par la diffusion des idéaux des Lumières, la franc-maçonnerie contribue à préparer les révolutions américaine et française, la grande majorité des philosophes et des aristocrates du XVIIIe siècle se rencontrant en loge. Craints par les souverains (sauf en Angleterre) et le haut clergé catholique, tous ces groupes (le Parti des sociétés de pensée) sont d'autant plus difficiles à combattre qu'ils ne comportent que des privilégiés.

d'acquérir de nouvelles notions en se servant de la Raison. Au XVIIIᵉ siècle, l'Europe participe à une inspiration rationaliste commune. Le relatif déclin politique de la France ne l'empêche pas d'exercer sur presque tout l'Occident une hégémonie intellectuelle : ses philosophes jouissent d'un grand prestige, et la langue française est partout celle de l'élite. Mais la France contribue moins que l'Angleterre à l'essor des techniques.

La méthode scientifique

Au début du siècle, la science a sa méthode : une combinaison de raisonnements mathématiques et d'observations expérimentales. Les instruments de mesure sont plus précis. Les savants sont encore des amateurs cultivés (Lavoisier est un fermier général) ; la science est à la mode ; les amateurs montent des collections de pierres, d'insectes, d'animaux empaillés, qui sont à l'origine des musées actuels. Le travail scientifique évolue pourtant : il y a compétition et coopération entre les savants de tous les pays grâce aux publications des académies et à leurs réunions. En mathématique, l'analyse infinitésimale est appliquée à la mécanique, dont les principes sont fixés par Jean Le Rond d'Alembert (1743). La *Mécanique analytique* (1788) de Joseph Lagrange (1736-1813) couronne ce domaine. La physique progresse en calorimétrie et en électricité. L'invention du thermomètre, en 1702, par le Prusse Gabriel Farenheit (1686-1736), son perfectionnement, en 1730, par le Français René de Réaumur (1683-1757) et, en 1742, par le Suédois Anders Celcius (1701-1744), permettent d'étudier la chaleur. L'électricité, dont les lois demeurent inconnues, entre dans la science par la bouteille de Leyde en 1746, le paratonnerre de Benjamin Franklin (1706-1790) en 1752, la pile de l'Italien Alessandro Volta (1745-1827) en 1775.

Lavoisier donne à la chimie une forme et une méthode scientifiques. Le Suédois Carl von Linné (1707-1778) classifie les espèces végétales (1735), tandis que l'*Histoire naturelle* (1749) du Français Georges de Buffon (1707-1788) familiarise le public avec les grands problèmes de la nature. Les progrès de la biologie profitent à la médecine ; la théorie humorale, datant de l'Antiquité grecque, est contestée au profit de la méthode anatomopathologique, fondée sur l'observation des symptômes des maladies et leur étude statistique, et lancée dès 1706 par l'Italien Giovanni Morgagni (1682-1771). En 1757, le Suisse Albrecht

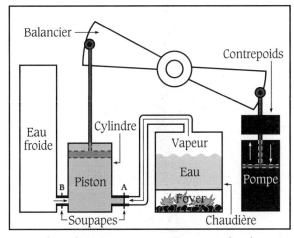

La machine de Newcomen La vapeur entre dans le cylindre et repousse le piston. La soupape A est ensuite refermée et on introduit l'eau dans le cylindre. La vapeur se condense, il se produit un vide et le piston est ramené à sa position de départ.

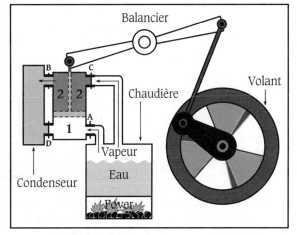

La machine de Watt La vapeur entre dans le cylindre en 1 par la soupape A, repousse le piston vers le haut. À la fin de sa trajectoire, le piston repousse la vapeur dans le condenseur par la soupape B. Les soupapes A et B se referment et les soupapes C et D s'ouvrent. La vapeur est alors admise dans le haut du cylindre en 2 et repousse le piston vers le bas jusqu'au moment où la vapeur passe au condenseur par la soupape D. La vapeur agit donc sur le piston à sa montée et à sa descente, produisant un mouvement plus rapide et plus puissant. La vapeur se refroidit dans le condenseur.

von Haller (1708-1777) publie ses *Éléments de physiologie*, qui fondent celle-ci indépendamment de l'anatomie. L'Autrichien Léopold Auenbrugger (1722-1809) applique sa connaissance de la musique au diagnostic des maladies du thorax en inventant le procédé de percussion (1761). À la fin du siècle, le Français François-Xavier Bichat (1771-1802) contribue à l'histologie (étude des tissus vivants), que William Hunter (1718-1783) et son frère John (1728-1793) avaient commencée en Angleterre quelques années auparavant.

Les sciences humaines, dont l'anthropologie et l'ethnologie, naissent au XVIIIe siècle. Avec les travaux des bénédictins de l'Académie des inscriptions, l'histoire comme discipline se libère de l'éloquence. La curiosité scientifique a aussi des effets sur l'enseignement : les jésuites, dont les maisons sont fermées et qui s'exilent, notamment en Prusse, sont remplacés dans les pays catholiques par des oratoriens, qui font une plus large place aux sciences et à la littérature.

Les progrès techniques

Les progrès techniques au XVIIIe siècle sont surtout dus à des Anglais. L'esprit pratique de l'époque, l'ingéniosité des artisans, la demande d'une clientèle de plus en plus nombreuse, incitent les industriels anglais à renouveler leurs méthodes de production. Les machines à filer et à tisser, mises au point en Angleterre tout au long du siècle, font naître la grande industrie du coton. La fonte au charbon remplace la fonte au bois à partir de 1735 ; la métallurgie s'éloigne alors des forêts et se fixe près des charbonnages. On commence à produire des outils en acier très dur. Dès 1769, le Français Cugnot construit un chariot à vapeur, qui est l'ancêtre de la locomotive et de l'automobile. Jouffroy d'Abbans fait naviguer sur la Doubs, en 1776, le premier bateau à vapeur (*voir l'encadré 8.5*).

Le XVIIIe siècle est aussi celui de l'horlogerie. Les explorations maritimes profitent du perfectionnement des chronomètres. Le traité de Paris (1763) suscite la reprise de l'exploration du Pacifique. Les moyens se perfectionnent : navires mieux construits, usage du sextant pour déterminer la latitude et du chronomètre, dont l'exactitude permet de corriger de vieilles erreurs de longitude. On se protège du **scorbut** par la consommation de bière, de citron, de céleri, qui conservent longtemps leurs propriétés nutritives. Ces expéditions ont des buts scientifiques : mesure d'un arc de méridien par La Condamine en 1740, observation du passage de Vénus devant le Soleil à Tahiti par Cook en 1769, exploration de l'Antarctique. On veut connaître les animaux et les plantes des régions visitées, ainsi que les indigènes : n'est-ce pas l'époque du mythe du « bon sauvage » vivant à l'état naturel, que décrit Jean-Jacques Rousseau ? De 1764 à 1769, quatre expéditions bouclent le tour du monde, dont celle de Bougainville (1766-1769) qui découvre les Samoa et les Nouvelles-Hébrides. Kerguelen et Marion du Fresne (mort mangé par les Maoris de Nouvelle-Zélande) cherchent l'Antarctique.

ENCADRÉ 8.5
LA MACHINE À VAPEUR

En 1777, le fabricant écossais d'instruments mathématiques James Watt (1736-1819) imagine de combiner les inventions de ses prédécesseurs : la machine du Français Denis Papin (1690), la pompe à vapeur de l'Anglais Thomas Savery (1698) et le moteur atmosphérique du forgeron anglais Thomas Newcomen (1712). Au lieu de chauffer, puis de refroidir sans cesse le cylindre de sa machine à vapeur, il utilise un condensateur séparé, dans lequel la vapeur du cylindre se condense ; il entoure celui-ci d'un isolant pour qu'il reste chaud et, plutôt que d'utiliser la pression atmosphérique comme Newcomen, pour faire redescendre le piston, il envoie la vapeur à basse pression au-dessus du piston : la première véritable machine à vapeur est née. Elle utilise encore le vide partiel, mais consomme trois fois moins de charbon que la machine de Newcomen. La première machine de Watt est installée dans une mine de Cornouailles en 1777. En 1782, Watt introduit alternativement la vapeur de chaque côté du piston pour donner à sa machine un double effet ; puis il utilise la vapeur en expansion, en l'introduisant dans le cylindre au début de la course, entraînant le piston en se dilatant. Il invente les mécanismes qui transforment en mouvement rotatif le mouvement alternatif de sa machine, qui devient une source d'énergie.

Au cours de trois voyages (de 1769 à 1779), l'Anglais James Cook (1728-1779) parcourt le Pacifique, explore la Nouvelle-Zélande et la Nouvelle-Calédonie, atteint l'Antarctique par 71° de latitude sud, explore ensuite les îles Hawaï, où il est tué par les indigènes (1779). Le Français La Pérouse complète l'œuvre de Cook. Ses frégates, *L'Astrolabe* et *La Boussole*, des laboratoires flottants construits pour l'occasion, sillonnent le Nord du Pacifique (1786-1788), puis disparaissent; on retrouve leurs débris en 1827 aux Nouvelles-Hébrides. Mais une partie du *Journal* de La Pérouse avait été transmise du Kamtchatka à Versailles. En 1788, les Anglais fondent une colonie pénitentiaire à Botany Bay, en Australie. À la fin du siècle, il reste à découvrir l'intérieur de l'Afrique; fondée en 1788, la Société africaine de Londres va s'y employer.

Conclusion

Deux puissances naissent en Europe au XVIIIe siècle: la Prusse et la Russie. De 1715 à 1731, la France ne veut que la paix et accepte la prépondérance anglaise. Incapable de choisir après 1748 entre la lutte maritime et la lutte continentale, elle perd la guerre de Sept Ans. Les traités de 1763 consacrent le prestige prussien et l'hégémonie coloniale britannique. Agrandie de la Silésie enlevée à l'Autriche, et de plusieurs territoires polonais, la Prusse tire force et prestige de son armée: les victoires de Frédéric II lui donnent la réputation d'être à la tête de la première armée d'Europe continentale. Désormais liée aux affaires occidentales, la Russie, déjà immense, s'est encore agrandie de terres polonaises et a ravi à la Turquie les rivages septentrionaux de la mer Noire. Sous Louis XV, la France acquiert la Lorraine et la Corse, mais sa puissance relative en Europe ne s'en trouve pas accrue. L'Angleterre, devenue une grande puissance coloniale aux dépens de la France, domine les mers. L'Autriche s'agrandit de territoires polonais, mais perd la Silésie. La Pologne subit un premier démembrement et en subira bientôt deux autres; en tant qu'État, elle disparaît de la carte de l'Europe. En pleine décadence, la Turquie recule devant l'Autriche et la Russie.

En colonisant l'Australie en 1788, l'Angleterre, qui vit sa première révolution industrielle, affirme la puissance mondiale du nouvel Empire britannique qui s'épanouira au XIXe siècle au profit de la métropole. Entre-temps, la France, agitée par la remise en question de l'autorité, s'apprête à vivre sa révolution. L'influence des Lumières ne peut suffire à expliquer l'avènement de la Révolution française; cette philosophie inspire néanmoins les grands principes de liberté individuelle, de droits humains, de souveraineté nationale et de progrès; elle est d'abord le résultat d'un changement d'attitude face à ce qui est dogmatiquement imposé; c'est pourquoi l'absolutisme est discuté ouvertement et que les propositions de réformes sont légion.

Lectures suggérées

ALÈGRE, Jacques. *XVIIIe siècle : l'âge des Lumières*, Paris, Nathan, 1970.

CALLOT, Émile. *La Philosophie de la vie au XVIIIe siècle*, Paris, Marcel Rivière, 1965.

CASSIRER, Ernst. *La Philosophie des Lumières*, Paris, Fayard, 1966.

DURAND, Georges. *États et institutions : XVIe-XVIIIe s.*, Paris, Armand Colin, 1969.

GUYENOT, Émile. *Les Sciences de la vie aux XVIIe et XVIIIe siècles*, Paris, Albin Michel, 1941.

MARCIL-LACOSTE, Louise. *La Raison en procès*, Montréal, Hurtubise HMH, 1987.

Questions

1. Quelles sont les causes et les conséquences de la guerre de Succession d'Espagne ?

2. Pourquoi et au profit de qui la Pologne a-t-elle été démembrée ?

3. Quelle a été l'influence du cardinal Fleury sur la politique européenne ?

4. Qu'est-ce qu'un despote éclairé ? Nommez-en un et dites en quoi son règne était éclairé.

5. Quelles sont les conséquences du traité de Paris dans les colonies et en Europe ?

6. Quel a été l'effet du mouvement des enclosures en Angleterre au XVIIIe siècle ?

7. Quel rôle la philosophie des Lumières joue-t-elle en Europe au XVIIIe siècle ?

8. Quel rôle la France joue-t-elle au XVIIIe siècle dans les beaux-arts ?

9. Quelle est la place de la musique allemande au XVIIIe siècle ? Nommez deux grands musiciens allemands de cette époque.

10. Quelle a été l'influence, au XVIIIe siècle et après, d'une invention comme la machine à vapeur ?

11. Quel est l'apport de l'œuvre d'Adam Smith dans l'histoire des idées au XVIIIe siècle ? p. 275 encadré

12. Qu'est-ce qu'un salon au Siècle des lumières ?

D'examen final

→ *Quelles sont les grandes idées des philosophes du 18e s. et quel rôle la philo des lumières joue-t-elle à cette époque ? p. 259-260*
p. 272-273

Chapitre 9

LE XIXᵉ SIÈCLE
(1ʳᵉ PARTIE : 1775-1848)

Le Serment des Horaces (1784) de Jacques Louis David (1748-1825)   Maître du néo-classicisme, David trouve son inspiration autant dans l'histoire antique que dans la vie politique contemporaine (*Marat assassiné*, 1793). Admirateur de Robespierre, David prendra une part active aux événements révolutionnaires : député de la Convention, organisateur des fêtes républicaines.

Dans le chapitre 8, nous avons vu l'Angleterre s'imposer comme la grande puissance coloniale et économique, alors que l'Europe s'imprègne de la philosophie des Lumières. L'engouement général pour la science et la technique, fruits du génie humain, et le prodigieux développement du commerce international, facilité par la conquête de colonies, sont à l'origine de deux révolutions qui marquent la fin du XVIIIᵉ siècle et imposent à l'Occident, au début du XIXᵉ siècle, une modernisation dans tous les domaines. Mais le changement de mentalité et de mode de vie ne s'effectue pas sans heurts, luttes sociales ou concessions politiques importantes; il entraîne un profond remaniement démographique dans chaque pays. De ce grand bouleversement naît le type même de l'Occidental tel que nous le connaissons aujourd'hui.

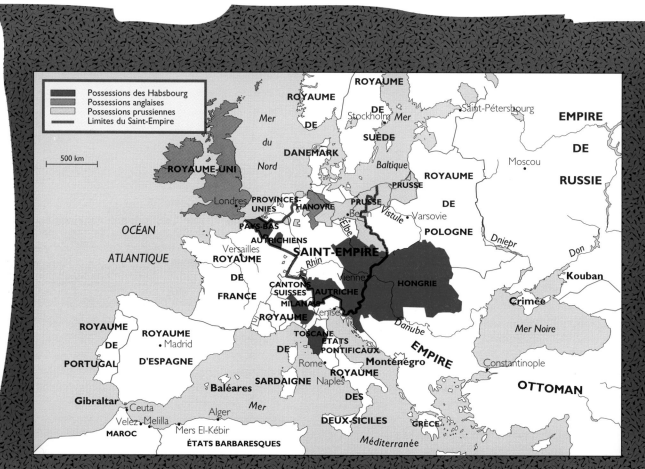

Carte 9.1
L'Europe en 1789

Chronologie

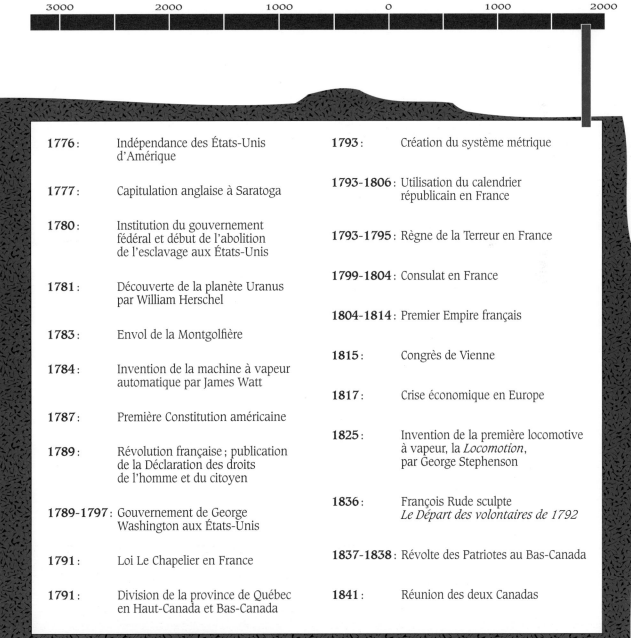

3000   2000   1000   0   1000   2000

1776 : Indépendance des États-Unis d'Amérique

1777 : Capitulation anglaise à Saratoga

1780 : Institution du gouvernement fédéral et début de l'abolition de l'esclavage aux États-Unis

1781 : Découverte de la planète Uranus par William Herschel

1783 : Envol de la Montgolfière

1784 : Invention de la machine à vapeur automatique par James Watt

1787 : Première Constitution américaine

1789 : Révolution française ; publication de la Déclaration des droits de l'homme et du citoyen

1789-1797 : Gouvernement de George Washington aux États-Unis

1791 : Loi Le Chapelier en France

1791 : Division de la province de Québec en Haut-Canada et Bas-Canada

1793 : Création du système métrique

1793-1806 : Utilisation du calendrier républicain en France

1793-1795 : Règne de la Terreur en France

1799-1804 : Consulat en France

1804-1814 : Premier Empire français

1815 : Congrès de Vienne

1817 : Crise économique en Europe

1825 : Invention de la première locomotive à vapeur, la *Locomotion*, par George Stephenson

1836 : François Rude sculpte *Le Départ des volontaires de 1792*

1837-1838 : Révolte des Patriotes au Bas-Canada

1841 : Réunion des deux Canadas

Introduction

Entre la fin du XVIIIe siècle et le début du XIXe, l'Occident se transforme profondément. La guerre d'Indépendance des États-Unis d'Amérique et la Révolution française, attisant les nationalismes dans toute l'Europe (*voir la carte 9.1*) et l'Amérique du Nord, lèguent un précieux héritage dans la pensée politique occidentale, et la révolution industrielle bouleverse les rapports quotidiens qu'entretiennent les Occidentaux avec la matière et avec leurs semblables. Il en résulte une prise de conscience collective des droits nationaux et une exaspération des masses ouvrières, qui dégénèrent, après 1848, en révoltes sociales.

Héritière de la philosophie des Lumières du XVIIIe siècle, la période de 1775 à 1848 voit se concrétiser lentement les aspirations des peuples occidentaux à la liberté et à l'égalité dans la démocratie. Mais la conquête des libertés civiles et l'instauration de régimes démocratiques sont, partout en Occident, le résultat de luttes longues et sanglantes. Cette période est bornée par des révolutions qui ébranlent toute la civilisation occidentale. La Révolution française de 1789, qui se prolonge par l'empire de Napoléon Ier, symbolise certes le triomphe politique de la bourgeoisie capitaliste et annonce une période d'industrialisation intense qui débute à l'aube du XIXe siècle. Mais les révolutions de 1848, au contraire, sont le fait des ouvriers qui, sous le poids de l'exploitation sans entrave dont ils sont victimes, prennent progressivement conscience de leur condition et se révoltent.

Sur un autre plan, la bourgeoisie industrielle, qui a adopté le libéralisme d'Adam Smith comme philosophie, se heurte de plus en plus fréquemment aux monarchies réactionnaires de l'Ancien Régime. Au cours de la période qui s'étend de 1775 à 1848, l'Angleterre et la France deviennent progressivement des démocraties bourgeoises et industrielles, alors que les gouvernements des États centraux d'Allemagne et d'Autriche tentent par tous les moyens de sauvegarder les privilèges d'une aristocratie de plus en plus combattue.

Durant cette période, de nombreux peuples découvrent les richesses de leur pays. Les conditions imposées par les métropoles à leurs colonies, dans le domaine commercial (mercantilisme) aussi bien que dans le domaine politique, provoquent l'éveil de sentiments nationalistes ; les colons, encouragés par les progrès de l'industrie, se liguent afin de briser la servitude dans laquelle les précipitent les métropoles et s'assurent le contrôle politique des colonies. C'est ainsi qu'à partir de 1811, les colonies espagnoles d'Amérique s'émancipent une à une au prix de luttes sanglantes, et que le Brésil, appartenant à la couronne portugaise, devient indépendant en 1822 sans que coule le sang. Toutefois, les premières années d'existence des nouveaux États latino-américains seront marquées par de grandes difficultés politiques intérieures, dues notamment aux revendications des divers peuples qui les habitent.

Au début du XIXe siècle, sous la poussée de l'industrialisation, les sentiments nationalistes s'épanouissent aussi bien en Occident que dans les anciennes colonies des pays qui le composent, et les ouvriers réclament l'instauration de régimes démocratiques au sein desquels ils exerceraient une forme de pouvoir. Les révolutions de 1848 marqueront ainsi le début d'une nouvelle ère : celle d'une société capitaliste toute-puissante où les intérêts politiques, les sciences et les techniques seront définitivement soumis aux intérêts économiques.

Vue d'ensemble

Après 1775, on assiste à la création des États-Unis d'Amérique. L'Angleterre accomplit sa révolution industrielle et affronte des problèmes matériels comme l'extension et la protection de ses marchés, et des problèmes humains comme les conditions de vie du prolétariat urbain. La France abolit l'Ancien Régime, se proclame monarchie constitutionnelle, puis république, et revient ensuite à une monarchie absolue, de type impérial cette fois, qui, après avoir conquis l'Europe continentale, est renversée par une coalition formée par l'Angleterre. Entre-temps, la France a diffusé partout les grands principes des Lumières : libertés de pensée, de culte, de presse, qui se mêlent aux nationalismes (notamment en Allemagne et en Italie). Au début du siècle, les États allemands se rassemblent autour de la Prusse, l'Italie est en voie d'unification, et la Russie est écartelée entre réforme et réaction. Même si globalement les libertés progressent, des États autoritaires côtoient des nations libérales. Du monde industriel et bourgeois, l'Angleterre offre un modèle unique, lié à ses traditions. En même temps, de profondes modifications politiques et socio-économiques s'opèrent en Europe ; de nouveaux modes de pensée et le progrès extraordinaire des sciences remettent en cause les idées religieuses séculaires, déjà combattues par les philosophes du XVIIIe siècle.

Les mouvements de populations

Aux XVIIIe et XIXe siècles, les migrations sont importantes. Ce n'est pourtant pas un phénomène nouveau : sous Frédéric II, 300 000 colons, venus d'Allemagne du Sud, avaient émigré en Prusse. La colonisation s'accélère et se combine à l'explosion démographique que l'on connaît depuis le début du XVIIIe siècle. La population européenne passe de 140 millions en 1750 à 187 millions en 1800, et à 266 millions en 1850. Il faut aussi considérer les migrations à l'intérieur des pays mêmes ; une poussée urbaine forte se rencontre surtout en Angleterre, quoique, d'une manière générale, la poussée urbaine se fasse sentir partout : Varsovie passe de 30 000 habitants en 1764 à plus de 100 000 en 1792 ; Turin compte 43 000 habitants en 1700 et 95 000 en 1800. En Angleterre, en 1700,

on ne compte qu'une seule ville (Londres) de plus de 50 000 habitants et deux autres villes de plus de 25 000 habitants ; en 1801, il y a six villes dépassant 50 000 habitants et six autres de plus de 25 000 habitants. La poussée urbaine engendre des vagabonds et des mendiants, dont beaucoup de femmes et d'enfants : 25 % des Parisiens vivent dans la misère. À Berlin, la population passe de 89 523 habitants en 1750 à 148 946 en 1801, mais le nombre de mendiants augmente de 1384 à 12 524. La population de l'Angleterre et de l'Italie double presque entre 1701 et 1801, elle augmente de plus de 25 % en France entre 1700 et 1754, et passe du simple au double en Prusse de l'Est de 1740 à 1800.

L'économie

La croissance démographique multiplie les besoins, les opérations commerciales, la recherche de sources d'approvisionnement, la demande de produits importés, etc., mais aussi les attentes individuelles et les risques de se retrouver sans travail. L'économie occidentale, le commerce et l'industrie en sont bouleversés. Le perfectionnement technique des industries textiles et métallurgiques d'Angleterre provoque un essor considérable de la production qui passe, entre 1750 et 1850, de 12 500 tonnes à 775 000 tonnes de textile et de 4 à 56 millions de tonnes de houille, alors que la population passe de 6,14 à 21 millions d'habitants. Les Anglais mangent davantage (pain, viande, sucre) et achètent plus de produits manufacturés (chaussures de cuir, vêtements de laine et de coton, articles de quincaillerie en fer et en cuivre, mobilier en bois), tandis que les jeunes industries exigent des quantités accrues de charbon, de fonte et de fer, et que des moyens de communication plus efficaces (canaux, routes, premières voies ferrées) assurent aux produits une diffusion large et rapide. Cette production cause elle-même les premières crises du capitalisme.

Au XVIIIe siècle, les prix et les revenus augmentent ; toute l'activité (économique, sociale, idéologique, politique) est florissante ; aux alentours de 1817, au contraire, elle baisse, alors que l'on passe d'une économie de guerre à une économie de paix. Cette crise prend naissance en Angleterre, où la monnaie, forte entre 1792 et 1815, produit une déflation, et perd soudainement de sa valeur en 1817, provoquant une inflation. La production dans le textile (uniformes des soldats), l'armement naval et la métallurgie cessent d'être stimulés par les commandes de guerre, sans que la consommation civile prenne le relais. Or, la production industrielle anglaise de 1781 à 1817 a septuplé pour le coton, doublé pour la laine et quintuplé pour la métallurgie, d'où les difficultés d'écouler les stocks. L'armée démobilise près de 300 000 hommes qui ne trouvent pas d'emplois, d'autant plus que leur absence a été comblée par le machinisme : grâce à la vapeur, on produit plus avec moins d'hommes. Les mauvaises récoltes de 1816-1817 auraient dû faire monter les prix, mais la surproduction industrielle et l'engorgement du système bancaire (20 % des petites banques font faillite entre 1815 et 1817) provoquent au contraire la déflation ; dès 1817, le prix des produits agricoles baisse de 50 %. Les émeutes résultant de cette crise sont durement réprimées.

Les États-Unis sont également touchés par la crise ; les prix baissent de 25 % entre 1814 et 1816. En France, la crise économique frappe surtout l'industrie ; la crise agricole est plus le fait des mauvaises récoltes de 1816-1817 que l'effet conjugué d'éléments divers comme en Angleterre. La révolution industrielle est bien ancrée en Angleterre, mais débute à peine en France au début du XIXe siècle. Pour le reste de l'Europe, la crise de 1817 est surtout agricole. Aucune région d'Europe (sauf la Belgique, la Rhénanie, l'Italie du Nord, la Catalogne et les Asturies) n'enregistre de progrès industriel décisif, malgré les efforts (notamment en Russie).

La flotte anglaise a triplé son tonnage depuis 1792 et contrôle un empire de plus de 125 millions d'habitants. La route des Indes est relayée par des bases anglaises arrachées à la Hollande (Ceylan, 1795 ; Le Cap, 1806) ou à la France (île Maurice, Seychelles). L'Angleterre a terminé la chaîne de ses bases en Europe, en annexant Héligoland et Malte. Dans les Caraïbes, les Anglais ont conquis des colonies françaises et hollandaises (Guyane). En Amérique du Nord, le Nouveau-Brunswick et le Haut-Canada (Ontario) se développent alors que les colons aspirent à se gouverner eux-mêmes. Les souverains du congrès de Vienne ont redessiné la carte de l'Europe selon leurs propres intérêts, mais sans tenir compte des aspirations nationales : cette erreur est à l'origine de nombreuses révolutions en Europe vers le milieu du XIXe siècle.

Les faits

Le traité de Paris (1763) consacre la défaite franco-espagnole face à l'Angleterre. La France perd le Canada. Menacés par la progression des colons, les Amérindiens se révoltent ; le gouvernement de Londres fixe la frontière à la crête des Appalaches et installe des soldats, logés obligatoirement par les habitants. Dès 1773, les griefs des 13 colonies d'Amérique du Nord contre l'Angleterre s'accumulent ; ces colonies conquièrent leur indépendance par une longue guerre (1775-1781) et les États-Unis d'Amérique sont créés en 1783. L'Europe avait exploité le Nouveau Monde à son profit, mais les colons ont d'autres intérêts : ils veulent former une république fédérale moderne, indépendante et démocratique. La révolte des colonies anglaises d'Amérique du Nord se répercute en Amérique latine : l'Espagne et le Portugal perdent leurs possessions américaines dès le début du XIXe siècle.

Affaiblie par la perte de ses plus riches colonies, l'Angleterre réagit en organisant en **dominions** le reste de son empire, lui accordant ainsi le droit d'élire des gouvernements responsables. Le progrès des idées libérales et l'exemple de la révolution américaine aggravent la crise politique et économique que vit la France.

L'indépendance des États-Unis d'Amérique

En 1773, la Nouvelle-Angleterre compte 31 % de la population de cette colonie ; Boston a 20 000 habitants. Les quatre colonies du Centre ont 600 000 habitants, dont les deux tiers ne viennent pas d'Angleterre. À New York (16 000 habitants), on parle 18 langues. Il y a beaucoup de commerçants, surtout parmi les **quakers** de Pennsylvanie (capitale : Philadelphie). Le Sud (Virginie, 500 000 habitants ; Maryland ; Géorgie, les deux Carolines), qui prospère grâce à l'esclavage, est peuplé de planteurs dont la principale ressource est la culture du tabac et qui s'opposent aux idées démocratiques du Nord. (*Voir la carte 9.2.*)

Carte 9.2
Les États-Unis de 1776

***George Washington (1732-1799)**, héros de l'indépendance américaine et premier président des États-Unis d'Amérique, est issu d'une riche famille d'origine anglaise, installée depuis deux générations en Virginie. Il entre dans l'armée en 1752 et se bat contre les colons français sur l'Ohio en 1754, au sujet de la délimitation de la frontière. Il reçoit le commandement des milices de Virginie et devient commandant en chef des forces américaines au moment où éclate la guerre d'Indépendance. Avec peu de soldats, il doit affronter de nombreux loyalistes ; ses soldats (Insurgents) sont des volontaires qui retournent chez eux quand ils sont trop mal nourris dans l'armée ou quand arrive le temps des récoltes. Il s'empare de Boston en 1774. L'indépendance des États-Unis, qu'il préconise, est proclamée peu après, le 4 juillet 1776. Après un échec à New York, il recule jusqu'au Delaware ; le Congrès l'investit alors de pouvoirs dictatoriaux. Il réorganise l'armée, surprend l'ennemi à Trenton et à Princeton, délivre le New Jersey et assiège New York. En 1787, Washington est élu à la Convention qui donne au pays sa Constitution. Président des États-Unis en 1789, réélu en 1793, il maintient la neutralité de son pays dans la guerre franco-britannique. Il refuse une troisième présidence en 1797, mais accepte en 1798 le commandement de l'armée et meurt l'année suivante. Il est, par sa ténacité et sa respectabilité, un des grands artisans de la république des États-Unis.*

En 1764, George III annonce son intention de réprimer la contrebande (90 % du thé consommé en Amérique arrive par contrebande !) et taxe certains actes publics (actes notariés, journaux) d'un droit de timbre, afin de payer les frais de la guerre. Les colons refusent de se soumettre à l'impôt du timbre (supprimé en 1766) parce qu'ils ne l'ont pas voté, n'ayant pas de représentants élus par eux au Parlement. Mais en 1767, trois lois sont votées à Londres, qui appliquent des droits de douane sur les mélasses (servant à la fabrication du rhum), le sucre (*Sugar Act*), le thé, le plomb, le papier et le verre. Ces droits doivent servir à payer les fonctionnaires anglais en Amérique. L'élite coloniale organise le boycottage du timbre et des produits anglais, et se regroupe dans l'association des Fils de la Liberté. Il y a des bagarres et des morts. Finalement, dans un effort pour trouver un accommodement, George III abroge ces lois, sauf celle sur le thé, et le monopole du commerce du thé est concédé à la Compagnie des Indes *orientales*. Le roi veut maintenir cette loi par principe, pour affirmer la souveraineté du Parlement de Londres, mais c'est justement de ce principe-là que les colons ne veulent pas. Lors du *Boston Tea Party*, le 16 décembre 1773, les

Bostonais jettent les caisses de thé à la mer. Londres réplique en fermant le port de Boston et en restreignant les libertés au Massachusetts (1774) où 10 000 soldats sont envoyés.

Après l'échec de la conciliation, un Congrès continental (55 délégués des 13 colonies), réuni à Philadelphie en 1774 à l'initiative de Benjamin Franklin (1706-1790), proclame le droit des Américains à ne pas payer les impôts sans les avoir votés. Mais ce premier Congrès demeure timide ; il vote même une adresse de fidélité au roi. Les Américains ne refusent pas la souveraineté du roi, mais le droit que s'octroie le Parlement anglais de légiférer pour le peuple américain alors que celui-ci n'est pas représenté aux Communes. Pendant ce temps, des milices de volontaires armés se heurtent aux Anglais à Lexington (1775), qui perdent 273 de leurs 800 soldats. Le second Congrès de Philadelphie en 1775 institue une armée et en confie le commandement à Washington. George III riposte en déclarant les Américains rebelles. En 1776, un pamphlet de Thomas Paine, *Le Sens commun*, proclame qu'il est temps de se séparer. Le troisième Congrès vote à Philadelphie l'indépendance des États-Unis, le 4 juillet

1776. Thomas Jefferson (1743-1826) rédige la *Déclaration d'indépendance* (*voir l'encadré 9.1*), largement inspirée de la pensée de John Locke et de la *Common Law* anglaise.

En 1780, le Congrès institue un pouvoir fédéral qui comprend une Cour d'appel et quatre ministères (Affaires étrangères, Trésor, Marine et Guerre). Ce gouvernement manque d'argent. Les emprunts extérieurs permettent l'émission de papier-monnaie (1776), mais celui-ci est rapidement dévalué ; le dollar de 1776 a perdu 97 % de sa valeur en 1780. Benjamin Franklin, imprimeur et savant déjà célèbre, plaide à l'étranger – notamment à Paris – la cause des États-Unis. L'une de ses initiatives l'amène à Montréal, en 1776, où il tente en vain de convaincre les habitants de la province de Québec – nouvellement passée à l'Angleterre et sous le coup de l'Acte de Québec (1774) qui suspend les libertés civiles – de se joindre aux insurgés. Bien qu'elle remporte l'adhésion d'un grand nombre d'habitants éclairés, cette aventure se termine dans la répression menée par l'armée anglaise avec la complicité du haut clergé canadien-français, qui profitent de la désorganisation de ceux qui, ici aussi, se font appeler « Patriotes » ou « Fils de la Liberté ». La victoire américaine de Saratoga en 1777 rétablit la situation compromise par la perte de Philadelphie et la défaite de Germantown. Après le départ d'un contingent de volontaires sous les ordres du marquis Gilbert Motier de La Fayette (1757-1834), la France prête 38 millions de livres (1778) aux Américains et envoie un corps expéditionnaire (1780). La victoire des Franco-Américains commandés par Rochambeau et Washington, à Yorktown en 1781, et la paix, conclue à Versailles en 1783, mettent fin à cette guerre.

La Constitution américaine de 1787

Rédigée en 1777, la Constitution des États-Unis est ratifiée en 1781, mais elle laisse chaque État souverain et indépendant. Conséquence de la guerre, une crise socio-économique secoue le pays. Une révision de la Constitution s'impose. Les délégués des États, réunis à Philadelphie en 1787, sont très attachés à la représentation nationale et à la séparation des trois pouvoirs (comme le préconisait Montesquieu), mais ils s'opposent sur la forme et le contenu de la fédération. Les fédéralistes, soutenus par les milieux d'affaires, les artisans des villes du Nord et les spéculateurs de l'Ouest, veulent un gouvernement central fort, capable d'établir

Le *Boston Tea Party* (1773) Des Blancs déguisés en Amérindiens jettent dans le port de Boston une cargaison de thé; cet incident, érigé en événement majeur dans l'historiographie populaire américaine, illustre bien la volonté des coloniaux de s'administrer eux-mêmes et de refuser tout impôt non librement consenti.

ENCADRÉ 9.1
LA DÉCLARATION D'INDÉPENDANCE DES ÉTATS-UNIS D'AMÉRIQUE
(4 JUILLET 1776)

Lorsque dans le cours des événements humains, il devient nécessaire pour un peuple de dissoudre les liens politiques qui l'ont attaché à un autre et de prendre parmi les puissances de la Terre, la place séparée et égale à laquelle les lois de la nature et du Dieu de la nature lui donnent droit, le respect dû à l'opinion de l'humanité l'oblige à déclarer les causes qui le déterminent à la séparation. Nous tenons pour évidentes par elles-mêmes les vérités suivantes: tous les hommes sont créés égaux; ils sont doués par le Créateur de certains droits inaliénables; parmi ces droits se trouvent la vie, la liberté et la recherche du bonheur. Les gouvernements sont établis parmi les hommes pour garantir ces droits, et leur juste pouvoir émane du consentement des gouvernés. Toutes les fois qu'une forme de gouvernement devient destructive de ce but, le peuple a le droit de la changer ou de l'abolir et d'établir un nouveau gouvernement, en le fondant sur les principes et en l'organisant en la forme qui lui paraîtront les plus propres à lui donner la sûreté et le bonheur. La prudence enseigne, à la vérité, que les gouvernements établis depuis longtemps ne doivent pas être changés pour des causes légères et passagères, et l'expérience de tous les temps a montré, en effet, que les hommes sont plus disposés à tolérer des maux supportables qu'à se faire justice à eux-mêmes en abolissant les formes auxquelles ils sont accoutumés. Mais lorsqu'une longue suite d'abus et d'usurpations, tendant invariablement au même but, marque le dessein de les soumettre au despotisme absolu, il est de leur droit, il est de leur devoir de rejeter un tel gouvernement et de pourvoir, par de nouvelles sauvegardes, à leur sécurité future. Telle a été la patience de ces Colonies, et telle est aujourd'hui la nécessité qui les force à changer leurs anciens systèmes de gouvernement. [...] En conséquence, nous, les représentants des États-Unis d'Amérique, assemblés en Congrès général, prenant à témoin le Juge suprême de l'univers de la droiture de nos intentions, publions et déclarons solennellement au nom et par l'autorité du bon peuple de ces Colonies, que ces Colonies unies sont et ont le droit d'être des États libres et indépendants; qu'elles sont dégagées de toute obéissance envers la Couronne de la Grande-Bretagne; que tout lien politique entre elles et l'État de la Grande-Bretagne est et doit être entièrement dissous; que, comme les États libres et indépendants, elles ont pleine autorité de faire la guerre, de conclure la paix, de contracter des alliances, de réglementer le commerce et de faire tous autres actes ou choses que les États indépendants ont droit de faire; et pleins d'une ferme confiance dans la protection de la divine Providence, nous engageons mutuellement au soutien de cette Déclaration, nos vies, nos fortunes et notre bien le plus sacré, l'honneur.

Source : *L'esprit de 1789 et des droits de l'homme. Textes et documents (1725-1986)*, Paris, Larousse, 1989.

le crédit de la nation, de redresser le commerce et de refouler les Amérindiens. Les antifédéralistes, représentant les petits fermiers, tiennent à l'indépendance des États et à la participation populaire à la politique.

La Constitution de 1787 définit les organes et les juridictions de l'État fédéral (commerce extérieur, monnaie, guerre, traités, naturalisation); la compétence des États demeure large (justice, enseignement, conditions de la citoyenneté et taux du cens électoral). Chaque État dispose d'une milice qu'il prête au besoin à l'État fédéral. Les pouvoirs sont strictement séparés. Le législatif va au Congrès composé de deux chambres : le Sénat (deux sénateurs par État quelles que soient sa taille et sa population)

et la Chambre des représentants (élus proportionnellement à la population de chaque État). L'exécutif manifeste la double crainte du despotisme et de la violence populaire. Le président, élu au second degré, est désigné pour quatre ans par un collège électoral dont les membres sont nommés par les États; il dispose d'un droit de veto que le Congrès peut annuler. Comme tout fonctionnaire civil, il peut, en cas de forfaiture, subir l'*impeachment* – être mis en accusation par la Chambre et destitué par le Sénat. Le judiciaire revient à une Cour suprême composée de neuf juges, nommés à vie par le président. Ce système repose sur l'équilibre des trois pouvoirs (*voir la figure 9.1*).

FIGURE 9.1
LA CONSTITUTION DES ÉTATS-UNIS (1787)

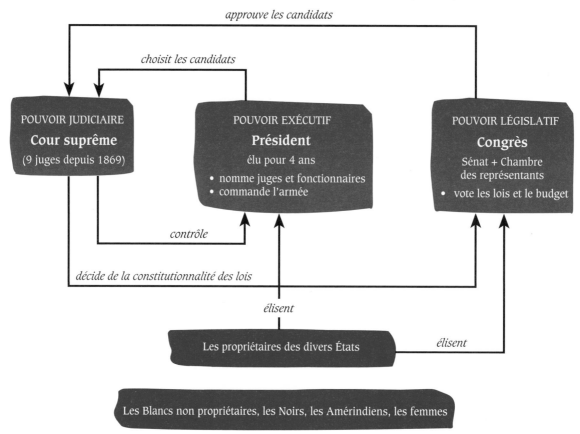

Enfin, il s'agit d'une nation « blanche » : les esclaves sont exclus de la citoyenneté et les Amérindiens considérés comme étrangers. En 1787, l'ordonnance du Nord-Ouest réglemente le statut des terres cédées en 1783 par l'Angleterre : découpage en « territoires » qui pourront devenir des États égaux aux 13 premiers lorsqu'ils atteindront 60 000 habitants. On promet le respect des terres indiennes tout en encourageant leur rachat ; l'esclavage est interdit sur ces territoires.

L'évolution de la société américaine et de la politique

La république se met en place en 1789, après l'élection de Washington et du Congrès qui rédige, en décembre, les 10 premiers amendements à la Constitution, formant une Déclaration des droits (*Bill of Rights*). Adoptés en 1791, ils garantissent les libertés individuelles (expression, presse, religion, réu-

nion), l'*habeas corpus* et la propriété. Les Pères fondateurs abolissent les rentes féodales et le droit d'aînesse, mais l'indépendance ne bouleverse pas la société coloniale, moins égalitaire que ne le proclament ses dirigeants. En 1790, les États-Unis comptent 4 millions d'habitants ; 20 % des Blancs gagnent moins de 50 livres par an (salariés agricoles, compagnons, artisans, ouvriers des manufactures du Nord-Est), mais 10 % disposent d'un revenu supérieur à 1000 livres et détiennent 50 % de la fortune nationale. La propriété moyenne en Virginie est alors de 300 hectares et certaines plantations atteignent 40 000 hectares. Seul le recul de la frontière des Appalaches au Mississipi permet aux Blancs « pauvres » d'acquérir des terres. Enfin, environ 700 000 esclaves ne bénéficient pas de cette liberté solennellement proclamée. Certes, le États du Nord abolissent l'esclavage entre 1780 et 1804, mais 90 % des Noirs vivent au sud de la Pennsylvanie (*voir la carte 9.3*).

L'opposition entre Jefferson, représentant des ruraux qui redoutent les excès d'un pouvoir fédéral fort, et les milieux d'affaires du Nord, qui prônent un tel pouvoir, donne naissance au bipartisme, maintenant entré dans les mœurs politiques américaines. La guerre de 1812-1814 contre l'Angleterre exalte le patriotisme américain. Les États-Unis se désintéressent alors de l'Europe et se tournent vers la conquête de leur continent. Ils achètent la Louisiane à Napoléon en 1803 et acquièrent la Floride en 1819 d'une Espagne dont l'empire colonial agonise ; ils voient ainsi s'ouvrir le marché des jeunes républiques d'Amérique latine. En 1823, Monroe (1816-1824) affirme l'indépendance et l'autonomie de tout le continent face aux Européens ; le slogan « L'Amérique aux Américains ! » porte en germe l'impérialisme continental des États-Unis de la fin du XIXᵉ siècle et la longue politique d'isolement à l'égard de l'Europe, maintenue jusqu'en 1917. Entre 1820 et 1860, la population américaine passe de 9,6 millions (23 États) à 31,3 millions (33 États) : une hausse de 226 %. Le Texas entre dans l'Union en 1845, puis tous les territoires mexicains au nord du Rio Grande en 1848. Les Américains s'installent dans le Pacifique.

La frontière septentrionale du pays est fixée sur le 49ᵉ parallèle, au nord de l'Oregon (1846).

Les conséquences de la révolution américaine

En France, le public éclairé s'intéresse aux événements d'Amérique (Benjamin Franklin reçoit un accueil enthousiaste dans les salons parisiens en 1776-1777), d'autant plus qu'un corps expéditionnaire français y a pris part et que la France a englouti d'importantes sommes d'argent dans le conflit. La naissance d'une république moderne montre également que l'on peut créer un monde proche de la société démocratique définie par Jean-Jacques Rousseau.

Le Canada face aux États-Unis

Les nouvelles frontières de l'Amérique du Nord britannique (Canada actuel) sont tracées. Les Maritimes accueillent 30 000 loyalistes exilés des États-Unis ; les cantons de l'Est, environ 6000 ; 5800 loyalistes et 800 soldats réguliers s'établissent dans le Haut-Saint-Laurent. Cette situation sera à l'origine de la division de la province de Québec en Haut-Canada (Ontario) et Bas-Canada (Québec), en 1791, mais elle amènera aussi le parlementarisme dans les mœurs politiques canadiennes (voir la figure 9.2). Le pacte colonial qui lie l'Angleterre à l'Amérique du Nord britannique profite aux habitants des deux Canadas. Le commerce des fourrures est remplacé par celui du bois qui, entre 1810 et 1820, est multiplié par 20. En 1805, 170 navires quittent Québec ; en 1807, 239 ; en 1808, 334 ; en 1809, 434 ; en 1810, 661 ; en 5 ans, on passe de 26 000 tonnes à 144 000.

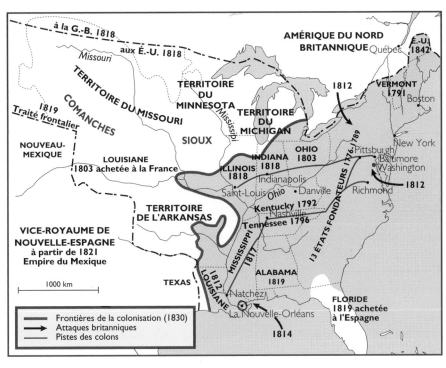

Carte 9.3
Les États-Unis au début du XIXᵉ siècle

FIGURE 9.2
LE GOUVERNEMENT AU CANADA (1791)

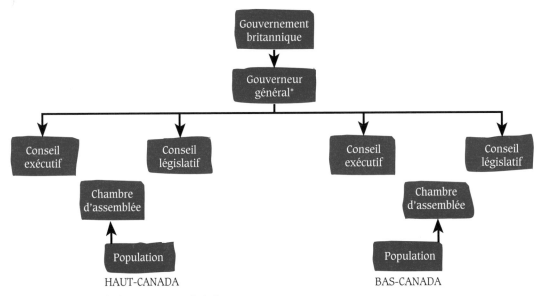

* Dans le Haut-Canada, le gouverneur général
  nomme un lieutenant-gouverneur pour le représenter.

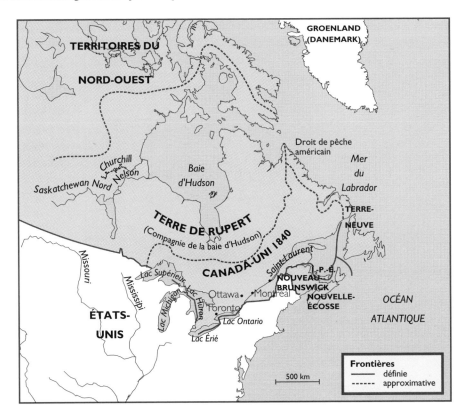

Carte 9.4
L'Amérique du Nord britannique (1840)

En 1812-1814, les Canadiens repoussent l'invasion américaine. Forts de leur prospérité, ils réclament des réformes de Londres. Des révoltes éclatent en 1837-1838 et sont réprimées par la force. Après enquête (1838), lord Durham recommande l'union des deux Canadas et l'assimilation forcée des Canadiens français, mais aussi l'élection par les Canadiens de gouvernements responsables. L'acte d'Union de 1841 réunit les deux Canadas (*voir la figure 9.3*). Par la suite, la Constitution américaine servira de modèle aux Pères de la Confédération canadienne en 1867 (*voir la carte 9.4*).

FIGURE 9.3
LE GOUVERNEMENT AU CANADA (1840-1848)

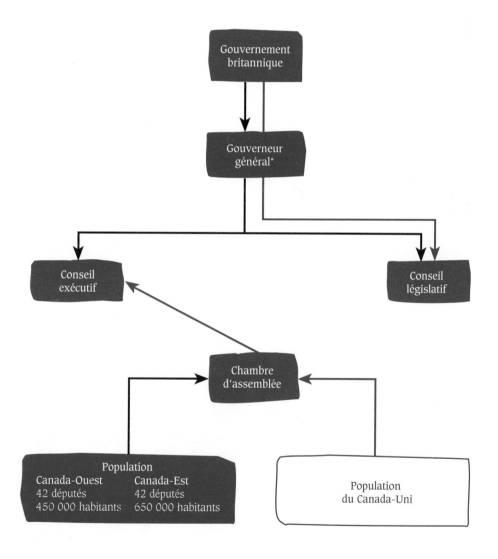

* En 1840, le gouverneur général nomme le Conseil exécutif et le Conseil législatif. À partir de 1848, il ne nomme que le Conseil législatif, les membres du Conseil exécutif étant dorénavant recrutés dans les rangs du parti majoritaire à la Chambre d'assemblée, élue par l'ensemble de la population du Canada-Uni. C'est l'avènement du gouvernement responsable.

La Révolution française

1789 figure parmi les grandes dates de l'histoire de la civilisation occidentale. Nulle révolution avant celle-là n'a suscité tant de passions et de controverses. La première conquête de cette révolution est celle d'une liberté, universelle parce que fille de la Nature et de la Raison.

En 1789, les problèmes de la France sont d'abord politiques : le Tiers-État, ordre non privilégié composé de bourgeois (banquiers, riches commerçants, industriels, médecins, avocats), désire participer au gouvernement, ce qui suppose le remplacement de l'absolutisme par une monarchie constitutionnelle sur le modèle anglais et l'élimination des **privilèges** des deux ordres privilégiés (noblesse et clergé). D'autres problèmes sont économiques : début de chômage technologique dû aux grandes exploitations qui embauchent peu de main-d'œuvre et exigent le partage des communaux (terres de pâture des pauvres), rendements agricoles médiocres, spéculation sur les denrées dont les barrières douanières provinciales entravent la libre circulation. Dans les villes, il y a une surpopulation d'origine rurale. L'essor industriel est entravé par les corporations. La bourgeoisie révolutionnaire s'appuie surtout sur les Parisiens, dont la situation est alarmante : en 1789, le salaire moyen

d'un ouvrier parisien est de 24 sous par jour (prix de 3 kilos de pain). La Révolution se déroule en plusieurs phases : remplacement de l'absolutisme par la monarchie constitutionnelle ; proclamation de la république ; retour à l'absolutisme sous l'Empire. À la fin de ce cycle, la bourgeoisie occupe tous les postes politiques ou économiques : la Révolution est son triomphe (*voir la figure 9.4*).

En 1789, la situation financière de la France est précaire. Les recettes s'élèvent à 475 millions de livres (dont 200 millions en impôts directs) payés par le Tiers-État, et les dépenses à 532 millions dont 51 millions pour la Cour de Versailles (*voir le tableau 9.1*). Louis XVI convoque à Versailles les États généraux afin de faire voter de nouveaux impôts et de combler ce déficit. Le **Tiers-État** se déclare Assemblée nationale ; il exprime la volonté de 95 % du peuple contre 5 % (clergé et noblesse). Il obtient que soit doublé le nombre de ses députés, la réunion en commun des trois ordres et le décompte des votes par tête et non par ordre. Au-delà de ce débat procédurier, les enjeux sont la reconnaissance de la souveraineté nationale et la création d'un régime constitutionnel. Face à la résistance de la noblesse, le Tiers-État s'engage à établir une constitution (serment du Jeu de Paume). Soutenu par des nobles libéraux, le bas-clergé et les Parisiens, il transforme les États généraux en

FIGURE 9.4
LA SOUVERAINETÉ NATIONALE

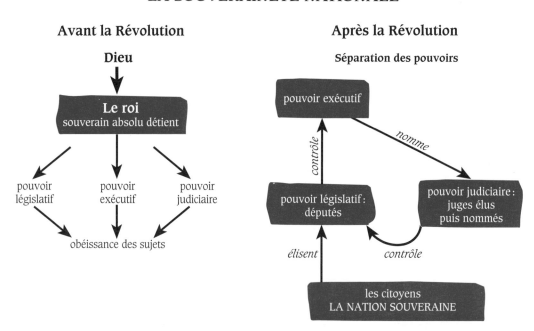

TABLEAU 9.1

LES RECETTES ET LES DÉPENSES DE L'ÉTAT FRANÇAIS EN 1789 (EN MILLIONS DE LIVRES)

Recettes		Dépenses	
Subventions des États	30	Cour et privilèges	63
Recettes non fiscales	44	Administration, économie et société	110
Domaines et régies	64	Armée et diplomatie	166
Impôts directs	158	Service de la dette	290
Impôts indirects	208		
Total	**504**	**Total**	**629**

Assemblée constituante (1789-1791). Des émeutes secouent la province et Paris. Le 14 juillet 1789, un événement marque le début de la Révolution : la populace s'empare de la Bastille (prison de Paris), symbole de l'absolutisme. Avant de rédiger la Constitution, l'Assemblée constituante rappelle dans la première *Déclaration des droits de l'homme et du citoyen* (*voir l'encadré 9.2*) les idéaux qui en sont la base : une monarchie constitutionnelle respectant les principes de liberté individuelle et d'égalité, de souveraineté du peuple et de séparation des pouvoirs.

Les constituants remplacent les vieilles et vastes provinces par 83 départements faciles à centraliser (1790), et suppriment les barrières douanières internes. Tout ce qui rappelle l'Ancien Régime, même le calendrier, est aboli (*voir l'encadé 9.3*). Les biens du clergé, évalués à 3 milliards de livres, sont vendus au profit de l'État. Enfin, par haine des corporations de

ENCADRÉ 9.2

LA *DÉCLARATION DES DROITS DE L'HOMME ET DU CITOYEN* (ADOPTÉE PAR L'ASSEMBLÉE CONSTITUANTE, LE 26 AOÛT 1789 ; PLACÉE EN TÊTE DE LA CONSTITUTION DE SEPTEMBRE 1791)

Les représentants du peuple français, constitués en Assemblée nationale, considérant que l'ignorance, l'oubli ou le mépris des droits de l'homme sont les seules causes des malheurs publics et de la corruption des gouvernements, ont résolu d'exposer, dans une déclaration solennelle, les droits naturels, inaliénables et sacrés de l'homme, afin que cette déclaration, constamment présente à tous les membres du corps social, leur rappelle sans cesse leurs droits et leurs devoirs ; afin que les actes du Pouvoir législatif et ceux du Pouvoir exécutif, pouvant être à chaque instant comparés avec le but de toute institution politique, en soient plus respectés ; afin que les réclamations des citoyens, fondées désormais sur des principes simples et incontestables, tournent toujours au maintien de la Constitution et au bonheur de tous. En conséquence, l'Assemblée nationale reconnaît et déclare, en présence et sous les auspices de l'Être suprême, les droits suivants de l'homme et du citoyen.

Art. 1 : Les hommes naissent et demeurent libres et égaux en droits. Les distinctions sociales ne peuvent être fondées que sur l'utilité commune.

Art. 2 : Le but de toute association politique est la conservation des droits naturels et imprescriptibles de l'homme. Ces droits sont la liberté, la propriété, la sûreté et la résistance à l'oppression.

Art. 3 : Le principe de toute souveraineté réside essentiellement dans la nation. Nul corps, nul individu ne peut exercer d'autorité qui n'en émane expressément.

Art. 4 : *La liberté consiste à pouvoir faire tout ce qui ne nuit pas à autrui; ainsi l'exercice des droits naturels de chaque homme n'a de bornes que celles qui assurent aux autres membres de la société la jouissance de ces mêmes droits. Ces bornes ne peuvent être déterminées que par la loi.*

Art. 5 : *La loi n'a droit de défendre que les actions nuisibles à la société. Tout ce qui n'est pas défendu par la loi ne peut être empêché, et nul ne peut être contraint à faire ce qu'elle n'ordonne pas.*

Art. 6 : *La loi est l'expression de la volonté générale. Tous les citoyens ont droit de concourir personnellement à sa formulation. Elle doit être la même pour tous, soit qu'elle protège, soit qu'elle punisse. Tous les citoyens étant égaux à ses yeux, sont également admissibles à toutes dignités, places et emplois publics, selon leurs capacités, et sans autre distinction que celle de leurs vertus et de leurs talents.*

Art. 7 : *Nul ne peut être accusé, arrêté ni détenu que dans les cas déterminés par la loi, et selon les formes qu'elle a prescrites. Ceux qui sollicitent, expédient, exécutent ou font exécuter des ordres arbitraires, doivent être punis; mais tout citoyen appelé ou saisi en vertu de la loi doit obéir à l'instant; il se rend coupable par la résistance.*

Art. 8 : *La loi ne doit établir que des peines strictement et évidemment nécessaires, et nul ne peut être puni qu'en vertu d'une loi établie et promulguée antérieurement au délit et légalement appliquée.*

Art. 9 : *Tout homme étant présumé innocent jusqu'à ce qu'il ait été déclaré coupable, s'il est jugé indispensable de l'arrêter, toute rigueur qui ne serait pas nécessaire pour s'assurer de sa personne doit être sévèrement réprimée par la loi.*

Art. 10 : *Nul ne doit être inquiété pour ses opinions, même religieuses, pourvu que leur manifestation ne trouble pas l'ordre public établi par la loi.*

Art. 11 : *La libre communication des pensées et des opinions est un des droits les plus précieux de l'homme; tout citoyen peut donc parler, écrire, imprimer librement sauf à répondre de l'abus de cette liberté, dans les cas déterminés par la loi.*

Art. 12 : *La garantie des droits de l'homme et du citoyen nécessite une force publique; elle est donc instituée pour l'avantage de tous, et non pour l'utilité particulière de ceux auxquels elle est confiée.*

Art. 13 : *Pour l'entretien de la force publique, et pour les dépenses d'administration, une contribution commune est indispensable; elle doit être également répartie entre tous les citoyens, en raison de leurs facultés.*

Art. 14 : *Tous les citoyens ont le droit de constater par eux-mêmes, ou par leurs représentants, la nécessité de la contribution publique, de la consentir librement, d'en suivre l'emploi, et d'en déterminer la quotité, l'assiette, le recouvrement et la durée.*

Art. 15 : *La société a le droit de demander compte à tout agent public de son administration.*

Art. 16 : *Toute société dans laquelle la garantie des droits n'est pas assurée, ni la séparation des pouvoirs déterminée, n'a point de Constitution.*

Art. 17 : *La propriété étant un droit inviolable et sacré, nul ne peut en être privé, si ce n'est lorsque la nécessité publique, légalement constatée, l'exige évidemment, et sous la condition d'une juste et préalable indemnité.*

Source : *L'esprit de 1789 et des droits de l'homme. Textes et documents (1725-1986)*, Paris, Larousse, 1989.

ENCADRÉ 9.3

LE CALENDRIER RÉPUBLICAIN

Le 5 octobre 1793, la Convention décrète que l'année commencera à l'équinoxe d'automne, le 22 septembre à minuit, la république ayant été proclamée le 22 septembre 1792, date du début de l'ère nouvelle. L'année est partagée en 12 mois de 30 jours et complétée par l'ajout de 5 jours (les sans-culottides) qui n'appartiennent à aucun mois. L'année qui termine chaque période de 4 ans reçoit 6 jours supplémentaires et est appelée bissextile, tandis que l'on nomme franciade la période quadriennale elle-même; le sixième jour complémentaire de l'année bissextile est le jour de la Révolution. Chaque mois est divisé en trois parties égales nommées décades. Un autre décret (1793) donne aux mois les noms suivants, dus au poète Fabre d'Églantine:

- automne: vendémiaire (vendanges); brumaire (brouillards); frimaire (frimas);

- hiver: nivôse (neige); pluviôse (pluie); ventôse (vent);

- printemps: germinal (germination); floréal (fleurs); prairial (prairies ou fenaisons);

- été: messidor (moisson); thermidor (chaleur); fructidor (fruits).

Les jours de la décade sont: primidi, duodi, tridi, quartidi, quantidi, sextidi, septidi, octidi, nonidi, décadi. Décadi est une journée chômée. Le calendrier républicain est officiellement en usage durant 12 ans, mais en fait il tombe rapidement en désuétude; du fait qu'il est basé sur une description des saisons telles qu'elles apparaissent en France, il offre l'inconvénient de ne pouvoir être adopté par des pays dont le climat est différent; même au sein de l'Empire, de grandes variations climatiques existent entre les pays du Nord (Danemark) et du Sud (Italie). Le 9 septembre 1805 (22 fructidor an XIII), un décret l'abolit et rétablit le calendrier grégorien à partir du 1ᵉʳ janvier 1806 (11 nivôse an XIV).

ENCADRÉ 9.4

LA LOI LE CHAPELIER (14 JUIN 1791)

Art. 1: L'anéantissement de toutes les espèces de corporations [...] étant une des bases fondamentales de la Constitution française, il est défendu de les rétablir de fait, sous quelque prétexte et quelque forme que ce soit.

Art. 2: Les ouvriers et compagnons d'un art quelconque ne pourront [...] former des règlements sur leurs prétendus intérêts communs. [...]

Art. 4: Si contre les principes de la liberté et de la Constitution, des citoyens attachés aux mêmes professions, arts et métiers, prenaient des délibérations, ou faisaient entre eux des conventions tendant à refuser de concert ou à n'accorder qu'à un prix déterminé le secours de leur industrie ou de leurs travaux, lesdites délibérations et conventions [...] sont déclarées inconstitutionnelles, attentatoires à la liberté et à la déclaration des droits de l'homme et de nul effet. [...]

Art. 7: Le Droit de grève est refusé et les grévistes éventuels considérés et punis comme criminels.

Source: Ph. Sagnac. *La législation civile de la Révolution française (1789-1804)*, Paris, Hachette, 1898.

métiers qui limitent la liberté, les constituants votent la loi Le Chapelier en 1791, qui interdit aux ouvriers de se coaliser et châtie les contrevenants ; elle règle les rapports entre patrons et ouvriers pour presque tout le XIXᵉ siècle (*voir l'encadré 9.4 à la page 297*). Ainsi, devant le patronat bourgeois qui s'organise, l'ouvrier est seul, face à l'arbitraire du patron. Sous son apparence démocratique, la Révolution française rend possible l'essor de la bourgeoisie, aux dépens du clergé, des nobles et des ouvriers.

L'Assemblée législative (1791-1792) et la Première République (1792-1793)

La Constitution de 1791 prévoit que le pouvoir législatif appartient à l'Assemblée, et le pouvoir exécutif au roi. Elle accorde à ce dernier un droit de veto, lui permettant de s'opposer à l'exécution des lois votées par l'Assemblée mais elle ne prévoit pas l'éventualité d'un désaccord entre les deux pouvoirs. Si l'Assemblée s'insurge contre le veto royal, elle est réduite au coup d'État. Or, en 1790, l'Assemblée vote une loi que ne peut accepter le roi, en 1791. Cette loi restreint l'autorité du pape sur l'Église de France : c'est la Constitution civile du clergé. Le veto de Louis XVI conduit à une impasse, car le roi ne peut dissoudre l'Assemblée, ni l'Assemblée renvoyer les ministres qu'il a choisis en dehors d'elle. L'opposition du roi et de l'Assemblée dégénère en affrontement. Après que le roi eut renvoyé plusieurs ministres, les troubles éclatent en 1792. Les républicains parisiens, aidés par des insurgés provinciaux et des ouvriers surexcités par les **clubs**, attaquent le palais des Tuileries, où se trouve le roi. Celui-ci est déchu ; la république est proclamée. Cette seconde révolution, faite par le peuple de Paris, les **sans-culottes**, porte au pouvoir les bourgeois favorables à la démocratie : **girondins**, puis **montagnards**, qui forment une nouvelle assemblée, appelée la Convention, dissolvent l'Assemblée, proclament la République et se chargent d'élaborer une nouvelle constitution. Parmi ces gens se distingue le groupe des Marseillais, qui popularise à Paris, sous

Un sans-culotte Recrutés dans la petite bourgeoisie urbaine (on compte peu d'ouvriers parmi eux), organisés en 48 sections, ils encadrent la masse lors des insurrections parisiennes.

L'exécution de Louis XVI le 21 janvier 1793 Souhaitée par les montagnards, rejetée par les girondins et votée à une seule voix de majorité à la Convention (qui compte 721 députés) à la suite d'un procès de 10 semaines, l'exécution du roi aura pour effet d'unir les monarchies d'Europe contre la France.

Un paysan portant un prélat et un noble **(1789)**
Cette estampe illustre un des thèmes chers à la Révolution :
le peuple supportant l'oisiveté des classes privilégiées.
On remarquera l'absence de référence propre à la bourgeoisie
(dont le sort est associé à celui de la paysannerie).

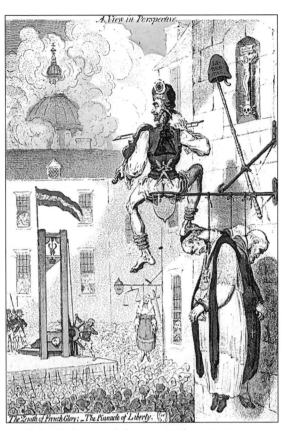

***La gloire de la France à son apogée*,** **caricature**
anglaise de 1793   Un sans-culotte célèbre, au nom
de la liberté, l'exécution du roi, la mort de la religion et
de la justice et la destruction de l'ordre social.

le nom de *La Marseillaise*, un chant de guerre composé par Rouget de Lisle et devenu l'hymne national français.

La Terreur (1793-1795) et le Directoire (1795-1799)

Après l'élimination des girondins, sous la pression des sans-culottes, les montagnards organisent une véritable dictature pour sauver la patrie, menacée d'invasion étrangère et de troubles intérieurs. Ils exécutent alors des aristocrates et des prêtres réfractaires. L'invasion est arrêtée à Valmy le 20 septembre 1792. Sous la conduite de Maximilien Robespierre, le gouvernement prend des mesures économiques et politiques d'exception (fixation des prix et des salaires). Au terme d'un procès de trois mois (novembre 1792-janvier 1793), le roi est condamné à mort pour haute trahison et guillotiné le 21 janvier 1793. La Convention tombe elle-même le 9 thermidor an II (27 juillet 1794), à la suite d'un complot. Robespierre, Couthon et Saint-Just sont exécutés.

Abandonnant les mesures d'exception de la Terreur (abolition de la dictature du Comité de salut public et du Tribunal révolutionnaire, fermeture du Club des jacobins), la bourgeoisie modérée met en place un régime qui stabilise la Révolution. Pour empêcher toute dictature, la Constitution de l'an III (1795) revient à un système censitaire, confie le pouvoir à deux assemblées et le pouvoir exécutif à cinq directeurs et à deux conseils (les Anciens et les Cinq-Cents). Malgré l'institution d'un nouveau régime, le pouvoir ne change pas de mains, car la Convention thermidorienne, soucieuse d'assurer sa survie, décide que les deux tiers des députés des nouveaux conseils doivent être choisis parmi les anciens conventionnels. Le Directoire est constamment menacé par des insurrections, venant des sans-culottes ou des royalistes. Dépourvu de moyens devant la crise économique, il ne tient que par des coups d'État qu'il organise avec

Maximilien de Robespierre (1758-1794) Avocat d'origine bourgeoise, il est tour à tour monarchiste constitutionnel (1789), défenseur de la constitution (1792) et principal instigateur de la Terreur (1793-1794).

l'armée; il laisse s'aggraver la corruption administrative (notamment celle de Barras), le désarroi et l'inquiétude des esprits. Modéré au début de son existence, le Directoire doit sa chute aux mesures d'exception qu'il décrète: la déportation de députés au pénitencier de l'île du Diable (Guyane) et la répression des royalistes en Vendée.

Le Consulat (1799-1804) et le Premier Empire (1804-1814)

À partir de 1792, les révolutionnaires français sont entraînés dans un conflit contre les grandes puissances européennes. Envahis et vaincus par la France, les Pays-Bas sont transformés en République batave, sorte de satellite de la France. Dès 1793, la France annexe plusieurs territoires, s'appuyant sur une «théorie des frontières naturelles», selon laquelle elle devrait être limitée à l'est par le Rhin et les Alpes. Mais le général Napoléon Bonaparte (1769-1821) pousse plus loin les limites de la République. Revenu victorieux d'Italie (1796-1797), il signe la paix de Campoformio (1797) avec l'Autriche; la France annexe les Républiques

helvétique, ligurienne, cisalpine, romaine, parthénopéenne, créées entre 1797 et 1799. En 1798-1799, Bonaparte tente, en Égypte, de barrer la route des Indes aux Anglais. Pendant ce temps, chassée par une coalition réunissant l'Angleterre, l'Autriche, Naples, la Russie et la Turquie, l'armée du Directoire est en déroute en Italie. Embarrassé par la guerre, le Directoire est prêt à se donner à n'importe quel maître qui lui garantirait les positions acquises; Bonaparte, qui rentre d'Égypte (1799), se présente au bon moment.

Le coup d'État des 18 et 19 brumaire an VIII (9 et 10 novembre 1799) donne le pouvoir à Bonaparte, qui fait élaborer une nouvelle constitution. L'exécutif est confié à trois consuls, mais seul le premier, Bonaparte, l'exerce. Il supervise aussi le législatif et le juridique. Les principaux outils de la paix intérieure sont la signature du Concordat de 1801 et la création de la Banque de France (1800), des lycées (1802) et du franc germinal (1803). Le suffrage universel est rétabli, mais pour éviter toute surprise, les candidats sont choisis parmi les fonctionnaires du régime, nommés par le premier consul. En 1804, cette monarchie de fait devient de droit, quand Bonaparte se proclame empereur.

Le Code civil (1804) consacre les conquêtes de la bourgeoisie: droits individuels, égalité devant la loi, liberté religieuse, garantie de la propriété privée. Le sacre de l'empereur en présence du pape à Notre-Dame de Paris, en 1804, paraît fonder une légitimité nouvelle. Napoléon Ier met ainsi un point final à la Révolution tout en décourageant, avec l'appui du Saint-Siège, toute tentative de restauration bourbonienne. Il s'entoure d'une cour qui rivalise avec celle de l'Ancien Régime, crée une nouvelle noblesse, surveille la presse, soumet chaque citoyen à la vigilance de la police et fait oublier sa dictature en donnant à la France la gloire militaire et une prospérité économique fondée sur une politique protectionniste, tributaire de la guerre. Dès 1803, Napoléon rêve d'unifier l'Europe sous sa seule autorité; il distribue les royaumes à ses lieutenants et à sa famille. La guerre culmine avec le **blocus** continental de 1808, destiné à ruiner l'Angleterre. Celle-ci ne peut tolérer la présence de la France en Belgique ni l'hégémonie française sur un continent fermé au commerce britannique. La contradiction de la pensée napoléonienne réside dans cette volonté de réaliser l'unité européenne par la politique des nationalités qui allait justement, après lui, déchirer l'Europe pendant un siècle et demi. En 1810, l'empire

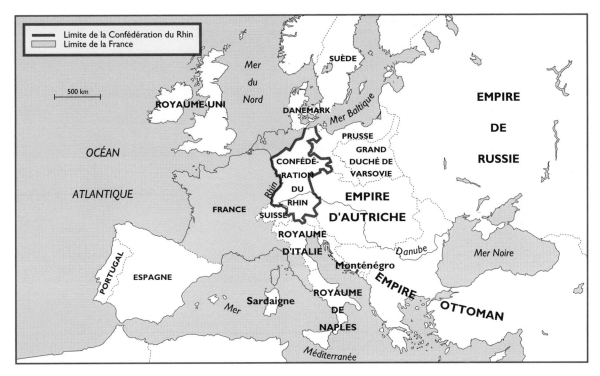

Carte 9.5
L'Europe napoléonienne en 1811

Quand **Napoléon Bonaparte (1769-1821)** naît à Ajaccio, la Corse vient d'être cédée par la république de Gênes à la France. D'un caractère sombre et taciturne, il se fait peu d'amis durant ses études au collège d'Autun et aux écoles militaires de Brienne et de Paris, mais il est apprécié de ses maîtres et se distingue en mathématiques. À 16 ans, il quitte l'école militaire de Paris avec le grade de lieutenant d'artillerie en second. De 1785 à 1791, il connaît la vie de garnison à Valence, Douai, Auxonne; il emploie ses loisirs à l'étude de l'histoire militaire et de la stratégie, et à la lecture de Machiavel, Montesquieu et Rousseau. Il embrasse avec ardeur les idées de la Révolution. Il commande avec succès les troupes françaises en Italie (1796-1797) et en Égypte (1798-1799). De retour en France, il se fait élire premier consul en 1799. En 1804, il devient empereur des Français sous le nom de Napoléon Iᵉʳ.

Sur le plan social, Napoléon est à l'origine de la Légion d'honneur, décoration récompensant les bons citoyens (1802), et de la réorganisation de l'enseignement supérieur (1808). Le Code civil (Code Napoléon) proclame l'égalité civile des citoyens, principal acquis de la Révolution, et contribue à ramener l'ordre dans une France en pleine effervescence. Mais, en revanche, les libertés fondamentales sont sacrifiées au despotisme de l'empereur, qui règne sur une bonne partie de l'Europe occidentale en supprimant les libertés politiques, individuelles, de presse et de culte. Vaincu par les Alliés lors de la campagne de France (janvier-mars 1814), il est exilé à l'île d'Elbe d'où il s'évade; il revient en France (1815), reconquiert le pouvoir durant un peu plus de trois mois (les Cent jours) et le perd définitivement à Waterloo (18 juin 1815). Il est alors exilé sur l'île Sainte-Hélène, possession anglaise au milieu de l'Atlantique, où il meurt en 1821. En 1840, Louis-Philippe obtient le retour de ses cendres à Paris, qui sont déposées dans la crypte de l'hôtel des Invalides en 1861.

Carte 9.6
**Les indépendances des États
en Amérique du Sud**

Simon Bolivar (1783-1830) Héritier des révolutions américaine et française, Bolivar libère de la domination espagnole la Colombie (1819), le Venezuela (1821), l'Équateur (1822), le Pérou (1823) et l'État qui porte son nom, la Bolivie (1825).

de Napoléon s'étend de Hambourg à Rome, de la mer du Nord à l'Adriatique et comprend 130 départements. Après les défaites françaises de 1814 et 1815, l'empire de Napoléon s'écroule (*voir la carte 9.5*).

L'influence de la Révolution française

Dès 1789, journaux et brochures répandent les idées révolutionnaires en Europe. Des troubles éclatent en de nombreux endroits. Traduite en plusieurs langues, la *Déclaration des droits* est diffusée jusqu'en Amérique latine. Pour la bourgeoisie gagnée aux idées de liberté et d'égalité devant la loi, comme pour la paysannerie espérant la disparition du régime féodal, la France constitue un modèle. Le nouveau principe du droit des peuples à disposer d'eux-mêmes inquiète les souverains et les privilégiés, car il attise la haine des nations conquises contre les dominateurs. À la

diffusion des idées révolutionnaires dans toute l'Europe (elle n'est limitée qu'en Espagne) répond une propagande contre-révolutionnaire orchestrée par l'Angleterre. Mais la domination française sur une grande partie de l'Europe étend à de nombreux pays les conquêtes sociales : l'abolition du servage et des droits féodaux, l'introduction du Code civil, l'adoption de méthodes administratives modernes. L'insurrection des nationalités rend la situation explosive en Italie, en Allemagne, dans les Balkans, et prépare l'effondrement de l'empire d'Autriche et de l'Empire ottoman ; les colonies espagnoles et portugaises d'Amérique se libèrent au nom des idéaux de 1789 (*voir la carte 9.6*).

La France sous Louis-Philippe (1830-1848)

Sous Louis-Philippe, le peuple français est paupérisé par le capitalisme industriel : le salaire moyen de la

Le congrès de Vienne (1815)   Les vainqueurs de la France napoléonienne réorganisent l'Europe. Tandis que l'Angleterre assure son empire colonial et se démocratise progressivement, les trois régimes autoritaires (la Prusse, l'Autriche et la Russie) réalisent des annexions sans tenir compte des nationalités.

journée de travail de 15 heures est de 2,5 francs ; le travail des femmes et des enfants n'est presque pas rémunéré. Les bourgeois font écraser les révoltes par la garde nationale. Triomphant à peine de la noblesse, ils se découvrent un nouvel ennemi : le prolétariat. Le pouvoir renforce la répression (1835 : lois contre la presse, les associations et les rassemblements) ; l'opposition républicaine, qui se dit radicale, s'exprime dans les sociétés secrètes ; le roi est l'objet d'attentats en 1835. En politique extérieure, la France poursuit la conquête de l'Algérie ; à l'intérieur, elle développe son économie. L'isolement des campagnes diminue : des chemins vicinaux sont construits en 1836, des chemins de fer en 1842 (2000 kilomètres en 1848), l'industrie du coton fait un bond dans le Nord et en Alsace ; l'extraction de la houille passe de 2 millions de tonnes en 1815 à 7 millions en 1848. Mais la France reste en retard sur l'Angleterre et son rythme de croissance est plus faible que celui de l'Allemagne.

Par ailleurs, cette prospérité repose sur la base menaçante d'une misère ouvrière croissante. En 1847, l'opposition demande des réformes. Les Parisiens dressent des barricades ; le roi abdique ; les insurgés proclament la république en 1848.

L'Europe du congrès de Vienne (1814-1830)

La nouvelle carte de l'Europe

Napoléon vaincu, les Alliés restaurent les Bourbons. Louis XVIII ramène la France à ses frontières de 1792 et octroie aux Français une charte constitutionnelle, inspirée du système anglais (1814). Les acquis de la Révolution et de l'Empire restent intacts : égalité devant la loi, libertés individuelles, de culte, de travail, de commerce, Code civil, administration centralisée, grand livre de la dette publique, franc, concordat, Légion d'honneur, Université ; les biens confisqués aux émigrés et au clergé ne sont pas rendus. Réunis à Vienne en 1815, les Alliés (Prusse, Russie, Angleterre, Autriche) rétablissent partout l'Ancien Régime. Le personnage le plus influent de l'époque est le chancelier autrichien, Metternich. Le tsar Alexandre veut absorber la Pologne, le roi de Prusse rêve de la Saxe, l'empereur d'Autriche veut recouvrer les États italiens et allemands ; évidemment, ces visées se contrarient, ce qui permet au représentant de la France, Talleyrand, de grouper autour de lui les petits États menacés. La Prusse protestante absorbe les catholiques de Westphalie, de Rhénanie et de Pologne occidentale. Le Palatinat rhénan va à la Bavière. La Wallonie francophone est intégrée aux Pays-Bas, qui constituent ainsi un État tampon contre la France. La Norvège passe de la domination danoise à la domination suédoise. L'Italie du Nord est attribuée aux Habsbourg et forme le Royaume lombardo-vénitien. La Russie absorbe la Finlande, la plus grande partie de la Pologne et la Bessarabie.

Les aspirations nationales sont étouffées ; l'absolutisme est rétabli ; la bourgeoisie, un moment associée au pouvoir par la Révolution française et par l'Empire, en est à nouveau écartée par une noblesse autoritaire. L'Espagne et le Portugal sont restaurés dans leurs frontières de 1792. La carte de l'Italie est complètement refaite. Les Bourbons de Naples récupèrent leur trône ; le pape recouvre ses États ; le roi de Piémont-Sardaigne revient à Turin, récupère Nice et la Savoie et obtient les possessions gênoises. Les Habsbourg reçoivent les duchés de Parme, de Modène et de Toscane. La Lombardie et d'anciennes possessions de Venise forment le Royaume lombardo-vénitien, soumis à l'Autriche. Les Pays-Bas sont composés des Provinces-Unies, auxquelles s'ajoutent les Pays-Bas autrichiens, l'ancien évêché de Liège et le Luxembourg ; ils conservent les colonies des Provinces-Unies moins le Ceylan, Le Cap et la Guyane.

La Confédération germanique recrée le Saint-Empire qui, au lieu de compter 350 États, ne compte plus qu'un empire (la partie germanique de l'empire d'Autriche), 5 royaumes (Prusse, Saxe, Bavière, Wurtemberg, Hanovre qui est membre de la Confédération bien que restitué au roi d'Angleterre), 7 grands-duchés, 12 principautés et 4 villes libres (Lübeck, Brême, Hambourg et Francfort). La Suisse (Confédération helvétique) conserve son territoire. La Pologne se reconstitue des territoires conquis par la Prusse et la Russie et est protégée par cette dernière. L'Autriche garde la Galicie ; par l'annexion des provinces illyriennes, elle obtient une large façade maritime. La Suède reçoit la Norvège, enlevée au Danemark, mais perd la Finlande au profit de la Russie et la Poméranie au profit de la Prusse. Dans les Balkans, la Russie s'est agrandie de la Bessarabie (*voir la carte 9.7*).

Le système du congrès de Vienne

Le système issu du congrès de Vienne a le mérite d'éviter, pendant 40 ans (jusqu'à la guerre de Crimée, 1853-1856), toute guerre en Europe. Mais il ne peut se maintenir que par la répression des aspirations nationales et libérales. L'Angleterre se sépare vite des puissances continentales pour s'occuper de son développement industriel et de ses colonies. Les autres vainqueurs de 1815 brisent le mouvement libéral allemand (1819), les insurrections de Naples (1820-1821), d'Espagne (1823) et de Pologne (1830-1831). Cette politique d'intervention, œuvre de Metternich, se détériore après 1830 du fait de l'évolution libérale de l'Angleterre et de la France, qui imposent en 1830

Les trois glorieuses **(les 27, 28 et 29 juillet 1830)**
La révolution de juillet marque la fin des tentatives de restauration d'une monarchie de droit divin en France. À Charles X, roi de France, succède Louis-Philippe, roi des Français.

Carte 9.7
L'Europe en 1815

l'indépendance de la Belgique. Par ailleurs, le déclin de l'Empire ottoman ouvre la question d'Orient, dominée par le conflit entre les visées russes sur Constantinople et la volonté anglaise de préserver la route des Indes en Méditerranée. En 1829-1830, la Grèce conquiert son indépendance avec l'aide de l'Angleterre, de la France et de la Russie. La Serbie et le Monténégro deviennent des principautés autonomes. La Russie se pose comme la protectrice naturelle des Slaves orthodoxes des Balkans, d'où la naissance d'une rivalité austro-russe dans cette région. L'Angleterre, par la convention des Détroits en 1841, réussit à confiner la flotte russe dans la mer Noire.

Les héritages

Au cours de la période de 1775 à 1848 se développent l'industrialisation et le capitalisme ; les innovations techniques sont légion ; les sciences, les arts et les lettres bénéficient également de l'esprit d'initiative des Occidentaux de cette époque. Grâce au télescope, plus perfectionné que la lunette astronomique du XVIIe siècle, l'astronome anglais William Herschel (1738-1822) découvre la planète Uranus (1781). Entre-temps, l'affirmation des droits individuels favorise la prospérité de la civilisation occidentale.

L'affirmation des droits individuels

La *Déclaration des droits de l'homme et du citoyen* (1789) constitue l'un des plus grands héritages occidentaux de la fin du XVIIIe siècle ; elle a une valeur plus universelle que le *Bill of Rights* anglais de 1689 ou que la *Déclaration d'indépendance* américaine de 1776. À la philosophie des Lumières, ses principes empruntent la reconnaissance des droits naturels des

Rêves de république universelle **(1848)**   Illustration montrant des délégations de France, d'Allemagne, d'Autriche, des Deux-Siciles qui se rassemblent autour de la république devant les vestiges de la royauté. Les révolutions européennes de 1848 se voulaient libérales, républicaines et nationales. L'absolutisme rétablira son autorité dans toutes les capitales tenues par les révolutionnaires (Prague, Vienne, Milan, Berlin, Budapest).

individus qui se lient par contrat pour les défendre ; ils deviennent ainsi les citoyens d'une communauté qui leur est supérieure : la nation. La *Déclaration* définit donc les droits de l'homme et ceux de la nation. À tous les hommes sont reconnus les droits inaliénables et imprescriptibles de liberté, de propriété, de sûreté et de résistance à l'oppression.

La première des libertés est celle de l'individu. Elle fait présumer innocent avant jugement, établit un rapport exact entre le délit et la peine. Un même respect de l'*habeas corpus*, d'origine anglaise, inspire le Code pénal de septembre 1791. Les libertés essentielles d'opinion, de presse et de conscience (fin du monopole religieux) sont reconnues ; mais les libertés de réunion et de culte ne sont pas explicites. Propriété et sûreté découlent de cette conception bourgeoise de la liberté. Chaque individu est d'abord son propre maître, mais seule la possession de biens personnels cautionne son indépendance et le plein exercice de sa liberté. La sûreté est le droit qui garantit la sécurité des personnes et des biens. Indivisible, la souveraineté réside dans la nation. Elle seule peut faire la loi, consentir l'impôt, instituer une force publique de défense nationale. D'elle émane tout pouvoir légal dont celui du roi (mais les mots roi et monarchie sont absents de la *Déclaration*). « La loi est l'expression de la volonté générale, son but est le bonheur de tous » : ce principe justifie la répression de toute atteinte à l'ordre public.

Réclamée par les réformateurs du XVIIIᵉ siècle (théorie de Montesquieu, inspirée de Locke), la séparation des pouvoirs est officiellement consacrée. Mais la tutelle française sur une grande partie de l'Europe, notamment à l'époque napoléonienne, s'accompagne d'une exploitation économique des peuples conquis qui suscite l'hostilité de ces derniers, s'appuyant d'ailleurs – ironie du sort – sur l'idée de souveraineté du peuple, apportée par la Révolution française. En brisant les territoires anciens, la Révolution et l'Empire font naître un nationalisme unitaire chez de nombreux Allemands et Italiens, divisés jusque-là en petits États. L'éveil du sentiment national prend parfois un aspect conservateur, comme en Espagne. Il est de toute façon un des facteurs de l'échec de Napoléon. Le XIXᵉ siècle est celui des nationalités et des soulèvements sociaux.

Le capitalisme et la révolution industrielle

Le capitalisme et les questions sociales

L'Europe du XIXᵉ siècle est celle de la révolution industrielle. Elle est inséparable des innovations techniques qui ont permis l'essor de la grande industrie

Le massacre de Peterloo (1819)　En Angleterre, la crise de surproduction et la chute des prix au lendemain des guerres napoléoniennes mènent à une agitation sociale et politique. Le gouvernement réagit fortement aux demandes de réformes parlementaires et passe une série de lois limitant la liberté d'expression. Lors d'une manifestation politique à Peterloo (un quartier de Manchester), la police chargera la foule et fera de nombreuses victimes.

fondée sur le fer, le charbon et le textile. Elle se développe dans le cadre d'un capitalisme puissant qui met en place ses rouages et se structure. L'économie des pays industriels connaît alors une croissance sans précédent, même si des fluctuations en marquent le cours. L'industrialisation sécrète une société qui lui est propre. Sûre d'elle-même, une bourgeoisie conquérante impose ses modes, ses mentalités et ses valeurs morales fondées sur le travail et l'argent. Sous la bannière du libéralisme, elle assure sa domination politique et économique. Mais l'usine engendre le prolétariat et la misère : la question sociale est au cœur de l'histoire du XIXe siècle et suscite des tensions nouvelles et d'âpres conflits. Pendant que se définissent les idéologies socialistes, le mouvement ouvrier lutte quotidiennement. Face à ce monde nouveau, les Églises hésitent entre le refus et l'ouverture, alors que la science affirme sa vocation d'expliquer le monde et de préparer le bonheur de l'Occident futur. L'Europe du XIXe siècle présente une grande diversité. Même si l'on assiste globalement à un progrès des libertés publiques, des États autoritaires coexistent avec des nations avancées et libérales.

Le révolution industrielle en Occident

La révolution industrielle triomphe en Angleterre avant de s'implanter en Europe du Nord-Ouest et aux États-Unis dans la première moitié du XIXe siècle. Lorsque se tient à Londres la première grande exposition universelle en 1851, la révolution industrielle est irréversiblement engagée en Belgique et en France, d'où elle s'étend à l'ensemble de l'Europe et à l'Amérique du Nord. Apparue en Angleterre vers 1820, reprise en 1845 par Friedrich Engels (1820-1895), l'expression « révolution industrielle » évoque la brusque et profonde transformation économique due au phénomène de l'industrialisation, lui-même caractérisé par des innovations dans le textile, la métallurgie, la chimie et surtout l'énergie avec la machine à vapeur. La révolution industrielle est marquée par l'utilisation d'énergies nouvelles (charbon et vapeur), une forte croissance économique poussée par les secteurs-pilotes (les nouvelles activités industrielles : travail du coton, métallurgie du fer, construction mécanique, industrie chimique) et l'essor du machinisme qui commande une réorganisation de la production impliquant à la fois le rôle dynamique d'entrepreneurs bourgeois et le travail discipliné d'ouvriers concentrés en un

même lieu : c'est le passage de l'artisanat à la fabrique, du *domestic system* au *factory system*. Depuis le milieu du XVIIIe siècle, la demande augmente sans cesse, et l'Europe est traversée de flux commerciaux très actifs ; ses États atlantiques deviennent la plaque tournante d'échanges mondiaux.

Le système technique de production reposant sur l'introduction de la machine à vapeur dans l'industrie se double d'un système social de production, où l'entreprise réunit en un seul lieu capital et travail. Le capital, représenté concrètement par les matières premières, les bâtiments et les machines, correspond à des sommes qui croissent de plus en plus rapidement, au cours des ans, au point qu'il donne son nom au nouveau système économique : le capitalisme.

Le capitalisme, dont le grand épanouissement date de la fin du XVIIIe siècle, est un régime socio-économique dans lequel la propriété individuelle des moyens de production assure à leurs propriétaires des revenus et leur donne l'initiative de l'orientation de l'activité économique, une portion de ces revenus

Un mineur du Yorkshire (1814) D'abord en Angleterre puis sur le continent, la révolution industrielle s'appuie sur la production textile et charbonnière. De nombreux mineurs sont recrutés parmi la population paysanne établie à proximité des bassins houillés.

étant consacrée à l'achat de nouveaux moyens de production. La multiplication des manufactures, la concentration des entreprises et leur internationalisation, la lutte contre les masses ouvrières coalisées, l'expansion coloniale en quête de nouvelles matières premières et de débouchés, sont quelques-unes de ses manifestations. Au cours des XVIIIᵉ et XIXᵉ siècles, le machinisme modifie profondément les conditions de travail ; la main-d'œuvre, rompue à la discipline qu'impose le rythme des machines, est formée au maniement d'engins de plus en plus complexes (*voir l'encadré 9.5*). Les propriétaires d'usines puisent d'abord dans leur propre fortune pour financer leurs usines (capitalisme patronal), puis font appel aux banques qui leur accordent du crédit. La révolution industrielle est intimement liée au capitalisme bancaire, qui la rend possible en fournissant les capitaux nécessaires aux investissements de base et en assurant le rendement financier par-delà les frontières (capitalisme international) et les aspirations des prolétaires de toutes les nations.

Du point de vue moral et social, le capitalisme est une forme renouvelée d'esclavage, de servage, d'usure, d'exploitation de l'homme par l'homme ; contraire à l'équité, il scinde la société en deux classes ennemies, engendre la guerre lorsqu'il est national, tout en portant atteinte à la patrie par son cosmopolitisme. En faisant éclater le cadre de la vie quotidienne de chacun, la révolution industrielle, rendue possible par le capitalisme, a jeté les bases d'un Occident tourné vers le monde entier, monde qu'il veut conquérir et façonner à son image.

Les innovations techniques

Dans le chapitre 8, nous avons insisté sur les progrès réalisés par les Occidentaux dans le domaine scientifique. Nous nous attacherons ici à mettre en valeur les innovations techniques de la fin du XVIIIᵉ siècle (*voir l'encadré 9.6*) et du début du XIXᵉ.

La révolution industrielle est née en Angleterre au milieu du XVIIIᵉ siècle. L'essor démographique et l'augmentation des exportations entraînent un accroissement de la demande de produits manufacturés. La production industrielle ne peut plus s'en tenir aux

---

ENCADRÉ 9.5
L'INNOVATION TECHNIQUE ET LA CRAINTE DU CHÔMAGE

L'invention et l'usage de la machine à peigner la laine, qui a pour effet de réduire la main-d'œuvre de la manière la plus inquiétante, inspire [aux ouvriers] la crainte sérieuse et justifiée de devenir, eux et leurs familles, une lourde charge pour l'État. Ils constatent qu'une seule machine, surveillée par une personne adulte et servie par 5 ou 6 enfants, fait autant de besogne que 30 hommes travaillant à la main selon l'ancienne méthode. L'introduction de ladite machine aura pour effet presque immédiat de priver de leurs moyens d'existence la masse des artisans. Toutes les affaires seront accaparées par quelques entrepreneurs puissants et riches. Les machines dont les pétitionnaires regrettent l'usage se multiplient rapidement dans tout le royaume, et ils en ressentent déjà cruellement les effets : un grand nombre d'entre eux sont déjà sans travail et sans pain.

Source : *Journal de la Chambre des Communes,* Londres, 1794.

ENCADRÉ 9.6
LA MONTGOLFIÈRE

Le 4 juillet 1783 à Annonay, les frères Joseph-Michel (1740-1810) et Jacques-Étienne Montgolfier (1745-1799), importants papetiers de cette ville, font s'élever dans les airs le premier aérostat qu'ils viennent de construire. La montgolfière, ballon sphérique de 800 mètres cubes, activé au préalable par un chauffage auxiliaire au sol, à l'aide d'un combustible formé de paille humide et de laine cardée, est fabriquée de toile de coton doublée intérieurement de feuilles de papier mince qui la renforcent, l'imperméabilisent et l'isolent thermiquement. Elle s'élève à 1000 mètres d'altitude et parcourt 2 kilomètres. Cette innovation marque le début de la conquête de l'air, prélude à celle de l'espace que réalisera le XXᵉ siècle. Les frères Montgolfier ont aussi inventé un bélier hydraulique (qui porte leur nom) et perfectionné la technique de fabrication du papier.

méthodes artisanales. Des innovations, dues à des techniciens inventifs, lui ouvrent de nouvelles voies. L'adoption du système métrique par plusieurs nations d'Europe continentale au XIXᵉ siècle facilite les échanges commerciaux (*voir l'encadré 9.7*).

D'un autre côté, le canal de la Severn en Angleterre et celui des Ardennes en Belgique accélèrent le transport fluvial des marchandises avant 1848 ; de nombreux projets de canaux reliant les divers cours d'eau d'Europe centrale et orientale, entrepris avant cette date, verront le jour dans la seconde moitié du siècle.

Le métier à tisser

C'est dans l'industrie textile anglaise qu'apparaissent les premiers métiers automatiques, au cours du XVIIIᵉ siècle. Les tissus étaient jusqu'alors fabriqués sur des métiers où l'ouvrier passait la navette à la main, ce qui limitait la largeur des pièces à l'envergure de ses bras. En 1733, John Kay imagine la navette volante, coulissant dans une glissière, qui permet le tissage rapide de pièces plus larges. Mais le fil est encore fabriqué au fuseau ou au rouet : la production de fil est insuffisante pour compenser l'accélération du tissage. En 1770, on met au point un dispositif qui enroule automatiquement le fil sur les bobines du métier à tisser et donne en abondance du fil solide : c'est la *mule-jenny*. Dès lors, la filature utilisant la force hydraulique pour ses machines va plus vite que celle qui utilise le tissage. L'équilibre est rétabli en 1785 par Cartwright qui invente le métier à tisser automatisé. À l'époque, les machines sont construites en bois.

ENCADRÉ 9.7
LE SYSTÈME MÉTRIQUE

En 1789, il y a plus de 800 mesures différentes en France. La Constituante adopte, en 1790, l'idée de leur unification proposée par Talleyrand. L'Académie recommande l'emploi de la numération décimale ; en 1791, elle adopte pour mesure-étalon le mètre, dix millionième partie du quart du méridien terrestre. Des membres de la commission mesurent l'arc de méridien à partir de la différence de latitude entre Dunkerque et Barcelone, et Lavoisier tente de déterminer le poids d'eau correspondant à l'unité de volume dans la nouvelle graduation. En 1793, la Convention crée le système métrique. Les nouvelles mesures sont dénommées « mètre » (du grec *metron*, mesure), « gravet » (futur gramme) et « cade » (futur mètre cube). Le poids de l'unité de volume d'eau distillée, pesée dans le vide à la température de la glace fondante, devient l'unité de poids. La loi du 18 germinal an III (7 avril 1795) institue le système métrique décimal. Les étalons de poids et de longueur sont prêts en 1799, déposés le 4 messidor an VII (27 juin 1799) aux Archives, légalisés puis rendus obligatoires en 1801.

L'adoption des nouvelles mesures heurte des habitudes séculaires. Le système métrique décimal ne devient exclusif qu'en 1840. En 1872 se réunit la première commission internationale relative au mètre ; en 1875 est créé le Bureau international des poids et mesures. Après 1961, la Conférence internationale des poids et mesures appelle « système international d'unités » (SI) le système métrique décimal à sept unités (le mètre, le kilogramme, la seconde, l'ampère, le kelvin, la candela et la mole). Le système métrique s'est répandu dans l'ensemble de l'Occident et du monde – sauf exceptions. Dès 1799, plusieurs pays d'Europe l'avaient adopté, mais l'Italie ne s'y range qu'en 1861 et l'Allemagne en 1871 ; la Grande-Bretagne attendra 1965 et le Canada 1971.

Bien que prétendant appuyer leurs mesures sur des données scientifiques, les savants ont commis des inexactitudes. La Terre n'étant pas une sphère parfaite, l'arc d'un degré n'a pas la même longueur partout sur le même méridien. L'unité de longueur est donc arbitraire. Il n'y a pas de lien exact entre l'unité de longueur et l'unité de poids : le mètre-étalon est exact à 0 °C, alors que l'unité de volume d'eau est pesée à 4°C. Le mètre-étalon diffère de 0,2 millimètres par défaut de sa définition primitive. La Conférence des poids et mesures décide en 1960 d'adopter une nouvelle définition : le mètre est la longueur égale à 1 650 703,73 longueurs d'onde dans le vide de la radiation correspondant à la transition entre les niveaux $2 p_{10}$ et $5 d_5$ de l'atome de krypton 86.

Le métier Jacquard Perfectionné entre 1800 et 1804, il permet la fabrication de tissus décoratifs par l'utilisation de cartons perforés qui, en se déroulant, libèrent les fils de chaîne (fils transversaux d'une bande de tissu). Cette automatisation de l'opération réduit de trois à un le nombre d'ouvriers nécessaires pour ce type de tissage.

On ne peut produire le fer qu'en petites quantités dans des fournaux utilisant le charbon de bois. En Allemagne, on utilise le charbon de terre (la houille), qui ne donne qu'une fonte de qualité médiocre. En 1732, Abraham Darby utilise le coke (houille distillée) : la fonte est ainsi débarrassée des éléments sulfureux qui la rendent cassante. Il faut cependant plus d'un siècle avant que la fonte au coke remplace la fonte au bois. En 1780 apparaît le *puddlage* : la fonte en fusion est brassée en petites quantités, soudées les unes aux autres grâce au marteau-pilon ou au laminoir. La métallurgie lourde nécessite des installations importantes et de grands capitaux. À la fin du XVIIIe siècle, apparaissent en Angleterre et en Écosse les premières concentrations de métallurgies, qui stimulent l'industrie houillère. L'innovation essentielle est l'utilisation de la vapeur. En 1784, l'ingénieur écos-sais James Watt met au point une machine à vapeur automatique : par la bielle et la manivelle, elle transforme le mouvement linéaire du piston en mouvement circulaire.

Ces machines sont utilisées dans l'industrie textile et la métallurgie anglaises ; elles passent sur le continent quand Dollfus-Mieg les intègre à sa filature de Mulhouse en 1802. Jusqu'en 1860, les innovations visent à augmenter l'efficacité : arrêt automatique en cas de rupture du fil, utilisation pour toutes les fibres, vitesse accrue. À la fin du siècle, la turbine permet de passer directement à l'énergie rotative. La machine à vapeur favorise la mécanisation du travail ; tissages et filatures ne dépendent plus des aléas de l'énergie hydraulique, leur fonctionnement est continu et régulier. Avant 1850, l'industrie textile dispose d'une machine par opération : machine à carder, à bobiner, à peigner, etc.

Les machines-outils

En 1760, l'ingénieur anglais James Smeaton met au point une machine hydraulique pour aléser les cylindres de machines à vapeur, qui est perfectionnée en 1775 par John Wilkinson. En 1795, l'Anglais Joseph Bramah, à qui l'on doit la pompe à incendie et la chasse d'eau, invente une presse hydraulique qui décuple la force appliquée grâce à la pression d'un liquide. En 1797, Henry Maudsley, de Manchester, met au point le précurseur des tours à métaux actuels. En 1836, un ancien employé de Maudsley, James Nasmyth, invente l'étau-limeur : immobilisée sur un banc, la pièce est ouvragée par un outil en mouvement. En 1839, Nasmyth invente aussi le marteau-pilon à vapeur : soulevé par une machine à vapeur, l'énorme marteau retombe par son propre poids sur la pièce à forger ; ce marteau-pilon à vapeur servira à forger l'énorme arbre de transmission du bateau à vapeur *Great Britain*. Ce tour est amélioré en 1840 aux États-Unis par les fondateurs de la société Pratt & Whitney et devient le tour-revolver : les différents outils nécessaires à l'exécution d'une même pièce sont montés sur une tourelle pivotante, ce qui évite de changer les couteaux à la main, lors d'opérations complexes d'usinage. À partir de 1840, les machines-outils à vapeur se perfectionnent : machines à fraiser, à riveter, tours automatiques. Dès 1850, les grands journaux sont imprimés sur des rotatives à vapeur, ce qui permet d'augmenter les tirages et de diminuer les coûts de production.

La locomotive et le bateau à vapeur

La vapeur s'impose aussi dans les transports. En 1825, la première locomotive à vapeur, la *Locomotion* de George Stephenson (1781-1848), transporte 450 passagers en 38 voitures ouvertes, de Darlington à Stockton (16 kilomètres), à une allure de 16 à 25 kilomètres à l'heure. Stephenson construit aussi des machines tirant 30 tonnes de charbon sur une distance de 12 kilomètres. En 1829, la *Fusée* de Robert Stephenson (fils du précédent) tire un train de Manchester à Liverpool (60 kilomètres) à une vitesse de 48 kilomètres à l'heure. Le succès du rail est prodigieux : 35 000 kilomètres de voie en 1850 dans le monde, plus d'un million en 1914. L'Europe occidentale entreprend de desservir les campagnes dès 1879, mais la Russie et les pays d'Amérique, très étendus, ne relient que les grandes villes.

Un bateau à vapeur et roues à aubes construit par l'Américain Robert Fulton relie Albany et New York sur l'Hudson en 1807, mais ce type de propulsion, adapté à la navigation fluviale, pose des problèmes en mer. C'est l'invention de l'hélice en 1830 qui rend la vapeur pleinement efficace dans le transport maritime. En 1850, un bateau sur deux est un *steamer*, l'autre est un *clipper*, voilier rapide qui concurrence le premier jusqu'en 1900. En 1876, Tellier envoie de la viande d'Argentine à Rouen par bateau frigorifique, et l'Anglais Cunard établit la première liaison bimensuelle régulière en Atlantique Nord. Entre 1852 et 1913, le port de Londres passe de 1 à 33 millions de tonnes ; Hambourg, Marseille, Gênes et Rotterdam connaissent le même essor. De 1859 à 1869, le Français Ferdinand de Lesseps perce le canal de Suez, tandis que le canal de Panama, entrepris par les Français, est achevé en 1914 par les Américains.

Les autres inventions

La machine à écrire inventée en 1808 par l'Italien Pellegrino Turri pour une de ses amies aveugles, la comtesse Carolina Fantoni, est perfectionnée par l'ajout d'un ruban encré (inventé en 1841 par un Écossais) et encore perfectionnée en 1874 par l'armurier américain Philo Remington (1816-1889). La machine à coudre du Français Barthélemy Thimonnier (1830) marche à la vapeur, mais l'invention de la pédale en 1851 par l'Américain Isaac Merritt Singer (1811-1875) permet, dès 1858, à une machine toute mécanique, plus légère que les modèles industriels, d'être utilisée par les artisans et les ménagères (*voir le tableau 9.2*). La révolution industrielle n'est pas seulement la conséquence de l'essor économique ; elle est aussi le legs d'une mentalité

TABLEAU 9.2
QUELQUES INVENTIONS (1803-1832)

1803	La locomotive de Richard Trevithick (Angleterre, 1771-1833),
	Le bateau à vapeur et la roue à aubes de Robert Fulton (États-Unis, 1765-1815)
1815	Le procédé John McAdam (Angleterre, 1756-1836) de revêtement des routes en pierres concassées
1816	La lampe de sécurité pour mineurs de Humphrey Davy (Angleterre, 1778-1829)
1826-1827	La photographie par Nicéphore Niepce (France, 1765-1833)
1827	La turbine hydraulique de Benoît Fourneyron (France, 1802-1867)
	La chaudière tubulaire pour locomotives de Marc Séguin (France, 1786-1875)
1829	La locomotive de George Stephenson (Angleterre, 1781-1848)
1832	L'hélice de navire de Frédéric Sauvage (France, 1786-1857)

acquise au début du XVIIIᵉ siècle, qui redonne aux humains confiance en leurs capacités d'innovation et de création. L'esprit d'invention qui anime les techniciens, les ingénieurs et les savants des XVIIIᵉ et XIXᵉ siècles (et que l'on retrouve au XXᵉ) se manifeste également dans les arts et dans la littérature ; au XIXᵉ siècle, ce mouvement artistique s'appelle le romantisme.

Le romantisme en littérature et dans les arts

En Angleterre et en Allemagne, le romantisme est l'expression du génie qui ne connaît pas d'entrave ; en France, il constitue une révolte contre le classicisme. Négativement, le romantisme est le refus des règles, de l'impersonnalité, de la raison, du culte des Anciens ; positivement, c'est la recherche de la liberté de composition et d'inspiration, l'exaltation de la sensibilité individuelle, de l'imagination, la recherche de la cou-

Johann Wolfgang von Goethe (1749-1832) Issu d'une famille bourgeoise aisée, il domine pendant plus d'un demi-siècle la vie littéraire allemande. Goethe, avec des romans tels *Les souffrances du jeune Werther* (1774), fut l'un des précurseurs et l'un des monuments de la littérature romantique européenne.

leur locale et du réalisme, l'attrait des littératures de l'Europe du Nord, la réhabilitation de l'histoire moderne, du Moyen Âge et du merveilleux chrétien.

Le romantisme littéraire

Le romantisme littéraire apparaît avec les Allemands Johann Goethe (1749-1832) et Friedrich Schiller (1759-1805), et les Anglais James Macpherson (1736-1796) et George Byron (1788-1824). Il trouve en France un terrain préparé par la lecture de William Shakespeare (1564-1616) et de Jean-Jacques Rousseau (1712-1778), précurseur du romantisme français. François René de Chateaubriand (1768-1848) exalte le christianisme et le lyrisme, Étienne Pivert de Senancour (1770-1846) est le premier à décrire le mal du siècle et Mᵐᵉ de Staël (1766-1817) introduit le cosmopolitisme. Puis apparaissent les *Méditations poétiques* (1820) d'Alphonse de Lamartine (1790-1869), les *Poèmes* (1822) d'Alfred de Vigny (1797-1863), les *Odes* (1822) de Victor Hugo (1802-1885), le *Racine et Shakespeare* (1822) de Stendhal (1783-1842). Un cénacle apparaît en 1823 avec Charles Nodier (1780-1844) ; des revues comme *La Muse française* (1823) et le *Globe* (1824), et des ouvrages comme les *Odes et ballades* (1826) et *Cromwell* (1827) revendiquent la liberté dans l'art.

Le romantisme s'incarne en cinq grands poètes, Lamartine, Vigny, Hugo, Alfred de Musset (1810-1857) et Théophile Gauthier (1811-1872), mais se manifeste par une multitude d'œuvres : au théâtre : *Henri III et sa cour* (1829) d'Alexandre Dumas père (1803-1870), *Hernani* (1830) de Hugo, *Chatterton* (1835) de Vigny, les comédies de Musset ; dans le roman : les œuvres d'Honoré de Balzac (1799-1850), de Stendhal, de Gérard de Nerval (1808-1855), qui est aussi poète (*Les Chimères*, 1854), de George Sand (1804-1876), d'Alexandre Dumas fils, de Prosper Mérimée (1803-1870) ; en histoire : les ouvrages de François Guizot (1787-1874), d'Alexis de Tocqueville (1805-1859), de Jules Michelet (1798-1874), d'Augustin Thierry (1795-1856). La critique elle-même est romantique avec Augustin Sainte-Beuve (1804-1869). Après 1850, le romantisme cède la place au réalisme.

Le romantisme dans les arts

La peinture romantique se distingue par les attitudes passionnées, le coloris éblouissant, la recherche d'une

Les fusillades du trois mai **(1814) de Francisco Goya (1746-1828)**   D'abord portraitiste officiel, Goya dépassera les conventions stylistiques de son époque. Les événements politiques d'une rare violence dont il est témoin libèrent en lui une imagination visionnaire qui préfigure sous certains aspects tout l'art moderne. L'œuvre *Les fusillades* est inspirée par la répression sanglante du soulèvement espagnol de 1808 par les troupes françaises.

nature émouvante et vraie. Ses initiateurs sont : l'Espagnol Francisco de Goya y Lucientes (1746-1828), classique par la sobriété des lignes et novateur par la chaleur des coloris et le choix des sujets violents et tragiques ; les Anglais John Constable (1776-1837) et William Turner (1775-1851), qui donnent de la nature une image émouvante ; le graveur vénitien Giambattista Piranesi (1720-1778), dans ses dessins d'architecture mystérieux et dramatiques. *Le Radeau de la Méduse* (1819) de Théodore Géricault (1791-1824) est la première peinture romantique française. Eugène Delacroix (1798-1863), chef de l'école romantique française, est un coloriste somptueux ; ses toiles les plus célèbres sont *Dante aux Enfers* (1822) et *Les Massacres de Scio* (1824) ; son disciple, Honoré Daumier (1808-1879), est, selon

Michelet, le Michel-Ange de la caricature. Le romantisme éveille le goût de la nature. Les paysagistes de l'école de 1830 s'épanouissent sous le Second Empire ; ses membres (Jean-Baptiste Corot, 1796-1874 ; Théodore Rousseau, 1812-1867 ; Jules Dupré, 1811-1889, etc.) produisent alors leurs plus belles œuvres.

En sculpture, le romantisme réagit d'abord contre la grâce académique et froide d'Antonio Canova (1757-1822) et de Pradier (1790-1852). La sculpture s'anime d'une vie plus expressive. Les principaux sculpteurs sont François Rude (1784-1855), célèbre par les groupes de l'Arc de Triomphe de Paris (*Le Départ des volontaires de 1792*, 1836), Carpeaux (1827-1875) et Barye (1796-1875) qui inaugure l'art animalier par son *Lion au serpent* (1833).

Cimetière de cloître sous la neige (1810) **de Caspard David Friedrich (1774-1840)**   Ses toiles, qui lient l'angoisse de l'être humain au sentiment de la nature, sont parmi les plus représentatives de l'art romantique allemand. La toile *Cimetière de cloître* fut détruite par les bombardements de 1945 à Berlin.

Le romantisme en musique

Le romantisme musical réagit contre les règles traditionnelles dans l'expression plutôt que dans les genres. L'Allemagne possède les plus grands noms en ce domaine. Ludwig van Beethoven (1770-1827), quoique classique par la composition et le développement des thèmes, est romantique par l'inspiration qu'il puise dans le cœur humain. Carl Maria von Weber (1786-1826) avec ses opéras (*Freischütz*, 1821), Franz Schubert (1797-1828) avec ses symphonies et sa musique de chambre, Robert Schumann (1810-1856) avec ses concertos et ses lieder, Johannes Brahms (1833-1897) avec ses symphonies, Franz Liszt (1811-1886) avec ses poèmes symphoniques, sont plus romantiques encore, ayant exprimé la passion, la fougue, la poésie des légendes populaires. La musique française est détournée du classicisme de Méhul par

Ludwig van Beethoven (1770-1827), compositeur allemand, dont la vie difficile est assombrie par la surdité, subit d'abord l'influence de Haydn et de Mozart, puis s'en dégage. Il représente le romantisme dans ce qu'il a de plus solennel. Parmi ses principales œuvres, signalons ses neuf symphonies, des concertos pour violon ou piano, de la musique de chambre (trios, quatuors, sonates), l'opéra Fidélio *(1805) et une* Messe solennelle *(1822).*

l'école italienne, dont le chef Gioacchino Rossini (1792-1868) conquiert le monde grâce à la virtuosité de ses opéras (*Le Barbier de Séville*, 1816 ; *Guillaume Tell*, 1829). Cependant, le véritable romantisme est représenté par le Polonais Frédéric Chopin (1810-1849), réfugié en France, qui compose pour le piano des nocturnes, des mazurkas et des valses, et Hector Berlioz (1803-1869) qui écrit, en 1846, *La Damnation de Faust* et la *Symphonie fantastique*.

Le romantisme en philosophie

Le romantisme philosophique est la tendance doctrinale d'un groupe de philosophes allemands de la fin du XVIIIe siècle et du début du XIXe : Johann Fichte (1762-1814), Friedrich von Schelling (1775-1854), Friedrich Schlegel (1772-1829), Friedrich Schleiermacher (1768-1834), Georg Wilhelm Friedrich Hegel et Arthur Schopenhauer (1788-1860), s'opposant aux Lumières, exaltent la passion, l'intuition, le sentiment, et donnent une place prépondérante aux idées de devenir et d'infini.

*Le philosophe **Georg Wilhelm Friedrich Hegel (1770-1831)** est le plus important représentant de l'Idéalisme allemand et l'auteur d'une doctrine philosophique appelée l'hégélianisme. Selon Hegel, le mouvement dialectique de l'Idée se traduit par la marche de la pensée en trois étapes successives (thèse, antithèse, synthèse), et l'histoire a un but ultime. L'État représente l'Idée ; la guerre conduit à la synthèse, réalisation de l'Idée ; la force est le symbole du droit. Très influents aux XIXe et XXe siècles, l'hégélianisme de droite suscite le retour du théisme traditionnel en Angleterre (Bradley, Royce, H. Niel), alors que l'hégélianisme de gauche a du succès en Allemagne et en Russie (Feuerbach, Marx, Herzen, Alexandre Kojève). Inversant le schéma dialectique hégélien, Marx montrera que l'histoire n'est pas la réalisation de l'Idée (les humains n'ayant qu'un rôle secondaire d'exécutants de ce Destin), et que l'histoire commence au contraire par l'action individuelle, puis se traduit en idée collective ; Marx rendra ainsi à l'individu la dignité que lui ôte l'hégélianisme. Traditionalistes, conservateurs, révolutionnaires, socialistes et athées peuvent tous se réclamer à divers titres de Hegel au cours du XIXe siècle et au début du XXe. Parmi ses principales œuvres, retenons sa* Phénoménologie de l'esprit *(1807) et ses* Leçons sur la philosophie de l'histoire *(1821).*

Conclusion

L'Occident du XIXᵉ siècle est celui de la révolution industrielle. Née en Angleterre vers 1750, elle gagne au début du XIXᵉ siècle une partie de l'Europe occidentale et les États-Unis. Elle est inséparable des innovations techniques qui ont permis l'essor de la grande industrie fondée sur le fer, le charbon et le textile. Elle s'étend grâce à un capitalisme puissant, qui met en place ses rouages et sa structure. L'économie des pays industriels connaît une croissance sans précédent, même si des fluctuations en marquent le cours. La bourgeoisie impose ses modes, ses mentalités et ses valeurs morales, fondées sur le travail et l'argent. Sous la bannière du libéralisme, elle domine la politique et l'économie. Mais l'usine engendre aussi la misère ouvrière : la question sociale est au cœur de l'histoire du XIXᵉ siècle et suscite des tensions nouvelles et d'âpres conflits. Alors que se définissent les idéologies socialistes, les ouvriers livrent une lutte incessante.

Durant la période de 1775 à 1848, les puissances occidentales – notamment la France – sont incapables de développer leur économie capitaliste tout en satisfaisant les attentes sociales, politiques ou économiques de leurs citoyens ou les revendications nationalistes des peuples étrangers qu'elles dominent. En Europe, le système du congrès de Vienne semble assurer une paix relative après 1815. La politique intérieure et la politique extérieure de la France jouent un rôle capital dans l'histoire européenne de cette période. Mais la montée des nationalismes déclenche partout en Occident des révolutions sociales en 1848. Le clivage entre patrons et ouvriers, entre capitalisme et socialisme éclatera au cours de la seconde moitié du siècle, alors que les États-Unis seront définitivement devenus un pays riche et puissant, dont l'influence rayonnera dans tout l'Occident.

Lectures suggérées

FURET, François. *Penser la Révolution française*, Paris, Gallimard, 1978.

GERSHOY, Léo. *L'Europe des princes éclairés 1763-1789*, Paris, Fayard, 1944.

GODECHOT, Jacques, dir. *Les Constitutions de la France depuis 1789*, Paris, Flammarion, 1979.

KOYRÉ, Alexandre. *La Philosophie et le problème national en Russie au début du XIXᵉ siècle*, Paris, Gallimard, 1976.

MONCHABLON, Alain, dir. *L'Esprit de 1789 et des droits de l'homme. Textes et documents (1725-1986)*, Paris, Larousse, 1989.

VOVELLE, Michel, dir. *L'État de la France pendant la Révolution (1789-1799)*, Paris, La Découverte, 1989.

Questions

1. *Quelles sont les causes de la guerre d'Indépendance des colonies anglaises d'Amérique du Nord ?*

2. *Quel a été l'impact de la proclamation d'indépendance des États-Unis d'Amérique sur le reste de l'Occident ?*

3. *Quelles sont les principales causes de la Révolution française ?* p. 294

4. *Quelles sont les principales étapes de la Révolution française ?*

5. *Quelles ont été les conséquences de la Révolution française en Occident ?*

6. *Quel rôle la vapeur a-t-elle joué dans le développement économique de l'Occident ?*

7. *Quels sont les progrès réalisés par l'industrie du rail durant ses premières années d'existence ? Quel est l'impact économique de ces progrès ?*

8. *Quelle est la situation économique et sociale de l'Angleterre durant la période 1775-1848 ?*

9. *Qu'est-ce que le romantisme littéraire ? Décrivez brièvement l'œuvre de trois auteurs de cette école littéraire.*

10. *Analysez brièvement l'œuvre d'un peintre ou d'un sculpteur de l'époque romantique.*

Quelles ont été les conséquences des rév. américaine et française en Occident ?

p. 291 et 302

Montrer comment la rév. industrielle et le capitalisme sont intimement liés au 19ᵉ siècle

p. 307 à 309

Chapitre 10

LE XIXᵉ SIÈCLE
(2ᵉ PARTIE : 1848-1914)

Le Crystal Palace qui abrite en 1851 l'Exposition universelle de Londres Dans la seconde moitié du XIXᵉ siècle, les grandes puissances industrielles rivalisent de prestige lors des expositions universelles : chacune veut éblouir par la richesse des installations et la diversité des équipements. La première exposition qui a lieu à Londres en 1851 illustre de façon éclatante le leadership industriel britannique. On construit pour cette exposition un *palais de verre* dont la structure est en poutrelles d'acier, cela à une époque où la majorité des ponts sont encore construits en pierre. Cette première exposition attire plus de six millions de visiteurs.

Les révolutions politiques et sociales marquent la période de 1848 à 1914. Revendiqué partout, le suffrage universel est difficilement obtenu. En Europe, les conquêtes sociales sont arrachées à la bourgeoisie possédante avec laquelle l'Église est liée. L'industrie supplante définitivement l'agriculture ; l'**exode** rural qui en découle et l'entassement de populations peu qualifiées dans les villes créent de nouveaux problèmes économiques et sociaux. Misérable, la classe ouvrière est en voie de relèvement, grâce à la montée du socialisme. La croissance démographique, l'application de techniques nouvelles, la multiplication des communications rapides par voies ferrées, l'afflux du crédit et des investissements dans les pays neufs ou les colonies, provoquent l'essor du capitalisme qui assure à l'Europe l'hégémonie sur le reste de la planète. Pendant ce temps, les États-Unis et le Japon s'enrichissent et consolident les conditions qui leur permettront, plus tard, de jouer un rôle extrêmement important sur la scène économique mondiale. L'individualisme triomphe dans tous les domaines. Le souci de vérité et d'objectivité fait surgir de nouvelles formes d'art. Stimulées par l'industrie, les découvertes scientifiques se multiplient, presque toujours pour faire reculer la souffrance.

Carte 10.1
L'Europe en 1871

Chronologie

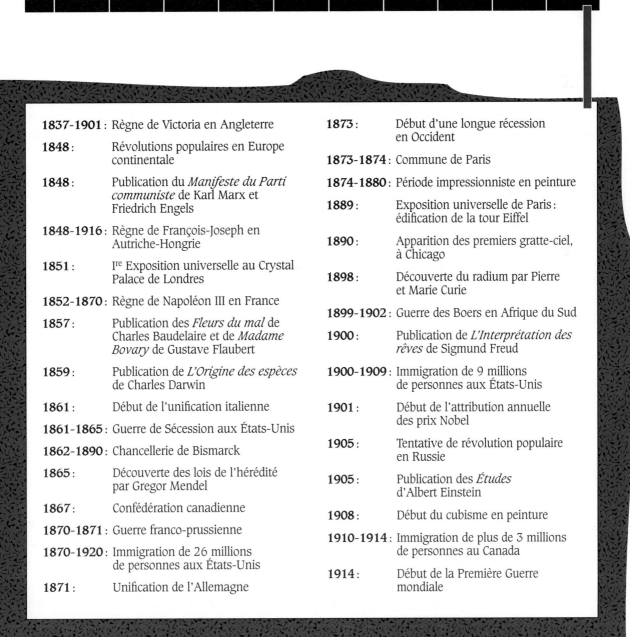

3000   **2000**   **1000**   **0**   **1000**   **2000**

1837-1901 : Règne de Victoria en Angleterre

1848 : Révolutions populaires en Europe continentale

1848 : Publication du *Manifeste du Parti communiste* de Karl Marx et Friedrich Engels

1848-1916 : Règne de François-Joseph en Autriche-Hongrie

1851 : Iʳᵉ Exposition universelle au Crystal Palace de Londres

1852-1870 : Règne de Napoléon III en France

1857 : Publication des *Fleurs du mal* de Charles Baudelaire et de *Madame Bovary* de Gustave Flaubert

1859 : Publication de *L'Origine des espèces* de Charles Darwin

1861 : Début de l'unification italienne

1861-1865 : Guerre de Sécession aux États-Unis

1862-1890 : Chancellerie de Bismarck

1865 : Découverte des lois de l'hérédité par Gregor Mendel

1867 : Confédération canadienne

1870-1871 : Guerre franco-prussienne

1870-1920 : Immigration de 26 millions de personnes aux États-Unis

1871 : Unification de l'Allemagne

1873 : Début d'une longue récession en Occident

1873-1874 : Commune de Paris

1874-1880 : Période impressionniste en peinture

1889 : Exposition universelle de Paris : édification de la tour Eiffel

1890 : Apparition des premiers gratte-ciel, à Chicago

1898 : Découverte du radium par Pierre et Marie Curie

1899-1902 : Guerre des Boers en Afrique du Sud

1900 : Publication de *L'Interprétation des rêves* de Sigmund Freud

1900-1909 : Immigration de 9 millions de personnes aux États-Unis

1901 : Début de l'attribution annuelle des prix Nobel

1905 : Tentative de révolution populaire en Russie

1905 : Publication des *Études* d'Albert Einstein

1908 : Début du cubisme en peinture

1910-1914 : Immigration de plus de 3 millions de personnes au Canada

1914 : Début de la Première Guerre mondiale

Introduction

Dans le chapitre précédent, nous avons assisté à la naissance des États-Unis d'Amérique et à la Révolution française. La paix relative, instaurée par le congrès de Vienne, assure à l'Europe les conditions de son développement économique, alors que la révolution industrielle, née en Angleterre vers 1750, gagne l'Europe occidentale et les États-Unis.

La seconde moitié du XIXᵉ siècle est marquée par des révoltes sociales, consécutives à la montée du capitalisme. La prise de conscience collective de la condition ouvrière annonce l'avènement d'une économie dans laquelle l'État interviendra afin de temporiser le pouvoir de la bourgeoisie. L'industrie supplante définitivement l'agriculture, alors que les chemins de fer stimulent l'économie. Les luttes entre les pays qui pratiquent le libre-échange et ceux qui favorisent le **protectionnisme** aboutissent à l'impérialisme politique et économique des métropoles, qui s'affrontent désormais sur le terrain même des nouveaux empires coloniaux.

Au cours du XIXᵉ siècle, les États-Unis font face à la guerre de Sécession, alors que le Canada et l'Australie acquièrent leur indépendance. L'Europe connaît une période de paix relative (si l'on fait exception de la guerre éclair de l'Allemagne contre la France en 1870), mais les oppositions entre les démocraties libérales et les États autoritaires, l'influence accrue de la Russie, l'unification des États allemands d'une part et de l'Italie d'autre part aux dépens des aspirations nationales des pays conquis, affaiblissent le fragile équilibre européen instauré au lendemain du congrès de Vienne (1814) et rendent inévitable le déclenchement de la Première Guerre mondiale. Tandis que l'Occident se prépare fébrilement à vivre ce conflit, le romantisme inspire des chefs-d'œuvre en littérature et dans les arts, et la science fait des pas de géant.

Vue d'ensemble

Les longs règnes

Le XIXᵉ siècle connaît de longs règnes : François-Joseph (1830-1916) est empereur d'Autriche-Hongrie durant 68 ans ; Victoria (1819-1901), reine d'Angleterre durant 64 ans ; Bismarck (1815-1898), politicien durant 51 ans (28 à titre de chancelier) ; Napoléon III (1808-1873), empereur des Français durant 18 ans ; Disraeli (1804-1881), politicien durant 43 ans (8 en tant que Premier ministre britannique) ; Gladstone (1809-1898), politicien durant 53 ans (11 à titre de Premier ministre britannique) ; Macdonald (1815-1891), politicien durant 47 ans (29 en tant que Premier ministre canadien). Ces longs règnes reflètent la stabilité de la politique occidentale et le **conservatisme** général des autorités politiques de la seconde moitié du XIXᵉ siècle.

L'essor démographique

La population mondiale passe de 0,9 milliard en 1800 à 1,3 milliard en 1870 (*voir le tableau 10.1*), notamment en raison des progrès en agriculture et en communications. (*Voir la figure 10.1.*) Malgré les progrès de la médecine (vaccine antivariolique), le choléra tue 100 000 personnes en France en 1830-1837 et reparaît, lors de la guerre de Crimée en 1855 ; le typhus fait 16 000 victimes en Silésie en 1847 ; la tuberculose est également une terrible maladie à cette époque (*voir le tableau 10.2*). Dans les pays continentaux, vainqueurs de Napoléon Iᵉʳ, persistent des structures féodales : corvées et droits seigneuriaux. L'hiver de 1844-1845 est très rigoureux, les récoltes sont médiocres, la maladie de la pomme de terre entraîne disette et hausse des prix, l'archaïsme des transports entrave encore le marché et la circulation des denrées alimentaires. En Silésie, le prix du seigle augmente de 115 % entre 1844 et 1847 ; les Silésiens se révoltent et accusent les juifs d'être des usuriers (1847). Une crise d'un type nouveau ébranle l'Europe de 1845 à 1847 : les débuts du chemin de fer ont nourri la spéculation ; les capitaux sont rares ; les faillites bancaires se multiplient à Francfort, à Karlsruhe et à Vienne. Les entreprises ferment ; le chômage se généralise (1847).

En 1848, des révolutions populaires se déclarent partout, alimentées par le bouillonnement des idées libérales et démocratiques et par le renouveau culturel des peuples soumis. Seuls les pays scandinaves, la péninsule ibérique et la Russie y échappent. En Angleterre, le traité de libre-échange (1846)

FIGURE 10.1

L'ÉVOLUTION COMPARÉE DES TAUX DE NATALITÉ ET DE MORTALITÉ EN FRANCE ET EN ANGLETERRE DE 1800 À 1914

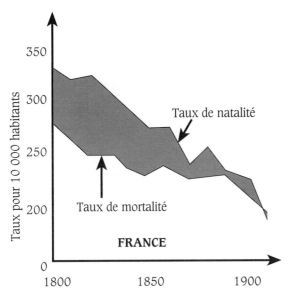

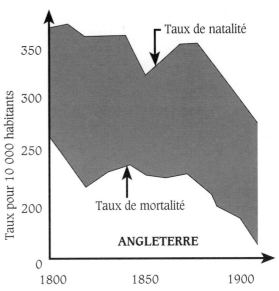

abaisse le prix des denrées agricoles et augmente le salaire de la classe ouvrière la plus puissante d'Europe, endiguant la colère. Mais en Irlande, les mauvaises récoltes de pommes de terre entraînent la famine (1846-1848), des épidémies, des troubles sociaux, l'émigration massive vers l'Amérique du Nord et l'Australie, où la découverte de gisements d'or provoque une ruée. Avant 1848, il y a 100 000 émigrés européens par an; après cette date, de 300 000 à

TABLEAU 10.1

LA POPULATION (EN MILLIONS D'HABITANTS) DE QUELQUES PAYS OCCIDENTAUX DE 1850 À 1910

Pays	Population en 1850	en 1910
États-Unis	23,2	92,0
Royaume-Uni	27,3	44,9
Allemagne	35,3	64,6
Autriche-Hongrie	30,7	49,2
France	35,6	39,5
Italie	25	34,4
Russie	?	161

TABLEAU 10.2

L'ESPÉRANCE DE VIE DANS QUELQUES PAYS DURANT LA SECONDE MOITIÉ DU XIXᵉ SIÈCLE

Pays	Espérance de vie vers 1850	vers 1900
France		
hommes	38[1]	48[2]
femmes	41[1]	52[2]
Allemagne		
hommes	35[3]	47[4]
femmes	38[3]	50[4]
Royaume-Uni	40	47
Suède	41	52
Hollande	36	49
Japon		44
Russie		31
Inde		25

1 vers 1860
2 1913
3 1875
4 1910

FIGURE 10.2

L'IMMIGRATION AUX ÉTATS-UNIS DE 1820 À 1914
(évolution globale, par région d'origine)

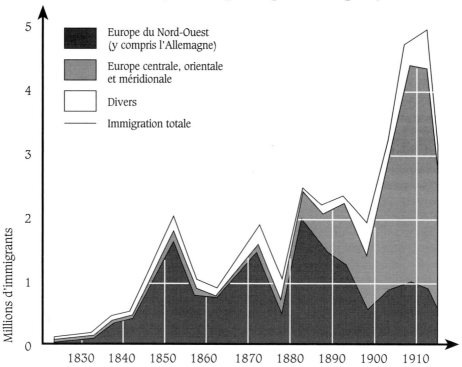

Source : REINHARD, ARMENGAUD, DUPAQUIER, *Histoire générale de la population mondiale*, 1968, p. 413.

400 000 Européens (dont 80 % de Britanniques) émigrent chaque année vers les nouveaux pays, fuyant la misère (Irlande), les troubles politiques (Allemagne), ou rêvant à un sort meilleur. (*Voir la figure 10.2.*) La conquête de l'Ouest est bien amorcée en Amérique du Nord. La France s'approprie un nouvel empire colonial en Afrique du Nord et en Asie, alors que l'Angleterre consolide ses acquis partout dans le monde. La Russie entreprend la colonisation de la Sibérie et s'y heurte aux visées expansionnistes du Japon – une nation dont l'Occident doit de plus en plus tenir compte en raison de la mondialisation du commerce.

Le développement économique

La révolution technique et l'entreprise capitaliste génèrent la croissance économique, mais ce mouvement n'est pas accompagné des réformes sociales et politiques requises. L'agriculture bénéficie de l'amélioration des transports et de l'industrie, rendant les continents interdépendants. L'essor industriel est spectaculaire. (*Voir le tableau 10.3.*) En Angleterre, le produit national brut passe de 525 millions de livres en 1851 à 1100 en 1873, et à 2500 en 1914 ; le produit par tête double de 1851 à 1901. La croissance annuelle du produit national brut aux États-Unis varie de 5,58 % à 2,55 % entre 1860 et 1890. En général (surtout en Allemagne et en Angleterre), la croissance s'accélère après 1880 ; aux États-Unis, elle se redresse jusqu'à 4,31 % à la fin du XIXe siècle. (*Voir le tableau 10.4.*)

Toutefois, la croissance de l'industrie et du commerce est plus rapide que celle de l'agriculture. Dès 1851 en Angleterre, le produit agricole croît de 5 à 7 fois moins vite que le produit national brut : la population rurale diminue, la valeur des produits agricoles est plus faible que celle des produits industriels, la croissance de la productivité est modeste. Le revenu agricole par habitant augmente en valeur absolue, mais diminue par rapport au revenu national moyen. La croissance industrielle est inégale selon les branches

TABLEAU 10.3

LA PRODUCTION DE L'ACIER (EN MILLIONS DE TONNES) ENTRE 1840 ET 1913

Pays	1840	1860	1880	1900	1913
Grande-Bretagne	0,6	1,5	3,7	6	9
États-Unis			1,2	10	31,8
Allemagne	0,1	0,3	2	7,3	17
France	0,2	0,5	1,3	1,9	3,6

TABLEAU 10.4

LA PRODUCTION INDUSTRIELLE (EN POURCENTAGE) DES SIX PAYS LES PLUS INDUSTRIALISÉS EN PROPORTION DE LA PRODUCTION MONDIALE DE 1870 ET DE 1913

Pays	1870	1913
États-Unis	23,3	35,8
Royaume-Uni	31,8	14,0
Allemagne	13,2	15,7
France	10,3	6,4
Italie	2,4	3,1
Russie	3,7	5,0
Autres pays	15,3	20
Monde	100 %	100 %

de l'industrie. En Angleterre et en France, le textile assure le démarrage économique avant 1840 ; après 1840, les constructions ferroviaires prennent le relais ; au début du XXᵉ siècle, l'électricité, puis l'automobile jouent ce rôle. Après 1860, l'armement contribue à l'essor de la production : le blindage et les armes modernes exigent des aciers de qualité et de bonnes mécaniques.

En Europe, les salaires passent de 32 % en 1845 à 52 % en 1890 du produit national brut. En 1900, 59 % du produit national brut américain est constitué par les salaires. De 1800 à 1914, l'indice des salaires des pays occidentaux double. Jusqu'à la fin du XIXᵉ siècle, les salaires sont fixés en fonction de l'offre et de la demande ; cette situation est corrigée après 1880. En France et aux États-Unis, le revenu agricole moyen baisse par rapport au revenu national. De 1865 à 1890, la colère des agriculteurs américains resurgit périodiquement : baisse des prix, endettement, ponctions des intermédiaires. Pourtant la conjoncture est favorable aux fermiers : la productivité,

le rendement et la superficie des *ranches* augmentent tandis que le loyer de la terre progresse faiblement. En Europe, la rente foncière (revenu tiré de la location de la terre) se dégrade jusqu'en 1914, parce que le revenu agricole s'essouffle par rapport au revenu industriel et que la composition du capital d'exploitation se modifie ; le cheptel acquiert plus d'importance que la terre. En revanche, la valeur de la propriété bâtie augmente.

Le bourgeois européen s'affirme aux dépens du noble et de l'ouvrier. Celui-ci vit dans la misère, surtout avant 1848. Attiré par les usines, il vient vivre en ville dans des logements surpeuplés et insalubres, alors que le machinisme provoque une baisse de la demande en main-d'œuvre. Les machines sont souvent conduites par des femmes ou des enfants, beaucoup moins payés que les hommes ; tous travaillent de 13 à 15 heures par jour pour des salaires de famine (*voir le tableau 10.5*). Les inégalités sociales sont criantes. Vers 1870, l'élève de 11 ans d'une école privée anglaise mesure en moyenne 13 centimètres de plus que son compagnon de l'école publique d'une cité industrielle ; à 20 ans, un jeune bourgeois dépasse de 7 centimètres un jeune artisan. À New York, avant 1848, l'espérance de vie d'un bourgeois est de 48,6 ans, celle d'un commerçant de 30,8, celle d'un chômeur de 23,8. En 1850, à Paris, 73 % des habitants sont exemptés de taxe mobiliaire en raison de leur indigence, 67 % en 1870. En 1862, 87,5 % des Anglais paient moins de 20 livres de loyer par an. À la fin du XIXe siècle, 40 % des ouvriers de Londres et de New York vivent sous le seuil de la pauvreté, fixé à 21 shillings 8 pence par semaine pour 5 personnes (*voir le tableau 10.6*). En 1880, 67 % des Allemands sont des prolétaires. Ainsi, à cette époque, 10 % de la population occidentale est dans la misère. (*Voir le tableau 10.7 à la page 328.*)

Logements ouvriers à Glasgow (Angleterre) entre 1868 et 1877 L'industrialisation au XIXe siècle provoque un développement urbain sans précédent afin d'accueillir les ouvriers nécessaires aux usines nouvelles. Le manque d'expérience des autorités municipales allié à la cupidité des propriétaires favorise la création de logements insalubres et surpeuplés.

TABLEAU 10.5
LE NOMBRE D'HEURES DE TRAVAIL REQUIS POUR LA CULTURE DU BLÉ AUX ÉTATS-UNIS DE 1800 À 1920

Années	Heures par hectare	Heures par tonne
1800	140	137
1840	87	86
1880	50	56
1900	37	40
1920	30	32

Source : D'après *Historical Statistics of the United States*, p. 281.

1873 marque le début d'une longue récession, d'autant plus grave qu'il y a surproduction mondiale. Tout débute avec la faillite du système bancaire autrichien. La crise secoue violemment les empires financiers de l'Allemagne de Bismarck. La Banque d'Angleterre élève son taux d'escompte de 3,5 % à 9 %. Aux États-Unis, les compagnies ferroviaires interrompent les travaux commencés. Les banques ne font plus crédit ; il en résulte du chômage, un fléchissement de la production et des dividendes, et des faillites, notamment chez les fermiers qui se sont endettés pour s'acheter de l'équipement. Les salaires sont réduits ; la semaine de travail, raccourcie. La récession atteint son sommet en 1877, et de graves émeutes ensanglantent Chicago. Presque tous les États redeviennent protectionnistes ; seuls les Pays-Bas et l'Angleterre restent libre-échangistes. Les puissances possédant des colonies intensifient les échanges avec celles-ci ; la France et l'Angleterre pratiquent une forme d'impérialisme économique. Cette crise amène les ouvriers à se grouper en syndicats ; l'État commence à intervenir dans la vie économique pour maintenir un équilibre très précaire.

Les nouveaux empires coloniaux

En 1882, les Anglais s'installent en Égypte et y établiront un protectorat en 1914. (*Voir la carte 10.2.*) En 1888, une convention internationale garantit le libre accès au canal de Suez, dont

TABLEAU 10.6

LES INDICES DES SALAIRES RÉELS PAR PÉRIODES POUR QUELQUES PAYS INDUSTRIELS DE 1840 À 1914

France		Grande-Bretagne		Allemagne		États-Unis	
Années	Indice	Années	Indice	Années	Indice	Années	Indice
1840-1851	59	1843-1844	53				
1852-1858	55	1849-1858	57	1852-1854	66	1849-1858	79
1859-1868	66	1859-1868	63	1860-1867	74	1859-1867	79
1868-1878	70	1869-1878	74	1868-1878	79	1868-1878	87
1879-1886	82	1880-1886	80	1879-1886	84	1878-1885	92
1887-1895	89	1887-1895	91	1887-1894	92	1885-1897	101
1895-1903	97	1895-1903	99	1894-1902	97	1897-1908	102
1903-1908	104	1904-1908	95	1903-1909	98		
1909-1914	105	1909-1914	93	1909-1914	96	1908-1914	104

Source : D'après MARCHAL et LECAILLON. *La répartition du revenu national.*

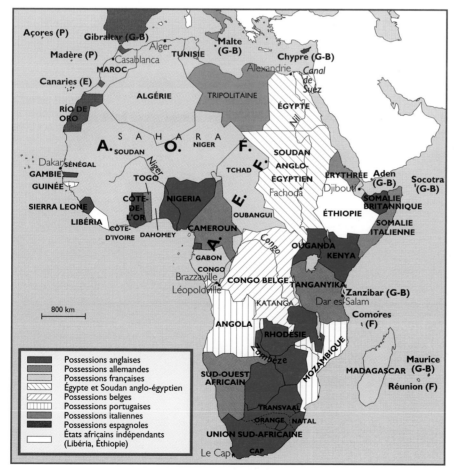

Carte 10.2
Le partage de l'Afrique en 1914

l'Angleterre détient un grand lot d'actions depuis 1875. En 1914, l'Inde anglaise, fleuron de l'Empire, compte 315 millions d'habitants ; l'Empire britannique recouvre 33 millions de kilomètres carrés (3,3 fois le Canada, 21 fois le Québec) et a 450 millions d'habitants (25 % de la population mondiale). (*Voir la carte 10.3.*) L'Empire français est surtout africain et indochinois. Tard venues à la colonisation, l'Allemagne et l'Italie se contentent des territoires restants, tandis que la Russie se taille en Sibérie et en Asie centrale un immense empire continental. Il ne subsiste que des vestiges des empires coloniaux du XVIᵉ siècle. En 1898, l'Espagne perd Cuba, Porto Rico et les Philippines aux mains des

TABLEAU 10.7

LA RÉPARTITION DES OUVRIERS D'UNE FILATURE À LILLE (FRANCE), PAR GROUPE D'ÂGE ET PAR SEXE EN 1889

Sexe	De 12 à 16 ans	De 16 à 20 ans	De 20 à 30 ans	De 30 à 40 ans	De 40 à 50 ans	De 50 à 60 ans	De 60 à 70 ans
Hommes	70	144	244	205	122	56	22
Femmes	93	82	393	69	27	6	2

États-Unis; il lui reste le Río de Oro sur la côte africaine et le Rif (Maroc septentrional), en partie insoumis. Le Portugal veut réunir la Guinée, l'Angola et le Mozambique. Les Pays-Bas possèdent l'Indonésie (40 millions d'habitants) et Java. Créé au profit de Léopold II de Belgique en 1885, l'État indépendant du Congo, riche des mines de cuivre du Katanga, devient une colonie belge en 1908.

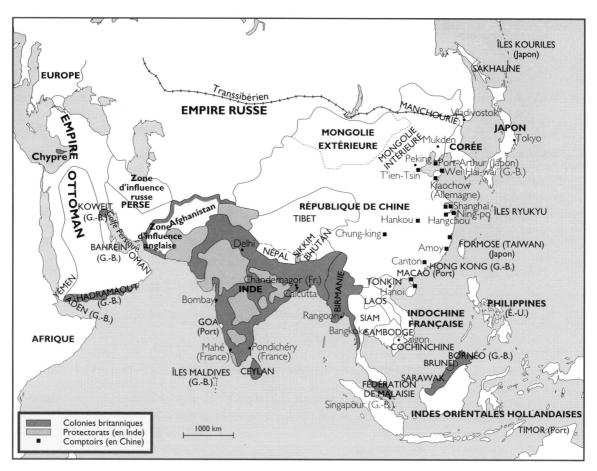

Carte 10.3

La présence occidentale en Asie en 1914

Les faits

Après 1848, les démocraties libérales (Angleterre, États-Unis, Canada, France) s'opposent aux monarchies autoritaires (Allemagne, Autriche) ; cette opposition aura pour conséquence tragique la Grande Guerre (1914-1918). L'Angleterre domine l'économie du XIXᵉ siècle et est en pleine transformation. Quoiqu'ébranlés par la guerre civile (1861-1865), les États-Unis sont en plein essor industriel. Le Canada devient une Confédération (1867). Entre-temps, l'Europe continentale (notamment l'Italie) fait face à diverses crises politiques et sociales internes.

Les démocraties libérales

L'Angleterre et les États-Unis figurent parmi les démocraties libérales les plus prospères, à la fin du XIXᵉ siècle, alors que la France est en pleine industrialisation.

L'Angleterre victorienne

En 1851, la Iʳᵉ Exposition universelle glorifie l'Angleterre, qui produit alors les deux tiers du charbon et 50 % des cotonnades du monde. Depuis 1846, ce pays pratique le libre-échange. Le chemin de fer est le moteur de la croissance : 9600 kilomètres en 1850, 25 600 en 1870. La production de fer, d'acier et de charbon triple. En 1880, 500 000 mineurs extraient 147 millions de tonnes de charbon. Cinquante pour cent du coton et 40 % de l'acier produits en Angleterre sont exportés ; en tout 22 % de la production nationale anglaise inonde le marché mondial. Après 1850, les industriels se montrent réceptifs aux doléances des ouvriers. La journée de travail est réduite à 10 heures, et le week-end (à partir du samedi midi) apparaît en 1847. L'agriculture anglaise ne représente, en 1850, que 20 % du produit national brut et emploie 25 % de la main-d'œuvre ; en 1914, elle représente 7 % du produit national brut, employant 600 000 travailleurs. Seule l'Angleterre a sacrifié son agriculture au libre-échange ; elle achète ses matières premières à l'étranger. (*Voir la figure 10.3.*) Après 1875, l'économie anglaise connaît un déclin relatif, à cause du développement industriel de l'Allemagne et des États-Unis.

Stand de Bibles à la foire de Saint Gille à Oxford (Angleterre) en 1880 Avec le travail et la famille, la religion est l'un des garants de l'ordre social dans la société victorienne. Malgré un recul de la pratique religieuse en milieu ouvrier, les valeurs morales s'expriment, dans les classes moyennes et dirigeantes, par une pratique religieuse et une lecture suivie de la Bible.

La société victorienne baigne dans l'optimisme et est utilitariste : l'industriel et le technicien sont plus importants que le philosophe. Les nationalistes estiment que l'Anglais est prédestiné par Dieu à de grandes tâches. L'homme d'action, ferme, fort, autoritaire, vigoureux, est respecté ; les sentiments et les larmes sont méprisés. L'Angleterre compte 47 % d'anglicans, 49 % de dissidents, 4 % de catholiques. Les victoriens croient que l'équilibre social tient à la stabilité de la religion. Les incroyants sont fustigés ; le conformisme est de mise. L'horreur du péché et

FIGURE 10.3

UN EXEMPLE DE CONCENTRATION BANCAIRE: LA LONDON COUNTY AND WESTMINSTER BANK LIMITED EN 1909

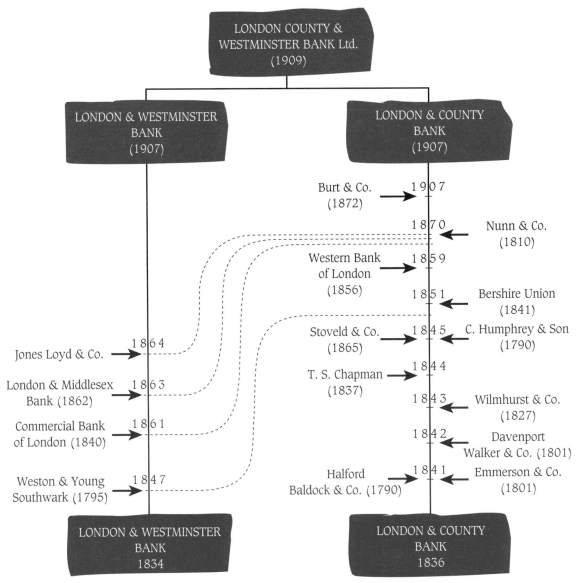

de l'enfer est inculquée depuis l'enfance; les plaisirs et les passions sont combattus; la gourmandise, stigmatisée; le corps, endurci (eau froide, châtiments corporels); l'adultère, honni; l'enfant illégitime, rejeté. La pruderie crée un langage victorien: on parle des membres pour ne pas nommer les jambes. Le puritanisme moral s'impose partout; la famille est exaltée. Le refrain *home, sweet home* (extrait d'un opéra populaire) valorise la demeure où règne la femme, que protège l'homme, détenteur du capital et de la force de travail. L'entrepreneur dynamique s'oppose au oisif aristocrate. Le salut implique le travail: en domestiquant la nature, on fait le bien de l'humanité. Le vagabond, le chômeur, la bouche inutile, sont méprisés. Francis Galton prend appui sur la théorie de son cousin Charles Darwin (1859) pour créer des sociétés d'eugénisme qui préconisent la purification de la race anglaise par l'élimination des parasites – une idée qui fera du chemin, non seulement en Allemagne nazie, mais aussi, et bien avant, aux États-Unis.

Les régimes politiques adoptés par les Anglais vis-à-vis de leurs colonies sont variés et parfois mal définis : protectorats, dominions, comptoirs commerciaux, condominium (le condominium anglo-égyptien établi sur le Soudan en 1898). En Afrique du Sud, les Anglais sont au Cap et au Natal ; l'intérieur est occupé par les républiques boers du Transvaal et de l'Orange. D'origine hollandaise, les Boers sont des éleveurs très attachés à leur indépendance. La découverte de diamants (1867) et d'or (1884) attire de nombreux immigrants anglais. Pour les Anglais, l'Afrique australe doit être un élément de leur mainmise totale sur l'Afrique orientale, du Cap au Caire. Ils encerclent les pays boers en établissant, plus au nord, les colonies de Rhodésie et du Bechouanaland (Botswana) ; ils empêchent ainsi les Portugais de relier l'Angola et le Mozambique. Mais le Transvaal refuse la fédération. De 1899 à 1902, les Anglais s'engagent dans la guerre des Boers, sans faire de quartiers : tactique de la terre brûlée, déportation des civils dans des camps de concentration. Les Boers capitulent, mais conservent leur langue (l'afrikaans) et la perspective d'un régime représentatif. Les Anglais dominent l'Afrique orientale, mais le Congo belge (Zaïre) et le Tanganyika (Tanzanie) allemand les empêchent de réaliser la liaison Le Cap-Le Caire. En 1910, les colonies du Cap, du Natal, du Transvaal et de l'Orange forment le dominion de l'Union sud-africaine. Les Blancs, Anglais ou Afrikaners (Boers), y ont toute autorité face aux Noirs (75 % de la population), refoulés sur des terres médiocres, isolés des Blancs par la ségrégation raciale et servant de main-d'œuvre dans les mines d'or et de diamants. (*Voir* **apartheid** *au glossaire.*)

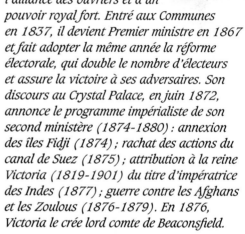

Avocat et politicien anglais, **Benjamin Disraeli,** *Iᵉʳ comte de Beaconsfield (1804-1881), est le fils d'un critique littéraire israélite. Son roman politique* Vivian Grey *(1827) le fait connaître comme écrivain. Il rêve d'unir les Anglais dans un parti national, fondé sur l'alliance des ouvriers et d'un pouvoir royal fort. Entré aux Communes en 1837, il devient Premier ministre en 1867 et fait adopter la même année la réforme électorale, qui double le nombre d'électeurs et assure la victoire à ses adversaires. Son discours au Crystal Palace, en juin 1872, annonce le programme impérialiste de son second ministère (1874-1880) : annexion des îles Fidji (1874) ; rachat des actions du canal de Suez (1875) ; attribution à la reine Victoria (1819-1901) du titre d'impératrice des Indes (1877) ; guerre contre les Afghans et les Zoulous (1876-1879). En 1876, Victoria le crée lord comte de Beaconsfield.*

Les États-Unis d'Amérique

Marqués par la tradition puritaine, les Pères fondateurs fixent, dès les années 1770, les traits du nationalisme. Bénie par Dieu, la nation est la Nouvelle Jérusalem : elle assure bonheur et prospérité à ses habitants. Exprimée lors de l'acquisition du Texas en 1845, l'idée de la prédestination du peuple américain connaît un renouveau après 1867. (*Voir la carte 10.4.*) L'économie du Sud a besoin des esclaves. Les abolitionnistes du Nord méprisent les planteurs du Sud, mais ne veulent pas les ruiner et refusent une nation racialement hétérogène. Les rapports avec les Amérindiens sont difficiles. Pionniers et compagnies ferroviaires veulent une frontière mobile, et achètent ou volent les terres, sous prétexte que les Amérindiens

sont éleveurs et non cultivateurs. Tirant profit de la conquête de l'Ouest grâce au canal Érié qui relie le Missouri à l'Atlantique par les Grands Lacs, le Nord s'industrialise ; le Sud vit de ses plantations à esclaves. Deux civilisations se développent ainsi, parallèlement, dans le même pays.

La guerre de Sécession (1861-1865) oppose le Nord au Sud en raison de différends économiques et sociopolitiques et de la question de l'esclavage. Les 359 000 victimes chez les Nordistes et les 258 000 chez les Sudistes font de ce conflit la plus meurtrière guerre civile et la première guerre moderne, aux points de vue des effectifs, du rôle joué par le matériel et de la mobilisation totale (militaire, civile, économique) ; cette guerre fait aussi plus de victimes chez les Américains que le total des pertes des États-Unis durant les deux guerres mondiales et la guerre du Vietnam (moins de 500 000 Américains tués). La victoire du Nord consacre la vocation industrielle du pays. En 1914, l'économie américaine surpasse déjà celle des leaders européens ; cette réussite tient

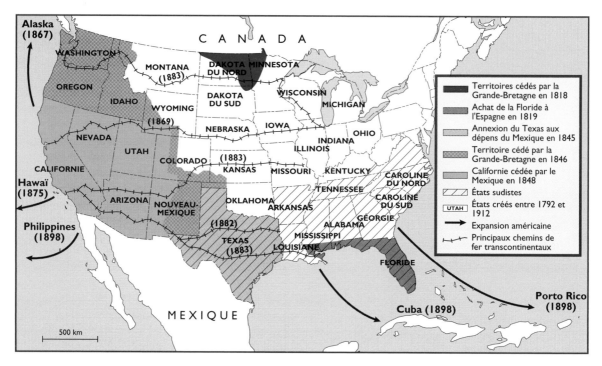

Carte 10.4

Le territoire des États-Unis de 1818 à 1914

notamment au pragmatisme des Américains. L'ingénieur Frederick Taylor (1856-1915) met au point en 1900, à Philadelphie, un système d'organisation du travail, fondé sur la division des tâches et la spécialisation des machines (le taylorisme), qui donne d'excellents résultats dans l'industrie.

À la même époque, l'histoire américaine s'alimente de mythes : promesse de la frontière, espoir de réussite individuelle. Le décalage entre la réalité et les modèles de cette nouvelle Terre Promise ne déstabilise pas les institutions. Dès 1860, les pionniers sont attirés par le mythe de la frontière. Diffusé par l'historien Frederick Turner (1861-1932) et par les romans, ce mythe fait partie, à la fin du siècle, du folklore, popularisé par des héros comme Buffalo Bill. Mais la frontière recule de plus en plus à l'ouest, et le recensement de 1890 confirme sa disparition : les États-Unis comptent 48 États, de l'Atlantique au Pacifique. Cette colonisation repose sur des Américains de souche, fermiers ou fils de fermiers, venus le plus souvent d'un État voisin de la frontière, et non sur des aventuriers européens, comme le veut le stéréotype ; en fait, la plupart des immigrants européens s'installent sur la côte est. Avant 1862, la terre se vend 1 $

l'arpent. Le *Homestead Act* de 1862 concède aux seuls Blancs 160 acres de terre, à condition de les cultiver durant cinq ans ; un sixième des terres confisquées aux Amérindiens est distribué gratuitement. Les compagnies ferroviaires reçoivent 360 000 kilomètres carrés de terrains. Les colons s'établissent en bordure des voies ferrées. La progression vers l'Ouest entraîne les guerres indiennes (1862-1890) ; après leur défaite, les autochtones sont cantonnés dans des réserves.

En une génération (1865-1896), les États-Unis passent d'une civilisation rurale à une civilisation industrielle et urbaine ; malgré la crise des années 1870, leur croissance économique dépasse largement celle des autres pays occidentaux (*voir le tableau 10.8 et la figure 10.4*). La reconstruction consécutive à la guerre de Sécession stimule l'économie. Le Nord victorieux impose un tarif protecteur, à l'abri duquel l'industrie se développe. Les solutions les plus rentables sont adoptées : fabrication en série, mécanisation poussée, consommation de masse, concentration des capitaux. Plus imposants que les monopoles européens, les trusts édifiés par un petit nombre d'entrepreneurs caractérisent le capitalisme américain :

TABLEAU 10.8

LA PRODUCTION DE CHARBON (EN MILLIERS DE TONNES) AUX ÉTATS-UNIS DE 1850 À 1914

Année	Production d'anthracite	Production de charbons bitumineux
1850	3 925	3 654
1860	9 962	8 215
1870	18 102	18 567
1880	25 986	46 037
1890	42 147	100 951
1900	52 033	192 571
1910	76 628	378 320
1914	82 376	383 393

FIGURE 10.4

LA PRODUCTION D'ACIER AUX ÉTATS-UNIS DE 1870 À 1914

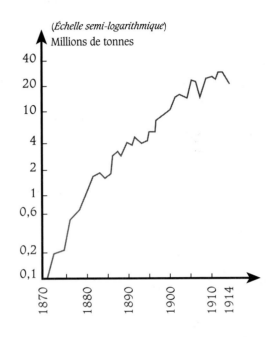

Source : D'après *U.S. Department of Commerce Historical Statistics of the United States*, p. 416-417.

Carnegie (acier), Rockefeller (pétrole), Vanderbilt (rail) [*voir le tableau 10.9*], Du Pont de Nemours (chimie), Pierpont Morgan (banque), concentrent entre leurs mains le pouvoir économique. (*Voir la figure 10.5 et le tableau 10.10 à la page 336.*)

Le peuplement des États-Unis est très rapide et très diversifié (23 millions d'immigrants entre 1865 et 1914), et crée des tensions avec les Britanniques. Le modèle culturel imposé est celui du Blanc anglo-saxon protestant : les Asiatiques, les Noirs et les Amérindiens sont exclus du rêve américain dès la fondation du pays. Le Ku Klux Klan (fondé en 1866, dissous en 1869) fonctionne clandestinement. On compte 2500 lynchages entre 1894 et 1900 dans le Sud ; après 1900, leur nombre augmente, et La Nouvelle-Orléans connaît des émeutes raciales. La ségrégation raciale se substitue à l'esclavage. Le syndicalisme est combattu par l'État, qui y voit une entrave à l'expansion des trusts. Au XIXe siècle, un ouvrier de l'Ouest gagne 40 % de plus qu'un ouvrier de l'Est, 60 % de plus qu'un ouvrier du Sud ; les femmes, les enfants, les Noirs et les immigrants récents sont très mal payés. Les ouvriers créent des syndicats qui se rassemblent eux-mêmes en fédérations ; les fermiers forment des coopératives. Le mouvement progressiste se développe sous les présidences de Theodore Roosevelt (1901-1909), de William Howard Taft (1909-1913) et de Thomas Woodrow Wilson (1913-1921). La vie politique est atone (les républicains se différencient fort peu des démocrates) ; encouragée par le succès du darwinisme social et des sociétés d'eugénisme, elle soutient les forts et oublie les faibles.

Les États-Unis achètent l'Alaska à la Russie pour 7,2 millions de dollars (1867). Sous Theodore Roosevelt et William Taft, les États-Unis précisent leur impérialisme : ils doivent assurer la sécurité sur tout le continent américain, et s'appuient sur une flotte de guerre très développée entre 1890 et 1911. Ils annexent les îles Hawaï, Cuba, Porto Rico, l'île de Guam et achètent les Philippines (1898). On les retrouve au Nicaragua en 1909, à Saint-Domingue en 1914-1916, puis à Haïti. Ils investissent en Chine et soutiennent sa lutte contre le Japon. Ils multiplient les investissements : par 7 (1897-1914) dans les Antilles, par 4 au Mexique, par 10 en Amérique du Sud. Après avoir favorisé la révolte panaméenne (1903) contre la Colombie, ils achètent à une société française le droit de creuser le canal de Panama, ouvert en 1914. Ils dominent alors l'Amérique centrale.

FIGURE 10.5

UN EXEMPLE DE CONCENTRATION HORIZONTALE : LA UNITED STATES STEEL CORPORATION (USS), 1901

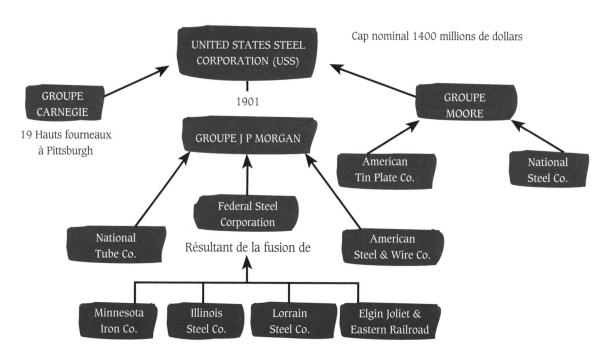

TABLEAU 10.9

LA CONCENTRATION DANS L'INDUSTRIE DU CHEMIN DE FER AUX ÉTATS-UNIS EN 1906

Groupe industriel	Kilométrage de voie ferrée
Harriman	40 000
Vanderbilt	36 000
Hill	34 000
Pennsylvania	32 000
Morgan	29 000
Gould	27 000
Rock Island	24 000
Total	**222 000**

En 1906, le réseau ferroviaire du Royaume-Uni compte 37 000 kilomètres, ceux de la France et de la Belgique, 46 900 kilomètres et 4600 kilomètres respectivement. On recense 321 600 kilomètres dans toute l'Europe, 358 400 kilomètres aux États-Unis et 925 300 kilomètres dans le monde. Les sept groupes énumérés contrôlent donc 61,5 % de l'ensemble du réseau américain. Le groupe Harriman contrôle à lui seul un réseau d'une longueur supérieure à tout le réseau national britannique !

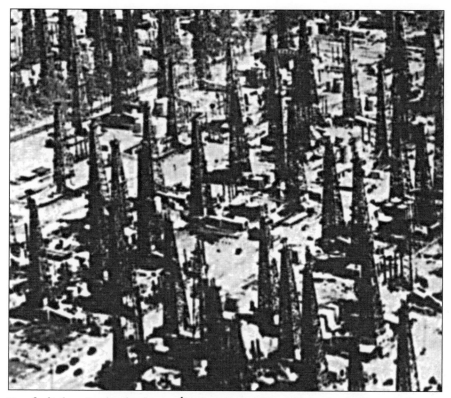

Une forêt de puits de pétrole aux États-Unis en 1859   Bien que le pétrole ne remplace définitivement le charbon qu'au XXe siècle, il produit le kérosène de l'éclairage urbain au XIXe siècle et l'essence des automobiles dès le début du XXe. Le lotissement exagéré des concessions illustre bien le développement anarchique de cette industrie aux États-Unis que seuls des magnats tels John D. Rockefeller réussissent à réorganiser vingt ans plus tard.

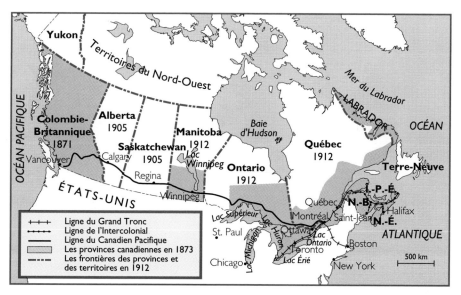

Carte 10.5

Le Canada de 1873 à 1912

TABLEAU 10.10

LA BALANCE DES PAIEMENTS DE L'ANGLETERRE ET DES ÉTATS-UNIS DE 1851 À 1913 (MOYENNES ANNUELLES)

(en millions de livres pour l'Angleterre et en millions
de dollars pour les États-Unis)

Années	Angleterre	États-Unis
1851-60	379,7	-379,2
1861-70	692,3	-1 255,7
1871-80	1 189,4	-1 603,2
1881-90	1 935,1	-2 906,5
1991-00	2 396,9	-2 490,9
1901-10	3 371,3	-3 518,0[1]
1911-13	3 989,6	

1 1901-1913

Le Canada

En 1850, il n'y a que 100 kilomètres de voies ferrées au Canada, et 3,5 millions de colons, entre les Maritimes et les Grands Lacs. La construction de chemins de fer est la méthode choisie par les Britanniques pour unir les diverses régions du territoire et le moyen est le fédéralisme. Le projet d'union fédérale, remis en question depuis la Conquête (1760), prend forme en 1867 avec la Confédération, qui regroupe le Canada-Uni (Ontario, Québec), le Nouveau-Brunswick et la Nouvelle-Écosse. Aidé par un prêt de 3 millions de livres consenti par l'Angleterre, le Canada entreprend, de 1867 à 1885, la construction d'un chemin de fer transcontinental, afin d'éviter que les Prairies et la Colombie-Britannique ne soient annexées par les États-Unis. Le rail assure aussi, avec l'exploitation forestière, l'agriculture et la pêche, la prospérité économique du pays. (*Voir le tableau 10.11.*) Mais l'exploitation des matières premières est soumise au capital et aux techniques étrangères, d'abord britanniques, ensuite américaines. (*Voir la carte 10.5.*)

La France

Après 1814 et pendant 30 ans de monarchie constitutionnelle, une minorité de notables gouverne la France. La crise économique de 1847 déclenche des émeutes (1848), écrasées par l'armée. La journée de

TABLEAU 10.11

LA VALEUR DES EXPORTATIONS CANADIENNES (EN MILLIONS DE DOLLARS, PRIX 1990) PAR CATÉGORIES DE PRODUITS DE 1885 À 1910

Années	Poisson	Bétail, viande et produits laitiers	Produits forestiers	Grains et céréales	Produits métallurgiques	Autres	Total
1885	10,8	23,7	24,4	14,3	0,5	14,2	87,9
1890	8,4	22,5	29,1	0,2	0,6	30,3	91,1
1895	11,8	31,0	27,3	15,9	1,1	26,2	113,3
1900	11,2	53,3	33,2	32,7	3,7	49,1	183,2
1905	9,9	55,3	35,5	23,3	5,8	61,5	191,3
1910	13,2	43,9	39,7	63,6	7,8	71,2	239,4

Source : TAYLOR. « Statistics of Foreign Trade », dans *Statistical Contributions to Canadian Economic History*, 1931.

travail (10 heures à Paris, 11 heures en province) est reporté à 12 heures partout, et payée 5 francs. La IIᵉ République est proclamée (1848); le gouvernement adopte le suffrage universel pour tous les Français de plus de 21 ans, la liberté de presse et de réunion, l'abolition de la peine de mort en matière politique et celle de l'esclavage dans les colonies. En décembre 1848, le prince Louis-Napoléon Bonaparte (1808-1873), neveu de Napoléon Iᵉʳ, est élu avec l'appui des bourgeois et des ouvriers. Les catholiques dominent la IIᵉ République. Fort de cet appui, Louis-Napoléon, le prince-président, écarte les royalistes du pouvoir et rallie l'armée. En 1851, il dissout l'Assemblée, rétablit le suffrage universel, proclame l'état de siège. L'armée occupe les points stratégiques. Quelque 10 000 opposants sont proscrits ou déportés à l'île du Diable (Guyane) ou en Algérie. C'est la fin de toute politique sociale. En 1852, Louis-Napoléon rétablit l'Empire et prend le nom de Napoléon III. Le Second Empire est une époque d'essor économique. (*Voir le tableau 10.12.*)

Les principales maisons de crédit françaises sont fondées : Crédit foncier et Crédit mobilier (1852), Crédit industriel et commercial (1859), Crédit lyonnais (1863), Société générale (1864); ainsi que les premiers grands magasins : Bon Marché (1852), Louvre (1855), Belle Jardinière (1856). Le réseau de chemins de fer passe de 2000 à 18 000 kilomètres de 1848 à 1870. Les ports sont améliorés et de grandes compagnies de navigation voient le jour. La sidérurgie progresse : 300 000 tonnes (1850), 1 million de tonnes (1869). La grande réalisation est la transformation de Paris, menée par Haussmann de 1853 à 1869.

TABLEAU 10.12

LE BUDGET (EN POURCENTAGE) DE FAMILLES OUVRIÈRES EN FRANCE EN 1880 ET AUX ÉTATS-UNIS EN 1901

Postes budgétaires	France 1880	États-Unis 1901
Nourriture	62,8	44,1
Vêtement	16,5	17,9
Ameublement	1,0	4,5
Loyer	6,9	22,3
Chauffage, éclairage	4,5	7,2
Divers	8,3	4,0

Mais la condition ouvrière reste précaire; la grève est sévèrement réprimée. Une nouvelle crise, aggravée par la persistance des guerres, secoue l'économie en 1867. Napoléon III avait promis la paix, mais il a mené la guerre de Crimée, la guerre d'Italie, la guerre du Mexique (1862) – une aventure coûteuse qui se termine en 1866 (*voir le tableau 10.13*). Napoléon III rêve d'un empire social. En 1862, il envoie à Londres une délégation d'ouvriers pour étudier le fonctionnement des syndicats. Des ouvriers proudhoniens de Paris publient le *Manifeste des Soixante* (1864), réclamant le droit d'association et de coalition, et affirmant l'autonomie de la classe ouvrière (*voir la section « Le socialisme utopique » à la page 349*). Napoléon III accorde le droit de grève, autorise la création de syndicats et d'une section française de

TABLEAU 10.13

LA RÉPARTITION (EN MILLIARDS DE FRANCS-OR) DES CAPITAUX FRANÇAIS ET BRITANNIQUES EN 1914

Régions	Capitaux français	Capitaux britanniques
En métropole	43,0	98,0
Europe (Russie comprise)	25,0[1]	6,0
Asie (Turquie comprise)	4,9	26,0[2]
Afrique	5,8	13,0
Amérique latine	4,9	19,0
Amérique du Nord	2,1	34,0
Total	**85,7**	**196,0**

1 dont 13 milliards en Russie
2 dont 11 milliards en Australie

Deux visions de la grève   Au Creusot (France) en 1864, l'armée protège la *liberté du travail* en escortant des briseurs de grève : l'ordre règne et la production est assurée. Ci-dessous, la grève de 1889 inspire ce tableau au peintre Jules Adler dix ans plus tard : les grévistes, portant le drapeau national, sont maîtres du terrain et manifestent pour une juste cause (meilleurs salaires et conditions de travail).

l'Association internationale des travailleurs. Mais les grèves sont nombreuses entre 1864 et 1867, et la troupe intervient souvent.

La candidature de Léopold de Hohenzollern-Sigmaringen (1835-1905) au trône d'Espagne déclenche la guerre franco-prussienne de 1870. La Prusse, forte de 500 000 hommes contre 250 000 Français, est mieux organisée et mieux armée, grâce aux puissants canons Krupp qui se chargent rapidement par la culasse. La France capitule à Sedan en 1870 et perd l'Alsace et la Lorraine ; l'empereur est déchu ; la IIIe République, proclamée. L'armistice est signé en 1871. Après une courte captivité dans le Hesse, l'empereur meurt en Angleterre en 1873. Humiliés par cet armistice, les Parisiens s'insurgent et créent la Commune de Paris (*voir l'encadré 10.1*). L'armée écrase les communards, exécutant femmes et enfants. Les insurgés fusillent des magistrats et des prêtres, incendient les rues et les monuments

La grève de 1889 au Creusot selon Jules Adler

LA COMMUNE DE PARIS

Les multiples tendances de la Commune de Paris réclament la séparation de l'Église et de l'État, la laïcisation des écoles, l'enseignement primaire gratuit et obligatoire, l'uniformisation des traitements des fonctionnaires, la réquisition des logements vacants, la suspension des loyers et des dettes du petit commerçant. Pour Marx, qui l'analyse longuement dans *La Guerre civile en France*, la Commune est le premier exemple d'un gouvernement prolétarien ; les anarchistes estiment qu'elle marque la fin de l'État et le triomphe de l'autonomie. L'armée, l'Église, les notables, sont alors les piliers du pays ; la liberté de presse est réduite, les enterrements civils contrôlés, les débits de boissons fermés, les fonctionnaires républicains remplacés par des monarchistes. La presse catholique se développe, des missions érigent des croix dans les campagnes, le culte de la Vierge Marie se répand, des pèlerinages sont organisés à Lourdes, à Notre-Dame-de-la-Salette et à Paray-le-Monial.

Commune. La répression s'organise, mais la restauration de la monarchie échoue. La IIIᵉ République survit à cette crise.

Depuis 1873, l'économie occidentale est en crise. En 1876, les vignerons doivent combattre le **phylloxéra** qui détruit les vignobles. Hausses des prix, baisses des revenus, krachs bancaires, violents conflits sociaux, secouent la période de 1882 à 1886. (*Voir le tableau 10.15.*) En 1889, l'Exposition universelle de Paris, avec la tour Eiffel, détourne l'attention. (*Voir l'encadré 10.2.*) Au début des années 1890, la situation économique de la France paraît meilleure. Un plan de grands travaux publics (chemins de fer, routes, canaux) entretient la prospérité. La situation sociale provoque cependant d'autres crises, à la veille de la Première Guerre mondiale.

Engagée sous le Second Empire, la conquête coloniale française s'étend avec la IIIᵉ République. L'Algérie est la principale colonie de peuplement : 100 000 Français en 1850, 800 000 en 1914 ; parmi eux, des réfugiés de l'Alsace et de la Lorraine, et des viticulteurs languedociens émigrés lors de la crise du phylloxéra. La stagnation des cultures vivrières en Algérie pose un problème en raison de l'accroissement de la population indigène : 2 millions en 1871, 5 millions en 1914. Les incidents opposant indigènes musulmans et colons sont fréquents. Depuis 1881, les Français colonisent la Tunisie ; ils y sont 46 000 en 1914. Les oliveraies, la pêche, l'exploitation des phosphates, assurent une certaine prospérité. L'installation française au Maroc date de 1912. On entreprend aussi la soumission du Sahara, afin de relier l'Afrique du Nord à l'Afrique noire ; toutefois le désert est encore mal connu en 1914, et la Mauritanie

(les Tuileries, l'Hôtel de Ville). On compte 30 000 victimes ; 45 000 procès sont jugés jusqu'en 1875 ; des milliers de personnes sont déportées en Algérie et en Nouvelle-Calédonie. (*Voir le tableau 10.14.*) Les conservateurs assimilent les classes ouvrières à des classes dangereuses ; les socialistes mythifient la

TABLEAU 10.14
LA RÉPRESSION DE LA COMMUNE ET LES EXÉCUTIONS DURANT LA RÉVOLUTION FRANÇAISE : QUELQUES CHIFFRES

Révolution française	Nᵇʳᵉ de personnes	Répression de la Commune	Nᵇʳᵉ de personnes
Massacres de septembre 1792 (nombre de morts en 3 jours)	1 350	Tuées au combat	3 700
		Fusillées sommairement (en une semaine)	25 000
Terreur de 1793-1794 (dans toute la France en 18 mois)	30 000	Arrêtées	38 500
		Condamnées à mort	93
		Déportées	4 837
		Condamnées à la prison	4 606

TABLEAU 10.15

LES PRINCIPALES DATES DANS L'HISTOIRE DU TRAVAIL
EN FRANCE DE 1852 À 1914

1852	Loi autorisant les secours mutuels
1862	Délégation ouvrière française à l'Exposition internationale de Londres: première rencontre internationale ouvrière
1864	Création de la Ire Internationale Loi supprimant le caractère délictueux de la grève Suppression du livret ouvrier
1874	Création de l'inspection du travail: interdiction du travail des enfants de moins de 13 ans
1879	Congrès socialiste de Marseille: reconstitution d'un mouvement socialiste en France
1884	Loi Waldeck-Rousseau accordant la liberté syndicale, sauf aux fonctionnaires (jusqu'en 1924)
1886	Grève de Cazeville
1889	Fondation de la IIe Internationale
1891	Fusillade de Fourmies le 1er mai: 11 morts
1892	Grève des mineurs de Carmaux Travail des adolescents (de 13 à 18 ans) ramené à 10 heures par jour Travail des femmes limité à 11 heures par jour et interdit la nuit
1895	Congrès de Limoges: création de la Confédération générale du travail (CGT)
1896-1897	Congrès ouvrier chrétien: amorce d'un syndicalisme chrétien
1898	Loi établissant le principe de la responsabilité patronale en cas d'accident du travail, ce qui entraîne l'obligation de verser des indemnités aux accidentés
1900	Loi Millerand limitant la journée de travail à 10 heures dans les ateliers mixtes
1905	Congrès d'unification des partis socialistes: création de la Section française de l'Internationale ouvrière (SFIO) [nom du parti socialiste français jusqu'en 1971] Loi limitant le travail dans les mines à 8 heures par jour
1906	Création du ministère du Travail
1907	Grève des électriciens à Paris Repos hebdomadaire obligatoire
1910	Grève des cheminots Loi sur les retraites ouvrières, financées par des cotisations ouvrières, patronales et une contribution de l'État
1913	Aide accordée par l'État à partir du 3e enfant pour les familles à très bas revenu

Une barricade lors de la Commune de Paris (mars-mai 1871) Se déroulant sous les yeux des troupes prussiennes qui assiègent Paris, la Commune est une guerre civile entre républicains : les versaillais, défenseurs de la grande propriété et de l'ordre, favorables à la paix, et les communards, en majorité des ouvriers désireux d'améliorer leurs conditions de vie et de travail, hostiles à l'Église et à la noblesse, et désireux de poursuivre la guerre. Avec l'accord des Prussiens, les versaillais investiront Paris du 21 au 28 mai 1871 et réprimeront l'insurrection dans le sang.

ENCADRÉ 10.2

LES EXPOSITIONS INTERNATIONALES

Les expositions des produits de l'industrie et de l'agriculture sont d'origine française et datent de la fin du XVIIIᵉ siècle. La première a lieu au Champ-de-Mars, à Paris, en 1798. En 1851 se tient au Crystal Palace, à Londres, la Iʳᵉ Exposition universelle. En 1855, le prince Napoléon, cousin de Napoléon III, organise une exposition semblable au Palais de l'Industrie, à Paris. Une autre exposition universelle est inaugurée en 1867 au Champ-de-Mars ; pour celle de 1878, on construit le palais du Trocadéro. Celle de 1889 permet aux touristes, venus du monde entier, de visiter la tour construite par l'ingénieur Gustave Eiffel (1832-1923) ainsi que la Galerie des machines. En 1900, l'exposition pour laquelle on construit le Grand et le Petit Palais, englobe tout un quartier de Paris, de la place de la Concorde et des Invalides au Champ-de-Mars. Après 1900, on remplace les vastes et coûteuses expositions universelles par des expositions nationales ou internationales, ou par de grandes foires (Lyon, Bordeaux, Paris), réservées à un secteur particulier de l'industrie ou de l'activité humaine. Telle est la Grande Exposition des arts décoratifs à Paris en 1925. En 1937 a lieu à Paris une exposition internationale, Arts et techniques dans la vie moderne, qui occasionne la transformation du Trocadéro en palais de Chaillot et la construction de l'avenue de New York à Paris. L'organisation des expositions internationales est encadrée par la Convention de Paris du 22 novembre 1928 ; les expositions organisées par l'État doivent faire l'objet d'une loi spéciale.

La tour Eiffel et l'Exposition universelle de Paris de 1889 L'ingénieur Gustave Eiffel (1832-1923) exprime son intention : « J'ai voulu élever à la gloire de la science moderne, et pour le plus grand honneur de l'industrie française, un arc de triomphe aussi saisissant que ceux que les générations précédentes ont élevés aux conquérants. »

présente une grande insécurité. Des expéditions sont menées au Niger (1890), au Dahomey (1893), à Madagascar (1895), en Guinée (1898) et au Tchad (1901) ; entre 1896 et 1898, les Français veulent relier l'escale française de Djibouti au fleuve Congo, mais ils doivent se retirer à la suite de tensions avec les Britanniques. Au Congo français et au Gabon, les richesses naturelles (ivoire, bois précieux) sont exploitées par des compagnies esclavagistes. À partir de quelques comptoirs côtiers et de la colonie organisée au Sénégal sous le Second Empire, la domination française s'étend à une large part de l'Afrique occidentale et centrale. La colonisation française, qui suit une direction d'ouest en est, se heurte à la colonisation islamique, qui va du nord au sud.

Les Français s'installent aussi en Cochinchine (futur Vietnam) entre 1858 et 1861, au Cambodge en

1863, conquièrent le Tonkin (sud-ouest de la Chine) en faisant la guerre aux Chinois (1885), puis étendent leur protectorat au Laos (1902). Ces contrées forment l'Union indochinoise ; on y développe la riziculture et les plantations d'hévéas (qui fournissent le caoutchouc) ; un chemin de fer relie la Chine du Sud au port de Haïphong. Grâce notamment aux vaccinations faites par les instituts Pasteur de Hanoi et de Nha Trang, la population paysanne, misérable, connaît un essor démographique prodigieux, ce qui favorise par contre l'agitation contre les classes dirigeantes (1908 et 1913). En dehors de ces territoires, la France possède les Antilles, la Guyane, la Réunion, Djibouti, la Nouvelle-Calédonie et des archipels polynésiens (Tahiti). En 1914, son empire représente 10 millions de kilomètres carrés et 50 millions d'habitants. En 1914, elle est la plus grande puissance coloniale après l'Angleterre.

Les monarchies autoritaires

À côté des démocraties libérales, les monarchies autoritaires d'Europe cherchent à conserver leurs acquis par une politique qui réprime les revendications nationalistes des divers peuples qui les habitent.

L'Allemagne

Depuis 1815, la Confédération germanique, dominée par l'Autriche, la Prusse, la Bavière, le Hanovre, la Saxe et le Wurtemberg, regroupe 39 États. Soutenue par les pays catholiques, l'Autriche y affronte la Prusse et les pays protestants du Nord. La Prusse exerce une pression économique sur les États secondaires. L'Allemagne s'industrialise principalement dans la région rhéno-westphalienne et la Saxe. Une bourgeoisie industrielle, souvent formée en Angleterre, apparaît. En 1848, la classe ouvrière forme 4 % de la population, les paysans 72 %. (*Voir le tableau 10.16.*) Les ouvriers ont peu de conscience sociale : Marx et Engels n'ont aucun écho parmi eux. Cependant, les artisans, sensibles au communisme, menacent la bourgeoisie allemande. Dès 1848, les libéraux entrent au gouvernement. Le suffrage universel est accordé par le roi de Prusse, Frédéric-Guillaume IV. En 1848, l'assemblée de Francfort réunit 586 députés. Peu préoccupés des problèmes sociaux, ces députés sont des fonctionnaires, des intellectuels, des nobles, des commerçants et des industriels, mais il

TABLEAU 10.16
LA POPULATION ACTIVE (EN POURCENTAGE) EN ALLEMAGNE
ET EN FRANCE DE 1866 À 1907

Secteur économique	FRANCE		ALLEMAGNE	
	1866	1906	1882	1907
Agriculture, forêts, pêche	49,8	42,7	42,5	28,6
Industrie	29,0	30,6	35,5	42,8
Commerce et transports	8,1	14,2	10,0	13,4
Professions libérales, fonction publique	6,7	7,9	4,9	5,5
Travail domestique	6,4	4,6	2,1	1,3
Divers (sans profession ?)	—	—	5,0	8,4

Source : D'après G. DUPEUX. *La société française, 1789-1960*, p. 168 et P. GUILLEN. *L'Empire allemand, 1871-1918*, p. 109.

La proclamation de l'Empire allemand à Versailles le 18 janvier 1871   Après avoir annexé la province du Schleswig-Holstein (1864) par les armes, éliminé l'Autriche en quinze jours (1867) et écrasé la France en quelques semaines (1870), l'unification allemande, sous la direction de la Prusse et du chancelier Bismark (1815-1898), est cimentée par la proclamation de l'Empire au moment où les troupes prussiennes sont encore en territoire conquis et assiègent Paris.

n'y a aucun ouvrier ou paysan. Certains d'entre eux favorisent la Petite-Allemagne, que dominerait la Prusse, excluant l'Autriche. D'autres veulent une Grande-Allemagne, groupant tous les germanophones et supposant l'éclatement de l'Empire autrichien. Les Autrichiens songent plutôt à une Grande-Autriche qui couvrirait toute l'Europe centrale. Le courant de la Petite-Allemagne est renforcé après la répression de la révolution de 1848.

Les ouvriers berlinois se dressent contre le roi et la bourgeoisie libérale. Renonçant à la politique, la bourgeoisie se tourne vers l'économie, donne rapide-ment à la Prusse une puissance supérieure à celle de l'Autriche, et laisse le champ libre aux conservateurs sur lesquels s'appuie les Hohenzollern. En 1861, Guillaume Ier (1797-1888) reprend à son compte les idées d'Ancien Régime de son prédécesseur, Frédéric-Guillaume IV – les mêmes que celles du prince Otto von Bismarck (1815-1898), devenu chancelier en 1862. Issu de la noblesse poméranienne, Bismarck déteste le libéralisme et vise la grandeur de la Prusse et la puissance des Hohenzollern. Il veut créer un empire prussien, conservateur, autoritaire, anti-autrichien, fondé sur l'adhésion des princes et non

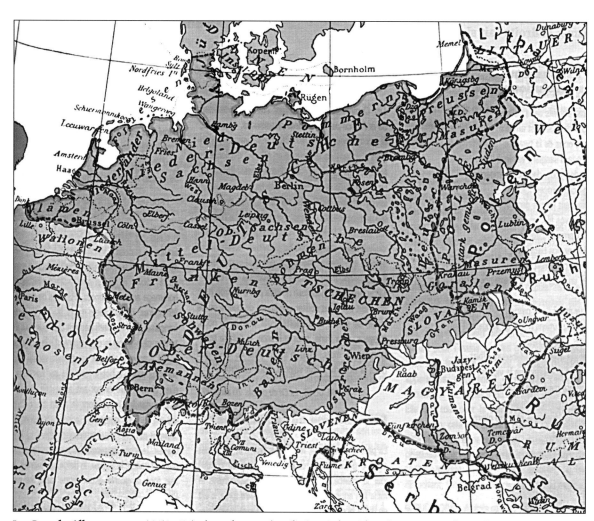

La *Grande Allemagne* en 1950 Enivrés par les progrès militaires, industriels et économiques allemands depuis le milieu du XIXe siècle, les milieux pangermanistes au début du XXe siècle rêvent d'une expansion de l'Empire allemand à l'échelle de l'Europe centrale. De la frontière danoise à l'Adriatique, de Bruxelles à Varsovie, la Grande Allemagne s'étend sur les Pays-Bas, la Belgique, le Luxembourg, l'Alsace-Lorraine (déjà rattachée au Reich depuis 1870), la Suisse alémanique, l'ensemble de l'Autriche, de la Hongrie, des républiques tchèque et slovaque actuelles, la Slovénie ainsi que sur la moitié de la Pologne. Cette Grande Allemagne compterait aujourd'hui plus de 170 millions d'habitants dont seulement 100 millions de langue ou d'origine allemande.

sur l'assentiment des masses. Bismarck n'hésite pas à recourir à la dictature : il lève des impôts par décrets en faisant voter les budgets par la Chambre des seigneurs, sans tenir compte de l'avis des députés. Il modernise l'armée, qui est pour lui l'instrument de l'unification allemande.

L'unité allemande est impossible tant que l'Autriche exerce son influence sur les pays germaniques. La Prusse gagne la guerre qu'elle déclare à l'Autriche en 1866. Bismarck annexe les petits États du Centre et du Nord de l'Allemagne (Hanovre, Nassau, Holstein, Schleswig) et fait admettre par les princes la constitution d'une Confédération de l'Allemagne du Nord, présidée par le roi de Prusse (1867). (*Voir la carte 10.6.*) Pour achever de cimenter l'unité allemande, Bismarck dresse ses alliés contre un adversaire commun, la France, qui s'oppose à la candidature d'un Hohenzollern au trône d'Espagne. Bismarck déclare la guerre à la France en 1870. Victorieux, il vainc les dernières hésitations des petits États allemands du Sud. L'Empire allemand (le IIe Reich) est proclamé en 1871 par les princes réunis à Versailles dans la galerie des Glaces, en plein cœur de la France qui a perdu l'Alsace et la Lorraine, et dont l'empereur Napoléon III a été déchu. L'alliance des trois empereurs (Russie, Allemagne, Autriche) assure à l'Allemagne la préservation de ses droits acquis

(1873). L'Italie remplace la Russie dans cette alliance en 1882 ; Bismarck signe avec la Russie un traité secret de neutralité (1887). Impatient de gouverner seul une Grande-Allemagne, le jeune empereur Guillaume II renvoie Bismarck en 1890. Un nouvel imbroglio diplomatique conduit à la guerre de 1914. Après 1885, l'Allemagne possède le Togo, le Cameroun, le Sud-Ouest africain et le Tanganyika ; dans le Pacifique, elle contrôle des archipels : les Carolines, les Mariannes, les îles Marshall et Bismarck, de valeur stratégique. Mais elle ne peut s'implanter au Maroc : elle s'y heurte aux autochtones et aux Français.

L'Autriche

L'Empire d'Autriche est menacé par les mouvements nationaux que Metternich contient mal. L'offensive naît à Prague (Bohême) et gagne Cracovie (Pologne). Metternich s'enfuit en 1848 ; une garde nationale se forme, l'empereur Ferdinand promet une Constituante, se réfugie à Innsbrück, abolit la corvée, mais fait bombarder Cracovie, écrasant la révolte polonaise. C'est le premier échec des révolutions de 1848. Les révoltes des Tchèques, des Roumains et des Slovaques de Hongrie connaissent le même sort. Ferdinand abdique. Les Hongrois refusent de reconnaître son neveu François-Joseph comme leur roi et proclament l'indépendance de la Hongrie en 1849. L'Autriche fait appel au tsar Nicolas Ier. Les Hongrois se rendent aux Russes. La répression est exemplaire. L'incompréhension des aspirations nationales est à l'origine de l'incident qui, le 28 juin 1914 à Sarajevo, déclenche la Première Guerre mondiale : l'assassinat de l'archiduc héritier du trône impérial d'Autriche-Hongrie, par un Serbe nationaliste.

La Russie

Au milieu du XIXe siècle, la Russie diffère beaucoup des autres pays occidentaux ; les influences européennes et asiatiques s'y mêlent ; le libéralisme politique n'y a pas prise ; ses structures sociales sont figées. Pourtant, ce pays connaît la première révolution marxiste en 1917. La société russe (70 millions d'habitants) est hétérogène : Polonais, Finnois, Baltes, Roumains de Bessarabie, Géorgiens et Arméniens en Transcaucasie, Turcs en Asie centrale, minorités juives et allemandes en Russie d'Europe, ne sont pas toujours loyaux envers le pouvoir. Le tsar, souverain autocrate, est assisté par une bureaucratie corrompue et inefficace,

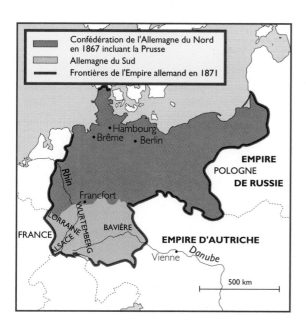

Carte 10.6
L'unité allemande de 1867 à 1871

dont Nicolas Gogol (1809-1852) se moque dans une pièce de théâtre, *Le Revizor* (*L'Inspecteur général*, 1836). La vie intellectuelle est surveillée : interdiction d'importer des livres, restriction des voyages à l'étranger, surveillance policière des universités, censure de la presse. Les intellectuels s'exilent ; l'un d'eux, Herzen, publie à partir de 1857, en Angleterre, un journal, *Kolokol* (la *Cloche*), qui combat le servage et est lu par l'intelligentsia russe.

En 1855, le tsar Alexandre II arrive au pouvoir ; la Russie perd la guerre de Crimée contre une coalition formée de l'Angleterre, de la France, de la Turquie et du Piémont. Des réformes s'imposent : le servage est aboli (1861) ; la gestion des universités est restituée aux professeurs (1863) ; on crée des assemblées de district (1864) ; on tente de vendre les terres aux paysans ; la procédure juridique, le jury pour les affaires criminelles, un corps de juges de paix élus, sont institués ; le service militaire devient obligatoire (1874).

Ces réformes déçoivent les partisans d'un régime constitutionnel – que refuse Alexandre II.

Par contre, cette politique de réforme suscite en Pologne l'espoir du rétablissement de l'autonomie ; la révolte de l'université de Varsovie (1863) est écrasée avec l'aide de la Prusse : exécutions, déportations en Sibérie, russification de l'enseignement, en sont les conséquences. Une stricte discipline est instaurée dans les écoles. Une nouvelle génération de révolutionnaires, qu'Ivan Tourgueniev (1818-1883) nomme les nihilistes dans *Pères et fils* (1862), apparaît. Ils adoptent un matérialisme radical et antireligieux qui se transforme en terrorisme politique (1870), dont est victime Alexandre II en 1881 ; la loi permet alors la suspension des libertés individuelles et l'exil sur simple décision administrative. L'Okhrana, police secrète créée en 1883, pourchasse les opposants. La russification s'intensifie en Pologne, en Finlande, dans les pays baltes, en Ukraine. Elle est

Le couronnement du tsar Nicolas II (1868-1918) en mai 1895   De toutes les monarchies européennes au tournant du XXᵉ siècle, seule la monarchie russe demeure centrée sur la personne du souverain et s'appuie encore sur une noblesse foncière ; en ce sens, elle demeure un gouvernement autocratique d'ancien régime. Malgré d'importants progrès économiques, le régime se sclérose en s'appuyant sur une police politique omniprésente, l'*okhrana*.

accompagnée de la christianisation forcée des musulmans. Il est interdit aux juifs de résider en campagne, de posséder ou de louer des terres (1882), certaines carrières universitaires et professions libérales leur sont fermées (1886) ; un million de juifs émigrent, d'autres rejoignent l'opposition (Trotski, 1879-1940 ; Zinoviev, 1883-1936 ; Kamenev, 1883-1936). Alexandre III meurt en 1894. Nicolas II poursuit cette politique d'affrontement jusqu'à la révolution en 1917.

L'industrialisation est rendue nécessaire par l'essor démographique (1,8 million d'habitants en plus chaque année, entre 1850 et 1900) ; toutefois le pays manque de capitaux. Grâce aux capitaux étrangers et à la construction de voies ferrées (32 000 kilomètres en 1892, 60 000 en 1904), la production industrielle double de 1890 à 1900 et couvre 75 % des besoins nationaux, plaçant la Russie au 5ᵉ rang dans le monde. La moitié de la main-d'œuvre travaille dans des usines de plus de 500 ouvriers, réparties en un petit nombre de foyers (Saint-Pétersbourg, Moscou, l'Ukraine, l'Oural, la région de Bakou, la Pologne). Le prolétariat, peu nombreux (3 millions en 1900), est concentré dans les villes (50 % des habitants de Saint-Pétersbourg) et formé en bonne partie de femmes et d'enfants (10 % ont de 12 à 18 ans). Le syndicalisme et la grève sont interdits ; cependant, l'embauche d'enfants de moins de 12 ans est proscrite, le repos du dimanche est obligatoire et des fonctionnaires inspectent les fabriques.

Le mouvement ouvrier s'organise après 1892, mais il doit attendre la formation d'une opposition politique révolutionnaire pour prendre conscience de sa force. Les socialistes révolutionnaires sont violents ; leur parti combat l'industrialisation et considère que la démocratie doit s'établir sur le système communautaire de la masse paysanne. Ils se rassemblent en parti politique (1901) et s'opposent aux socio-démocrates. Ceux-ci se réclament du marxisme (dont l'introduction en Russie date de 1883) et prônent la dictature du prolétariat. Vladimir Illitch Oulianov (1870-1924), qui prend en 1901 le pseudonyme de Lénine, anime avec vigueur ce mouvement. **Mencheviks** (minoritaires) menés par Martov et Axelrod, et **bolcheviks** (majoritaires) conduits par Lénine, s'opposent farouchement au congrès de Bruxelles (1903), à propos du choix des moyens et du

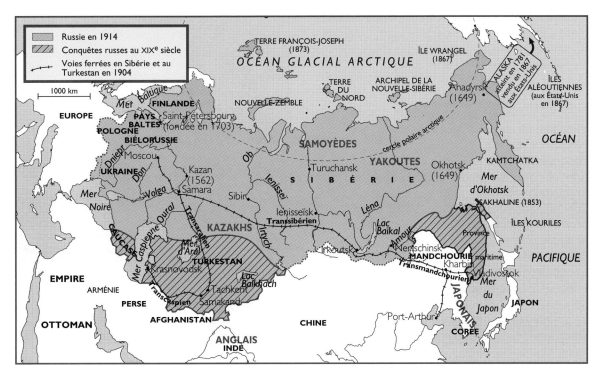

Carte 10.7
La Russie en 1914

moment pour renverser le capitalisme. La crise économique de surproduction que connaît l'Occident depuis 1873 et la défaite contre le Japon (1905) fournissent l'occasion d'une première révolution. En 1905, la troupe tire sur 100 000 manifestants venus présenter au tsar une pétition demandant le suffrage universel et des réformes sociales. Il y a plus de 1000 morts. L'indignation gagne le pays; attentats et rébellions se multiplient; en juin 1905, les marins du cuirassé *Potemkine* en rade à Odessa se mutinent. Mais la révolution échoue et Lénine s'exile. Le régime tsariste se reconstitue. En 1914, il est de nouveau maître de la Russie.

Pour la Russie, l'Asie est une colonie. Occupée dès la fin du XVIIe siècle, la Sibérie s'agrandit en Extrême-Orient aux dépens de la Chine (1860). Les Russes progressent aussi dans les steppes de l'Asie centrale, atteignant les grandes oasis du Turkestan: Tachkent (1865), Boukhara (1870), Khiva (1873). Ils assurent leur mainmise sur le Caucase et menacent la Perse. Ces poussées expansionnistes provoquent de vifs antagonismes avec l'Angleterre et le Japon. Les chemins de fer transcaspien (1880), transsibérien (1903), transaralien (1904), accélèrent le peuplement de ces vastes contrées. La Sibérie, peuplée surtout de réfugiés politiques, passe de 4 à 8 millions d'habitants entre 1890 et 1910. Cet immense pays neuf, aux possibilités insoupçonnées, s'intègre lentement à la civilisation occidentale. (*Voir la carte 10.7.*)

Le cas de l'Italie

En 1815, le congrès de Vienne donne à l'Autriche le contrôle du royaume lombardo-vénitien (5 millions d'habitants), région fertile grâce à la plaine du Pô et riche grâce à Milan, premier centre industriel d'Italie. Les duchés de Parme, de Toscane et de Modène sont des États satellites de l'Autriche. Les États pontificaux sont très arriérés: justice féodale, absence d'état civil, présence de ghettos juifs, interdiction de l'éclairage urbain à Rome. Pie IX (1846-1878) passe pour un libéral, ennemi de l'Autriche: les Italiens voient en lui le garant de l'unité nationale. Les Bourbons de Naples, souverains du royaume des Deux-Siciles (8 millions d'habitants), s'appuient sur l'Autriche; la féodalité y survit dans des *latifundia*, domaines terriens gérés à la manière féodale; Naples est la plus grande ville d'Italie, mais ses îlots d'industries (textile) sont dominés par les étrangers. Le royaume de Piémont-Sardaigne (5 millions d'habitants) englobe aussi

Gênes, Nice et la Savoie; le roi Charles-Albert, libéral influencé par l'esprit de la Révolution française, y tolère une opposition légale, fait unique en Italie. L'économie italienne est fondée sur une agriculture primitive; les paysans sont misérables et analphabètes (77 % d'illettrés); les communications sont très mauvaises. Depuis 1840, on construit des chemins de fer, qui ne sont cependant que des tronçons isolés; en 1846, un plan d'ensemble est adopté. Le crédit n'existe pas, l'industrie est timide; il n'y a pas de métallurgie, faute de fer et de charbon. Le Nord s'oppose déjà au Sud. Les deux problèmes de l'Italie sont ceux de l'Allemagne: l'unité et le libéralisme.

La conception révolutionnaire de l'État prônant une république unitaire, issue d'une insurrection populaire et sans tutelle pontificale, s'oppose à la conception modérée d'une fédération dirigée par le pape. En 1848, les ouvriers se soulèvent; la situation

Giuseppe Garibaldi (1807-1882) Fils de marin et ayant fait ses armes en exil lors d'insurrections au Brésil, Garibaldi incarne la tendance républicaine lors de l'unification italienne face à la tendance monarchique représentée par Victor-Emmanuel II (1820-1878), roi du Piémont-Sardaigne, et de son ministre Cavour (1810-1861).

économique est dramatique, l'industrie ne tourne plus, le prix des céréales double. Assiégé dans le palais du Quirinal à Rome, Pie IX appelle les démocrates au pouvoir, puis s'enfuit. Une assemblée constituante démet le pape et proclame la république en 1849, qui est dirigée par Giuseppe Garibaldi (1807-1882). Les républicains veulent laïciser l'État et distribuer les biens de l'Église. Mais le nouveau régime a contre lui les ecclésiastiques et les aristocrates romains, qui manipulent les indigents, ainsi que les États catholiques : la France participe à l'écrasement de la République romaine. Après 1848, les États de la péninsule italique luttent pour s'émanciper de l'Autriche. Camillo Cavour (1810-1861) dirige les destinées de l'Italie (1852-1861) et joue, avec Victor-Emmanuel II (1820-1878), roi de Sardaigne (1849-1861) et d'Italie (1861-1878), un rôle décisif dans l'unification italienne, obtenue en 1860 (*voir la carte 10.8*). L'Italie a été frustrée par la France de ses espérances tunisiennes ; elle s'installe en Érythrée et en Somalie, sur la mer Rouge (1890) ; elle s'engage dans la conquête de l'Éthiopie, mais met un terme à ce projet en 1896. En 1911, elle enlève les îles du Dodécanèse et la Tripolitaine à la Turquie, mais peu de colons s'installent dans ce désert. Elle ne parvient pas à se constituer un empire colonial.

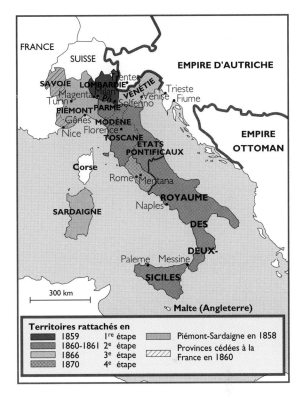

Carte 10.8
L'unité italienne de 1859 à 1870

Les héritages

La période de 1848 à 1914 a donné à l'Occident une nouvelle conception de la société et une production extraordinaire de chefs-d'œuvre artistiques et de découvertes scientifiques.

Une nouvelle conception de la société

La philosophie sociale connaît, au cours du XIXᵉ siècle, une profonde transformation. Avant de devenir politique, la nouvelle conception de la société se révèle d'abord dans les pensées des utopistes.

Le socialisme utopique

Né à la fin du XVIIIᵉ siècle en France, foyer des idées nouvelles, et au début du XIXᵉ en Angleterre, là où l'industrialisation, plus avancée qu'ailleurs, paupérise les ouvriers, le **socialisme** est un ensemble de doctrines préconisant une réforme radicale de l'économie en vue de répartir les richesses le plus équitablement possible. La *Déclaration des droits* (1789) proclame certes l'égalité politique des citoyens, mais laisse subsister l'inégalité des fortunes. Enrichi des biens nationaux, le bourgeois domine socio-économiquement l'ouvrier, privé par la loi Le Chapelier (1791) du droit de coalition ou de grève. Gracchus Babeuf, exécuté en 1797, réclame la suppression des classes sociales et de la propriété individuelle et la mise en commun des terres : ce sont là les grandes revendications du **communisme**, que l'on trouve déjà en germe dans une œuvre aussi précoce que *L'Utopie* (1515) de l'Anglais Thomas More.

La nouvelle trinité en 2500 apr. J.-C., **caricature allemande de 1904** Dans cette caricature, Engels et Marx sont associés à August Bebel (1840-1913). Ouvrier métallurgiste, Bebel fonde avec Wilhelm Liebknecht (1826-1900) le parti ouvrier social-démocrate allemand (1869) avant de jouer un rôle prépondérant dans la IIe Internatinale (fondée en 1889).

En France, après 1815, la restauration des Bourbons, avec ses allures d'Ancien Régime, souligne le contraste entre les institutions sociales et les exigences de la société nouvelle, où tout repose sur les producteurs. Claude Henry de Rouvroy, comte de Saint-Simon (1760-1825), et Charles Fourier (1772-1837) se situent dans ce courant. Pour Saint-Simon, il faut éliminer les oisifs, abolir l'exploitation de l'homme par l'homme, améliorer le sort de la classe ouvrière. Ses disciples réclament aussi la suppression de la propriété privée et la distribution, par l'État, des moyens de production aux citoyens les plus capables. Pour fonder la nouvelle société industrielle, le saint-simonisme prêche une religion romantique, fondée sur la fraternité. Ce trait de la première école socialiste lui vaut l'adjectif d'utopique : c'est en effet une morale qui veut atteindre ses objectifs par l'esprit et la volonté. Charles Fourier est animé par l'idéal de l'épanouissement harmonieux des passions humaines ; Pierre Proudhon (1809-1865), par l'idéal de la justice et une conscience sociale individuelle, germe d'une moralité supérieure.

Comme leurs contemporains libéraux, ces premiers socialistes sont hostiles à l'intervention de l'État, qu'ils veulent absorber dans la société économique. Selon Fourier, Philippe Buchez (1796-1865) et l'Anglais Robert Owen (1771-1858), la solution est dans des coopératives de production et de consommation (phalanstères fouriéristes). Proudhon préconise la dissolution de la société en une multitude de petits propriétaires liés par contrat et pratiquant le mutuellisme (le troc). En revanche, le saint-simonisme souligne le rôle de l'État dans la vie économique et sociale. Louis Blanc (1811-1882), comme Fourier, veut substituer l'association volontaire à la propriété privée, et demande l'aide de l'État pour créer des ateliers sociaux dont les bénéfices seraient partagés entre les travailleurs. Spéculatif, rêveur, le socialisme utopique échoue. Les coopératives d'Owen et les phalanstères fondées en Amérique par les fouriéristes ruinent leurs promoteurs. Tentée en France (1848) d'après l'idée de Louis Blanc, l'expérience des Ateliers nationaux est désastreuse. La Banque du peuple de Proudhon périclite rapidement.

D'autres courants moins importants que le socialisme utopique se développent vers 1848 : un courant communiste, utopique avec Étienne Cabet (1788-1856) et les icariens d'Iowa (1849), révolutionnaire avec Louis Blanqui (1805-1881) ; un socialisme romantique avec Pierre Leroux (1797-1871) et George Sand, évangélique avec Lammenais, césarien avec Napoléon III. En Allemagne, s'affirme un socialisme étatique qui engendre la forme de socialisme que l'on connaît actuellement dans la plupart des États interventionnistes d'Occident, et dont découle notamment ce que l'on a appelé l'État-providence. (*Voir le tableau 10.17.*)

Le marxisme

Le **marxisme** tient de l'économie classique, du socialisme utopique et de la philosophie hégélienne. Mais il les critique, les utilise et les dépasse. Il naît dans une Allemagne retardée sur le plan économique et politique, qui n'a pu réaliser ni révolution politique à la française, ni révolution économique à l'anglaise.

TABLEAU 10.17
LES DATES DE CRÉATION DE QUELQUES PARTIS SOCIALISTES DE 1874 À 1906

1874	Autriche
1875	Allemagne
1876	Danemark
1879	Espagne
1885	Belgique
1887	Norvège
1889	Suède
1890	Hongrie
1891	Bulgarie
1892	Italie
1898	Russie
1901	Japon
1905	France
1906	Royaume-Uni

Friedrich Engels (1820-1895) décrit le capitalisme anglais des années 1840 dans *La Situation de la classe laborieuse en Angleterre*, et Karl Marx (1818-1883) est frappé par le soulèvement des tisserands silésiens en 1844. De 1840 à 1848, Marx et Engels travaillent ensemble. D'un autre côté, Marx est aussi influencé par Ludwig Feuerbach (1804-1872) qui, dans l'*Essence du christianisme* (1841), dénonce toutes les aliénations. Engels, pour sa part, est choqué de l'avilissement de l'homme, engendré par le capitalisme. En 1845, Marx et Engels rédigent *La Sainte Famille*, un essai contre le socialisme utopique, et ébauchent une conception de l'histoire où l'intérêt de classe (et non plus de l'Idée) détermine l'évolution historique.

À Paris, Marx étudie la Révolution française et découvre que le prolétariat porte en lui le dépérissement de la bourgeoisie. Dans *L'Idéologie allemande* (1846), nouvel essai contre le socialisme utopique, Marx et Engels conçoivent le communisme non comme un espoir, mais comme l'achèvement de l'histoire après l'inéluctable disparition du capitalisme. Se terminant par la célèbre phrase : « Prolétaires de tous les pays, unissez-vous ! », le *Manifeste du Parti communiste*, publié à Londres en 1848 pour la Ligue des communistes allemands, est le point de départ du marxisme constitué. En 1850, Marx, exilé à Londres, entreprend avec Engels la rédaction du *Capital*, dont le premier tome paraît à Hambourg sous le titre de *Critique de l'économie politique* (1867). Les tomes II et III sont publiés par Engels après la mort de Marx (1885 et 1894), et le tome IV par Karl Kautsky (1905). Mais le tome I suffit à modifier profondément la réflexion socialiste.

Karl Marx (1818-1883) à la fin des années 1860 Il est photographié ici avec sa femme, Jenny von Westphalen, leurs deux filles et (à gauche) Friedrich Engels (1820-1895), son collaborateur et mécène depuis 1843. Bien que Marx ait exercé une influence déterminante sur l'évolution de la pensée politique depuis 150 ans, dans les faits, Marx et le marxisme ont peu influencé le développement du capitalisme occidental (avec la possible exception de l'URSS et de l'Europe de l'Est au XXe siècle).

Pour Marx, le capitalisme sauvage engendre des crises qui le minent et un prolétariat toujours plus nombreux et organisé qui le renversera inévitablement. Dès les années 1860, Marx et Engels travaillent à l'organisation des travailleurs en une **Internationale socialiste**, le socialisme devant préparer l'avènement du communisme. Marx et Engels pensent que la révolution communiste surviendra en Angleterre, où le capitalisme est le plus développé, et non en Russie, passée presque instantanément du féodalisme au communisme. Ils ignorent que le communisme peut se muer en capitalisme d'État, que les gouvernements occidentaux deviendront interventionnistes au point d'adopter des lois sociales adoucissant les effets du capitalisme, et que les ouvriers revendiqueront alors non plus le renversement du mode de production et la réappropriation des moyens de production, mais l'amélioration de leur condition dans un monde qui les embourgeoisera de plus en plus.

Le syndicalisme

Dès qu'elles apparaissent au XVIIIᵉ siècle, les associations ouvrières sont vues comme des menaces par les patrons. La loi Le Chapelier les interdit en France (1791); l'Angleterre vote des lois qui vont en ce sens (1799). La liberté d'association est obtenue en 1825 en Angleterre. En 1833, les *trade-unions* (unions de métiers) réunissent 500 000 adhérents; elles demandent des cotisations élevées et garantissent les ouvriers contre les risques sociaux et la grève. Le patronat riposte en refusant d'embaucher des syndiqués. Toutefois en 1850, les *trade-unions* sont déjà solides. L'exemple anglais et la création de l'Association internationale des travailleurs accélèrent la reconnaissance du droit syndical. Les Français obtiennent le droit de grève en 1864 et le droit d'association en 1884. En 1870, le **syndicalisme** européen intègre, à ses revendications de privilèges corporatifs, l'amélioration de la condition ouvrière au sens large. Il a recours de plus en plus à la grève. Certains syndicats demandent à l'État d'arbitrer en leur faveur, de prévenir les abus patronaux et de couvrir les risques (accidents, vieillesse).

Tous les syndicats n'acceptent pas la lutte des classes. La social-démocratie allemande inspire le syndicalisme réformiste de l'Europe du Nord; l'**anarchisme** sous-tend le syndicalisme espagnol et italien. En France, marxistes et anarchistes collaborent au sein d'un syndicalisme révolutionnaire. En Angleterre, les unions de métiers et d'industries coexistent. Depuis 1870 se développe à Londres des unions d'industries qui rassemblent les ouvriers les plus misérables et prélèvent de faibles cotisations, souvent insuffisantes en cas de grève. En 1914, il y a en Angleterre 263 syndicats de métiers dans le textile, 75 dans les mines (*voir la carte 10.9*). Aux États-Unis (1886), l'*American Federation of Labor* (AFL) est une fédération de métiers, alors que les *Industrial Workers of the World* (IWW), dominés par les immigrés latins, regroupent des branches d'industries. La France opte pour un syndicalisme d'industrie, mais on y trouve

aussi des unions locales à base géographique, comme en Italie. En 1868, les *trade-unions* anglaises sont coiffées par le *Trade-Unions Congress* (TUC). La Ligue des syndicats allemands (ADGB) date de 1892, et la Confédération générale du travail, en France, de 1895. Les liaisons internationales proprement syndicales datent de 1913 et sont, au début, peu efficaces.

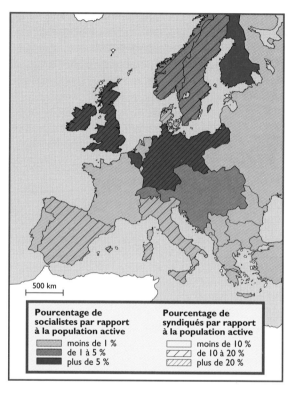

Carte 10.9

Le socialisme et le syndicalisme en Europe en 1914

Les arts et les lettres

L'échec des révolutions de 1848 sonne le glas des illusions et des effusions sentimentales dans les arts et les lettres. Le romantisme s'estompe. François-Auguste de Chateaubriand (1768-1848), Honoré de Balzac (1799-1850) et Alfred de Musset (1810-1857) disparaissent. Alphonse de Lamartine (1790-1869) et Victor Hugo (1802-1885) se tournent vers la politique: de son exil, sous le Second Empire, Hugo publie de grands recueils poétiques et des pamphlets contre Napoléon III. Les poètes adoptent une esthétique nouvelle: un culte fervent de l'art qui, seul, peut permettre à l'écrivain d'échapper à la bêtise générale de l'époque que dénonce avec verve Gustave Flaubert (1821-1880) dans *Bouvard et Pécuchet*. Théophile Gauthier (1811-1872) présente la théorie de l'art pour l'art : le beau est une valeur se suffisant à elle-même ; cet auteur considère la forme comme essentielle. De cette école se réclament les poètes parnassiens : Charles Leconte de Lisle (1818-1894), et Charles Baudelaire (1821-1867) qui mêle dans son œuvre la recherche de son itinéraire intérieur et l'harmonie des images poétiques.

Le réalisme et le naturalisme dans le roman

À la suite de Balzac, le roman s'oriente vers l'observation des hommes et des milieux sociaux : le réalisme (dont le maître est Flaubert) influence le roman jusque vers 1875, à travers les frères Goncourt (Edmond, 1822-1896 ; Jules, 1830-1870) et Alphonse Daudet (1840-1897). Dans les salons de la princesse Mathilde, cousine de Napoléon III, se rencontrent les novateurs. Le régime maintient l'ordre moral ; des poursuites judiciaires visent des œuvres jugées contraires aux bonnes mœurs : *Les Fleurs du mal* (Baudelaire, 1857) ou *Madame Bovary* (Flaubert, 1857). Les goûts de la bourgeoisie vont vers le théâtre de boulevard, les comédies d'Eugène Labiche (1815-1888), les drames d'Alexandre Dumas fils (1824-1895), ou les opéras bouffes de Jacques Offenbach (1819-1880). Le roman devient le genre le plus prisé du public ; la poésie se confine dans des cercles restreints. Dans le roman, le courant dominant est le naturalisme qui veut appliquer la méthode des sciences expérimentales à l'étude objective des milieux sociaux. Dans *Les Rougon-Macquart* (1869-1893), Émile Zola (1840-1902) présente l'histoire naturelle et sociale d'une famille sous le Second Empire. Guy de Maupassant (1850-1893), moins ambitieux, dépeint l'humble vérité. Les romanciers de cette tendance se regroupent autour de Zola, lors des rencontres de Médan, défendant leurs œuvres contre la haine qu'elles suscitent.

Mais le naturalisme triomphe en Espagne (Vincente Blasco Ibanez, 1867-1928), en Allemagne (les frères Mann : Heinrich, 1871-1950 ; Thomas, 1875-1955), en Angleterre (Thomas Hardy, 1840-1928), en Italie (l'école vériste). Les conventions sont bousculées, les critiques sociales s'affirment. En 1886, un essai du vicomte Eugène Melchior de Vogüé (1848-

1910) révèle le roman russe, dont les premières œuvres (1860-1880) sont inconnues en Occident. On découvre Ivan Tourgueniev (1818-1883), peintre des conflits sociaux de la Russie tsariste, Fëdor Dostoïevski (1821-1881), analyste des profondeurs psychologiques de l'individu (dans *Les Frères Karamazov*, 1880), et le comte Léon Tolstoï (1828-1910), qui développe les thèmes du pardon et de la non-violence (dans *Guerre et Paix*, 1869).

C'est par le roman que la littérature gagne de nombreux lecteurs, à travers les romans à quatre sous des librairies de gare ou les feuilletons des journaux. Ce roman populaire remonte à la première moitié du siècle, avec Alexandre Dumas et Eugène Sue ; il a ses stéréotypes, avec Rocambole (du vicomte Pierre de Ponson du Terrail, 1829-1871), Pardaillan (de Michel Zévaco, 1860-1918), Rouletabille (de Gaston Leroux, 1868-1927), Sherlock Holmes, (de sir Arthur Conan Doyle, 1859-1930) ; son audience est élargie grâce aux progrès de l'instruction primaire. Le roman se prête à tous les thèmes : il verse dans l'exotisme (Rudyard Kipling, 1865-1936 ; Pierre Loti, 1850-1923), l'anticipation scientifique (Jules Verne, 1828-1905 ; Herbert George Wells, 1866-1946) et la révolte (Jules Vallès, 1832-1885 ; Maxime Gorki, 1868-1936). Maurice Barrès (1862-1923) et le prince italien Gabriele D'Annunzio (1863-1938) exaltent l'énergie nationale ; Romain Rolland (1866-1944) et Anatole France (1844-1924) disent les espérances humanitaires ; Paul Bourget (1852-1936) part à la défense de la tradition.

Dans la lignée de Charles Baudelaire (1821-1867), le **symbolisme** transforme profondément l'univers poétique. Croyant en une surnature dont les phénomènes courants sont le reflet, les symbolistes expriment ce qui est au-delà du monde sensible par le recours à de nouvelles structures poétiques. Paul Verlaine (1844-1896) propose une esthétique musicale proche de l'**impressionnisme**. Les premiers poèmes de révolte d'Arthur Rimbaud (1854-1891) cèdent la place à une poésie qui veut accéder à la réalité que cache la raison. Pour Stéphane Mallarmé (1842-1898), l'art est sacré comme la religion ou la musique, et la poésie doit trouver une expression hermétique la rendant imperméable au profane. Bien que l'essentiel de son œuvre soit publié après sa mort, il exerce de son vivant un intense rayonnement ; beaucoup voient en lui le père de la poésie contemporaine. Le symbolisme inspire de grands poètes comme les Belges Émile Verhaeren (1855-1916) et Maurice

Maeterlinck (1862-1949), ou l'Autrichien Rainer Maria Rilke (1875-1926). Il influence également la peinture : des artistes comme Odilon Redon (1842-1916) veulent exprimer un monde onirique.

La production littéraire de cette époque est prodigieuse. Aux États-Unis, Herman Melville (1819-1891) publie *Moby Dick* en 1851 ; Harriet Beecher-Stowe (1811-1896), *La Case de l'oncle Tom* en 1852 ; Mark Twain (1835-1910), *Les Aventures de Tom Sawyer* en 1876 ; Jack London (1876-1916), *Croc Blanc* en 1906. En Angleterre, Lewis Carroll (1832-1898) publie *Alice au pays des merveilles* (1865) ; Joseph Conrad (1857-1924), *Lord Jim* (1900) ; Robert Louis Stevenson (1850-1894), *L'Île au trésor* (1883) ; George Bernard Shaw (1856-1950), *Pygmalion* (1913). Le Norvégien Henrik Ibsen (1828-1906) fait paraître *La Maison de poupée* en 1879, le Suédois August Strinberg (1849-1912), *Mademoiselle Julie* en 1888, et l'Irlandais Oscar Wilde (1854-1900), *Portrait de Dorian Gray* en 1891, alors que le roman *Maria Chapdelaine*, du Français Louis Hémon (1880-1913) est publié en 1916, après la mort de son auteur.

L'architecture et les arts décoratifs

En Europe, l'essor urbain, l'enrichissement des dirigeants et les travaux publics des souverains multiplient les constructions. Jusqu'au milieu du siècle, l'architecture néoclassique domine. Puis le goût se tourne vers les emprunts d'éléments des époques antérieures. L'architecte Viollet-le-Duc (1814-1879) remet en honneur le gothique, tandis que le roi Louis II de Bavière, exalté par la musique wagnérienne, parsème son pays de châteaux moyenâgeux ou louis-quatorziens. Des formes architecturales nouvelles utilisent le fer et de grandes surfaces vitrées : cette formule, utilisée dès 1851 au Crystal Palace lors de l'Exposition universelle de Londres, s'adapte bien à des édifices utilitaires comme les gares de chemin de fer, les ponts, les palais d'expositions et les grands magasins. Vers 1900, partout en Occident, on s'engoue d'un style nouveau : *modern style* en Angleterre et aux États-Unis, style nouille en France, *stile liberty* en Italie, *Jugendstil* en Allemagne. À la suite du critique anglais John Ruskin (1819-1900), qui dénonce le mercantilisme des architectes et la laideur des demeures bourgeoises de l'Angleterre victorienne, certains rêvent de nouveaux décors pour la ville et la maison. D'autres veulent dégager un style original, utilisant le fer forgé, le bronze, le verre ainsi que l'opaline, et qui trouve parfois son inspiration dans l'art japonais. Verrerie, céramique, joaillerie, mobilier, sont gagnés par ce mouvement. L'affiche devient une œuvre d'art avec le comte Henri de Toulouse-Lautrec (1864-1901). Les décors se caractérisent par des formes contournées, évoquant les lianes, les fleurs et les femmes. Cet art de la courbe est le symbole de la Belle Époque. Les grandes villes adoptent des architectures nouvelles et audacieuses, que l'on voit à Paris aux expositions de 1889 et 1900. Fer, fonte, acier, verre, font partie de constructions qui doivent autant

L'édifice Fuller (New York, 1904) Surnommé encore aujourd'hui le *Flatiron* (le *fer à repasser*) à cause de sa forme particulière, cet édifice illustre le nouveau paysage urbain des grandes villes américaines. Avec le Reliance Building de Chicago (1895), ces premiers gratte-ciel à armature d'acier et revêtement de pierre ou de béton annoncent les géants de l'entre-deux-guerres (Empire State Building, 1929) jusqu'à nos jours.

aux ingénieurs qu'aux architectes. Ce type d'édifice prend l'allure d'un défi technique avec la tour Eiffel. Aux États-Unis, grâce à l'école de Chicago, l'usage du béton armé s'étend avec la construction, dès 1890, des premiers gratte-ciel ; mais cette technique est encore embryonnaire en Europe.

La peinture

La diversité des recherches et des écoles picturales de la fin du siècle prépare les bases de l'art contemporain. La peinture officielle, mièvre, grandiloquente et académique atteint son apogée sous le Second Empire : batailles et portraits décorent les murs et les plafonds des édifices publics ou des riches demeures, et triomphent tous les ans au Salon officiel, qui rejette tous les novateurs, provoquant parfois de tels remous dans le milieu artistique qu'en 1863, Napoléon III autorise un Salon des refusés. À la suite de Camille Corot (1796-1874), les paysagistes exécutent leurs toiles en plein air et non plus dans un atelier. D'autres cherchent des sujets réalistes dans la vie quotidienne et le milieu populaire : Honoré Daumier (1808-1879), François Millet (1814-1875), peintre des paysans, et Gustave Courbet (1819-1877) qui mêle dans son œuvre des préoccupations sociales, le réalisme et une force d'expression picturale en contraste total avec la peinture officielle. Édouard Manet (1833-1883), dans ses toiles qui font scandale (*Olympia*, 1865), ouvre la voie à une peinture nouvelle.

Dès la fin du Second Empire, des artistes travaillent au problème de la représentation des jeux de lumière et du mouvement et débouchent sur l'impressionnisme. Un groupe – qui comprend Claude Monet (1840-1926), Camille Pissaro (1830-1903), Pierre-Auguste Renoir (1841-1919), Alfred Sisley (1839-1899), Berthe Morisot (1841-1895), Edgar Degas (1834-1917) – cherche à se faire connaître par des expositions communes : la première en 1874 provoque un scandale. Les impressionnistes ont le goût

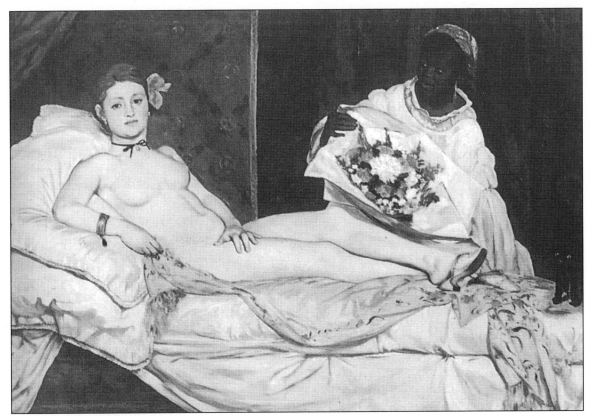

Olympia **(1863) d'Édouard Manet (1832-1883)**   Essuyant critique et scandale avec cette toile comme avec *Le déjeuner sur l'herbe* un an plus tôt, Manet développe son art à l'écart de la peinture académique, romantique et impressionniste. Avec Edgar Degas (1834-1917), il annonce le nouveau rapport du peintre avec la toile qui façonnera l'art pictural au XXᵉ siècle.

des teintes claires et de la lumière ; le sujet leur importe moins que le chatoiement des couleurs ; c'est l'apogée de la peinture de plein air, où les artistes veulent saisir sur l'instant leur émotion directe devant l'eau, les nuages, les fleurs, un visage ou le reflet d'une robe. Les impressionnistes ne s'imposent pas au public qui les méprise et admire plus que jamais les Salons officiels. Les sculptures d'Auguste Rodin (1840-1917) connaissent la même incompréhension. Vers 1880, l'impressionnisme se désagrège.

En 1884, la création du Salon des indépendants montre que les recherches picturales évoluent très vite. L'effort de Georges Seurat (1859-1891) pour concilier les méthodes impressionnistes et les théories scientifiques sur la décomposition de la couleur donne le pointillisme. Entre 1890 et 1900, le groupe des Nabis (prophètes), avec Pierre Bonnard (1867-1946) et Édouard Vuillard (1868-1940), veut redonner à la peinture une simple fonction décorative. Mais certains vont au-delà de l'effet visuel : Paul Gauguin (1848-1903) charge ses toiles tahitiennes d'une angoisse personnelle. Vincent Van Gogh (1853-1890) attribue aux couleurs la vertu d'exprimer l'intensité des sentiments. Paul Cézanne (1839-1906) retrouve les volumes des paysages par la schématisation des formes et la simplification des couleurs. L'**expressionnisme** met l'accent sur les transformations de la réalité, pour exprimer une émotion psychique angoissante : l'influence de Gauguin et de Mallarmé s'exerce sur les expressionnistes, même si les sources de leur art sont aussi nationales, scandi-

Les demoiselles d'Avignon **(1907) de Pablo Picasso (1881-1973)** Avec cette œuvre inachevée à partir de laquelle on associe la naissance du cubisme, Picasso entreprend une longue et fulgurante carrière de peintre, de sculpteur et de céramiste. Aucun autre peintre n'a exercé un aussi grand pouvoir de fascination autant sur les artistes que sur le grand public aux yeux duquel il incarne la peinture moderne.

naves ou germaniques. Les recherches sur la couleur pure et les déformations de la réalité, déjà marquées chez Cézanne, annoncent le fauvisme en 1905 (Henri

Les chevaux de Neptune **(1893) de Walter Crane (1845-1915)** Un des pionniers du renouveau des arts décoratifs en Angleterre et illustrateur de livres pour enfants, Crane développe une des tendances de l'art symbolique avec le Français Gustave Moreau (1826-1898) et l'Autrichien Gustave Klimt (1862-1918).

Matisse, 1859-1954) et le cubisme en 1908 (Pablo Picasso, 1881-1973; Georges Braque, 1882-1963), qui vont dominer le début du XXe siècle.

Le théâtre et la musique

À la fin du XIXe siècle, le foisonnement des revues et des manifestes ouvre des voies littéraires nouvelles. Au théâtre conventionnel qui a la faveur de la bourgeoisie et connaît son apogée avec le théâtre de boulevard, s'opposent des expériences théâtrales: dès 1887, André Antoine (1857-1943) et son théâtre libre veulent faire revivre sur scène le naturel de la vie. En Russie, le Théâtre d'art de Moscou, troupe d'avant-garde, révèle l'œuvre d'Anton Tchekhov (1860-1904; *La Mouette*, 1896) et s'engage sur la même voie.

La musique suit le mouvement général. Le XIXe siècle a connu l'apogée de l'art lyrique. À Londres, Milan, Paris, Vienne, les amateurs applaudissent les œuvres déjà célèbres de Guiseppe Verdi (1813-1901), Giacomo Puccini (1858-1924), Georges Bizet (1838-1875), Charles Gounod (1818-1893), Jules Massenet (1842-1912) et Richard Strauss (1864-1949). Longtemps critiqué, Richard Wagner (1813-1883) s'impose enfin. Édifié en 1876, le théâtre de Bayreuth en Bavière devient le temple où les fidèles communient avec l'œuvre du maître. À la suite de César Franck (1822-1890), Gabriel Fauré (1845-1924), Maurice Ravel (1875-1937) et Claude Debussy (1862-1918) transforment l'harmonie traditionnelle; Debussy choisit ses thèmes chez les poètes symbolistes (Mallarmé, Maeterlinck). Ainsi, à la fin du XIXe siècle, le foisonnement des styles, des écoles, des formes et des rythmes nouveaux préfigure une profonde mutation artistique et intellectuelle.

La pensée scientifique

Au XIXe siècle, la pensée scientifique moderne est très influencée par le positivisme. Les sciences se développent dans tous les domaines et présentent, dès ce moment, toutes les caractéristiques que nous leur connaissons encore aujourd'hui.

La doctrine positiviste

Née des travaux d'Auguste Comte (1798-1857), la doctrine positiviste est à la fois une philosophie et une méthode scientifique. Elle doit permettre de fonder la discipline scientifique majeure: la «théorie de l'humanité». Les méthodes employées par les sciences constituent la «philosophie» de cette nouvelle science. Le positivisme refuse de traiter comme des faits les données de l'expérience subjective: c'est une philosophie de l'esprit objectif, de l'histoire de l'esprit à travers les sciences. Les sciences doivent privilégier les faits, les grouper en lois, puis expliquer les phénomènes; ces explications sont marquées par un progrès continu, linéaire et cumulatif. Le positivisme prétend achever le développement de l'esprit humain par le triomphe de la science. Comte distingue trois âges de l'humanité: l'état théologique (jusqu'au XIIIe siècle), l'état métaphysique et, depuis 1789, l'état scientifique, qui exclut Dieu. Le positivisme influence la pensée du XIXe siècle en présentant l'homme et la société comme des objets d'investigation scientifique et historique. Dès 1853, il est connu en Angleterre, puis à partir de 1870, en Suède, aux États-Unis, au Mexique et au Brésil.

Les découvertes scientifiques

Au XIXe siècle, les sciences exactes accomplissent d'immenses progrès. Leur souci de précision est imité par d'autres disciplines, notamment les sciences humaines. Les sciences humaines (histoire, philosophie, sociologie, etc.), encore apparentées aux disciplines littéraires, peuvent aboutir, grâce à une méthode rigoureuse, à des résultats irréfutables. L'histoire romantique d'un Jules Michelet, qui relève de la littérature, est dépassée; la nouvelle histoire recense les documents. Précurseurs en ce domaine, les Allemands étudient les inscriptions antiques et les textes médiévaux. Soigneusement critiquées, les sources historiques servent à reconstituer les faits. L'histoire n'est pas une science d'observation, mais une fois daté, authentifié (par l'écriture, la langue, etc.), le document est sûr. Le fait est alors classé dans un cadre: histoire politique, religieuse, économique, par règnes ou par nations. L'histoire ainsi morcelée se veut explicative, car la raison doit dominer la recherche des causes historiques. Influencés par la science et le positivisme, des historiens comme Numa Denis Fustel de Coulanges (1830-1889, *La Cité antique*, 1864) et Ernest Renan (1823-1892, *La Vie de Jésus*, 1863) scrutent l'âme et les croyances. La désacralisation de la religion dresse contre la science les courants traditionalistes. L'idée d'une histoire guidée par Dieu est discutée par les historiens positivistes tout autant que par les théoriciens socialistes, parmi lesquels on trouve de nombreux athées.

Au XVIIIᵉ siècle, la pratique scientifique éveillait l'intérêt; au XIXᵉ siècle, c'est la théorie qui fascine. Le savant devient un « monstre sacré » : Louis Pasteur

(1822-1895), fondateur de la biochimie, est statufié de son vivant. Des prix prestigieux (les prix Nobel) récompensent chaque année les bienfaiteurs de l'humanité, dont les savants. L'enseignement exalte leurs œuvres. La foi dans la science est totale jusqu'à la fin du XIXᵉ siècle : elle ne saurait se tromper, elle est libératrice et œuvre au bonheur de l'humanité, elle pourra un jour tout expliquer. Nous savons aujourd'hui que la science peut aussi bien représenter le meilleur que le pire, et peut servir de caution à des idéologies opposées même au principe de progrès humain auquel sont attachés les grands esprits scientifiques et rationalistes du XIXᵉ siècle.

Si au XVIIIᵉ siècle le titre de philosophe ajoute au prestige des chimistes et des mathématiciens, ce n'est plus le cas à la fin de XIXᵉ. Le savant s'interdit la métaphysique et ne prétend qu'à ce qui peut être expérimenté. Quant à ceux qui se proposent néanmoins de philosopher, ils le font à l'écart des laboratoires. Cela n'empêche pas des savants d'en sortir et des penseurs d'autres disciplines d'y pénétrer. Mais, dans les deux cas, c'est de positivisme qu'il s'agit.

Dans le domaine des sciences naturelles, l'Anglais Charles Darwin (1809-1882) critique le fixisme. Il étudie l'évolution des animaux, classe les observations faites pendant le long périple du *Beagle* (1831-1836) et développe ses idées dans *L'Origine des espèces* (1859), après avoir lu l'*Essai sur le principe de population* (1799) de Thomas Malthus. Selon

*Chimiste et industriel suédois, **Alfred Nobel (1833-1896)** est issu d'une famille d'ingénieurs et de fabricants d'armes, établie en Russie. Il invente la dynamite (1867) et la poudre propulsive, dite balistite (1887), fondant ainsi l'industrie moderne des explosifs. Dans son testament en 1896, il crée cinq prix destinés à récompenser les bienfaiteurs de l'humanité. Depuis 1901, ils sont décernés comme suit : un pour la plus importante découverte en physique, un en chimie, un en physiologie ou en médecine, un pour l'œuvre littéraire inspirée par le plus noble idéal, un pour la plus importante contribution à la fraternité humaine et à la paix. À partir de 1969, un sixième prix est décerné pour récompenser les recherches en économie politique.*

Friedrich Nietzsche (1844-1900) *est un philosophe allemand. La lecture des œuvres d'Arthur Schopenhauer et la rencontre de Richard Wagner sont des événements capitaux de sa jeunesse. Professeur de philologie grecque à l'université de Bâle (1868), il démissionne pour raisons de santé (1878) et se met à voyager, surtout en Italie. À Turin, il est terrassé par une crise de démence en 1889, probablement d'origine syphilitique, qui se termine par une paralysie générale. Il est interné à Bâle et termine sa vie chez sa sœur, à Weimar. Sa philosophie montre un amour passionné de la vie. Dans ses premiers écrits, il distingue l'art dionysien (musique), exaltation tragique de la vie, état où l'on a tendance à se confondre dans le monde, et l'art apollinien (arts plastiques) dont le principe est la contemplation. Le rêve apollinien et l'ivresse dionysiaque s'opposent, mais se réconcilient dans l'œuvre de Wagner ou de Bizet. Il faut accepter la vie avec joie afin d'échapper au pessimisme schopenhauerien; l'homme doit se transformer en surhomme, qui exalte les valeurs vitales, forces de la volonté et de la pensée, aux dépens des valeurs de la connaissance: la volonté de puissance est la base de l'éthique; la pitié et la résignation chrétiennes sont de fausses valeurs, Dieu étant définitivement mort. Les livres de Nietzsche sont souvent des suites d'aphorismes au style fulgurant. L'influence de Nietzsche demeure considérable. Parmi ses œuvres principales, signalons* Le Gai Savoir *(1882),* Ainsi parlait Zarathoustra *(1885) et* Ecce Homo *(1894).*

Charles Darwin (1809-1882)   Darwin n'a pas inventé
la notion d'évolution, mais il en a fourni la base scientifique
avec son ouvrage *De l'origine des espèces au moyen de
la sélection naturelle* (1859). En quelques décennies et
malgré l'opposition de leur auteur, les théories de Darwin
ont été assimilées à la notion de progrès des sociétés
(darwinisme social) et ont servi à justifier les prétentions
hégémoniques (nationalistes ou racistes) de certains pays
aux dépens d'autres plus faibles.

Darwin, la première loi de la nature est la lutte pour la
vie. Seul le plus apte survit et peut ainsi se reproduire.
La sélection naturelle des espèces entraîne leur lente
évolution. Les caractères ayant permis aux plus aptes
de survivre sont transmis à leurs descendants. Les
formes vivantes dérivent donc les unes des autres.
Les idées de Darwin s'appuient sur plusieurs découvertes. Des paléontologues découvrent en 1856 un
squelette de dinosaure, preuve de la disparition de
certaines espèces. Des préhistoriens découvrent à
Néanderthal (Allemagne) et à Cro-Magnon (France)
des crânes d'hommes préhistoriques. L'idée révolutionnaire que l'espèce humaine a, elle aussi, évolué,
se précise. L'évolutionnisme suscite des polémiques.
L'évêque anglican Wilberforce le récuse au nom du
créationnisme (1860). En Allemagne, l'adhésion aux

idées darwiniennes est rapide. Le darwinisme engendre des prolongements idéologiques et politiques.

En 1851, le comte Arthur de Gobineau (1784-
1882) écrit un *Essai sur l'inégalité des races humaines*, que semble confirmer après coup une certaine
interprétation du darwinisme ; selon Gobineau (un
Français !), les races germaniques et scandinaves sont
supérieures aux autres. À la fin du XIXᵉ siècle, divers
thèmes antisémites allemands et français trouvent une
assise nouvelle dans la notion de race. À la suite des
travaux de Darwin, son cousin, Francis Galton (1822-
1911), crée au début des années 1860, en Angleterre,
des sociétés d'eugénisme, qui ont ensuite un vif succès
aux États-Unis en attisant les haines raciales.
Médecins et scientifiques étudient les meilleurs
moyens de purifier la race supérieure : stériliser les
indésirables (handicapés, inadaptés, etc.), contrôler
l'immigration et les mariages, surveiller les bonnes
mœurs. En Bohême, Gregor Mendel (1822-1884),
cultivant des petits pois dans le jardin de son couvent,
découvre, en 1865, les lois de la transmission héréditaire des caractères innés, sans se douter qu'en 1900
sa découverte fournirait à la biologie les moyens de
prolonger l'effort de Darwin et de le dépasser.

L'aliéniste Philippe Pinel (1745-1826), René
Laënnec (1781-1826), inventeur du stéthoscope et
les frères Hunter (William, 1718-1783 ; John, 1728-
1793) ont éliminé les vieilles pharmacopées et les
théories médicales désuètes. Le physiologiste Claude
Bernard (1813-1878) entreprend alors la vérification
expérimentale de ses théories sur les fonctions du foie
et bouleverse les fondements de la recherche médicale.
Pour sa part, Louis Pasteur révolutionne les sciences
du vivant, explique l'origine des maladies contagieuses, découvre des vaccins contre la rage et le choléra,
fait faire des pas de géant à la médecine préventive et
à l'hygiène. D'un autre côté, partant des recherches
en neurologie de son époque, l'Autrichien Sigmund
Freud (1856-1939) définit la notion d'inconscient
(1885) qui donne lieu (1900) à la création de la psychanalyse, située à la frontière de la psychologie et de
la psychiatrie. À partir de *L'Interprétation des rêves*
(1900), Freud élabore une théorie qui donne une
vision nouvelle de la conscience individuelle et considère sous un jour nouveau les sociétés fondées par
l'être humain et les rapports psychologiques interpersonnels. Tous ces savants arment l'Occident pour
vaincre souvent la mort, prolonger l'âge moyen de
l'être humain, lancer des routes de santé à travers le
monde entier.

TABLEAU 10.18
QUELQUES INVENTIONS (1851-1908)

1851	La moissonneuse de Cyrus McCormick (États-Unis, 1809-1884)
1855	Le procédé Bessemer pour la production d'acier (Henry Bessemer, Angleterre, 1813-1898) Le premier lingot d'aluminium produit par procédé chimique par Henri Sainte-Claire Delville (France, 1814-1876)
1858	La photographie aérienne par Nadar (Félix Tournachon, dit ; France, 1820-1910)
1860	Le moteur à gaz d'Étienne Lenoir (France, 1822-1900) L'appareil frigorifique de Ferdinand Carré (France, 1824-1900)
1865	Le procédé Martin pour la production d'acier fin (Pierre Martin, France, 1824-1915)
1866	La dynamite d'Alfred Nobel (Suède, 1833-1896)
1868-1871	La dynamo de Zénobe Gramme (Belgique, 1826-1901)
1876	Le téléphone d'Alexander Graham Bell (Angleterre – États-Unis, 1847-1922)
1878	La lampe électrique de Thomas Edison (États-Unis, 1847-1931)
1881	Le tramway électrique de Werner von Siemens (Allemagne, 1816-1892) Le transport de l'électricité à distance par Marcel Deprez (France, 1843-1918)
1883	Le premier textile artificiel de cellulose par Hilaire de Chardonnet (France, 1839-1924)
1884	La turbine à vapeur de Charles Parsons (Angleterre, 1854-1931)
1886	La découverte concurrente de l'électrométallurgie de l'aluminium par Paul Louis Héroult (France, 1863-1914) et Charles Hall (États-Unis, 1863-1914) Le vaccin contre la rage de Louis Pasteur (France, 1822-1895)
1890	L'aéroplane de Clément Ader (France, 1841-1925)
1892	Le moteur de Rudolf Diesel (Allemagne, 1858-1913)
1895	Le cinéma par les frères Auguste (1862-1954) et Louis (1864-1948) Lumière (France) Les rayons X de Wilhem Röntgen (Allemagne, 1845-1923)
1896	Le radio télégraphe de Guglielmo Marconi (Italie, 1874-1937)
1898	La découverte du radium par Marie Sklodowska-Curie (France, 1867-1934)
1902	La liquéfaction de l'air par Georges Claude (France, 1870-1960)
1903	Le dirigeable rigide de Ferdinand von Zeppelin (Allemagne, 1838-1917) L'aéroplane à moteur à essence des frères Wilbur (1867-1912) et Orville (1871-1948) Wright (États-Unis)
1908	La Modèle T de Henry Ford (États-Unis, 1863-1947)

En physique, depuis Galilée (1564-1642) et Newton (1642-1726), s'est constituée la notion de masse. Après Lavoisier (1743-1794), la balance est le plus précis des instruments de physique, imposant désormais la quantité (généralement mesurée par référence à un poids) comme l'élément le plus sûr par lequel peut être saisie la réalité. À partir de la quantité s'organisent les nouvelles théories physiques et chimiques. Le vieux mot « atome » est redéfini par Dimitri Mendeleev (1834-1907) ; André-Marie Ampère (1775-1836) mesure l'électricité. Entre 1800 et 1850, des savants sont immortalisés par le fait que l'on désigne les unités du nom de leur inventeur (Ampère, Watt, Volt, Ohm, etc.). (*Voir le tableau 10.18.*) Alessandro Volta (1745-1827) et Ampère inspirent l'Allemand Karl Gauss (1777-1855), avant que l'Anglais Michael Faraday (1791-1867) n'ouvre les voies de l'électromagnétisme. Avec les travaux des savants de la fin du XVIIIᵉ siècle (Joseph Priestley, 1733-1804 ; Lavoisier) et du début du XIXᵉ (Joseph Gay-Lussac, 1778-1850 ; John Dalton, 1766-1844), les corps simples de l'univers se définissent par leurs poids atomiques. Vers 1850, un champ immense est déjà couvert. Des instruments de mesure très précis fournissent les données mathématiques. Toutes les unités nouvelles, nécessaires aux mesures exprimées en poids, ou en quantité ayant des vertus proches de celles du poids, forment un ensemble qui donne l'illusion d'un monde mathématiquement réglé. Les mathématiques confirment qu'elles sont, depuis Galilée, le nouveau langage de la science.

L'élargissement des mathématiques au XIXᵉ siècle inspire à l'Anglais George Boole (1815-1864) une réflexion sur les opérations mentales qui justifient les calculs. Les œuvres de plusieurs mathématiciens (le Russe Nikolaï Lobatchevski, 1792-1856 ; les Allemands Gauss, Georg Riemann, 1826-1866, et Karl Weierstrass, 1815-1897) conduisent à Albert Einstein (1879-1955). Les *Études sur l'électrodynamique et les corps en mouvement* (1905) d'Albert Einstein amorcent sa théorie de la relativité ; la même année, il établit la relation énergétique entre photons

Marie Sklodowska-Curie (1867-1934)   Prix Nobel de physique (1903) et de chimie (1911), première femme nommée professeur à la Sorbonne, elle contribue, avec son mari Pierre Curie (1859-1906) et le Britannique Ernest Rutherford (1871-1937), à la découverte et à l'analyse du phénomène de radioactivité (auquel elle donna son nom) et à la réinterprétation de l'ensemble de la physique héritée de Newton, deux siècles plus tôt.

Albert Einstein (1879-1955)   Avec l'énoncé de la théorie de la relativité restreinte (1905) et de la relativité généralisée (1919), Einstein termine, à 40 ans, l'essentiel de sa contribution au domaine de la science. Le prestige de sa renommée et la révolution scientifique que déclenche cette théorie ne font alors que commencer et se continuent encore aujourd'hui.

et électrons, et écrit des traités sur l'inertie, la nature des rayons lumineux, le mouvement brownien, et la détermination de la grandeur des molécules. En 1918, il formule une théorie générale de l'univers, la relativité, à laquelle il incorpore plus tard des considérations sur la gravitation : c'est la relativité généralisée. La relativité bouleverse la physique et s'impose encore aujourd'hui comme la théorie la plus adéquate pour comprendre les faits expérimentaux. La découverte du radium (1898) par les physiciens français Pierre Curie (1859-1906) et sa femme, Marie Sklodowska-Curie (1867-1934), marque une étape cruciale en physique et donne naissance à la médecine nucléaire. La physique nucléaire naît de leurs travaux et de ceux du physicien anglais Ernest Rutherford (1871-1937) et d'Albert Einstein. Rutherford parvient, en 1919, à désintégrer des atomes en projetant sur les noyaux de ceux-ci des particules lourdes – technique qui permettra, en 1945, de fabriquer la première bombe atomique.

L'organisation unitaire de la pensée scientifique du XVIIIe siècle fait place à une science éclatée. Kant vivait en un temps où, depuis Jean Pic de la Mirandole (1463-1494), il n'était pas encore impossible à un seul esprit d'embrasser l'ensemble des connaissances humaines. Certains savants avaient l'impression de découvrir les ressorts mêmes du monde. Dès 1860, la science échappe à toute vue d'ensemble, en raison de l'élargissement de son champ d'investigation. L'espace du physicien change de nature, selon qu'il étudie l'optique, la chaleur, l'électricité, la pesanteur.

Les avatars de la chimie sont encore plus complexes. Déjà dans les années 1820, la notion d'entropie fait dépendre les réflexions du chimiste des découvertes du physicien. Tout en se spécialisant davantage, les sciences deviennent plus interdépendantes : la physique ne peut plus se passer de la chimie ; la biologie devra bientôt faire appel à la physique et à la chimie dans l'élaboration de ses propres théories, hautement mathématiques. Les théories recoupent plusieurs champs d'application et permettent de comprendre un maximum de phénomènes : la théorie darwinienne de l'évolution s'applique aussi bien à l'histoire des espèces vivantes qu'à la sociologie, à la science politique, à l'histoire des sciences, etc. ; la psychanalyse n'est pas seulement une théorie de la conscience individuelle, mais aussi de la conscience collective et de la création artistique. À partir de considérations pratiques découlant de ces théories, on tente de créer des procédés expérimentaux ou des méthodes valables pour des disciplines nouvelles comme le behaviorisme de l'Américain William James (1842-1910) ou l'étude des réflexes conditionnés par le Russe Ivan Pavlov (1849-1936).

Au XIXe siècle, Darwin dévoile l'origine biologique de l'être humain ; Freud dénoue les arcanes de la pensée humaine ; Marx jette une lumière nouvelle sur les rapports des hommes et de la matière, et Einstein pousse à sa limite le génie humain dans sa conquête de l'univers par la science. Autant de monstres sacrés qui, encore aujourd'hui, influencent nos faits et gestes les plus anodins et nos pensées les plus banales.

Conclusion

Devant le progrès des connaissances, le public croit en la valeur de la science. Les interprétations nouvelles de la nature et de l'homme contredisent la vision d'un monde régi par une divinité immuable. Science et raison en viennent ainsi, par le positivisme, à s'opposer aux religions traditionnelles. Les révolutions de 1848 posent avec acuité le problème des libertés civiles, en plein essor depuis 1789. Les nostalgiques de l'Ancien Régime ne voient de salut que dans l'autoritarisme, le rejet d'une presse libre et un statut privilégié pour l'Église. D'autres, plus sensibles aux droits de la personne, jugent que l'Église doit aller au devant du monde moderne.

Face à la contestation de son pouvoir politique en Italie, Pie IX durcit son attitude dans l'encyclique *Quanta cura* (1864) et le *Syllabus erronum* (« catalogue d'*erreurs* inadmissibles »), qui condamnent la laïcisation de l'État, son monopole scolaire, l'égalité des religions, la liberté du culte et de la presse. Le pape Léon XIII (1878-1903) est plus souple. Dans l'encyclique *Libertas* (1888), il explique ce qui est acceptable pour l'Église dans les libertés de conscience et de presse. Finalement, dans l'encyclique *Rerum novarum* (1893), antisociale et moralisatrice, il rejette la lutte des classes, mais y dénonce néanmoins certaines tares de la société industrielle et reconnaît la nécessité d'améliorer le sort des ouvriers, même par l'association. Alors naît le syndicalisme chrétien, qui s'implante en Italie, en Belgique, aux Pays-Bas, au Québec et surtout en Allemagne, où il réunit en 1890 des catholiques et des protestants (il y a 300 000 syndiqués en Rhénanie-Westphalie en 1913). La controverse sur le libéralisme reprend en 1903 ; l'anticléricalisme et la séparation de l'Église et de l'État en France (1905) sont pour Pie X des sacrilèges qui l'amènent à montrer une grande réserve envers la souveraineté du peuple. À la veille de la Grande Guerre, l'engagement des chrétiens dans la vie sociopolitique marque l'échec du refus intransigeant au monde moderne des années 1850. Le dogme de l'Immaculée Conception proclamé par Pie IX (1854) et celui de l'infaillibilité pontificale (Ier Concile du Vatican, 1869) renforcent la papauté.

Cependant, le rationalisme des Lumières triomphe du conservatisme. Le rôle croissant des intérêts économiques et coloniaux dans les rapports entre puissances explique l'extension des relations internationales. Au système axé sur l'Europe élaboré et dominé par l'Allemagne (1871-1890) succède la dispersion des lieux d'affrontement. Les conflits coloniaux et la crise économique s'ajoutent au problème des nationalités et au désir de revanche. La course aux armements et la politique des blocs répondent aux tensions nouvelles et aux exigences de la stratégie moderne. En 1914, l'Europe est à la veille de vivre une crise majeure. Le XXe siècle sera celui de la science, pour le meilleur et souvent pour le pire, puisqu'il débute, hélas, par la Première Guerre mondiale.

Lectures suggérées

BARRÈS, Maurice et Charles MAURRAS. *La République ou le roi. Correspondance inédite 1888-1923*, Paris, Plon, 1976.

BRADFORD, Sarah. *Disraeli*, New York, Stain and Day, 1982.

DANSETTE, Adrien. *Louis-Napoléon à la conquête du pouvoir*, Paris, Hachette, 1961.

GUÉRIN, André. *1871 : la Commune*, Paris, Hachette, 1966.

LE FAURE, Amédée. *Histoire de la guerre franco-allemande 1870-71*, 4 vol., Paris, Garnier, s.d.

SEAMAN, L.C.B. *From Vienna to Versailles*, Londres, Methuen, 1964.

TAYLOR, A.J.P. *The Course of German History*, Londres, Methuen, 1961.

TESTE, Louis. *Anatomie de la République (1870-1910)*, Paris, Librairie du XXe siècle, 1910.

Questions

1. *Quel est le mode de vie des Anglais à l'époque victorienne ?*

2. *Quelle est la situation économique et sociale des Français sous le Second Empire ?*

3. *Quelles sont les causes des révolutions de 1848 dans les États allemands ?*

4. *Comment les Autrichiens ont-ils mis fin aux insurrections populaires de 1848 ?*

5. *Quel rôle le chancelier Bismarck a-t-il joué dans l'histoire de l'Europe au XIXe siècle ?*

6. *Expliquez comment le roman est le principal véhicule de la littérature en Occident au XIXe siècle.*

7. *Quel a été l'impact de la pensée socialiste en Europe après 1860 ?*

8. *Qu'est-ce que des théories scientifiques comme celles de Darwin et de Freud ont de particulier ?*

9. *En quoi l'interdépendance caractérise-t-elle les sciences au XIXe siècle ?*

10. *Quelle est l'attitude de l'Église catholique romaine à l'endroit de la science à la fin du XIXe siècle ?*

Chapitre 11

LE XXᵉ SIÈCLE
(1ʳᵉ PARTIE : 1914-1945)

Rassemblement nazi à Nuremberg De tous les régimes totalitaires qui ont pris le pouvoir dans l'entre-deux-guerres, le régime de l'Allemagne nationale socialiste est celui qui a le plus perfectionné la propagande politique. Les rassemblements annuels de masse à Nuremberg permettent au Parti nazi de projeter une image d'ordre, de puissance et de discipline tout en développant, auprès de ses membres, un sentiment d'appartenance à la patrie et au parti.

L'époque de 1914 à 1945 s'ouvre et se clôt par un conflit mondial. Du premier (1914-1918), l'Allemagne sort vaincue, l'Empire austro-hongrois est disloqué, l'Europe orientale et balkanique remaniée. Une Société des Nations (SDN), patronnée par la France et l'Angleterre, doit maintenir la paix, mais elle échoue. Une grave crise économique ébranle l'Occident de 1929 à 1932. Depuis 1934, les coups de force de l'Allemagne hitlérienne se succèdent jusqu'à sa défaite, au terme de la Deuxième Guerre mondiale (1939-1945). Après 1945, l'URSS, État socialiste-marxiste, et les États-Unis, devenus le leader du monde libre, partagent l'Europe en deux zones d'influence, l'Est et l'Ouest. Les vieilles démocraties occidentales, maintenant débitrices des États-Unis et privées de leurs empires coloniaux, entrent progressivement dans leur déclin.

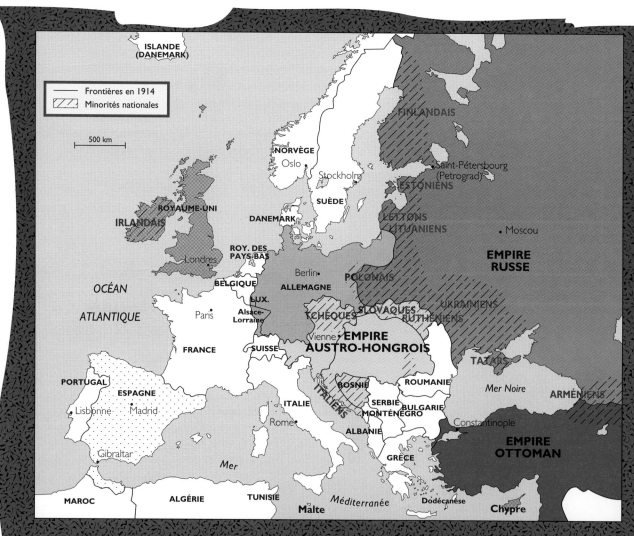

Carte 11.1
L'Europe en 1914

Chronologie

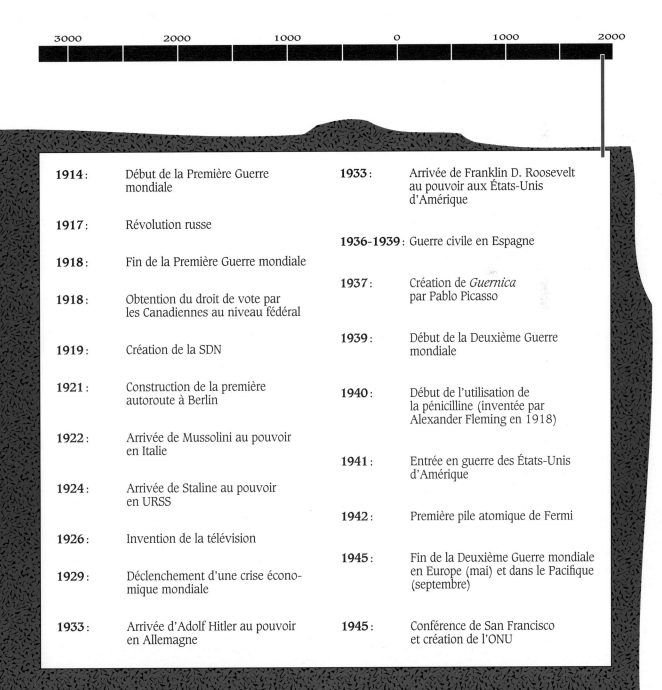

1914 : Début de la Première Guerre mondiale

1917 : Révolution russe

1918 : Fin de la Première Guerre mondiale

1918 : Obtention du droit de vote par les Canadiennes au niveau fédéral

1919 : Création de la SDN

1921 : Construction de la première autoroute à Berlin

1922 : Arrivée de Mussolini au pouvoir en Italie

1924 : Arrivée de Staline au pouvoir en URSS

1926 : Invention de la télévision

1929 : Déclenchement d'une crise économique mondiale

1933 : Arrivée d'Adolf Hitler au pouvoir en Allemagne

1933 : Arrivée de Franklin D. Roosevelt au pouvoir aux États-Unis d'Amérique

1936-1939 : Guerre civile en Espagne

1937 : Création de *Guernica* par Pablo Picasso

1939 : Début de la Deuxième Guerre mondiale

1940 : Début de l'utilisation de la pénicilline (inventée par Alexander Fleming en 1918)

1941 : Entrée en guerre des États-Unis d'Amérique

1942 : Première pile atomique de Fermi

1945 : Fin de la Deuxième Guerre mondiale en Europe (mai) et dans le Pacifique (septembre)

1945 : Conférence de San Francisco et création de l'ONU

Introduction

Par une pénétration économique ou armée quasi universelle, la civilisation occidentale favorise l'éveil, à son profit, de diverses régions du monde ; les Occidentaux y puisent tout ce que réclame leur industrie, y vendent leurs produits manufacturés qui concurrencent la production locale. Depuis la fin du XIXᵉ siècle, le partage du monde en divers empires coloniaux est achevé, ce qui excite la jalousie ou la rancœur des nations qui se sont intéressées plus tardivement à la colonisation : l'Italie, l'Allemagne, le Japon. De 1878 à 1914, la population mondiale augmente de 15 %, passant de 1,44 milliard d'individus à 1,65 milliard. Les rivalités politiques, économiques, sociales et culturelles demeurent vives en Europe. Ce n'est que le 29 avril 1919 que les nations – à l'exception des États-Unis – créent ensemble la Société des Nations (SDN), qui ne peut toutefois éviter l'éclatement de conflits majeurs ni l'instauration de dictatures.

Avant 1914, les puissances européennes dominent le monde. De structures politiques, économiques et sociales très diverses, elles s'opposent et s'affaiblissent entre elles. Mais elles ont investi leurs capitaux dans les autres continents et ont modifié à leur profit les principaux courants d'échange, exerçant une primauté intellectuelle et technique. Les progrès des États-Unis et du Japon, bien qu'importants, ne portent pas encore atteinte à leur hégémonie respective.

L'Europe de 1914 est dominée par cinq puissances : d'une part, la Grande-Bretagne et la France ; d'autre part, l'Allemagne, l'Autriche-Hongrie et la Russie. La Russie et l'Autriche-Hongrie commencent à se moderniser ; la population rurale y est encore très importante ; les usines n'apparaissent qu'autour des grandes villes ou des centres miniers ; le réseau ferroviaire est peu étendu. En France, la grande industrie et les transports sont bien développés ; le franc est une monnaie solide, aussi utilisée que la livre sterling dans les échanges internationaux. La Grande-Bretagne et l'Allemagne se livrent une compétition sévère ; grâce à une énorme production de houille, de fonte et d'acier, à une flotte et à un système bancaire perfectionnés,

elles étendent leur influence économique. Puissance navale récente, l'Allemagne menace l'hégémonie maritime britannique. Sur le plan industriel, l'Allemagne prend de l'avance sur sa rivale, dont la prospérité repose surtout sur son immense empire.

L'Europe dispose de moyens de communication (lignes maritimes, câbles télégraphiques transocéaniques), de grandes maisons de commerce, d'experts financiers et de bureaux de fret. Elle est le terminus des routes commerciales. Elle achète au reste du globe les produits qui lui manquent. Café brésilien, coton d'Inde ou d'Égypte, laines australiennes, viandes d'Argentine, blé canadien, minerais sud-américains, katangais ou indonésiens, convergent vers Londres, Liverpool, Hambourg, Rotterdam, Anvers, Le Havre. En revanche, les Européens dominent le marché des produits manufacturés : l'Afrique leur achète 75 % de ses importations, la Chine et l'Amérique du Sud, 60 %.

Les États-Unis ont atteint le premier rang mondial pour la production énergétique et la sidérurgie ; leurs exportations vers les marchés sud-américains et en Extrême-Orient concurrencent les intérêts britanniques. Conformément à la doctrine de Monroe, ils tiennent l'Europe à l'écart de toutes les affaires du continent américain ; ils pratiquent une politique impérialiste envers leurs voisins latino-américains et envahissent progressivement l'économie canadienne. Le Japon a accompli en un demi-siècle une ascension spectaculaire. Son succès contre la Chine en 1895 et surtout contre la Russie en 1905 – première victoire d'un peuple de couleur sur les Blancs – lui vaut une grande considération. L'impérialisme nippon s'oriente vers la Chine et le Pacifique, où il éveille l'inquiétude des États-Unis.

La situation privilégiée de l'Europe se renverse au cours de la période de 1914 à 1945, à la faveur de quatre événements majeurs qui déstabilisent l'équilibre mondial : la Première Guerre mondiale (1914-1918), la révolution russe (1917), une crise économique mondiale (1929-1932) et la Deuxième Guerre mondiale (1939-1945).

Les faits

La Première Guerre mondiale (1914-1918)

La Grande Guerre oppose les Alliés (France, Russie, Angleterre, Serbie, Monténégro, Belgique, Japon, États-Unis, Grèce, Italie) aux puissances centrales (Allemagne, Autriche-Hongrie, Empire ottoman, Roumanie, Bulgarie). Le prétexte du conflit est l'assassinat, le 28 juin 1914, à Sarajevo, capitale de la Bosnie-Herzégovine, de l'archiduc héritier d'Autriche-Hongrie, François-Ferdinand de Habsbourg, par un terroriste serbe. Mais la Grande Guerre est aussi l'aboutissement des rivalités impérialistes qui déchirent l'Europe depuis un demi-siècle.

Une guerre totale

Dès le 28 juillet 1914, les déclarations de guerre se succèdent : 60 en quatre ans ! Au début, les deux camps croient à des hostilités de quelques semaines. À l'est, les Allemands arrêtent les Russes à Tannenberg (25-29 août 1914), tandis que les Serbes résistent aux Autrichiens. L'offensive éclair des Allemands à travers la Belgique est arrêtée sur la Marne (6-8 septembre 1914). Sur mer, la maîtrise anglaise s'affirme. En 1915, les fronts se stabilisent. De nouvelles offensives allemandes ont lieu dans les Balkans et en Russie. Les alliés intensifient le blocus de l'Allemagne, qui riposte par une guerre sous-marine à outrance. (*Voir la carte 11.2.*)

Au début de 1916, l'Allemagne mène une violente offensive à Verdun, qui fait 515 000 victimes (dont 240 000 Allemands). Les Russes lancent une contre-offensive dans les Carpathes. En 1917,

Soldats français dans des tranchées pendant la Première Guerre mondiale   Dans les rangs des fantassins qui montent à l'assaut sans aucune protection, les pertes humaines sont effarantes à cause du perfectionnement des armes et de l'artillerie (commencé depuis le début du XIXᵉ siècle). À ces pertes s'ajoutent celles qui sont dues à l'utilisation des gaz. Notons qu'aucun des belligérants n'aura recours aux gaz pendant la Deuxième Guerre mondiale.

Carte 11.2

La Première Guerre mondiale : les opérations de 1914 et 1915

TABLEAU 11.1

LES POPULATIONS PAR PAYS ET LE NOMBRE DE SOLDATS MOBILISÉS DANS LA PREMIÈRE ANNÉE DE GUERRE 14-18

Pays	Population	Soldats mobilisés en 1914
Allemagne	66 000 000	4 000 000
Autriche-Hongrie	50 000 000	4 000 000
France	39 000 000	4 000 000
Russie	134 000 000	8 000 000
Royaume-Uni	45 000 000	100 000

TABLEAU 11.2

LES COÛTS DÉMOGRAPHIQUES, ÉCONOMIQUES ET MATÉRIELS DE LA GUERRE 14-18 EN FRANCE

Bilan humain

Tués et disparus	environ 1 400 000
	(27 % des hommes de 18 à 27 ans)
Pertes civiles	200 000
Blessés	2 800 000
	(dont 50 % deux fois)
	(dont 600 000 invalides)
Veuves	630 000
Orphelins	750 000
Pertes résultant de la baisse de natalité	1 400 000

**Bilan économique
(en millions de francs)[1]**

Dépenses civiles	26 000
Charges militaires	128 000
Dette publique	26 000
Emprunts à l'étranger	32 000[2]
Dépenses recouvrables	45 000

Bilan matériel

Immeubles détruits	6000 édifices publics
	200 000 maisons
	20 000 usines
Voies de communications détruites	5000 km de voies ferrées
	53 000 km de routes[3]
Terres agricoles hors d'usage	3 000 000 ha

1 Ces charges se traduisent par une moyenne annuelle, pendant les cinq ans de guerre, de 45 milliards de francs ; à titre de comparaison, le budget de l'État français en 1913 était de 5 milliards de francs.

2 Dont 90 % empruntés aux États-Unis.

3 C'est-à-dire la moitié du réseau routier français d'avant-guerre.

l'Allemagne continue sa guerre sous-marine ; les pertes alliées augmentent : 540 000 tonnes en février ; 578 000 tonnes en mars ; 874 000 tonnes en avril ; 695 000 tonnes en juin. (*Voir le tableau 11.1.*) Le 2 avril, les États-Unis entrent en guerre ; la Russie, devenue bolchevique, signe une paix séparée à Brest-Litovsk (mars 1918). Les Italiens sont écrasés par les Autrichiens en Vénétie. En 1918, les victoires alliées se succèdent. La Bulgarie capitule en septembre. En octobre, la Turquie conclut une paix séparée avec l'Angleterre. Guillaume II abdique le 9 novembre. L'armistice est signé le 11 novembre 1918. (*Voir la carte 11.3.*) Le conflit a fait 8,7 millions de morts (civils et militaires). (*Voir le tableau 11.2.*)

Les pertes économiques sont considérables et les dépenses de guerre mettent tous les États euro-péens en difficulté ; les Alliés sont gravement endet-tés envers les États-Unis. La dette publique de l'Angleterre passe de 706 millions de livres en 1913 à 7875 milliards de livres en 1919 ; celle de la France, de 33 milliards de francs en 1913 à 219 milliards en 1919. Sur le plan politique, les conséquences sont aussi lourdes. Les quatre grands empires européens disparaissent : celui des Romanov (1917), ceux des Hohenzollern et des Habsbourg (1918), celui des Ottomans (1922). Des nations nouvelles apparaissent : la Yougoslavie, la Tchécoslovaquie, la restauration de la Pologne, créées au nom du droit des peuples à dis-poser d'eux-mêmes. Mais ce redécoupage de la carte politique suscite aussi de nouvelles querelles de natio-nalités : Allemands des Sudètes, Hongrois de Transyl-vanie.

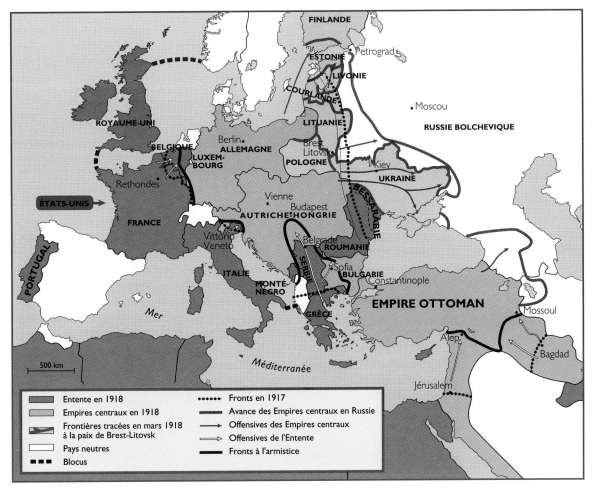

Carte 11.3
La Première Guerre mondiale : les opérations de 1918

Le traité de Versailles (1919)

Incapables d'organiser une paix durable, les Alliés humilient l'Allemagne par le traité de Versailles en 1919, qui lui ôte ses conquêtes de 1870 et met fin au IIe Reich; ils ne brisent pas l'unité de l'Allemagne et lui laissent l'essentiel de sa puissance. Ils ne tiennent pas les promesses faites à l'Italie avant son entrée en guerre, et ne dotent la SDN d'aucun pouvoir pour faire respecter ses décisions. Ils déposent ainsi en Europe les germes d'une guerre encore plus terrible que celle qui vient de s'achever. La tragédie de 1914-1918 inaugure le déclin de l'Europe, alors que les États-Unis deviennent la première puissance du monde et que la Russie commence sa métamorphose par l'établissement du socialisme. (*Voir la carte 11.4.*)

La révolution russe (1917)

Dès la fin du XIXe siècle et surtout après la flambée révolutionnaire de 1904-1905, la stabilité du pouvoir des tsars est compromise. Depuis janvier 1917, il n'y a plus ni combustible ni pain dans les villes russes; des grèves éclatent partout. En mars 1917, des soldats provoquent une émeute à Petrograd (Saint-Pétersbourg qui s'est aussi appelée Léningrad). La *douma* constate l'effondrement de l'empire. Nicolas II, tsar depuis

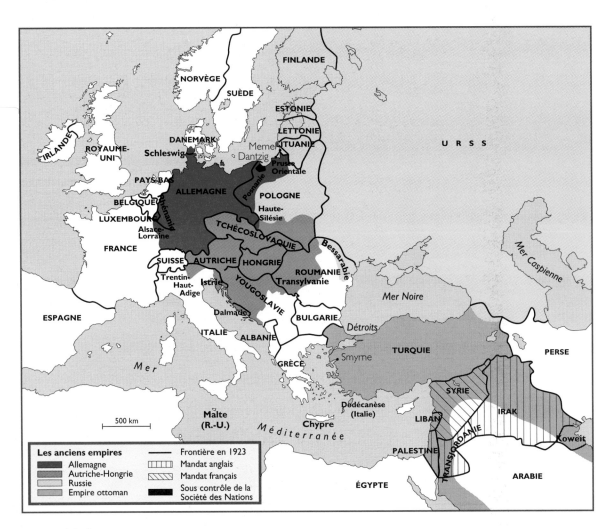

Carte 11.4

L'Europe en 1923 au lendemain des traités

1894, abdique le 15 mars et est emprisonné avec sa famille à Ekaterinbourg, où ils seront tous exécutés par les bolcheviks en 1918. Dès 1917, la *douma* réunit de grands bourgeois libéraux et forme un gouvernement provisoire qui s'oppose aux soviets, conseils composés de députés élus (ouvriers, soldats) où dominent les partis socialistes. L'anarchie règne partout ; les paysans s'emparent des terres, aidés par des soldats qui ne veulent pas être écartés de ce partage tant attendu. La révolution prend une dimension sociale. Sur le moment, en Europe, on ne pense qu'aux conséquences militaires de cette révolution. En fait, il s'agit d'une véritable cassure dans l'histoire du monde, qui modifie fondamentalement toute l'évolution historique pour une période de plus de 60 ans.

Les bolcheviks, commandés par Lénine (1870-1924) et Léon Trotski (1879-1940), prennent le pouvoir à Petrograd et forment un gouvernement révolutionnaire. En novembre 1917, Lénine rédige

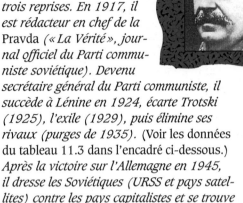

*Iossif Vissarionovitch Djougatchvili, dit **Joseph Staline (1879-1953)** – nom qui, en russe, signifie l'homme d'acier – est exilé en Sibérie, d'où il s'évade à trois reprises. En 1917, il est rédacteur en chef de la* Pravda *(« La Vérité », journal officiel du Parti communiste soviétique). Devenu secrétaire général du Parti communiste, il succède à Lénine en 1924, écarte Trotski (1925), l'exile (1929), puis élimine ses rivaux (purges de 1935). (Voir les données du tableau 11.3 dans l'encadré ci-dessous.) Après la victoire sur l'Allemagne en 1945, il dresse les Soviétiques (URSS et pays satellites) contre les pays capitalistes et se trouve ainsi, avec d'autres politiciens, à l'origine de la guerre froide.*

Vladimir Illitch Oulianov dit Lénine (1870-1924)
Homme politique infatigable qui sait allier la réflexion et l'action, Lénine est à la fois le théoricien et le stratège de la révolution russe. Sa mort prématurée et l'arrivée au pouvoir de Staline auront interrompu son œuvre : la construction du socialisme.

TABLEAU 11.3

LES PURGES STALINIENNES EN URSS APRÈS 1934 : QUELQUES CHIFFRES

Les purges entreprises par Staline ont fortement diminué les rangs de certaines institutions soviétiques. Ainsi, 98 des 139 membres (soit 70 % des effectifs) siégeant en 1934 au Comité central du parti sont tombés, victimes des purges ; parmi ces victimes, on compte tous les membres survivants du Comité central de 1917. Il en a été de même pour 1108 des 1966 délégués (56 %) au XVIIᵉ Congrès du parti de 1934. L'armée soviétique a été saignée à blanc par ces purges : 35 000 des 70 000 officiers de l'armée (50 %) en poste, en 1934, ont été liquidés dont 3 des 5 maréchaux et 400 des 701 généraux de l'armée. La perte de ces officiers supérieurs, dont certains de grand talent, s'est gravement fait sentir au début de la guerre avec l'Allemagne en 1941 et 1942.

son premier décret, qui donne aux comités agraires et aux soviets des députés paysans les domaines des propriétaires fonciers et de l'Église ; peu après, un autre décret établit le contrôle ouvrier sur toutes les entreprises. Au sein du Comité central du Parti bolchevick, seul Joseph Staline (1879-1953), commissaire du peuple aux nationalités, soutient le gouvernement provisoire. Le 15 novembre, Staline décrète la souveraineté de tous les peuples de Russie (pouvant aller jusqu'à la sécession). (*Voir* **stalinisme** *au glossaire*.) Ni les troupes, ni le peuple, ne veulent encore participer à la Grande Guerre, dans laquelle les ont entraînés les gouvernements précédents. La Russie signe une paix séparée avec l'Allemagne en 1918, abandonnant temporairement à l'Allemagne les pays baltes et l'Ukraine. Désormais pour elle, seule compte l'organisation du pays.

La Tchéka, commission extraordinaire, combat la contre-révolution, la spéculation et le sabotage par des exécutions. Nobles et bourgeois sont tués ou s'exilent ; tous leurs biens sont saisis (*voir la carte 11.5*). La Russie est entièrement prolétarisée. La propriété privée des moyens de production est abolie ; les banques et les fabriques sont étatisées. Toutes les terres sont remises aux soviets pour être distribuées gratuitement aux agriculteurs. Lorsque le gouvernement impose aux paysans l'organisation communiste, c'est-à-dire les oblige à livrer à l'État tout ce qui, dans leur production de céréales et de bétail, excède leurs besoins personnels, les paysans se révoltent, la misère se répand et une grave crise économique ébranle le pays (elle ne se terminera qu'en 1927).

En 1921, devant les ruines causées par plusieurs années d'une guerre civile dans laquelle sont intervenues des puissances occidentales en faveur des Blancs (contre-révolutionnaires) contre les Rouges, Lénine décrète certaines mesures à tendance libérale : c'est la nouvelle politique économique (NEP), compromis temporaire envers le capitalisme à des fins de reconstruction, qui autorise le commerce privé et les petites entreprises privées –

Carte 11.5

La guerre civile en URSS et les mouvements révolutionnaires en Europe (1918-1922)

mais cette mesure se révèle inefficace face aux problèmes économiques. L'Union des républiques socialistes soviétiques (URSS) est créée le 29 décembre 1922.

La modernisation de l'URSS

Après la mort de Lénine en 1924, Staline, renonçant à la NEP, inaugure une phase de modernisation du pays : deux plans quinquennaux (1929-1933 et 1933-1937) le projettent au rang des premières nations du monde. Priorité est donnée à l'industrie lourde et non aux biens de consommation : l'agriculture est subordonnée à l'industrie. L'URSS doit se suffire à elle-même dans tous les domaines. La production agricole est intensifiée par le collectivisme. Les petites fermes sont supprimées ; les paysans cultivent en commun, en utilisant les machines agricoles modernes, des fermes de 30 à 60 000 hectares (sovkhozes, ou fermes d'État) où l'on pratique la monoculture. Le rendement de ces fermes restant faible, l'État crée 250 000 fermes collectivisées à gestion coopérative (kolkhozes) ; chaque paysan garde sa maison et son enclos, mais les machines agricoles appartiennent à l'État, qui les loue aux kolkhoziens (*voir le tableau 11.4*). On crée aussi les combinats industriels, des chaînes d'usines à productions complémentaires (*voir le tableau 11.5*). Pour élever le rendement, le salaire intégral n'est versé qu'à l'ouvrier qui atteint les normes, c'est-à-dire qui réussit à produire un grand nombre de pièces. La propagande officielle exalte les héros du travail, les **stakhanovistes**. Les plans quinquennaux permettent d'accumuler d'immenses réserves qui étonnent le monde lorsque l'Allemagne envahit le pays en 1941.

La révolution gagne les autres pays. En mars 1919, Trotski fonde à Moscou la IIIe Internationale, le *Komintern*. Conduits par Karl Liebknecht et Rosa Luxembourg, les **spartakistes**, réunis à Berlin en 1918, sont pourchassés et massacrés sans pitié à travers toute l'Allemagne par l'armée. En Hongrie, Bela Kun prend la tête du gouvernement en 1919. L'action du Komintern se fait aussi sentir en Chine, en France et en Italie, où ont lieu des grèves importantes en 1920 et 1921, et dans les colonies européennes.

La crise économique de 1929

De 1919 à 1929, l'Occident éprouve une grande instabilité économique (*voir la figure 11.1 à la page 376*). Ce sont les années folles : la prospérité ne repose que sur le crédit et la spéculation. En 1919, les pays riches (États-Unis, Grande-Bretagne) abandonnent le soutien monétaire des pays appauvris par la guerre (France, Italie), dont la monnaie s'effondre. Le protectionnisme perturbe les échanges et provoque la

TABLEAU 11.4

LE TAUX DE COLLECTIVISATION DES TERRES EN URSS DE 1928 À 1932

Année	Pourcentage
1928	1,7
1929	3,9
1930	23,6
1931	52,7
1932	61,5

TABLEAU 11.5

LA PRODUCTION INDUSTRIELLE SOVIÉTIQUE DE 1928 À 1937
(en millions de tonnes ou milliards de kWh)

Industrie	1928	1932	1933	1937
houille	32,0	64,0	76,2	127,3
acier	4,2	5,9	6,5	17,5
pétrole	12,0	21,3	21,5	27,8
électricité	5,0	13,5	18,0	35,0

Note : Le premier plan quinquennal couvrait les années 1928-1932 ; le second, les années 1933-1937.

FIGURE 11.1

UNE CRISE MONDIALE : LA PRODUCTION INDUSTRIELLE, LE COMMERCE EXTÉRIEUR ET LE CHÔMAGE DANS LE MONDE ENTRE 1926 ET 1939

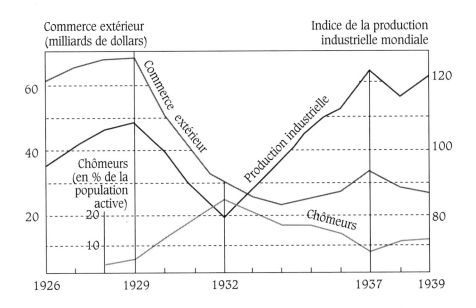

fuite des capitaux dans les pays dont la monnaie est stable ; les petites gens perdent l'habitude d'épargner et dépensent follement leurs économies dans les produits à la mode. D'un autre côté, l'attirance des pays riches s'accroît et les immigrants affluent en Amérique.

Une crise mondiale

La crise économique de 1929 atteint le monde entier. En 1927, l'Europe comble elle-même ses propres besoins ; elle freine ainsi l'économie des pays exportateurs (*voir la figure 11.2 à la page 377*). D'autre part, l'industrie américaine fonctionne à plein rendement et maintient des prix trop élevés, engendrant une sous-consommation ou un recours excessif au crédit. (*Voir la figure 11.3 à la page 377.*) De l'indice 100 en 1929, la production industrielle tombe à 58,3 en 1932. Des récoltes pléthoriques font chuter les prix ; le boisseau de blé tombe de 1,31 $ en 1928 à 0,36 $ en 1930 ; des baisses semblables des cours du café, du sucre et du coton inquiètent les pays producteurs (Brésil, Java). Le revenu moyen des fermes tombe de 1527 $ (1928) à 215 $ (1931). Des fermiers brûlent leurs récoltes pour maintenir les prix, alors que de

pauvres gens ont faim. Le marché mondial est désorganisé. Les banques détiennent les capitaux, mais l'économie occidentale est paralysée parce que les producteurs ne trouvent plus d'acheteurs pour leurs produits. Les petits commerçants, industriels ou fermiers, endettés pour augmenter leur productivité, sont ruinés, ainsi que les consommateurs ayant fait appel au crédit. Les classes moyennes se paupérisent. Cette situation est dépeinte avec verve par John Steinbeck, dans son roman *Les Raisins de la colère*. Un climat de rivalité et de méfiance remplace, dans les rapports internationaux, la confiance et l'optimisme des années précédentes. Les États riches (États-Unis) ou possesseurs d'empires coloniaux (Angleterre, France) détiennent 80 % de l'or mondial ; ils s'opposent à l'Allemagne, au Japon et à l'Italie.

Les démocraties libérales

Afin de contrer la menace communiste (véritable psychose en Occident), les démocraties libérales isolent l'URSS et tentent de se servir des dictatures de droite comme bouclier. Les pays d'Europe occidentale se relèvent difficilement de la Première Guerre mondiale, alors que les États-Unis sont en plein essor.

FIGURE 11.2

LA PRODUCTION INDUSTRIELLE DES ÉTATS-UNIS, DE L'ALLEMAGNE, DE LA FRANCE ET DU ROYAUME-UNI ENTRE 1920 ET 1938 (INDICE 100 EN 1913)

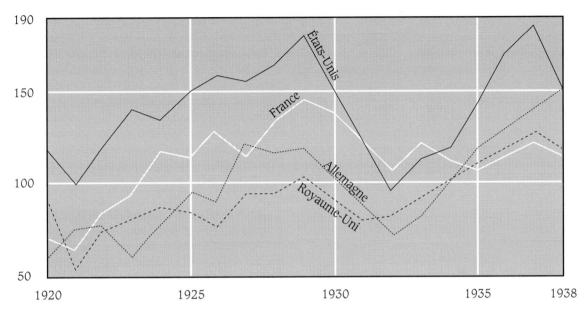

FIGURE 11.3

L'INDICE DE PRODUCTION INDUSTRIELLE ET L'INDICE DES ACTIONS AUX ÉTATS-UNIS DE 1926 À 1933

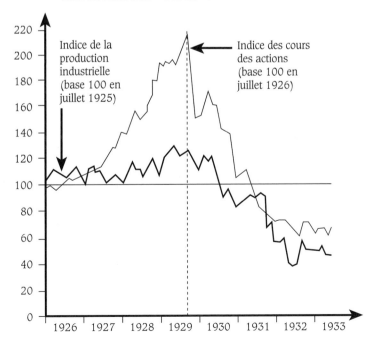

TABLEAU 11.6

LES CAPITAUX PLACÉS À L'ÉTRANGER EN 1914 ET EN 1930

(en pourcentage des capitaux placés dans le monde)

Pays	Capitaux en 1914	Capitaux en 1930
Royaume-Uni	50,4	43,8
France	22,2	8,4
Allemagne	17,3	2,6
États-Unis	6,3	35,3
Canada	0,5	3,1
Autres pays	3,3	6,8

TABLEAU 11.7

LA PRODUCTION INDUSTRIELLE DE 16 PAYS EN 1932

(en comparaison avec leur production en 1929)

Pays	Indice de production en 1932 (1929 = 100)
États-Unis	53
Allemagne	53
Canada	58
Pologne	63
Tchécoslovaquie	64
Italie	67
Belgique	69
France	72
Hongrie	82
Roumanie	82
Pays-Bas	84
Royaume-Uni	84
Suède	89
Norvège	93
Japon	98
URSS	183

Source : D'après W.A. LEWIS. *Economic Survey, 1919-1939.*

Les États-Unis

En 1918, les États-Unis amorcent une seconde révolution industrielle. L'essor économique est considérable ; les grandes banques (Morgan, Rockefeller) concentrent les capitaux et introduisent la vente à crédit, permettant ainsi aux Américains à revenus modestes de se procurer des objets de luxe (des automobiles, par exemple) qui, en Europe, restent le privilège des classes aisées. Avec Harding, Coolidge et Hoover, de 1920 à 1932, le pays devient la première puissance commerciale et financière. En 1921, les avoirs des États-Unis à l'étranger atteignent 6 milliards de dollars. Le désir de sauvegarder ce niveau de vie incite les États-Unis à l'isolationnisme ; le Congrès

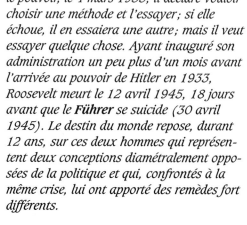

Franklin Delano Roosevelt (1882-1945) dirige les destinées des États-Unis de façon magistrale durant la crise de 1929 et la Deuxième Guerre mondiale. Cousin éloigné de Theodore Roosevelt, ministre de la Marine de Wilson, il est candidat des démocrates à la vice-présidence des États-Unis en 1920. En 1921, la poliomyélite le laisse paralysé des jambes. Il continue d'afficher un sourire audacieux, poursuit sa carrière de gouverneur de l'État de New York et triomphe de son infirmité en entrant farouchement dans l'action. Dès qu'il assume le pouvoir, le 4 mars 1933, il déclare vouloir choisir une méthode et l'essayer ; si elle échoue, il en essaiera une autre ; mais il veut essayer quelque chose. Ayant inauguré son administration un peu plus d'un mois avant l'arrivée au pouvoir de Hitler en 1933, Roosevelt meurt le 12 avril 1945, 18 jours avant que le **Führer** *se suicide (30 avril 1945). Le destin du monde repose, durant 12 ans, sur ces deux hommes qui représentent deux conceptions diamétralement opposées de la politique et qui, confrontés à la même crise, lui ont apporté des remèdes fort différents.*

FIGURE 11.4
LE MÉCANISME POUR SORTIR DE LA CRISE
SELON JOHN MAYNARD KEYNES

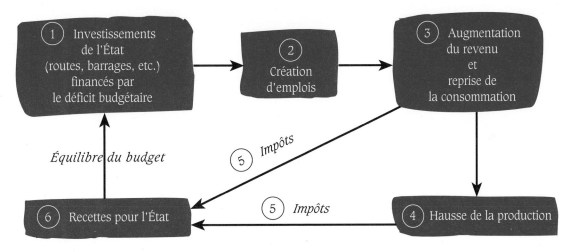

vote en 1921 et 1924 des lois qui restreignent l'immigration (renaissance du Ku Klux Klan) et qui promulguent la prohibition de l'alcool. De 1921 à 1928,

les États-Unis prêtent encore plus de 8 milliards de dollars aux pays étrangers.

C'est dans un climat d'optimisme incroyable que survient brusquement la crise économique de 1929. L'administration Hoover, croyant dans les vertus de l'individualisme et du laisser-faire, est incapable de faire face à ce désastre qui paralyse l'économie du pays et crée en 2 ans 7 millions de chômeurs. Le jeudi 24 octobre 1929 (Jeudi noir), quelque 13 millions de titres sont jetés sur le marché de la bourse de New York (Wall Street). Les jours suivants, la panique reprend ; les valeurs baissent jusqu'à 50 % en novembre. Après une légère reprise, les banquiers revendent à la hausse ce qu'ils ont acheté à la baisse, provoquant ainsi un nouvel effondrement des cours au début de 1930. Les Américains décident de rapatrier leurs capitaux placés à l'étranger (notamment ceux qui ont été prêtés à l'Allemagne) (*voir le tableau 11.6*). La crise devient alors internationale.

La vente à crédit est abolie, les produits ne se vendent plus et les entreprises licencient du personnel. Les gouvernements doivent restructurer l'économie (*voir la figure 11.4*), ce qui sonne le glas du libéralisme économique traditionnel. (*Voir le tableau 11.7.*) C'est ce genre de redistribution des cartes que Franklin D. Roosevelt propose par son *New Deal*, qui transforme profondément la société américaine, jusqu'alors opposée à l'intervention de l'État en matière économique et sociale. (*Voir l'encadré 11.1.*) Roosevelt est élu président des États-Unis en 1932 (et le reste jusqu'en

ENCADRÉ 11.1
EXTRAIT DU JOURNAL INAUGURAL DE FRANKLIN D. ROOSEVELT, 4 MARS 1933

C'est un devoir d'honneur de dire au peuple la vérité crue et entière. Des hommes doivent regarder le péril en face. Du reste, il n'y a aucune raison de désespérer de l'avenir et je garde la confiance la plus entière dans les destins du pays. Si l'heure est difficile, les aïeux ont su en surmonter d'autres plus dures. Il leur manquait souvent l'essentiel ; aujourd'hui, tout est en abondance et le mal est dans l'excès de nos ressources [...]. Il faut s'attacher moins aux valeurs matérielles qu'aux valeurs spirituelles, rejeter loin de soi les gains spéculatifs, [...] vivre sans empêcher les autres d'avoir ce qu'il leur faut [...]. J'espère réussir si je suis soutenu par la protection divine et la confiance disciplinée de tous.

Source : CAHEN, RONZE, FOLINAIS. *Histoire du monde 1919-1937*, Paris, Aubier, 1937, p. 215.

Famille de migrants aux États-Unis durant la Crise L'accroissement du chômage et la liquidation de nombreuses fermes familiales forcent un nombre important de familles à prendre la route et à chercher ailleurs des moyens de subsistance. C'est le sujet du livre de John Steinbeck (1902-1968), *Les Raisins de la colère* (1939).

1945). Malgré leur isolationnisme, les États-Unis fournissent, à partir de 1939, des armes à la France et à la Grande-Bretagne. Après l'agression du Japon contre Pearl Harbor le 7 décembre 1941, les États-Unis entrent en guerre.

Le Canada

La Première Guerre mondiale avait assuré une grande prospérité économique au Canada, notamment grâce à la fabrication d'armements. Le rôle important joué par les Canadiennes, dans cet effort de guerre, leur avait valu l'obtention du droit de vote au niveau fédéral en 1918. Mais l'entre-deux-guerres est pour le Canada une époque plus difficile sur le plan économique: une forte dépendance envers les marchés extérieurs, la baisse des salaires et des prix des produits de première consommation, le chômage, l'agitation sociale (grève de Winnipeg, 1919) et le crash financier de 1929 sont autant d'épreuves que traverse le pays. Le Canada adopte une attitude de plus en plus autonomiste face à la Grande-Bretagne; sous le gouvernement libéral de Mackenzie King (1921-1930), il affirme son indépendance. En 1931, le statut de Westminster abolit les derniers liens coloniaux. Après le ministère conservateur de Richard B. Bennett (1930-1935), les libéraux de Mackenzie King reviennent au pouvoir (1935-1948). À la suite des remous engendrés par la récession, de nouveaux partis politiques voient le jour: le CCF (NPD) et le Crédit social. C'est en pays souverain que le Canada entre dans la Deuxième Guerre mondiale, une semaine après la Grande-Bretagne. Toutefois, l'enrôlement obligatoire des jeunes gens dans l'armée provoque des crises internes au Canada; les Québécois s'opposent avec vigueur à la conscription en 1918 et en 1942. Néanmoins, l'effort de guerre canadien transforme profondément l'industrie du pays et le projette au rang de nation industrielle, quoique son économie soit dominée par son voisin américain.

L'Angleterre

En Angleterre, les difficultés économiques d'après-guerre sont graves. L'équipement industriel est vétuste. La production houillère, dispersée en une multitude de petites mines, est peu rentable; l'industrie du fer-blanc au pays de Galles n'a pas été modernisée, malgré la concurrence de l'aluminium. (*Voir le tableau 11.8.*) Une hausse des prix et du coût de la vie provoque des grèves en 1921 et en 1926, projetant au premier plan les travaillistes aux dépens des libéraux. Les résistances nationales empêchent aussi le resserrement des liens du Commonwealth. L'Égypte s'émancipe du protectorat britannique en 1922. En Inde, l'opposition de Gandhi (1919) ravive les tensions. Les conservateurs anglais tentent de régler le problème de l'Irlande, où la guerre civile a repris en 1920, en reconnaissant l'autonomie de ce pays (traité de Londres, 1921).

TABLEAU 11.8
LES PRINCIPAUX PAYS PRODUCTEURS D'ALUMINIUM EN 1921 ET 1929
(en millions de tonnes)

Pays	1921	1929
États-Unis	24,5	103,4
Allemagne	27,0	33,3
France	8,4	29,1
Canada	8,0	28,8
Norvège	5,0	29,1
Royaume-Uni	5,0	8,1
Monde	**75,0**	**270,0**

TABLEAU 11.9
LA PRODUCTION INDUSTRIELLE FRANÇAISE DE 1929 À 1935

Année	Indice de production (1929 = 100)
1930	99
1931	86
1932	72
1933	81
1934	75
1935	73

La France

La France est dominée par les problèmes financiers. Le pays s'est endetté pour la reconstruction de son industrie ; il a recours à l'inflation, en attendant le remboursement des dettes de guerre allemandes. Le niveau de vie baisse sans cesse ; les ouvriers obtiennent néanmoins, en 1919, la journée de 8 heures. La reprise économique reste très modeste. Dès 1932, la ruine des producteurs agricoles français provoque celle de l'industrie et du commerce (*voir le tableau 11.9*). L'outillage est vétuste et inadéquat. En 1936, Léon Blum (1872-1950) forme le premier gouvernement socialiste, appuyé par le Front populaire ; il multiplie les réformes sociales : contrats collectifs, congés payés, semaine de 40 heures, mais il se heurte sans cesse aux libéraux. De retour au pouvoir, les radicaux brandissent le spectre du communisme pour maintenir l'ordre et freiner la lutte des socialistes.

Les régimes totalitaires

Dans les pays où la démocratie a un ancrage insuffisant, les crises économiques et politiques laissent prise à la dictature.

L'Italie

Déçus par les traités qui ont mis fin à la guerre (traité de Saint-Germain avec l'Autriche, 1919 ; traité de Rapallo avec la Yougoslavie, 1920), les Italiens se rangent derrière le poète Gabriele D'Annunzio (1863-1938) et refusent de soutenir les gouvernements qui sont tenus responsables de la situation sociale. La population passe de 33 millions en 1900 à 38 millions en 1919 et à 42 millions en 1929. Les États-Unis se ferment aux immigrants italiens en 1921 et 1924 ; le voyage vers l'Amérique du Sud est trop cher ; l'Allemagne, en crise, n'a pas besoin de main-d'œuvre étrangère. Les dirigeants laissent pourrir les conflits de travail au lieu de les régler et ne s'inquiètent pas du communisme. Bourgeois et nationalistes se regroupent en faisceaux de combats (*il fascio*), formant une organisation paramilitaire commandée par Benito Mussolini (1883-1945), qui compte déjà plus de 3 millions d'adhérents en 1921. Le heurt entre fascistes et syndicalistes se produit à Milan en 1922 ; l'écrasement des grévistes milanais permet à Mussolini de s'imposer au roi Victor-Emmanuel III comme président du Conseil (Marche sur Rome, 29-30 octobre 1922). De 1922 à 1924, Mussolini paraît gouverner démocratiquement, mais les Chemises noires qu'il commande établissent la dictature et éliminent les adversaires du **fascisme** (assassinat du leader socialiste Matteotti en 1924). À partir de 1924, la dictature fasciste apparaît sous son vrai jour. Elle a des sympathisants et des admirateurs jusqu'en Amérique.

Depuis longtemps, le ***Duce*** Mussolini songe à conquérir une colonie. Invoquant un incident de frontière survenu en Éthiopie en 1934 et neuf mois de

Adolf Hitler (1889-1945) et Benito Mussolini (1883-1945) à Rome en 1938 Le protocole d'amitié germano-italienne (aussi appelé *l'Axe Rome-Berlin*) signé par les deux dictateurs en 1936 aura surtout comme conséquence l'obligation pour l'Allemagne de venir en aide aux ambitions militaires italiennes en Afrique du Nord et dans les Balkans (1941).

TABLEAU 11.10

LE COURS DU MARK ALLEMAND PAR RAPPORT AU DOLLAR
DE 1914 À 1923

Date	Nombre de marks au dollar
Juillet 1914	4,2
Janvier 1919	9
Janvier 1920	65
Janvier 1921	77
Janvier 1922	192
Juillet 1922	493
Janvier 1923	17 792
Juillet 1923	353 410
Août 1923	4 600 000
Septembre 1923	98 800 000
Octobre 1923	25 200 000 000
15 novembre 1923	4 200 000 000 000

Source : D'après CASTELLAN. *L'Allemagne de Weimar.*

vaines négociations, il lance à l'attaque, en 1935, sans déclaration de guerre, une armée de 200 000 hommes. La SDN, dont l'Éthiopie est membre, décide des sanctions contre l'Italie, mais elles s'avèrent inefficaces. Les Italiens prennent Addis-Abeba en 1936 ; l'empereur Haïlé Sélassié, négus d'Éthiopie, s'enfuit ; le 9 mai, le roi Victor-Emmanuel III d'Italie est proclamé empereur d'Éthiopie. Dès octobre 1936, le comte Ciano, gendre de Mussolini et ministre des Affaires étrangères d'Italie, rencontre Hitler pour préciser la collaboration des deux pays : le 1er novembre 1936, Mussolini parle d'un axe Rome-Berlin.

L'Allemagne et l'Autriche

Après l'abdication de Guillaume II, le 9 novembre 1918, les socialistes prennent le pouvoir. Les spartakistes sèment l'agitation. L'armée écrase les manifestants. Le pouvoir de la social-démocratie est neutralisé, mais l'armée renforce le sien. En 1919, l'Allemagne se constitue en république dite de Weimar et établit un régime présidentiel (la république de Weimar durera jusqu'à la proclamation du IIIe Reich, en 1933).

En 1919, l'économie allemande est désorganisée, quoique l'industrie conserve son énorme

TABLEAU 11.11
LE CHÔMAGE EN ALLEMAGNE DE 1929 À 1939

Date	Nombre de chômeurs
Mars 1929	2 484 000
Mars 1930	3 041 000
Mars 1931	4 744 000
Mars 1932	6 034 000
Janvier 1933	6 000 000
Mars 1933	5 599 000
Décembre 1933	3 500 000
1936[1]	1 100 000
1938[1]	200 000
1939[1]	38 000

1 Moyenne annuelle

Source : D'après NÉRÉ. *La Crise de 1929.*

potentiel ; la guerre, la réduction territoriale et les réparations exigées par les vainqueurs mettent les finances publiques dans un état catastrophique. Le mark perd de sa valeur ; en 1922, il faut 45,69 marks-papier pour 1 mark-or ; en 1923, il en faut 4282. Cette crise ralentit le paiement des réparations. Pour obtenir des garanties, la France décide d'occuper la Ruhr ; elle paralyse ainsi l'économie allemande et provoque l'effondrement du mark : en 1924, il faut 6 milliards de marks-papier pour 1 mark-or. Grâce aux capitaux britanniques et américains, la situation monétaire s'assainit et l'on crée une nouvelle monnaie : le *reichsmark* (*voir le tableau 11.10*).

ENCADRÉ 11.2
UNE RÉUNION NAZIE À NUREMBERG EN 1935, VUE PAR UN AMÉRICAIN

Encore grand spectacle ce soir : 200 000 membres du parti entassés au Zeppelin Wiese avec leurs 21 000 drapeaux déployés devant les projecteurs, comme une forêt d'arbres surnaturels. « Nous sommes forts et le serons davantage », leur clame Hitler au micro ; l'écho de ses paroles se répand par haut-parleurs à travers l'étendue silencieuse. Et là, dans la nuit inondée de lumière, tassés comme des sardines en un bloc compact, ces petits hommes de l'Allemagne qui ont rendu possible le nazisme, réalisent le plus complet achèvement de l'être germanique : le dépouillement de leurs âmes et de leurs consciences individuelles, avec toutes les responsabilités de la personne et ses problèmes. Sous cet éclairage mystique, et captifs de la sonorité magique des paroles de l'Autrichien, ils sont totalement immergés dans la horde germanique.

Source : William Shirer. *À Berlin, journal d'un correspondant américain 1934-1941*, Paris, Hachette, 1946, p. 20.

En 1929, à la veille de la crise économique mondiale, on dénombre 1,2 million de chômeurs allemands (*voir le tableau 11.11*) ; la crise du seigle ruine les cultivateurs de l'Est. Le retrait des capitaux américains menace l'économie. Les Allemands désirent de

TABLEAU 11.12

LA PRODUCTION ALLEMANDE D'ACIER DE 1932 À 1939

(en millions de tonnes)

Année	Acier
1932	5,7
1933	7,6
1935	16,4
1939	23,7

11.13), Hitler assure aussitôt son emprise sur les différents corps sociaux et militaires de l'Allemagne.

Amputée de la Hongrie depuis 1919, l'Autriche est atteinte par la crise économique mondiale en 1931. Le chancelier Dollfuss (1932-1934) lutte à la fois contre les **nazis**, partisans de l'***Anschluss*** et contre les socialistes, qu'il fait massacrer en 1934. Le 1er mai 1934, il institue un État catholique, autoritaire et corporatiste, et est assassiné le 25 juillet; les meurtriers annoncent à la radio la formation d'un nouveau gouvernement. Mais Mussolini, pour défendre l'Autriche, fait échouer cette tentative de putsch, en massant des troupes à la frontière italo-autrichienne. Schuschnigg

TABLEAU 11.13

L'ÉLECTION ALLEMANDE DE 1933 : LE VOTE NAZI

Catégories socio-professionnelles	Pourcentage de la catégorie dans l'ensemble de la population	Pourcentage de la catégorie ayant voté pour le Parti nazi
Ouvriers	45,9	32,5
Employés	12,4	20,6
Travailleurs indépendants	9,6	17,3
Fonctionnaires	4,8	6,5
Agriculteurs	20,7	12,5
Divers	6,6	10,6

plus en plus un pouvoir absolu, agissant rapidement. Les escarmouches fréquentes entre organisations paramilitaires rivales accélèrent la fuite des capitaux. Le chancelier Brüning bloque les capitaux étrangers se trouvant encore en Allemagne, évolue vers le dirigisme, mais irrite les masses populaires par des compressions salariales.

La crise d'après-guerre, qui accélère la paupérisation des classes moyennes, hâte et renforce la concentration capitaliste autour des grandes industries : la production d'acier passe de 8 à 11 millions de tonnes entre 1919 et 1924 (*voir le tableau 11.12*). Opposés à la république de Weimar, les nostalgiques de la défaite (dont Adolf Hitler) organisent un putsch à Munich (1923), qui se termine par l'emprisonnement de Hitler. Les hommes d'affaires soutiennent ainsi la république à la condition qu'elle soit solide et conservatrice. Le vieux rêve **pangermaniste** hante certains d'entre eux. (*Voir l'encadré 11.2.*) Cependant, parvenu au pouvoir en 1933 (*voir le tableau*

succède à Dollfuss. Pour Hitler, l'échec est rude. À la suite de la mort du président Hindenburg le 2 août 1934, Hitler se fait alors proclamer ***Reichsführer*** par plébiscite.

En 1936, le pacte antikomintern (anticommuniste), signé avec le Japon, ressemble à une ébauche de partage du monde. Conséquence de la naissance de l'axe Rome-Berlin, Mussolini renonce, en 1937, à soutenir l'indépendance autrichienne. Un plébiscite massif approuve finalement la réunion de l'Allemagne et de l'Autriche (Anschluss) en 1938. (*Voir la carte 11.6.*)

Dès le 24 mars 1938, les 3,2 millions d'Allemands de la région des Sudètes (en Bohême) réclament leur autonomie. Dans son violent discours de Nuremberg le 12 septembre 1938, Hitler leur promet le secours de l'Allemagne. Le 15 septembre, Neville Chamberlain, Premier ministre britannique, rencontre Hitler à Berchtesgaden; le Führer lui fait part de ses projets d'annexer toutes les régions tchécoslovaques de peuplement allemand. Anglais et

Français acceptent le rattachement à l'Allemagne de tous les territoires comportant au moins 50 % de germanophones. Le 20 septembre, les Tchèques s'inclinent. Mais le 22 septembre, Hitler exige l'évacuation par les Tchèques, avant le 1ᵉʳ octobre, de tous ces territoires; il veut aussi que soient immédiatement satisfaites les revendications de la Hongrie sur la Slovaquie méridionale et de la Pologne sur Teschen. Chamberlain rejette ces exigences; la Tchécoslovaquie mobilise; Hitler en fait autant. Sollicité par Chamberlain, Mussolini obtient de Hitler l'ajournement de la mobilisation et la réunion d'une conférence à Munich, le 29 septembre 1938. Outre les deux dictateurs sont présents Chamberlain et Daladier, président du Conseil français, mais aucun Tchèque ni aucun Soviétique. L'Allemagne se voit remettre toutes les régions revendiquées, certaines sous réserve de plébiscites (qui n'auront jamais lieu). Les revendications hongroises et polonaises sont satisfaites peu après. La paix est sauvée.

Carte 11.6
L'expansion allemande (1937-1939)

Mais ce recul des démocraties, au mépris de leurs engagements, achève de les discréditer auprès de leurs alliés d'Europe centrale. Les accords de Munich provoquent une grave crise en Tchécoslovaquie. Les 6 et 7 octobre 1938, la Slovaquie, appuyée par Berlin, se donne un gouvernement autonome; la Ruthénie l'imite le 8. Le 15 mars 1939, Hitler, aidant les Slovaques contre les Tchèques, envahit la Bohême et la Moravie, bientôt érigées en protectorats. La Slovaquie se proclame indépendante; la Ruthénie est annexée par la Hongrie. Deux autres coups de force se déroulent en Europe durant les semaines suivantes. Le 22 mars, la Lituanie, cédant à un ultimatum, rend à l'Allemagne le territoire de Memel. Le 7 avril, les troupes italiennes débarquent brusquement en Albanie; le roi Zog Iᵉʳ s'enfuit et Victor-Emmanuel III ajoute à ses titres celui de roi d'Albanie.

Les 26 et 27 mars 1939, Hitler signale qu'il veut récupérer Dantzig. Indignée par l'invasion, le 15 mars, de la Bohême et de la Moravie, l'Angleterre adopte une attitude très différente de celle de 1938. Le 31 mars, elle garantit les frontières de la Pologne, alliée de la France. Puis la France et l'Angleterre garantissent les frontières de la Grèce, de la Roumanie et de la Turquie, tandis que Hitler transforme, le 22 mai, son accord avec l'Italie en alliance militaire, le pacte d'Acier. Enfin, une véritable course de vitesse s'engage entre l'Allemagne et les autres puissances occidentales pour obtenir l'alliance ou la neutralité de l'URSS. Tandis que Hitler revendique encore Dantzig et d'autres territoires, des négociations franco-anglo-soviétiques s'engagent le 11 août à Moscou. Mais d'autres négociations secrètes ont lieu entre Moscou et Berlin. Le 24 août, Ribbentrop, ministre des Affaires étrangères du Reich, signe à Moscou un pacte de non-agression germano-soviétique de dix ans. Aux tergiversations des Occidentaux, Staline a préféré les offres précises de Hitler, qui reconnaît les droits de l'URSS sur la Finlande, sur deux des trois États baltes, sur la Bessarabie et sur la Pologne orientale jusqu'à la ligne Narew-Vistule-San, tandis que Staline accepte que l'Allemagne étende son influence sur la Pologne occidentale et sur la Lituanie. Le pacte donne toute liberté d'action à l'armée allemande en Pologne et, de ce fait, rend la guerre inévitable.

L'Espagne

Le rapprochement germano-italien, facilité par des idéologies compatibles, est favorisé par la similitude de leurs réactions face aux événements d'Espagne. Après le succès du Front populaire espagnol aux élections de 1936, les manifestations de l'extrême-gauche deviennent très violentes. L'armée tente en vain un coup d'État; les républicains tiennent les centres industriels. La guerre civile devient vite une affaire internationale. La France et l'Angleterre adoptent une politique de non-intervention. L'URSS fournit aux républicains du matériel et, aux différents partis communistes, des volontaires pour les Brigades internationales (*voir le tableau 11.14*). L'Allemagne fournit aux nationalistes des armes, des techniciens, des aviateurs (la légion Condor), et l'Italie plusieurs dizaines de milliers de volontaires (les Flèches noires). Trois ans de guerre atroce (1936-1939) aboutissent en Espagne à l'instauration d'une dictature à parti unique. Les diverses dictatures mises en

place entre 1932 et 1939 mènent l'Europe à l'explosion de la Deuxième Guerre mondiale.

La Deuxième Guerre mondiale (1939-1945)

La Deuxième Guerre mondiale s'étend du 1er septembre 1939 au 2 septembre 1945. Elle entraîne la participation d'un plus grand nombre de pays que la Première Guerre mondiale, et elle est plus meurtrière (*voir la carte 11.7*). La France, la Grande-Bretagne, l'URSS, les États-Unis et la Chine s'opposent à l'Allemagne, à l'Italie et au Japon. Quoique neutres, la Suède, la Suisse, la Turquie, l'Espagne, le Portugal et quelques républiques latino-américaines sont impliquées dans le conflit. Des hommes d'État d'un tempérament exceptionnel marquent le conflit: Adolf Hitler

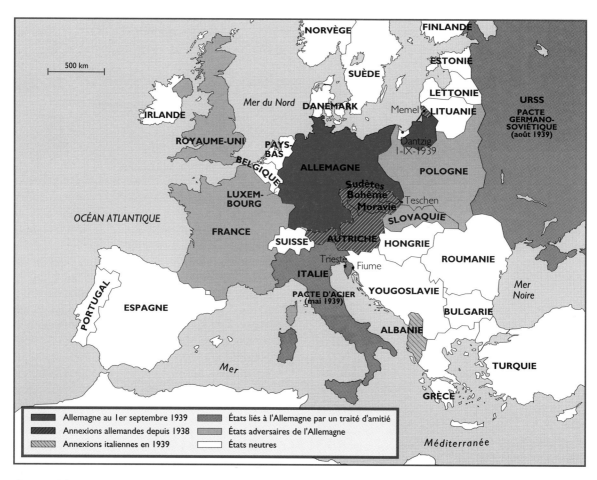

Carte 11.7
L'Europe en 1939

TABLEAU 11.14

LES COMBATTANTS ÉTRANGERS
PENDANT LA GUERRE CIVILE ESPAGNOLE

Aide aux nationalistes		Aide aux républicains	
Italiens	50 000	Volontaires des brigades internationales	40 000
Allemands	16 000	Autres	5 000
Portugais	20 000		
Autres	1 000		
Total	87 000	Total	45 000

Note : À la différence entre les effectifs (87 000 contre 45 000), s'ajoutait l'origine des combattants étrangers. Du côté des nationalistes, il s'agissait en grande majorité de militaires bien entraînés et équipés tandis que, du côté républicain, les volontaires des Brigades internationales étaient pour la plupart des civils, parfois des chômeurs dans leur pays d'origine, peu entraînés et mal équipés.

(1889-1945), Winston Churchill (1874-1965), Franklin Delano Roosevelt (1882-1945), Charles de Gaulle (1890-1970), Tchang Kaï-Chek (1887-1975) et Joseph Staline (1879-1953). La guerre occupe deux immenses théâtres : le premier va de l'Atlantique à l'Oural et de l'Afrique à l'Arctique ; le second englobe une zone asiatique et pacifique centrée sur les Philippines. De 1939 à 1942, les puissances de l'Axe conservent l'initiative (après 1940, on désigne par puissances de l'Axe l'ensemble des pays en guerre aux côtés de l'Allemagne, notamment le Japon et l'Italie). Après la victoire des Américains à Midway, des Anglais à El-Alamein et des Soviétiques à Stalingrad, les Alliés reprennent la direction des opérations ; c'est alors la deuxième phase qui, après l'élimination de l'Italie en 1943, se termine deux ans plus tard par la capitulation de l'Allemagne, suivie de celle du Japon.

La « drôle de guerre »

Le 1er septembre 1939, l'Allemagne envahit la Pologne. Dès le 3, l'Angleterre, l'Australie, la Nouvelle-Zélande, l'Union sud-africaine, le Canada et la France déclarent la guerre à l'Allemagne. Le 27, l'Allemagne et l'URSS se partagent la Pologne. Jusqu'en mai 1940, la France mène une guerre d'escarmouches et de patrouilles entre la Moselle et le Rhin : cet épisode est appelé la « drôle de guerre ». L'attaque de l'URSS contre la Finlande, le 30 novembre, assure à Staline le débouché du minerai de fer suédois et l'accès aux ports norvégiens.

Les Allemands attaquent le Danemark et la Norvège le 9 avril 1940. Les Alliés y résistent

jusqu'en juin. Le 10 mai, la Wehrmacht (armée de terre) envahit la Hollande, la Belgique et le Luxembourg, et pénètre en France le 13, suivant une tactique de guerre éclair mise au point par Hitler et qui laisse pantois le haut commandement allié. Le 23, les Allemands atteignent la mer du Nord. La Hollande capitule le 14 mai ; la Belgique, le 28. Paris est occupé le 14 juin ; le maréchal Pétain signe l'armistice le 22. Dès le 10 juin, l'Italie entre en guerre aux côtés des Allemands, qui se trouvent dans les Pyrénées le 22 juin. D'août à novembre 1940 a lieu la bataille d'Angleterre. La Luftwaffe (armée de l'air) pilonne l'île jour et nuit. En été 1940, l'Angleterre reçoit du matériel de guerre des États-Unis. Pendant ce temps, Italiens et Anglais s'affrontent en Libye.

Mussolini prend l'initiative d'envahir la Grèce, le 28 octobre 1940. Mais l'armée italienne doit rapidement faire appel à l'Allemagne, tant en Libye que dans les Balkans. L'Afrikakorps de Rommel débarque en Libye en février 1941 ; les *Panzerdivisionen* de von Kleist envahissent la Yougoslavie en avril ; celles de List, la Grèce et la Crète en mai 1941. D'un autre côté, Hitler, voulant s'assurer les richesses agricoles et industrielles de la Russie, attaque l'URSS le 22 juin 1941 : c'est l'opération Barberousse. Surprise par la rigueur de l'hiver, la Wehrmacht, qui a remporté de grandes victoires au Nord et au Sud de la Russie, doit reculer devant l'Armée rouge, dès la fin de novembre 1941 (*voir la carte 11.8*). Cette nouvelle galvanise le moral des troupes alliées et la résistance dans les pays occupés. Le Japon ayant attaqué par surprise la base militaire américaine de Pearl Harbor (îles Hawaï), le 7 décembre 1941, les États-Unis entrent dans le conflit alors que l'Italie et l'Allemagne leur déclarent la guerre le 11 décembre 1941. La guerre éclair permet au Japon, entre janvier et mai 1942, de conquérir l'Asie du Sud-Est, la Birmanie, la Malaisie, l'Indonésie et de nombreuses îles du Pacifique ; il menace même l'Australie. Mais la bataille aéronavale de Midway (juin 1942) arrête cette offensive. Atteignant l'apogée de leur puissance en 1942, les forces de l'Axe relancent la guerre sur tous les fronts, alors que l'industrie américaine accomplit sa conversion vers la production de guerre (*voir le tableau 11.15*) et compense largement les pertes matérielles causées par l'Axe.

À partir de 1942, la victoire change de camp. En août, les Américains reprennent Guadalcanal (Pacifique). Le 23 octobre, les Anglais battent les Germano-Italiens à El-Alamein (Libye). En novembre, les Anglo-Américains débarquent en Afrique du Nord, afin d'envahir l'Italie, et l'Armée rouge contre-attaque sur la Volga ; les Allemands capitulent à Stalingrad le 2 février 1943. Le débarquement des Alliés en Sicile (10 juillet 1943) provoque la chute de Mussolini ; son remplaçant, le maréchal Badoglio, signe l'armistice le 3 septembre ; les Italiens deviennent ainsi ennemis des Allemands, qui occupent aussitôt l'Italie. Rome n'est délivré que le 4 juin 1944 par les Alliés, pourtant débarqués à Salerne le 9 septembre 1943. La conférence de Téhéran (novembre 1943), qui réunit Churchill (*voir son portrait à la page 396*), Roosevelt et Staline, marque le début des pourparlers de paix et

la création d'un deuxième front en Europe : le débarquement en Normandie, appelé « opération Overlord » (*voir le tableau 11.16*).

Le 6 juin 1944, les Alliés débarquent sur la côte normande, percent le front allemand le 30 juillet, puis foncent vers l'est. Un second débarquement, le 15 août 1944 en Provence, permet de libérer Toulon et Marseille, puis de remonter vers le nord par la vallée du Rhône. La résistance perturbe les Allemands, qui se replient derrière leurs frontières. Hitler met alors ses espoirs dans ses nouvelles armes secrètes, les

TABLEAU 11.15
LES DÉPENSES DE GUERRE DE CERTAINS PAYS (EN POURCENTAGE DU COÛT TOTAL DE LA GUERRE)

Pays	Pourcentage
États-Unis	21
Royaume-Uni	20
Allemagne	18
Russie	13
Japon	4
Autres	24

Note : On évalue à 1500 milliards de dollars les coûts totaux de la guerre.

TABLEAU 11.16
LA PRODUCTION DE GUERRE DE L'ALLEMAGNE, DES ÉTATS-UNIS ET DE L'URSS ENTRE 1942 ET 1944

Pays	1942	1943	1944
ALLEMAGNE			
Acier (tonnes)	32 100 000	34 600 000	28 500 000
Avions	15 400	24 800	38 000
Chars	9 400	19 900	27 300
ÉTATS-UNIS			
Acier (tonnes)	76 000 000	79 000 000	80 000 000
Avions	47 900	85 900	97 000
Chars	25 000	30 000	17 500
URSS			
Acier (tonnes)	4 800 000	8 400 000	10 800 000
Avions	25 500	34 900	40 300
Chars	24 700	24 000	29 000

avions sans pilote V-1 et les fusées V-2 (*voir l'encadré 11.3 à la page 390*), qu'il utilise pour pilonner l'Angleterre dès l'été 1944. La contre-offensive allemande (16-28 décembre 1944) est arrêtée dans les Ardennes belges par les Alliés. À l'est, l'Armée rouge lance une dernière offensive le 12 janvier 1945, et s'empare de Varsovie et de Budapest.

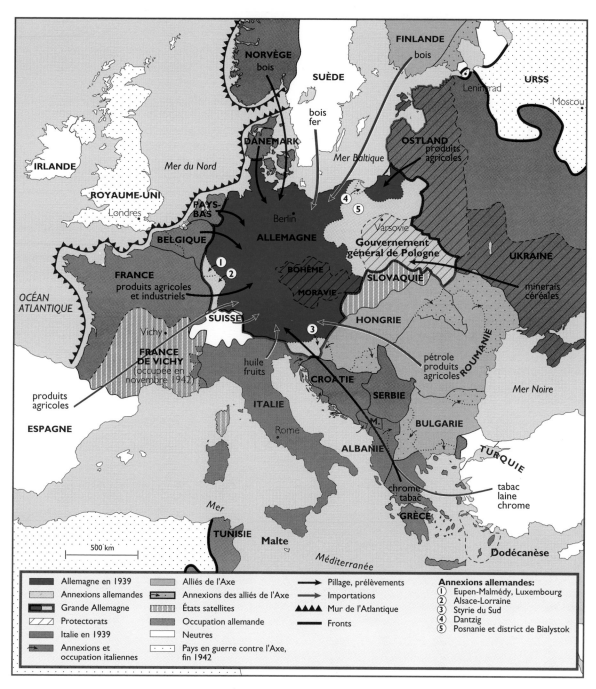

Carte 11.8

L'Allemagne en 1942 : conquêtes et approvisionnement

ENCADRÉ 11.3

LES V-1 ET LES V-2

Les V-1 (abréviation allemande de *Vergeltungswaffe I* – arme de représailles n° 1) sont des bombes volantes utilisées par les Allemands contre la Grande-Bretagne à partir du 13 juin 1944 ; elles sont l'œuvre d'une équipe de savants dirigée par Werner von Braun (1912-1977), physicien allemand naturalisé américain après la Deuxième Guerre mondiale. Propulsées par un moteur à réaction, ces bombes transportent une tonne d'explosifs à 1000 mètres d'altitude, à vitesse subsonique (600 kilomètres à l'heure), sur une distance variant de 300 à 400 kilomètres. Des 8000 V-1 qui sont lancés sur l'Angleterre, 5600 sont interceptés et détruits en vol : le ronflement caractéristique de leur moteur trahit leur présence. Les V-1 tuent 6184 personnes et en blessent 17 981. Les V-2 sont des projectiles sol-sol, utilisés à partir de septembre 1944 ; se déplaçant à vitesse supersonique (6000 kilomètres à l'heure), à 75 kilomètres d'altitude et transportant aussi une tonne d'explosifs, ces engins silencieux peuvent être détectés par les radars, mais ne peuvent être neutralisés en raison de leur vitesse. Cette fois-ci, 1300 V-2 sont lancés sur l'Angleterre ; 500 d'entre eux touchent Londres, tuant 2724 personnes et en blessant 6467. Les V-1 et les V-2 font 35 000 victimes en Angleterre. Après la libération de la Belgique, les Allemands envoient leurs V-2 sur Anvers, Bruxelles et Liège, faisant encore de nombreuses victimes. Les V-2 sont à l'origine des fusées utilisées par les États-Unis et l'URSS tant comme vecteurs de charges militaires que pour la mise sur orbite des satellites artificiels.

La ville japonaise de Nagasaki après le bombardement atomique du 9 août 1945 Trois jours après celui d'Hiroshima, le bombardement de Nagasaki précipite la capitulation du Japon le 14 août. Au-delà des impératifs militaires et stratégiques, ces bombardements suscitent encore aujourd'hui des questions d'ordre moral et humanitaire.

Les Alliés font leur jonction avec les Soviétiques sur l'Elbe, le 25 avril 1945. Les villes allemandes sont bombardées de nuit et sans possibilité de visée, par des escadrilles de 800 avions, porteurs de bombes de 5 à 10 tonnes ; à Berlin (mai 1944), il y a 50 000 victimes ; à Dresde (février 1945), 200 000 ; Hambourg, Cologne et Essen sont en ruine. Dans son bunker, Hitler apprend, le 28 avril 1945, l'exécution de Mussolini par des partisans italiens ; le 30, il se suicide. Berlin est conquis le 2 mai par les Soviétiques. Le nouveau gouvernement signe la capitulation à Berlin le 8 mai 1945. (*Voir la carte 11.9 à la page 392.*) L'Allemagne, selon les accords de Yalta (février 1945), est aussitôt partagée en zones d'occupation. (*Voir la carte 11.10 à la page 393.*)

Les Américains débarquent aux Philippines en septembre 1944, et battent la flotte japonaise à Okinawa (6-7 avril 1945). Le président Harry Truman (qui succède à Roosevelt, mort le 12 avril 1945) prend la responsabilité de lancer deux bombes atomiques, l'une sur Hiroshima le 6 août, et l'autre sur Nagasaki le 9 août. (*Voir l'encadré 11.4.*) Le Japon signe la capitulation le 2 septembre sur le cuirassé américain Missouri, amarré dans la baie de Tokyo. (*Voir le tableau 11.17 aux pages 394 et 395.*)

Afin d'assurer l'intégration internationale de leurs économies, et riches des enseignements de la crise de 1929, 25 nations créent, en 1944, à Bretton Woods (New Hampshire), deux organismes monétaires internationaux : le Fonds monétaire international (FMI), qui maintient la stabilité des monnaies de ses États membres, et la Banque internationale de reconstruction et de développement (mieux connue sous le nom de Banque mondiale), qui prête de l'argent aux États dévastés par la guerre ou à ceux qui désirent se développer. En août 1945 siège à Potsdam la dernière conférence de la guerre. Staline y est entouré de Truman et de Attlee, nouveau Premier ministre travailliste, qui remplace Churchill depuis juillet. L'accord se fait sur la démilitarisation de l'Allemagne, le jugement des criminels de guerre, l'abolition du Parti nazi et la démocratisation de l'Allemagne, privée, dans l'immédiat, d'un gouvernement central. Le régime politique des pays d'Europe centrale occupés par l'URSS divise les Alliés ; la question des élections libres est débattue sans résultat. Dès 1946, à Fulton (Missouri), Churchill parle d'un **rideau de fer** qui couperait l'Europe en deux. Le conflit a fait plus de 38 millions de morts, dont 5,7 millions de déportés raciaux et de 4 à 5 millions de déportés politiques en Allemagne.

ENCADRÉ 11.4
LES BOMBES ATOMIQUES

La bombe d'Hiroshima (6 août 1945, 8 h 15 du matin) fait 78 150 morts, 13 983 disparus, 37 425 blessés. Elle explose à 600 m d'altitude ; en un millionième de seconde, elle dégage une énergie équivalant à celle de 20 000 tonnes de TNT ; la température atteint 100 000 000 °C en son centre. Celle de Nagasaki (9 août 1945, 11 h 01 du matin) fait 73 884 morts et 60 000 blessés. Le chiffre de 500 000 victimes n'est pas exagéré, si l'on tient compte des 219 000 personnes décédées du cancer à la suite de l'exposition aux radiations des deux bombes.

ISLANDE

FINLANDE

NORVÈGE

Mer du Nord   SUÈDE

DANEMARK

ESTONIE

LETTONIE

LITUANIE

IRLANDE

ROYAUME-UNI

Kaliningrad
Dantzig

Prusse
Orientale

URSS

OCÉAN
ATLANTIQUE

PAYS-BAS   **ALLEMAGNE**
Berlin

Stettin

Poméranie

POLOGNE

BELGIQUE

Silésie

LUX.

TCHÉCOSLOVAQUIE   RUTHÉNIE   Bukovine

FRANCE

Vienne

Bessarabie

SUISSE   **AUTRICHE**   **HONGRIE**

CONFÉRENCE
DE YALTA
(1945)

ITALIE   Istrie

ROUMANIE

Mer Noire

YOUGOSLAVIE

Dobroudja

PORTUGAL

ESPAGNE

BULGARIE

ALBANIE

TURQUIE

Mer Méditerranée

GRÈCE

- - - - Frontières de 1937
———— Frontières de 1945

**Démembrement de
l'Allemagne et de l'Autriche**
█ Allemagne et Autriche
········· Limite des zones alliées
■ Villes occupées par les Alliés

Annexions
▨ polonaises
▥ bulgares
▨ soviétiques
▨ États satellites de l'URSS
(futures démocraties populaires)

500 km

Carte 11.9
L'Europe en 1945

Carte 11.10
Le démembrement de l'Allemagne

La remise en question des valeurs

Toutes les valeurs de la civilisation occidentale sont remises en question par les camps de concentration, les expériences médicales sur les déportés, l'hégémonie du régime policier, les bombardements des populations civiles et la terreur atomique. L'univers concentrationnaire hante les esprits. Une terrifiante illustration en est donnée, en 1948, par George Orwell, dans son roman *1984*.

En 1945, le rapatriement de 20 millions de personnes déplacées pose d'énormes problèmes. Dans les pays occupés, on assiste à une épuration dans les rangs des collaborateurs. En Yougoslavie, Croates et Serbes, traditionnellement adversaires, se livrent à des combats qui font près d'un million de morts. En Italie et en France, le départ des occupants s'accompagne de règlements de comptes qui font près de 200 000 victimes.

TABLEAU 11.17

LE BILAN COMPARÉ DES PERTES HUMAINES
DES DEUX GUERRES MONDIALES, PAR PAYS[1]

Pays	Guerre 1914-1918	Guerre 1939-1945	Notes
Allemagne	1 800 000	env. 4 500 000 (dont 1 500 000 civils)	**1914-1918:** – 2,7 % de la population[2] – 9,8 % de la population masculine active – 13 000 000 de mobilisés **1939-1945:** – 6 % de la population
Autriche-Hongrie	env. 950 000	voir Allemagne et Hongrie	**1914-1918:** – 2,5 % de la population – 9,5 % de la population masculine active – 9 000 000 de mobilisés
Belgique	45 000	89 000 (dont 27 000 juifs)	**1914-1918:** – 0,5 % de la population – 1,9 % de la population masculine active
Canada	60 600	42 000	**1914-1918:** – env. 0,8 % de la population – env. 500 000 de mobilisés – env. 50 000 Canadiens mourront de la grippe espagnole au Canada à l'automne 1918 **1939-1945:** – env. 0,3 % de la population – 1 086 000 de mobilisés
Chine	pays neutre	8 000 000 (dont 6 400 000 militaires)	pour la période 1937-1945
États-Unis	114 000	300 000	**1914-1918:** – 0,1 % de la population – 0,2 % de la population masculine active – 3 800 000 de mobilisés
Finlande	pays neutre	90 000	
France	1 400 000	env. 535 000 (dont 200 000 militaires et 180 000 déportés)	**1914-1918:** – 3,3 % de la population – 10 % de la population masculine active – 8 300 000 de mobilisés **1939-1945:** – 1,5 % de la population
Grande-Bretagne	780 000	390 000 (dont 326 000 militaires)	**1914-1918:** – 1,6 % de la population – 5,1 % de la population masculine active – 8 000 000 de mobilisés **1939-1945:** – moins de 1 % de la population

Grèce	n.d.	env. 500 000	**1939-1945 :** 8 % de la population
Hongrie	voir Autriche-Hongrie	env. 450 000	
Italie	530 000	310 000	**1914-1918 :** – 2,0 % de la population – 6,2 % de la population active masculine – 5 600 000 de mobilisés
Japon	moins de 1000	env. 2 000 000 (dont 1 600 000 militaires)	
Pays-Bas	pays neutre	env. 210 000	
Pologne	voir URSS	env. 5 500 000 (dont env. 4 500 000 civils et 3 100 000 juifs)	**1939-1945 :** – 19,7 % de la population
Roumanie	env. 700 000	env. 460 000	
Serbie	400 000	voir Yougoslavie	
Turquie	400 000	pays neutre	
Russie/URSS	1 700 000	env. 20 000 000 (entre 9 et 13 600 000 militaires)	**1914-1918 :** – 1,0 % de la population – 4,5 % de la population masculine active – 15 000 000 de mobilisés **1939-1945 :** – 10 % de la population
Yougoslavie	voir Serbie	env. 1 500 000 (dont 1 200 000 de civils)	**1939-1945 :** – 10,6 % de la population
Total	entre 8 et 9 000 000	entre 40 et 55 000 000 (dont 30 000 000 de civils)	**1914-1918 :** – 17 000 000 de blessés – 4 000 000 de veuves – 8 000 000 d'orphelins **1939-1945 :** – plus de 1,5 million de civils tués par les bombardements aériens – 35 millions de blessés – 3 millions de disparus – entre 5 et 6 millions de juifs exterminés – 7 millions de déportés morts en Allemagne

1   Les estimations du nombre de morts, disparus et blessés varient beaucoup selon les auteurs et les sources; ainsi, les estimations du nombre total de morts lors de la Deuxième Guerre mondiale varient de plus de 35 %. On ne saura probablement jamais le nombre précis de victimes qu'ont causé ces deux guerres. Cependant, les estimations suffisent à elles seules pour démontrer l'ampleur des carnages.

2   Il s'agit ici de la population nationale totale.

La création de l'ONU (1945)

En 1945, on reproche à la SDN de n'avoir pu éviter la guerre, et d'être trop européenne : les États-Unis n'en ont jamais fait partie et l'URSS en a été exclue lors de son agression contre la Finlande. Jusqu'en 1945, les oppositions entre Occidentaux et Soviétiques restent dans l'ombre, alors que les ennemis de l'Axe proclament déjà qu'ils constituent les nations unies. Créée le 28 avril 1919, la SDN est dissoute le 18 avril 1946 pour faire place à l'Organisation des Nations unies (ONU). (*Voir l'encadré 11.5.*)

La création de l'ONU, affiche de Eveleigh (1946)
D'abord mise en place pour assurer un nouvel ordre politique et économique après la guerre et la crise, l'ONU témoigne également des rivalités entre l'Est et l'Ouest et de la décolonisation. De nos jours, l'ONU tente de redéfinir son rôle au lendemain de la guerre froide.

Premier lord de l'amirauté britannique au début de la Première Guerre mondiale, **Winston Churchill (1874-1965)** *veut, en 1919, pousser à fond la guerre contre le communisme. En 1924, il est chancelier de l'Échiquier. Dès 1933, il dénonce le danger du réarmement allemand. Leader du Parti conservateur, Premier ministre de 1940 à 1945, il est l'artisan de la résistance anglaise et contribue largement à la victoire alliée de 1945. À nouveau Premier ministre de 1951 à 1955, il obtient, en 1953, le prix Nobel de littérature, notamment pour ses mémoires de guerre,* The Second World War *(1948-1954).*

ENCADRÉ 11.5

L'ONU

L'Organisation des Nations unies (ONU) est fondée en 1945 à San Francisco et placée sous la conduite des cinq Grands (États-Unis, Angleterre, URSS, Chine et France). Trente-six pays y adhèrent immédiatement. Roosevelt, Churchill et Staline concèdent un droit de veto à chacun des Grands sur toute mesure contraire à ses intérêts. Entre les congrès annuels, le Conseil de sécurité siège en permanence ; il comprend les cinq Grands et six membres renouvelables ; un secrétaire général coordonne les travaux. En 1946, l'ONU tient sa première assemblée sous la présidence du Belge Paul-Henri Spaak ; la même année, l'URSS utilise pour la première fois son droit de veto contre une proposition des États-Unis qui désirent que la France et la Grande-Bretagne retirent leurs troupes de Syrie et du Liban.

Les héritages

Quoique l'examen des faits marquants de la première moitié du XXᵉ siècle laisse un arrière-goût de poudre à canon, la période se solde néanmoins par l'apparition de choses nouvelles qui transforment et améliorent profondément la vie des Occidentaux.

La grande urbanisation

Depuis un siècle et demi, le développement économique entraîne l'urbanisation croissante de la population des pays industriels. En France, la population urbaine représente 40 % de la population totale en 1900 ; en 1970, elle est de 70 % ; d'ici l'an 2000, elle quadruplera, alors que les Pays-Bas prévoient déjà que leur population sera à 95 % urbaine à la fin de 1999. La croissance de la population urbaine entraîne celle de l'espace urbain. En 1945, chaque citadin se satisfait de 35 mètres carrés de sol ; aujourd'hui, il en exige 100. Le déplacement d'une usine demande la multiplication de l'espace par 5 ou par 10. Actuellement, l'habitat représente un tiers seulement de l'espace urbain des grandes villes.

Les conditions d'urbanisation

L'étalement urbain pose des problèmes à la localisation de l'habitat, à l'implantation des activités, à la réalisation des équipements collectifs (centres commerciaux, écoles, équipements sanitaires et de loisirs), aux transports, et se fait aux dépens de la campagne. Les réseaux de chemins de fer s'intensifient, accélérant l'urbanisation. À partir de 1900, l'électricité remplace progressivement la vapeur. En 1903, on atteint déjà la vitesse de 211 kilomètres à l'heure. Le développement urbain est l'œuvre de l'industrie et de ceux qui améliorent les conditions d'urbanisation (électrification des villes et des campagnes) et de construction des édifices (invention du béton armé par le Français Joseph Monier en 1867, du béton précontraint par l'ingénieur Eugène Freyssinet en 1904, du bulldozer par l'Américain Benjamin Holt en 1923). Il est aussi le résultat de l'amélioration des techniques agricoles : utilisation d'engrais chimiques, d'insecticides (découverte du DDT par le Suisse Paul Hermann Müller en 1939) vaporisés par avion, de machineries agricoles automobiles (invention du tracteur léger par l'Anglais D. Albone en 1902) et d'une foule d'outils nouveaux dont les fermiers font usage, qui provoquent le licenciement de nombreux ouvriers agricoles, tout en améliorant la productivité de chaque exploitation.

D'un autre côté, l'accès démocratique aux études supérieures et la facilité des moyens de communication entre la ville et la campagne (première autoroute construite à Berlin en 1921) contribuent à la désertion de celle-ci. Le développement des sciences et des techniques a pour effet pervers de désigner la ville comme lieu privilégié de l'épanouissement personnel, aux dépens de la qualité de la vie et de l'environnement. L'accélération du rythme de vie dans les grandes villes a des incidences sur la santé des populations, la culture, les langues et la perception que l'individu a de lui-même, engendrant la pauvreté et la criminalité d'un côté, la tolérance, la curiosité et le multiculturalisme d'un autre côté.

L'État-providence

Par **État-providence**, il faut entendre les mesures prises par l'État pour prendre en charge les membres de sa population, qui sont sans revenus ou qui éprouvent des difficultés : personnes âgées, enfants, pauvres, personnes handicapées, chômeurs, personnes malades, victimes de sévices ou de catastrophes. À cette fin, l'État-providence crée l'assurance-chômage, l'assistance sociale, l'assurance-santé, les allocations familiales, les pensions de vieillesse ou d'autres types de mesures d'aide financière, qu'il finance en redistribuant une partie des impôts perçus à même le salaire des contribuables. Cela se solde donc par un transfert et une réallocation de ressources.

Cette conception de l'État est le produit des luttes ouvrières et, dans une certaine mesure, du féminisme de la fin du XIXᵉ siècle. Depuis le XIXᵉ siècle en Europe (et même le XVIIIᵉ siècle en Angleterre), les personnes bien nanties souscrivent à des assurances privées pour se prémunir contre la maladie ou des catastrophes comme l'incendie. Le mouvement socialiste (et syndical) du XIXᵉ siècle crée ensuite des caisses de dépôt pour les travailleurs cotisants, leur donnant le droit de percevoir des indemnités en cas de grève ou de maladie. Certains États occidentaux, en étendant cette pratique à l'ensemble de la population et à un nombre croissant de secteurs d'activité (l'assistance juridique, par exemple), se transforment en États-providence. Face aux problèmes engendrés par la crise économique de 1929, les démocraties libérales décident d'intervenir dans l'économie par des mesures sociales. Le *New Deal* de Roosevelt est en fait une redistribution de la richesse du pays, la création d'un État-providence.

La remise en question de l'État-providence

Le concept d'État-providence est une bonne chose, dans la mesure où le fardeau fiscal permet à l'État de faire face à ses engagements sociaux, sans accumuler de déficit. Mais l'économie libérale occidentale, qui ne s'accorde pas toujours avec la démocratie sous-jacente à la notion d'État-providence, tolère de moins en moins ce fardeau, devenu insupportable pour certains États. La tendance actuelle du néolibéralisme (notamment au Canada depuis les années 1980) va dans le sens d'une réévaluation de l'État-providence, une sélection plus rigoureuse des bénéficiaires et l'abolition de l'universalité des droits aux prestations. L'État-providence est un héritage de la période de 1914 à 1945, appelé à se transformer dans l'avenir.

Le féminisme

Au début du XXe siècle, le féminisme se penche sur les questions suivantes : Les différences entre l'homme et la femme proviennent-elles de l'éducation ou de la nature ? Pourquoi la femme est-elle exclue des fonctions économiques et politiques ? Pourquoi y a-t-il une double morale sexuelle ? La libération des femmes ne doit-elle être que l'œuvre des femmes et est-elle liée à la libération de tous les travailleurs ? Quel lien y a-t-il entre la lutte des femmes, la lutte pour la paix, la lutte contre la prostitution et l'alcoolisme ? Ces idées génèrent des institutions : le Conseil national des femmes françaises (1901) ; The International Woman Suffrage Alliance (1904, Angleterre et États-Unis) pour contrer les comités antisuffrage féminin qui s'y forment. En 1906, la Finlande accorde le droit de vote aux femmes ; d'autres pays l'imitent : la Norvège (1907), l'Islande et le Portugal (1911), la Grande-Bretagne (1917), le Canada (1918, et 1940 au Québec), l'Italie et le Luxembourg (1919), les États-Unis (1920), l'Espagne (1931), la France (1944, accordé depuis Londres), la Belgique (1948), la Grèce (1952), la Suisse (1971).

Par contre, le fascisme relègue la femme au rôle de servante du mari. L'Allemagne nazie est le premier pays (avant l'Italie et l'Espagne fascistes) à licencier par décret toutes les femmes mariées travaillant dans la fonction publique ; l'entrée à l'université leur est interdite ; un quota de 10 % est fixé pour l'admission au baccalauréat. En Espagne, le droit de vote, obtenu en 1931, est révoqué sous Franco, ainsi que le droit à l'avortement. Toutefois, par le rôle important qu'elles jouent notamment durant les deux guerres mondiales (participation à l'effort de guerre, enrôlement dans l'armée ou dans la résistance), les femmes acquièrent un poids politique et économique indéniable.

Travail des femmes dans les industries d'armement à Montréal pendant la Première Guerre mondiale
Durant les deux guerres mondiales, les belligérants recrutent toutes les ressources économiques et humaines. Cet effort de guerre constitue un facteur important qui permettra aux femmes d'accéder au marché du travail et d'obtenir le droit de vote.

Les victoires du mouvement féministe

Les femmes conquièrent avec brio des secteurs d'activité naguère réservés aux hommes : Edna Saint-Vincent Millay (poétesse américaine, 1892-1950) gagne en 1922 le prix Pulitzer de poésie, Elsa Triolet (romancière française, 1896-1970) obtient en 1944 le prix Goncourt, et Gabriela Mistral (poétesse chilienne, 1889-1957) est lauréate du prix Nobel de littérature en 1945. Les femmes prennent leur place dans l'enseignement supérieur, la recherche scientifique, la technologie, etc. En 1912, les travaux de l'Américaine Henrietta Swan Leavitt (1868-1921) permettent d'évaluer les distances entre les galaxies n'appartenant pas à la Voie lactée ; en 1928, l'Américaine Amelia Earhart (1898-1937) est la première femme à traverser seule l'Atlantique en avion, un an après Charles Lindbergh.

Au plan social, les organisations féministes secourent les femmes, les opprimés, les enfants malheureux et les personnes âgées. D'un autre côté, le changement de vie des Occidentales a pour conséquence indirecte une baisse sensible de la natalité dans les pays occidentaux.

L'éclatement des modes d'expression

En 1918 se manifeste un véritable appétit de vivre, un besoin d'être qui provoque l'éclatement des formes d'expression. Les vainqueurs de la Première Guerre mondiale se rebellent contre les tabous du passé. L'expérience de la guerre, l'impuissance à reconstruire un monde où règne la paix, renforcent les attitudes négatives (un phénomène similaire se produira après la Deuxième Guerre mondiale) : le pessimisme s'étale volontiers après 1918, et engendre une opposition plus ou moins brutale qui s'exprime par des modes inattendues, adoptées avec d'autant plus d'enthousiasme qu'elles risquent de marquer une rupture – dont un des aspects est l'émancipation féminine. Ce refus se démarque encore mieux dans les lettres et les arts. Les formes à la mode (**surréalisme**, **dadaïsme**, jazz), savoureuses et irritantes, pullulent. Les successeurs de Debussy, de Zola, d'Anatole France, des impressionnistes, ne sont plus suivis. À ce moment, Pablo Picasso (1881-1993) modifie sa manière de peindre et, avec Georges Braque (1882-1963), invente le cubisme.

Guernica **(1937) de Pablo Picasso (1881-1973)**   En pleine guerre civile, le gouvernement espagnol commande à Picasso une toile pour son pavillon à l'Exposition internationale de Paris de 1937. Le peintre choisit le thème du bombardement par l'aviation allemande (au service des nationalistes espagnols) du village de Guernica y Luno, le 26 avril 1937, bombardement qui tue entre 1500 et 2000 personnes. Bien que ces chiffres pâlissent devant les massacres qui suivront quelques années plus tard, la révolte contre la souffrance et la mort exprimée dans cette toile conserve toute sa valeur.

*Né à Malaga, **Pablo Ruyz y Picasso (1881-1973)**, fils d'un professeur de dessin, fait preuve d'un génie précoce. À 24 ans, il a déjà donné plusieurs chefs-d'œuvre (sa période bleue) qui font aujourd'hui la gloire des musées. À 26 ans, il peint cette icône des temps modernes,* Les Demoiselles d'Avignon *(1907), aujourd'hui au Museum of Modern Art à New York. Inventeur du cubisme avec Georges Braque, il tient en haleine, durant l'entre-deux-guerres, un monde en proie aux soubresauts de l'art moderne; son œuvre majeure est alors* Guernica *(1937). Travailleur infatigable, en continuel renouvellement, il aborde tous les domaines de la création avec une stupéfiante maîtrise: dessin, sculpture, gravure. Son exceptionnelle créativité et ses recherches protéiformes en font le symbole de l'art moderne.*

La musique populaire

En 1918, les soldats du *Kaiser* remportent avec eux la valse viennoise et la polka bavaroise. Le siècle de Ford, des abattoirs de Chicago, des *Yankees* millionnaires et de la société de consommation exige un décor musical différent. L'Amérique donne le ton à l'Europe. Les premiers *jazzmen* sont des soldats de l'armée de Pershing. Dès 1917, dans les caf'conc' (cafés-concerts), on danse le *cake-walk*, le *one-step* et le populaire *fox-trot*. Des ensembles noirs, les *jazzbands*, jouent dans les grands dancings. Le premier amateur français de jazz est peut-être Jean Cocteau, alors jeune poète de 30 ans.

Le culte de la fantaisie

Cet engouement pour tout ce qui est exotique et original se répand dans tous les domaines de la culture. La mode garçonne (comme l'appelle Victor Margueritte dans son roman *La Garçonne*, 1922) est imposée par les féministes; la peinture est celle des cubistes (Braque et Picasso); le dadaïsme de Tristan Tzara (1896-1963) prend le pas en poésie, alors

qu'André Breton (1896-1966) publie en 1924 le *Premier manifeste du surréalisme*. Le roman de science-fiction, que Jules Verne a inventé, devient un courant littéraire avec Herbert George Wells (1866-1946; *La Guerre des mondes*, 1900) et Aldous Huxley (1894-1963; *Le meilleur des mondes*, 1932). Le cinéma, parlant en 1927, fait rire ou pleurer avec Charlot (Charlie Chaplin, 1889-1977) ou Buster Keaton (1895-1966). Comme le théâtre au siècle précédent (la bataille d'*Hernani*), la radio marque profondément l'imaginaire: avec son émission radiophonique inspirée de *La Guerre des mondes*, l'acteur-réalisateur Orson Welles (1915-1985) fait croire en 1938 au débarquement des Martiens et crée la panique dans la population new-yorkaise.

La culture allemande sous la république de Weimar

En Allemagne, la vie intellectuelle sous la république de Weimar est riche. En cinéma, en théâtre, en architecture, cette république est d'avant-garde. L'**expressionnisme** caractérise le cinéma allemand de 1919 à 1923. Le premier grand film expressionniste est *Le Cabinet du Docteur Caligari* de Robert Wiene (1919). Dans l'écroulement des valeurs séculaires que vit l'Allemagne, le cinéma se cantonne à la limite du film d'horreur, retrouvant ainsi la vieille tradition des légendes allemandes; des films comme *Nosferatu* de Murnau (1922), *Docteur Mabuse* (1922) ou *Metropolis* (1926) de Fritz Lang (1890-1976), témoignent de cette tendance, qui s'interrompt en 1933 à l'arrivée du nazisme. Le théâtre expressionniste est dominé par Georg Kaiser et Fritz von Umruh. Le plus célèbre des drames de Kaiser est *Gas*, qui dépeint les usines et l'asservissement de l'homme. Fritz von Umruh dénonce la guerre et l'autorité.

Le théâtre allemand a une orientation politique – ce qui constitue une véritable révolution. Trois noms dominent cette tendance: Ernst Toller, Erwin Psicator et Bertold Brecht (1898-1956; *La sainte Jeanne d'Arc des abattoirs*, 1930, qui traite de la situation des ouvriers des abattoirs de Chicago). La république de Weimar voit aussi la naissance de l'architecture moderne; le mouvement du Bauhaus en est caractéristique, bien qu'il ne soit pas exclusivement consacré à l'architecture; ce mouvement est marqué par Henry van de Velde, Paul Klee, Wassily Kandinsky. Après 1933, l'art allemand connaît une épuration radicale; il exalte désormais la lutte (Ernst

Jünger), l'action violente (von Salomon), le nationalisme (Richard Wagner), mais surtout l'autorité prussienne et les principes nietzschéens du chef politique, dont Oswald Spengler avait donné un avant-goût dans *Prussianisme et socialisme* (1920).

La culture russe après la révolution de 1917

En URSS, la révolution de 1917 et le régime socialiste inspirent certains écrivains, mais pas tous. Le poète Boris Pasternak (1890-1960) reste tout à fait étranger au socialisme alors que d'autres écrivains, qui acceptent la révolution, refusent de se plier à une discipline littéraire imposée par l'État. Cependant, la plupart adoptent le régime. Maxime Gorki (1868-1936) et le poète Alexandre Blok exaltent le soulèvement populaire. Le jeune poète Vladimir Maïakovski met son talent au service du communisme. Le socialisme trouve sa meilleure expression dans le cinéma, grâce au metteur en scène Sergeï Eisenstein (1898-1948) qui célèbre la révolution (*Le Cuirassé Potemkine*, 1925), le plan quinquennal (*La Ligne générale*, 1929), les personnages historiques (*Alexandre Nevski*, 1938; *Ivan le Terrible*, 1945).

Les sciences et les techniques

Il est presque impossible d'établir le bilan scientifique et technique du XXᵉ siècle, alors que la science passe au rang des grands facteurs sociaux. Le temps qui sépare une découverte de laboratoire de ses applications dans le domaine social s'est considérablement raccourci, passant de l'ordre de dizaines d'années au siècle précédent à quelques semaines à notre époque. La recherche n'appartient plus au savant, mais aux bailleurs de fonds (gouvernements, industries privées); doté des laboratoires les plus sophistiqués, le savant doit en retour obéir à des contraintes de temps et de rendement de plus en plus exigeantes.

L'expansion des domaines scientifiques et techniques

Depuis le début du siècle, la science double, chaque décennie, son volume de publications, de découvertes, d'applications. Les anciens préfixes, kilo- et milli-, pour les étalons sont périmés: on invente les micro- et les méga-, les gigavolts et les nanosecondes. La pureté

Alexander Fleming (1881-1955), bactériologiste écossais, découvre la pénicilline en 1928. Ce n'est toutefois qu'en 1940 que le pathologiste Howard Florey et le biochimiste Ernst Chain parviennent à stabiliser la pénicilline, rendant ainsi possibles sa fabrication et son utilisation. En 1945, Fleming, Florey et Chain se partagent le prix Nobel de médecine. L'introduction de la pénicilline en thérapeutique et en chirurgie permet à des millions d'êtres humains de ne pas mourir d'infection.

des produits chimiques d'autrefois est largement dépassée; la précision des outils actuels était inimaginable à la fin du siècle dernier. D'un autre côté, le domaine scientifique s'est élargi par la naissance de nombreuses disciplines mixtes: biochimie, biophysique, chimie physique, chimie mathématique, astrophysique, physique mathématique. La découverte de l'énergie, au début du siècle, révolutionne la physique newtonienne et aboutit, avec la première pile atomique de Fermi (États-Unis, 1942), à la fabrication et au stockage de l'énergie atomique: c'est le début de l'ère atomique.

Les découvertes scientifiques génèrent de nouvelles inventions. Le premier moteur-fusée (Allemagne, années 1940) permet de voyager dans l'espace interplanétaire. La pénicilline sauve de nombreux êtres humains de la mort par infection. Le service transatlantique de téléphone (New York-Londres, 1928) transforme profondément les communications. La télévision (1926), le poumon d'acier (États-Unis, 1929), le rein artificiel (Hollande, 1943), la fibre de verre (États-Unis, 1930), changent les conditions de vie de nombreuses personnes.

Presque tous les éléments de ce que l'on appelle actuellement la vie quotidienne sont le produit de l'époque de 1914 à 1945: ils sont nés de l'éclatement des modes d'expression et de la soif de liberté qui façonnent le monde contemporain. C'est probablement à cette soif de liberté que l'on doit d'avoir vaincu le fascisme et le totalitarisme. Puisse-t-elle encore aussi bien influencer l'humanité dans l'avenir.

Conclusion

Entre 1914 et 1945, les Occidentaux ne cessent de s'entre-déchirer. En cela, ils n'ont certes pas innové, mais ils ont néanmoins inventé un nouveau genre de guerre : la guerre totale, qui se livre à tous les niveaux et atteint toutes les couches de la population. Les moyens modernes de destruction (gaz asphyxiants, mitrailleuses, bombardements aériens, contrôle et déportation des civils) donnent à la guerre une extension jusqu'alors inimaginable. En 1900, les Occidentaux croient encore que la victoire ou la défaite de leur seule armée peut décider du sort des pays ; les civils souffrent de la guerre, mais participent rarement aux combats. Après 1914, la guerre jette des peuples entiers les uns contre les autres à cause de la folie des dictateurs. Elle englobe tant de pays qu'elle ne peut être réglée par une seule victoire en un seul lieu. Dans cette guerre à outrance, la propagande joue un rôle capital ; tous les moyens modernes de communication (imprimerie, photographie, cinéma, radio, radar, véhicules rapides et spécialisés) sont utilisés par les armées pour inciter les civils à soutenir la cause des gouvernements et à vouer un culte aux personnalités politiques qui se prennent trop souvent, tels les empereurs romains les plus décadents, pour des dieux incarnés. En cela, la guerre moderne est novatrice, elle est mondiale en ce qu'elle implique le monde entier comme étendue géographique, mais aussi comme monde entendu au sens de population globale de la planète.

Paradoxalement, le génie des Occidentaux, durant la période qui s'étend de 1914 à 1945, est en pleine effervescence : le désespoir et l'abandon des valeurs séculaires inspirent aux artistes de grands chefs-d'œuvre, tandis que les besoins de la guerre font avancer à grands pas la science et la technologie. Mais un des effets inattendus des deux guerres mondiales du XXe siècle est certainement de rapprocher enfin les humains de toutes les nations en leur montrant l'urgence de s'unir et de bâtir ensemble un monde de paix.

Lectures suggérées

FILTEAU, Gérard. *Le Québec, le Canada et la guerre 1914-1918*, Montréal, L'Aurore, 1977.

HINZELIN, Émile. *Histoire illustrée de la guerre du droit*, Paris, Quillet, 1916.

MICHEL, Andrée. *Le Féminisme*, Paris, Presses universitaires de France, 1979.

PAKENHAM, Thomas. *The Boer War*, New York, Random House, 1979.

RAULET, Gérard, dir. *Weimar ou l'explosion de la modernité*, Paris, Anthropos, 1984.

REPINGTON, C. à Court, *La Première Guerre mondiale (1914-1918)*, Paris, Payot, 1922.

ROTHBERG, Abraham. *L'Histoire vécue de la Seconde Guerre mondiale*, 4 vol., Verviers, Marabout, 1962.

SULZBERGER, Cyrus L. *Dans le tourbillon de l'histoire*, Montréal, Éditions du Jour, 1971.

Questions

1. *Quelles sont les caractéristiques de l'économie occidentale durant la période de 1914 à 1945 ?*

2. *Quelles sont les causes (étapes, conséquences) de la Première et de la Deuxième Guerre mondiale ?*

3. *Quelles sont les causes (conséquences mondiales) de la crise économique de 1929 ?*

4. *En quoi la grande urbanisation est-elle caractéristique de la période de 1914 à 1945 ?*

5. *Qu'est-ce que l'État-providence ?*

6. *En quoi le féminisme est-il un héritage de la période qui va de 1914 à 1945 ?*

7. *Quelles sont les tendances de l'art pictural durant la période de 1914 à 1945 ?*

8. *Quelles sont les tendances de l'art allemand à l'époque de la république de Weimar ?*

9. *Tracez le bilan scientifique de la période de 1914 à 1945.*

10. *Quelle est l'importance d'une découverte comme celle de la pénicilline ?*

Chapitre 12

LE XXe SIÈCLE
(2e PARTIE : 1945-1995)

Avec la fin de la Deuxième Guerre mondiale s'ouvre en Occident une période de prospérité sans précédent   Après les rigueurs de la Grande Crise et les privations de la guerre, les économies occidentales se développent de façon soutenue pendant presque trente ans. Alimentée par les besoins de la reconstruction, de l'urbanisation accélérée et par l'essor de la classe moyenne, l'économie fonctionne au rythme de la production et de la consommation de masse.

L'après-guerre voit naître une nouvelle Europe. La suprématie politique et économique des États-Unis s'impose à l'Occident et celle de l'URSS à l'Europe de l'Est, alors qu'une troisième force, le Tiers Monde, prend conscience de sa condition. Tandis que les deux superpuissances s'affrontent, pendant 45 ans, en rivalisant au plan de l'armement atomique, l'Europe occidentale tente de s'unifier et de trouver des solutions pacifiques et durables à ses divers problèmes.

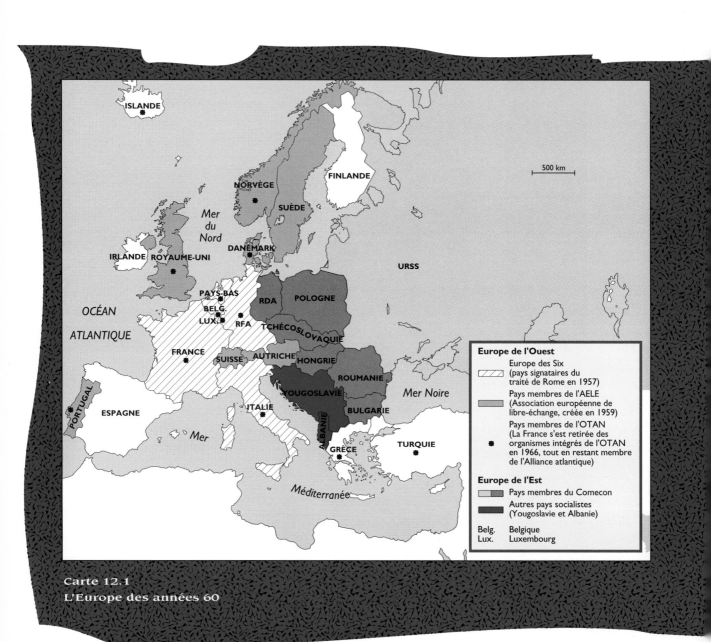

500 km

Europe de l'Ouest

▨ Europe des Six
(pays signataires du
traité de Rome en 1957)

Pays membres de l'AELE
(Association européenne de
libre-échange, créée en 1959)

Pays membres de l'OTAN
❋ (La France s'est retirée des
organismes intégrés de l'OTAN
en 1966, tout en restant membre
de l'Alliance atlantique)

Europe de l'Est

Pays membres du Comecon

Autres pays socialistes
(Yougoslavie et Albanie)

Belg.   Belgique
Lux.   Luxembourg

Carte 12.1
L'Europe des années 60

Chronologie

3000	2000	1000	0	1000	2000

1945-1990 : Guerre froide entre l'Est et l'Ouest

1946-1954 : Guerre d'Indochine

1947 : Mise en œuvre du plan Marshall

1948 : Indépendance d'Israël

1948-1949 : Blocus de Berlin-Ouest par les Soviétiques

1949 : Fondation de l'Organisation du traité de l'Atlantique Nord (OTAN)

1955 : Signature du pacte de Varsovie

1956 : Mise en marché de la pilule anti-conceptionnelle

1957 : Création de la Communauté économique européenne (CEE ou Marché commun)

1958-1969 : Gouvernement de Charles de Gaulle en France

1962-1965 : IIe Concile du Vatican

1967 : Première greffe d'un cœur humain

1968-1984 : Gouvernement de Pierre Elliott Trudeau au Canada

1969 : Premier pas de l'homme sur la Lune

1973 : Crise du pétrole en Occident

1979 : Fondation du Parlement européen

1979 : Incident à la centrale nucléaire de Three Miles Island, en Pennsylvanie

1979-1989 : Gouvernement de Margaret Thatcher en Angleterre

1981 : Début du gouvernement de François Mitterand en France

1984-1993 : Gouvernement de Brian Mulroney au Canada

1985-1991 : Gouvernement de Mikhaïl Gorbatchev en URSS

1986 : Incident à la centrale nucléaire de Tchernobyl, en Ukraine

1991 : Guerre du golfe Persique

1991 : Dissolution de l'URSS

Introduction

Depuis 1945, l'Occident vit en paix. Il n'y a plus de guerre sur le territoire occidental – à l'exception de quelques guerres civiles (Grèce, 1946 ; Yougoslavie, 1993-1994) et de quelques opérations de répression (Hongrie, 1956 ; Tchécoslovaquie, 1968). On peut espérer que cette ère de paix, dans laquelle ont déjà grandi deux générations d'Occidentaux, leur a donné le goût de vivre en harmonie avec les peuples du monde entier.

Le **capitalisme** s'est développé en Occident et a profondément marqué la mentalité des Occidentaux. Par contre, la création et l'instauration de mesures sociales (l'État-providence), visant à tempérer les effets du capitalisme sans entrave, entraînent des disparités dans le développement économique des pays capitalistes. Certains régimes politiques comme le régime tory de Margaret Thatcher en Angleterre, le régime conservateur de Brian Mulroney au Canada, ou encore le régime républicain de Ronald Reagan aux États-Unis, favorisent le désengagement de l'État à l'endroit des programmes sociaux, la **privatisation** des sociétés d'État, la baisse de salaire des fonctionnaires et la diminution des services gouvernementaux. D'autres régimes politiques comme le régime socialiste de François Mitterand en France, le régime libéral de Pierre Elliott Trudeau au Canada ou le régime démocrate de Bill Clinton aux États-Unis favorisent, au contraire, l'intervention et le contrôle par l'État de toute la sphère économique. Toutefois, le poids de l'endettement public des pays capitalistes est actuellement tel qu'une révision des politiques sociales est de plus en plus perçue comme une urgence dans la plupart des pays occidentaux.

D'un autre côté, en développant un nouveau type d'économie mondiale, l'impérialisme économique, les puissances occidentales ont assuré leur propre prospérité aux dépens des pays du Tiers Monde, dont la vie sociale, politique et économique est souvent dirigée et exploitée contre leur gré et à l'encontre des populations indigènes (*voir la carte 12.2*). Le réveil des pays du Tiers Monde a brusquement mis fin à la colonisation ; le rôle économique que joue l'Occident à l'endroit de ces pays est actuellement remis en question. De plus en plus, les pays du Tiers Monde s'affirment comme partenaires – et non comme pourvoyeurs – des pays occidentaux, dont ils veulent partager la richesse et même, dans certains cas, le mode de vie. Ils ont montré, en 1973, qu'ils pouvaient ébranler l'économie des pays capitalistes ; ils constituent maintenant une force qui fera certainement évoluer la civilisation occidentale dans une direction qu'elle ne peut encore prévoir.

Les régimes politiques occidentaux sont démocratiques. Ici encore, chaque pays adapte à la mentalité de ses citoyens les institutions qui lui semblent les plus adéquates. Les régimes présidentiels (France, Allemagne, États-Unis, etc.) et les monarchies constitutionnelles (Angleterre, Belgique, Pays-Bas, Espagne, Norvège, etc.) prévoient tous que leurs dirigeants politiques (présidents ou Premiers ministres) doivent être élus (à l'exception des rois) et que leurs mandats échoient à une date déterminée par la constitution. Toutefois, la volonté des puissances occidentales de garantir partout sur leur territoire le respect des libertés démocratiques, et de protéger les pays du Tiers Monde contre des régimes (ceux des démocraties populaires, par exemple) qui ne respecteraient pas ces libertés de la même manière, est à l'origine de la guerre froide et des luttes que les Occidentaux ont livrées dans le monde depuis 1945. Ainsi la guerre du Vietnam était motivée, au niveau idéologique, par la ferme intention des États-Unis de contrer l'avance du communisme en Asie du Sud-Est.

La civilisation occidentale n'est certes pas parfaite. Mais avec ses nombreux défauts, elle constitue néanmoins le meilleur des mondes que l'être humain se soit créé depuis qu'il est devenu, selon la formule de René Descartes, «maître et possesseur de la nature». Bien entendu, personne ne peut encore souscrire à l'optimisme naïf du philosophe Panglosse qui, dans le *Candide* de Voltaire, répétait inlassablement : «Tout est pour le mieux dans le meilleur des mondes !» Néanmoins, l'absence de guerre en Occident depuis 1945, le contrôle des effets du capitalisme par l'État-providence et la limitation des avantages qu'offre ce dernier, ainsi que le respect de la démocratie, sont les meilleures garanties d'une prospérité où les arts, les sciences et les techniques expriment la liberté et le bonheur de vivre.

Vue d'ensemble

La démographie

À l'exception de l'Irlande (jusqu'en 1961) et de la Finlande (depuis 1970), la population occidentale croît depuis 1945, mais à des rythmes variant beaucoup d'un pays à l'autre et d'une décennie à l'autre. (*Voir le tableau 12.1.*) Des records de croissance sont atteints hors d'Europe, surtout grâce à l'émigration : en Israël (4,1 % par an, entre 1950 et 1973), ou avec un taux voisin de la moyenne mondiale de 2 % au Canada, en Australie, en Nouvelle-Zélande et en Islande ; les États-Unis et la Suisse (± 1,5 %) devancent les autres pays européens, notamment l'Angleterre, où la population augmente de 11 % en 25 ans. La courbe des taux de natalité s'élève après 1945 au-dessus des niveaux d'avant-guerre ; l'Allemagne constitue une exception, qui s'explique par les pertes militaires et la prolongation de la captivité de nombreux prisonniers. Ailleurs, le ***baby boom*** permet de rattraper les naissances différées du fait des hostilités. Le maximum se situe presque partout en 1945-1949 ; aux États-Unis, il dure jusqu'en 1957 (2,5 % d'augmentation), au Canada jusqu'en 1954 ; l'Autriche et l'Allemagne atteignent leur sommet en 1963. Ensuite, la courbe descend lentement (France, Australie) ou rapidement (Finlande), en présentant un maximum au début des années 1960 (Belgique, Italie, Angleterre), depuis 1967 au Japon. (*Voir le tableau 12.2.*)

La prolongation du *baby boom* d'après-guerre est liée au climat plus optimiste qu'à l'époque de la dépression des années 1930. Après 1949, le mouvement se renverse progressivement. Pour faire face à l'explosion démographique consécutive au retour des soldats et de 5 millions de civils (1949), le gouvernement japonais permet le recours à l'avortement. Aux États-Unis, la natalité baisse de 2,37 % en 1960 à 1,57 % en 1972. Cette chute s'explique par l'élévation de l'âge du mariage (le pourcentage des femmes célibataires de 20 et 24 ans passe de 28 à 37 % entre 1960 et 1971), la multiplication des divorces, la préférence des couples pour

Carte 12.2
Les interventions américaines en Amérique latine (1959-1989)

TABLEAU 12.1

LA POPULATION ET LA SUPERFICIE DES DÉMOCRATIES POPULAIRES EN EUROPE (1939-1945)

PAYS	POPULATION		SUPERFICIE (KM^2)	
	1939	1945	1939	1945
Albanie	1 088 000	1 122 000	28 748	28 748
Bulgarie	6 246 000	7 000 000	103 146	110 669
Hongrie	9 193 000	9 015 000	92 979	93 030
Pologne	34 849 000	23 930 000	388 634	312 520
Allemagne de l'Est	16 745 000	18 057 000	—	108 200
Roumanie	15 601 000	15 791 000	295 300	237 500
Tchécoslovaquie	14 429 000	12 339 000	128 426	127 200
Yougoslavie	16 425 000	15 772 000	247 542	255 270

des familles de 2 enfants, la peur de la surpopulation et du chômage entretenue par la propagande écologiste, la diffusion des contraceptifs (l'usage de la pilule anticonceptionnelle se répand à partir de 1956) et la libéralisation de la législation concernant la stérilisation et l'avortement (en 1970, dans l'État de New York). Il en résulte une baisse générale du taux de fécondité. En 1972, les États-Unis ont un taux de remplacement d'une génération par l'autre (2,03) sous le seuil critique de la croissance zéro qui est de 2,11. Depuis 1964, la plupart des États européens ont un taux de natalité inférieur à celui de 1935-1939. Le vieillissement de la population posera dans l'avenir de sérieux problèmes économiques et sociaux (paiement des retraites).

L'économie

À l'issue de la Deuxième Guerre mondiale, la puissance économique et militaire des États-Unis et de l'URSS domine le monde. L'Angleterre suit de loin. Les pays d'Europe continentale sont ruinés. Dans un contexte de guerre froide, plusieurs d'entre eux forment en 1949, avec les États-Unis, un nouvel organisme de

TABLEAU 12.2

LA POPULATION ET LE TAUX D'ACCROISSEMENT DE LA POPULATION PAR CONTINENT (1950-1970)

Pays	Population en 1950 (en millions)	Taux d'accroissement annuel 1950-1960	Population en 1960 (en millions)	Taux d'accroissement annuel 1960-1970	Population en 1970 (en millions)
Afrique	217	2,2	270	2,7	352
Amérique du Nord	166	1,8	199	1,3	227
Amérique latine	162	2,8	213	2,8	280
Asie	1356	2,0	1645	2,2	2042
Europe	392	0,8	425	0,8	462
Océanie	13	2,3	16	2,1	20
URSS	180	1,7	214	1,3	243
Monde	2486	1,8	2982	2,0	3626

Les États-Unis, première puissance économique mondiale   Au lendemain de la guerre, les États-Unis produisent plus et à moindre coût que tout autre pays. Dans certains secteurs (aluminium, navires, automobiles, avions), ils produisent à eux seuls plus que le reste du monde. La concentration financière et technique des firmes américaines leur permet d'exporter des capitaux et de créer des filiales à l'étranger et ainsi d'imposer leurs modèles de production et de consommation.

défense : l'Organisation du traité de l'Atlantique Nord (OTAN). Libérés du totalitarisme hitlérien, les pays de l'Est européen ripostent en signant le pacte de Varsovie en 1955. Les deux **blocs** antagonistes, l'Est et l'Ouest, visent l'hégémonie économique et idéologique du monde : c'est la guerre froide (dont les guerres de Corée et du Vietnam sont des épisodes), qui envenime le climat politique pour une quarantaine d'années. L'ennemi des Occidentaux n'est plus le fascisme, mais le communisme.

L'économie de marché

Les nations qui ont réussi leur révolution industrielle se répartissent en deux systèmes opposés : la planification centralisée de type soviétique (*voir le tableau 12.3 à la page 414*) et ce que l'Organisation des Nations unies (ONU) appelle l'économie de marché : une forme économique à dominante capitaliste où les entreprises disposent d'une grande liberté face à l'État. Vingt et une nations jouissent d'une réelle prospérité, assurant à leurs citoyens un niveau de vie moyen élevé en comparaison de tout ce qui a été obtenu jusqu'alors dans l'histoire de l'humanité, et un

ensemble de garanties et de libertés qu'on trouve rarement ailleurs. Ces pays maîtrisent leur démographie et représentent une part décroissante de la population mondiale : 20,2 % en 1950 ; 17,4 % en 1970.

Après 1950, l'expansion du capitalisme est constante. Les grandes **firmes multinationales**, la plupart d'origine américaine, touchent tous les secteurs d'activité. Les États-Unis exercent ainsi une nouvelle forme de colonialisme sur les autres pays capitalistes, l'impérialisme économique. Étant donné que les investissements américains à l'étranger dépassent de loin (60 milliards de dollars en 1971) les investissements étrangers aux États-Unis, le marché international doit adopter, en 1976, une politique de flottement des monnaies (l'or étant démonétisé). Selon les accords de Bretton Woods (*voir la figure 12.1*), les États-Unis auraient dû ralentir leur croissance économique et leurs investissements à l'étranger (en renonçant au plein emploi ou en dévaluant le dollar, par exemple), pour ne pas mettre en danger l'équilibre monétaire des autres pays, mais ils s'y refusèrent.

En 1951, la Communauté économique du charbon et de l'acier (la CECA, regroupant l'Allemagne de l'Ouest, la Belgique, la France, l'Italie, le Luxembourg

FIGURE 12.1
LE SYSTÈME DE BRETTON WOODS

Les obligations des monnaies périphériques

- Maintien de la parité déclarée : la Banque centrale doit intervenir dès que le taux de change s'écarte de + ou – 1 % de la parité déclarée

- Retour à la libre convertibilité avec les autres monnaies du Système monétaire international (SMI)

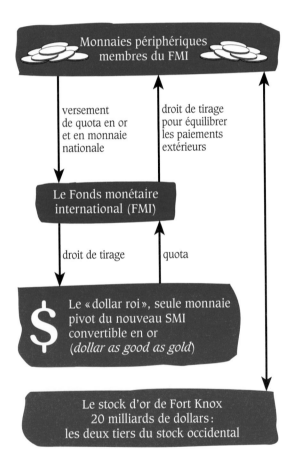

Monnaies périphériques membres du FMI

versement de quota en or et en monnaie nationale

droit de tirage pour équilibrer les paiements extérieurs

Le Fonds monétaire international (FMI)

droit de tirage   quota

$ Le « dollar roi », seule monnaie pivot du nouveau SMI convertible en or (*dollar as good as gold*)

Le stock d'or de Fort Knox 20 milliards de dollars : les deux tiers du stock occidental

sans succès ; elle devient l'Union d'Europe occidentale (UEO), regroupant l'Europe des Six et l'Angleterre (1954), qui échoue également. Finalement, en 1957, sont créées la Communauté économique européenne (CEE ou Marché commun) et la Communauté européenne de l'énergie atomique (CEEA ou Euratom). Aussitôt, la production industrielle de l'Europe des Six (de 1963 à 1971) croît de 56 % contre 39 % aux États-Unis et 26 % en Angleterre (*voir la figure 12.2*). Les travailleurs circulent librement d'un pays à l'autre. Après la retraite du général de Gaulle en 1969, la France, sous Georges Pompidou, accepte l'entrée de l'Angleterre, de l'Irlande et du Danemark dans le Marché commun : les Six deviennent Neuf. Le cercle s'agrandit encore et donne naissance à un Parlement européen à caractère politique, économique et social, présidé par Simone Veil en 1979. Les membres du Marché commun sont maintenant au nombre de 12, avec la Grèce (1981), l'Espagne et le Portugal (1986) ; en 1989, la Finlande est devenue membre adhérent ; en 1991, la Suède a demandé son admission au sein de la CEE. (*Voir le tableau 12.4 à la page 414.*)

*En 1974, **Simone Veil (née en 1927)** devient ministre de la Santé dans le cabinet de Jacques Chirac, sous la présidence de Valéry Giscard d'Estaing. En 1975, elle fait légaliser l'avortement en France, dont les frais médicaux sont désormais remboursés par la sécurité sociale, et lance la première campagne antitabac. En 1979, elle est élue présidente du tout nouveau Parlement européen, peu après l'accession au pouvoir de Margaret Thatcher en Angleterre.*

et les Pays-Bas, c'est-à-dire l'Europe des Six) obtient de bons résultats : de 1952 à 1956, la production commune de houille augmente de 4 %, celle du coke de 20 %, celle du minerai de fer de 23,5 %, celle de l'acier brut de 35,5 %. Une Communauté européenne de défense militaire (CED) est créée en 1952, mais

FIGURE 12.2
LA PRODUCTION MONDIALE DE CERTAINS BIENS DE 1938 À 1973
(indice 100 en 1938)

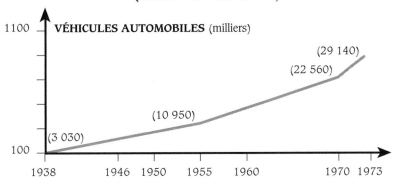

VÉHICULES AUTOMOBILES (milliers)

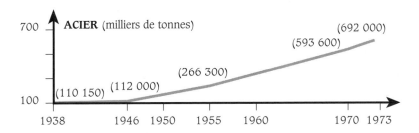

ACIER (milliers de tonnes)

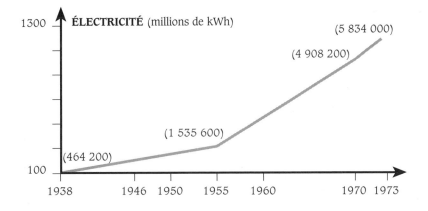

ÉLECTRICITÉ (millions de kWh)

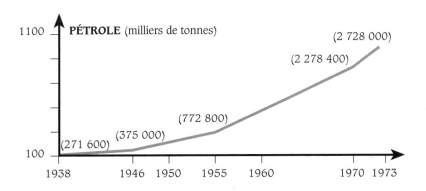

PÉTROLE (milliers de tonnes)

TABLEAU 12.3

LA PRODUCTION INDUSTRIELLE SOVIÉTIQUE ENTRE 1944 ET 1952 : L'ARBITRAGE ENTRE BIENS DE PRODUCTION ET BIENS DE CONSOMMATION (indice 100 en 1940)

Années	Ensemble de la production industrielle	Biens de production	Biens de consommation
1944	104	136	54
1945	92	112	59
1946	77	82	67
1947	93	101	82
1948	118	130	89
1949	141	163	107
1950	173	205	123
1951	202	239	143
1952	223	267	156

Les conséquences de l'expansion du capitalisme

Depuis 1970, la notion de croissance est remise en question. L'exploitation effrénée des ressources naturelles et la pollution qu'elle engendre apparaissent comme des problèmes de dimension planétaire. Le fossé séparant les pays développés de ceux qui le sont moins ne cesse d'augmenter. Le capitalisme se heurte au système socialiste des pays de l'Est et aux économies des pays du Tiers Monde, dont la plupart dépendent, dans des proportions alarmantes, des prêts ou des investissements que les pays développés leur consentent. L'expansion de l'impérialisme économique des États-Unis se réalise au prix d'un affrontement diplomatique avec l'URSS; il en résulte une émulation entre les deux superpuissances au niveau de leur emprise sur les richesses de l'Europe et du Tiers Monde. (*Voir la figure 12.3.*)

La récession économique des années 1970

À partir de 1968, le fléchissement de l'économie influence la vie quotidienne de tous les Occidentaux. Une des causes de la crise économique qui en résulte est la décision unilatérale des États-Unis, en 1971, d'abolir la convertibilité du dollar américain en or et d'adopter des taux flottants. Le système mis en place en 1944, qui a largement contribué à la croissance

TABLEAU 12.4

LES ÉTATS MEMBRES DE LA COMMUNAUTÉ EUROPÉENNE (1951-1994)

Années d'adhésion	États membres
1951 (CECA)	Allemagne fédérale
	Belgique
	France
	Italie
	Luxembourg
1958	Pays-Bas
1973	Danemark
	Grande-Bretagne
	Irlande
1981	Grèce
1986	Espagne
	Portugal
1994[1]	Autriche
	Finlande
	Suède

1 Par référendum, la Norvège refuse d'adhérer à la Communauté européenne.

économique de l'Occident depuis la fin de la guerre, est détruit. En 1973 éclate la récession : la production industrielle recule, la productivité des entreprises atteint son maximum, les faillites se multiplient, le prix du pétrole décuple entre 1973 et 1979, l'inflation est presque hors de contrôle, et l'on remet en question les acquis de l'État-providence, en même temps que les États-Unis se désengagent progressivement de la guerre du Vietnam. Mais simultanément, les salaires continuent de grimper, alors que la consommation stagne. Il en résulte une crise économique d'un type nouveau, appelé stagflation (stagnation + inflation).

Regroupés au sein de l'Organisation des pays exportateurs de pétrole (OPEP), les pays que l'Occident regarde encore comme faisant partie du Tiers Monde ont montré, en 1973, qu'ils pouvaient menacer la stabilité économique de l'Occident : il leur a suffi d'augmenter le prix du pétrole pour que la société occidentale comprenne soudain l'importance de négocier d'égale à égale avec ses partenaires commerciaux (*voir la figure 12.4*). Les remèdes à cette crise sont douloureux : de très nombreuses entreprises (et surtout des petites entreprises), ne pouvant plus faire face à la concurrence des grandes, doivent fermer leurs portes ; les ouvriers sont contraints de se recycler en raison de l'adoption de nouvelles technologies industrielles. L'introduction de l'informatique dans tous les domaines, et en particulier dans celui des services, et l'internationalisation de tous les échanges exigent des Occidentaux des efforts d'adaptation rapide dans tous les secteurs de l'activité humaine (*voir la figure 12.5 à la page 417*). En quelque vingt ans, le paysage indus-triel de l'Occident a complètement changé ; seules prospèrent les entreprises qui peuvent, grâce à leur technologie et à leur productivité, conquérir les marchés internationaux, alors que les petits commerçants sont aux prises avec une stagnation décourageante de la consommation et une montée des prix qu'ils ne peuvent contrer.

Paradoxe des temps actuels, alors que les échanges commerciaux exigent l'abolition des frontières et l'établissement d'un libre-échange à l'échelle mondiale, la montée des nationalismes entraîne le repli des peuples sur eux-mêmes et la défiance à l'endroit des étrangers. Au début des années 1980, un vent de conservatisme souffle sur l'Occident : en Angleterre, Margaret Thatcher garde le pouvoir de 1979 à 1989, alors que le président Ronald Reagan (républicain) dirige les États-Unis de 1980 à 1988. Au Canada, au gouvernement libéral de Pierre Elliott Trudeau (1968-1984) et de John Turner (juin-septembre 1984), succède le gouvernement conservateur de Brian Mulroney, qui reste au pouvoir jusqu'en 1993. Ce vent de conservatisme souligne l'urgence de réorganiser les pays occidentaux sur des bases économiques et politiques nouvelles.

L'évolution de la politique

Compromis par leur collaboration avec le fascisme, les gouvernements de droite tendent à disparaître d'Occident pour faire place à des régimes libéraux. Une profonde remise en question des valeurs fondamentales permet à des idées nouvelles de servir de bases plus pacifiques, et surtout plus humaines, à l'Occident

FIGURE 12.3

**LA CROISSANCE ET LES RÉCESSIONS DE L'ÉCONOMIE MONDIALE
(1948-1973)**

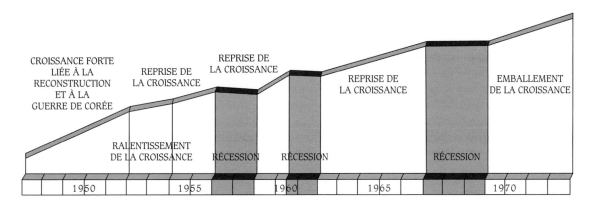

FIGURE 12.4
LA PRODUCTION ET LE PRIX DU PÉTROLE MONDIAL (1971-1992)

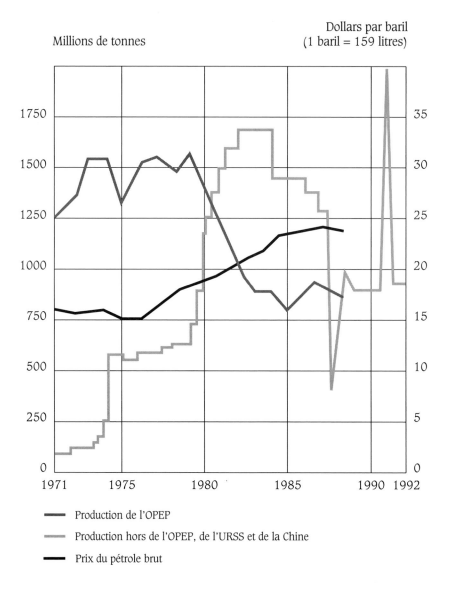

Source : M. PLANTEFOL. « Le pétrole », *Historiens et Géographes*, n° 316.

afin de reconstruire le monde. (*Voir l'encadré 12.1 à la page 418.*) D'un autre côté, les juifs, persécutés notamment par les Russes (au XIXᵉ siècle) puis par les nazis (après 1933), réclament un État juif depuis 1882. L'ONU décide de partager la Palestine en 1947. L'État d'Israël proclame son indépendance en 1948. La guerre des Six Jours (5-10 juin 1967) n'est qu'un épisode de la guerre perpétuelle que se livrent Arabes et Israéliens depuis 1948. Sous la protection de l'ONU, Israël s'est modernisé et identifié au monde occidental. Beaucoup de Palestiniens et d'Arabes considèrent encore aujourd'hui l'Occident comme un ennemi. Cette situation pose un problème d'ordre moral et politique aux Occidentaux (que doit-on faire avec la question israélo-palestinienne ?), qui ne trouve un début de solution qu'en 1993, alors qu'est signé un premier

FIGURE 12.5

LA CONSOMMATION DE PÉTROLE DES PAYS DE L'OCDE (1972-1983)

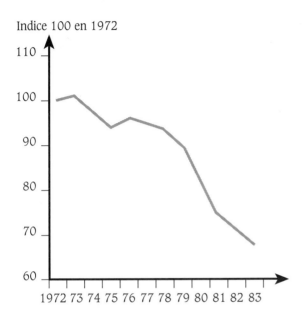

Indice 100 en 1972

de dollars (plan du secrétaire d'État américain George Catlett Marshall, proposé en 1947), permet à l'Europe de reconquérir les marchés extérieurs dès 1950. Quant au Japon, parti de plus bas encore, il prend plus de temps à se relever. Avec des taux de croissance variables, l'économie occidentale n'a pas connu de grande crise économique de 1945 à 1973.

La modernisation du Japon

Avant 1939, le Japon avait mis en place des réformes qui devaient le conduire à la modernisation. À partir de 1941, le conflit qui l'oppose à la Chine se fond dans la guerre mondiale. Ayant attaqué par surprise les États-Unis (à Pearl Harbor), le Japon ruine en quelques mois tous les empires coloniaux de l'Occident en Asie: il occupe la Malaisie, Singapour, les Philippines, l'Indonésie, la Birmanie et arrive aux avant-postes de l'Inde et de l'Australie. Mais, en 1945, le Japon perd les conquêtes qu'il avait faites depuis le XIXᵉ siècle; redevenue indépendante, la Corée est séparée en deux États; Formose et la Mandchourie reviennent à la Chine. Le Japon se transforme alors profondément; renonçant à toute domination politique ou militaire, il subit durant des années l'occupation américaine. Puis il se dote d'une constitution démocratique. L'empereur perd l'essentiel de ses pouvoirs. Ce régime ressemble beaucoup à ceux des démocraties occidentales – avec lesquelles le Japon entretient des liens étroits depuis 1951. Fort de ses 125 millions d'habitants, le Japon connaît actuellement une évolution technique supérieure à celle des pays les plus avancés et un taux de croissance sans égal. Il parvient à préserver son indépendance en devançant les influences extérieures et en contrôlant sa modernisation. Désormais, parmi les pays industrialisés, il n'y a pas que des pays occidentaux (États-Unis, Russie, Angleterre, France, Allemagne, Italie, Canada), mais aussi un pays asiatique: le Japon.

accord sur l'autonomie des territoires palestiniens occupés par les Israéliens.

Depuis 1945, les taux de croissance en Occident sont élevés et réguliers. La guerre a bouleversé les rapports économiques internationaux. Certaines nations émergent plus riches du conflit mondial, soit parce qu'elles étaient neutres (Suisse, Suède), soit parce qu'elles n'ont pas été touchées par les destructions. Certaines ont joué le rôle de fournisseurs de guerre (États-Unis, Canada), et leur économie exerce désormais un effet dominant. D'autres, au contraire, (Europe occidentale, Japon), sont ruinées. L'aide massive des États-Unis, au montant de 17 milliards

ENCADRÉ 12.1

LA CHARTE DE L'ATLANTIQUE

En 1941, Roosevelt et Churchill avaient proposé la charte de l'Atlantique afin d'harmoniser les rapports entre les nations ; elle servira de modèle à divers organismes après le deuxième conflit mondial.

1. [Les États-Unis et l'Angleterre] *ne recherchent aucun agrandissement territorial ou autre.*

2. *Ils ne désirent voir aucun changement territorial qui ne soit conforme à la volonté librement exprimée des peuples intéressés.*

3. *Ils respectent le droit de tous les peuples de choisir la forme de gouvernement sous laquelle ils veulent vivre.*

4. *Ils s'efforceront de favoriser l'accès de tous les peuples, sans discrimination, aux matières premières mondiales nécessaires à leur prospérité économique.*

5. *Ils souhaitent la collaboration économique de toutes les nations.*

6. *Ils souhaitent une paix qui leur assure la sécurité.*

7. *Ils préconisent la liberté des mers.*

8. *Ils croient que les nations doivent abandonner le recours à la force et que, en attendant le système de sécurité collectif, le désarmement est essentiel.*

Source : Abraham ROTHBERG. *L'Histoire vécue de la Seconde Guerre mondiale, Tome 2 : Le siège*, Verviers, Éditions Gérard, coll. « Marabout université », n° 33, 1963, p. 96-97.

En 1918, à l'issue de la Première Guerre mondiale, le président américain Woodrow Wilson avait proposé un plan de paix en 14 points. Les points 6 à 13 traitaient des réajustements des frontières selon le principe des nationalités et des gouvernements. Il est intéressant de comparer la charte de l'Atlantique à la proposition de Wilson. Le chiffre entre parenthèses dans les articles ci-après fait référence à l'article de la charte de l'Atlantique correspondant.

1. *Accord de paix conclu ouvertement (6).*

2. *Liberté absolue de la navigation sur les mers (7).*

3. *Suppression autant que possible de toutes les barrières économiques et établissement de conditions commerciales égales pour toutes les nations consentant à la paix (4 et 5).*

4. *Limitation des armements (8).*

14. *Création d'une Société des Nations (SDN) (8).*

Source : Henri BIDOU. *Histoire de la Grande Guerre*, Paris, Gallimard, 1936, p. 669.

Les faits

Après la défaite de l'Axe, les États-Unis, l'Angleterre et l'URSS conservent leurs industries d'armements, qui continuent à fonctionner et assurent leur prospérité. (*Voir le tableau 12.5.*) Le monde est divisé en deux blocs. À l'ancien équilibre multilatéral centré sur l'Europe s'est substitué un système bilatéral composé de deux superpuissances extra-européennes : les États-Unis et l'URSS, qui possèdent le quasi-monopole des armes atomiques. La victoire soviétique, l'établissement de démocraties populaires en Europe orientale et centrale, la victoire de Mao Tsé-toung en Chine, ont étendu le camp du communisme. (*Voir* **maoïsme** *au glossaire.*) Cette bipolarité politique, diplomatique et militaire se double d'une bipolarité économique Est-Ouest, mais aussi Nord-Sud.

La suprématie des États-Unis

Depuis 1946, les États-Unis doivent leur suprématie militaire, politique, économique, à l'écart technologique qui les sépare des autres pays développés (Europe, URSS, Japon). (*Voir le tableau 12.6.*) Ils mènent de front de multiples projets, alors que les Soviétiques renoncent à l'exploration de la Lune par des humains parce qu'ils ne peuvent développer à la fois les techniques nécessaires à ce type de vols spatiaux et les fusées qui renforcent leur potentiel militaire

stratégique. De 1945 à 1965, sur 140 innovations majeures (selon une étude de l'Organisation de coopération et de développement économique [OCDE]), 60 % naissent aux États-Unis, qui en tirent des revenus en vendant des brevets ou en signant des accords de licence et d'assistance technique. Ensuite viennent l'Angleterre (15 %) et l'Allemagne (10 %). Le Japon se modernise en achetant des brevets et en important des techniques étrangères. L'avance américaine est perceptible dans les industries de pointe :

TABLEAU 12.6
LES CHÔMEURS ET LES MILITAIRES AUX ÉTATS-UNIS (1939-1947) (en millions)

Années	Chômeurs	Militaires
1939	9,5	0,4
1940	8,1	0,4
1941	5,5	1,5
1942	2,6	3,8
1943	1,0	9,8
1944	0,6	11,3
1945	1,0	11,3
1946	2,2	3,3
1947	2,1	1,4

TABLEAU 12.5
LES VENTES D'ARMES DANS LE MONDE EN 1990

Pays	Parts des ventes mondiales	Nombre des principales entreprises
États-Unis	60,5 %	47
Europe occidentale	33,3 %	41
France	11,7 %	10
Royaume-Uni	10,6 %	14
Allemagne	5,0 %	8
Autres	6,0 %	9
Japon	3,3 %	6
Autres	2,9 %	—

ordinateurs, semi-conducteurs, matières plastiques spéciales, machines-outils à commande numérique, métallurgie du tantale et du titane, télécommunications par satellites. La diffusion de nouveaux produits et de nouveaux procédés est plus rapide aux États-Unis et au Japon qu'en Europe. Les États-Unis consacrent une part plus élevée de leur produit national brut (PNB) à l'enseignement supérieur; l'industrie y emploie proportionnellement plus de scientifiques et de techniciens. L'Europe forme plus de technologues que les États-Unis, mais les Européens émigrent volontiers. (*Voir le tableau 12.7.*)

TABLEAU 12.7
L'IMMIGRATION AUX ÉTATS-UNIS
(1951-1970)

Continents d'origine	Nombre d'immigrants (en milliers)
Amérique	2713
Europe	2463
Asie	567
Afrique	43
Océanie	34
Total	5837

Pays d'origine	Nombre d'immigrants (en milliers)
Canada	791
Mexique	754
Allemagne	669
Royaume-Uni	406
Italie	400
Cuba	287

Les États-Unis ont aussi de l'avance en techniques de gestion: les entrepreneurs sont formés dans des écoles commerciales d'une manière plus rationnelle que leurs homologues européens. La taille du marché américain favorise l'innovation et la compétitivité, alors que le marché européen, fragmenté en unités nationales rivales, étouffe les initiatives. Enfin, les crédits gouvernementaux, accordés directement aux industries (et non aux laboratoires publics) et concentrés dans les secteurs de pointe (armement, espace, industrie nucléaire), assurent la suprématie

Les États-Unis, première puissance militaire mondiale
Contrairement à la politique d'isolationnisme qu'ils s'étaient imposée en 1919, les États-Unis prennent la tête du monde occidental en 1945. La guerre froide ne fait qu'alimenter l'effort d'armement américain tant sur mer que dans les airs.

des États-Unis face aux efforts dispersés des Européens. La guerre a considérablement enrichi les États-Unis: le PNB y a augmenté de 50 % de 1940 à 1944. Après une courte récession de huit mois (mars-octobre 1945), l'expansion reprend (1945-1948); la demande privée solvable (de 1941 à 1945, les Américains épargnent 140 milliards de dollars) prend le relais des achats gouvernementaux et stimule les entreprises, le *baby boom* multipliant par ailleurs consommateurs et besoins (*voir le tableau 12.8*). Les secours distribués à l'Europe augmentent l'exportation de produits agricoles et l'emploi: le taux de chômage s'établit entre 3,4 et 3,9 % de 1946 à 1948; la population active ne cesse d'augmenter.

Les pays dévastés par la guerre ont subi de grandes pertes démographiques; usines et villes ont été détruites; privés d'engrais, les sols ne nourrissent plus les populations. Toutefois, le potentiel industriel de l'Allemagne, considérablement augmenté et rénové pendant la guerre, est peu atteint par les bombes; la France, moins touchée par les destructions, souffre par ailleurs de la vétusté de son équipement datant souvent d'avant 1929. En 1945, le commerce intra-européen est presque nul; les réseaux de transport ont souffert; les droits de douanes élevés, l'inflation, l'inconvertibilité des monnaies, l'épuisement des réserves d'or et de devises, la perte des marchés d'outre-mer et même les mauvaises conditions atmosphériques de l'époque freinent le commerce. En 1946,

TABLEAU 12.8

LE DÉPLACEMENT VERS LES BANLIEUES : LE CAS DE LA VILLE DE NEW YORK (1940-1970)

Répartition de la population	1940	1950	1960	1970
Population[1] des 22 comtés[2]	12 714	14 181	16 407	18 191
Population de la ville de New York	7 455	7 891	7 782	7 868
Population de Manhattan	nd	1 960	1 698	1 525
Pourcentage de Noirs habitant la ville de New York	6,1	9,5	14,0	21,2

1 En millions d'habitants

2 Région économique comprenant les 5 comtés (*boroughs*) de la ville de New York (773 kilomètres carrés) et 17 autres comtés répartis dans 3 États (New York, New Jersey et Connecticut) d'une superficie totale de 18 000 kilomètres carrés..

la sécheresse détruit les récoltes en Europe occidentale ; en 1947, l'hiver très froid attaque les semences en France ; le blizzard qui frappe l'Angleterre en janvier 1947 fait perdre 800 millions de dollars d'exportations. En 1947, le plan Marshall permet de relancer l'économie d'Europe occidentale (*voir le tableau 12.9*). En 1951, la production industrielle européenne est supérieure de 64 % à celle de

TABLEAU 12.9

L'AIDE AMÉRICAINE (EN MILLIONS DE DOLLARS) À L'EUROPE AU LENDEMAIN DE LA DEUXIÈME GUERRE MONDIALE (1945-1951)

Pays	Plan Marshall (en millions de dollars)	Pourcentage	Aide totale (en millions de dollars)
Allemagne fédérale	1 174	11,4	3 089
Autriche	492	4,8	726
Belgique-Luxembourg	537	5,2	683
Danemark	231	2,3	210
France	2 060	20,0	3 910
Grèce	387	3,8	387
Irlande	139	1,4	139
Islande	17	0,2	17
Italie (et Trieste)	1 064	10,3	2 046
Norvège	199	1,9	218
Pays-Bas	893	8,7	930
Royaume-Uni	2 675	26,2	6 010
Suède	103	1,0	103
Turquie	89	0,8	89
Union européenne des paiements	51	0,5	51
Autres pays	116	1,1	116
Total	10 260	100	18 724

Note : À titre de comparaison, le Japon a reçu, pendant la même période, 1780 millions de dollars en aide des États-Unis.

1947 et de 41 % à celle d'avant-guerre ; la production alimentaire progresse de 24 % par rapport à celle de 1947. Le rationnement disparaît. Au début de la guerre de Corée (1950), l'économie européenne est prête à repartir à la conquête des marchés extérieurs, sans l'aide américaine.

Les démocraties d'Europe occidentale

À la fin de la Deuxième Guerre mondiale, les pays d'Europe sont rétablis à peu près dans leurs frontières de 1937. L'Autriche est occupée par l'URSS, les États-Unis, la France et l'Angleterre de 1945 à 1955. Indépendante depuis lors, elle forme un État neutre et démocratique entre les blocs de l'Est et de l'Ouest.

La France

La France est ruinée par la guerre de 1939-1945. L'occupation a coûté 1000 milliards de francs. Elle est déchirée par les luttes entre partisans du régime dictatorial du maréchal Pétain et résistants, entre démocrates-chrétiens et communistes. Après l'essai infructueux d'une union sacrée sous l'autorité du général de Gaulle, 26 gouvernements se succèdent en 138 mois. Cette instabilité politique, due au pullulement des partis, entrave la reprise économique. Au même moment, la France perd l'Indochine (1946-1954) ; la Tunisie et le Maroc proclament leur indépendance (1955) ; la guerre est ouverte avec l'Algérie

(1954). Les gouvernements de la IVᵉ République sont incapables de redresser la situation politico-économique de la France. Une nouvelle constitution est adoptée ; le général de Gaulle est appelé à diriger la Vᵉ République (1958).

L'Angleterre

En Angleterre, les difficultés socio-économiques d'après-guerre amènent au pouvoir un gouvernement travailliste de gauche, qui entreprend la **nationalisation** des principales industries. Son échec lui vaut l'élection d'un gouvernement conservateur dirigé par Winston Churchill (1951-1955), puis Anthony Eden (1955-1957). En 1952, l'Angleterre devient une puissance atomique. Sur le plan intérieur, la dénationalisation de l'acier (1953) marque le retour au libéralisme ; la prospérité revient, le rationnement disparaît. Les conservateurs parviennent à redresser partiellement une économie qui chancelle d'autant plus que l'Empire britannique se disloque : l'Inde est indépendante (1947) ; il y a des révoltes sanglantes au Kenya et à Chypre ; le Canada tente d'échapper à l'orbe économique et politique de l'Angleterre. L'intervention franco-britannique à Suez (1956) provoque la chute du cabinet Eden et l'élection d'Harold Macmillan (1957-1963). Macmillan poursuit la **décolonisation** : indépendance du Ghana et de la Malaisie en 1957 ; de Chypre et du Nigeria en 1960 ; de la Sierra Leone en 1961 ; de l'Ouganda en 1962 ; du Kenya en 1963. Il tente de faire adhérer l'Angleterre

*Le général **Charles de Gaulle (1890-1970)**, chef du gouvernement provisoire français (1945) et président de la République (1958-1969), est l'auteur de* La Discorde chez l'ennemi *(1924),* Le Fil de l'épée *(1932),* Vers l'armée de métier *(1934),* La France et son armée *(1938),* Mémoires de guerre *(1959),* Mémoires d'espoir *(1970). Charles de Gaulle s'oppose à toute mesure entamant la souveraineté française : il crée une force nucléaire française de **dissuasion** (1960), retire la France du volet militaire de l'OTAN (1967), lutte contre l'hégémonie mondiale du dollar, refuse l'engagement de la France dans tout organisme politique supranational. Il contribue au rapprochement de la France et des pays communistes, notamment l'URSS et la république populaire de Chine. En politique intérieure, la Constitution de la Vᵉ République (1958), qui s'inspire des idées du général de Gaulle, lui donne des pouvoirs exceptionnels que n'avaient pas ses prédécesseurs – notamment celui de permettre au chef de l'État de faire appel directement au peuple par voie de plébiscite en maintes occasions ; par l'usage abondant des référendums, le général de Gaulle a rendu aux Français le sentiment de participer individuellement aux grandes décisions de l'État.*

Margaret Hilda Thatcher (née en 1925), Premier ministre britannique (1979-1989), est la première femme chef de gouvernement en Europe. Elle s'oppose aux socialistes et prône des idées néolibérales qui l'amènent à mettre au pas les grandes centrales syndicales britanniques. Par son atlantisme militant, renforcé par l'élection de Ronald Reagan aux États-Unis (1980-1988), elle ouvre la crise avec ses partenaires européens, en refusant de se plier aux règles financières du Marché commun.

au Marché commun (Europe des Six), auquel elle ne se joindra qu'en 1973.

Le gouvernement conservateur de Margaret Thatcher (1979-1989) tente de redresser l'économie par des mesures néolibérales énergiques, mais peu populaires : reprivatisation des secteurs de l'aéronautique, des transports aériens, de l'électronique, du pétrole ; hausse de la taxe de vente de 8 % à 15 % ; restriction du droit de grève. Le chômage atteint 7 % (12 % chez les jeunes de moins de 25 ans). Cependant, le pétrole de la mer du Nord et le programme de mise en chantier d'une centrale atomique par année entre 1982 et 1992 ouvrent des voies à la relance.

La reconstruction de l'Europe s'est limitée à l'Europe occidentale, l'URSS ayant refusé le plan Marshall et entraîné à sa suite les États d'Europe de l'Est (1947). Toutefois, ces pays mirent sur pied un organisme économique spécifique, le Comecon (1949), et un organisme militaire, le pacte de Varsovie (1955). Dans les années 1970, ils durent renoncer à leur attitude hostile envers les pays du Marché commun, la crise économique les touchant également, et ils s'orientèrent vers une intensification des échanges avec l'Ouest.

La guerre froide (1945-1990)

À la fin de la Deuxième Guerre mondiale, l'URSS, qui a beaucoup sacrifié, exige d'importantes

concessions ; elle confirme ses annexions de 1939-1940 sur la Finlande et aux dépens de la Pologne, absorbe les États baltes, l'Ukraine subcarpatique, enlève à l'Allemagne le Nord de la Prusse-Orientale avec Königsberg. Amputée de ses territoires à l'est du Bug, la Pologne reçoit, en 1945, tous les territoires allemands situés à l'est de la ligne Oder-Neisse : le Sud de la Prusse-Orientale, la Poméranie, une partie du Brandebourg et la Silésie. La rupture diplomatique entre les États-Unis et l'URSS se produit en 1947, lorsque le président Harry Truman annonce que les États-Unis accordent une aide de 400 millions de dollars à la Grèce et à la Turquie pour lutter contre la guérilla communiste. Le plan Marshall (1947) organise cette aide et la réserve, à des fins de reconstruction, à 16 pays européens dont le régime politique est approuvé par Washington, élargissant ainsi le fossé entre le monde communiste et l'Occident. Ayant refusé cette aide, l'URSS n'est plus considérée comme une puissance occidentale (mais l'a-t-elle jamais été à part entière ?) et devient le nouvel ennemi de l'Occident (*voir le tableau 12.10*). De 1950 à 1954, le comité d'enquête dirigé par le sénateur Joseph McCarthy (1908-1957) pourchasse les sympathisants communistes aux États-Unis. (*Voir* **maccarthysme** *au glossaire.*) Toute décision prise par l'un des blocs est interprétée par l'autre comme une menace entraînant de nouvelles défenses. (*Voir l'encadré 12.2.*)

TABLEAU 12.10
LES RÉGIMES COMMUNISTES EN EUROPE DE L'EST (1945-1948)

Années	Pays où les communistes sont seuls au pouvoir
1945	Albanie
	Bulgarie
	Yougoslavie
1946	Roumanie
1947	Hongrie
	Pologne
1948	Tchécoslovaquie
1949	Allemagne de l'Est (occupée militairement par l'URSS depuis 1945)

Essai nucléaire américain dans le désert du Nevada à la fin des années 1940 Le monopole américain sur les armes atomiques sera de courte durée: l'URSS met au point la bombe A en juillet 1949 et la bombe H en août 1953, moins de deux ans après les Américains. Le monde entre donc rapidement, et pour un demi-siècle, dans l'équilibre de la terreur nucléaire.

La crise de Berlin (1948-1949)

À la fin de la Deuxième Guerre mondiale, Berlin est divisée en quatre zones d'occupation: américaine, anglaise, française (Berlin-Ouest) et soviétique (Berlin-Est). À la suite d'une réforme monétaire décidée unilatéralement par les Occidentaux, les Soviétiques pratiquent un blocus de Berlin-Ouest (1948-1949), qui échoue grâce à l'établissement par les Américains d'un pont aérien qui ravitaille la ville. En 1949, Berlin-Ouest est intégrée à la République fédérale d'Allemagne (Allemagne de l'Ouest) et Berlin-Est à la République démocratique allemande (Allemagne de l'Est). En 1953, le contraste aigu entre la prospérité économique de Berlin-Ouest et la vie difficile de la population de Berlin-Est pousse cette dernière à manifester contre le régime communiste; les Soviétiques décrètent l'état de siège. Devant

---

ENCADRÉ 12.2
LES ARMES ATOMIQUES

Il existe deux types d'armes atomiques: les bombes A (atomiques) et les bombes H (à hydrogène). La bombe de Hiroshima était une bombe A. Les bombes H, expérimentées depuis 1952, sont beaucoup plus puissantes. La bombe de Hiroshima représentait une puissance de 20 000 tonnes de TNT. En 1952, les Américains expérimentent une bombe de 3 millions de tonnes de TNT (3 mégatonnes ou 3 Mt). Depuis 1961, on dépasse la puissance de 50 mégatonnes par bombe. Une bombe de 5 mégatonnes provoque des brûlures au deuxième degré dans un rayon de 30 kilomètres et des brûlures au premier degré dans un rayon de 30 à 80 kilomètres. Les éléments radioactifs libérés par une bombe A de 20 mégatonnes se répandent dans un rayon de 600 kilomètres. L'armement atomique a provoqué une mutation profonde dans la stratégie, les radiations des bombes atomiques menaçant autant les victimes que les bourreaux.

L'Inde, le Pakistan, l'Irak, ainsi que d'autres pays, se sont aussi dotés d'armes nucléaires. Les traités de désarmement ou de non-prolifération des armes atomiques (accords SALT qui sont des traités de limitation des armements stratégiques ou Strategic Armaments Limitation Treaties, signés à Moscou en 1972 et à Washington en 1973) contrôlent la production atomique. Les incidents survenus, en 1979, à la centrale nucléaire de Three Miles Island (Pennsylvanie) et l'explosion, en 1986, de la centrale nucléaire de Tchernobyl (Ukraine) ont renforcé la prise de conscience collective du danger que représente l'énergie atomique – surtout lorsqu'elle sert à fabriquer des bombes.

Le blocus de Berlin (juin 1948 à mai 1949)   À la suite de la fermeture, par les Soviétiques, des voies d'accès routières et fluviales de Berlin-Ouest, les armées d'occupation alliées entreprennent d'approvisionner par voie aérienne la population ouest-berlinoise. Pendant presque un an, denrées alimentaires, charbon, vêtements et articles de toutes sortes sont déchargés des avions qui atterrissent aux minutes sur les trois petits aéroports de Berlin-Ouest.

l'émigration massive des habitants de Berlin-Est vers les secteurs occidentaux, le gouvernement est-allemand, à l'instigation de Moscou, décide, en 1961, d'arrêter pratiquement tout trafic entre les deux parties de la ville en les séparant par un mur (symbole de la guerre froide) dont les dispositifs de surveillance sont renforcés. L'Allemagne est ainsi divisée en deux parties rivales ; elle ne parviendra à se réunifier qu'en abattant le mur de Berlin en 1989.

L'OTAN (1949)

En 1949, 12 pays (Angleterre, Belgique, Canada, Danemark, États-Unis, France, Islande, Italie, Luxembourg, Norvège, Pays-Bas, Portugal) signent le traité de l'Atlantique Nord et créent l'Organisation du traité de l'Atlantique Nord (OTAN) pour le gérer. Ce traité est une alliance militaire dirigée contre la menace soviétique. La Grèce et la Turquie s'y joignent, puis la République fédérale d'Allemagne (1954). Les pays signataires doivent se réarmer et s'harmoniser sur le plan économique. Les Alliés reconstituent aussi l'armée allemande, seul moyen de défense efficace

contre une éventuelle attaque soviétique. Le traité se présente comme une alliance militaire défensive et comme un effort pour créer une communauté de pays aux mêmes idéaux politiques. L'OTAN est placée sous l'autorité suprême du Conseil atlantique, groupant les ministres des Affaires étrangères et des Finances des pays membres. Les premiers secrétaires en sont lord Ismay (1949-1957) et le Belge Paul-Henri Spaak (1957-1961). Le général Eisenhower, commandant des forces militaires de l'OTAN (1950), établit son quartier général à Rocquencourt (France) ; le Conseil atlantique s'installe à Paris. À partir de 1957, les États-Unis entretiennent en permanence des armes nucléaires en Europe. En 1983, l'OTAN déploie en Allemagne fédérale des fusées Pershing-2 (les euromissiles).

En 1954, les États-Unis créent également l'Organisation du traité de l'Asie du Sud-Est (OTASE) qui groupe les Philippines, l'Iran, le Pakistan, l'Australie et la Nouvelle-Zélande. Ils accordent une aide militaire et économique à l'Iran, à la Corée, au Vietnam du Sud, aux Philippines et à Formose, dernier bastion de l'armée nationaliste chinoise de Tchang-Kaï-Chek.

Le pacte de Varsovie (1955)

En riposte à l'OTAN, l'URSS signe le pacte de Varsovie en 1955, avec les pays d'Europe de l'Est (Albanie, Bulgarie, République démocratique allemande, Roumanie, Tchécoslovaquie, Hongrie, Pologne), dont l'armement est standardisé ; le commandement des 6 millions d'hommes est confié aux Soviétiques (1955). Ce pacte justifie l'intervention armée de l'URSS en Hongrie (1956) et en Tchécoslovaquie (le Printemps de Prague, 1968) pour maintenir par la force l'unité du bloc communiste. En 1968, l'Albanie, qui s'aligne idéologiquement sur la Chine populaire, se retire du pacte. Quoique communiste, la Yougoslavie, fédération de six républiques (Serbie, Croatie, Slovénie, Bosnie-Herzégovine, Monténégro et Macédoine) créée en 1946 et dirigée par le maréchal Josip Broz, dit Tito (1892-1980), jusqu'à sa mort, se tient à l'écart du pacte de Varsovie. Après la chute de Nikita Khrouchtchev (1964) et l'arrivée au pouvoir de Leonid Brejnev, l'URSS confirme son accession au rang de grande puissance mondiale, ce qui lui permet notamment d'envahir l'Afghanistan (1979) et d'y rester jusqu'en 1988 sans que les États-Unis osent l'en déloger. (*Voir le tableau 12.11.*)

La détente (1972)

Dans les années 1960, les premiers signes de **détente** provoquent le relâchement des liens unissant les pays de l'OTAN. Ayant doté la France d'une force nucléaire nationale, le général de Gaulle retire son pays du volet militaire de l'OTAN, qui déménage son siège à Bruxelles. À la suite de la crise chypriote qui l'oppose à la Turquie, la Grèce se retire également de l'OTAN, affaiblissant l'alliance. L'OTAN, qui regroupe 15 pays à la fin des années 1970, a plus de soldats en Europe que les Soviétiques (4,9 millions contre 3,8), mais l'URSS a la suprématie en blindés et en engins nucléaires sol-sol à moyenne portée. La tension entre États-Unis et URSS, très forte sous la présidence de John F. Kennedy (États-Unis) et sous Nikita Krouchtchev (URSS), se résorbe graduellement sous les mandats de Richard Nixon (1968-1974) et de Leonid Brejnev (1960-1982). (*Voir le tableau 12.12.*) Les accords de SALT 1 (1972) entre les États-Unis et

TABLEAU 12.11
LES DIRIGEANTS DE L'URSS ET DE LA RUSSIE (1960-1994)

Dirigeants	Années	Postes occupés
Nikita KHROUCHTCHEV	1953-1964	Secrétaire du Comité central du Parti communiste
	1958-1964	Président du Conseil des ministres
Alekseï KOSSYGUINE	1964-1980	Président du Conseil des ministres
Anastas MIKOÏAN	1964-1965	Président du Soviet suprême
Nikolaï PODGORNY	1965-1977	Président du Soviet suprême
Leonid BREJNEV	1964-1982	Secrétaire du Comité central du Parti communiste
	1977-1982	Président du Soviet suprême
Iouri ANDROPOV	1982-1984	Secrétaire du Comité central du Parti communiste
	1983-1984	Président du Soviet suprême
Constantin TCHERNENKO	1984-1985	Secrétaire du Comité central du Parti communiste
	1984-1985	Président du Soviet suprême
Mikhaïl GORBATCHEV	1985-1991	Secrétaire du Comité central du Parti communiste
	1988-1991	Président du Soviet suprême
	1990-1991	Président de l'URSS
Boris ELTSINE	1991	Président de la république de Russie
	1992-	Président de la fédération de Russie

Note : L'URSS cesse d'exister en décembre 1991.

TABLEAU 12.12

L'ÉVOLUTION DES ARSENAUX NUCLÉAIRES AMÉRICAINS ET SOVIÉTIQUES (1945-1985)
(Bombardiers stratégiques, missiles et ogives nucléaires)

Années	États-Unis	URSS
1945	2	0
1950	300	0
1955	1 200	300
1960	2 000	150
1965	2 000	200
1970	2 000	1 300
1975	6 500	2 100
1980	8 900	4 100
1985	10 800	8 600

Source : D'après Barash. *The Arms Race and Nuclear War*, 1989.

Richard Nixon et Leonid Brejnev signant les accords SALT I à Moscou en mai 1972 Les accords américano-soviétiques des années 1970 et 1980 portent sur la limitation des armes nucléaires. Toutefois, même si ces accords reflètent une volonté nouvelle de coexistence pacifique et de détente, leur objectif a toujours consisté à contrôler la croissance des armes atomiques plutôt qu'à diminuer leur nombre.

l'URSS, portant sur la limitation des armements nucléaires stratégiques, ainsi que la détente amorcée, en 1972, entre les États-Unis et la république populaire de Chine, dirigée par Mao Tsé-toung (1950-1976), annoncent une nouvelle ère dans les relations internationales des grandes puissances. (*Voir la carte 12.3.*)

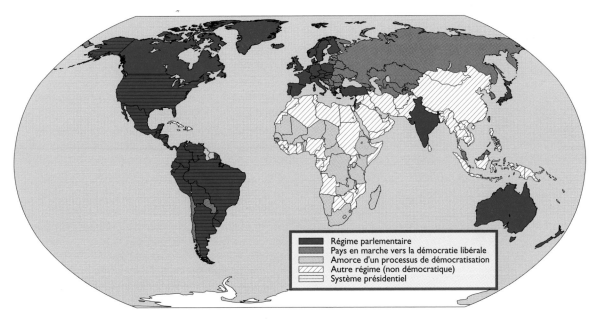

Régime parlementaire
Pays en marche vers la démocratie libérale
Amorce d'un processus de démocratisation
Autre régime (non démocratique)
Système présidentiel

Carte 12.3

Les démocraties libérales dans le monde en 1994

John Fitzgerald Kennedy (1917-1963), *président des États-Unis (1960-1963), force, en 1962, les Soviétiques à retirer leurs missiles offensifs installés à Cuba. Il contribue au traité proscrivant les expériences nucléaires (1963) et envoie 16 000 soldats américains au Vietnam pour y contrer le communisme ; il amorce ainsi l'escalade qui amène son successeur, Lyndon B. Johnson (1908-1973 ; président de 1963 à 1968) à engager les États-Unis dans la guerre du Vietnam. Il élabore également la législation sur les droits civiques, qui entrera en vigueur sous Johnson. Il est assassiné à Dallas (Texas) en 1963.*

En 1955, Moscou avait en vain proposé aux Occidentaux la dissolution simultanée de l'OTAN et du pacte de Varsovie ; ce n'est qu'en 1991 que ce pacte est abrogé, alors que l'existence même de l'OTAN est de plus en plus remise en question. Aux commandes de l'URSS (1985-1991), Mikhaïl Gorbatchev tente de réformer les structures socio-économiques du pays pour le sortir de son marasme.

La fin du colonialisme (1945-1975)

Parallèlement à l'affrontement diplomatique et économique entre l'Est et l'Ouest, la richesse des pays du Nord s'oppose à la pauvreté des régions du Sud. Les conquêtes de 1942 portent un coup fatal au prestige de l'homme blanc en Asie et en Afrique ; les peuples coloniaux sont amenés à lutter pour leur liberté (1945-1975). En 1955, la conférence de Bandung réunit les représentants de 29 États africains (notamment l'Égypte), asiatiques (Chine, Birmanie, Ceylan, Inde, Indonésie, Pakistan) et même européens (Yougoslavie), qui décident d'un commun accord de

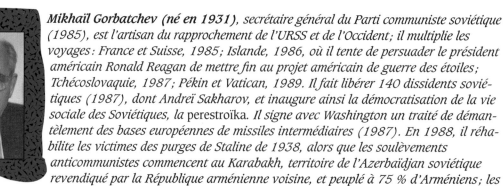

Mikhaïl Gorbatchev (né en 1931), *secrétaire général du Parti communiste soviétique (1985), est l'artisan du rapprochement de l'URSS et de l'Occident ; il multiplie les voyages : France et Suisse, 1985 ; Islande, 1986, où il tente de persuader le président américain Ronald Reagan de mettre fin au projet américain de guerre des étoiles ; Tchécoslovaquie, 1987 ; Pékin et Vatican, 1989. Il fait libérer 140 dissidents soviétiques (1987), dont Andreï Sakharov, et inaugure ainsi la démocratisation de la vie sociale des Soviétiques, la* perestroïka. *Il signe avec Washington un traité de démantèlement des bases européennes de missiles intermédiaires (1987). En 1988, il réhabilite les victimes des purges de Staline de 1938, alors que les soulèvements anticommunistes commencent au Karabakh, territoire de l'Azerbaïdjan soviétique revendiqué par la République arménienne voisine, et peuplé à 75 % d'Arméniens ; les Soviétiques évacuent également l'Afghanistan. Élu président de l'Union soviétique en 1988, Gorbatchev lutte à la fois contre les procommunistes en URSS, les résistances aux réformes de modernisation et les revendications des pays satellites. Prix Nobel de la paix en 1990, il démissionne de la présidence de l'URSS en 1991, et annonce en même temps la dissolution de l'Union des 11 républiques, qui est remplacée par la Communauté d'États indépendants (CEI) formée, au départ, de trois républiques (Biélorussie ou Bélarusse, Russie, Ukraine), les autres pays membres de l'ex-URSS se proclamant indépendants. (Voir la carte 12.4.) La montée des nationalismes dans les pays de l'Est (Roumanie, Tchécoslovaquie, Yougoslavie) et l'éclatement de l'URSS font envisager la menace soviétique sous un nouvel angle : le bloc communiste ne met plus en danger l'Europe occidentale, mais la question est de savoir quel usage les États qui le composaient feront de l'arsenal nucléaire dont ils ont hérité.*

combattre le colonialisme et de ne pas aligner leur politique ou leur économie sur les États-Unis ou l'URSS ; ces pays deviennent alors des **pays non alignés**. Dans toute la zone de prospérité dominée par le Japon pendant quelques années, les nationalismes des pays colonisés reçoivent une impulsion décisive de l'effondrement des Empires européens, et le mouvement qui se propage également dans le monde musulman annonce l'assaut général contre le colonialisme occidental.

En 1949, la Chine amorce sa modernisation. Adoptant un régime communiste comparable à celui de l'URSS (avec quelques différences), elle passe à la collectivisation de l'industrie et de la terre (1950). Depuis la mort de Mao Tsé-toung (1893-1976), père de la révolution chinoise, la république populaire de Chine (Chine communiste) montre de plus en plus de signes d'ouverture à l'Occident. Avec ses 1,143 milliard d'habitants en 1991, elle peut affirmer sa puissance. Maintenant divisée en cinq États indépendants (Inde, Pakistan, Birmanie, Sri Lanka et Bangladesh), l'Inde (indépendante depuis 1947) est en voie de modernisation, bien qu'elle doive faire face à la surpopulation (750 millions d'habitants), à des famines, à des luttes

religieuses et à divers problèmes diplomatiques avec un de ses anciens partenaires (le Pakistan) au sein de l'Empire. En 1955, les États-Unis avaient fourni à l'Inde une aide de 38 milliards de dollars (dont 18 milliards en vivres). À l'instar de la Yougoslavie et de l'Égypte, l'Inde a néanmoins refusé, sous le ministère de Jawaharlal Nehru (1956), de se lier à l'Occident par l'adhésion à un grand ensemble (l'OTASE, par exemple), dominé par les États-Unis ou l'URSS. Elle s'est ainsi déclarée nation non alignée, en même temps que l'Égypte et la Yougoslavie.

L'une des conséquences de la Deuxième Guerre mondiale est sans doute de donner aux Occidentaux l'occasion de se mêler aux guerres extra-occidentales. Depuis 1945, il n'y a plus de guerre en Occident, mais les Occidentaux sont néanmoins impliqués dans la plupart des conflits qui ravagent le reste de la planète. La décolonisation française est marquée par deux longues guerres en Indochine (1946-1954) et en Afrique du Nord (1954-1962). À la suite de l'effondrement japonais, Ho Chi Minh proclame la république démocratique du Vietnam (1945), que la France reconnaît comme un État libre dans l'Union française (1946), mais il reste à régler le cas de la Cochinchine où des nationalistes anticommunistes se rebellent. Le bombardement de Haïphong par les Français (1946) déclenche la guerre d'Indochine. Pour faire face à la propagande Vietminh, procommuniste et soutenue par la Chine (1949), la France accorde l'autonomie complète au Vietnam, dirigé par l'empereur Bao Dai et reconnu par les États-Unis (1950) ; une armée vietnamienne participe alors aux combats aux côtés des Français (1952). Le Vietminh remporte des victoires sur le terrain, malgré le nouveau sens anticommuniste donné par la France à cette guerre (ce qui lui vaut l'aide des États-Unis).

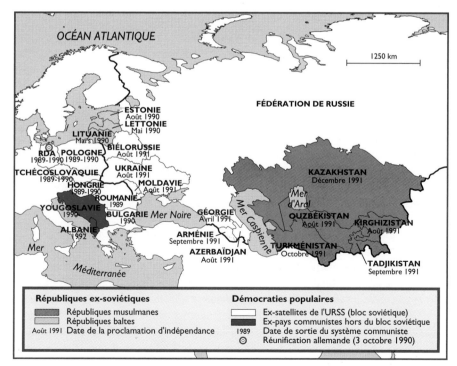

Carte 12.4
L'URSS éclatée : les nouvelles frontières

Achmed Sukarno (1901-1970), premier président de la république d'Indonésie et hôte de la conférence de Bandung (avril 1955) Les 29 pays participants (représentant plus de la moitié de la population mondiale mais seulement 8 % de ses ressources) s'opposent à l'ingérence des grandes puissances, aux armes nucléaires et prônent le règlement pacifique des conflits. Ils proposent une troisième voie de développement : le non-alignement sur l'un ou l'autre des deux blocs dominants.

La montée du communisme en Chine, le déclenchement de la guerre froide et l'invasion (1950) de la Corée du Sud par les Coréens du Nord, d'allégeance communiste, justifient l'intervention des Américains en Corée (1950). À l'armistice en 1953, on dénombre 38 500 victimes des Nations unies, 70 000 Coréens du Sud, 2 millions de Coréens du Nord et de Chinois, 3 millions de civils tués par les bombardements ou les épidémies. Mais la paix confirme le *statu quo ante bellum*. C'est finalement en Asie que le communisme remporte ses plus grands succès et résiste victorieusement aux Occidentaux.

La victoire du Vietminh à Dien Bien Phu, en 1954, met fin aux hostilités.

Les accords de Genève (1954) prévoient la scission du Vietnam ; une frontière est tracée entre le Nord et le Sud à la hauteur du 17e parallèle. Deux nouveaux pays apparaissent : le Vietnam du Nord et le Vietnam du Sud. Les élections prévues pour 1956 n'ont jamais lieu, notamment à cause de l'opposition des Américains, qui ont remplacé les Français au Vietnam du Sud. Les adversaires de la présence américaine au Vietnam s'organisent : le Front national de libération (Vietcong) rassemble les maquisards du Vietnam du Sud ; la guerre d'indépendance du Vietnam du Nord prépare la voie à une deuxième guerre : la guerre du Vietnam, dans laquelle les Américains s'engagent à partir de 1964. Les accords de Paris en 1973 consacrent la défaite des États-Unis en Asie. En 1976, le Nord et le Sud se réunifient ; le communisme est vainqueur et les Khmers rouges (forces procommunistes) imposent un régime de terreur au Cambodge.

Les luttes de décolonisation en Afrique (*voir la carte 12.5*) sont différentes de celles des peuples asiatiques (*voir la carte 12.6 à la page 433*). En Afrique du Nord, les protectorats du Maroc et de Tunisie obtiennent leur indépendance sans engagements militaires, malgré l'opposition des colons français. En Algérie, par contre, les Européens établis de longue date, que l'on appelle *pieds noirs* (10 % de la population totale), considèrent que la terre d'Algérie est autant la leur que celle des Arabes ou des Berbères. Jouissant des mêmes droits que les Français de la métropole, ils résistent à toute réforme qui menace leurs privilèges. D'autres sont attachés à l'Algérie pour des raisons sentimentales, stratégiques ou économiques (découverte de pétrole au Sahara). Le Front de libération nationale (FLN) constitue à Tunis (Tunisie), en 1958, le gouvernement provisoire de la République algérienne. L'armée de 500 000 Français s'assure la maîtrise du terrain, mais ne peut endiguer la vague nationaliste. À la suite de l'émeute des Européens d'Alger (1958), l'armée contribue à la chute de la IVe République et au retour au pouvoir du général de

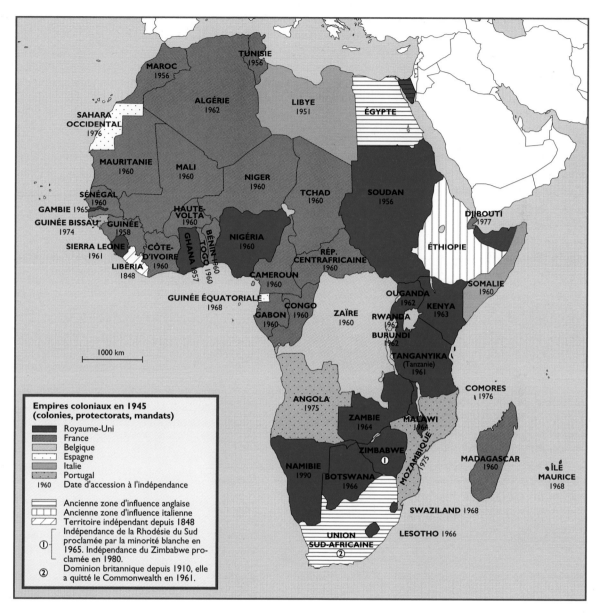

Carte 12.5
La décolonisation de l'Afrique

Gaulle qui conclut les accords d'Évian en 1962. L'indépendance de l'Algérie déclenche un exode massif des *pieds noirs* qui y abandonnent la plupart de leurs biens. Le monde arabe doit actuellement faire face à la double influence de son propre passé et de l'Occident qui l'a colonisé et avec lequel il a encore d'importants rapports économiques.

Mal engagée par la métropole, l'indépendance du Congo belge provoque, en 1960, une grave crise internationale dans laquelle l'ONU intervient militairement pour protéger les Européens et pour empêcher la guerre civile d'éclater entre Congolais (des provinces comme le Katanga et le Kasaï désirent faire sécession). Ce n'est qu'en 1964 que le problème du Congo (rebaptisé le Zaïre) est réglé.

Le Portugal est la dernière grande puissance coloniale à s'accrocher à son empire, qui représente une source appréciable de profit et un débouché pour

La présence américaine au Vietnam (1960-1975)
À la suite des Français qui avaient été incapables d'y maintenir leur puissance coloniale (guerre d'Indochine de 1945 à 1954), les Américains se voient imposer la logique d'une guerre de libération nationale qui se termine par la victoire du Vietnam du Nord et la réunification du pays.

une population métropolitaine pauvre et opprimée. Le régime corporatiste et autoritaire de Salazar et de son successeur Caetano n'accepte aucune réforme des rapports coloniaux et doit soutenir de longs conflits en Afrique, qui épuisent le pays et démoralisent l'armée

(1961). Un coup d'État militaire rétablit la démocratie en 1974. En 1975, l'Empire portugais disparaît : les colonies africaines du Portugal (Guinée Bissau, Mozambique, Angola, îles du Cap-Vert, îles de Sao Tomé et du Prince) deviennent indépendantes ; il ne reste plus du vieil Empire que l'îlot de Macao en Chine.

Les conséquences de la décolonisation

Le Tiers Monde est l'ensemble des pays en voie de développement, quel que soit leur régime politique et social, c'est-à-dire des pays dont le PNB est inférieur à 500 $ par habitant. Le Tiers Monde recouvre plus de la moitié de la surface de la Terre et comprend les deux tiers de la population mondiale. De plus en plus, les pays du Tiers Monde se rendent compte qu'ils sont exploités (dans tous les sens du terme) par les pays développés et qu'ils sont victimes de l'impérialisme économique de l'Occident. Les mouvements nationalistes locaux visent essentiellement à émanciper ces pays de leur dépendance économique (et, par voie de conséquence, politique) à l'endroit des pays développés (*voir la figure 12.6 à la page 434*). Plusieurs pays du Tiers Monde ont obtenu leur affranchissement de l'Occident en combattant la présence étrangère sur leur territoire, provoquant un afflux massif de 2 millions de réfugiés en Europe. D'un autre côté, Cuba qui avait accueilli, durant 30 ans, 11 000 militaires soviétiques les a vus partir en 1991.

Les gouvernements mis en place après la décolonisation ont souvent recours à la dictature (Cuba, Congo, Zaïre, Ouganda, République centrafricaine, etc.). Comme on le constate, la dictature n'est pas le propre des anciennes colonies : certains pays d'Asie et d'Amérique latine sont dirigés par des dictateurs qui font appel aux capitaux occidentaux, contribuant ainsi à renforcer l'impérialisme économique ; les bénéficiaires de ce système ne sont pas souvent les habitants de ces pays lourdement endettés.

Par ailleurs, quelques pays – comme ceux d'Afrique du Nord (Maroc, Algérie, Tunisie, Lybie, Égypte, etc.) ou d'Amérique latine – ont pu, grâce à leurs richesses naturelles (le pétrole du Venezuela ou du Moyen-Orient), se doter de structures politiques, juridiques et sociales, capables de maintenir une paix relative à l'intérieur de leurs frontières, tout en s'affranchissant de la tutelle coloniale. Mais les modèles politiques adoptés par ces nouveaux pays sont souvent inspirés de modèles occidentaux et ne correspondent

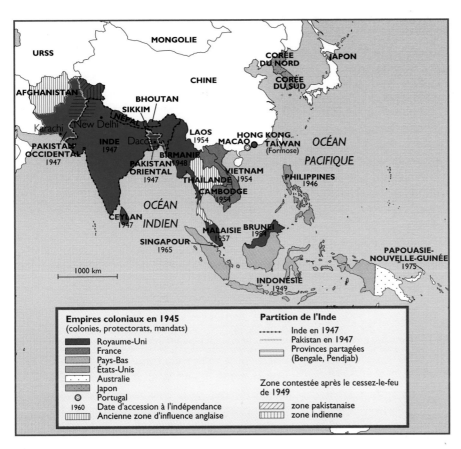

Carte 12.6
La décolonisation de l'Asie

pas aux besoins et aux réalités locales : le vide politique laissé par le départ précipité des Occidentaux n'est alors comblé qu'au terme de guerres civiles, de génocides et de règlements de compte dont profitent les seuls dictateurs.

Un des héritages que l'époque actuelle lègue aux générations futures est certainement la naissance du Tiers Monde, mais aussi la création d'une nouvelle forme de dépendance de celui-ci envers l'Occident : une dépendance politique et surtout économique. La mondialisation des marchés, la croissance des multinationales ont eu pour effet l'exploitation systématique du Tiers Monde par l'Occident. Désormais, il n'est plus nécessaire aux Occidentaux d'envoyer sur place des administrateurs coloniaux pour exploiter les pays pauvres ; il leur suffit d'en contrôler l'économie. Les nouveaux États qui conquièrent leur souveraineté politique continuent de fournir à l'Occident les matières premières qui lui sont nécessaires pour assurer son niveau de vie et ne peuvent survivre que grâce à une aide financière occidentale de plus en plus importante. Les pays riches grugent ainsi les ressources des pays pauvres, approfondissant le fossé qui les sépare.

Les problèmes de la civilisation occidentale

Durant les années 1960, l'Occident a connu une grande prospérité ; les ouvriers profitaient de politiques salariales avantageuses, mais les gouvernements avaient accru considérablement leurs dépenses. Depuis les années 1970 et surtout depuis les années 1980, le taux de croissance économique diminue ; le poids de la dette publique est devenu insupportable pour certains pays et l'on voit apparaître de plus en plus des politiques de contrôle des dépenses gouvernementales (baisse des salaires des fonctionnaires, diminution des services gouvernementaux). Cela a

FIGURE 12.6

L'ÉVOLUTION DE LA DETTE TOTALE (EN MILLIARDS DE DOLLARS) DES PAYS EN VOIE DE DÉVELOPPEMENT (1975-1990)

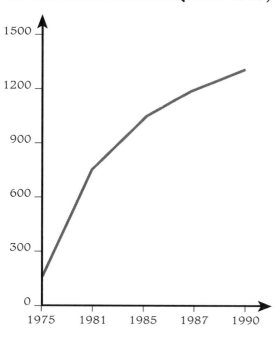

pour effet de creuser l'écart entre les riches et les pauvres et d'affaiblir la classe moyenne, dont les revenus assurent pourtant à l'État la perception des impôts et des taxes. Les déficits accumulés, d'une part, par la croissance du recours aux ressources de l'État-providence et, d'autre part, par l'octroi d'exemptions de taxes aux entreprises dans certains pays, nécessitent une refonte complète des structures de l'économie et des finances publiques de l'Occident que nul ne peut encore envisager. Différents gouvernements s'y sont employés, mais sans grand succès. En France, l'élection en 1981 d'un président socialiste, François Mitterand, la victoire en 1982 du syndicat Solidarnosc en Pologne et la montée de Lech Walesa, ainsi que la victoire des socialistes en Espagne en 1982, ont laissé espérer un renouveau qui se fait encore attendre.

Actuellement, les problèmes de chaque pays sont liés à ceux des autres. La fin du XXᵉ siècle marque le début de la symbiose mondiale dans tous les domaines ; les solutions que l'on trouve ici à un problème local doivent obéir à des paramètres qui dépassent de loin le plan national. Il en résulte une incertitude générale face à l'avenir, et une démission prématurée de la jeunesse devant l'ampleur des problèmes de demain. Toutefois, ce serait une erreur que de sous-estimer le génie humain et sa capacité d'inventer des solutions.

Les héritages

Après le second conflit mondial, on tire les leçons de l'échec de la SDN ainsi que de l'isolationnisme et du protectionnisme des États-Unis. La création de l'ONU et de nombreuses institutions économiques et politiques montre bien la détermination de tous les pays occidentaux à vivre désormais en paix et à coopérer, dans leur ensemble, au développement économique de l'Occident. L'espoir d'un renouveau qui reparaît progressivement durant les années d'après-guerre est soutenu par un prodigieux développement des arts, des sciences et des techniques.

Les institutions internationales

Les divers organismes de l'ONU

La création de l'ONU amène les Occidentaux à se regrouper au sein d'institutions internationales afin de faire face aux nouveaux défis économiques et politiques de l'après-guerre. L'ONU est composée de six organes principaux : un Conseil de sécurité (5 membres permanents + 10 désignés par l'Assemblée générale) ;

l'Assemblée générale des membres (159 membres en 1986), dirigée par le Secrétariat général ; le Conseil économique et social (27 membres) ; le Conseil de tutelle (6 membres) ; la Cour internationale de justice, siégant à La Haye (15 juges). Les institutions spécialisées sont de trois sortes : financières, techniques et socio-économiques. Les institutions financières sont le Fonds monétaire international (FMI), la Banque internationale pour la reconstruction et le développement (BIRD), l'Agence internationale de développement (AID) et la Société financière internationale (SFI). Les institutions techniques sont l'Organisation de l'aviation civile internationale (OACI), qui siège à Montréal, l'Organisation intergouvernementale consultative de la navigation maritime (OMCI), l'Union internationale des télécommunications (UIT), l'Union postale universelle (UPU). Les institutions socio-économiques sont l'Organisation pour l'alimentation et l'agriculture (FAO), l'Organisation internationale du travail (OIT), l'Organisation mondiale de la santé (OMS) et l'Organisation pour l'éducation, la science et la culture (Unesco).

Les Casques bleus de l'ONU à Chypre Depuis 1947, les forces d'intervention de l'ONU ont joué des rôles aussi différents que ceux d'une armée en guerre (en Corée de 1950 à 1953), d'une force de police permanente (à Chypre depuis 1964) ou d'un organisme de ravitaillement de populations civiles assiégées (en ex-Yougoslavie depuis 1992).

L'ONU comprend aussi des organes subsidiaires : les Forces chargées du maintien de la paix (Casques bleus) et la Commission du désarmement dépendent du Conseil de sécurité (*voir le tableau 12.13*) ; l'Office de secours et de travaux des Nations unies pour les réfugiés de la Palestine dans le Proche-Orient (UNRWA), la Conférence des Nations unies sur le commerce et le développement (CNUCED) et le Conseil du commerce et du développement relèvent du Secrétariat général ; le Programme des Nations unies pour le développement (PNUD), l'Organisation des Nations unies pour le développement industriel (ONUDI), le Fonds des Nations unies pour l'enfance (Unicef) et le Haut-Commissariat des Nations unies pour les réfugiés (HCR) sont sous l'autorité du Conseil économique et social (*voir le tableau 12.14*). À ces organes subsidiaires, il faut ajouter le Programme alimentaire mondial (PAM) et la Commission économique régionale des Nations unies pour l'Afrique (CEA), l'Amérique latine (CEPAL), l'Asie et l'Extrême-Orient (CEAEO). Il faut mettre à part deux organismes de l'ONU : l'Accord général sur les tarifs douaniers et le commerce (GATT) et l'Agence internationale de l'énergie atomique (AIEA).

Les organismes européens de coopération

L'Organisation européenne de coopération économique (OECE), créée en 1948, regroupe d'abord les pays européens bénéficiaires du plan Marshall ; son but est de combattre les tendances protectionnistes de certains pays occidentaux. En 1960, l'OECE fait place à l'Organisation de coopération et de développement économique (OCDE) qui coordonne les politiques économiques des divers États membres. L'OTAN est un pacte d'assistance militaire mutuelle des États signataires. Fondé en 1949, le Conseil de l'Europe régularise les rapports diplomatiques entre ses pays membres. Le Conseil nordique regroupe les cinq États scandinaves (Norvège, Suède, Finlande, Danemark, Islande). Le Benelux (Belgique, Pays-Bas [Nederland], Luxembourg) est une union douanière et économique dont le projet remonte à 1943. L'Union de l'Europe occidentale (UEO) rassemble l'Allemagne, le Benelux, la France, l'Italie et l'Angleterre, autour de questions militaires. À ces organismes de coopération s'ajoute la Communauté économique européenne (CEE, 1957), un organisme complexe dont le siège est à Bruxelles, et qui comprend une Cour de justice siégeant

TABLEAU 12.13
LES MISSIONS DE L'ONU DEPUIS 1945

Pays	Années
Grèce	1947-1951
Jérusalem	1948-[1]
Inde et Pakistan	1949-
Corée	1950-1953
Égypte	1956-1967
Liban	1958
Zaïre	1960-1964
Nouvelle-Guinée occidentale	1962-1963
Yémen du Nord	1963-1964
Chypre	1964-
Suez et Golan	1967
Égypte	1973-1979
Syrie	1974
Liban	1978-
Afghanistan et Pakistan	1988-
Iran et Irak	1988-
Honduras	1989
Namibie	1989-1990
Nicaragua	1989-1990
Irak et Koweit	1991-
Sahara	1991-
Cambodge	1992-
Salvador	1992-
Somalie	1992-
Yougoslavie	1992-

1 Indique les missions en cours.

TABLEAU 12.14
LES 10 PRINCIPAUX BAILLEURS DE FONDS DE L'ONU EN 1990
(en pourcentage du budget total)

Pays	%
États-Unis	25,0
Japon	11,7
URSS	10,0
Allemagne fédérale	9,5
France	6,3
Royaume-Uni	5,0
Italie	3,5
Canada	3,0
Espagne	2,0
Pays-Bas	1,8
Autres	22,2

et l'URSS, est un conseil d'assistance économique spécialisé pour chaque pays qui en est membre, en fonction de ses ressources spécifiques.

Les organismes du Tiers Monde

Les pays du Tiers Monde se sont donné les structures nécessaires à leur développement, en choisissant de s'aligner ou de ne pas s'aligner sur les pays développés. La Ligue arabe, fondée au Caire en 1945, s'occupe de questions militaires et économiques entre les pays arabes. L'Organisation de coopération africaine et malgache (OCAM) regroupe les anciennes colonies francophones. L'Organisation d'unité africaine (OUA) fondée en 1963 à Addis-Abeba regroupe plus de 40 pays africains. Il n'existe aucune communauté asiatique, mais il y a des organismes de sécurité liés aux États-Unis: l'ANZUS (Australie, Nouvelle-Zélande, États-Unis ou *Australia, New Zealand, United States*), nom donné au traité signé en 1951 par ces trois pays et l'Organisation du traité de l'Asie du Sud-Est (OTASE) mise sur pied à Manille en 1954, qui regroupe l'Australie, la Nouvelle-Zélande, les États-Unis, la France, le Pakistan, les Philippines, la Thaïlande et l'Angleterre. En Amérique latine existe un important organisme: l'Organisation des États américains (OEA), fondée à Bogota (Colombie) en 1948, qui, sous la direction des États-Unis, regroupe environ 25 États.

à Luxembourg; 12 pays en sont membres actuellement. Enfin le Parlement européen regroupe la plupart des organismes mentionnés, siège à Strasbourg (France) et traite de problèmes politiques et économiques entre partenaires européens. La Cour internationale de justice, fixée à La Haye (Pays-Bas), donne des avis juridiques sur les causes qui lui sont confiées.

Le Comecon

En Europe de l'Est, le Comecon (1949-1991), qui regroupe la Pologne, l'Allemagne de l'Est, la Tchécoslovaquie, la Hongrie, la Roumanie, la Bulgarie

Si toutes ces organisations sont impuissantes face à la volonté ferme d'une puissance d'entrer en guerre, elles contribuent néanmoins au maintien d'une certaine harmonie entre les divers pays de la planète et favorisent le rapprochement des nations au sein de la communauté mondiale.

Les sciences et les techniques

La deuxième moitié du XXᵉ siècle est souvent qualifiée d'ère atomique. Certes, l'entrée de la science dans l'imaginaire collectif des Occidentaux s'est faite avec brutalité. Toutefois, au-delà de toute la polémique qu'engendre l'utilisation de l'énergie atomique, il faut voir que l'époque actuelle se démarque des autres par un progrès phénoménal des sciences et des techniques. (*Voir le tableau 12.15.*) Il est impossible de faire le compte exact de toutes les découvertes des 50 dernières années, mais on peut néanmoins s'arrêter à trois domaines qui ont profondément modifié la vie des Occidentaux depuis les années 1950 : l'astronautique, l'informatique et la médecine.

L'astronautique

En 1957, les Soviétiques lancent le premier satellite artificiel, *Spoutnik I*, placé sur orbite par une fusée. Entre 1957 et 1970, les Américains réussissent 694 lancers, les Soviétiques 516. En 1961, le Soviétique Youri Gagarine effectue le premier vol orbital autour de la Terre en 1 heure 48 minutes. Le 21 juillet 1969, les Américains Neil Armstrong et Edwin Aldrin, quittant la capsule *Apollo XI*, foulent le sol lunaire, tandis que Michael Collins reste à bord du vaisseau, en orbite autour de la Lune. Depuis lors, les rêves les plus audacieux hantent l'Occident : l'exploration de Mars, de Jupiter, de Vénus ; l'installation de stations permanentes dans l'espace ; la conquête du système solaire et des autres systèmes. Chaque expérience dans l'espace permet de mieux connaître la Terre et de développer les sciences et les techniques, en particulier l'électronique.

L'informatique

Les découvertes de laboratoire, effectuées entre 1930 et 1945, trouvent de nombreuses applications après la Deuxième Guerre mondiale : télévision en noir et blanc, puis en couleurs ; modulation de fréquence ; radar ; laser, etc. (*Voir le tableau 12.16.*) Grâce à l'invention du transistor par les Américains John Bardeen, Walter Brattain et William Shockley (1948), le matériel électrotechnique et électronique est miniaturisé. L'informatique bouleverse tous les domaines de l'activité humaine. Les progrès techniques touchent tous les secteurs de l'économie, de la médecine, de la défense nationale, les transports terrestres (chemins de fer électrifiés, turbotrains, automobiles), la production d'énergie, où le pétrole et le gaz naturel constituent une part croissante du bilan énergétique aux dépens du charbon, tandis que l'électricité nucléaire

TABLEAU 12.15

LA RÉPARTITION GÉOGRAPHIQUE DES PRIX NOBEL (PHYSIQUE, CHIMIE, MÉDECINE) DE 1945 À 1992

Pays	Physique	Chimie	Médecine	Total	% total
États-Unis	46	34	53	133	54
Canada	1	1	0	2	1
Europe occidentale	33	33	25	91	36
Royaume-Uni	11	15	15	41	17
Japon	3	1	1	5	2
Europe de l'Est	7	1	1	9	4
Autres pays	1	2	5	8	3
Total*	91	72	85	248	100

* Le nombre de récipiendaires dépasse le nombre de prix annuels parce que, presque tous les ans, chaque prix est décerné à plus d'un chercheur.

TABLEAU 12.16
LA PÉRIODE MOYENNE DE DÉVELOPPEMENT
DES INNOVATIONS TECHNOLOGIQUES (1885-1964)

Périodes	Période d'incubation (en années)	Période de développement commercial	Total
1885-1919	30	7	37
1920-1944	16	8	24
1945-1964	9	5	14

Source : D'après *Report of the Commission on Technology, Automation and Economic Progress*, Washington, 1966.

commence à être rentable et que l'on construit des barrages hydroélectriques géants. L'industrie chimique connaît des gains de productivité considérables ; les secteurs primaire et tertiaire, habituellement de faible productivité, ont depuis 1949 une croissance comparable à celle de l'industrie. Grâce aux progrès techniques (engrais, pesticides, sélection des plantes et des animaux, machines à grand rendement, motorisation), au remembrement, à l'exode vers l'industrie des ouvriers agricoles, à l'éducation des exploitants, l'agriculture occidentale a une productivité en plein essor.

Aux États-Unis, alors que la production par heure et par travailleur augmente de 68 % de 1950 à 1970 dans l'industrie, elle progresse de 220 % dans l'agriculture et beaucoup plus dans la production des poulets à rôtir, des céréales et du coton. Il faut 146 heures de travail pour obtenir une balle de coton dans le Sud des États-Unis en 1945-1949 ; il en faut 30 en 1965-1969. L'héritage de l'Occident actuel se situe non seulement dans l'élaboration de nouvelles techniques, mais aussi dans l'utilisation judicieuse que les Occidentaux en font.

La médecine

D'un autre côté, depuis la découverte, en 1929, de la pénicilline par l'Anglais Alexander Fleming (1881-1955), la médecine a remarquablement progressé en thérapeutique et en chirurgie. Les greffes d'organes qui sont aujourd'hui monnaie courante ne datent que de quelques années : la première greffe d'un cœur humain a été effectuée, en 1967, par le docteur Christian Barnard, au Cap, en Afrique du Sud. Certaines maladies autrefois mortelles, telle la variole, sont aujourd'hui disparues grâce aux vaccins, à la médecine préventive et à l'hygiène. On peut aujourd'hui maintenir en vie des personnes qui naguère seraient mortes rapidement ; on implante dans l'utérus des femmes des embryons fécondés en éprouvette ; on intervient sur le bagage génétique des individus et l'on pratique même une chirurgie intra-utérine du fœtus. En même temps, la recherche d'un remède efficace contre le sida progresse plus lentement. Mais les prodigieux progrès des techniques médicales, dus à l'accroissement des connaissances scientifiques, des techniques et de l'appareillage médical, soulèvent de nombreuses questions d'éthique. La réflexion éthique en matière de biologie (la bioéthique) fait désormais partie des préoccupations des savants de la fin du XXᵉ siècle ; l'éthique devient une dimension importante de toute activité humaine (éthique des affaires, éthique politique, éthique scientifique, etc.). En façonnant un monde où la science et la technologie règnent en maîtres, les Occidentaux ont également créé de nouveaux problèmes qui leur posent de nouveaux défis.

Les arts et les lettres

La prospérité économique des États-Unis et du Japon leur ont donné la puissance politique. L'URSS est devenue un pôle d'attraction et un mythe politique et a pris une importance majeure. Toutefois, ni le marxisme qui exalte le progrès matériel, ni les fascismes qui proposent un idéal social nationaliste pouvant aller jusqu'à la furie nazie, ni aucune des doctrines totalitaires niant l'individu, pas plus que le capitalisme démocratique, ne satisfont les aspirations profondes de l'Occidental. Ce dernier traduit, entre les deux guerres mondiales, dans l'art et dans la pensée, un désarroi radical venu d'une perte de foi dans les valeurs humaines établies depuis deux siècles. Le malaise angoissant devient choc métaphysique avec la guerre de 1939-1945.

Les conséquences de la mondialisation des rapports humains

L'être humain est complètement transformé dans sa condition par la science (relativité, fission de l'atome, bombe atomique, découverte des antibiotiques, vitesse supersonique, microcosme). Les possibilités d'accéder à l'espace cosmique, d'explorer et de transformer la matière, de créer des corps nouveaux (industries de synthèse, plastique) qui engendrent des formes nouvelles, conduisent l'être humain à réviser presque toutes ses structures. La démocratisation et l'internationalisation de la culture scientifique et technique par la presse, la radio, la télévision, les organismes mondiaux de diffusion (Unesco), l'industrialisation massive dans certains domaines artistiques tendent à façonner une conception commune de la civilisation et de la pensée.

L'art, un besoin majeur des Occidentaux

L'art, qui prend souvent des aspects révolutionnaires, devient, sous une forme vulgarisée, un des besoins majeurs de l'Occidental. La multiplication des musées, des expositions, des recherches en esthétique industrielle (applications de la psychologie des couleurs dans les usines et aux objets manufacturés), l'importance des revues et des livres d'art, la multiplicité des collectionneurs, la spéculation artistique, le rôle économique des marchands, les grandes ventes publiques (Londres, Paris, New York), témoignent d'un besoin artistique dans la civilisation occidentale. L'art devient, autant que la politique, un élément passionnel et dynamique. Caractéristique est la violence de l'antagonisme qui dresse les uns contre les autres, depuis 1945, les abstraits, les figuratifs, ou encore les partisans de l'**atonalisme**, du **dodécaphonisme** sériel, de la musique concrète et les fidèles des formes **contrapuntiques** traditionnelles. Les arts du spectacle triomphent, car ils satisfont à la fois l'attrait visuel et le désir de communion de plus en plus fréquent de l'artiste et du spectateur.

La mécanisation musicale (disque, radio) comme la mécanisation de l'image (reproduction en couleurs,

photographie, cinéma, télévision) sont des phénomènes capitaux de la civilisation occidentale dont les conséquences esthétiques, sociologiques, morales et psychologiques sont considérables et multiples.

Le théâtre

Au théâtre, la révolution scénique d'Appia, le théâtre symboliste (Paul Fort, Lugré-Poe), les théories de Gordon Craig, les esthétiques d'avant-garde qui inspirent le théâtre officiel de la Comédie-Française, les spectacles du peuple à Moscou et Petrograd, les représentations en plein air à Salzbourg, Paris, Avignon, Florence et les nombreux festivals internationaux atteignent tous les publics. Le ballet est transformé par une nouvelle conception de la danse révélée par les Ballets russes de Serge Diaghilev dès 1910, et il est étroitement associé aux arts plastiques, à l'expressionnisme, au surréalisme, à l'influence orientale, qui lui donnent une vie nouvelle.

La philosophie

La victoire de 1945, immédiatement suivie d'une nouvelle tension internationale, n'est pas marquée, comme la fin de la Première Guerre mondiale, par un relâchement sur le plan intellectuel. Elle n'engendre ni optimisme, ni illusion sur l'avenir. La littérature d'alors a horreur des bons sentiments, elle tient à être lucide et à écarter mensonges et illusions. L'être humain a fait, à l'échelle du monde, la double épreuve de sa puissance matérielle et de son échec moral; le développement de la civilisation matérielle ne peut être envisagé comme progrès ou recul: il est le résultat normal de l'activité humaine, rendu nécessaire par l'accroissement de la population du globe et la montée de ses exigences. Cette guerre terminée, d'autres problèmes sont à résoudre, et la paix reste à construire. L'Occidental a appris à jauger sa raison; il sait ce qu'il peut attendre d'elle et ce qu'il ne peut en espérer: l'absolu, le parfait, l'idéal, toutes catégories qui sont vidées de leur sens et qu'il remplace par celle de valeur, de relatif. Aussi, dans tous les domaines, la sensibilité se durcit-elle; désormais, la méfiance et le scepticisme entourent tout système clos et en apparence définitif.

L'immédiate après-guerre est dominée par Jean-Paul Sartre (1905-1980), dont la philosophie trouve son exposé fondamental dans *L'Être et le Néant* (1943). L'humain y est condamné à une liberté

Jean-Paul Sartre (1905-1980) Type même de l'intellectuel engagé, philosophe, écrivain, critique, Sartre marque profondément la jeunesse intellectuelle de l'après-guerre. Ses prises de position politique sont souvent radicales. Or, les événements des dernières années ne lui auront pas toujours donné raison.

absurde et absolue, et à la solitude. La vie de chacun n'a de sens que celui qu'il lui donne et les événements eux-mêmes n'ont de réalité et de sens que ceux que leur prête la conscience éphémère et sans boussole de l'humain. Dans cette perspective, la connaissance scientifique et objective perd sa valeur de vérité et n'a de valeur qu'existentielle. Mais il y a bien d'autres choses dans la pensée de Sartre ; l'absence de progrès n'implique pas le déclin de l'humanité ; elle est plutôt l'absence d'un sens général de l'histoire ; il appartient à chacun de définir cette histoire, celle du passé, celle qu'il vit, celle qu'il pressent.

La conception de l'être humain et de la science

Existentialisme et phénoménologie au début du siècle

Après la crise du début du siècle, les sciences humaines achèvent de se différencier des sciences de la nature.

Toutes (surtout la sociologie, qui a le plus progressé durant les 70 dernières années) enseignent maintenant un relativisme total, produit par tout le mouvement de pensée du début du siècle, qui a déprécié la raison comme fonction de vérité et qui a abouti, à travers la **phénoménologie**, au refus d'une raison raisonnante par l'**existentialisme**. Dans les années 1920, Martin Heidegger (1889-1976) professe un dédain total des connaissances scientifiques. La **métaphysique** est diamétralement opposée à la science : elle cherche l'être dans l'expérience émotionnelle. Elle double ainsi, par une description aussi précise que possible du phénomène tel qu'il apparaît à la conscience critique, les résultats de la psychanalyse.

La psychanalyse

De son côté, la psychanalyse part d'une analyse des profondeurs de l'inconscient pour montrer l'absence d'objectivité des idées les plus rationnelles en apparence : elle trouve, en effet, les sources de celles-ci dans l'instinct sexuel (Sigmund Freud, 1856-1939), ou dans la volonté de puissance (Alfred Adler, 1870-1937), ou encore dans les archétypes symboliques, universels et immuables tant par leur nature que par leur signification, d'un inconscient collectif (Carl Gustav Jung, 1875-1961). La sociologie, reprenant à son compte cette notion d'inconscient, a généré un ensemble de recherches : la sociologie de la connaissance qui se propose de déterminer les significations inconscientes des idées exprimées. Depuis Marx, qui avait voulu voir dans les idées de l'humain un reflet de sa classe sociale, les réductions des idées à autre chose qu'elles-mêmes se sont multipliées et nuancées, toutes impliquent que les idées ne sont pas que le simple produit d'une raison pure : issues d'un sentiment, d'une réaction à une situation donnée, elles sont relatives de par leur origine. La psychanalyse, entendue au sens large de recherche des sources inconscientes des idées, montre que son expression n'est qu'un comportement parmi d'autres. C'est dans le domaine de l'éthique que la transformation de la philosophie est le plus visible : l'éthique étant relativisée, il ne peut plus y avoir de système éthique cohérent, rationnel, susceptible d'être enseigné.

Les fondements de l'éthique

Lorsque, dans *Le Mythe de Sisyphe* (1942), Albert Camus (1913-1960) propose une certaine éthique, il

Un des bons effets du progrès technologique a été de faire passer la semaine de
travail, dans les pays occidentaux, de 45 à
moins de 40 heures de travail par semaine,
laissant plus de temps libre pour vaquer à
d'autres activités que celles qu'exigent les
occupations professionnelles : ce sont les
loisirs. Depuis les années 1950, les sports,
les jeux et même le bénévolat au sein
d'associations diverses ont pris une place
importante dans l'organisation de la vie
quotidienne, place d'ailleurs rendue légitime
par le rôle positif, maintenant démontré,
des loisirs dans l'équilibre physique et psychologique de la personne humaine.

s'avoue incapable de la fonder autrement que par la
nécessité de rendre la vie digne d'être vécue. Sartre
lui-même, en retardant sans cesse la publication de
son *Traité de l'homme*, montre sans doute son
impuissance à proposer une éthique fondée. Il existe
aussi un secteur de la recherche dont le développement tout récent n'en est pas moins déjà considérable,
et qui prend à l'époque actuelle une importance et une
signification toutes particulières, c'est celui de l'histoire
des sciences : au moment où la raison perd, en
philosophie et dans les sciences humaines, sa valeur
de vérité, on ne peut que constater ses réalisations
dans le domaine des sciences et de leurs applications
techniques. (*Voir l'encadré 12.3.*)

L'espoir d'un renouveau en Occident

La remise en question des valeurs traditionnelles

Pendant que le Tiers Monde lutte pour son indépendance, les années d'après-guerre laissent de profondes traces dans la culture occidentale. Au début
des années 1960, un vent de renouveau souffle sur
l'Occident, et l'on sait clairement que, désormais, le
monde ne pourra plus être celui qu'il était au temps
des dictateurs fascistes. Après une éclipse de deux
siècles, les droits individuels reprennent la préséance
sur les droits collectifs en Occident. Les valeurs traditionnelles sont remises en question ; les Occidentaux
ne trouvent plus, dans leurs vieilles institutions, l'outil
leur permettant de s'adapter à un monde dont l'évolution trop rapide leur échappe. Les Églises chrétiennes
ne sont déjà plus à même de prêcher l'espoir. Les hor-
reurs de la guerre ôtent à l'armée aussi bien qu'à l'idée
de patrie le caractère qui leur a permis de galvaniser
les cœurs depuis l'arrivée de la menace fasciste.

La révolution sexuelle

Le IIᵉ Concile du Vatican (1962-1965) amorce le rapprochement de l'Église catholique et des autres Églises.
Le pape Jean XXIII (1958-1963) se met à voyager, et
est imité par ses successeurs, Paul VI (1963-1978) et
Jean-Paul II (élu en 1978). L'Église catholique tente
de se moderniser en réformant la liturgie, mais son
intransigeance sur des points de doctrine (célibat des
prêtres, avortement, contraception) lui aliène la jeune
génération ; la désaffection religieuse gagne plusieurs
pays d'Occident. (*Voir le tableau 12.17.*)

Le Québec entreprend la révolution de toutes
ses structures sociales : c'est la Révolution tranquille
(1960). Alors que Montréal vient de renaître en
accueillant à bras ouverts des millions de visiteurs à
l'Expo 67, la violence des étudiants se déchaîne en
Europe pour que muent les institutions. En même
temps, d'Angleterre arrivent des modes nouvelles. Des
chansons sont chantées dans les rues par des troubadours comme Bob Dylan. La mode des cheveux longs
est lancée par deux groupes de musiciens rock, les
Beatles et les *Rolling Stones*. Le retour à la nature et
à l'authenticité de l'être humain est soutenu par les
écologistes. Le mouvement « fleur bleue » en
Californie et les sectes religieuses, inspirées par la
mode du nouvel âge (qui érige en culte le retour à
l'être primitif), apparaissent partout, mais n'ont pas
toujours des effets bénéfiques sur leurs membres. Le
suicide collectif (1978) d'un millier d'adeptes de la
secte *Peoples Temple* à Jonestown, en Guyane, laisse
planer un doute sur la sagesse des « messies » qui dirigent ces groupes, et où la drogue et la foi font un
mélange explosif qui mène souvent à la folie. L'individualisme actuel a aussi pour conséquence la
consommation accrue de drogues hallucinogènes par
les jeunes. Un exemple en est le massacre de Sharon
Tate, la femme du cinéaste Roman Polanski, et de
plusieurs autres personnes par une bande de drogués,
sous les ordres de Charles Manson, en Californie
(1969).

TABLEAU 12.17

LES PRINCIPALES RELIGIONS DANS LE MONDE DE 1900 À 2000

(en millions)

	1900	1970	1986	2000 (est.)
Catholiques	226	672	886	1132
Protestants	143	354	450	589
Orthodoxes	116	143	171	200
Total (chrétienté)	*485*	*1169*	*1507*	*1921*
Musulmans	200	551	837	1201
Hindouistes	203	466	661	859
Bouddhistes	127	232	300	359
Animistes	106	88	91	101
Juifs	12	15	18	20
Religions chinoises[1]	380	214	188	158
Autres religions	29	119	160	207
Agnostiques	3	543	825	1072
Athées	0,2	165	213	262

1 Syncrétisme religieux pratiqué en Chine.

Source : D'après *International Bulletin of Missionary Research*.

D'un autre côté, la libération des mœurs sexuelles entraîne avec elle la transmission, à l'échelle mondiale, de maladies sexuelles (MTS) ou virales (sida). La modernisation du monde occidental a aussi de graves conséquences sur la santé mentale des individus ; les cas de schizophrénie, de paranoïa, de mésadaptation sociale se multiplient, ainsi que la criminalité entretenue par un nouveau partage de la richesse. La montée du mouvement féministe et des revendications légitimes des femmes en matière d'avortement, de contraception, etc. entraîne la baisse du taux de natalité dans les pays industrialisés. Le vieillissement de la population qui en résulte alourdit le fardeau des États en ce qui concerne les soins de santé et crée une classe d'individus dépendant essentiellement de l'État-providence.

Le pouvoir de la presse

Par ailleurs, la vitesse accrue des communications par satellites permet à l'Occidental d'être mis au courant, dans les plus brefs délais, des événements survenus dans les coins les plus reculés de la planète. La presse

(écrite ou électronique) acquiert un pouvoir énorme et s'octroie le droit d'influencer les politiques gouvernementales et l'opinion publique. En partie grâce à la presse, la contestation de la peine de mort et la dénonciation de la torture ont eu pour heureux effet leur interdiction dans la majorité des États occidentaux. La dénonciation publique des scandales financiers ou politiques (le Watergate ; l'Irangate ; les bijoux offerts par le dictateur de la République centrafricaine Bokassa au président de la France Valéry Giscard d'Estaing ; le scandale de la Banque Ambrosiano en Italie en 1979) oblige les gouvernements à adopter une politique de transparence ; la présence des caméras dans les chambres d'assemblée transforme les discours des politiciens. Les complots vite dénoncés suscitent une épuration des mœurs politiques (comme c'est le cas en 1989 au Japon, où le Premier ministre Noboru Takeshita est accusé, avec plusieurs autres ministres, de corruption, et au début de 1993 en Italie, où les liens des parlementaires avec la Mafia provoquent une grave crise politique). Il reste que le débat sur le pouvoir de la presse est un sujet brûlant, et que les polémiques qu'il génère n'ont pas encore trouvé de solutions aux abus dont se rendent coupables ceux à qui l'on donne un pouvoir sans leur expliquer comment l'utiliser.

Un nouvel humanisme

La prise de conscience des droits des minorités, des enfants, des personnes âgées, des personnes malades, des personnes pauvres, est à l'origine de la création de multiples associations de secours. Un nouvel humanisme qui n'a plus, chez la plupart de ses adeptes, de connotation religieuse, devient la philosophie existentielle d'un grand nombre d'Occidentaux. Il permet d'envisager avec sérénité les grands défis de demain tout en cherchant les solutions aux problèmes de l'heure. Mais à côté de cette solution pacifique, certains groupes recourent au terrorisme pour faire triompher leurs droits. Les assassinats politiques, perpétrés au nom d'idéaux dont la pureté n'est pas toujours apparente, entache l'histoire des 50 dernières années : les meurtres du président américain John F. Kennedy (1963), de son frère le sénateur Robert Kennedy et du pacifiste Martin Luther King (1968), du président égyptien Sadate et l'attentat contre le pape Jean-Paul II (1981), le massacre de Palestiniens à Sabra et à Chatila et l'assassinat du Premier ministre de l'Inde Indira Gandhi (1982) témoignent tous, à des degrés divers et pour différents motifs, du désarroi des individus devant l'insouciance des possédants occidentaux à leur endroit.

Les jeunes générations occidentales témoignent de plus en plus de leur attachement à la paix, à l'équi-

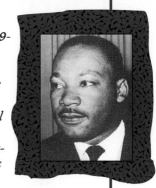

*Adepte de la non-violence, **Martin Luther King (1929-1968)** est un pasteur noir américain. Il mène à Washington une marche de la liberté de 250 000 personnes en 1963. Prix Nobel de la paix en 1964, il est vite dépassé par des mouvements noirs extrémistes tels que les* Black Muslims *de Malcolm X et le* Black Power *de Stockely Carmichael. Les actions non violentes qu'il lance à partir de 1965 dans l'Ouest et dans le Nord des États-Unis, en Californie, à Cleveland et à Chicago, aboutissent toutes à des échecs et souvent à des heurts sanglants. Alors qu'une manifestation qu'il a organisée à Memphis, en 1968, dégénère en pillage et en vandalisme, King est assassiné.*

libre écologique et à la qualité de la vie ; dégoûtées du mensonge et de la tricherie (l'affaire Ben Johnson en 1988 en est un exemple), elles montrent leur ouverture aux autres cultures, leur solidarité et leur générosité à l'endroit des opprimés, et consolident l'espoir d'une prospérité mondiale qui leur reste à bâtir avec les peuples du monde entier.

Conclusion

L'époque actuelle, marquée du sceau de la facilité, du plaisir, du loisir et de l'individualisme, est aussi celle de l'incertitude et de l'angoisse face à l'avenir. Pourtant, les Occidentaux ont tout pour être heureux. Si l'on excepte la guerre des Malouines (îles Falkland) où s'affrontent durant 44 jours Britanniques et Argentins (1982), la guerre israélo-palestinienne au Moyen-Orient (qui semble, en 1995, se terminer par une fin heureuse), la guerre civile en Grèce (1946) et en Yougoslavie (depuis 1993), ainsi que l'écrasement des révoltes en Hongrie (1956) et en Tchécoslovaquie (1968) par les Soviétiques, l'Occident n'a plus connu de guerre depuis 1945 sur son territoire. Mais cette ère de paix est aussi garante de la paix future. Depuis 1945, deux générations d'Occidentaux ont vu le jour sans connaître la guerre : cela devrait suffire à la faire passer comme une méthode démodée permettant de régler les conflits. Les tentations sont pourtant grandes de recourir sans vergogne à la force brutale pour faire valoir ses droits à la paix. Depuis 1945, l'Occident a été exposé au terrorisme international, l'arme des pauvres et des faibles. Les attentats aveugles perpétrés par des groupes de terroristes, les prises d'otages et les détournements d'avions ont défrayé la manchette des journaux durant les années 1970 et 1980. Ces moyens extrêmes suscitent autant la répro-

bation générale que leur violente répression. Les peuples d'Occident aiment et veulent garder la paix.

Les démocraties libérales admettent la contestation tant qu'elle ne trouble pas l'ordre public et ne dégénère pas en manifestations violentes. Cet attachement aux libertés exige le respect d'autrui et la tolérance à l'égard des opinions différentes ; ce fragile équilibre se maintient d'autant mieux que la prospérité générale atténue la vigueur des antagonismes ; il a cependant très bien survécu dans certains pays à la dépression des années 1930. L'avenir de la démocratie libérale n'est pas forcément sombre. Ce n'est pas sans appréhension que les militaires américains sont entrés dans la guerre du golfe Persique en 1991. (*Voir l'encadré 12.4.*) La foudroyante attaque des forces de l'ONU (et principalement des États-Unis) a horrifié la plupart des Occidentaux, malgré la censure des images montrées par la presse. Il faut y voir un signe des temps : les Occidentaux ne veulent plus de guerre. Dénoncée comme la revanche des États-Unis après leur défaite au Vietnam, la guerre du Golfe

Le premier ministre israélien Yitzhak Rabin et le chef de l'OLP Yasser Arafat signant les accords israélo-palestiniens de septembre 1993   La signature de ces accords de paix déclenche un important mouvement d'optimisme. Quelques mois plus tard, les dures réalités socio-économiques renvoient le message que 45 années de guerre avaient laissé : des traces qui prendront encore de nombreuses années avant de disparaître.

ENCADRÉ 12.4

**LE BILAN
DE LA GUERRE DU GOLFE
(JANVIER-FÉVRIER 1991)**

Pertes américaines : 141 soldats ; 27 avions ; 4 hélicoptères.

Pertes françaises : 2 parachutistes.

Pertes britanniques : 18 soldats, et des disparus.

Pertes de la République fédérale allemande : 7 avions.

Pertes des forces arabes : 44 soldats dont 10 Égyptiens, 8 Émiratis, des Saoudiens portés disparus.

Pertes irakiennes : 100 000 morts ; 3700 chars ; 2140 pièces d'artillerie ; 97 avions ; 6 hélicoptères.

n'a soulevé l'enthousiasme que de ceux qui croient encore que les civilisations ne peuvent se côtoyer et s'enrichir mutuellement dans la paix et la sérénité.

En 1997, l'enclave de Hong Kong réintégrera la république populaire de Chine. Cependant, la Chine d'aujourd'hui n'est plus celle de Mao Tsé-toung ni celle des mandarins d'avant-guerre ; comme tous les pays du Tiers Monde, elle se modernise. Des multinationales américaines (restaurants Macdonald, boissons Coca-Cola, etc.) y vendent leurs produits, comme elles le font depuis plusieurs années à Moscou. Le Tiers Monde tire de l'Occident ce dont il a le plus besoin : les capitaux étrangers. Mais il se fait souvent de la civilisation occidentale l'idée qu'elle n'a engendré que des dégénérés. Puissent les moyens modernes de communication dont les pays du Tiers Monde se dotent leur permettre de découvrir, sous l'apparence de dégénérescence, les qualités qui ont longtemps fait des Occidentaux les plus heureux des humains. (*Voir l'encadré 12.5.*)

ENCADRÉ 12.5

« NOUS AUTRES, CIVILISATIONS… »

Nous autres, civilisations, nous savons maintenant que nous sommes mortelles.

Nous avions entendu parler de mondes disparus tout entiers, d'empires coulés à pic avec tous leurs hommes et tous leurs engins ; descendus au fond inexplorable des siècles avec leurs dieux et leurs lois, leurs académies et leurs sciences pures et appliquées, avec leurs grammaires, leurs dictionnaires, leurs classiques, leurs romantiques et leurs symbolistes, leurs critiques et les critiques de leurs critiques. Nous savions bien que toute la terre apparente est faite de cendres, que la cendre signifie quelque chose. Nous apercevions à travers l'épaisseur de l'histoire, les fantômes d'immenses navires qui furent chargés de richesse et d'esprit. Nous ne pouvions pas les compter. Mais ces naufrages, après tout, n'étaient pas notre affaire.

Elam, Ninive, Babylone *étaient de beaux noms vagues, et la ruine totale de ces mondes avait aussi peu de signification pour nous que leur existence même. Mais* France, Angleterre, Russie… *ce seraient aussi de beaux noms.* Lusitania *aussi est un beau nom. Et nous voyons maintenant que l'abîme de l'histoire est assez grand pour tout le monde. Nous sentons qu'une civilisation a la même fragilité qu'une vie.*

Source : Paul VALÉRY. *Variété*, tome I, Paris, Gallimard, 1924, p. 11-12.

Lectures suggérées

ARON, Raymond. *Les Dernières Années du siècle*, Paris, Julliard, 1984.

DALCOURT, André. *Les Grands Leaders charismatiques du XXe siècle*, Montréal, Québec/Amérique, 1994.

DYSON, Freeman. *Weapons and Hope*, New York, Harper & Row, 1994.

GIBNEY, Frank. *Japan. The Fragile Super-Power*, New York, Meridian, 1985.

KENNEDY, Paul. *The Rise and Fall of the Great Powers. Economic Change and Military Conflict from 1500 to 2000*, Londres, Fontana, 1988.

ZUCKERMAN, Solly. *Scientists and War. The Impact of Science on Military and Civil Affairs*, New York, Harper & Row, 1966.

Questions

1.   *Quelle est la situation démographique de l'Occident au lendemain de la Deuxième Guerre mondiale ?*

2.   *Qu'est-ce que l'économie de marché ?*

3.   *Quelles sont les conséquences de l'accroissement du capitalisme ?*

4.   *Quels sont les enjeux et les principaux événements de la guerre froide ?*

5.   *Quelles sont les principales étapes et les conséquences de la décolonisation ?*

6.   *Définissez trois institutions internationales importantes.*

7.   *Décrivez les principales étapes de la conquête spatiale.*

8.   *Quel est le climat intellectuel après la Deuxième Guerre mondiale en Occident ?*

9.   *Pourquoi peut-on croire qu'il n'y aura plus de guerre en Occident ?*

Annexe I : de l'URSS à la Russie (1985-1991)

En 1985, deux superpuissances contrôlaient les destinées du monde : les États-Unis et l'URSS. À peine cinq ans plus tard, on a vu cette dernière changer ses structures et son idéologie politique, éclater en une quinzaine d'États indépendants, rapatrier ses armées d'occupation, changer radicalement son système économique. Un fait d'une telle importance historique se produisant à une telle vitesse est un événement rare. Qu'il se soit déroulé sans guerre internationale ou crise mondiale majeure est un phénomène encore plus rare. Le tableau suivant présente certaines étapes de ce processus qui a imposé une réécriture des livres d'his-

toire, une mise à jour répétée des atlas et dont nous n'avons pas encore commencé à mesurer les conséquences. Ces événements sont un bon exemple de l'évolution de la pensée politique des hommes, de leur capacité d'amorcer des changements ou de leur habilité à s'adapter à de nouvelles conditions. La multiplicité et la complexité des causes ayant mené à l'explosion de l'URSS offrent aussi l'exemple d'hommes dépassés par les événements, de déclarations solennelles renversées le lendemain et de désagrégations d'institutions s'accélérant sans cesse.

1985

mars	Nomination de Mikhaïl Gorbatchev, à l'âge de 54 ans, au poste de secrétaire du Parti communiste. Ses trois prédécesseurs à ce poste étaient respectivement âgés de 58, 68 et 73 ans au moment de leur nomination.
avril	Le traité du pacte de Varsovie est reconduit pour 20 ans.
1985-1986	Lancement des politiques de perestroïka (restructuration) et de glasnost (transparence) ayant comme objectif la réorganisation en profondeur de la politique mais surtout de l'économie soviétique qui accuse un retard sans cesse grandissant face aux pays occidentaux.

1986

11 février	Après 12 ans de goulag, libération du mathématicien et dissident soviétique Anatoli Chtcharanski ; il est échangé contre des espions de l'Est.
14 mai	Conférence de Gorbatchev, 18 jours après l'événement, sur l'accident survenu à la centrale nucléaire de Tchernobyl. Ce long silence du chef de l'État fait douter les Occidentaux de la politique de glasnost du dirigeant soviétique.
19 décembre	Récipiendaire du prix Nobel de la paix en 1975, Andreï Sakharov, après six ans d'*exil intérieur* à Gorki, est autorisé à revenir à Moscou.

1987

janvier	Réformes politiques permettant des candidatures multiples aux élections, le suffrage secret et le choix des candidats aux élections par des regroupements libres d'électeurs.
juin	Élections locales : dans 4 % des circonscriptions, plusieurs candidats se présentent pour le même poste.
août	Manifestations spontanées dans les trois républiques baltes lors du 48ᵉ anniversaire du pacte germano-soviétique qui a préparé l'invasion soviétique de leur territoire.
décembre	Signature à Washington de l'entente sur le démantèlement des missiles à portée intermédiaire installés en Europe depuis quelques années.

1988

mars	Article très critique à l'égard de la perestroïka dans la revue *Sovitskaïa Rossa*
mai	Début du retrait des troupes soviétiques d'Afghanistan, annoncé en février 1988
août	Autorisation restreinte de manifester lors du 49ᵉ anniversaire du pacte germano-soviétique dans les républiques baltes
octobre	Andreï Sakharov est élu au præsidium de l'Académie des sciences et est autorisé à voyager à l'étranger.

| 1988-1989 | Montée du nationalisme par la fondation de mouvements politiques nationaux dans la majorité des républiques d'URSS |

1989

février	Première visite à Pékin depuis 30 ans d'un ministre soviétique des Affaires étrangères (Édouard Chevardnadzé)
avril	Répression sanglante par l'armée d'une manifestation nationaliste à Tbilissi (capitale de la république de Géorgie)
mai	Visite de Gorbatchev en Chine
mai	Le Soviet suprême de la république de Lituanie adopte une déclaration sur la souveraineté d'État.
mai	Andreï Sakharov est élu député au Congrès des députés d'URSS.
mai	Affirmation par Gorbatchev du droit des nations à l'autodétermination tout en se déclarant pour un développement des républiques à l'intérieur du cadre d'un État fédératif
juillet	Importante grève des mineurs en URSS et menace de grève des cheminots
juillet	Violent article dans la *Pravda* contre la politique de Gorbatchev
octobre	Visite à Berlin-Est de Gorbatchev
octobre	Légalisation par le Soviet suprême du droit de grève
novembre	Chute du mur de Berlin
décembre	Entrevue de Gorbatchev avec le pape Jean-Paul II au Vatican
décembre	Condamnation par les membres du pacte de Varsovie de l'intervention en Tchécoslovaquie en 1968
décembre	Mort, à l'âge de 68 ans, d'Andreï Sakharov
décembre	Le Parti communiste lituanien proclame son indépendance à une très forte majorité. Visite de Gorbatchev à Vilnius (la capitale lituanienne) en faveur du maintien de la république au sein de l'URSS (janvier 1990).

1990

février	Proclamation de l'indépendance par le Conseil suprême de la république de Lituanie ; élection de V. Landsbergis à la présidence du Parlement.
février	Le Parti communiste de l'Union soviétique (PCUS) renonce à son rôle de direction ; cela a comme conséquence un important transfert du pouvoir du parti vers l'État ; dix jours plus tard, vaste mouvement de manifestations dans tout le pays exprimant le rejet du PCUS.
mars	Publication dans les *Nouvelles de Moscou* de documents d'archives soviétiques attribuant le massacre de Katyne au NKVD (ancien nom de la police secrète soviétique) : l'État soviétique avait toujours rejeté sur les nazis la responsabilité de cette exécution de plus de 4500 officiers de l'armée polonaise.
avril	Gorbatchev réaffirme le *caractère inacceptable pour l'URSS d'une Allemagne unifiée membre de l'OTAN.*
avril	Blocus alimentaire de la Lituanie par l'URSS (partiellement levé en juin)
mai	Lors du défilé traditionnel du 1er mai, Gorbatchev est conspué et doit quitter la tribune d'honneur.
mai	Le Congrès des citoyens de Lettonie demande l'ouverture de négociations sur le retrait des troupes soviétiques de son territoire ; quatre jours plus tard, la Lettonie déclare son indépendance assortie d'une période de transition et propose d'ouvrir des négociations avec Moscou.
mai	Première réunion de représentants des États-Unis, de l'URSS, de la France, du Royaume-Uni et des deux Allemagnes sur la réunification de l'Allemagne.
mai	Malgré l'opposition de Gorbatchev, élection de Boris Eltsine à la présidence du Soviet suprême de Russie.
juin	Déclaration du principe de souveraineté par le Soviet suprême moldave
juin	Signature d'un accord de coopération économique entre les 5 républiques fédérées d'Asie centrale (en août 1991, on comptera près de 100 accords identiques entre toutes les républiques fédérées d'URSS).

juillet	Eltsine quitte le PCUS.
juillet	L'OTAN déclare ne plus considérer l'URSS comme un adversaire.
juillet	Lors d'une visite du chancelier ouest-allemand Kohl en URSS, Gorbatchev accepte qu'une Allemagne unifiée fasse partie de l'OTAN.
juillet	L'Ukraine et la Biélorussie déclarent leur souveraineté.
août	L'Arménie, le Turkménistan et le Tadjikistan déclarent leur souveraineté.
septembre	Loi autorisant l'enseignement religieux, affirmant la séparation de l'Église et de l'État et supprimant la propagande antireligieuse de l'État.
septembre	L'Azerbaïdjan déclare sa souveraineté.
octobre	Plus de 700 000 membres ont quitté le PCUS depuis janvier.
octobre	Gorbatchev, prix Nobel de la paix.
décembre	Adoption par le Soviet suprême de l'URSS du Traité de l'Union transformant l'URSS (qui devient l'URS – l'Union des républiques souveraines) en État décentralisé.
décembre	Loi de la Fédération de Russie reconnaissant la propriété privée

1991

janvier	Intervention des troupes soviétiques stationnées en Lituanie contre le gouvernement lituanien ; manifestation à Moscou de près de 500 000 personnes pour protester contre ces événements.
février	Les pays membres du pacte de Varsovie dissolvent les structures militaires (pour avril) et politiques (pour juillet) de l'organisation.
mars	Référendum sur le maintien de la fédération (oui à 76 %) et sur l'élection du président de la Russie au suffrage universel (oui à 70 %) ; dans les deux cas le suffrage exprimé avait dépassé 75 %. Ce référendum s'est déroulé dans 9 des 15 républiques.
avril	Entrée en vigueur de la réforme des prix de détail (dont certains subissent des hausses de plus de 200 %).
avril	La Géorgie déclare son indépendance.
juin	Élection d'Eltsine à la présidence de la Russie (60 % du suffrage).
juin	Par référendum, les habitants de Léningrad rechangent le nom de leur ville pour Saint-Pétersbourg malgré l'opposition de Gorbatchev.
18-23 août	Échec du coup d'État mené par de nombreux membres du gouvernement et collaborateurs de Gorbatchev ; le rôle d'Eltsine dans cet échec est déterminant.
20-21 août	L'Estonie puis la Lettonie déclarent leur indépendance.
24 août	L'Ukraine proclame son indépendance et le Turkménistan sa souveraineté.
25 août	La Biélorussie proclame son indépendance.
27 août	La Moldavie proclame son indépendance.
30-31 août	L'Azerbaïdjan puis l'Ouzbékistan et le Kirghizstan déclarent leur indépendance.
2 septembre	Proclamation de la république du Haut-Karabakh (région azérie dont la population est majoritairement arménienne).
5 septembre	La république de Crimée se déclare souveraine (la Crimée fait alors partie de l'Ukraine).
9 septembre	Le Tadjikistan proclame son indépendance.
17 septembre	L'URSS reconnaît comme non fondée l'accusation de trahison formulée en 1974 contre Alexandre Soljenitsyne.
17 septembre	Admission à l'ONU des trois républiques baltes
23 septembre	L'Arménie proclame son indépendance (votée à 99,4 % lors d'un référendum le 21).
18 octobre	Signature du traité de Communauté économique entre la Russie et huit anciennes républiques fédérées (aucune des républiques baltes n'adhère au traité).
6 novembre	Dissolution du Parti communiste et nationalisation de ses biens
19 novembre	Gorbatchev nomme Chevardnadzé ministre des Relations extérieures d'URSS ; ce dernier démissionne le mois suivant et est élu, en mars 1992, président du Conseil d'État de Géorgie.

1991

1er décembre	La Gagaouzie et la Transistrie, deux régions de Moldavie, se prononcent pour leur indépendance.
8 décembre	Les dirigeants de l'Ukraine, de la Biélorussie et de la Russie déclarent, lors d'une rencontre à Minsk, que *l'URSS, en tant que sujet de droit international et réalité géopolitique, a cessé d'exister*; signature à la même rencontre de l'accord créant la Communauté des États indépendants (CÉI).
21 décembre	Entrevue d'Eltsine avec le pape Jean-Paul II au Vatican
21 décembre	La république d'Ossétie du Sud (région de la Géorgie) proclame son indépendance (la république d'Ossétie du Nord fait partie de la Russie).
24 décembre	La Russie hérite du siège, jusqu'alors occupé par l'URSS, de membre permanent au Conseil de sécurité des Nations unies.
25 décembre	Gorbatchev démissionne de la présidence de l'URSS; il transfère au président de la Russie, Eltsine, la mallette nucléaire. Sur le Kremlin, le drapeau de l'URSS est remplacé par celui de la Russie. La Communauté économique européenne (CEE) et les États-Unis reconnaissent l'indépendance de la Russie, État successeur de l'URSS.

Annexe II : l'Europe de l'Est de 1975 à 1994

La chute du rideau de fer

Les événements qui ont secoué l'URSS changent le paysage politique du monde entier. Nulle part ces changements seront-ils plus importants qu'à la frontière occidentale de l'URSS, c'est-à-dire dans les huit États qui composent l'Europe de l'Est. La direction de l'URSS s'y faisait sentir tant par la création d'organisations militaires (pacte de Varsovie) ou économiques (COMECON) que par des interventions armées (Budapest en 1956 ou Prague en 1968). Le relâchement du contrôle soviétique provoque en Europe de l'Est une mutation orchestrée, chaque pays traversant, selon un ordre en apparence harmonieux, les étapes d'un processus de démocratisation bénéfique et d'ajustement économique douloureux.

Cette simultanéité des changements s'est cependant faite à partir des caractéristiques historiques et politiques propres à chaque pays. Selon le pays, les déclencheurs de changement sont d'ordre politique, économique, religieux, syndical ou même environnemental. Toujours selon le pays, le résultat de ce processus se solde par une plus grande autonomie internationale, par le rattachement à un autre État, par la séparation pacifique de l'ancienne entité nationale

en États indépendants ou par l'éclatement de guerres civiles. Bien que ces changements de régime se soient effectués sans guerres internationales entre les anciennes entités nationales, et cela en dépit de fortes rivalités que l'autorité soviétique n'avait que mises en veilleuse, les guerres civiles dans l'ex-Yougoslavie posent de graves menaces à l'équilibre régional en Europe du Sud-Est.

Ici encore, les événements historiques se sont déroulés à un rythme accéléré et ont souvent pris les acteurs et les observateurs de vitesse : des leaders emprisonnés de mouvements clandestins se retrouveront, en moins de 18 mois, présidents élus de leurs pays, des politiciens solidement implantés à la direction d'États depuis des décennies seront renversés en apparence sans effort. L'euphorie politique d'hier cède souvent la place à la crise économique. D'anciennes formations politiques dirigeantes récemment bannies reviendront au pouvoir, souvent avec le même personnel à défaut d'avoir conservé le même nom. En Russie comme en Europe de l'Est, ces événements ont actuellement une profonde influence, et en auront une pour les années à venir, sur l'histoire de la civilisation occidentale.

1ᵉʳ août 1975	Eur	Signature des accords de Helsinki (Finlande) par les représentants de 35 pays d'Europe et d'Amérique du Nord, en négociation depuis 1973. Cette entente régularise les rapports entre ces États. On y affirme l'égalité souveraine des États, le renoncement à l'emploi de la force, l'intégrité territoriale et l'inviolabilité des frontières, la non-ingérence dans les affaires intérieures, le droit des peuples à l'autodétermination ainsi que le respect des droits de l'homme et des libertés fondamentales. Face aux répressions de la part de leurs gouvernements, de nombreux groupes non officiels d'Europe de l'Est et d'URSS se réclameront de ces accords et, durant la prochaine décennie, s'en serviront pour justifier la légitimité de leurs activités.
1979	Rou	Création d'un premier syndicat libre en Roumanie. Face au régime centralisé et répressif (rationnement alimentaire et énergétique, baisse du niveau de vie) dirigé par le président Nicolae Ceausescu, au pouvoir depuis 1965 et qui cumule à lui seul une demi-douzaine de fonctions politiques, la contestation se développera et se radicalisera durant les années 1980.
juin 1979	Pol	Première visite du pape Jean-Paul II en Pologne ; Karol Wojtyla, archevêque de Cracovie, a été nommé pape le 22 octobre 1978 à l'âge de 58 ans.
4 mai 1980	You	Mort de Josip Broz Tito, leader de la résistance yougoslave pendant la guerre, chef du gouvernement en 1945 et président depuis 1953. D'origine croate, Tito était membre du Parti communiste depuis 1920. À la suite du décès de Tito, la Yougoslavie entre dans une crise politique et économique qui s'aggravera pendant la prochaine décennie.

22 septembre 1980	Pol	À la suite de l'accord de principe sur la mise sur pied de syndicats non officiels et autogérés, création à Gdansk du syndicat Solidarité (*Solidarnosc* en polonais) regroupant 38 comités interentreprises et dirigé par Lech Walesa.
9 février 1981	Pol	Le général Wojciech Jaruzelski est nommé Premier ministre ; il conserve le portefeuille de ministre de la Défense.
31 mai 1981	Pol	Gigantesque manifestation populaire à Varsovie à l'occasion du décès du cardinal Stefan Wysynski, primat de Pologne depuis 1948.
13 décembre 1981	Pol	Le général Jaruzelski décrète l'état d'urgence en Pologne : un Conseil militaire remplace le gouvernement et le syndicat Solidarité est dissous (dissolution sanctionnée par une loi du Parlement le 8 octobre 1982) ; son président, Lech Walesa, est mis aux arrêts à domicile (il sera libéré le 15 novembre 1982). Des affrontements entre grévistes et militaires font un nombre indéterminé de morts. L'URSS faisait pression sur le gouvernement polonais depuis des mois afin qu'il mette fin à ce qu'il appelait les *activités antisoviétiques* de Solidarité. En février 1982, le pape Jean-Paul II appuie sans réserve Solidarité
10 novembre 1982	Pol	Échec de la grève générale organisée par Solidarité
juin 1983	Pol	Seconde visite du pape Jean-Paul II en Pologne ; il rencontre Lech Walesa en audience privée.
10 décembre 1983	Pol	Lech Walesa se voit attribuer le prix Nobel de la paix ; craignant de se voir refuser l'entrée en Pologne à son retour s'il décidait de se rendre en Suède, Walesa demande à sa femme de recevoir le prix en son nom.
30 octobre 1984	Pol	Assassinat par les forces de l'ordre du père Jerzy Popieluszko, aumônier des aciéries de Varsovie et lié au mouvement clandestin Solidarité. De nombreux porte-parole polonais soulèvent ouvertement la responsabilité du gouvernement et du chef de l'État dans cette affaire (les assassins du père Popieluszko seront jugés et condamnés en février 1985).
1984	RDA	À la suite de longues négociations avec l'Allemagne de l'Ouest, la RDA augmente les permissions de visite à l'Ouest de ses ressortissants tout en délivrant plus de visas aux Allemands de l'Ouest.
1984-1985	Bul	Malgré un assouplissement du système économique en 1982 (autonomie des entreprises, objectifs de rentabilité et de concurrence), la situation économique bulgare se détériore depuis le début de 1984. Afin de détourner l'attention de la population, le gouvernement met sur pied une politique de nationalisme agressif principalement orienté contre les Bulgares d'origine turque qui constituent 10 % de la population du pays (dont l'obligation pour les Turco-Bulgares d'*occidentaliser* leurs noms et prénoms).
11 avril 1985	Alb	Mort d'Enver Hodja, dirigeant de l'Albanie depuis 1946. Fondateur du Parti communiste albanais en 1941, Hodja avait instauré une république populaire en 1946 et calqué son régime sur le modèle stalinien puis, à partir des années 1960, sur le modèle maoïste.
juin 1986	Pol	Lors de sa troisième visite en Pologne, le pape Jean-Paul II exprime son soutien au mouvement Solidarité.
11 septembre 1986	Pol	Libération surprise de 225 prisonniers politiques dont tous les responsables de l'opposition au régime. Tentant de profiter de la situation, Walesa annonce la création d'un conseil provisoire du syndicat clandestin Solidarité : le gouvernement interdit ce conseil.

1987

19 février	Pol	Imposées en décembre 1981, à la suite de la déclaration de l'état d'urgence, les dernières sanctions économiques américaines contre la Pologne sont levées.
septembre	RDA	Le président de la RDA, Erich Honecker, effectue en RFA la première visite d'un chef d'État est-allemand.
19 septembre	Hon	Le Parlement approuve une importante réforme fiscale qui introduit, pour la première fois dans un pays est-européen, un impôt sur le revenu et une taxe sur la valeur ajoutée.

30 octobre	Pol	La Pologne obtient de ses créanciers publics le rééchelonnement de 8,5 des 33 milliards de dollars de sa dette due à ses créanciers occidentaux.
15 novembre	Rou	Des émeutes ont lieu à Brasov où des milliers d'ouvriers protestent contre les réductions de salaire et les pénuries ; ces manifestations se transforment en critiques contre le régime Ceausescu.
29 novembre	Pol	Le référendum organisé par le gouvernement sur son plan de réformes économiques et de démocratisation est défait ; Solidarité, jugeant ces réformes insuffisantes, s'était opposé au projet de réformes.
17 décembre	Tch	Gustav Husak, secrétaire général du Parti communiste tchèque depuis 1969, est remplacé par Milos Jakes, un homme politique conservateur.

1988

1er février	Pol	Hausse massive (en moyenne de 40 %) des prix de détail.
24 février	Alb	Après plus de 40 ans, l'Albanie met fin à sa politique d'isolement diplomatique en participant à la Conférence des pays balkaniques à Belgrade.
6 mars	Tch	Près de 5000 personnes manifestent pour la liberté religieuse en Tchécoslovaquie.
15 mars	Hon	À l'appel de l'opposition, près de 10 000 personnes manifestent contre l'inefficacité gouvernementale devant la crise économique qui secoue le pays ; le prétexte de la manifestation était la célébration du 140e anniversaire de l'insurrection de 1848 contre les Autrichiens.
mai	Pol	Fin d'une grève de 10 jours des ouvriers des aciéries de Cracovie et des chantiers navals de Gdansk déclenchée pour protester contre les augmentations de prix imposées en février ; le gouvernement fait voter une loi lui donnant des *pouvoirs extraordinaires* pour appliquer les réformes économiques refusées par la population lors du référendum de novembre 1987.
22 mai	Hon	Élection de Karoly Grosz au poste de secrétaire du Parti communiste hongrois ; de nombreux réformistes font leur entrée au bureau politique du parti.
19 juin	Pol	Faiblesse de participation record (55 %) aux élections locales en Pologne que Solidarité avait demandé de boycotter.
27 juin	Hon	Importante manifestation à Budapest (50 000 personnes) contre la politique d'assimilation forcée de la minorité hongroise de Roumanie
30 juin	Hon	Accord de commerce et de coopération entre la CEE et la Hongrie
15 août	Pol	Le début de négociations entre Solidarité et les représentants du gouvernement met fin à une série de grèves ayant pour but la reconnaissance du mouvement syndical clandestin ; ces négociations échoueront à la suite des manœuvres de la partie gouvernementale (menaces de fermetures d'usines, etc.).
21 août	Tch	Près de 10 000 personnes manifestent à Prague contre le 20e anniversaire de l'intervention soviétique qui mettait fin au Printemps de Prague.
26 septembre	Pol	Nomination au poste de Premier ministre de Mieczyslaw Rakowski, un proche du général Jaruzelski.
19 octobre	You	Impasse au comité central de la Ligue des communistes entre le chef du Parti serbe depuis 1987, Slobodan Milosevic, nationaliste serbe et partisan d'une forte centralisation gouvernementale, et les représentants des autres provinces prônant une décentralisation et une démocratisation du régime. La Yougoslavie ne parvient donc pas à se sortir de la profonde crise économique, politique et morale qui s'aggrave depuis le début de la décennie.
28 octobre	Tch	Une manifestation à Prague contre le remplacement au gouvernement de plusieurs réformistes et contre le durcissement du régime est sévèrement réprimée par les forces de l'ordre.
19 novembre	You	Plus de 1 million de Serbes manifestent à Belgrade pour soutenir la minorité serbe du Kosovo (peuplé à 90 % d'Albanais) ; des manifestations de dizaines de milliers d'Albano-Yougoslaves du Kosovo répondent à cette première manifestation serbe dans les semaines suivantes.

1988

30 novembre	Pol	À la suite de l'échec des négociations entre Solidarité et le gouvernement, un débat télévisé est organisé entre Lech Walesa et Alfred Miodowicz, président du syndicat officiel OPZZ : une première en Europe de l'Est.
30 décembre	You	Démission du gouvernement Branko Mikulic à la suite du rejet par le Parlement yougoslave de son plan de redressement économique

1989

15 janvier	Tch	Les forces de l'ordre dispersent violemment une manifestation en l'honneur de Jan Palach, un étudiant qui s'était immolé le 16 janvier 1969 afin de protester contre l'intervention soviétique de l'année précédente. Nombreuses manifestations réprimées et arrestations les jours suivants dans le pays.
17 janvier	Pol	Rétablissement du pluralisme syndical et légalisation de Solidarité (le 17 avril) par le comité central du Parti communiste polonais
19 janvier	Eur	À la clôture de la IIIe Conférence sur la sécurité et la coopération en Europe (CSCE), 34 des 35 pays signataires des accords de Helsinki (la Roumanie s'est abstenue) s'engagent à *garantir à tous le respect des droits de l'homme et des libertés fondamentales*.
19 janvier	You	Nomination du Premier ministre croate Ante Markovic à la tête du gouvernement fédéral yougoslave
6 février	Pol	Ouverture de négociations officielles entre le gouvernement, l'opposition et l'Église dans le but d'instaurer un pluralisme politique et d'organiser des élections parlementaires libres en Pologne.
10 février	Hon	Le comité central du Parti communiste hongrois accepte le principe d'une transition vers le multipartisme politique.
21 février	Tch	L'écrivain Vaclav Havel est condamné à six mois de prison pour sa participation aux manifestations du mois précédent (Havel sera libéré le 17 mai).
27 février	You	Des *mesures d'exception* sont imposées au Kosovo après une grève générale de la majorité albano-yougoslave ; le lendemain, importante contre-manifestation à Belgrade en faveur de la minorité serbe du Kosovo. L'état d'urgence ne sera levé qu'en avril 1990.
15 mars	Hon	Importantes manifestations organisées tant par le gouvernement que par l'opposition afin de célébrer la fête nationale, rétablie le 15 mars.
27-28 mars	You	Au Kosovo, violents affrontements entre les forces de l'ordre et les manifestants albano-yougoslaves à la suite du rétablissement constitutionnel de l'autorité serbe sur cette province (bilan officiel : 24 morts).
5 avril	Pol	Accord historique prévoyant la démocratisation des institutions politiques et l'entrée de l'opposition au Parlement (qui compte maintenant deux Chambres) ; annonce, le 17, jour de la relégalisation de Solidarité, d'un plan d'aide américain de 1 milliard de dollars destiné à la Pologne.
2 mai	Hon	Le *rideau de fer* entre la Hongrie et l'Autriche commence à être démantelé par les autorités hongroises ; une des raisons de cette opération est l'état avancé de dépérissement de certaines parties de cet ensemble de clôtures et de barbelés.
1er juin	Bul	Début de l'expulsion massive vers la Turquie de Bulgares d'origine turque ayant refusé la politique d'assimilation forcée menée par Sofia depuis 1985 ; en un mois, près de 100 000 Turco-Bulgares se seront réfugiés en Turquie.
4 juin	Pol	Premières élections partiellement libres à se tenir en Europe de l'Est. Au premier comme au second tour (le 18 juin), Solidarité remporte la quasi-totalité des sièges non réservés : 99 sur 100 au Sénat et tous les 161 sièges à la Diète (Chambre basse). Le POUP (Parti communiste) conserve néanmoins les 299 sièges qui lui étaient réservés encore que son aile réformiste l'emporte largement.

13 juin	Hon	Le Parti communiste hongrois (PSOH) décide d'un profond remaniement de ses instances dirigeantes : les réformateurs font leur entrée au gouvernement avec, comme Premier ministre, Miklos Nemeth. Des discussions s'ouvrent avec l'opposition pour la préparation d'élections libres en 1990. Trois jours plus tard, à Budapest, 200 000 personnes participent aux obsèques solennelles d'Imre Nagy, Premier ministre lors de l'insurrection de 1956, exécuté le 16 juin 1958 (Nagy sera officiellement réhabilité le 7 juillet).
28 juin	You	Pour commémorer la bataille de Kosovo (qui se solda par la vassalisation de la Serbie par les Turcs) dont c'est le 600ᵉ anniversaire, plus de 1 million de Serbes participent, sur les lieux mêmes de la bataille, à une célébration du nationalisme serbe.
17 juillet	Pol	Aide alimentaire d'urgence au montant de 910 millions de francs de la CEE à la Pologne ; le 25, un accord de commerce et de coopération est aussi signé entre les parties.
17 juillet	Pol	Rétablissement des relations diplomatiques entre la Pologne et le Vatican (rompues en 1945).
19 juillet	Pol	Le général Jaruzelski est élu président par les députés et sénateurs à une seule voix de majorité ; le 25, Solidarité refuse de participer à un gouvernement dirigé par le POUP.
1ᵉʳ août	Pol	Entrée en vigueur du plan de libération des prix agro-alimentaires qui provoque de très importantes hausses et qui aggrave le mécontentement populaire.
14 août	Pol	Face au refus de Solidarité de participer à un gouvernement dirigé par les communistes, le Premier ministre, le général Czeslaw Kiszczak, renonce à former un gouvernement.
19 août	RDA	Un groupe de 500 Allemands de l'Est franchit clandestinement la frontière entre la Hongrie et l'Autriche afin de se réfugier à l'Ouest. Depuis le début de l'été, le nombre d'Allemands de l'Est profitant de cette voie d'évasion à l'Ouest ne cesse d'augmenter. Parallèlement à cet exode, de nombreux Allemands de l'Est se réfugient aussi dans les ambassades de la RFA à Budapest, à Berlin-Est et à Prague (en nombre tel que l'Allemagne de l'Ouest est obligée de fermer temporairement ces ambassades). La RDA refuse tout arrangement direct avec la RFA au sujet de ces réfugiés d'ambassade.
21 août	Hon	Malgré une interdiction de manifester et un important déploiement policier, 2000 manifestants se rassemblent à l'occasion du 21ᵉ anniversaire de l'intervention des troupes du pacte de Varsovie en 1968.
22 août	Bul	Après avoir accueilli 310 000 réfugiés bulgares d'origine turque en moins de trois mois et en l'absence d'un accord avec le gouvernement bulgare, le gouvernement turc impose un visa d'entrée obligatoire.
24 août	Pol	Tadeusz Mazowiecki, un intellectuel catholique membre de la direction de Solidarité, est élu Premier ministre de la Pologne par 378 voix contre 4 et 41 abstentions : c'est la première fois depuis plus de 40 ans qu'un pays de l'Europe de l'Est est dirigé par un non-communiste et ce, malgré de sérieuses mises en garde et des critiques de la part de Moscou, de Berlin-Est, de Prague et de Bucarest.
10 septembre	RDA	La Hongrie décide d'ouvrir sa frontière avec l'Autriche ce qui permet, en moins de 48 heures, à 10 000 Allemands de l'Est de se réfugier à l'Ouest. En moins de trois semaines, plus de 25 000 Allemands de l'Est auront utilisé cette filière. Cette décision de Budapest est violemment critiquée par le gouvernement est-allemand. D'autres Allemands de l'Est continuent à se réfugier dans les ambassades ouest-allemandes de Varsovie et de Prague.
12 septembre	Pol	Les députés approuvent par 402 voix, aucune contre et 13 abstentions, la composition du gouvernement de Tadeusz Mazowiecki : sur 24 ministres, on compte 13 membres de Solidarité, 4 du POUP (intérieur, défense, transport et commerce extérieur), 4 du Parti paysan et 3 du Parti démocrate.
25 septembre	RDA	À Leipzig, 8000 personnes manifestent pour dénoncer le refus du pouvoir d'autoriser le mouvement d'opposition *Nouveau Forum*. C'est la plus importante manifestation d'opposition à se tenir en RDA depuis 1953.

1989

26 septembre	Eur	La CEE, chargée de la coordination de l'aide à la Hongrie et à la Pologne, propose aux 24 pays de l'Organisation de coopération et de développement économique (OCDE) un plan d'investissement de 4,2 milliards de francs pour 1990. Deux jours plus tard, les pays industriels occidentaux confirment leur soutien financier prioritaire à la démocratisation de l'Europe de l'Est.
27 septembre	You	Malgré des mises en garde du pouvoir fédéral, le Parlement de Slovénie adopte des amendements constitutionnels lui permettant de se séparer de la fédération et d'accéder à l'autodétermination.
1er octobre	RDA	Plus de 7000 Allemands de l'Est, qui s'étaient réfugiés dans les ambassades ouest-allemandes de Varsovie et de Prague, gagnent la RFA à bord de trains est-allemands (aussitôt baptisés *trains de la liberté*) et avec l'autorisation du gouvernement de Berlin-Est. Dès le lendemain, près de 10 000 autres réfugiés se retrouvent de nouveau dans les ambassades ouest-allemandes. Lorsque ces nouveaux réfugiés sont transportés en RFA, les *trains de la liberté* sont pris d'assaut par des Allemands de l'Est désireux eux aussi de passer à l'Ouest.
7 octobre	RDA	Lors d'une visite en RDA pour célébrer le 40e anniversaire du pays, Mikhaïl Gorbatchev encourage les partisans des réformes en RDA tout en prônant un *statu quo* dans les relations inter-États en Europe de l'Est. Des manifestations dans plusieurs villes est-allemandes sont sévèrement réprimées par les forces de l'ordre.
7 octobre	Hon	En congrès extraordinaire, le parti communiste hongrois, le Parti socialiste ouvrier de Hongrie (PSOH), se transforme en Parti socialiste hongrois (PSH) et ne propose plus les principes du centralisme démocratique et la dictature du prolétariat. Treize jours plus tard, les députés du parti adoptent à la quasi-unanimité une série de lois permettant le multipartisme et des élections libres.
16 octobre	RDA	Comme tous les lundis soir depuis le 25 septembre, la foule se rassemble à Leipzig pour demander des réformes : le 25 septembre, ils étaient 8000, les 2 et 9 octobre, ils étaient respectivement 15 000 et 70 000. Ce soir, ils sont 150 000. Les 23 et 30 octobre, ils seront 300 000 puis 500 000.
18 octobre	RDA	Erich Honecker, secrétaire général du Parti communiste est-allemand depuis 1971, est remplacé par Egon Krenz, un communiste. Le 24 octobre, son élection à la présidence ne fait pas l'unanimité : sur 500 votes, on compte 26 contre et 26 abstentions. Le 27, une amnistie générale est déclarée pour les émigrants et les manifestants arrêtés.
23 octobre	Hon	En ce jour anniversaire du début du soulèvement de 1956 à Budapest est proclamée la fin de la République populaire instaurée en 1949 et le début de la IVe République.
28 octobre	Tch	Près de 10 000 personnes célèbrent à Prague le 71e anniversaire de la République de 1918.
1er novembre	RDA	Avec la réouverture de la frontière avec la Tchécoslovaquie (bloquée depuis trois semaines), l'exode des Allemands de l'Est reprend à un rythme de 10 000 réfugiés par jour.
8 novembre	RDA	Sous la pression de la rue (500 000 manifestants à Berlin-Est, le 4, 300 000 à Leipzig, le 6), le bureau politique du Parti communiste démissionne en bloc. Hans Modrow est chargé de former un nouveau gouvernement : le 17 novembre, ce nouveau gouvernement compte 17 ministres communistes et 11 ministres appartenant à des alliés du Parti communiste.
9 novembre	RDA	Les autorités est-allemandes annoncent l'ouverture de la frontière entre les deux Allemagnes et du mur de Berlin. Des centaines de milliers de Berlinois de l'Est traversent à l'Ouest. Les 11 et 12, ils seront 2 millions à rendre visite à l'Ouest ; les 18 et 19, 3 millions.
10 novembre	Bul	Todor Jivkov, au pouvoir depuis 1954, est remplacé à la tête du Parti communiste par Petar Mladenov, ministre des Affaires étrangères depuis 1971. Le nouveau dirigeant parle de restructuration à la soviétique (perestroïka) sans remettre en cause le régime socialiste bulgare.

15 novembre	Hon	La Hongrie est le premier pays est-européen à demander son adhésion au Conseil de l'Europe.
17 novembre	Tch	À Prague, une manifestation de 30 000 étudiants est si brutalement réprimée par les forces de l'ordre que l'ensemble de la population se mobilise contre le régime : pendant deux semaines, d'importantes manifestations quotidiennes ont lieu sur la place Wencelas, à Prague.
18 novembre	Eur	Le montant de l'aide occidentale à la Hongrie et à la Pologne s'élève à 40 milliards de francs.
24 novembre	Tch	Le bureau politique du Parti communiste démissionne en bloc : Karel Urbanek est nommé à la tête du parti.
24 novembre	Rou	Nicalae Ceausescu, au pouvoir depuis 1965, est réélu secrétaire général du Parti communiste à l'unanimité par les 3308 délégués du XIVᵉ Congrès du parti.
27 novembre	Tch	Des négociations s'ouvrent entre Ladislas Adamec, chef du gouvernement démissionnaire, et les représentants du Forum civique (formé le 19 sous la direction de Vaclav Havel). Le 29 novembre, le Parlement vote à l'unanimité l'abolition du rôle dirigeant du Parti communiste.
1ᵉʳ décembre	RDA	Le rôle dirigeant du Parti communiste est-allemand est aboli et le Parlement accepte le pluralisme politique ; le 3 décembre, à la suite d'accusations de corruption, les instances dirigeantes du Parti annoncent sa dissolution. La dissolution de la police politique, la *Stasi*, est annoncée le 6 ; les bureaux de la Stasi seront saccagés le 15 janvier 1990 entraînant la disparition de nombreux documents importants et parfois compromettants pour certains dirigeants.
3 décembre	Tch	Le Forum civique rejette le nouveau gouvernement formé par Adamec (16 des 21 ministres étant des communistes). Démission de Ladislav Adamec le 7 décembre : nomination de Marian Calfa, un communiste membre du gouvernement précédent, au poste de Premier ministre. Le 10, Gustav Husak démissionne de la présidence de la République.
7 décembre	RDA	Une première table ronde réunissant tous les partis politiques fixe des élections libres pour le 6 mai 1990. La veille, Egon Krenz démissionne de la présidence ; il est remplacé le 8 par un jeune avocat de 41 ans, Gregor Gysi.
11 décembre	Bul	À la suite d'importantes manifestations réclamant des réformes, Petar Mladenov annonce la tenue d'élections libres en mai 1990 et l'abolition du rôle dirigeant du Parti communiste bulgare.
16 décembre	Rou	Premières manifestations à Timisoara contre l'expulsion du pasteur protestant Lazlo Toekes, un défenseur des droits de la minorité hongroise. Des rumeurs de massacres de la part des forces de l'ordre commencent à circuler. Les manifestations s'amplifient de jour en jour. Le 18, le gouvernement proclame l'état d'urgence.
17 décembre	Pol	Le gouvernement présente un très sévère *plan de stabilisation* de l'économie, sous la pression du Fonds monétaire international (FMI). Lech Walesa demande aux Polonais de ne pas se révolter contre ces mesures dont le coût social sera très élevé.
20 décembre	RDA	Le chancelier ouest-allemand Kohl se rend en RDA pour la première fois : les deux pays s'engagent sur la voie de la *communauté contractuelle*. Un passage est inauguré dans le mur de Berlin le 22 et la libre circulation entre les deux Allemagnes est instituée le 24. Un bilan officiel, publié en 1990, fera mention de 720 909 Allemands de souche réfugiés en RFA en 1989, contre 39 832 en 1988.
22 décembre	Rou	La veille, Ceausescu est hué par la foule sur laquelle tire la police. Le régime est renversé et remplacé par un Conseil du front de salut national (CFSN) composé de 36 anciens dirigeants évincés par Ceausescu et dirigé par Ion Iliescu, ancien secrétaire du comité central du Parti communiste, limogé en 1971. L'armée se range du côté des insurgés et des combats l'opposent à la police secrète, la *Securitate*, jusqu'au 26 décembre.
25 décembre	Rou	Arrêtés le 22 décembre, Nicolae et Helena Ceausescu sont exécutés au terme d'un simulacre de procès dont certains extraits sont télédiffusés les jours suivants. Certains documents divulgués en avril 1990 prouveront que le nouveau régime s'était livré à une parodie de justice lors de ce procès.

1989

28 décembre	Rou	Le CFSN, qui dirige effectivement le pays malgré la nomination du Premier ministre Petre Roman, change le nom du pays pour république de Roumanie, sans référence à la mention socialiste. Le bilan de l'insurrection, d'abord annoncé à 60 000 morts, est révisé à 10 000 morts. Le bilan officiel final de janvier 1990 parlera plutôt de 689 morts et 1200 blessés.
29 décembre	Bul	Le comité central du Parti communiste met fin à la politique d'assimilation forcée de la minorité turco-bulgare commencée en 1984 (décision entérinée le 15 janvier 1990). Des Bulgares de souche protestent contre cette décision.
29 décembre	Pol	Le nom du pays est officiellement changé pour celui de république de Pologne, sans référence aux mentions de socialiste et de populaire.
29 décembre	Tch	Vaclav Havel est élu président de la République ; deux jours avant, Alexandre Dubcek, l'ancien dirigeant du Printemps de Prague de 1968, était nommé président du Parlement.

1990

20 janvier	Eur	La CEE accorde une aide alimentaire d'urgence de 280 millions de francs à la Roumanie et de 200 millions à la Pologne.
22 janvier	You	À Belgrade, les délégués de la Slovénie se retirent du congrès du Parti communiste yougoslave en raison de l'échec de leurs propositions de démocratisation du parti.
23 janvier	You	Nouveaux affrontements sanglants au Kosovo dont la majorité de souche albanaise réclame la levée de l'état d'urgence (25 morts en 10 jours). L'état d'urgence sera levé le 18 avril.
28 janvier	RDA	Après avoir accepté de participer au gouvernement, l'opposition ramène à la date du 18 mars les élections libres prévues pour le 6 mai 1990.
28 janvier	Rou	Depuis le début du mois, la situation politique est très confuse en Roumanie. Le CFSN décrète des lois pour les annuler quelques jours plus tard. Les premières élections libres sont fixées au 20 mai. Des dizaines de milliers de personnes des partis d'opposition manifestent contre le monopole du pouvoir exercé par le CFSN. Dès le lendemain, le CFSN organise une contre-manifestation ouvrière en sa faveur.
1er février	Rou	Le CFSN accepte de partager le pouvoir avec l'opposition : Ion Iliescu demeure président du nouveau conseil élargi. Des manifestations quotidiennes d'opposition se poursuivent.
6 février	RDA	Les gouvernements des deux Allemagnes s'échangent des plans de réunification ; le 30 janvier, lors d'une visite du Premier ministre est-allemand Hans Modrow à Moscou, Mikhaïl Gorbatchev avait reconnu le caractère inéluctable de la réunification allemande.
9 février	Hon	Rétablissement des relations diplomatiques avec le Vatican, rompues en 1945.
11 février	You	La Ligue des communistes de Croatie rompt avec la Ligue fédérale sur la question du renouveau démocratique ; la Ligue de Slovénie avait fait de même le 4 février.
27 février	Tch	Lors de la première visite à Moscou du président Vaclav Havel, accord sur le retrait des 73 500 soldats soviétiques du territoire tchèque avant le 30 juin 1991.
8 mars	Pol	Après de nombreuses hésitations de la part du gouvernement ouest-allemand, le Parlement allemand reconnaît définitivement la frontière Oder-Neisse séparant l'Allemagne de l'Est et la Pologne mettant ainsi fin à un vide juridique qui remontait au lendemain de la guerre 1939-1945.
14 mars	RDA	Ouverture de la conférence dite *deux plus quatre* (les deux Allemagnes et les quatre Alliés de la dernière guerre) sur les aspects internationaux de l'unification allemande. La Pologne participera à la négociation des questions qui la concernent.

18 mars	RDA	Lors des premières élections législatives libres à se tenir sur le territoire de l'Allemagne de l'Est depuis 1933, le Parti démocrate-chrétien (centre droit, dirigé à l'Est par Lothar de Maizière et fortement appuyé par son homologue ouest-allemand Kohl) remporte 164 des 400 sièges à la Chambre du peuple ; le Parti social-démocrate remporte 87 sièges, le Parti du socialisme démocratique (ex-communiste) 65. Le 12 avril, de Maizière formera un gouvernement de coalition de cinq partis (257 sièges) qui se déclare pour un rattachement rapide de la RDA à la RFA et pour une appartenance de l'Allemagne unie à l'OTAN ; l'URSS s'opposera à cette dernière condition pendant encore plusieurs semaines.
20 mars	Rou	De violents affrontements entre nationalistes roumains et hongrois de souche font 6 morts et plus de 200 blessés à Tirgu-Mures.
3 avril	Bul	Petar Mladenov est élu à l'unanimité au nouveau poste de président de la République. Le même jour, le Parti communiste décide de changer de nom et de s'appeler Parti socialiste.
8 avril	Hon	Au second tour des premières élections libres à se tenir en Hongrie depuis 1945, le Forum démocratique (centre droit) remporte 165 des 386 sièges, devant l'Alliance des démocrates libres (92 sièges) et le Parti socialiste hongrois (ex-communiste) avec 33 sièges. Le 23 mai, Jozsef Antall, président du Forum démocratique, forme un gouvernement de coalition détenant 229 sièges. La majorité des ministres sont des enseignants.
8 avril	You	Victoire de la coalition d'opposition non communiste aux premières élections libres en Slovénie : le mouvement *Demos* obtient 55 % des voix et 47 sièges sur 80. Aux élections présidentielles le 22, c'est cependant un communiste réformateur qui est élu (Milan Kucan).
9 avril	Eur	Conclusion d'un accord sur la création de la Banque européenne pour la reconstruction et le développement de l'Europe de l'Est (BERD) ; dotée d'un capital de 12 milliards de dollars, dont 51 % sont détenus par les pays de la CEE, et regroupant 42 pays, la BERD commence ses prêts en avril 1991.
19 avril	Tch	Rétablissement des relations diplomatiques avec le Vatican, rompues depuis 1945
22 avril	Rou	À un mois de la date prévue pour les premières élections libres, des manifestations quotidiennes sur la place de l'Université exigent la démission du président et de tous les anciens communistes encore au pouvoir au sein du CFSN.
7 mai	You	Lors du second tour des premières élections libres en Croatie, l'Union démocratique (droite nationaliste) remporte les deux tiers des sièges. Après la Slovénie, le 22 avril, la Croatie est la seconde des six républiques yougoslaves à élire un gouvernement non communiste. Le 15 mai, le président de la fédération yougoslave parle du *danger d'une guerre civile et d'une désintégration du pays.*
20 mai	Rou	À la suite des premières élections libres à se tenir en Roumanie depuis la guerre, la formation d'Ion Iliescu (le FSN) remporte 233 des 348 sièges à la Chambre des députés et 92 des 119 sièges au Sénat ; Iliescu est lui-même réélu au poste de président avec 85 % des voix. Malgré son passé de communiste, Iliescu affirme son refus de tout retour au communisme.
27 mai	Pol	Aux élections municipales, les premières complètement libres, Solidarité remporte 85 % des sièges dans les grandes villes. Les ex-communistes n'obtiennent que 0,7 % des sièges.
9 juin	Tch	Lors des premières élections libres depuis 1946, le Forum civique de Havel et son homologue slovaque obtiennent la majorité dans les deux Chambres fédérales (87 sur 150 et 82 sur 150). Le Parti communiste obtient 24 sièges dans chacune des Chambres. Le 5 juillet, réélection de Havel à la présidence pour deux ans.
13 juin	Rou	Les forces de l'ordre font évacuer les manifestants de la place de l'Université (6 morts). À l'appel du gouvernement, des milliers de mineurs investissent Bucarest et, sous prétexte de *rétablir l'ordre*, terrorisent la population et saccagent les locaux des partis d'opposition, des journaux et des universités.
17 juin	Bul	À l'issue du second tour des premières élections libres bulgares depuis 1944, le Parti socialiste (ex-communiste) obtient la majorité absolue avec 211 sièges sur 400. L'Union des forces démocratiques (opposition) obtient quant à elle 144 sièges.

1990

21 juin	Hon	Réouverture de la Bourse de Budapest, fermée depuis 1948. Première place des valeurs mobilières en Europe de l'Est, cette institution est réouverte pour réaliser un important programme de privatisations.
1er juillet	RDA	Union économique, monétaire et sociale des deux Allemagnes; le deutsche Mark ouest-allemand devient la seule monnaie des deux pays.
4 juillet	Eur	L'OCDE qui accorde une aide à la Pologne et à la Hongrie depuis un an étend ce soutien à la Bulgarie, à la RDA, à la Tchécoslovaquie et à la Yougoslavie. La Roumanie est exclue de ce nouveau programme. Le plan prévoit des crédits d'au moins 14 milliards de francs jusqu'en 1993.
5 juillet	You	Dissolution du Parlement du Kosovo et mise en tutelle de cette province par les autorités serbes
6 juillet	Bul	Démission du président Petar Mladenov après qu'il a été prouvé qu'il avait demandé l'intervention des chars contre l'opposition en décembre 1989. Le 1er août, le chef de l'opposition, Jellou Jelev, est élu président.
12 juillet	Alb	Évacuation par le gouvernement de 4800 Albanais réfugiés dans des ambassades de Tirana; ces réfugiés sont transportés en Italie puis dans les pays des ambassades les ayant accueillis.
16 juillet	RDA	L'URSS lève son opposition à voir la nouvelle Allemagne appartenir à l'OTAN. En outre, l'URSS s'engage à retirer ses 380 000 soldats d'Allemagne de l'Est d'ici la fin de 1994. Cela est confirmé par la quatrième et dernière rencontre de la conférence *deux plus quatre* le 12 septembre. La RFA accorde à l'URSS une *aide au départ* (des soldats soviétiques) de 12 milliards de deutsche Mark.
29 juillet	Pol	La création d'un nouveau parti, l'Action démocratique, pour soutenir le gouvernement, scelle la rupture au sein de Solidarité entre les partisans du Premier ministre (Mazowiecki) et ceux de Lech Walesa.
3 août	Hon	Arpad Göncz, chef de l'opposition (Alliance des démocrates libres) est élu président par le Parlement (295 voix contre 13).
31 août	RDA	Signature par les deux Allemagnes du traité d'unification qui entrera en vigueur le 3 octobre
3 octobre	RDA	Unification officielle des deux Allemagnes. Malgré la joie populaire de revoir le pays unifié, les coûts financiers de la réunification provoquent de nombreuses critiques à l'Ouest tandis que les coûts économiques et sociaux sont déjà ressentis à l'Est.
14 octobre	Hon	Malgré un fort taux d'abstention, victoire de l'opposition libérale aux dépens de la coalition gouvernementale (centre droit) aux élections locales.
6 novembre	Hon	La Hongrie est le premier pays est-européen à adhérer au Conseil de l'Europe qui compte 23 pays occidentaux.
2 décembre	All	Victoire du chancelier Kohl aux premières élections fédérales en Allemagne réunifiée: la coalition de Kohl remporte 319 des 662 sièges; dans l'ex-RDA, le PDS (ex-communistes) remporte 17 sièges.
9 décembre	Pol	Au deuxième tour de scrutin et malgré un très fort taux d'abstention (47 %), Lech Walesa est élu président de la Pologne avec 74 % des voix. Le candidat perdant, Stanislaw Tyminski, un homme d'affaires opportuniste ayant fait fortune au Canada, avait causé une vive surprise au premier tour en se classant deuxième (23 %) et en éliminant par le fait même Tadeusz Mazowiecki, le Premier ministre.
9 décembre	You	Lors des premières élections libres en Serbie, le candidat du Parti socialiste (ex-communiste), Slobodan Milosevic, est réélu à la présidence avec 65 % des voix. Le 23, son parti remporte 194 des 250 sièges du Parlement; le même jour, 88,5 % de la population slovène vote pour l'indépendance de cette république. La sécession ne doit pas être effective à moins d'un échec des négociations visant à transformer le régime actuel en confédération d'États souverains.
12 décembre	Tch	Le Parlement fédéral vote, après de longues et difficiles négociations, la loi de décentralisation des compétences entre le gouvernement fédéral et celui des républiques tchèque et slovaque; cet accord intervient au moment où le nationalisme slovaque prend de plus en plus d'ampleur.

1991

16 janvier	Alb	En moins de deux semaines, plus de 10 000 Albanais de souche grecque se sont réfugiés en Grèce.
25 janvier	Eur	Réunis à Budapest, les ministres des Affaires étrangères des six pays qui le composent décident la dissolution des structures militaires du pacte de Varsovie, créé en mai 1955. L'association disparaît complètement le 1ᵉʳ juillet 1991.
22 février	Bul	Adoption d'une loi sur la privatisation et la redistribution des terres collectivisées
7 mars	Alb	En une semaine, plus de 20 000 Albanais ont tenté de se réfugier dans les ports italiens. Les autorités italiennes sont débordées et peu de réfugiés sont acceptés.
15 mars	Pol	Les pays occidentaux créanciers de la Pologne annulent 50 % de sa dette publique de 33 milliards de dollars, sur une dette totale de 48 milliards. Cinq jours plus tard, les États-Unis portent ce pourcentage à 70 % des 3,8 milliards que leur doit la Pologne.
18 mars	All	Les *manifestations du lundi* reprennent à Leipzig : 50 000 personnes protestent contre la montée en flèche du chômage dans l'ex-RDA. Le lendemain, le président de la Bundesbank (la banque centrale allemande) estime *désastreux* les effets de l'unification monétaire.
5 avril	Rou	Ion Iliescu signe à Moscou le premier traité d'amitié conclu entre l'URSS et un ex-pays communiste d'Europe de l'Est.
7 avril	Alb	Au second tour des premières élections législatives libres, le Parti communiste remporte 168 des 250 sièges, les campagnes ayant voté massivement pour ce parti. Le Parti démocratique (opposition), quant à lui, remporte 75 sièges, malgré la mort de 4 de ses candidats lors d'une manifestation anticommuniste cinq jours plus tôt.
19 mai	You	À suite d'un référendum, 83 % de la population croate vote pour l'indépendance. La minorité serbe (12 % de la population) se déclare en faveur d'un rattachement à la Serbie. De violents affrontements interethniques ont lieu.
4 juin	Alb	Après trois semaines de grève générale, le gouvernement communiste élu depuis moins de deux mois est obligé de démissionner. Un gouvernement de coalition est formé : le Parti communiste change de nom (et devient le Parti du travail) et annonce sa *rénovation totale*. C'est la première fois depuis 1945 que le gouvernement compte des éléments non communistes.
20 juin	All	Par un vote de 336 à 321, les députés allemands décident du transfert du gouvernement et du Parlement de Bonn à Berlin.
25 juin	You	Déclarations officielles d'indépendance de la Croatie et de la Slovénie. En moins de 72 heures, l'armée yougoslave intervient et les combats font 40 morts. Une délégation de la CEE intervient et les déclarations d'indépendance sont suspendues pour trois mois. Le retrait de l'armée fédérale de Slovénie est annoncé le 18 juillet et la tension y diminue substantiellement. Par contre, on assiste au début de la guerre civile en Croatie entre forces croates et milices serbes aidées par les troupes fédérales yougoslaves. La Slovénie et la Croatie maintiendront leur déclaration d'indépendance le 8 octobre, à l'expiration de la suspension.
28 juin	Eur	L'alliance économique créée en 1959 et qui regroupe six pays d'Europe de l'Est, la Mongolie, le Vietnam et Cuba (le COMECON) est officiellement dissoute.
15 septembre	You	Proclamation de l'indépendance de la Macédoine à la suite d'un vote favorable à 95 % lors d'un référendum tenu le 8 septembre
25 septembre	You	Le Conseil de sécurité de l'ONU vote à l'unanimité un embargo sur les livraisons d'armes à la Yougoslavie. Depuis la fin de juin, l'armée yougoslave appuie ouvertement les milices serbes en Croatie et occupe 20 % du territoire croate. Aucun plan de paix, aucun cessez-le-feu n'est respecté.

1991

25 septembre	Rou	Contrairement à juin 1990 lorsqu'ils venaient appuyer le gouvernement, les mineurs envahissent Bucarest pour protester contre la politique d'austérité. Après trois jours d'émeutes (cinq morts), le président Ion Iliescu accepte la démission du Premier ministre depuis décembre 1989, Petre Roman. Un nouveau gouvernement sera formé le 15 octobre par Theodor Stlojan : seuls deux membres de l'opposition acceptent d'en faire partie.
7 octobre	Pol	Un traité est conclu avec Moscou sur le retrait, avant la fin de 1992, des 50 000 soldats soviétiques stationnés en Pologne.
13 octobre	Bul	L'Union des forces démocratiques (opposition) remporte de peu les élections législatives avec 110 sièges sur 240, 4 de plus que le Parti socialiste (ex-communiste). Filip Dimitrov forme, le 8 novembre, un gouvernement qui ne compte aucun communiste, pour la première fois depuis 1944.
27 octobre	Pol	Seuls 43 % des électeurs inscrits participent aux premières élections nationales totalement libres depuis 1936 : 29 partis se disputent 460 sièges. Seuls deux partis recueilleront plus de 10 % du vote : l'Union démocratique de Tadeusz Mazowiecki (12,3 % des voix et 61 sièges) et l'Alliance de la gauche démocratique (ex-communistes, 12 % et 60 sièges). Un gouvernement de coalition de centre droit est formé le 23 décembre par Jan Olszewski.
19 novembre	You	L'armée fédérale yougoslave investit la ville de Vukovar, en Croatie, qu'elle assiégeait depuis 3 mois. Malgré un 14e cessez-le-feu, l'armée fédérale poursuit son offensive dans la région de la Slavonie. Depuis le 8 novembre, la CEE impose des sanctions économiques à la Serbie.
6 décembre	Alb	Dans une atmosphère de graves pénuries alimentaires et d'émeutes répétées, le Premier ministre communiste Ylli Bufi démissionne à la suite du départ des membres de l'opposition composant son gouvernement.
15 décembre	You	Le Conseil de sécurité décide d'envoyer une vingtaine d'observateurs militaires en Croatie. Le port de Dubrovnik, déclaré *patrimoine mondial* par l'Unesco, est bombardé depuis le 1er octobre. Du côté croate, en six mois de guerre civile, on estime les pertes humaines à plus de 10 000 morts et à 500 000 le nombre de personnes déplacées.

1992

2 janvier	All	Les archives de la *Stasi* sont officiellement ouvertes au public.
7 janvier	You	Un avion militaire serbe abat au-dessus de la Croatie un hélicoptère transportant des observateurs de l'ONU : cinq de ces observateurs sont tués.
15 janvier	You	La CEE reconnaît officiellement l'indépendance de la Slovénie et de la Croatie. En réponse à cette reconnaissance, la Serbie prône la formation d'un nouvel État yougoslave regroupant, outre la Serbie, les Serbes de Croatie, le Monténégro et la Bosnie. Le président de cette dernière annonce la tenue d'un référendum sur l'indépendance à la fin de février. Le 31 janvier, l'ONU n'a toujours pas pu convaincre les Serbes croates de l'envoi de Casques bleus en Croatie.
19 janvier	Bul	Réélection du président Jeliou Jelev (53 % des voix) lors des premières élections présidentielles libres
14 février	You	Décision de l'ONU d'envoyer 10 000 Casques bleus en Croatie ; le 21, le Conseil de sécurité autorise l'envoi de 14 000 Casques bleus dans les trois régions de la Croatie (cette force de l'ONU porte le nom de FORPRONU) : les 400 premiers officiers arrivent le 15 mars ; en octobre 1993, le mandat des 14 000 est prolongé jusqu'en mars 1994.
27 février	Tch	Traité d'amitié germano-tchèque signé à Prague
29 février	You	Référendum en Bosnie-Herzégovine : 63 % de la population se déclare pour l'indépendance.
1er mars	You	Référendum au Monténégro : la population se déclare pour le maintien de cette république dans l'État yougoslave.

29 mars	Alb	Le Parti démocrate albanais (opposition) de Sali Berisha, créé en décembre 1991, remporte les élections législatives et met fin au régime communiste en place depuis 1946.
6 avril	You	La CEE reconnaît officiellement l'indépendance de la Bosnie-Herzégovine ; la Grèce s'oppose à la reconnaissance de la Macédoine par la CEE sous prétexte que cette ancienne province yougoslave usurpe le nom d'une région de la Grèce. Le 7, les États-Unis reconnaissent simultanément la Slovénie, la Croatie et la Bosnie. Début des combats à trois entre l'armée bosniaque (à majorité musulmane), le Conseil de défense croate et les milices serbes (appuyées par l'armée yougoslave) ; ces dernières encerclent depuis le 11 avril la ville de Sarajevo.
22 mai	You	Sont admises à l'ONU, la Slovénie, la Croatie et la Bosnie. En deux mois de guerre civile en Yougoslavie, on compte déjà plus de 5000 morts, 20 000 blessés et 1,5 million de personnes déplacées. Les forces serbes continuent de bombarder les villes de Sarajevo et de Dubrovnik.
5 juin	Pol	Fin de la crise politique qui durait depuis six mois avec la nomination au poste de Premier ministre de Waldemar Pawlak ; Pawlak sera obligé de démissionner le 2 juillet et sera remplacé par Madame Hanna Suchocka qui formera un gouvernement de coalition avec les sept partis politiques issus de Solidarité.
29 juin	You	Après de nombreuses tractations, le principe de placer l'aéroport de Sarajevo sous le contrôle de 1000 Casques bleus afin d'assurer l'aide humanitaire à la population de la ville bombardée est accepté par tous les belligérants.
23 juillet	Tch	Après que les députés slovaques se sont opposés à l'élection de Vaclav Havel à la présidence fédérale (le 3 juillet) et que le Parlement slovaque a proclamé la souveraineté de la Slovaquie, les Premiers ministres tchèque (Vaclav Klaus) et slovaque (Vladimir Meciar) concluent un accord sur la partition de la Tchécoslovaquie qui entrera en vigueur à la fin de l'année. Dès septembre, les partis d'opposition aux deux Parlements s'opposent, sans succès, à cette partition. Le Parlement fédéral approuvera la loi de partition le 25 novembre.
2 août	You	Réélection (avec 57 % des voix) du président Franjo Tudjmann à la présidence croate à la suite des premières élections à se tenir en Croatie depuis la déclaration d'indépendance de juin 1991
13 août	You	La Serbie reconnaît officiellement la Slovénie.
4 septembre	Bul	L'ancien chef du Parti communiste (depuis 1954) et chef de l'État (de 1971 à 1989), Todor Jivkov est condamné à sept ans de prison pour abus de pouvoir et détournement de fonds publics.
16 septembre	You	La Conférence sur la sécurité et la coopération en Europe (CSCE) dépose un rapport accablant pour les dirigeants des trois communautés de Bosnie (bosniaque, croate et serbe) à propos des camps de détention. Le 28 octobre, l'ONU publie un rapport sur les opérations de *purification ethnique* dans l'ex-Yougoslavie (expropriations, confiscations des biens et persécutions selon des critères ethniques).
11 octobre	Rou	Réélection du président sortant, Ion Iliescu, avec 61 % des voix.
15 octobre	You	Les premiers des 6000 Casques bleus commencent leur déploiement en Bosnie.
12 novembre	All	Dès le début des audiences, ajournement du procès d'Erich Honecker en raison de l'état de santé de l'ancien dirigeant est-allemand. Honecker qui s'était réfugié à Moscou de juin 1991 à son retour en Allemagne (juillet 1992) doit être jugé pour sa responsabilité dans la mort de fugitifs qui tentaient de franchir le mur de Berlin dont il avait lui-même ordonné la construction en 1961. Les poursuites contre Honecker sont levées en janvier 1993 et il quitte l'Allemagne pour le Chili où il meurt la même année.
6 décembre	You	Victoire des partis centristes en Slovénie et réélection à la présidence de Milan Kucan
20 décembre	You	Réélection à la présidence serbe de Slobodan Milocevic (avec 56 % des voix) dans une élection entachée d'irrégularités. Le candidat défait à la présidence, le Premier ministre Milan Panic, est renversé par une motion de censure le 29.

1993

1er janvier	Tch	La République fédérative tchèque et slovaque cesse d'exister et laisse la place à deux nouveaux États : la République tchèque et la République slovaque. Le 18, Vaclav Havel est élu président de la nouvelle République tchèque ; le 15 février, Michal Kovac, dernier président de l'Assemblée fédérale tchécoslovaque, est élu par acclamation président de la République slovaque.

1er janvier — Tch

La République fédérative tchèque et slovaque cesse d'exister et laisse la place à deux nouveaux États : la République tchèque et la République slovaque. Le 18, Vaclav Havel est élu président de la nouvelle République tchèque ; le 15 février, Michal Kovac, dernier président de l'Assemblée fédérale tchécoslovaque, est élu par acclamation président de la République slovaque.

6 janvier — You

Plusieurs rapports confirment la poursuite de politiques de *purification ethnique* en Bosnie (dont le viol systématique des femmes par les militaires).

22 février — You

Le Conseil de sécurité de l'ONU adopte à l'unanimité la résolution 808 créant un tribunal international pour juger les crimes de guerre en ex-Yougoslavie. Le premier procès s'ouvrira à Sarajevo le 12 mars.

8 avril — You

La Macédoine est admise à l'ONU sous le nom provisoire d'*ex-République yougoslave de Macédoine* en réponse à l'opposition de la Grèce. C'est la première fois que l'ONU reconnaît un État sans nom ni drapeau.

18 avril — You

Dans l'espoir de faire pression sur la Serbie et de hâter la fin des guerres en Croatie et en Bosnie, le Conseil de sécurité de l'ONU renforce les sanctions économiques contre la Serbie.

25 avril — Alb

Premier voyage du pape Jean-Paul II en Albanie

16 mai — You

Lors d'un référendum organisé par les Serbes de Bosnie, la proposition internationale du plan de paix (plan Vance-Owen), en pourparlers depuis un an, est rejetée à 96 %. Les puissances occidentales abandonnent leurs menaces d'intervention militaire et toute solution diplomatique du conflit disparaît pour l'instant devant les forces serbes qui occupent 70 % du territoire bosniaque. Les forces croates et bosniaques qui, malgré de nombreuses alliances, continuent à s'affronter, ne peuvent se mesurer efficacement contre les milices serbes appuyées par l'armée yougoslave : la guerre civile oppose plus des groupes armés indisciplinés que des troupes répondant à leurs supérieurs civils et militaires.

31 mai — Pol

Dissolution du Parlement lorsque le gouvernement de Hanna Suchocka est mis en minorité par le groupe parlementaire de Solidarité au sujet d'un plan de restrictions budgétaires.

19 septembre — Pol

Aux élections législatives, l'Alliance de la gauche démocratique (ex-communiste) avec 21 % des voix et son allié, le Parti paysan, avec 15 %, l'emportent sur les mouvements issus de Solidarité qui accusent une lourde défaite. La coalition victorieuse obtient 303 sièges sur 460 au Parlement. Waldemar Pawlak, président du Parti paysan, est de nouveau nommé Premier ministre le 18 octobre. Le parti issu de Solidarité, avec 4,9 % des voix, n'a pas obtenu les 5 % nécessaires afin d'être représenté au Parlement. En février 1995, Pawlak est remplacé par Josef Olesky, leader du parti SDL, ex-communiste : la crise politique, qui dure depuis le début de 1992 et qui oppose le président Walesa au bloc de gauche, n'est pas pour autant réglée par cette nouvelle nomination.

29 novembre — You

Reprise des négociations internationales de Genève sur le plan de paix pour la Bosnie. À la suite de l'échec du plan Vance-Owen, un nouveau plan de partage de la Bosnie en trois républiques ethniques fédérées ne parvient pas à faire l'unanimité des trois forces belligérantes qui montrent peu d'intérêt pour cette proposition et, pour le moment, pour un règlement diplomatique du conflit.

12 décembre — Hon

Mort de Jozsef Antall, chef du gouvernement. Il est remplacé par Peter Boross.

16 décembre — You

Malgré les protestations de la Grèce, six pays européens établissent des relations diplomatiques avec la Macédoine devenue indépendante depuis mars 1992.

19 décembre — You

Le Parti socialiste (ex-communiste) remporte les élections en Serbie. Le parti du président Slobodan Milosevic remporte 123 sièges sur 250.

1994

29 mai   Hon   Victoire éclatante du Parti socialiste hongrois (ex-communiste). Après la Pologne et la Lituanie, la Hongrie est le troisième pays, après avoir élu des gouvernements anticommunistes, à réélire un gouvernement composé d'ex-communistes (parfois appelés postcommunistes). Gyula Horn, ministre des Affaires étrangères lors du démantèlement du *rideau de fer* en 1989, est nommé Premier ministre le 6 juin.

15 juin   You   Depuis le début de la guerre civile en Bosnie, on évalue les pertes humaines à plus de 150 000 morts et le nombre de personnes déplacées à plus de 2 millions sur une population totale de moins de 4,5 millions.

L'EUROPE DE L'EST DE 1981 À 1995 : QUELQUES COMPARAISONS

	1981			1995		
	Superficie[1]	Population	PIB/hab	Superficie	Population	PIB/hab
ALBANIE	28 750	2 734	656[3]	idem	3 360	1 165[4]
BULGARIE	110 910	9 007	2 580[3]	idem	8 900	974[5]
HONGRIE	93 030	10 761[2]	2 576[3]	idem	10 480	3 252
POLOGNE	312 680	35 805[2]	3 154[3]	idem	38 620	1 960[4]
ROUMANIE	237 500	22 268	1 583	idem	23 430	1 090[4]
TCHÉCOSLOVAQUIE	127 880	15 336[2]	4 094[3]			
RÉPUBLIQUE TCHÈQUE				78 864	10 460	2 536[4]
RÉPUBLIQUE SLOVAQUE				49 016	5 350	2 113[4]
YOUGOSLAVIE	255 800	22 328	1 957			
SERBIE-MONTÉNÉGRO				102 200	10 580	2 364[6]
BOSNIE				51 129	4 470	1 756[6]
CROATIE				56 538	4 900	1 943[5]
MACÉDOINE				25 713	2 130	1 756[6]
SLOVÉNIE				20 251	2 020	5 871[5]

1 Superficie en km^2
2 Population en milliers (1980)
3 Produit intérieur brut par habitant en dollars US (1977)
4 Produit intérieur brut par habitant en dollars US (1992)
5 Produit intérieur brut par habitant en dollars US (1993)
6 Produit intérieur brut par habitant en dollars US (produit matériel net 1989)

Source : Tiré de *L'État du monde*, 1981 et 1995.

À titre de comparaison, voici les statistiques correspondantes pour trois pays occidentaux.

	1981		1995	
	Population	PIB/hab	Population	PIB/hab
États-Unis	222 800	11 470	260 500	24 732
France	53 700	12 070	57 570	22 440
Canada	23 900	10 510	28 150	21 464

Source : *Ibid.*

Glossaire

Absolutisme Régime politique fondé sur la volonté d'un monarque dont le pouvoir, réputé d'origine divine, échappe au contrôle de ses sujets. Ce système connaîtra sa forme achevée en France, sous Louis XIV, au XVIIe siècle.

Acropole Du grec *akropolis*, « ville haute, citadelle ». En Grèce ancienne, partie élevée de la cité, à la fois citadelle fortifiée et centre religieux. La plus célèbre demeure celle d'Athènes.

Agora Emprunté au grec, ce mot désigne, à l'origine, l'assemblée du peuple ou le lieu où il se réunit. À l'époque archaïque, à Athènes, la vie politique se déplace graduellement de l'acropole (ville haute) vers l'agora (ville basse) qui devient le véritable centre civil et religieux de la communauté. À l'époque classique, cette place publique se transforme en marché et sa fonction devient essentiellement commerciale.

Aides Au Moyen Âge, le service d'aides représente un ensemble de devoirs du vassal envers son suzerain ; il comporte des obligations à la fois matérielles et pécuniaires. À partir du XIVe siècle, les aides sont des impôts demandés par le monarque et deviennent, à l'époque moderne, des taxes indirectes sur certaines denrées et sur les boissons.

Albigeois Membre d'une secte néomanichéenne qui se répand, aux XIIe et XIIIe siècles, en Italie, en Rhénanie, en Catalogne et en France, surtout dans le Midi, dans les régions de Carcassonne, de Toulouse et d'Albi, d'où le nom d'Albigeois. Les Albigeois, aussi appelés cathares, enseignent que le principe du mal est éternel et que le libre arbitre n'existe pas. Face aux richesses du clergé catholique, leur austérité morale les rend populaires. L'Église les combat d'abord par la prédication, puis par la répression.

Anarchisme Conception politique qui tend à supprimer l'État, à éliminer de la société tout pouvoir relevant d'un droit de contrainte sur les individus. Refus de toute autorité et de toute règle. Ce type de conception politique attire des petits groupes d'adeptes en Occident au cours du XXe siècle, notamment dans l'entre-deux-guerres.

Ancien Régime Régime monarchique des pays occidentaux, antérieur à la Révolution française. L'Ancien Régime est fondé sur la division de la société en trois ordres (ou « classes ») : d'une part, l'aristocratie (ou « noblesse ») et le clergé, bénéficiant de privilèges, et, d'autre part, le Tiers-État, formé de bourgeois, d'artisans et de paysans dépourvus de privilèges. (Voir *Aristocratie, Noblesse, Privilège, Tiers-État*.)

Anglicanisme Religion d'État en Grande-Bretagne, instituée en 1534 par le roi Henri VIII (1491-1547) après sa rupture avec Rome, et définitivement constituée par Élisabeth Ire (1533-1603) sous le nom d'*Église établie* (par la loi). Le souverain (ou la souveraine) d'Angleterre est le chef de l'Église anglicane ; les pasteurs (prêtres) anglicans peuvent se marier. L'anglicanisme conserve les titres de la hiérarchie catholique. Les archevêques d'York et de Cantorbéry, les évêques de Londres, de Winchester et de Durham, ainsi que les 21 évêques les plus anciens, siègent à la Chambre des lords. Sur le plan religieux, les croyances générales des anglicans ressemblent à celles des catholiques. L'anglicanisme se répand dans tous les pays de langue anglaise. (Voir *Chambre des lords, Protestantisme*.)

Anschluss En allemand, ce terme signifie « annexion » et désigne, en histoire, l'annexion de l'Autriche à l'Allemagne en 1937.

Anthropoïde Grand singe de l'ère quaternaire qui ressemble à l'être humain, notamment par la taille, l'absence de queue et un cerveau volumineux. Pour marcher, il s'appuie sur le dos des phalanges des mains et sur la plante des pieds.

Anthropomorphe Singe possédant une apparence humaine et qui se répartit, de nos jours, en deux familles : les hylobatidés, de petite taille, qui vivent en Asie, et les pongidés, de plus grande taille, qui comprennent l'orang-outan d'Asie ainsi que le gorille et le chimpanzé d'Afrique.

Apartheid Mot d'origine sud-africaine. Ségrégation pratiquée depuis 1948 par le gouvernement sud-africain, selon le principe qu'il faut empêcher les races d'entrer en contact, rendre impossible toute assimilation de l'une à l'autre et laisser chacune à son évolution propre. L'apartheid est officiellement aboli en Afrique du Sud en 1994.

Apella À Sparte, assemblée des citoyens âgés de plus de 30 ans qui procède à la nomination des éphores et des membres de la gérousie et enregistre leurs décisions.

Apprenti À partir du Moyen Âge, ouvrier qui, par contrat, doit payer pour faire l'apprentissage d'un métier auprès d'un maître. Après un certain temps, il peut devenir compagnon, puis maître.

Archonte Du grec *arkhôn, arkhontos*, « chef, celui qui commande ». Magistrat athénien de l'époque aristocratique. Le roi est, à l'origine, l'un des trois archontes dont le nombre est porté à neuf au VIIe siècle av. J.-C. D'abord élus, les archontes sont par la suite tirés au sort et leurs pouvoirs deviennent, au Ve siècle av. J.-C., essentiellement religieux et judiciaires.

Aréopage Des mots grecs *Areios* et *pagos*, « colline d'Arès ». À Athènes, conseil aristocratique qui existe avant l'époque de Solon et siège sur la colline consacrée à Arès, dieu de la guerre. Ce conseil interprète le *themis* qui est, à l'origine, la loi non écrite que les Eupatrides sont seuls à connaître et qu'ils interprètent à leur avantage. Au Ve siècle, il devient un simple tribunal composé d'anciens archontes.

Arianisme Mouvement hérétique important apparu au début du IVe siècle. Arius, un prêtre d'Alexandrie, enseigne sur Jésus-Christ des théories controversées qui sont condamnées à la satisfaction d'Athanase, patriarche et futur évêque d'Alexandrie. L'arianisme, qui se répand chez les tribus germaniques, nie la consubstantialité du Fils avec le Père, c'est-à-dire le fait que dans la Trinité, le Fils soit égal au Père, de même nature que lui et participe à son éternité. Cela équivaut à entretenir un certain doute sur la divinité du Christ.

Aristocratie Du grec *aristokratia*, « gouvernement des meilleurs ». Régime politique où le pouvoir appartient à la classe des nobles, c'est-à-dire aux personnes bien nées qui se considèrent comme les meilleures. La richesse de ces aristocrates est essentiellement foncière et leur principale occupation est guerrière. À l'époque moderne, l'aristocratie sera confondue avec la noblesse. Au XIXe siècle, la Révolution française aura pour effet d'abolir les privilèges de l'aristocratie tout en augmentant les pouvoirs de la bourgeoisie. (Voir *Bourgeoisie, Noblesse, Privilège, Tiers-État*.)

Artefact Ce qui peut être considéré comme un produit de l'art.

Assolement Culture et application de la jachère sur un même champ, par alternance ou rotation, sur un cycle de deux, trois ou quatre ans, afin de maintenir sa fertilité.

Atonalisme Mouvement musical dans lequel tous les degrés chromatiques sont employés indistinctement, toute échelle tonale ou modale se trouvant ainsi écartée. Des exemples d'atonalité se trouvent chez de nombreux compositeurs du XIXe siècle (Wagner, par exemple). L'atonalité est une période de transition, issue du chromatisme, qui envahit totalement l'écriture harmonique et contrapontique en aboutissant au dodécaphonisme et à la musique dite sérielle d'Arnold Schoenberg.

Auguste Du latin *augustus*, « consacré par les augures ». Titre honorifique dont découle un pouvoir divin et que s'attribuent tous les empereurs romains à partir d'Octave, en 27 av. J.-C.

Australopithèque Anthropoïde retrouvé à l'état fossile, à partir de 1924, en Afrique du Sud. Il taillait la pierre et connaissait le feu.

Autarcie Régime économique d'autosuffisance qui favorise l'isolement économique, c'est-à-dire la satisfaction des besoins sans apport de l'extérieur. L'Allemagne hitlérienne des années 30 et l'Albanie communiste en sont des exemples contemporains.

Baby boom Expression anglaise que l'on traduit souvent par « explosion démographique ». Augmentation brusque des naissances dans les pays occidentaux, consécutive à la Deuxième Guerre mondiale.

Ban Au Moyen Âge, pouvoir de contraindre et de punir qui devient, au sein de l'Église et du Saint-Empire romain germanique, un pouvoir d'exclure, de bannir. La mise au ban de l'Église est une exclusion prononcée par excommunication. La mise au ban de l'Empire est une mise hors la loi sur le territoire du Saint-Empire.

Banalité Au sein de la seigneurie, usage obligatoire d'un service tel que le moulin, le four ou le pressoir, moyennant le versement par le paysan à son seigneur d'une redevance équivalant à une partie de ses grains, de ses pâtes ou de ses raisins. En Nouvelle-France, seul le moulin banal est répandu.

Baroque Du portugais *barroco*, désignant une perle irrégulière. Ce terme qualifie les musiciens des XVIIe et XVIIIe siècles (et leurs œuvres) qui ne font pas partie du répertoire classique (Vivaldi, Telemann, etc.). Le style baroque est celui d'une production plastique, s'écartant des formes classiques et académiques, qui fleurit entre 1560 et 1660 en Europe et dans les colonies espagnoles. En littérature, à la même époque, il se caractérise par le goût de l'inattendu, de la surcharge et du mouvement. (Voir *Classicisme*.)

Basilique À Rome, édifice judiciaire avec un hall rectangulaire, des nefs séparées par des colonnades et des absides. À partir du IVe siècle, les églises chrétiennes s'en inspirent tout en y ajoutant le plan cruciforme. À l'époque moderne, la basilique désigne une église importante (Saint-Pierre de Rome) ou un sanctuaire (Lourdes, Sainte-Anne de Beaupré).

Bas-relief Sculpture en saillie exécutée sur un fond, contrairement à la statue qui est dégagée de façon à en faire le tour.

Bloc de l'Est (ou de l'Ouest) Ensemble des pays dont l'économie s'inspire du modèle soviétique, et dont la plupart signent en 1955 le pacte de Varsovie. L'Allemagne de l'Est, la Bulgarie, la Hongrie, la Pologne, la Roumanie, la Tchécoslovaquie, la Yougoslavie et l'URSS forment ce que l'on appelle le bloc de l'Est. Le bloc de l'Ouest est principalement composé des pays d'Europe occidentale et d'Amérique du Nord. Depuis le démembrement de l'URSS et le passage de ses pays satellites à une économie de type capitaliste, au début des années 1990, les expressions « bloc de l'Est » et « bloc de l'Ouest » ont perdu leur sens. (Voir *Détente, Dissuasion*.)

Blocs Voir *Bloc de l'Est (ou de l'Ouest)*.

Blocus Du néerlandais *blokhuis*, signifiant « maison charpentée ». Investissement d'une place, d'un fort ou d'une côte. Le Blocus continental est le nom donné à l'arme économique dont Napoléon Ier décide de se servir, en 1806, pour abattre l'Angleterre, en fermant les ports européens au commerce britannique. Le Blocus continental gêne l'Angleterre, mais contraint aussi Napoléon à étendre ses annexions en Europe et finit par rendre difficile l'approvisionnement de l'industrie française en matières premières. Les difficultés vécues par la France après l'échec de la campagne de Russie (1812) mettent un terme au Blocus continental.

Bolchevisme Du russe *bolsinstvo*, signifiant « majorité » ou encore « maximum ». Le terme « bolcheviks » est le nom donné aux *majoritaires* du congrès de Bruxelles en 1903, qui réclament une centralisation rigoureuse (« maximale ») de l'État en vue de réaliser la révolution, et s'opposent en cela aux *minoritaires* du congrès, les mencheviks. À partir de novembre 1917, les bolcheviks, ligués autour de Lénine, réalisent les politiques marxistes. Le terme « bolchevisme » désigne aussi le communisme soviétique. (Voir *Communisme, Menchevisme*.)

Boulè Mot grec signifiant « conseil ». À Athènes, ce conseil législatif créé par Solon vers 594 av. J.-C. atteint 500 membres sous Clisthène dans la deuxième moitié du VIe siècle av. J.-C., soit 50 par tribu, et 600 à la fin du IVe siècle. Désignés par tirage au sort dans les dèmes, les bouleutes (membres de la boulè) sont nommés pour un an et ne peuvent exercer plus de deux mandats. Ils siègent quotidiennement et leur rôle majeur consiste à préparer les travaux de l'Ecclésia.

Bourgeoisie Au Moyen Âge, ensemble des habitants d'un bourg ou d'une cité qui, possédant biens et moyens de production, jouissent d'un statut privilégié. Sous l'Ancien Régime, la bourgeoisie est une classe composée d'individus, soit non nobles, soit habitant la ville. Avant 1789, elle joue un rôle important dans la lutte de la monarchie contre la féodalité et, à partir de 1789, dans l'abolition des privilèges de la noblesse. Les révolutions et les conflits du XIXe siècle assureront son triomphe comme classe dominante. (Voir *Aristocratie*.)

Bulle À partir du XIIe siècle, lettre officielle scellée par une goutte de cire, de plomb (pour le pape) ou d'or (pour l'empereur) fondus, qui annonce une mesure importante.

Califat À partir du VIIe siècle, territoire sous l'autorité religieuse et politique d'un monarque musulman appelé « calife ». Au milieu du Xe siècle, l'Empire arabe se divise en trois califats : celui des Omeyades à Cordoue, celui des Fatimides au Caire et celui des Abassides à Bagdad.

Calvinisme Doctrine de Jean Calvin (1509-1564). Pour Calvin, toute loi est dans l'Écriture, non dans l'enseignement de l'Église. Seuls deux sacrements sont conservés, le baptême et la communion. La notion de « providence » est complétée par celle de « prédestination », selon laquelle le salut ne dépend pas des bonnes œuvres ni de la volonté de l'homme, mais provient d'un don arbitraire de Dieu. À partir de 1541, le calvinisme s'est principalement répandu en Suisse, en France et en Écosse. (Voir *Protestantisme*.)

Capitalisme Du latin *caput*, signifiant « tête ». Régime économique et social fondé sur le capital. Ensemble des pays capitalistes. Dans une entreprise, le capital est constitué de toute richesse, y compris le matériel et les matières premières, servant à la production d'une autre richesse. Le capitaliste est celui qui possède un capital dont il tire un profit. Le régime capitaliste est un régime économique où l'accroissement du capital est la fin, et non un moyen, des entreprises. Le capitalisme s'oppose au socialisme dans le sens où le capitaliste n'entend pas partager son profit avec les ouvriers, et au communisme dans le sens où ce dernier s'oppose à la propriété privée des moyens de production. (Voir *Communisme, Socialisme, Syndicalisme*.)

Caraque Navire d'origine génoise employé du Moyen Âge au XVIe siècle, qui est largement utilisé par les Portugais comme bateau de charge. De grande dimension, il peut atteindre jusqu'à 2000 tonneaux. (Voir *Galère*.)

Caravelle Navire rapide à quatre mâts en usage du XIIIe au XVIIe siècle. Il sert aux voyages de découverte et peut contenir 70 hommes d'équipage. (Voir *Galère*.)

Cardinal Haut dignitaire de l'Église catholique romaine. Les cardinaux forment le Sacré Collège qui, réuni en conclave, élit le pape. Cependant, le cardinalat est un titre qui ne correspond pas, comme celui d'évêque ou d'archevêque, à une fonction hiérarchique dans l'Église.

Catholicisme Du grec *katholikos*, signifiant « universel ». Religion de l'Église catholique romaine. À la suite du grand schisme de 1054, qui sépare l'Église grecque de l'Église romaine, et des révolutions religieuses que sont au XVIe siècle les réformes protestantes, les principales religions chrétiennes professées aujourd'hui (on en compte actuellement plus de 300) sont : le catholicisme romain, le christianisme grec ou orthodoxe, l'anglicanisme, le luthéranisme et le calvinisme. Le catholicisme reconnaît le pape pour chef, et prône le culte des saints. Les catholiques sont aujourd'hui plus de 900 millions dans le monde. (Voir *Protestantisme*.)

Cens Au Moyen Âge, il s'agit d'une redevance fixe, rattachée à la terre, que le paysan doit payer à son seigneur. À l'époque contemporaine, le cens électoral est un impôt que l'on doit payer, dans certains pays, pour être électeur ou éligible.

Censive Tenure paysanne concédée, selon un contrat, dont l'essentiel de la redevance (le cens) est annuel et fixe, en nature ou en numéraire. Le tenancier jouit d'une certaine liberté. Jusqu'aux environs de l'an 1000, ce genre de tenure est surtout répandu en Europe méridionale, avant de se répandre en Europe du Nord.

Chambre des communes (ou Chambre basse, ou encore, plus simplement, les Communes) Assemblée parlementaire britannique composée des députés des comtés et des villes, exerçant, avec la Chambre des lords (en Angleterre), le pouvoir législatif. Cette expression désigne aussi la Chambre des représentants dans la plupart des pays ayant été influencés par les traditions politiques britanniques (notamment le Canada). En France, cette Chambre a pris successivement les noms de «Chambre des députés» (sous la Restauration, la monarchie de Juillet et la IIIᵉ République), d'«Assemblée nationale» (sous la Révolution et depuis 1946) et de «Corps législatif» (sous le IIᵉ Empire); au Québec, on utilise l'expression «Assemblée nationale», alors que les autres assemblées provinciales du Canada sont appelées «Assemblées législatives». (Voir *Chambre des lords, Sénat*.)

Chambre des lords (ou Chambre haute) Assemblée parlementaire britannique, composée des lords exerçant, avec la Chambre des communes, le pouvoir législatif. Dans d'autres régimes démocratiques, l'équivalent de la Chambre haute est appelé «Chambre des pairs» (en France, sous la Restauration et la monarchie de Juillet), ou «Sénat» (en France, sous les IIIᵉ, IVᵉ et Vᵉ Républiques; au Canada depuis 1867). (Voir *Chambre des communes, Sénat*.)

Champart Sous l'Ancien Régime, impôt payé en espèces, calculé sur la quantité de gerbes que donne une récolte.

Chapitre Dans un monastère, assemblée délibérante des moines, présidée par l'abbé. Au sein d'une église, communauté des chanoines habilités à discuter des affaires diocésaines et à conseiller l'évêque.

Chevalier À Rome, à partir du IVᵉ siècle av. J.-C., membre de la classe de nouveaux riches, composée de commerçants, de banquiers ou d'armateurs, qui se sont enrichis aux dépens des provinciaux sous la bienveillante protection de l'État. Ils sont appelés ainsi parce qu'ils détiennent la fortune jadis exigée pour être membres de l'ordre équestre et servir dans la cavalerie. Au Moyen Âge, le mot désigne un noble admis au sein de la chevalerie, ordre qui impose l'armement à cheval, des obligations religieuses et civiles tout en exaltant la bravoure. À l'époque moderne, le mot désigne le membre d'un ordre honorifique tels la Légion d'honneur ou l'ordre de Malte.

Cirque Quadrilatère allongé aux extrémités arrondies, cet amphithéâtre sert à divers grands spectacles et aux courses de chars. Remontant à l'époque royale, le grand cirque (*Circus maximus*) de Rome peut accueillir plus de 400 000 spectateurs sous l'Empire.

Cité En grec, *polis* désigne un territoire sur lequel un groupe humain se gouverne de façon autonome avec ses cultes, ses lois et son propre régime politique (*politeia*). La cité comprend une ville et un territoire rural. Notons que pour les Grecs, l'État et la patrie se confondent avec la cité. À partir du Moyen Âge, la principauté de Monaco (toujours existante) ainsi que les anciennes républiques de Venise et de Gênes en constituent de célèbres exemples.

Citoyen En Grèce, statut de celui qui appartient à la cité et y jouit de tous les droits. À Athènes, les citoyens sont des hommes libres nés de parents athéniens et sont les seuls à détenir des droits politiques. À Rome, on fait d'abord la distinction entre le citoyen complet qui possède tous les droits et le citoyen incomplet (affranchis, alliés italiens) qui ne possède pas le droit de vote et le droit d'être élu. À compter de l'an 212, la citoyenneté romaine est accordée à tous les habitants de l'Empire. Au lendemain de 1789, par opposition au sujet d'un monarque, le mot citoyen désigne celui qui vit

sous un régime républicain. De nos jours, le mot désigne celui qui jouit des droits politiques de son pays.

Classe sociale Ensemble des individus qui, au sein d'une société, partagent les mêmes conditions d'existence. Le prolétariat est une classe sociale; la bourgeoisie en est une autre. La classe «moyenne» est, dans la société occidentale, la classe formée par les travailleurs qualifiés, les patrons de petites ou de moyennes entreprises et les professionnels (avocats, notaires, médecins, professeurs, et tous ceux et celles qui travaillent «à leur compte», c'est-à-dire sans dépendre d'une autorité patronale). (Voir *Prolétaire*.)

Classicisme Tendance perfectionniste dans la forme et respectueuse des règles et de la mesure, propre aux grandes œuvres de l'Antiquité et du XVIIᵉ siècle. Une époque dite classique correspond à l'apogée d'une civilisation, tant dans les domaines moral et culturel que matériel et organisationnel. C'est notamment le cas à Athènes, sous Périclès, au Vᵉ siècle av. J.-C. et à Versailles, sous Louis XIV, au XVIIᵉ siècle. Ce terme désigne aussi, au XVIIIᵉ siècle, la théorie littéraire des partisans de l'imitation des Anciens (les classiques grecs et latins), qui s'opposent aux Modernes, partisans de nouvelles formes littéraires. (Voir *Baroque*.)

Clergé Corps des ecclésiastiques d'une religion ou d'un pays. Chez les catholiques, le clergé séculier évolue dans le monde ou dans le siècle (*saeculum*) par opposition au clergé régulier (*regularis*, «soumis à une règle religieuse») dont les membres vivent selon la règle monastique ou appartiennent à un ordre religieux.

Clérouquie Du grec *klêros*, «lot de terre». Groupe de citoyens athéniens qui, envoyés à l'étranger, conservent leur citoyenneté et obtiennent un lot de terre. À la fois paysans et soldats, les clérouques doivent veiller aux intérêts d'Athènes.

Client À Rome, plébéien pauvre qui bénéficie du patronage d'un riche patricien.

Club En 1789, des députés patriotes forment la Société des amis de la Constitution, ou Club des jacobins; il ne s'agit pas d'un club parlementaire à l'anglaise, mais le coût élevé de la cotisation en fait néanmoins un cénacle bourgeois. À son imitation naissent en province et à Paris des sociétés plus démocratiques qui admettent les citoyens moins fortunés (Club des cordeliers, des feuillants, sociétés fraternelles). (Voir *Jacobins*.)

Colonialisme Politique impérialiste d'exploitation des colonies au seul profit de la métropole. (Voir *Colonie, Impérialisme, Métropole*.)

Colonie Dans le monde hellénique, la fondation d'une colonie est l'œuvre de colons venus d'une cité mère, une métropole, et a d'abord une portée religieuse. L'expédition, dirigée par l'*oikistês*, c'est-à-dire le fondateur, a préalablement consulté l'oracle. À leur arrivée, les colons érigent un foyer et y déposent le feu sacré, originaire de la métropole. Tout en s'administrant de façon autonome, la nouvelle cité conserve un lien culturel (fêtes religieuses, compétitions diverses) avec la cité mère. À partir du XVIᵉ siècle, la colonie devient un territoire possédé et exploité par une puissance européenne dont elle est dépendante. Il faut distinguer le comptoir, un établissement commercial installé en territoire étranger, de la colonie de peuplement, un endroit où des colons se fixent et laissent une descendance.

Commune Association des habitants d'une ville qui, au Moyen Âge, se lient par serment, afin de se défendre contre le brigandage et l'oppression seigneuriale. Née sur une base égalitaire et parfois secrète, elle exclut clercs et nobles. Devenues villes libres à partir du XIᵉ siècle (mouvement communal), les communes entretiennent, à la fin du Moyen Âge, des luttes intestines qui accentuent leur déclin face au nouveau pouvoir monarchique. Au XIXᵉ siècle, la Commune de Paris est instituée du 18 mars au 28 mai 1871; sortie d'une insurrection parisienne, elle est écrasée par l'armée. De nos jours, le terme «commune» désigne une division administrative du territoire national, gérée par une municipalité.

Communisme Doctrine, ou mouvement politique et social, ou type d'organisation sociale, fondés sur la suppression totale ou partielle de la propriété individuelle et la mise en commun des biens et des produits de la terre et de l'industrie. Déjà un idéal de libre communauté de biens avait été préconisé par les premiers chrétiens et par certains Pères de l'Église. Au XIXᵉ siècle, le socialisme utopique préconisé par Babeuf est une forme de communisme, un idéal moral à réaliser. Au contraire, le communisme marxiste se considère comme un « socialisme scientifique » reposant sur la dialectique. Les idées de Marx et d'Engels sont reprises, adaptées et développées par Lénine, Staline et Trotski. Après la Première Guerre mondiale, le mouvement communiste, répandu dans plusieurs pays, emprunte sa doctrine au marxisme-léninisme de l'État soviétique, se distinguant des mouvements socialistes. À partir de 1960, un autre marxisme-léninisme, notamment chinois, se distingue de plus en plus du communisme soviétique. (Voir *Dialectique, Maoïsme, Socialisme, Stalinisme.*)

Compagnon À partir du XIIᵉ siècle, artisan salarié qui, passé le stade de l'apprentissage, poursuit sa formation chez un maître qui souvent le nourrit et le loge. Par un contrat de travail, il se loue à terme ou à la tâche. Tout en versant des cotisations à son association, il peut tenter d'acquérir la maîtrise par l'exécution du chef-d'œuvre. De nos jours, dans certains métiers, le mot désigne un ouvrier qualifié. (Voir *Maître, Syndicalisme.*)

Comptoir Établissement commercial en territoire étranger. Les premiers comptoirs méditerranéens sont successivement crétois, phéniciens et grecs. Au Moyen Âge, le mot désigne également l'agence d'une banque ou d'une grande maison commerciale en terre étrangère.

Conservatisme Ce terme qualifie un type de philosophie politique dont les adeptes professent un vif attachement aux traditions, au respect de la hiérarchie sociale, aux droits acquis, à l'ordre établi. Le conservatisme s'oppose au libéralisme. (Voir *Libéralisme.*)

Constitution Organisation politique d'un État, fixée par une loi constitutionnelle qui en détermine la forme et règle les rapports des pouvoirs législatif, exécutif et judiciaire entre eux.

Contrapontiste, contrapuntiste ou contrepointiste Compositeur qui excelle dans l'art du contrepoint, c'est-à-dire l'enchaînement correct des différentes notes d'un accord musical.

Contre-Réforme Réforme catholique qui suit, au XVIᵉ siècle, la Réforme protestante. Sous l'impulsion des papes Paul III (1534-1549), Paul IV (1555-1559) et Pie V (1566-1572), la Contre-Réforme remet en débat les questions de dogme et de discipline, crée l'ordre des Jésuites, réorganise le tribunal de l'Inquisition et réunit le concile de Trente de 1545 à 1563. (Voir *Réforme.*)

Coran Livre saint des musulmans, qui expose la doctrine de Mahomet à partir de notes prises par ses disciples. Il enseigne qu'il n'y a qu'un seul Dieu, appelé *Allah*, qui s'est jadis manifesté à Abraham, à Moïse, à Jésus et finalement à Mahomet, le dernier des prophètes.

Corporation Au Moyen Âge, à partir du XIIᵉ siècle, association d'artisans d'une ville qui réglemente un métier. La réglementation touche principalement la qualité des produits, les horaires de travail et la punition des fraudes. Devant les exactions et les abus des maîtres, des confréries ouvrières s'organisent à des fins d'entraide et sous la bienveillance d'un saint patron.

Crémation Destruction des cadavres par le feu, par opposition à inhumation (action d'enterrer ou d'ensevelir). De nos jours, le mot incinération (réduction en cendres) est plus répandu.

Cunéiforme Du latin *cuneus*, « coin ». Écriture découlant de l'utilisation d'un stylet à pointe en forme de coin, qui remplace le roseau aiguisé. Reproduisant diverses combinaisons de signes en fer de lance, elle apparaît vers l'an 2000 av. J.-C. chez les Akkadiens. À partir de la Mésopotamie, elle se répandra dans l'ensemble du Proche-Orient.

Dadaïsme Nom dérivé de « dada », terme vide de sens, choisi par de jeunes écrivains et artistes français des années 1920 pour désigner la théorie qu'ils professaient. Le dadaïsme est un mouvement artistique né en 1916, parallèlement à Zurich, sous l'impulsion de Hugo Ball, et à New York, sous l'impulsion d'Alfred Stieglitz, et dont, en 1917, Tristan Tzara prend la direction. Ce mouvement consiste en un refus radical des règles de l'art. À Berlin, il se double d'une révolte politique. À New York, avec Man Ray, Marcel Duchamp, Gleizes, Picabia, ses manifestations sont surtout picturales. En France, elles sont surtout littéraires avec Aragon, André Breton, Paul Éluard, Picabia, Ribemont-Dessaignes, qui, en 1924, abandonnent Tzara pour le surréalisme.

Décolonisation Processus par lequel un pays colonisé passe à l'indépendance politique, puis à l'indépendance économique. La décolonisation est, après la Deuxième Guerre mondiale, un mouvement général de tous les pays colonisés par les Occidentaux.

Démagogie Action politique qui consiste à flatter les masses populaires et à exciter leurs passions dans le but d'obtenir leur appui.

Dème Circonscription politique athénienne. Au IVᵉ siècle av. J.-C., l'Attique compte environ 170 dèmes, et chacun a son assemblée et son magistrat. Le dème tient un registre où sont recensés tous les citoyens de 18 ans ou plus.

Démocratie Du grec *dêmos*, « peuple » et *kratos*, « pouvoir ». Régime politique fondé sur la souveraineté du peuple. À Athènes, aux Vᵉ et IVᵉ siècles av. J.-C., la démocratie repose sur la participation des citoyens. De nos jours, elle s'exerce par délégation du pouvoir populaire à des représentants élus par la majorité des citoyens qui se sont prévalus de leur droit d'électeur.

Despotisme éclairé Doctrine politique chère à certains philosophes du XVIIIᵉ siècle (notamment Voltaire), selon laquelle le souverain doit s'appliquer à gouverner d'après les Lumières de la Raison. C'est ainsi que le monarque peut exercer sur son peuple une autorité sans partage, pourvu qu'il ait en vue constamment le bien de son peuple. Le roi Frédéric II de Prusse, l'empereur Joseph II d'Autriche, Catherine II de Russie et Napoléon Iᵉʳ sont, de diverses façons, des despotes éclairés.

Détente Ce terme qualifie les relations entre pays, après une période de tension. La détente entre les blocs de l'Est et de l'Ouest est amorcée en 1972 par le président Richard Nixon des États-Unis et Leonid Brejnev d'URSS, et se concrétise par la signature des accords SALT sur la limitation des armements atomiques. Cette détente entre l'Est et l'Ouest est suivie d'une autre, entre les États-Unis et la Chine, à la suite de la rencontre de Richard Nixon et de Mao Tsé-toung. (Voir *Bloc de l'Est (ou de l'Ouest)*, *Dissuasion*.)

Dialectique Chez les Grecs, théorie fondée par Héraclite d'Éphèse selon laquelle l'instabilité de toutes choses constamment en devenir et surtout le conflit des contraires tels que le jour et la nuit, la vie et la mort, l'ordre et le désordre, sont à l'origine de l'univers et le soutiennent. Entre ces forces opposées, il y a une harmonie et une complémentarité imposées par une Raison divine. Au XIXᵉ siècle, Georg Wilhelm Friedrich Hegel (1770-1831) et Karl Marx (1818-1883) se réclameront en partie d'Héraclite d'Éphèse. (Voir *Communisme*.)

Diaspora Initialement, l'ensemble des juifs vivant hors de la Palestine. De nos jours, par extension, on l'applique à tout groupe ethnique vivant à l'extérieur de son territoire d'origine.

Diète Du bas latin *dieta*; de *dies* signifiant « jour » et, par suite, « jour d'assemblée ». À partir du Moyen Âge, assemblée politique dans certains pays d'Europe du Centre et du Nord. La plus importante est la diète d'Empire qui, convoquée par l'empereur romain germanique, réunit régulièrement des délégués des princes et des villes du Saint-Empire. De nos jours, l'assemblée politique de plusieurs pays dont l'Allemagne, la Suisse et la Suède porte le nom de diète.

Diocèse Importante subdivision administrative de l'Empire romain, créée sous Dioclétien. Chez les chrétiens, le mot désignera un territoire placé sous l'autorité d'un évêque.

Dissuasion On appelle « arme de dissuasion » un type d'arme nucléaire propre à intimider un éventuel agresseur, par la crainte de représailles. Au cours de la guerre froide qui a opposé l'Est et l'Ouest dans la deuxième moitié du XXᵉ siècle, les blocs de l'Est et de l'Ouest ont installé, en Europe, des armes de dissuasion extrêmement puissantes. (Voir *Bloc de l'Est (ou de l'Ouest)*.)

Dodécaphonisme Mode de composition musicale ayant pour base les 12 sons de la gamme chromatique.

Dogme Du grec *dogma*, « décision ». Point de doctrine religieuse considéré comme une vérité à laquelle on est tenu de croire.

Dominion Mot anglais signifiant « souveraineté ». Organisation politique autonome dont jouissent certains pays de l'Empire britannique qui s'administrent eux-mêmes comme des États souverains ; ils ont leurs finances, une monnaie indépendante de la livre anglaise, un parlement et des fonctionnaires à eux. Depuis 1945, il n'y a plus, entre l'Angleterre et ses dominions, d'autres liens que la Couronne britannique. Le souverain d'Angleterre est également souverain dans chacun des dominions. Il est à remarquer que l'Inde, le Pakistan et la fédération de Malaisie reconnaissent seulement au souverain britannique le titre *honorifique* de *souverain du Commonwealth*. Nom primitivement donné à la fédération des provinces du Canada, en 1867.

Douma Nom de l'Assemblée législative en Russie tsariste entre 1905 et 1917.

Droit canon Ensemble des décisions prises par l'autorité ecclésiastique en matière de foi et de discipline, qui règlent l'organisation de l'Église catholique.

Droite À partir de 1789, les monarchistes français prennent l'habitude, lorsqu'ils siègent dans un parlement, de se placer à la droite du président d'assemblée, face aux révolutionnaires. Depuis lors, le terme « droite » désigne, en politique, toute doctrine ou tout mouvement visant à conserver les droits et les privilèges acquis et à sauvegarder l'ordre établi et les traditions. En politique, ce terme est parfois employé comme synonyme de « conservateur ». (Voir *Gauche*.)

Droits de l'homme La *Déclaration des droits de l'homme et du citoyen* est proclamée en 1789 par l'Assemblée constituante. La *Déclaration internationale des droits de l'homme* est un ensemble de 30 principes adoptés par l'ONU en 1948, relatifs aux droits individuels, économiques, sociaux et culturels et aux libertés publiques, fixant les rapports des individus et de la société.

Duce Mot signifiant « chef » en italien ; titre pris par Benito Mussolini en 1922.

Ecclésia Du grec *ekklêsia*, « assemblée ». À Athènes, elle désigne initialement la réunion des guerriers avant de devenir, sous la démocratie, l'assemblée de tous les citoyens qui décide de toutes les questions importantes et élit les magistrats. Les mots « Église » et « ecclésiastique » en sont issus.

Éclectisme Système philosophique du XVIIIe siècle, composé de doctrines ou d'idées empruntées à des philosophes antérieurs appartenant à des écoles très différentes. Ce système part du principe (en apparence exact, mais dont l'application soulève des difficultés) qu'il y a quelque chose de vrai dans chaque système et qu'il faut réunir tous les fragments de vérité pour obtenir *la* vérité. Les philosophes des Lumières adoptent volontiers l'éclectisme. S'oppose au syncrétisme. (Voir *Syncrétisme*.)

Écriture Représentation continue du langage par un système conventionnel de signes visibles. L'écriture *idéographique* se compose de figures qui évoquent directement le sens des mots par des signes graphiques. L'écriture *pictographique* représente non seulement des objets, mais des activités et des idées, par des scènes figurées ou des symboles souvent stylisés. Le dessin et le sens de chaque signe sont le résultat d'un choix. L'écriture *phonétique* est celle dont les signes graphiques correspondent à la prononciation et transcrivent les sons du langage. Elle est syllabique lorsque ses caractères représentent des syllabes. Elle est alphabétique lorsque ses caractères représentent des sons et des articulations simples de la voix.

Églises protestantes (Voir *Anglicanisme, Calvinisme, Luthéranisme, Protestantisme*.)

Empire Régime politique où le pouvoir appartient à un chef d'État qui porte le titre d'empereur et qui règne, en monarque absolu, sur un ensemble de territoires (colonies, provinces, protectorats) qui relèvent du gouvernement central. Ce mot désigne également l'ensemble constitué par une métropole et ses territoires coloniaux. (Exemples : Empire romain, Empire portugais, Empire espagnol, Empire français, Empire britannique.)

Empirisme Ensemble de doctrines philosophiques du XVIIIe siècle, qui soutiennent que toute connaissance provient de l'expérience. L'empirisme s'oppose au rationalisme innéiste, qui admet l'existence innée, chez l'individu, de principes de connaissance évidents. L'empirisme contribue au développement des sciences expérimentales et justifie moralement la révolution industrielle. L'empirisme se répand surtout en Angleterre, alors que le continent européen est plutôt gagné par le rationalisme cartésien. L'Anglais David Hume est un empiriste. (Voir *Rationalisme*.)

Enclosure Mot anglais signifiant « enclos », qui désigne le phénomène de privatisation des terres communales en Angleterre. À partir de la fin du XIIIe siècle, les progrès de l'élevage des moutons provoquent le développement de pâturages clos aux dépens des champs labourés et ouverts. Les grands propriétaires agrandissent leurs propriétés en annexant les terres communales et évincent les paysans pauvres.

Enluminure Lettre peinte ou miniature colorée accompagnant la copie d'anciens manuscrits ou de livres religieux. À partir de l'époque de Charlemagne, les moines copistes deviennent graduellement calligraphes, miniaturistes et enlumineurs.

Éphore Du grec *ephoros*, *ephorân*, « surveiller ». Magistrat spartiate élu pour un an par l'assemblée des citoyens (*Apella*) et choisi en son sein. Véritables chefs d'État, les cinq éphores détiennent une autorité policière, judiciaire et politique. Ils président l'assemblée et peuvent démettre tout magistrat. Ils gèrent les finances de la cité et participent à la politique extérieure.

Esclavagisme Doctrine, pratique et systèmes sociaux basés sur l'esclavage. Chez les Hébreux de l'Antiquité, l'esclavage revêt un caractère de douceur assez exceptionnel. Chez les Grecs, au contraire, il est beaucoup plus sévère. On distingue deux catégories d'esclaves : d'une part, les anciens habitants d'un pays réduit en servitude ; d'autre part, les individus achetés, devenus la propriété de leurs maîtres qui peuvent en disposer comme d'un bien. À Rome, l'esclavage se développe à la fin de la République, à la suite des conquêtes. Comme en Grèce, on distingue les esclaves publics, qui appartiennent à l'État, et les esclaves particuliers. Les premiers jouissent d'une condition supérieure à celle des seconds. Sous l'influence du christianisme, les affranchissements sont de plus en plus nombreux, et l'esclavage finit par disparaître. Il reparaît, transformé en servage dans l'Europe médiévale. Il est rétabli aux Temps modernes par les peuples colonisateurs en Amérique, pour être définitivement aboli en Occident au cours du XIXe siècle. Malgré les interdictions, l'esclavage subsiste encore dans certains pays du Tiers Monde. (Voir *Serf*.)

État-providence Ensemble des mesures prises par un État pour prendre en charge les membres de sa population qui sont sans revenus ou qui éprouvent des difficultés : personnes âgées, enfants, pauvres, handicapés, chômeurs, malades, victimes de sévices ou de catastrophes. À cette fin, l'État redistribue aux bénéficiaires des services qu'il a mis en place une partie des impôts qu'il perçoit à même les revenus des travailleurs. Actuellement, de nombreux pays remettent en question les mesures relevant de l'État-providence, les déficits accumulés par les États afin de faire face à l'accroissement mal contrôlé de leurs obligations sociales dépassant souvent la capacité de la population active de rembourser les emprunts contractés à cette fin. (Voir *Socialisme*.)

États généraux Convoquée initialement par Philippe le Bel en 1302, cette assemblée française est composée de représentants des trois ordres : le clergé, la noblesse et le Tiers-État. Elle ne peut qu'adresser des remontrances et des doléances dont le roi dispose à sa guise. En 1614, la régente Marie de Médicis réunira les états généraux pour l'avant-dernière fois. Le Ier mai 1789, confronté à une véritable impasse fiscale, Louis XVI les convoquera pour la dernière fois. Cette initiative sera à l'origine de la Révolution française, amorcée par le Tiers-État.

États pontificaux   Également appelé État pontifical ou États de l'Église, ce territoire est initialement constitué de 22 villes d'Italie centrale que Pépin le Bref donne officiellement à la papauté en 756. Les papes y exercent un véritable pouvoir monarchique jusqu'à l'unification italienne en 1870. La base temporelle du pouvoir pontifical demeure incertaine jusqu'à la signature, en 1929, des accords du Latran qui créent l'actuelle cité du Vatican, État indépendant et souverain.

Ethnocentrisme   Propension à faire du peuple auquel on appartient le seul modèle de référence. Cette valorisation collective mène parfois au racisme, notamment dans un contexte colonialiste et impérialiste.

Eupatrides   Du grec *eupatridès*, «de naissance noble». Membres de la noblesse terrienne de l'Attique, aux VIIIe et VIIe siècles av. J.-C., et plus particulièrement d'un clan athénien qui renverse la royauté et conserve le pouvoir jusqu'à Solon.

Excommunication   Mesure ecclésiastique qui exclut un chrétien de la communauté des fidèles. L'excommunication mineure interdit la réception des sacrements et d'un bénéfice ecclésiastique. L'excommunication majeure ajoute la privation de sépulture en terre bénite et la défense d'avoir des relations avec les fidèles.

Existentialisme   Ensemble de doctrines philosophiques modernes ayant en commun le fait de placer, au point de départ de leur réflexion, l'existence de l'individu, l'humain, dans le monde. Le Danois Soeren Kierkegaard (1813-1855), l'Allemand Martin Heidegger (1889-1976), ainsi que les Français Jean-Paul Sartre (1905-1980) et Simone de Beauvoir (1908-1986) sont des philosophes existentialistes.

Exode   Du latin *exodus*, signifiant «hors de la route», mot formé du préfixe latin *ex*, «hors de» et du grec *hodos*, «route». Départ en masse d'une population. Un *exode rural* important, c'est-à-dire le départ en masse des paysans vers la ville, s'est notamment produit en Occident au cours du XIXe siècle, à la suite de la naissance des premières grandes villes industrielles. Depuis la fin de la Deuxième Guerre mondiale, les grandes villes occidentales vivent de plus en plus un *exode urbain*, c'est-à-dire le départ en masse de citadins vers les banlieues.

Expressionnisme   École d'art qui s'efforce de donner à une œuvre (peinture, poésie, roman, pièce de théâtre), le maximum d'expression, à l'aide de la couleur, du décor et de la technique, et qui se caractérise par l'insistance avec laquelle elle utilise des moyens destinés à produire des effets psychologiques sur le spectateur ou le lecteur. En littérature, l'expressionnisme désigne l'école allemande des années 1910-1920. La Première Guerre mondiale est au centre de ce mouvement qu'animent successivement un besoin nostalgique de violence et de mort, un pessimisme absolu, puis un pacifisme intégral.

Fascisme   Mot dérivé de l'italien *fascio*, signifiant «faisceau». Doctrine du parti fondé à Milan en 1919 par Mussolini. Le fascisme a pour objet le rétablissement de l'ordre public et la lutte contre le communisme par la transformation radicale du pays sur les plans politique (suppression du régime parlementaire), social (limitation des populations, encouragement de la natalité), moral (endoctrinement des jeunes au sein de mouvements de jeunesse), économique (répudiation du libéralisme). Il aboutit au racisme (nazisme) et au totalitarisme, et méprise les libertés démocratiques et les droits de l'homme. (Voir *Nazisme*.)

Féodalité   Système sociopolitique qui se développe habituellement au sein de sociétés tribales et militaires. Fondée sur les obligations mutuelles du vassal et de son suzerain, la féodalité existe en Occident de l'époque carolingienne à la fin du Moyen Âge et atteint

son apogée entre les XIe et XIIIe siècles. Elle est par la suite mise en échec par le mouvement de centralisation monarchique.

Ferme générale   Sous l'Ancien Régime, la perception des impôts est adjugée par voie d'enchères à des particuliers appelés *fermiers généraux*, qui versent au Trésor royal une somme fixée. Le bénéfice des fermiers consiste en la différence entre le prix d'adjudication et le montant de l'impôt. Ce système est établi à la fin du XIIIe siècle par Philippe le Bel qui traite en ce sens avec les argentiers juifs et lombards. Les procédés vexatoires et les exactions des fermiers et de leurs sous-traitants amènent parfois de graves séditions; de plus, leurs fraudes envers l'État frustrent le Trésor public. Colbert réunit plusieurs de ces compagnies, les *fermes*, constituant une *Ferme générale*, et il n'y a plus que quelques grandes fermes groupées sous le nom de *fermes unies*: les cinq grosses *fermes* de la région de Paris et du Centre de la France, celle des douanes et celles des *aides*, celle des *gabelles*, et celle des *gabelles du Languedoc*. Il y a aussi 18 petites *fermes* locales. En 1720, les impôts indirects sont affermés à une société de fermiers généraux pour une somme de 55 millions de livres; six ans plus tard, le traité est renouvelé pour 80 millions; en 1779, les fermiers généraux paient 180 millions. La Constituante supprime la *Ferme générale* et les fermiers généraux, au nombre desquels se trouve Lavoisier, qui seront exécutés. (Voir *Gabelle*.)

Fief   Par opposition à une tenure roturière, le fief est, au Moyen Âge, une tenure noble concédée par un seigneur à son vassal en retour de certains services. Il peut s'agir d'une terre, d'une redevance, d'une somme d'argent, d'une fonction civile ou ecclésiastique. En règle générale, le fief correspond à une seigneurie et s'obtient par l'investiture. Avec le temps, il fait partie du patrimoine du vassal et devient, par conséquent, transmissible à son héritier ou aliénable moyennant le versement de certains droits. (Voir *Tenure*.)

Firme (ou société) multinationale   Société commerciale ayant des filiales dans plusieurs pays. L'adjectif «multinationale» est souvent employé comme nom: la Compagnie Pratt & Whitney (par exemple) est une multinationale.

Flagellants   Membres d'une secte de fanatiques religieux qui, aux XIIIe et XIVe siècles, se flagellent en public.

Forum   Sous les Étrusques, le forum est d'abord un centre religieux et politique, auquel on ajoutera les marchés et les boutiques. Sous la République, son rôle commercial diminue et il devient un centre religieux, judiciaire et politique, toujours fréquenté par les promeneurs. À Rome, à partir de 29 av. J.-C., le *Forum romanum* est un splendide emplacement où l'on retrouve les temples de Saturne, de Jupiter Capitolin et de Jules César, la Curie (siège du sénat) et la basilique Iulia. Plus tard, les forums impériaux s'ajouteront pour dégager le *Forum romanum*.

Franchises   Liées au mouvement communal du Moyen Âge, les franchises correspondent aux concessions obtenues d'un seigneur par les habitants d'une ville. Ces libertés fort diverses peuvent aller de l'abolition du servage à la suppression de certaines taxes et au droit de se gouverner avec un maire et des échevins. Ces nouveaux droits sont quelquefois consignés dans un texte officiel appelé «charte».

Franc-maçonnerie   Organisation secrète créée en 1717 à Londres. Son but est de proposer aux initiés une méthode collective d'accession à l'ascèse individuelle. Les francs-maçons se considèrent comme des frères et se doivent secours et assistance en toutes circonstances; ils sont tenus de ne rien révéler aux profanes des secrets de leurs délibérations. La franc-maçonnerie se répand en France à partir de 1725, puis en Allemagne et en Amérique. Au XVIIIe siècle, une grande partie de la noblesse française en fait partie. Actuellement ce mouvement existe encore et est très répandu.

Fresque   Peinture murale, répandue dans la Rome antique et exécutée avec des couleurs délayées dans de l'eau de chaux.

Führer   Mot allemand signifiant «le guide, le conducteur». Titre accordé à Adolf Hitler en 1934. (Voir *Reichsführer*.)

Gabelle De l'arabe *al-gabala*, «impôt». Impôt indirect sur la vente du sel qui se généralise au milieu du XIVᵉ siècle et qui est monopole d'État. (Voir *Ferme générale.*)

Galère Ancien navire de guerre et de commerce, long et de bas fond qui, bien que doté de deux mâts, fonctionnait surtout à rames. Répandue dans le monde antique et utilisée jusqu'au XVIIIᵉ siècle, la galère sera concurrencée à la fin du Moyen Âge par la caraque et la caravelle. (Voir *Caraque, Caravelle.*)

Gallicanisme Du latin *gallicanus*, signifiant «gaulois». Doctrine défendant les libertés de l'Église catholique en France contre les prétentions de la papauté, qualifiées, par opposition, d'*ultramontanisme*. Le gallicanisme est à l'origine de la position des despotes éclairés concernant la soumission de l'Église à l'État. La forme de gallicanisme professée par l'empereur Joseph II d'Autriche-Hongrie a pour nom le *joséphisme*. (Voir *Ultramontanisme.*)

Garde prétorienne Casernée à Rome, la garde prétorienne est responsable de la protection de l'empereur. Commandée par deux préfets du prétoire, le quartier général de l'empereur, elle est composée d'une dizaine de cohortes de 1000 hommes ayant chacune un tribun à sa tête.

Gauche À partir de 1789, les révolutionnaires français prennent l'habitude, lorsqu'ils siègent au parlement, de se placer à la gauche du président de l'assemblée, face aux monarchistes. Depuis lors, le terme «gauche» désigne en politique toute doctrine ou tout mouvement «révolutionnaire», c'est-à-dire qui remet en question ou conteste l'ordre établi. (Voir *Droite.*)

Gentry Groupe social anglais. Pendant la crise économique des XIVᵉ et XVᵉ siècles, plusieurs jeunes nobles anglais doivent renoncer à la terre et tenter fortune dans les guerres françaises. Ils adoptent alors le nom de *gentlemen* et forment, à partir du XVIᵉ siècle, une classe distincte, sorte de petite noblesse non titrée. Au XVIIᵉ et surtout au XVIIIᵉ siècle, l'influence de la *gentry* est considérable, notamment à la Chambre des communes qu'elle domine jusqu'à la réforme électorale de 1832.

Gérontes Citoyens spartiates membres de la gérousie et âgés de 60 ans et plus, ces conseillers sont élus à vie par l'*Apella*.

Gérontocratie Du grec *gerôn, gerontos*, «vieillard» et *kratia*, «pouvoir». Gouvernement dominé par des personnes âgées. L'URSS sous Leonid Brejnev et la Chine de Mao Tsé-toung à Deng Xiaoping en sont des exemples célèbres.

Gérousie À Sparte, conseil des anciens composé de 2 rois et de 28 gérontes qui approuve les projets de loi déposés par la suite à l'*Apella*. La gérousie est également une haute cour de justice.

Girondins Députés de la Gironde et leurs partisans, fort nombreux à l'Assemblée, issus des régions maritimes, des grands ports de commerce colonial (ainsi leur principal orateur, Vergniaud, venu de Bordeaux). Admirateurs des physiocrates et d'Adam Smith, ils penchent vers un libéralisme à l'anglaise. Ils conçoivent la nation d'abord comme un espace économique dont la principale activité est l'échange. Pour eux, la propriété est un droit naturel, et l'égalité n'est que celle des droits, la liberté du commerce doit être totale. *Décentralisateurs*, les girondins redoutent la violence des sansculottes parisiens. La Révolution, fille des progrès de l'esprit humain, ne doit être ni brutale ni désordonnée; elle est, à leur sens, terminée depuis la proclamation de la République.

Guilde Au Moyen Âge, association de marchands à des fins d'entraide économique et de sécurité. La guilde s'est transformée depuis en association professionnelle, telle l'actuelle Guilde des musiciens du Québec.

Hanse Au Moyen Âge, ce mot désigne d'abord une association de marchands détenant, dans une région, le monopole du commerce maritime. La plus importante, la Hanse germanique, est une association de villes maritimes de l'Europe du Nord et de la mer Baltique. Aux XIVᵉ et XVᵉ siècles, elle regroupe environ 70 villes parmi lesquelles Lübeck, qui est considérée comme sa capitale. Ruinée par le

développement du monde atlantique à la suite des grandes découvertes du XVIᵉ siècle, elle disparaît dans la deuxième moitié du XVIIᵉ siècle.

Héliée Du grec *Hêliaia*. Le plus grand tribunal populaire d'Athènes qui, comptant peut-être jusqu'à 6000 juges, siège à l'agora. Les membres de l'Héliée, les héliastes (*hêliastês*), sont désignés par tirage au sort parmi les citoyens de 30 ans et plus.

Héliocentrisme Élaborée par Nicolas Copernic, cette théorie démontre que le Soleil est au centre d'un système planétaire dont la Terre n'est qu'un élément. Elle s'oppose au géocentrisme qui place la Terre au centre de l'univers. Devenue une planète comme les autres, la Terre se meut à la fois sur elle-même et autour du Soleil.

Helléniste Spécialiste de la langue ou de la culture grecques anciennes.

Hérétique Adepte d'une doctrine condamnée par l'Église parce que inconciliable avec la foi catholique et les dogmes. L'arianisme, le luthéranisme, le calvinisme et le jansénisme comptent parmi les plus importantes hérésies du passé occidental. (Voir *Arianisme, Calvinisme, Jansémisme, Luthéranisme.*)

Héros En Grèce ancienne, il s'agit d'un demi-dieu qui, dans la légende, réalise des exploits surhumains. Œdipe, héros de Thèbes, et Thésée, héros d'Athènes, comptent parmi les plus célèbres.

Hiéroglyphes Du grec *hierogluphika*, «hiéroglyphique», composé de *hieros*, «sacré» et de *glyphein*, «graver». Signes propres à l'écriture de l'Égypte ancienne. À la fois pictographique, idéographique et phonétique, cette écriture peut exprimer des réalités abstraites et reproduire de façon presque complète la langue parlée.

Hilotes Parfois valets de l'armée, artisans ou cuisiniers, la plupart des hilotes sont des paysans asservis qui cultivent les lots des Spartiates qui ont droit de vie ou de mort sur eux.

Historiographie Ensemble d'ouvrages et d'interprétations historiques se rapportant à un même sujet.

Homo sapiens Celui qui, comme les humains d'aujourd'hui, était capable de raisonner. L'homme de Neanderthal et l'homme de Cro-Magnon auraient été les premiers représentants de l'*homo sapiens*.

Huguenots Surnom donné, au XVIᵉ siècle, aux protestants calvinistes français. Il provient d'une déformation du mot allemand *Eidgenossen*, qui désigne les «confédérés» genevois opposés au duc de Savoie. L'édit de Nantes de 1598 étant révoqué par Louis XIV en 1685, la question huguenote demeurera jusqu'au XVIIIᵉ siècle.

Humanisme S'inspirant des tendances anthropocentriques des anciens Grecs, ce mouvement, à l'origine de la Renaissance, naît dans l'Italie du XVᵉ siècle, avant de se répandre dans le reste de l'Occident. Tout en privilégiant l'étude des auteurs antiques, l'humanisme se manifeste dans tous les secteurs d'activité par une volonté de rendre à l'esprit humain sa liberté et sa dignité. (Voir *Réforme.*)

Iconoclastes Du grec *eikonoklastês*, «briseur d'images». Les icônes (*eikôn*, «image»), dans la tradition byzantine, représentent une image du Christ, de la Vierge ou d'un saint, peinte sur panneau de bois. Les iconoclastes s'opposent à la vénération de ces images pieuses et obtiennent le soutien des empereurs, de l'épiscopat et de l'armée. Cette querelle se déroule sur deux périodes, de 726 à 787 et de 815 à 843.

Iconolâtres Du grec *eikonolatrês*, «adorateur d'images». Adversaires des iconoclastes, ils pratiquent le culte des images pieuses. Ils comptent dans leurs rangs les moines et la papauté.

Idéalisme Tendance philosophique qui consiste à ramener toute existence à la pensée. L'idéalisme s'oppose à l'ontologie, qui admet une existence indépendante de la pensée. Georg Wilhelm Friedrich Hegel est un philosophe idéaliste.

Imperator Titre décerné par ses troupes au général romain victorieux. À la fin du Iᵉʳ siècle, le mot devient un nom commun et désigne l'empereur.

Impérialisme Mot dérivé de l'anglais *imperialism*. Opinion des partisans du gouvernement impérial. Doctrine de l'Angleterre au

XIXe siècle, tendant à grouper fortement ses colonies autour de la métropole et à donner à la puissance britannique la plus grande expansion possible. Système de politique extérieure d'un grand pays (les États-Unis, par exemple), qui tend à étendre le plus possible sa domination (politique, économique, culturelle, etc.) sur d'autres pays. (Voir *Colonialisme, Colonie, Métropole*.)

Impressionnisme Procédé de certains écrivains (les frères Goncourt, par exemple) et d'une école de peinture, qui consiste à tenter de représenter les impressions fugitives telles que les perçoivent les sens. Les principaux peintres impressionnistes sont Édouard Manet, Claude Monet, Camille Pissaro, Alfred Sisley et Auguste Renoir, auxquels on rattache parfois Edgar Degas et Henri de Toulouse-Lautrec.

Indulgences Répandues à partir de la fin du XIe siècle et à des conditions fixées par le pape, remises des peines que les pécheurs doivent subir, même après la confession et l'absolution, sur terre ou au purgatoire. Le pape Léon X en accorde à ceux qui font un don pour l'achèvement de la basilique Saint-Pierre de Rome. Cette pratique, qui donne l'impression qu'on peut acheter le pardon de ses péchés, est violemment dénoncée par Martin Luther en 1517.

Inoculation Il ne faut pas confondre l'inoculation, la vaccine et le vaccin. Au XVIIIe siècle, l'inoculation consiste à inoculer à une personne saine, à l'aide d'une lancette, du pus infecté prélevé sur une personne atteinte de variole (*small pox*, ou *petite vérole*, la *grande vérole* étant la syphilis), afin de déclencher une réaction immunitaire chez la personne saine. Peu efficace, ce procédé provoque une fois sur cinq le décès de ceux chez qui la maladie se développe. Au XVIIIe siècle en Angleterre, on sait que la variole attaque aussi les vaches (c'est le *cow-pox*), mais qu'elle ne se développe pas chez ces animaux avec autant de virulence que chez les humains ; les fermiers contaminés sont peu malades et guérissent rapidement. En 1796, l'Anglais Edward Jenner (1749-1823) utilise pour la première fois la *vaccine* ; il prélève, sur des vaches atteintes de *cow-pox*, du pus de cette maladie et l'inocule à des personnes saines : la maladie, bénigne chez la vache, permet alors aux humains de développer des anticorps et d'être *vaccinés*. Au XIXe siècle, la microbiologie permettra de *cultiver* en laboratoire des microbes de la maladie (peu importe qu'elle provienne des animaux ou des humains), de les *affaiblir* artificiellement, et de créer ainsi les *vaccins* que l'on connaît actuellement. Dès 1796, la mortalité humaine par la variole chute dramatiquement ; la technique de Jenner se répand vite à travers le monde et est appliquée avec succès à d'autres maladies infectieuses. Pourtant, les diverses campagnes de vaccination entreprises par les médecins hygiénistes au XIXe siècle se heurtent à d'énormes difficultés, dues à l'ignorance et à la superstition populaires.

Inquisition Procédure confiée par le pape à un tribunal ecclésiastique chargé de la recherche, de la condamnation et de la répression des hérésies et des apostasies, puis de la sorcellerie et de la magie. Elle est utilisée en Europe chrétienne à partir de la fin du XIIe siècle et plus tard en Amérique espagnole. Ses principales victimes sont d'abord les cathares ou Albigeois au XIIIe siècle, puis les juifs ainsi que les musulmans d'Espagne et du Portugal à la fin du XVe siècle.

Internationale socialiste Nom donné en 1864 à une association fondée à Londres par des travailleurs français qui y apportent un projet d'union internationale dont Karl Marx (1818-1883) rédige l'exposé. La Ire Internationale voit officiellement le jour en 1866 et disparaît en 1872. La IIe Internationale est créée à Bruxelles en 1889 ; la IIIe Internationale (*Internationale communiste*) est instituée à Moscou en 1919 et la IVe Internationale, créée en 1938, recrute ses membres dans de nombreux pays d'Amérique latine, d'Asie et d'Europe occidentale, où l'on retrouve encore actuellement des partis socialistes. (Voir *Socialisme*.)

Internationalisme Doctrine préconisant les ententes internationales dans tous les domaines (politique, économique, culturel, etc.).

Investiture Acte par lequel un suzerain confère la possession d'un fief à un vassal. Dans le cas d'une abbaye ou d'un évêché, cette pré-rogative provoque, aux XIe et XIIe siècles, un conflit entre la papauté d'une part, l'Empire germanique et d'autres monarchies d'autre part.

Islam En langue arabe, ce mot signifie « soumission à la volonté de Dieu ». Il désigne, tant dans le domaine de la religion que de la civilisation, l'ensemble du monde musulman qui se fonde sur le Coran et la sunna, c'est-à-dire la tradition qui transmet les paroles et les actes du prophète Mahomet. Notons que les musulmans ne sont pas tous arabes ; c'est notamment le cas des Turcs, des Iraniens et de nombreux Africains.

Jacobins Dérivé du nom du couvent des Jacobins où ils se réunissent, à Paris. (Voir *Club, Montagnard, Sans-culottes*.)

Jacquerie Ce mot désigne initialement la révolte des paysans de l'Île-de-France, entre le 28 mai et le 10 juin 1358, promptement et violemment réprimée par la réaction nobiliaire. La jacquerie est d'une telle portée que ce mot s'applique désormais à tout soulèvement paysan d'une certaine importance. Les causes des jacqueries sont multiples, allant du refus de payer les dîmes et l'impôt comtal à la haine envers les nobles, les autorités et leurs soldats. Parfois, une partie de la population urbaine soutient les révoltés. En France, jusqu'au XVIIe siècle, le nom de jacquerie sera attribué à tout soulèvement rural et parfois urbain contre les impôts royaux.

Jansénisme Mouvement religieux qui se répand dans l'Église catholique, surtout en France, au XVIIe siècle. Par sa conception pessimiste de la nature humaine et de la prédestination, le jansénisme apparaît comme une tentative pour acclimater, au sein du catholicisme, des thèmes spirituels de la Réforme protestante. Le premier foyer du jansénisme est l'université de Louvain, où Michel Baïus, en réaction contre la spiritualité optimiste et active des jésuites, expose en 1550 des doctrines proches de celles de l'*Augustinus* (1640) de Jansénius (1585-1638), ouvrage fondamental du jansénisme. Les jansénistes, au nombre desquels on compte Blaise Pascal, s'opposent aux jésuites et à l'absolutisme royal ; ils sont combattus par Louis XIV qui fait raser leur abbaye de Port-Royal (1709), par le pape Clément XI qui émet contre eux la bulle *Unigenitus* (1713) ; en supprimant la hiérarchie de l'Église en France, le Concordat (1801) lui donne un coup mortel. (Voir *Jésuite*.)

Jésuite Membre de la Compagnie de Jésus, fondée à Rome en 1534 par Ignace de Loyola (1491-1556). La Compagnie de Jésus est composée de *clercs* ne demeurant pas dans un monastère, qui doivent adapter leur apostolat au monde en transformation et être cultivés. Au début du XVIIe siècle, les jésuites sont déjà au nombre de 13 000 ; ils s'installent en Italie, en Espagne, au Portugal, en France, en Flandre, en Allemagne, en Pologne. Ils sont aussi missionnaires en Inde, en Chine, au Japon et en Nouvelle-France. Ils s'attirent des ennemis en mettant au point d'efficaces techniques d'enseignement et d'évangélisation (en adaptant par exemple les rites catholiques aux rites païens locaux : querelle des rites chinois, condamnés par la papauté en 1710 et 1748). L'organisation centralisée de la Compagnie, son ultramontanisme, son ministère auprès des princes (les confesseurs de rois), ses positions théologiques laxistes, ses opinions politiques influentes, lui valent de violentes critiques. Au XVIIIe siècle, les jésuites sont combattus par les jansénistes et les gallicans ; ils sont chassés du Portugal (1759), de France (1764), d'Espagne (1767). Sous la pression des Bourbons, le pape Clément XIV supprime la Compagnie (1773). Protégée par Catherine II, elle subsiste en Russie jusqu'à ce que le pape Pie VII la rétablisse (1814). (Voir *Jansénisme*.)

Lettre de change Billet sur lequel le *tireur*, qui a reçu une somme d'argent d'un *donneur*, ordonne au *tiré* qui reçoit généralement les fournitures, de payer à une échéance déterminée et en monnaie locale, l'équivalent de cette somme au *bénéficiaire* qui a reçu la commande des fournitures. La lettre de change élimine les risques du transport d'espèces sonnantes et facilite le crédit. Apparue en Italie à la fin du XIIe siècle, elle se répand en Occident.

Libéralisme Doctrine économique préconisant la liberté de travail et celle des échanges, et la non-intervention de l'État en matière économique. Sur le plan politique, le libéralisme est une philosophie qui prône un attachement aux valeurs libérales, notamment la largeur d'esprit et la tolérance ; en cela, il s'oppose au conservatisme. (Voir *Conservatisme*.)

Libre-échangisme Doctrine économique opposée au protectionnisme et préconisant la libre circulation des marchandises, sans droits de douane, entre pays. (Voir *Protectionnisme*.)

Limès Ensemble de fortifications situées aux frontières de l'Empire romain et reliées par des voies militaires. Selon les endroits, il pouvait s'agir d'un mur, d'un fossé ou d'un cours d'eau.

Luthéranisme Doctrine religieuse de Martin Luther (1483-1546). Le luthéranisme repose sur un retour à l'Évangile, la suppression de la plupart des sacrements, le dogme de la consubstantiation, la proscription du culte de la Vierge et des saints, la négation du libre arbitre et du salut par les œuvres, l'affirmation que la véritable Église est une Église cachée. À partir de 1517, le luthéranisme fait de nombreux adeptes en Allemagne, au Danemark et en Suède. (Voir *Protestantisme*.)

Maccarthysme Philosophie du sénateur américain Joseph McCarthy (1908-1957) qui, de 1950 à 1954, dirige un comité sénatorial chargé de traquer tous les communistes ou sympathisants communistes en charge dans les départements essentiels du gouvernement américain. Le maccarthysme finit par répandre un climat de suspicion souvent injustifiée dans toute la vie politique des États-Unis, aggravant ainsi le climat de guerre froide qui s'est installé entre l'Est et l'Ouest au lendemain de la Deuxième Guerre mondiale. Abandonné par les chefs du Parti républicain, McCarthy est l'objet d'une motion de blâme du Sénat américain en décembre 1954.

Maître Au Moyen Âge, seul artisan à posséder de l'outillage et un atelier. Les maîtres engagent des compagnons et recrutent des apprentis. Ils participent à l'élaboration des règles de leur corporation, notamment sur les modes d'accès au métier et d'obtention de la maîtrise. (Voir *Compagnon*.)

Maoïsme Philosophie politique de Mao Tsé-toung (1893-1976). Alors que Staline, donnant la priorité absolue à l'efficacité économique, aboutit en URSS à une véritable technocratie, Mao Tsé-toung donne la primauté à la révolution culturelle, avec la conviction que celle-ci libère dans les masses des forces de subjectivité et de volonté capables de résoudre tous les défis économiques. Par ailleurs, alors que le stalinisme affirme que les contradictions se faisant jour dans le développement du socialisme peuvent être résolues sans conflits, Mao Tsé-toung juge les conflits inévitables et nécessaires, et il conçoit l'édification du socialisme comme une suite de révolutions dans lesquelles l'agent décisif est non pas le parti et son appareil, mais les masses populaires. (Voir *Communisme*.)

Marxisme Système philosophique de Karl Marx (1818-1983) fondé sur le matérialisme dialectique, l'interprétation matérialiste de l'histoire et la lutte des classes, c'est-à-dire de la société bourgeoise et du prolétariat, qui se terminera par le triomphe de ce dernier et l'instauration d'une société sans classes. Le marxisme-léninisme est la doctrine marxiste telle qu'elle a été expliquée et pratiquée par Lénine (1870-1924), lors de la révolution russe de 1917 et la création de l'URSS en 1922.

Maures Population métissée de Berbères, d'Arabes et de Noirs qui, originaire de Mauritanie, s'est installée dans le Sahara espagnol, au Mali et au Sénégal. Convertis à l'islam, les Maures ont longtemps été identifiés aux musulmans qui ont conquis l'Espagne au début du VIIIᵉ siècle. On peut parler de culture et de civilisation hispano-mauresques.

Menchevisme Nom donné à la philosophie politique des mencheviks, minoritaires au congrès de Bruxelles en 1903 et partisans d'une décentralisation des pouvoirs de l'État. Joseph Staline est le porte-parole des mencheviks. (Voir *Bolchevisme, Communisme, Stalinisme*.)

Mercantilisme Système économique ayant pour base le principe de la supériorité des métaux précieux sur les autres richesses, aussi bien pour l'enrichissement des individus que pour la puissance de l'État. Préconisé sous diverses formes du XVᵉ au XVIIIᵉ siècle, le mercantilisme conduit toujours l'État, en pratique, à prendre des mesures tendant à restreindre l'exportation des métaux précieux et le commerce avec l'étranger qui aboutit au même résultat, et à favoriser au contraire le développement de certaines branches de l'activité économique du pays, considérées comme susceptibles d'assurer l'afflux régulier des métaux précieux. Ce système connaît son apogée en France au XVIIᵉ siècle sous Colbert (colbertisme).

Métaphysique Partie de la philosophie qui traite abstraitement de l'Être.

Métayer Exploitant agricole qui doit verser au propriétaire du sol une partie des récoltes.

Métèques Étrangers admis en Attique, les métèques ne peuvent pas posséder de terre. Ils peuvent être artisans, commerçants ou occuper une charge militaire, sauf dans la cavalerie. Ils ne peuvent pas être prêtres ou membres du gouvernement athénien. Ils paient des impôts, bénéficient de la protection des lois et sont admis aux fêtes religieuses.

Métropole Du grec *metropolis*, de *mêter, mêtros*, « mère » et *polis*, « cité ». En Grèce ancienne, cité d'où sont venus les premiers fondateurs d'une nouvelle cité. À partir de l'époque moderne, ce mot désigne le pays ou le royaume duquel relèvent des territoires extérieurs qui dépendent de lui. De nos jours, une métropole peut également correspondre à la capitale économique d'un pays ou au siège d'un archevêché. (Voir *Colonie*.)

Missi Dominici Les *missi dominici* sont les « envoyés du maître », c'est-à-dire de l'empereur, à partir de Charlemagne. Munis de pouvoirs d'inspection assez étendus, ils doivent surveiller le gouvernement des comtes. Se déplaçant deux par deux, un ecclésiastique et un laïc, ils existent jusqu'au Xᵉ siècle.

Monachisme Ce mot désigne l'institution ou la vie monastiques.

Monarchie Du grec *monarkhia*, de *monos*, « seul » et *arcos*, « chef, guide ». Régime politique dans lequel le pouvoir, souvent héréditaire, est exercé par un seul individu. La *monarchie absolue* est celle où le souverain a un pouvoir sans limitation ni contrôle. Louis XIV était un *monarque absolu*. La *monarchie constitutionnelle* ou *tempérée* est celle où le pouvoir, réglé par une constitution, est partagé entre le souverain et une représentation nationale, comme c'est le cas actuellement en Belgique, au Danemark, en Grande-Bretagne, en Norvège, aux Pays-Bas et en Suède. (Voir *Constitution*.)

Montagnards Députés qui siègent *en haut* (à la Montagne) de l'Assemblée. Ils sont les élus du Nord et de l'Est, menacés par l'invasion, ceux des pays de petite propriété paysanne et de tradition antiféodale (Auvergne) et du Paris des sans-culottes. Les montagnards forment un groupe moins homogène que celui des girondins. Pour ceux d'entre eux qui sont jacobins, l'inspirateur principal est Jean-Jacques Rousseau. La liberté est subordonnée à l'égalité, le premier droit naturel est celui d'exister, la propriété est un droit social qui peut donc être limité par l'intérêt commun. S'ils condamnent la loi agraire (partage égalitaire des terres), ils rêvent d'une nation fraternelle de petits producteurs indépendants (paysans ou artisans) et réprouvent, au nom de la morale, le salariat et la liberté totale du profit. Par ailleurs, toute loi n'est pas nécessairement légitime à leurs yeux ; lorsque le pouvoir viole les droits du peuple, celui-ci peut recourir à la violence. Ainsi se trouvent justifiés les massacres perpétrés durant les journées révolutionnaires.

Morisques Musulmans espagnols qui, convertis de force au catholicisme, restent en Espagne après la chute de Grenade en 1492. Ils seront, comme les marranes (juifs convertis), longtemps suspects et pourchassés par l'Inquisition.

Mosquée Lieu de culte musulman, la mosquée comprend deux parties : une cour entourée d'un portique, où se font les ablutions, et un sanctuaire, salle de prière soutenue par des colonnes. Après s'être déchaussés, les fidèles vont y prier tournés vers la Mecque, sous la direction de l'imam. La mosquée possède également une tour, le minaret, d'où le crieur (muezzin) appelle cinq fois par jour les fidèles à la prière.

Musulman   À l'origine, ce mot signifie « croyant » avant d'être attribué plus largement à celui qui adhère à la religion et à la civilisation islamiques. Au Moyen Âge, les Occidentaux désignent souvent les musulmans sous le nom de sarrasins.

Nationalisation   Action de transférer à l'État (ou à la collectivité nationale) la direction d'une activité relevant jusqu'alors du secteur privé. Action de transférer à l'État la propriété (totale ou partielle) des participations détenues par les actionnaires privés dans le capital d'une entreprise. Synonyme : étatisation. S'oppose à dénationalisation et à privatisation. (Voir *Privatisation*.)

Nationalisme   Préférence systématique pour tout ce qui se rapporte à la nation dont on fait partie. Doctrine et action politique de ceux qui cherchent à réaliser l'unité et l'indépendance de leur nation.

Nazisme   Dérivé de l'allemand *National-Sozialismus*. Comme dans le fascisme, on retrouve dans le nazisme le parti unique, avec sa milice en uniforme, la tentative de synthèse d'éléments jugés valables dans le nationalisme de la droite et le socialisme de la gauche, la répudiation de la lutte des classes et du capitalisme international, le culte de l'homme providentiel et de la guerre, le goût des cérémonies grandioses. L'originalité du nazisme réside dans le racisme, qui n'est pas seulement la méfiance ou la haine à l'égard des juifs, mais une conception du monde faisant de la *Race* la valeur suprême et l'élément moteur de l'*Histoire*. Les lois de Nuremberg (septembre 1935) excluent les juifs de la nation et interdisent les mariages mixtes. Par contre, il faut que la population aryenne soit nombreuse (la natalité est encouragée) et saine (la stérilisation des handicapés est décrétée). La dictature remplace les syndicats par des organisations corporatives, et la stabilité de la famille paysanne est renforcée. Sur le plan économique, le nazisme est caractérisé par l'autarcie. La monnaie nationale (le *Reichsmark*) n'est pas gagée sur l'or et ne peut donc être que d'un usage intérieur. Un contrôle sévère des changes et du commerce extérieur vise à rendre l'Allemagne économiquement indépendante de l'étranger. Pour réduire les importations, on récupère les ferrailles, on développe la culture du chanvre et du lin, et les *erzätze* (produits de remplacement) apparaissent, notamment le caoutchouc et l'essence synthétique. Les grands travaux publics (autostrades, logements ouvriers) et le réarmement rapide permettent de faire disparaître le chômage. (Voir *Autarcie*.)

Nécropole   Du grec *nekropolis*, de *nekros*, « mort » et *polis*, « ville ». Ce mot désigne un souterrain servant de lieu de sépulture chez plusieurs peuples antiques.

Néoplatonisme   Doctrine mystique qui apparaît à Alexandrie à la fin du IIe siècle. Fortement inspirée de Platon, elle tente de concilier le mysticisme avec le rationalisme propre à la philosophie grecque. Plotin (205-270) fonde à Rome, au milieu du IIIe siècle, une école où il enseigne que l'idée platonicienne du Beau mène à Dieu.

Népotisme   Favoritisme excessif pratiqué par de hauts personnages, notamment par les papes, envers les membres de leur famille.

Nicolaïsme   Appelé parfois « clérogamie », le nicolaïsme correspond à un désordre des mœurs parmi des clercs du Moyen Âge qui, rejetant la continence, se marient ou vivent en concubinage.

Noblesse   Souvent confondue avec l'aristocratie, la noblesse désigne les membres d'une classe qui se transmettent un titre, des privilèges et des droits par la voie héréditaire. Sous l'Ancien Régime, il faut distinguer la noblesse d'épée de la noblesse de robe. Les membres de la première se limitent à une carrière militaire alors que les membres de la seconde possèdent des *offices* et font carrière dans la magistrature. (Voir *Aristocratie, Offices*.)

Non-alignement   Attitude politique des États qui ne désirent pas adopter la politique étrangère ou économique des grandes puissances (notamment celle des États-Unis et de l'URSS). En 1955, lors de la conférence de Bandung, 29 États asiatiques, africains et européens ont décidé de ne pas aligner leurs politiques ou leurs économies sur celles des États-Unis ou de l'URSS.

Obélisque   Monument quadrangulaire en forme d'aiguille qui symbolise, chez les Égyptiens, un rayon solaire. De nos jours, en Occident, on retrouve les plus célèbres obélisques à Paris (place de la Concorde) et à Washington, D.C. (monument dédié à George Washington).

Offices   Sous l'Ancien Régime, charges ou fonctions accordées par le roi à des familiers pour la gestion du domaine. À partir du XVIe siècle, particulièrement en France, les offices (maintenant devenues surtout honorifiques) font l'objet d'une vente systématique ; l'acheteur bourgeois d'une charge peut ainsi assurer à ses descendants l'accession à la noblesse (noblesse de robe). Ce système de vente des offices (vénalité des offices) permet à l'aristocratie française de grossir ses rangs aux dépens de la partie la plus riche de la bourgeoisie. (Voir *Noblesse*.)

Oligarchie   Parfois confondu avec aristocratie, le mot désigne un régime où le pouvoir est détenu par un petit nombre (*oligoi*) d'hommes.

Ordres   Mode de répartition de la société médiévale, principalement selon la fonction et la naissance, en trois groupes : les *oratores* qui prient, les *bellatores* qui guerroient et les *laboratores* qui travaillent. Dans la société d'Ancien Régime jusqu'en 1789, le clergé, la noblesse et le Tiers-État forment les trois ordres réunis en états généraux.

Ost   À l'époque féodale, service militaire d'une durée ne dépassant pas 40 jours, dû par le vassal à son suzerain. À partir du XIIe siècle, le vassal peut s'en libérer par le paiement d'un écuage, c'est-à-dire d'une taxe de remplacement.

Ostracisme   Chez les anciens Grecs, procédure par laquelle un homme politique jugé indésirable peut être banni de la cité, c'est-à-dire exilé par un vote de l'assemblée du peuple pour une durée de 10 ans. Il peut, par la suite, récupérer ses biens et ses droits. De nos jours, le mot désigne l'exclusion ou l'hostilité exercées par une collectivité envers un de ses membres.

Paléontologie   Science qui étudie les fossiles d'êtres vivants ayant vécu à l'époque de la préhistoire.

Pangermanisme   Système tendant à étendre la domination de l'Allemagne sur tous les peuples réputés germaniques. Les partisans de la *Grande-Allemagne* – notamment Adolf Hitler – étaient des adeptes du pangermanisme.

Panthéon   Du grec *pantheion*, de *pan*, « tous » et *theos*, « dieu ». Temple consacré aux dieux. Le mot désigne également l'ensemble des dieux d'une religion avant de s'appliquer au monument où sont déposées les dépouilles des grands serviteurs d'une nation.

Parlement   Dérivé du verbe « parler ». Avant la Révolution française, les parlements français sont des cours souveraines qui jugent en dernier ressort et exercent certains pouvoirs politiques. Actuellement, le parlement est l'ensemble des assemblées législatives d'un pays. (Voir *Parlementarisme*.)

Parlementarisme   Régime représentatif dans lequel les ministres sont responsables devant les Chambres. Le parlementarisme se développe en Angleterre au XVIIIe siècle, et sur le continent européen au cours du XIXe siècle. (Voir *Chambre des communes, Chambre des lords, Parlement*.)

Parti   Dérivé du verbe « partir », dans le sens de « partager » (comme dans *répartir* ou *impartir*). Union de plusieurs personnes défendant un même intérêt ou une même opinion, contre d'autres qui ont un intérêt, une opinion différente : le parti de César et le parti de Pompée ; le parti des sociétés de pensée (XVIIIe siècle) ; le parti communiste. Le bipartisme est un système politique qui s'appuie sur la coexistence de deux partis comme le système politique actuel des

États-Unis. Le multipartisme est un système politique qui s'appuie sur la coexistence de plus de deux partis politiques comme le système politique actuel de la France.

Patricien   Citoyen romain, membre d'une grande famille de la classe noble et privilégiée qui dirige le sénat.

Paulette   Du nom de Paulet, fermier français du XVIIᵉ siècle, qui est le premier à appliquer cet impôt. La *paulette* est un droit d'un soixantième que le roi fait lever sur les charges de finance et de magistrature qui peuvent alors être héréditaires.

Pays non alignés   Voir *Non-alignement.*

Père de l'Église   Écrivain ecclésiastique des premiers siècles. Contrairement au docteur de l'Église qui n'est qu'un éminent professeur et un théologien, le Père de l'Église a été canonisé et est considéré comme un interprète autorisé de la tradition chrétienne.

Périèque   Du grec *peri*, «autour» et *oikein*, «habiter». Homme libre qui habite les environs de Sparte ou étranger admis en Laconie, le périèque doit servir dans l'armée spartiate. Il jouit de certaines libertés économiques, mais ne peut participer à la vie politique de la cité.

Phénoménologie   Discours philosophique sur ce qui apparaît ou ce qui se manifeste. Emmanuel Kant et Georg Wilhelm Friedrich Hegel sont des philosophes phénoménologues.

Phylloxéra   Insecte parasite de la vigne. Importé involontairement en France avec des ceps nord-américains, le phylloxéra y apparaît pour la première fois vers 1865. Vingt ans plus tard, 50 départements sont contaminés.

Plébéien   Vaincu, aventurier ou marchand d'origine étrangère, qui fait partie de la foule romaine, de la masse des hommes libres, des simples citoyens. Il est admis dans l'armée, mais l'accès au sénat et aux fonctions religieuses lui est interdit.

Plébiscite   Du latin *plebis*, «de la plèbe» et *scitum*, «décret». À Rome, il s'agit d'une loi votée par l'assemblée de la plèbe. Par contre, dans la pratique napoléonienne, le plébiscite a pour objet de confirmer ou d'affirmer le pouvoir d'un homme, en créant ou en donnant l'illusion de créer un lien personnel entre le peuple et cet homme. À l'époque contemporaine, ce mot désigne une consultation populaire par laquelle les électeurs répondent, par «oui» ou par «non», à une question qu'on leur soumet sur une mesure constitutionnelle ou législative. De nos jours, dans plusieurs pays, on lui préfère le mot «référendum». (Voir *Référendum.*)

Ploutocratie   Du grec *ploutos*, «richesse» et *kratia*, «pouvoir». Système de gouvernement où le pouvoir est contrôlé par les détenteurs de la richesse.

Prédestination   Doctrine selon laquelle Dieu seul décide qui il sauvera et qui il ne sauvera pas; le salut de l'être humain ne peut donc être assuré ni par sa foi, ni par ses œuvres. Martin Luther et Jean Calvin ont adhéré à cette doctrine.

Préfecture   Division administrative créée sous l'empereur romain Dioclétien (284-305). L'Italie, la Gaule, l'Illyrie et l'Orient forment les quatre préfectures de l'Empire et chacune est partagée en diocèses et en provinces. En France, au début du XIXᵉ siècle, cette unité administrative dirigée par un préfet est établie par Napoléon Iᵉʳ.

Presbytérianisme   Du latin *presbyterium*, signifiant «prêtre». Organisation de l'Église réformée, directement issue de la doctrine calviniste, qui a pour base l'église locale gouvernée par un conseil presbytéral. (Voir *Calvinisme.*)

Privatisation   Action de transférer au secteur privé une activité relevant jusque-là du secteur public. Action de transférer à des actionnaires privés la propriété des participations majoritaires détenues par l'État dans le capital d'une entreprise. Synonymes: Dénationalisation, désétatisation. S'oppose à étatisation et à nationalisation. (Voir *Nationalisation.*)

Privilège   Droit ou avantage particulier accordé à un seul individu ou à une catégorie d'individus. Sous l'Ancien Régime, les nobles et les membres de communautés religieuses bénéficient de privilèges dont ne jouissent pas les membres du Tiers-État. En 1789, les révolutionnaires français abolissent ces privilèges. (Voir *Aristocratie.*)

Prolétaire   Du mot latin *proletarius*, «citoyen très pauvre». À partir du XIXᵉ siècle, ce mot désigne, dans le langage marxiste, la classe des pauvres travailleurs industriels qui n'ont que la force de leurs bras pour gagner leur vie.

Prophète   Personne qui parle au nom de Dieu, révèle des vérités cachées et prédit parfois l'avenir.

Prosélytisme   Effort déployé afin de répandre une religion ou une doctrine par le recrutement de nouveaux fidèles ou adeptes.

Protectionnisme   Système de protection commerciale, opposé au libre-échange, qui consiste à protéger et à favoriser le commerce et l'industrie d'un État, en frappant les produits étrangers de droits de douane élevés en vue d'en restreindre ou même d'en arrêter l'importation. (Voir *Libre-échangisme.*)

Protestantisme   Doctrine des Églises relevant de la Réforme. Le nombre des chrétiens appartenant à des Églises réformées (protestants) s'élève aujourd'hui à plus de 450 millions. (Voir *Anglicanisme, Calvinisme, Luthéranisme, Quakerisme, Réforme.*)

Province   Chez les Romains, territoire situé à l'extérieur de l'Italie et administré par un magistrat romain. Au nombre de 14 sous la République, les provinces dépassent la centaine sous l'Empire. À partir du Iᵉʳ siècle, elles sont réparties en provinces sénatoriales (pacifiées et confiées à un proconsul nommé par le sénat) et en provinces impériales (exigeant la présence de troupes et relevant directement de l'empereur représenté par un gouverneur).

Publicain   Du latin *publicanus*. Homme d'affaires qui se fait confier l'adjudication des travaux publics et la perception des impôts. Il avance à l'État les fonds qu'il recouvre, par la suite, avec une marge de profit.

Puritanisme   Du latin *puritas*, signifiant «pureté». Doctrine presbytérienne prônant un rigorisme et une austérité extrêmes. Victimes de persécutions en Angleterre au cours du XVIIᵉ siècle, beaucoup de puritains émigrent en Amérique. (Voir *Calvinisme, Presbytérianisme, Protestantisme.*)

Quakerisme   Mot anglais signifiant «trembleur» (celui qui tremble à la parole de Dieu). Doctrine d'une secte protestante britannique, fondée en 1647 par George Fox (1624-1691), et prônant le pacifisme, la philanthropie et la simplicité des mœurs. (Voir *Protestantisme.*)

Quattrocento   Mot italien signifiant «quatre cents», c'est-à-dire les années 1400 et les suivantes. Il est employé pour désigner le mouvement de renaissance littéraire et artistique du XVᵉ siècle en Italie.

Rationalisme   Du latin *ratio*, signifiant «calcul» ou «compte». Doctrine philosophique des XVIIᵉ et XVIIIᵉ siècles qui considère qu'il existe des principes *a priori*, universels et nécessaires de la connaissance, et que les idées préexistent à toute expérience. Le rationalisme est aussi la doctrine de ceux qui, dans tous les domaines, n'admettent d'autre autorité que celle de la raison; en ce sens, le rationalisme s'oppose à l'empirisme. Le rationalisme est enfin la doctrine de ceux qui fondent la foi sur la raison. René Descartes et Emmanuel Kant sont des philosophes rationalistes. (Voir *Empirisme.*)

Référendum   Mot latin signifiant «ce qui doit être rapporté». Vote par lequel les citoyens d'un pays se prononcent sur une question importante d'intérêt général. Contrairement au plébiscite qui, de façon plus ou moins camouflée, réclame de l'électeur qu'il accorde sa confiance à un homme, le référendum donne le moyen au peuple de faire acte de législateur. (Voir *Plébiscite.*)

Réforme   Mouvement qui détermine au XVIᵉ siècle une partie de la chrétienté à se détacher de l'Église romaine et à rejeter à la fois ses dogmes et l'autorité du pape. La Réforme dénonce les abus qui se sont introduits dans l'Église catholique romaine et prétend la ramener à la pureté primitive. Les thèmes de discussion portent sur les règles de foi, sur les doctrines, sur la nécessité ou l'inutilité du clergé.

L'unité du monde chrétien en reste finalement brisée. La Réforme est favorisée par diverses circonstances : le développement de l'humanisme, la diffusion de l'imprimerie qui permet le retour aux sources et la propagation des idées nouvelles, l'ambition des princes éprouvant le désir ou le besoin de confisquer par la sécularisation les biens de l'Église, ainsi que l'animosité des classes laborieuses à l'égard du clergé du fait des transformations économiques. (Voir *Humanisme, Protestantisme*.)

Régence Du latin *regere*, signifiant « gouverner ». Dignité qui donne pouvoir et autorité de gouverner un État pendant la minorité ou l'absence du souverain.

Reichsführer Mot allemand qui signifie « conducteur de l'Empire ». (Voir *Führer*.)

République Du latin *res*, « chose » et *publica*, « publique ». À Rome, régime politique qui repose sur trois institutions : les assemblées, les magistrats et le sénat. Dans cette forme de gouvernement, le pouvoir n'est pas détenu par un seul, mais par les élus du peuple ou de ses représentants. En outre, la fonction de chef de l'État n'y est pas héréditaire. À l'époque contemporaine, il s'agit d'un système de gouvernement qui a rompu tout lien monarchique et dont les principales branches du pouvoir demeurent sous la direction des gouvernés, par l'élection de délégués élus pour une certaine période.

Révolution industrielle Transformation complète de l'industrie et, par voie de conséquence, de l'économie mondiale, de la vie privée et sociale, des arts et des lettres en Occident, due aux progrès scientifiques et techniques du XVIIIᵉ siècle. Une première révolution industrielle, souvent appelée *révolution technique* ou *machinisme*, a lieu en Angleterre au cours du XVIIIᵉ siècle ; elle est suivie d'une deuxième, beaucoup plus importante, qui s'étend alors à tout l'Occident, à partir des années 1820. (Voir *Syndicalisme*.)

Rideau de fer Expression utilisée pour la première fois par Winston Churchill en 1946 à Fulton (Missouri), pour désigner la frontière quasi hermétique qui, désormais, coupe le bloc de l'Est de tout contact avec le bloc de l'Ouest, jusqu'à ce qu'apparaissent entre eux les premiers signes de détente. (Voir *Bloc de l'Est (ou de l'Ouest), Détente*.)

Sabbat Repos hebdomadaire que la loi de Moïse impose, du vendredi soir au samedi soir, afin de rendre un culte à Dieu.

Sans-culottes Issus des classes populaires, les sans-culottes portent le pantalon à jambes larges, la culotte qui colle aux jambes étant considérée comme le symbole de l'aristocratie ou de la bourgeoisie. Ils sont représentés par les plus prestigieux chefs de la Montagne : Danton, Marat, Robespierre.

Schisme Au sein de l'Église, scission de fidèles qui se placent sous une nouvelle autorité spirituelle. De nature disciplinaire, ce mouvement de révolte diffère de l'hérésie qui est de nature doctrinale. Parmi les schismes importants que l'Église de Rome connaît au cours du Moyen Âge, il y a le schisme d'Orient (1054) et le Grand Schisme d'Occident (1378-1417).

Scolastique Enseignée dans les universités médiévales, cette doctrine philosophique s'applique à concilier les vérités révélées du christianisme avec la philosophie d'Aristote. Basée sur la précision du vocabulaire, le syllogisme et la référence aux autorités (Bible, Pères de l'Église, Aristote), elle connaît son apogée au XIIIᵉ siècle. Par la suite, elle devient formaliste, abstraite et verse dans le verbiage. À partir de la Renaissance, elle a une connotation péjorative.

Scorbut Maladie caractérisée par des hémorragies multiples, provoquées par une carence en vitamine C. Le scorbut, dont la première mention dans les annales médicales remonte au XIIIᵉ siècle, affecte souvent les populations affamées, les troupes en campagne, les villes assiégées, les équipages des navires, les prisonniers. Lorsque le scorbut se déclare sur un navire, la moitié de l'équipage peut en mourir. On attribue longtemps à la mauvaise nourriture, à la fatigue, au froid humide, à l'usage d'eau salée ou souillée. Plus tard, on incrimine les salaisons, l'usage exclusif des saumures et l'absence

d'aliments frais. En 1844, le Parlement britannique passe une loi imposant aux marins anglais (civils et militaires) de boire chaque jour un verre de jus frais de citron lorsqu'ils partent pour de longs voyages. Aujourd'hui, cette maladie a pratiquement disparu d'Occident.

Sénat Assemblée souveraine sous la République romaine, le sénat ne conserve que des pouvoirs restreints sous l'Empire. Dans les parlements bicaméraux de certaines démocraties modernes, le sénat forme une chambre dont les membres, élus (États-Unis) ou non élus (Canada), représentent des régions ou des territoires. (Voir *Chambre des communes, Chambre des lords*.)

Serf Paysan qui, au Moyen Âge, est soumis à des obligations et redevances envers un seigneur et qui ne dispose pas d'une liberté complète. Cette condition est surtout déterminée par la naissance ou par le statut de la terre exploitée, mais aussi par la force ou par une condamnation judiciaire. À la fin du Moyen Âge, le servage commence à décliner en Occident alors qu'en Europe de l'Est, il se renforce et se perpétue jusqu'à la fin du XIXᵉ siècle. (Voir *Esclavagisme*.)

Simonie Vente ou achat de choses relevant du domaine spirituel (pouvoirs sacramentaux, charges ecclésiastiques).

Socialisme Ensemble des doctrines et des mouvements qui, hostiles au capitalisme, aux injustices engendrées par la libre concurrence, préconisent une réforme radicale des institutions économiques en vue d'assurer la répartition la plus égale possible des richesses. Le socialisme se développe d'abord en France, qui est depuis la fin du XVIIIᵉ siècle le foyer des idées révolutionnaires, et en Angleterre, où la révolution industrielle est plus avancée que partout ailleurs et où la misère ouvrière est aussi plus grave au début du XIXᵉ siècle. Après 1848, les doctrines socialistes engendrent divers mouvements, dont un, le *socialisme étatique*, est à l'origine de ce que l'on appelle actuellement l'État-providence. S'oppose à capitalisme et à libéralisme. (Voir *Capitalisme, État-providence, Libéralisme*.)

Spartakisme Nom dérivé de celui du berger thrace Spartacus, principal chef de la révolte des esclaves qui met Rome en péril de 73 à 71 av. J.-C. Doctrine du groupe *Spartakus*, fondé en 1916 par Karl Liebknecht et Rosa Luxemburg, qui rassemble des socialistes allemands. Séparés en 1917 de la IIᵉ Internationale, les spartakistes adhèrent en 1919 à la IIIᵉ Internationale, avant de quitter définitivement le Parti communiste allemand en 1928 pour former un parti distinct.

Stakhanovisme Nom dérivé de celui du mineur russe Alexeï Grigorievitch Stakhanov (1906-1977), qui met au point une technique permettant d'augmenter considérablement le rendement du travail ; cette technique consiste à organiser les équipes d'ouvriers de manière à maximiser l'utilisation de l'outillage en ne demandant au même ouvrier de n'accomplir, de manière répétitive, qu'une seule tâche. Apparenté au *taylorisme* des pays capitalistes, le stakhanovisme se développe en URSS à partir de 1935 et donne lieu à des records que la propagande soviétique met en évidence : un monteur, dans une usine de Moscou, atteint 820 % de la norme ; un employé d'une fabrique de chaussures de Léningrad fabrique, en une journée, 1400 paires de souliers. Stakhanov lui-même, soutient la propagande soviétique, aurait extrait en 6 heures, le 30 août 1935, 102 tonnes de charbon alors qu'un autre mineur n'en extrayait que 7,3 tonnes. Le stakhanovisme s'étend aussi à l'agriculture : dès 1935, des kolkhoziens auraient récolté plus de 500 quintaux de betteraves à l'hectare. Les stakhanovistes reçoivent des salaires plus élevés et d'éminentes distinctions.

Stalinisme Régime politique imposé par Joseph Staline (1879-1953) à l'URSS et à ses pays satellites, entre 1924 et 1953. (Voir *Bolchevisme, Communisme, Menchevisme*.)

Stathouder Le titre de stathouder, mot néerlandais qui signifie « lieutenant », est, à l'origine, porté par les gouverneurs nommés dans chaque province des Pays-Bas par les princes suzerains de la maison de Bourgogne et d'Autriche. Lorsque les Pays-Bas conquièrent leur indépendance, chacune des sept provinces souveraines composant la république des Provinces-Unies met à sa tête un sta-thouder qui commande les forces militaires, et dont le pouvoir est plus ou moins étendu. La même personne peut exercer le stathoudé-rat dans plusieurs provinces. En 1672, lors de l'invasion des Pays-Bas par les troupes de Louis XIV, Guillaume III d'Orange, futur roi d'Angleterre, est nommé stathouder de Hollande et de plusieurs autres provinces. Le congrès de Vienne (1815) remplace définitive-ment le stathoudérat par un régime monarchique.

Stratège Du grec *stratégos*, « chef d'armée ». Commandant d'ar-mée élu par l'assemblée du peuple. À Athènes, chacun des 10 stra-tèges commande les hommes de sa tribu et ses pouvoirs augmentent au Ve siècle aux dépens des archontes. Il peut être réélu indéfiniment et intervenir sur toute question devant l'assemblée ; il est à la fois général, orateur et homme d'État. Le plus célèbre est Périclès, qui est réélu 15 fois de suite et devient ainsi le véritable chef de la cité.

Suffrage Du latin *suffragium*, désignant le tesson avec lequel on votait parfois à Rome. Acte par lequel on déclare sa volonté ou son opinion dans un choix ou une délibération. Jusqu'en 1848, le suf-frage *censitaire* est réservé, en Europe occidentale, aux seuls élec-teurs capables de payer leur participation au vote. Actuellement, la plupart des pays démocratiques pratiquent le suffrage *universel* : l'électorat n'est pas restreint par des conditions de fortune, de capa-cité ou d'hérédité ; ce type de suffrage peut cependant comporter des exclusions d'âge (les citoyens n'ayant pas atteint la *majorité*, soit l'âge de 18 ou de 21 ans, selon les pays), de sexe (les femmes, jusqu'au XXe siècle) ou d'indignité (les prisonniers de droit commun, par exemple). Le suffrage est *direct* lorsque les électeurs désignent les élus sans intermédiaire ; il est *indirect* lorsque le corps électoral désigne les électeurs du second degré, les *grands électeurs*. Synonymes : élection, scrutin, vote.

Surréalisme Mouvement littéraire né dans le désarroi intellectuel, moral et politique qui suit la Première Guerre mondiale. Se réclamant de Nerval, de Lautréamont et de Rimbaud, reprenant à son compte les grandes innovations philosophiques de Hegel, de Marx et de Freud, issu des expériences d'Apollinaire (qui forge le néologisme surréalisme et l'introduit dans le drame surréaliste *Les Mamelles de Tirésias* en 1917), le surréalisme est défini en ces termes par André Breton : *Automatisme psychique pur par lequel on se propose d'exprimer soit verbalement, soit par écrit, soit de toute autre manière, le fonctionnement réel de la pensée. Dictée de la pensée en l'absence de tout contrôle exercé par la raison, en dehors de toute préoccupation esthétique ou morale* (*Manifeste du surréa-lisme*, 1925). Le surréalisme a exercé une profonde influence sur le cinéma (Bunuel) et la peinture (Miro, Picasso).

Suzerain Apparu au XIVe siècle, ce mot désigne celui qui, sur un territoire donné, est au-dessus de tous les autres. Le seigneur féodal est le suzerain de ses vassaux auxquels il concède des fiefs. N'étant le vassal de personne, le roi est, dans son royaume, le suzerain de tous les seigneurs.

Symbolisme Mouvement poétique du XIXe siècle, dont Stéphane Mallarmé et Paul Verlaine sont les représentants les plus marquants. Le symbolisme s'efforce de fonder l'art sur une vision symboliste et spirituelle du monde, traduite par des moyens d'expression nou-veaux. Outre la poésie, ce mouvement a également inspiré le théâ-tre, la peinture et la sculpture de la fin du XIXe siècle.

Syncrétisme Combinaison relativement peu cohérente d'idées, de doctrines ou de systèmes philosophiques différents. S'oppose à éclectisme. (Voir *Éclectisme*.)

Syndicalisme Doctrine sociale, économique et politique tendant à substituer au régime capitaliste, fondé sur le patronat et le salariat, une organisation ayant pour base les syndicats professionnels. Alors que les corporations du Moyen Âge (qui subsistent jusqu'en 1789) regroupent dans une même organisation patrons et ouvriers, on voit se former, dès le XVIe siècle, des associations purement ouvrières, les confréries du compagnonnage, qui défendent les travailleurs face à la mainmise croissante des maîtres sur le système corporatif, mais restent liées à un mode de production artisanale et à un type de société formée de petites communautés soutenues par des traditions vivantes. Au contraire, le syndicalisme est issu de la révolution industrielle : il fait contrepoids à un système économique qui enlève aux travailleurs la propriété des instruments de production, ainsi qu'à une conception individualiste bourgeoise de la société qui, au nom de la liberté, laisse l'ouvrier abandonné aux effets de la concur-rence et à l'arbitraire patronal. (Voir *Capitalisme, Compagnon, Corporation, Révolution industrielle, Socialisme*.)

Taille Apparue à la fin du XIe siècle, cette taxe est d'abord excep-tionnelle et son montant varie selon les besoins du seigneur. Avec l'affranchissement des serfs à la fin du Moyen Âge, elle se généralise, devient annuelle et à taux fixe. Elle désigne alors tout impôt direct et permanent levé par une autorité royale ou municipale. À chaque année, la somme qu'elle doit rapporter est déterminée, puis répartie entre diverses régions où s'effectue collectivement la répartition entre les habitants, c'est-à-dire les taillables. À l'époque moderne, elle devient permanente et demeure un impôt direct levé, par le pouvoir monarchique, sur l'ensemble des biens (taille personnelle) ou uni-quement sur les biens fonciers (taille réelle) des roturiers, les nobles et le clergé en étant exempts.

Tenure Portion de sol obtenue d'un seigneur par un paysan (tenancier) qui l'occupe avec sa famille et la cultive. Il s'agit en fait d'un système agricole et juridique d'exploitation d'une terre qui a pris, à l'époque médiévale, diverses formes entre le manse de l'épo-que franque et le fermage ou le métayage de la fin du Moyen Âge. Par opposition aux tenures roturières, le fief est une tenure noble. (Voir *Fief*.)

Thalassocratie Du grec *thalassa*, « mer » et *kratia*, « pouvoir ». État dont la puissance est essentiellement maritime. Athènes, au Ve siècle av. J.-C. et Venise, à partir du XIIIe siècle en sont des exem-ples.

Therme Du grec *thermos*, « chaud ». Établissement privé ou public qui, apparu à Rome au IIIe siècle, outre les bains, contient diverses salles d'exercices et de traitements.

Tiers-État Sous l'Ancien Régime, classe sociale dépourvue de pri-vilèges, regroupant tous les individus n'appartenant ni à la noblesse, ni au clergé. (Voir *Ancien Régime*.)

Toreutique Art de ciseler, de sculpter sur bois, sur ivoire ou sur métaux de valeur moindre par opposition à l'orfèvrerie qui emploie des métaux précieux.

Tory Nom donné en Angleterre au Parti conservateur. Empruntée à l'irlandais et signifiant « brigand des grandes routes », la dénomi-nation de *tory* est à l'origine appliquée par les Anglais aux Irlandais qui, en 1649, se soulèvent contre le Parlement anglais à la suite de l'exécution de Charles Ier. À l'avènement de George Ier de Hanovre, le nom de *tory* sert à désigner le Parti jacobite, qui tient pour l'ancienne dynastie des Stuarts. Enfin, lorsque la maison de Hanovre se trouve solidement établie, il est attribué au Parti aristo-cratique et conservateur, défenseur des prérogatives royales et des privilèges de la noblesse. Pendant longtemps lui est opposé le parti *whig*, défenseur, contre la prérogative royale, des droits et des privi-lèges du Parlement, s'efforçant de réformer graduellement les usages vieillis et les lois surannées. (Voir *Whig*.)

Totalitarisme Du latin *totus*, signifiant « tout entier ». Doctrine politique selon laquelle l'État est tout, l'individu n'existant que pour celui-ci et ses libertés s'en trouvant restreintes. Par extension, un régime totalitaire est un régime politique où un dictateur confisque tous les pouvoirs. L'Allemagne nazie et l'URSS sous Staline sont des États totalitaires.

Tournoi À l'origine, exercice militaire où des troupes s'affrontent avec morts et blessés. À partir du XIIIe siècle, seuls des champions s'y affrontent en combat singulier, à des fins de divertissement et de spectacle.

Traites Sortes de douanes perçues sur les marchandises aux frontières du royaume de France et de certaines provinces. Dès le règne d'Henri IV, elles représentent la plus importante des recettes royales et varient selon les régions.

Trière Du grec *triêrês*. Galère grecque armée d'éperons, à trois rangs de rames de chaque côté. Originaire d'Ionie, elle établit la supériorité de la marine athénienne au Ve siècle av. J.-C. Rapide et légère, la trière possède deux mâts et peut contenir 170 rameurs.

Troc Système commercial rudimentaire où les produits s'échangent contre d'autres produits.

Troubadour En langue d'oc (au sud de la Loire en France), auteur et compositeur de poésies lyriques souvent interprétées par des jongleurs, c'est-à-dire des musiciens et chanteurs ambulants. En langue d'oïl (au nord de la Loire en France), le poète lyrique est le trouvère.

Tsar Du latin *caesar*. Nom porté par les souverains slaves et particulièrement les anciens empereurs de Russie.

Tyrannie Du grec *turannos*, «despote», «personne qui s'empare du pouvoir». Chez les Grecs, régime politique où le pouvoir est exercé par un seul homme qui l'a usurpé, souvent par la force. Surtout à l'époque archaïque (du VIIIe au Ve siècle av. J.-C.), plusieurs tyrans sont des libérateurs et des réformateurs qui défendent les paysans contre les aristocrates. À Athènes, la tyrannie assure la transition entre l'aristocratie et la démocratie. À l'époque moderne, ce terme désigne un régime politique où le pouvoir est exercé de façon arbitraire, oppressive et abusive.

Ultramontanisme Ce terme signifie «situé au-delà des montagnes (les Alpes, par rapport à la France)». Doctrine qui admet la suprématie spirituelle et temporelle du pape sur les évêques et les chefs d'État, par opposition au gallicanisme. (Voir *Gallicanisme*.)

Vaine pâture Le droit de vaine pâture est celui que les habitants d'une commune ont de faire pacager leurs bestiaux sur les fonds les uns des autres, quand les terres sont en jachère ou dépouillées de leurs récoltes.

Va-nu-pieds Nom donné aux paysans de Basse-Normandie, écrasés par les impôts, qui se révoltent en 1639.

Vassal Celui qui, en retour de la concession d'un fief, prête hommage à un seigneur et lui doit, par conséquent, fidélité et services.

Vélites Combattant à pied et armé légèrement, ce soldat de l'infanterie romaine doit harceler l'armée ennemie.

Vilain Au Moyen Âge, paysan libre qui a le droit de quitter la tenure qu'il cultive, de se marier et de transmettre ses biens à ses enfants.

Whig Nom donné en Angleterre aux partisans de Charles II, puis aux membres du Parti libéral. Le terme «whig» vient peut-être du mot écossais *whiggamor*, signifiant «charretier», injure que leurs adversaires auraient adressée aux membres du Parti libéral. (Voir *Tory*.)

Yeoman Au Moyen Âge, groupe social anglais composé de propriétaires fonciers qui cultivent la terre. Les plus jeunes fils de famille deviennent combattants au service des grands seigneurs ou commerçants dans les villes. Au XVe siècle, ils sont souvent propriétaires d'une seigneurie. N'étant pas autorisés à porter les armes, ils forment une classe intermédiaire entre la *gentry* d'une part, les laboureurs et les artisans d'autre part.

Bibliographie sélective

Atlas

ATLAS HISTORIQUE. De l'apparition de l'homme sur la terre à l'ère atomique, Paris, Perrin, 1990.

BARRACLOUGH, Geoffrey, dir. *Le Grand Atlas de l'histoire mondiale*, Paris, Albin Michel et Encyclopædia Universalis, 1985.

BURGUIÈRE, André, dir. *Dictionnaire des sciences historiques,* Paris, PUF, 1986.

DUBY, Georges, dir. *Atlas historique. L'Histoire du monde en 317 cartes*, Paris, Larousse, (1987), 1989.

VAN DER MEER, Frédéric. *Atlas de la civilisation occidentale*, (Amsterdam, 1951), Paris-Bruxelles, Elsevier, 1952.

VIDAL-NAQUET, Pierre, dir. *Atlas historique. Histoire de l'humanité de la préhistoire à nos jours*, Paris, Hachette, 1987.

Dictionnaires et encyclopédies

ENCYCLOPÆDIA BRITANNICA, Book of the Year, 24 vol., Chicago, Encyclopædia Britannica, 1995.

ENCYCLOPÆDIA UNIVERSALIS, 30 vol., Paris, Éditions Encyclopædia Universalis, (1968-1975), 1990.

LALANDE, André, dir. *Vocabulaire technique et critique de la philosophie*, 11e éd., Paris, PUF, (1902-1923), 1972.

MOURRE, Michel. *Dictionnaire encyclopédique d'histoire*, 8 vol., Paris, Bordas, 1978.

TAYLOR, Gordon R. et Jacques PAYEN, dir. *Les inventions qui ont changé le monde*, Montréal, Sélection du Reader's Digest, 1983.

Collections

BOUTRUCHE, Robert et Paul LEMERLE, dir. *L'Histoire et ses problèmes*, 45 vol., Paris, PUF, coll. «Nouvelle Clio», 1966.

CROUZET, Maurice, dir. *Histoire générale des civilisations,* 7 vol., 3e éd., Paris, PUF, (1953-1957), 1961.

DAUMAS, Maurice, dir. *Histoire générale des techniques*, 5 vol., Paris, PUF, 1962.

GRIMBERG, Carl, *et al. Histoire universelle,* 12 vol., trad. Gérard Colson, Verviers, Gérard & C°, coll. «Marabout Université», 1963-1965.

GROUSSET René et Émile G. LÉONARD, dir. *Histoire universelle,* 3 tomes, Paris, Gallimard, 1956-1958.

HALPHEN, Louis et Philippe SAGNAC. *Peuples et Civilisations,* 22 tomes, 5e éd., Paris, PUF, (1929-1973), 1967-1973.

PIRENNE, Jacques. *Les Grands Courants de l'histoire,* 7 tomes, Neuchatel, éditions de la Baconnière, 1950-1956.

TATON, René, dir. *Histoire générale des sciences*, 2e éd., 4 vol., Paris, PUF, (1957), 1966.

Synthèses

ADALBERT, J., *et al. Histoire de l'Europe,* Paris, Hachette, 1992.

BOORSTIN, Daniel J., dir. *The Timetables of History,* New York, Simon & Schuster, 1979.

BRAUDEL, Fernand. *Civilisation matérielle, économie et capitalisme, XVe-XVIIIe siècle,* 3 vol., Paris, Armand Colin, 1986.

BRAUDEL, Fernand. *Grammaire des civilisations,* 2e éd., Paris, Arthaud/Flammarion, 1987.

BRUNET, A. *La Civilisation occidentale. Les faits, les idées, les hommes, les œuvres, d'Homère à Picasso,* éd. rev. et augm., Paris, Hachette, 1990.

CARPENTIER, Jean et François LEBRUN, dir. *Histoire de l'Europe,* Paris, Seuil, coll. « Points/Histoire », no H 157, 1992.

DELMAS, Claude. *La Civilisation européenne,* Paris, PUF, coll. « Que sais-je ? », no 1872, 1980.

DIONNE, Bernard et Michel GUAY. *Histoire et Civilisation de l'Occident,* 2e éd., Laval, Éditions Études Vivantes, 1993.

DUCHÉ, Jean. *Histoire du monde,* 5 vol., Paris, Flammarion, 1958-1966.

DUCHÉ, Jean. *Le Bouclier d'Athéna : L'Occident, son histoire et son destin,* 2 vol., Paris, Laffont, 1983.

DUROSELLE, Jean-Baptiste, dir. *L'Europe. Histoire de ses peuples,* Paris, Perrin, 1990.

HELLEMANS, Alexander et Bryan Bunch. *The Timetables of Science,* New York, Simon & Schuster, 1988.

LANGLOIS, Georges et Gilles VILLEMURE. *Histoire de la civilisation occidentale,* Laval, Éditions Beauchemin, 1992.

RÉMOND, René. *Introduction à l'histoire de notre temps* , 3 tomes, Paris, Seuil, coll. « Points/Histoire », 1974.

WILLIS, F. Roy. *Civilisation occidentale,* trad. Andrée Galipeau *et al.*, 2 tomes, 4e éd., Montréal, Guérin, (1973), 1992.

Listes

Cartes

1.1 L'évolution des frontières de l'Occident . . 13

2.1 Les principaux territoires et peuples
de l'époque préhellénique 18
2.2 L'Égypte ancienne 21
2.3 La Mésopotamie : Sumer, Akkad et
Babylone (3200-1100 av. J.-C.) 22
2.4 Les invasions indo-européennes
(v. 4000- v. 1200 av. J.-C.) 24
2.5 L'Empire assyrien
(v. 1160-612 av. J.-C.) 25
2.6 L'expansion commerciale
des Phéniciens (1400-332 av. J.-C.) . . 26
2.7 Les itinéraires des Hébreux
(v. 2000- v. 1000 av. J.-C.) 27
2.8 La Palestine (v. 1000- v. 500 av. J.-C.) 29
2.9 L'Empire perse (v. 550 - 331 av. J.-C.) . . 30

3.1 Le monde grec : principales cités
et régions 46
3.2 La Grèce antique 48
3.3 Les origines de la civilisation créto-
mycénienne (v. 2000-v. 1200
av. J.-C.) 50
3.4 Les migrations provoquées par
les invasions doriennes (v. 1200
av. J.-C. et après...) 51
3.5 Les colonies grecques
(VIIIᵉ- Vᵉ siècle av. J.-C.) 52
3.6 Les guerres Médiques
(490-478 av. J.-C.) 59
3.7 La guerre du Péloponnèse
(431-404 av. J.-C.) 61
3.8 Les conquêtes d'Alexandre
(334-323 av. J.-C.) 63
3.9 Le monde hellénistique
(v. 281-v. 31 av. J.-C.) 64

4.1 Le monde romain 84
4.2 L'Italie primitive 88
4.3 Le site de Rome 89
4.4 Les conquêtes républicaines
et impériales 92
4.5 Les principales invasions germaniques . . 102

4.6 Les voies terrestres, fluviales et
maritimes sous l'Empire romain 107
4.7 La diffusion du christianisme 117

5.1 Les principaux royaumes
germaniques après 476 122
5.2 Le royaume des Francs (511-751) 127
5.3 L'Empire carolingien 130
5.4 L'Europe vers la fin du Xᵉ siècle 131
5.5 L'expansion de l'islam de 622 à 750 . . 132
5.6 Les invasions scandinaves
aux IXᵉ et Xᵉ siècles 134
5.7 Les Croisades 143
5.8 Les États chrétiens d'Orient en 1099 . . . 145
5.9 La Reconquista 145
5.10 L'Espagne au début du XIVᵉ siècle 147
5.11 La France des Capétiens de 987 à 1328 :
principaux territoires et sites 147
5.12 La guerre de Cent Ans 150
5.13 L'Europe à la fin du Moyen Âge 152
5.14 Le développement d'une économie
urbaine 158
5.15 L'évolution d'une ville médiévale 159
5.16 Les universités 161
5.17 Les constructions romanes et
gothiques du XIᵉ au XVᵉ siècle 162

6.1 L'Europe de la Renaissance 172
6.2 L'expansion du mouvement
réformiste au XVIᵉ siècle 177
6.3 Les principaux États italiens
de la Renaissance 180
6.4 Les possessions européennes
de Charles Quint 184
6.5 La France de la Renaissance 185
6.6 Les principales explorations 192
6.7 Le principaux peuples de
l'Amérique précolombienne 193
6.8 Les premiers empires coloniaux 196

7.1 Les comptoirs européens autour
de l'Océan Indien et en Asie dans
la première moitié du XVIIᵉ siècle 216
7.2 La colonisation européenne en
Amérique du Nord 220

7.3 L'Europe de 1600 à 1648 221
7.4 Les Églises réformées vers 1600 223
7.5 La guerre civile en Angleterre
(1643-1649) : les conquêtes
des troupes de Cromwell
de 1642 à 1645 226
7.6 Les révoltes en France aux XVIe
et XVIIe siècles 232
7.7 Les conquêtes de Louis XIV 234

8.1 L'Europe en 1715 250
8.2 Les grandes villes d'Europe
de 1600 à 1800 252
8.3 L'Amérique du Nord vers 1740 255
8.4 Le grand commerce dans
la deuxième moitié du XVIIIe siècle . . . 256
8.5 L'extension territoriale de la Prusse
entre 1640 et 1795 258
8.6 L'extension territoriale de la Russie
entre 1462 et 1796 261
8.7 L'économie anglaise au XVIIIe siècle 261
8.8 La révolution agricole en Angleterre :
l'extension des enclosures entre
1760 et 1820 265

9.1 L'Europe en 1789 282
9.2 Les États-Unis de 1776 287
9.3 Les États-Unis au début du XIXe siècle . . 291
9.4 L'Amérique du Nord britannique
(1840) 292
9.5 L'Europe napoléonienne en 1811 301
9.6 Les indépendances des États
en Amérique du Sud 302
9.7 L'Europe en 1815 305

10.1 L'Europe en 1871 320
10.2 Le partage de l'Afrique en 1914 327

10.3 La présence occidentale en Asie
en 1914 328
10.4 Le territoire des États-Unis
de 1776 à 1914 332
10.5 Le Canada de 1873 à 1912 335
10.6 L'unité allemande de 1867 à 1871 345
10.7 La Russie en 1914 347
10.8 L'unité italienne de 1859 à 1870 349
10.9 Le socialisme et le syndicalisme
en Europe en 1914 352

11.1 L'Europe en 1914 366
11.2 La Première Guerre mondiale :
les opérations de 1914 et 1915 369
11.3 La Première Guerre mondiale :
les opérations de 1918 371
11.4 L'Europe en 1923 au lendemain
des traités 372
11.5 La guerre civile en URSS et
les mouvements révolutionnaires
en Europe (1918-1922) 374
11.6 L'expansion allemande (1937-1939) . . 385
11.7 L'Europe en 1939 386
11.8 L'Allemagne en 1942 : conquêtes
et approvisionnement 389
11.9 L'Europe en 1945 392
11.10 Le démembrement de l'Allemagne 393

12.1 L'Europe des années 60 406
12.2 Les interventions américaines
en Amérique latine (1959-1989) . . . 409
12.3 Les démocraties libérales dans
le monde en 1994 427
12.4 L'URSS éclatée :
les nouvelles frontières 429
12.5 La décolonisation de l'Afrique 431
12.6 La décolonisation de l'Asie 433

Encadrés

1.1 L'écriture, un prolongement de
la révolution agricole 11
1.2 La civilisation et l'idée de continuité 12

2.1 Le Décalogue ou les dix
commandements de Dieu 28
2.2 Le Code de Hammurabi 34
2.3 Quelques analogies entre le Code
de Hammurabi et la Loi de Moïse 35

3.1 L'importance archéologique de Mycènes . . 49
3.2 La civilisation crétoise ou minoenne 50
3.3 Les villes de Troie 51
3.4 De l'Acropole à la colline parlementaire . 51
3.5 La légende de Thésée 55
3.6 La bataille de Marathon (490 av. J.-C.) . . 58
3.7 La bataille de Salamine (480 av. J.-C.) . . 59
3.8 Les origines de l'alphabet grec 72

3.9 L'*Iliade* 76

3.10 L'*Odyssée* 76

3.11 L'*Orestie* 77

3.12 Les trois ordres grecs 79

4.1 Les origines légendaires de Rome 87

4.2 Une toponymie d'origine étrusque 88

4.3 L'organisation de l'armée romaine 91

4.4 Le calendrier julien 96

4.5 Le système scolaire romain 110

4.6 Principaux épisodes évangéliques 115

5.1 Quelques moines savants recrutés
par Charlemagne 130

5.2 Le norvégien Leif Eriksson, premier
découvreur de l'Amérique 135

5.3 La croisade contre les Albigeois 138

5.4 Le cérémonial de l'engagement
vassalique 139

5.5 Les principales obligations du vassal . . . 140

5.6 Les Croisades 144

5.7 La langue d'oïl et la langue d'oc 157

5.8 *La Chanson de Roland* 157

5.9 La légende arthurienne 157

5.10 *Tristan et Iseult* 158

5.11 *Le Roman de Renart* 163

5.12 Première strophe de
la *Ballade des pendus* 164

5.13 Un soulèvement bourgeois 167

6.1 Les principales réformes du concile
de Trente (1545-1563) 180

6.2 Les principaux États italiens 181

6.3 La première circumnavigation 192

6.4 Le calendrier grégorien 204

6.5 La gravure 208

7.1 Les impôts payés par le contribuable
sous l'Ancien Régime 222

7.2 Le *Bill of Rights* de 1689 229

7.3 Le métier de roi 235

8.1 Bordeaux, une ville typique
du Siècle des lumières 266

8.2 Le système de Law 269

8.3 Le progrès des Lumières 272

8.4 Les lieux de discussion 276

8.5 La machine à vapeur 278

9.1 La déclaration d'indépendance
des États-Unis d'Amérique
(4 juillet 1776) 289

9.2 La *Déclaration des droits de l'homme
et du citoyen* (adoptée par l'Assemblée
constituante, le 26 août 1789 ;
placée en tête de la constitution
de septembre 1791) 295

9.3 Le calendrier républicain 297

9.4 La Loi le Chapelier (14 juin 1791) . . . 297

9.5 L'innovation technique et la crainte
du chômage 309

9.6 La montgolfière 309

9.7 Le système métrique 310

10.1 La Commune de Paris 339

10.2 Les expositions internationales 341

11.1 Extrait du journal inaugural
de Franklin D. Roosevelt,
4 mars 1933 379

11.2 Une réunion nazie à Nuremberg
en 1935, vue par un Américain 383

11.3 Les V-1 et les V-2 390

11.4 Les bombes atomiques 391

11.5 L'ONU 396

12.1 La charte de l'Atlantique 418

12.2 Les armes atomiques 424

12.3 La civilisation des loisirs 441

12.4 Le bilan de la guerre du Golfe
(janvier-février 1991) 444

12.5 «Nous autres, civilisations...» 445

Figures

1.1 La brièveté de la préhistoire et de l'histoire 2

3.1 L'organisation sociale et politique à Sparte 55

3.2 L'organisation sociale et politique à Athènes 57

3.3 Les principales divinités grecques 75

4.1 L'organisation sociale et politique de la République romaine vers 250 av. J.-C. 90

5.1 La dynastie des Mérovingiens 126

5.2 La dynastie des Carolingiens 129

5.3 Les principaux papes du XIe au XVe siècle 137

5.4 La dynastie des Capétiens 148

6.1 Les principaux papes de la Renaissance 182

6.2 Les principaux membres de la maison des Habsbourg à la Renaissance 183

6.3 Les rois de France à la Renaissance . . . 186

6.4 Les Tudors et les Stuarts d'Angleterre . . 189

7.1 Les baptèmes et les décès dans la paroisse d'Auneuil en Beauvaisis (France) de 1675 à 1735 219

7.2 Le système politique anglais après 1689 228

7.3 Les rois de France d'Henri IV à Louis XV 231

7.4 L'absolutisme en France sous Louis XIV: le système politique 233

7.5 Le système mercantiliste 236

8.1 Les transformations de l'agriculture en Angleterre au XVIIIe siècle 264

9.1 La constitution des États-Unis (1787) . . 290

9.2 Le gouvernement au Canada (1791) . . 292

9.3 Le gouvernement au Canada (1840-1848) 293

9.4 La souveraineté nationale 294

10.1 L'évolution comparée des taux de natalité et de mortalité en France et en Angleterre de 1800 à 1914 . . . 323

10.2 L'immigration aux États-Unis de 1820 à 1914 324

10.3 Un exemple de concentration bancaire: La London County and Westminster Bank Limited en 1909 330

10.4 La production d'acier aux États-Unis de 1870 à 1914 333

10.5 Un exemple de concentration horizontale: la United States Steel Corporation (USS), 1901 334

11.1 Une crise mondiale: la production industrielle, le commerce extérieur et le chômage dans le monde entre 1926 et 1939 376

11.2 La production industrielle des États-Unis, de l'Allemagne, de la France et du Royaume-Uni entre 1920 et 1938 (indice 100 en 1913) 377

11.3 L'indice de production industrielle et l'indice des actions aux États-Unis de 1926 à 1933 377

11.4 Le mécanisme pour sortir de la crise selon John Maynard Keynes 379

12.1 Le système de Bretton Woods 412

12.2 La production mondiale de certains biens de 1938 à 1973 413

12.3 La croissance et les récessions de l'économie mondiale(1948-1973) . . 415

12.4 La production et le prix du pétrole mondial (1971-1992) 416

12.5 La consommation de pétrole des pays de l'OCDE (1972-1983) . . . 417

12.6 L'évolution de la dette totale (en milliards de dollars) des pays en voie de développement (1975-1990) 434

Tableaux

1.1   Les périodes préhistoriques 4

1.2   Les périodes historiques 5

1.3   Les chiffres romains 6

3.1   La cité idéale de Platon 70

3.2   L'alphabet du grec classique 73

4.1   Les empereurs de Rome à son apogée . . 97

4.2   Les principaux empereurs de Rome
       à son déclin 99

4.3   Les équivalents romains des
       principales divinités grecques 110

4.4   Les principaux auteurs latins 112

6.1   Le catholicisme et les religions issues
       de la Réforme 178

6.2   Les principaux épisodes des guerres
       de Religion 188

7.1   La production mondiale de métaux
       précieux entre 1621 et 1700 224

7.2   La chute du trafic Atlantique de Séville
       (Espagne) entre 1600 et 1710 225

7.3   Le commerce britannique entre 1663
       et 1701 (en milliers de livres
       sterling) 228

7.4   Les ventes de la Compagnie
       hollandaise des Indes orientales à
       Amsterdam entre 1660 et 1739 231

8.1   L'accroissement de la population
       européenne, par pays, entre
       1700 et 1800 253

8.2   L'évolution du stock mondial
       de métaux précieux entre 1701
       et 1800 254

8.3   Les exportations industrielles
       britanniques de 1697 à 1789 262

8.4   Les *enclosures* en Angleterre :
       l'exemple de Wigston (Leicestershire)
       entre 1765 et 1766 263

8.5   Les actifs de la plus importante
       société industrielle française à
       la fin du XVIIIe siècle : Saint-Gobain
       en 1777 267

9.1   Les recettes et les dépenses de l'État
       français en 1789 (en millions
       de livres) 295

9.2   Quelques inventions (1803-1832) 312

10.1   La population (en millions d'habitants)
       de quelques pays occidentaux
       de 1850 à 1910 323

10.2   L'espérance de vie dans quelques pays
       durant la seconde moitié
       du XIXe siècle 323

10.3   La production de l'acier (en millions
       de tonnes) entre 1840 et 1913 325

10.4   La production industrielle
       (en pourcentage) des six pays les
       plus industrialisés en proportion de
       la production mondiale de 1870
       et de 1913 325

10.5   Le nombre d'heures de travail
       requis pour la culture du blé
       aux États-Unis de 1800 à 1920 326

10.6   Les indices des salaires réels par
       périodes pour quelques pays
       industriels de 1840 à 1914 327

10.7   La répartition des ouvriers d'une filature
       à Lille (France), par groupe d'âge
       et par sexe en 1889 328

10.8   La production de charbon
       (en milliers de tonnes) aux États-Unis
       de 1850 à 1914 333

10.9   La concentration dans l'industrie
       du chemin de fer aux États-Unis
       en 1906 334

10.10 La balance des paiements de l'Angleterre
       et des États-Unis, de 1851 à 1913
       (moyennes annuelles) 336

10.11 La valeur des exportations canadiennes
       (en millions de dollars, prix 1990)
       par catégories de produits
       de 1885 à 1910 336

10.12 Le budget (en pourcentage) de familles ouvrières en France en 1880 et aux États-Unis en 1901 337

10.13 La répartition (en milliards de francs-or) des capitaux français et britanniques en 1914 337

10.14 La répression de la commune et les exécutions durant la Révolution française : quelques chiffres 339

10.15 Les principales dates dans l'histoire du travail en France de 1852 à 1914 340

10.16 La population active (en pourcentage) en Allemagne et en France de 1866 à 1907 343

10.17 Les dates de création de quelques partis socialistes de 1874 à 1906 . . . 351

10.18 Quelques inventions (1851-1908) 360

11.1 Les populations par pays et le nombre de soldats mobilisés dans la première année de guerre 14-18 . . 370

11.2 Les coûts démographiques, économiques et matériels de la guerre 14-18 en France 370

11.3 Les purges staliniennes en URSS après 1934 : quelques chiffres 373

11.4 Le taux de collectivisation des terres en URSS de 1928 à 1932 375

11.5 La production industrielle soviétique de 1928 à 1937 (en millions de tonnes ou milliards de kWh) 375

11.6 Les capitaux placés à l'étranger en 1914 et en 1930 (en pourcentage des capitaux placés dans le monde) . 378

11.7 La production industrielle de 16 pays en 1932 (en comparaison avec leur production en 1929) 378

11.8 Les principaux pays producteurs d'aluminium en 1921 et 1929 (en millions de tonnes) 381

11.9 La production industrielle française de 1929 à 1935 381

11.10 Le cours du mark allemand par rapport au dollar de 1914 à 1923 . . . 382

11.11 Le chômage en Allemagne de 1929 à 1939 383

11.12 La production allemande d'acier de 1932 à 1939 (en millions de tonnes) 384

11.13 L'élection allemande de 1933 : le vote nazi 384

11.14 Les combattants étrangers pendant la guerre civile espagnole 387

11.15 Les dépenses de guerre de certains pays (en pourcentage du coût total de la guerre) 388

11.16 La production de guerre de l'Allemagne, des États-Unis et de l'URSS entre 1942 et 1944 388

11.17 Le bilan comparé des pertes humaines des deux guerres mondiales, par pays 394

12.1 La population et la superficie des démocraties populaires en Europe (1939-1945) 410

12.2 La population et le taux d'accroissement de la population par continent (1950-1970) 410

12.3 La production industrielle soviétique entre 1944 et 1952 : l'arbitrage entre biens de production et biens de consommation 414

12.4 Les États membres de la Communauté européenne (1951-1994) 414

12.5 Les ventes d'armes dans le monde en 1990 419

12.6 Les chômeurs et les militaires aux États-Unis (1939-1947) 419

12.7 L'immigration aux États-Unis (1951-1970) 420

12.8 Le déplacement vers les banlieues : le cas de la ville de New York (1940-1970) 421

12.9 L'aide américaine (en millions de dollars) à l'Europe au lendemain de la Deuxième Guerre mondiale (1945-1951) 421

12.10 Les régimes communistes en Europe de l'Est (1945-1948) 423

12.11   Les dirigeants de l'URSS et de
        la Russie (1960-1994) 426

12.12   L'évolution des arsenaux nucléaires
        américains et soviétiques
        (1945-1985) 427

12.13   Les missions de l'ONU depuis 1945 . . . 436

12.14   Les 10 principaux bailleurs
        de fonds de l'ONU en 1990 436

12.15   La répartition géographique des
        prix Nobel (physique, chimie,
        médecine) de 1945 à 1992 437

12.16   La période moyenne de développement
        des innovations technologiques
        (1885-1964) 438

12.17   Les principales religions dans
        le monde de 1900 à 2000 442

Sources

Figures et tableaux

La documentation qui a servi à la conception des figures et des tableaux est très diversifiée. Voici les principaux ouvrages consultés : collection Hachette/Université (tomes portant sur les XVIIᵉ, XVIIIᵉ, XIXᵉ et XXᵉ siècles) ; collection Hachette (Chapon *et al.* ; Bérichi *et al.*, Grehg, Lambin *et al.* ; les collections Bernstein et Milze, de Hatier ; collection U (Guillaume et Poussou, Léon) ; collection Bouillon de Bordas.

Photos

1 : *Dans le sens des aiguilles d'une montre* Marie Sklodowska-Curie (1867 - 1934) *(page 361)* / Évolution de l'écriture sumérienne *(page 39)* / Travail des femmes dans les industries d'armement à Montréal pendant la Première Guerre mondiale *(page 394)* / Une séance à la Chambre des communes de Londres après 1689 *(page 230)* / Évolution de l'écriture sumérienne *(page 39)* / Cathédrale de Reims *(page 163)* / Un atelier d'imprimerie *(page 205)* / Scène de la vie urbaine *(page 165)* ; 17 : Ph. Nino Cirani / Ricciarini ; 21 : © Gerster-Rapho ; 22 : G. Dagli Orti ; 25 : Mostafa Eissa / Gracieuseté de l'Office de tourisme du gouvernement égyptien ; 28 : Scala, Firenze ; 30 : Godard ; 33h : Mansell ; 33b : Phot. X ; 36 : Dessin © Mitchell Beazly Publishers Ltd. 1970, 1971, 1972, 1973, 1974, 1975 et 1976 et Larousse 1978 ; 38 : Aerofilms and Pictorial Ltd ; 39 : Tableau montrant l'évolution de la langue sumérienne établi par Frederic F. Bigio / B-C Graphics, d'après des renseignements fournis par I. L. Finkel, conseiller, Londres ; 42 : Michaël Holford ; 45 : Robert Paré ; 50 : Francine Gélinas ; 56 : *Histoire de la nation grecque*, éditions Ekdotiki Athinon, 1973, page 54 / Gracieuseté du Consulat général de Grèce (Montréal) ; 60 : *Ibid.*, page 58 ; 62 : *Ibid.*, page 23 ; 68 : *Ibid.*, page 471 ; 69 : *Ibid.*, page 487 ; 76 : Francine Gélinas ; 78 : Scala Instituto Fotografico ; 80hg : Musée du Louvre ; 80hd : Georges Viollon ; 80bd : Loirat ; 83 : Roger-Viollet ; 87 : E.N.I.T. / Gracieuseté de l'Office national italien de tourisme ; 94 : Musée du Vatican ; 96 : The Image Bank, Guido Alberto Rossi / Gracieuseté de l'Office national italien de tourisme ; 98 : Radio Times-Hulton Picture Library ; 100bg : Hervé Bordas et Michelle Parra - Aledo ; 100hd : Musée du capitole, Rome. Collection Anderson-Giraudon ; 105 : Gracieuseté du collège Jean-de-Brébeuf (Montréal) ; 106h : *Ibid.* ; 106bd : E.N.I.T. / Gracieuseté de l'Office national italien de tourisme ; 108 : Boudot-Lamotte ; 111 : Paul Almasy ; 114 : Ph. E. Lessing-Magnum ; 116h : © 1986, Scala / Firenze ; 116b : Carlo Bevilacqua / Ricciarini ; 117 : Chester Dali Collection ; 125 : Sven ; 128 : The Mansell Collection ; 133 : Artephot / Oronoz ; 135 : © Sermap Paris 1981 ; 139 : Robert Paré ; 140 : Sidney Toy / photographs ; 142 : © Cliché Bibliothèque Nationale de France-Paris ; 149 : The Society of Antiquaries, London ; 150 : Jean A. Fortier ; 151 : Bibliothèque Royale de Bruxelles, *Annales de Gilles le Muisis*, Ms. 13076-77, fol. 24 ; 153 : Collection « Bibliovisuelle » RENCONTRE ; 154 : Collection « Bibliovisuelle » RENCONTRE ; 156 : Lambin ; 161g : Larousse ; 161d : Collection « Bibliovisuelle » RENCONTRE ; 162h : Anderson-Viollet ; 162b : Jean-Michel Labat ; 163 : Artephot / Brumair ; 165 : Bibliothèque de l'arsenal ; 171 : Alinari / Giraudon ; 176 : Lauros Giraudon / Heidelberg Kurpffalzisches Museum ; 184 : Lauros-Giraudon / Munich Alte Pina Kothek ; 187 : Musée cantonal des Beaux-Arts / André Held ; 191 : Gracieuseté du Planétarium Dow ; 194 : AMNH (American Museum of Natural History) ; 195 : Gracieuseté du Consulat général du Pérou ; 199 : Giraudon ; 200 : Scala ; 202 : Réunion des musées nationaux ; 203 : Hachette ; 204g : D'après O. FINÉ, *Théorique de la huitième sphère et sept planètes* ; 204d : D'après le *De revolutionibus orbium cœlestium* ; 205 : Hachette ; 206hg : Hachette ; 206hd : Schéma (Venise, Accademia ; v° 1492) tiré du *De Architectura de Vitruve*, relatif aux proportions du corps humain, avec notes de la main de Léonard ; 206bg : Portrait présumé de Léonard en Platon, dans l'*École d'Athènes*, fresque de Raphaël (Chambre de la signature, Vatican, 1509-11) ; 207 : C.L. Giraudon ; 209 : Détail de l'*École d'Athènes* / Arch Smeets ; 210g : K.L.M. ; 210d : Robert Paré ; 211 : Musée Carnavalet, Paris ; 215 : Musée National de Versailles / *Great Ages of Man : Age of Enlightenment* / Photograph by Eddy Van der Veen © 1966 Time Life Books Inc. ; 218 : Lauros-Giraudon ; 230g : Hachette / B.N. ; 230d : © Cliché Bibliothèque Nationale de France - Paris ; 232h : Gravure de Lagniet (Recueil des plus illustres proverbes) B.N. Estampes Paris © Holzapfel - D.F. ; 232b : Marie Evans Picture Library ; 237 : Dmitri Kessel ; 238g : Alinari ; 238d : Gracieuseté du Collège Jean-de-Brébeuf (Montréal) ; 239 : Scala ; 241 : Musées nationaux ; 242g : Rare Book and Manuscript Library, Columbia University ; 242d : Radio Times Hulton ; 243 : Vivien Fifield Pictures Library ; 244g : Radio Times Hulton ; 244d : The Bettmann Archive ; 244b : Gracieuseté du Planétarium Dow ; 249 : Doc. 4 Paris, B.N./Photothèque Hachette ; 255 : New York Public Library, Rare Book Division ; 259h : G. Dagli Orti / Musée des Beaux-Arts, Nantes ; 259b : Giraudon ; 263 : National Portrait Gallery, Londres ; 268h : Musée du Louvre ; 268b : © Cliché Bibliothèque Nationale de France - Paris ; 269 : Breton Littlehales ; 271 : Magnum / Erich Lessing, Paris ; 273g : Genève, Institut et Musée Voltaire / Ph. Explorer Archives ; 273d : Musée Carnavalet, Paris. Lauros / Giraudon ; 275 : Larousse ; 276 : H. Josse ; 281 : G. Dagli Orti ; 287 : USIS ; 288 : I.P.S. ; 298g : B.N.E. ; 298d : Bettmann Archives ; 299g : © Cliché Bibliothèque Nationale de France - Paris / © Lauros / Giraudon ; 299d : British Museum ; 300 : J.-L. Charmet ; 301 : National Gallery of Art, Washington, D.C. Collection Samuel H. Kress ; 302 : J.-L. Charmet ; 303 : Archiv Gerstenberg, Wietze / Gracieuseté du Consulat général d'Allemagne (Montréal) ; 304 : Paris, Musée Carnavalet / Ph. H. Josse ; 306 : Carnavalet © J. -L. Charmet ; 307 : The Mansell Collection ; 308 : British Museum, photo John Freeman ; 311 : © Cliché Bibliothèque Nationale de France - Paris / Photeb ; 313 : Inter Nationes (Bonn, Allemagne) / Gracieuseté de l'Institut Gœthe (Montréal) ; 314 : Scala ; 315h : Berlin, National galerie (toile détruite en 1945) ; 315b : Berlin, National galerie / Ph. Bildarchiv Preussischer Kulturbesitz ; 319 : The Mansell Collection ; 326 : The Mansell Collection ; 329 : Ph. © H. Taunt - Photeb. D.R./T ; 331 : portrait par Arpe (1878) ; 335 : Prévot ; 338h : cl. Illustration ; 338b : Peter Willi ; 341 : Roger-Viollet ; 342 : Culver Pictures, Inc. ; 343 : Staatsbibliothek Preu Bisher Kulturbesitz, Bildarchiv, Berlin / Gracieuseté du Consulat général d'Allemagne (Montréal) ; 346 : Ph. Josse Cliché Hachette ; 348 : Brown Brothers ; 350 : Snark International / T ; 351 : Historical Pictures Service, Inc, Chicago ; 354 : J. -L. Charmet ; 355 : Musée d'Orsay ; 356h : Giraudon ; 356b : Blauel / Gnamm - Artothek - Artephot ; 358h : The Nobel Foundation ; 358 : B.N. © Snark - International ; 359 : American Museum of Natural History ; 360 : Radio Times Hulton ; 361d : Vivien Fifield Pictures Library ; 365 : Roger-Viollet ; 373d : RTSR ; 378 : Archives Tallandier ; 380 : Institut Glenbow-Alberta ; 382 : Wide World Photos ; 390 : Keystone ; 396g : Germany Embassy ; 396d : J.L. Charmet/Archives Hatier D.R. ; 398 : Collection : Musée McCord d'histoire canadienne, Montréal ; 399 : Giraudon / S.P.A.D.E.M. ; 405 : Gracieuseté de Jacques Viens, directeur des communications, Saint-Laurent (Québec) ; 411 : Gracieuseté de la General Motors du Canada, Usine de montage de Boisbriand ; 412 : *L'Express international* ; 420 : Guerre du Golfe / SIPA - PRESS / PONOPRESSE ; 423 : Maclean's ; 425 : Landesbildstelle Berlin ; 427 : IPS/DITE ; 428b : *Foto Popular* ; 430 : Roger-Viollet ; 432 : United Press International Inc. ; 435 : Forces armées canadiennes / Archives de la Défense nationale du Canada ; 440 : Dominique Berretty ; 441 : USIS ; 444 : Phot. © Georges Merillon / Gamma.

Index

Absolutisme, 235, 247, 257, 273, 279, 294
  et monarchie absolue, 233
  sous Charles Ier, 226
  sous Constantin, 100
  sous Louis XIV, 218, 233
Académie des sciences, 246
Académie des sciences de Berlin, 246, 259
Académie des sciences de Paris, 244
Accademia dei Lincei, 245
Accademia del Cimento, 245
Accords
  de Bretton Woods, 391, 411
  de Genève, 430
  de Salt 1, 426
  de Yalta, 391
Acte de Québec, 288
Aéronautique, 423
Agriculture, 322, 375
  au Moyen Âge, 153
  au XVIIIe siècle, 253, 264
    pomme de terre, 253, 266, 322-323
  au XIXe siècle, 322, 324, 339, 348
Alphabet, 27
  grec, 72-73
  phénicien, 40
Amérindiens
  destruction des, 196
  et civilisations précolombiennes, 193
Anarchisme, 352
Ancien Régime, 284-285, 295, 304, 350, 362
  et noblesse, 300, 344
Anciens et des Modernes
  querelle des, 218
Annales, 111
Anschluss, 384
Apartheid, 331
Architecture
  à Byzance, 135
  à la Renaissance, 210
  à l'époque préhellénique, 38
  arabe, 133
  à Rome, 104
  au Moyen Âge
    art gothique, 162
    art roman, 155
  au XVIIe siècle, 238, 240
  au XVIIIe siècle, 270
  au XIXe siècle, 354
  au XXe siècle, 400
  en Grèce, 54, 79

Aristocratie, 264, 299
  athénienne, 56
  décadence de l', 198
  et système féodal, 139
  grecque, 53
  spartiate, 55
Armes atomiques, 424
Arts
  à la Renaissance, 208
  à l'époque préhellénique, 37
  à Rome, 104
  au Moyen Âge, 155, 162
  au XVIIe siècle, 237
  au XVIIIe siècle, 270
  au XIXe siècle, 313, 352
  au XXe siècle, 399, 439
  en Grèce, 77
Astronautique, 437
Astronomie
  à la Renaissance, 203
  à l'époque préhellénique, 42
  au XVIIe siècle, 246
    héliocentrisme, 245
  en Grèce
    Aristarque de Samos, 72
    Thalès de Milet, 68
Atonalisme, 439
Autocratie, 345
Autoroute, 397
Axe Rome-Berlin, 384, 388, 396, 419

Baby boom, 409, 420
Banque
  d'Angleterre, 229
  de France (1800), 300
  du peuple, 350
Baroque, 237, 270
Bastille, 295
Bateau à vapeur, 312
Bauhaus, 400
Bioéthique, 438
Biologie
  au XVIIIe siècle, 277
  au XIXe siècle, 362
Bloc, 411, 423, 426
Blocus
  continental de 1808, 300
  de Berlin-Ouest (1948-1949), 424
  de l'Allemagne, 369
Bolcheviks, 347, 373
Bombe atomique, 362, 391, 439
Boston Tea Party, 287
Bourbon
  Henri IV, 174, 187, 212

Bourgeoisie
  à la Renaissance, 198
  au Moyen Âge, 146, 158, 160, 167
  au XVIIe siècle, 221
  au XVIIIe siècle, 273
  au XIXe siècle, 307-308
  au XXe siècle, 382
  en Angleterre, 166
  soulèvement de la, 167

Calendrier
  égyptien, 42
  grégorien, 204, 295
  julien, 95-96, 161
  républicain, 297
  romain, 114
  selon Hipparque de Nicée, 72
Capétiens, 147
Capitalisme, 220, 230, 254, 261, 284-285, 302, 306, 307-309, 317, 320, 322, 332, 348, 351-352, 374, 408, 411, 414, 438
  à la Renaissance, 175
  au Moyen Âge, 146
  au XVIe siècle, 198-199
  au XIXe siècle, 307
  au XXe siècle, 414
  et croisades, 160, 168
Carolingiens, 128
Catholicisme, 224, 252, 342
  et gallicanisme, 235, 260, 269
  et jansénistes, 268-269
  et jésuites, 258, 269, 278
  et oratoriens, 278
  et papauté, 260, 300, 304, 348, 362
Chambre des communes, 262, 288
Chambre des lords, 262
Charte de l'Atlantique, 418
Chevalerie au Moyen Âge, 140
Chevaliers
  à Rome, 93, 103
  de la Table ronde, 157
  de Malte, 146
  et armement, 140
  et chanson de geste, 156
  et croisades, 144
  et moines, 159
Chimie
  au XVIIIe siècle, 277
  au XIXe siècle, 361-362
Christianisme
  diffusion et persécutions du, 115
  et auteurs chrétiens, 112-113
  et conscience européenne, 136

et conversion de Clovis, 127
et crise au XVIe siècle, 175
et Église au Moyen Âge, 142
et influence de Platon, 69
naissance du, 113
Chronologie, 6
Cinéma, 400-401
Circulation sanguine, 245
Cité(s) (*Voir* Villes)
affaiblissement des cités grecques, 60
Alexandrie, 64, 72
Athènes, 56
au Moyen Âge, 158
Babylone, 17, 38
et communes, 158, 166
et déclin des villes romaines, 99,
101-102
et province romaine, 118
et rue au Moyen Âge, 165
Étrurie, 88
grecques, 46, 48, 50, 52
idéale de Platon, 69
Mycènes, 49
phéniciennes, 27
Rome, 83, 107
Sparte, 54
sumériennes, 23
Troie, 51
Citoyen(s)
assemblée de, 166
et conception de la citoyenneté,
109
d'Athènes, 57
de Rome, 89, 109
et édit de Caracalla, 99, 109
Civilisation
définition de la, 9
des loisirs, 441
étapes de formation de la, 11
et culture, 10
et société, 10
matérielle, 10
morale, 10
occidentale, 12
Classe, 241, 309
moyenne, 384
ouvrière, 298, 337
Classes sociales, 440
aristocratie, 257, 265, 284, 349
bourgeoisie, 262, 265, 284, 294,
298-299, 302-303, 308, 317,
320, 322, 325, 342, 344, 349,
381
clergé, 257, 265, 268, 294, 298
gentry, 262
noblesse, 254, 257-258, 260, 262,
273, 294, 298, 300, 325, 344
paysannerie, 258, 342, 349
prolétariat, 261, 265, 285, 298,
303, 308, 326, 342, 347

serfs, 260
Tiers-État, 294
Classicisme, 237, 240, 315
athénien, 68, 77
et temples grecs, 77
retour au XVIe siècle, 210
Clubs, 298-299
Colbertisme, 257
Collectivisme, 375, 429
Colonialisme, 220, 230, 235, 309,
326, 363, 411, 428-429, 432
Colonisation, 235, 254, 256, 269,
284, 286, 304, 324, 326, 331-
332, 339, 348 (*Voir aussi*
Colonialisme)
au XVIe siècle, 194
au XVIIe siècle, 220
au XVIIIe siècle, 256
au XIXe siècle, 326
Crète et, 26
de l'Amérique
conséquences de la, 198
et clérouquies athéniennes, 60
et colonies grecques, 88
et conquêtes, 92
et provinces romaines, 93, 95,
100, 109
Grande Grèce et, 88
Grecs et, 51, 53
islamique, 342
Phéniciens et, 27
viking, 135
Commerce
au XVIIIe siècle, 254
au XIXe siècle, 291
triangulaire, 221, 254
Commune, 339
Communisme, 342, 349, 381, 386,
396, 401, 408, 411, 423-424,
426, 428-430
et bourgeoisie, 351
et prolétariat, 351
Conception de l'être humain, 247
à la Renaissance, 201
au XVIIe siècle, 241
au XVIIIe siècle, 272
au XIXe siècle, 329
au XXe siècle, 440, 443
Concile de Trente, 241
Concordat, 304
de 1801, 300
Conférence de Bandung, 428
Congrès de Vienne, 286, 303, 317,
322, 348
Conservatisme, 322, 344, 363, 415
Constitution, 262, 288-289, 298,
408, 417, 422
civile du clergé, 260, 298
de l'an III, 299
Contre-Réforme, 179, 237, 241

Corporations
au Moyen Âge, 158, 164
au XVIe siècle, 199
Crise(s)
de Berlin (1948-1949), 424
économique, 216, 326, 336, 348,
363, 366, 368, 383, 415
économique de 1929, 375, 379,
398
philosophiques, 216
politiques, 216, 329
religieuses, 216, 329
sociales, 216, 329
socio-économique, 288
Croisade(s)
contre les Albigeois, 138
orientales, 143
Crystal Palace, 354
Cubisme, 357, 399
Cuirassé *Potemkine*, 348

Dadaïsme, 399
Déclaration
Bill of Rights (1689), 306
d'indépendance des États-Unis
d'Amérique (1776), 289, 306
*Déclaration des droits de l'homme et
du citoyen* (1789), 295, 302, 306,
349
Décolonisation, 429-430, 432
Démembrement de la Pologne, 261
Démocratie, 262, 273, 284, 291, 329,
366, 376, 398, 408, 417, 432, 444
athénienne, 57, 65
en Grèce, 54
et institutions représentatives du
Moyen Âge, 166
et paysannerie, 347
Démographie, 151
au XIe et XIIIe siècle, 145
au XVIe siècle, 174
au XVIIe siècle, 219
au XVIIIe siècle, 253, 265, 285
au XIXe siècle, 285, 291, 322-323
au XXe siècle, 409
chute de la, 168
à la fin du Moyen Âge, 150, 151
effondrement de la, 150
essor de la, 145, 157
au XIe et XIIIe siècle, 153
et cités grecques, 54
et croissance, 174
et dépopulation, 103
et exode urbain, 103
et population, 109
amérindienne au XVIe siècle, 194
sous l'Empire romain, 102, 109
dépopulation, 101
exode urbain, 102, 103
Germanie, 103

Dénationalisation (*Voir* Privatisation)
Despotisme éclairé, 252, 257, 260-261, 263, 269
Détente, 427
    OTAN, 426
Deuxième Guerre mondiale (1939-1945), 366, 368, 386, 399, 410, 422-424, 429
Diètes, 260
Dissuasion, 422
Doctrine de Monroe, 291, 368
Dodécaphonisme, 439
Dominion, 286, 331
Douma, 372
Droit
    à Rome, 89, 104, 108, 119
    Athènes sous les tyrans, 56, 57
    canon, 108
    Décalogue, 28
    et Code civil, 302-303
    et code civil d'Autriche-Hongrie, 260
    et code civil français (1804), 300, 302-303
    et code de procédure, 259
    et code général, 259
    et code général de Prusse, 259
    et Code pénal (1791), 307
    et démocratie athénienne, 65
    et Forum Judicium des Wisigoths, 127
    et Loi de Moïse, 34
    et loi des Douze Tables, 89, 108
Droits de l'homme, 279, 307
Drôle de guerre, 387
Duce, 381

Éclectisme, 275
Économie
    à l'époque préhellénique, 34
    à Rome, 107
    au Moyen Âge, 146, 159, 160
    au XVIe siècle, 198
    au XVIIe siècle, 219-220
    au XVIIIe siècle, 285
    au XIXe siècle, 285, 308, 324, 332, 336, 339
    au XXe siècle, 410
    de marché, 411
    en Grèce, 53
    espagnole, 185
    et déplacement vers l'Atlantique au XVIe siècle, 183, 198
    et disparités au Moyen Âge, 154
    féodale, 142
    monétaire au Moyen Âge, 159
Écriture (*Voir* Alphabet)
    apparition de l', 39
    aztèque, 194
    caroline, 154

cunéiforme, 40
    hiéroglyphique, 40
Édit
    de Nantes
        révocation de l', 235, 274
    de Tolérance (1781), 260
Éducation
    à la Renaissance, 200
    à Sparte, 56
    et Académie, 68, 69
    et Lycée, 69, 70
    et Musée, 72
    et système scolaire romain, 110
    et universités du Moyen Âge, 160
    l'*Iliade* et l'*Odyssée*, 74
    sous Charlemagne, 130
Église catholique, 441
Électrification, 397
Empire(s)
    à l'époque préhellénique, 24
    arabe, 132
    Athènes, 60
    britannique, 279, 286
    byzantin, 135
    carolingien, 130
    colonial français, 324
    coloniaux, 220
    d'Alexandre le Grand, 63
    d'Autriche, 252, 259, 302, 304
    d'Autriche-Hongrie, 344, 366
    de Napoléon Ier, 284
    des Habsbourg, 183
    espagnols, 194
    et chute de Rome, 102
    et IIe Reich (1871), 343, 345, 372
    et IIIe Reich (1933), 383
    ottoman, 302
    Perse, 30
    portugais, 197, 432
    Premier Empire français, 284, 294
    Rome, 93, 96
Empirisme, 219, 237, 241, 243
Enclosures, 263, 264
    et prolétariat rural, 264
Encyclopédie, 253, 268, 274
Épidémie
    et peste, 151
Époque hellénistique, 71
Ère atomique, 401, 437
Esclavage, 221, 224, 236, 265, 290, 309, 331, 333, 337 (*Voir aussi* Esclavagisme)
    à la Renaissance, 175, 196
    et traite des Noirs, 196
Esclavagisme, 254, 290, 342
Étatisme, 374
État-providence, 350, 397, 408, 415, 434, 442
États généraux au Moyen Âge, 149, 166

États italiens à la Renaissance, 180
Eugénisme, 330, 333, 359
Évolutionnisme, 358-359
Existentialisme, 440
Exode
    rural, 320, 397
    urbain, 421
Explorations, 278, 342
    au XVIe siècle, 189
    au XVIIe siècle, 246
    des Norvégiens en Amérique du Nord, 134
    phéniciennes, 25
Exposition(s) internationale(s), 319, 341
Expressionnisme, 356, 400, 439

Fascisme, 381, 398, 401, 411, 438
Fauvisme, 356
Féminisme, 397, 398, 399
Féodalisme, 348, 351 (*Voir* Féodalité)
Féodalité
    et société féodale, 139
    et système féodal, 136
    origines lointaines de la, 102
    sous Charlemagne, 130
Fermiers généraux, 232
Fils de la Liberté, 287-288
Firmes multinationales, 411, 433
Franc-maçonnerie, 260, 276
Führer, 378

Gauche, 316
Génétique, 359
Girondins, 298, 299
Grande-Allemagne, 344-345
Grande Charte de 1215 (*Magna Carta*)
    contenu de la, 166
    et Jean sans Terre, 149
Grand Schisme d'Occident, 139
Gravure
    invention à la Renaissance, 208
Guerre(s)
    civile en Grèce, 444
    civile espagnole, 386-387
    civiles à Rome, 93-94
    coloniales, 220, 256
    commerciale, 252
    de Cent Ans, 149
    de Corée, 411, 430
    de Crimée, 304, 322, 337, 346
    de Religion, 185
    des Boers, 331
    de Sécession, 322, 331
    de Sept Ans, 256, 259-260, 263, 269, 279
    des Malouines, 444
    des Six Jours, 416
    de Succession d'Autriche, 258, 263, 268

de Succession de Pologne, 258
de Succession d'Espagne, 225, 257
de Trente Ans, 224, 232
d'Indépendance des États-Unis
d'Amérique, 263-264, 272, 284,
286
d'Indochine, 429
d'Italie, 181-182, 208
du golfe Persique, 444
du Péloponnèse, 60
du Vietnam, 408, 411, 415, 428,
430
éclair, 387-388
économique, 252
en Yougoslavie, 444
et armée romaine, 91
et occupation principale du noble,
140
franco-prussienne, 338
froide, 373, 408, 410, 423, 430
indiennes, 332
médiques, 58
mondiales (*Voir* Première Guerre
mondiale *et* Deuxième Guerre
mondiale)
Puniques, 92
sous-marine, 369
totale, 402
Valois contre Habsbourg, 185

Habsbourg, 138, 152, 174, 183
Hérésies
au Moyen Âge, 138
et arianisme, 101, 113, 118
Histoire, 111, 351, 357, 440
chronique du Moyen Âge, 164
des sciences, 441
et rigueur, 7
et utilité, 9
limites de l', 8
naissance en Grèce, 71
nature de l', 3
périodes de l', 5
Histoire de Rome, 109, 111
Horlogerie, 278
Humanisme, 241, 243
à la Renaissance, 174
au XXᵉ siècle, 443
Didier Érasme, 201-202
et anthropocentrisme grec, 81
et techniques et arts, 205
et vie intellectuelle, 201

Idéalisme, 316
Impeachment, 289
Impérialisme, 291, 322, 326, 333,
368, 408, 411, 414, 432
Impôt(s), 260
du vingtième, 268
et Ferme, 266

et fermiers généraux, 265
et taille, 266
Impôts (Ancien Régime)
et aides, 222
et cens, 222
et champart, 222
et dîme, 222
et gabelle, 222, 232
et paulette, 222
et taille, 222, 232
Impressionnisme, 353, 355-356, 399
Imprimerie, 246
à la Renaissance, 205
débuts de l', 205
et diffusion du protestantisme, 179
Johannes Gutenberg, 205
Industrialisation, 264, 284, 306,
308, 329
au XVIIIᵉ siècle, 254, 265
au XIXᵉ siècle, 303, 324, 347
Informatique, 415, 437
Inoculation, 274
Institutions internationales (*Voir*
Organisations internationales)
Internationalisation, 309, 415
Interventionnisme de l'État, 352,
398, 408
Invasions
Achéens et, 50
doriennes, 51
germaniques, 101
Hyksos et, 22
indo-européennes, 23
scandinaves, 134
Invention(s), 360
du thermomètre, 277
Islam, 132, 429
Isolationnisme, 378, 380, 434

Jacobins, 299
Jésuites, 237
fondation de l'ordre des, 180
Joséphisme, 260

Kolkhozes, 375

La Marseillaise, 299
Langue(s)
à Byzance, 136
akkadienne et araméenne, 39
à l'époque préhellénique, 38
à Rome, 136
et communications orales, 38
et Indo-Européens, 20
et Sémites, 20
et tensions linguistiques, 136
grecque, 73
latine, 109, 111, 113, 118-119,
161
nationales, 202

La République de Platon, 68
Légende(s)
au Moyen Âge, 157
coureur de Marathon, 58
Gilgamesh, 41
Hellen, 49
légende arthurienne, 157
l'*Énéide*, 87
Romulus et Rémus, 87
Thésée, 26, 55
Tristan et Iseult, 158
Libéralisme, 230, 247, 273, 275,
284, 308, 317, 344-345, 348, 422
Libre-échange, 275, 322, 326, 329,
415
Littérature
à la Renaissance, 201
apparition des littératures
nationales, 202
à l'époque préhellénique
premières œuvres, 41
à Rome, 109
auteurs latins, 112
au Moyen Âge
chanson de geste, 156
esprit courtois, 156
fable, 156
poésie lyrique, 163
Roman de la Rose, 164
Roman de Renart, 163
au XVIIᵉ siècle, 238
au XVIIIᵉ siècle, 272
au XIXᵉ siècle, 313, 352, 354
au XXᵉ siècle, 400, 438
en Grèce
l'*Iliade*, 76
l'*Odyssée*, 76
Locomotive, 312
Loi Le Chapelier (1791), 297-298,
349
Longs règnes, 322
Lumières, 252, 257, 259, 272-273,
275, 279, 284-285, 306, 363

Maccarthysme, 423
Machine à vapeur, 265, 278, 308,
311
Machines-outils, 311
Machinisme, 265, 286, 308-309,
325
Magnétisme au XVIIᵉ siècle, 245
Maoïsme, 419
Marché commun, 412, 423
Marxisme, 438, 350-352
Mathématiques, 245
à la Renaissance, 203
à l'époque préhellénique, 42
au XVIIᵉ siècle, 243
au XVIIIᵉ siècle, 277
au XIXᵉ siècle, 361

en Grèce, 72
Médecine
à la Renaissance, 203
à l'époque préhellénique, 43
au XVIIe siècle, 245
au XVIIIe siècle, 277
scorbut, 278
au XIXe siècle, 359
choléra, 322
tuberculose, 322
typhus, 322
vaccinations, 342
vaccine, 322
au XXe siècle, 438
paranoïa, 442
schizophrénie, 442
sida, 438, 442
variole, 438
en Grèce
école de médecine, 72
Hippocrate de Cos, 68
Musée, 72
Mencheviks, 347
Mercantilisme, 234, 236, 247, 284
au XVIe siècle, 198
Mérovingiens, 125-126
Métaphysique, 358, 440
Métier à tisser, 310
Métropole, 224, 254, 279, 284, 322, 430
Mode garçonne, 400
Monarchie, 257, 261, 265, 273, 285, 294, 307, 342, 408
absolue de droit divin, 226
à l'époque préhellénique, 33
à Rome, 87
et formation des grands États monarchiques, 146
et princes achéens, 51
et royauté, 52
tempérée, 226
Monastères
au Moyen Âge, 154
et seigneuries ecclésiastiques, 142
origine des, 118
Monnaie
à Rome, 99
au Moyen Âge, 160
et darique perse, 31, 34
et fin de l'économie monétaire, 103
et lettre de change, 160
invention de la, 31, 34
Monothéisme
chez les Hébreux, 37
chrétien, 118-119
perse, 31, 37
Montagnards, 298-299
Montgolfière, 309
Mouvement «fleur bleue», 441
Multinationales, 445

Mur de Berlin (1961-1989), 425
Musique
au XVIIe siècle, 240
au XVIIIe siècle, 271
au XIXe siècle, 315, 357
au XXe siècle, 400, 439
en Grèce, 75
Mythe de la frontière, 332

Nationalisation, 422
Nationalisme, 236, 260, 263, 284-285, 300, 302, 304, 307, 317, 331, 342, 363, 382, 386, 415, 429, 430, 432, 438
Naturalisme, 353
Nazisme, 330, 383, 398, 400, 438
New Deal, 379, 398
Noblesse, 221, 225, 233
et caste au Moyen Âge, 141
sénatoriale à Rome, 93, 94, 103
sous Charlemagne, 128
victime des Croisades, 146

Olympisme
origines de l', 74
Opéra
au XVIIe siècle, 239-240
au XIXe siècle, 315-316, 357
Opération
Barberousse, 387
Overlord, 388
Optique au XVIIe siècle, 243
Ordres mendiants, 142
et universités, 161
sous l'Inquisition, 138
Organisation du travail
à la Renaissance, 199
à l'époque préhellénique, 32-33
à Rome, 104
au Moyen Âge, 160
au XVIIe siècle, 221
au XVIIIe siècle, 254, 264
au XIXe siècle, 308, 325, 329, 340, 347
taylorisme, 332
au XXe siècle, 381
stakhanovisme, 375
Organisations internationales
Banque mondiale, 391
Comecon, 436
Fonds monétaire international, 391
Marché commun, 423
Organisation de coopération et de développement économique (OCDE), 419, 435
Organisation de l'aviation civile internationale (OACI), 435
Organisation des États américains (OEA), 436

Organisation des Nations Unies (ONU), 368, 396, 416, 434-435
Organisation des pays exportateurs de pétrole (OPEP), 415
Organisation d'unité africaine (OUA), 436
Organisation du traité de l'Atlantique Nord (OTAN), 368, 411, 425, 428
pacte de Varsovie, 368, 411
Société des Nations (SDN), 366, 368, 372, 383, 396, 434
Unesco, 435
Unicef, 435
OTAN, 368, 411, 425, 428

Pacte
d'Acier, 385
de non-agression germano-soviétique, 385
de Varsovie, 423, 426, 428
Pangermanisme, 384
Papauté
à la Renaissance, 176, 182
au Moyen Âge, 136
et Contre-Réforme, 179
et croisades, 145
naissance de la, 118
Paratonnerre, 277
Parlement, 226, 233, 262, 264, 268, 288
européen, 412, 436
Parlementarisme, 261, 291
Parti politique
tories, 228
whigs, 228
Paysannerie, 221
Pays non alignés, 429
Peinture
à la Renaissance, 208-210
à l'époque préhellénique
chez les Crétois, 35
chez les Égyptiens, 38
Code de Hammurabi, 34
au XVIIe siècle, 237
au XVIIIe siècle, 270
au XIXe siècle, 313, 355
au XXe siècle, 400
Pénicilline, 401, 438
Perestroïka, 428
Petite-Allemagne, 344
Phénoménologie, 440
Philosophie
à l'époque hellénistique, 71
Aristote, 70
Épicure, 71
naissance de la (Ionie), 67
Platon, 69
sceptiques, 72
Socrate, 68

stoïciens, 71
au Moyen Âge
  scolastique, 161-162
  thomisme, 162
au XVIIᵉ siècle, 241-243
au XVIIIᵉ siècle, 272
au XIXᵉ siècle, 316, 349
au XXᵉ siècle, 439, 440
sous l'Empire romain
  Cicéron, 94
  Marc Aurèle, 98, 111
  Sénèque, 97
Phylloxéra, 339
Physiocratie, 253, 257, 274
et libéralisme, 274
Physique
au XVIIᵉ siècle, 246
au XVIIIᵉ siècle, 277
au XIXᵉ siècle, 361-362
Pieds noirs, 430
Pilule anticonceptionnelle, 410
Planète Uranus (1781), 306
Plan Marshall, 417, 421, 435
Plan quinquennal, 375, 401
Plantagenets, 149
Plébiscite, 384, 422
Poésie
à la Renaissance, 202
à l'époque préhellénique, 42
à Rome, 109
au Moyen Âge, 163-164
au XVIIᵉ siècle, 239
au XIXᵉ siècle, 353
au XXᵉ siècle, 400
en Grèce, 74
Pointillisme, 356
Politique de transparence, 442
Pollution, 414
Polythéisme
à l'époque préhellénique, 36
et divinités grecques, 75
et divinités romaines, 110
et mythologie grecque, 73
et paganisme romain, 113
Positivisme, 357-358, 362
Précieux, 239
Préhistoire, 4
Première Guerre mondiale (1914-1918), 320, 339, 345, 363, 368-369, 380, 399, 439
Premier Empire français, 300
Presse, 442, 444
Privatisation, 408, 422-423
Privilèges, 221, 260, 266, 268, 273, 284, 294, 430
Prix Nobel, 358, 396, 437
Prohibition de l'alcool, 379
Protectionnisme, 227, 230, 236, 300, 322, 326, 375, 434-435
et régime exclusif, 254

Protestantisme, 252, 273
chez les huguenots, 231
et anglicanisme, 179, 223, 226
et calvinisme, 177, 223
et luthéranisme, 176, 223
et presbytérianisme, 226
et puritanisme, 223, 330-331
et quakerisme, 287
origines du, 175
Psychanalyse, 359, 362, 440
Puddlage, 265, 311
Puritanisme, 227
pèlerins du *Mayflower*, 226

Querelle des Anciens et des Modernes, 240

Radio, 400
Radium, 362
Rationalisme, 218, 237, 241, 363
chez Descartes, 216, 231, 242-243
et cartésianisme, 243
Réalisme, 353, 355
Reconquista, 145-146
Référendum, 422
Réforme, 176
Régence, 228, 231
Régime parlementaire, 261
Reichsführer, 384
Renversement des alliances, 260
République(s), 285-286, 291, 294, 298, 303, 348, 429
de Rome, 89
de Weimar, 383-384, 400
du Vietnam, 429
et chute de Rome, 94
italiennes, 138, 181
marchandes au Moyen Âge, 159
Révolution(s)
de 1848, 284, 322, 345, 352
et noblesse, 304
française, 272, 279, 284, 294, 298, 302, 304, 307, 322, 348
industrielle, 265, 279, 284-286, 307-309, 317, 322, 378
marxiste (1917), 345
russe (1917), 345, 347, 368, 372
scientifique, 216
sexuelle, 441
technique, 216, 243, 324
tranquille (1960), 441
Rideau de fer, 391
Rocaille, 270
Roman au XIXᵉ siècle, 353
Romantisme, 313, 315, 316, 322
Rome
citoyens de, 90
colonies de, 91
Royal Society de Londres, 243-245

Saint-simonisme, 350
Salons, 267, 274, 276
Sans-culottes, 298-299
Schisme
d'Occident, 137
d'Orient, 118, 136
Science(s), 358
à la Renaissance, 203
à l'époque préhellénique, 42
arabe, 133
au Moyen Âge
  Roger Bacon, 161
au XVIIᵉ siècle, 243
au XVIIIᵉ siècle, 274
au XIXᵉ siècle, 357-359, 362
au XXᵉ siècle, 401, 437
en Grèce, 72
Sciences humaines
au XVIIIᵉ siècle, 278
et anthropologie, 278
et histoire, 278
Sculpture
à la Renaissance, 209
à Rome, 106
au Moyen Âge
  art roman, 155
au XVIIᵉ siècle, 238
au XVIIIᵉ siècle, 270
au XIXᵉ siècle, 314, 356
chez les Égyptiens, 38
en Grèce, 77
Second Empire français, 337, 339, 342
Seigneurie, 139, 141
Sénat, 289
Servage, 260, 302, 309, 346
Socialisme, 275, 308, 317, 320, 381, 397, 401, 414, 434
et Internationale, 351
utopique, 349-351
Société
à Athènes, 57
à la Renaissance, 199-200
à Rome, 88, 93, 103
à Sparte, 55
au Moyen Âge, 121, 136, 139
au XVIIᵉ siècle, 221
au XVIIIᵉ siècle, 272
au XIXᵉ siècle, 306, 349
au XXᵉ siècle, 441, 443
chez les Crétois, 35
et classe moyenne, 93
et crise sociale, 103
féodale, 139, 142
Sociologie, 440
Sol lunaire, 437
Sovkhozes, 375
Spartakisme, 375, 383
Stagflation, 415
Stalinisme, 374-375

Stathouder, 228
Stéthoscope, 359
Stuarts, 188-189
Suffrage, 262, 300, 320, 337, 342, 348, 398
Surréalisme, 399, 439
Symbolisme, 353, 357, 439
Syndicalisme, 326, 333, 337, 347, 352, 381, 397, 434
Système
  de Law, 269
  métrique, 310

Technique(s)
  à la Renaissance
    civilisations précolombiennes, 195
    Johannes Gutenberg, 205
    Léonard de Vinci, 206
    navigation, 207
    chez les Étrusques, 104
  au Moyen Âge
    progrès agricoles, 153
  au XVIIe siècle, 243
  au XXe siècle, 397, 401, 420, 437
    technique contrapuntique, 439
  chez les Étrusques, 104
Téléphone, 401
Télescope, 306
Télévision, 401
Terrorisme, 346, 443-444

Théâtre
  à la Renaissance
    commedia dell'arte, 211
  à Rome, 96, 110
  au Moyen Âge, 164
  au XVIIe siècle, 238
  au XVIIIe siècle, 273
  au XIXe siècle, 353, 357
  au XXe siècle, 400, 439
  en Grèce
    naissance du théâtre, 75
Théorie
  de la relativité, 361
  de l'art pour l'art, 353
  des frontières naturelles, 300
Tiers Monde, 406, 408, 414, 432-433, 441, 445
Tories, 262-263
Totalitarisme, 276, 401, 411, 438
Tour Eiffel, 355
Traité(s)
  d'Aix-la-Chapelle, 268
  de Cateau-Cambrésis, 184
  de Londres, 380
  de paix d'Augsbourg, 184
  de paix de Crépy, 187
  de Paris, 256, 286
  de Qadesh, 39
  de Rastadt, 250, 257
  de Tordesillas, 191
  de Verdun, 130

  de Versailles, 372
  d'Utrecht, 250, 257
Transistor, 437
Tudors, 188-189
Tyrannie
  à Athènes, 56
  en Grèce, 54

Unité
  allemande, 345
  italienne, 348-349
Universités, 346
Urbanisation, 393
  à Rome, 106-107
  au Moyen Âge, 158-160
  au XVIIIe siècle, 270-271
  au XIXe siècle, 337
  au XXe siècle, 397

V-1 et V-2, 389-390
Vaine pâture, 223, 253, 264
Valois, 148, 185, 187
  et Bourbons, 186
Va-nu-pieds, 232
Villes (*Voir* Urbanisation)
  du Moyen Âge, 136, 153, 157, 158, 164
  italiennes, 181
Vulgarisation scientifique, 244, 275

Whigs, 262-264

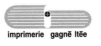

imprimerie gagné ltée

IMPRIMÉ AU CANADA